Die geretteten Götter aus dem Palast vom Tell Halaf

To Eleanor,
with thanks!
Mirjam
Berlin, Feb. 2011

Die geretteten Götter aus dem Palast vom Tell Halaf

Begleitbuch zur Sonderausstellung des Vorderasiatischen Museums „Die geretteten Götter aus dem Palast vom Tell Halaf", vom 28.1.–14.8.2011 im Pergamonmuseum

Für das Vorderasiatische Museum – Staatliche Museen zu Berlin herausgegeben von Nadja Cholidis und Lutz Martin

SCHNELL + STEINER

S M
B Vorderasiatisches Museum
Staatliche Museen
zu Berlin

Umschlagabbildung: Sitzendes Paar, frühes 9. Jh. v. Chr., Foto: Hans D. Beyer, Berlin

Bibliografische Information der Deutschen Nationalbibliothek:
Die Deutsche Nationalbibliothek verzeichnet diese Publikation in der Deutschen Nationalbibliografie; detaillierte bibliografische Daten sind im Internet über <http://dnb.d-nb.de> abrufbar.

1. Auflage 2011

Leibnizstr. 13, D-93055 Regensburg
www.smb.museum
www.museumsshop.smb.museum

ISBN 978-3-7954-2450-3 (Buchhandelsausgabe)
ISBN 978-3-7954-2449-7 (Museumsausgabe)

Umschlaggestaltung: BOROS GmbH, www.boros.de
Satz: Punkt für Punkt GmbH · Mediendesign, Düsseldorf
Druck und Bindung: Firmengruppe Appl, Wemding

Weitere Informationen zum Verlagsprogramm erhalten Sie unter:
www.schnell-und-steiner.de

Inhalt

III West-östliche Begegnungen

IV Abenteuer Tell Halaf – Ausgrabung

V Reisen, Sammeln, Forschen

VIII Tell Halaf im Spiegel der Wissenschaft

IX Ausblick

Anhang

„Ich habe Abenteuer stets geliebt und mir immer Forschungs- und Entdeckungsexpeditionen in die Wüste ausgesucht, bei denen keiner weiß, was der nächste Tag bringen wird – und bei denen Wassermangel und Plünderungen durch Beduinen ständig das eigene Leben in Gefahr bringen –, aber bei denen man andererseits immer wieder neue Entdeckungen als Pionier in Kunst und Wissenschaft macht. Das ist meine große Leidenschaft.“

Max Freiherr von Oppenheim (1860–1946)

Grußwort

Prof. Dr. Michael Eissenhauer, Generaldirektor der Staatlichen Museen zu Berlin

27.000 Bruchstücke bildeten vor rund zehn Jahren die Ausgangslage für eine beispiellose Rekonstruktion. Wie bei einem Puzzle wurden daraus mehr als 40 monumentale Steinbilder und Reliefplatten aus dem Palast vom Tell Halaf in Nordost-Syrien, die lange als unwiederbringlich verloren galten, wieder zusammengesetzt. Ich freue mich daher sehr, dass diese aus dem 1. Jahrtausend v. Chr. stammenden, spektakulären und sensationellen Skulpturen nun erstmals seit ihrer Zerstörung vor über 68 Jahren in der Ausstellung „Die geretteten Götter aus dem Palast vom Tell Halaf" wieder der Öffentlichkeit präsentiert werden können!

Der Mann, der 1899 Tell Halaf wiederentdeckte und den Palast ausgrub, war der Kölner Bankierssohn und Diplomat Max von Oppenheim. Zwischen ihm und den damals Königlichen Museen in Berlin bestand eine enge Verbindung. Max von Oppenheims Wunsch war es, die nach Deutschland verbrachten Funde der Vorderasiatischen Abteilung der Berliner Museen auf der Museumsinsel zukommen zu lassen. Der Ausbruch des Ersten Weltkrieges, die folgende schwierige finanzielle Lage der Museen sowie unklare Rechtsverhältnisse verhinderten jedoch – trotz wiederholter gemeinsamer Versuche – den Abschluss eines entsprechenden Vertrages.

Schließlich eröffnete von Oppenheim 1930 sein privates „Tell Halaf-Museum" in einer stillgelegten Eisengießerei in Berlin-Charlottenburg. Im November 1943 wurde das Museum durch schwere Luftangriffe auf Berlin stark zerstört – ein Großteil der steinernen Denkmäler zersprang durch die Hitze des Feuers und die anschließenden Löschmaßnahmen in tausende Stücke.

Tragisch an dieser Geschichte ist, dass die 3.000 Jahre alten Zeugnisse syrischer Kultur auf der Museumsinsel den Krieg vermutlich weitgehend unbeschadet überstanden hätten!

Erst heute wissen wir, welches Glück im Unglück es doch war, dass Max von Oppenheim sich damals umgehend entschloss, die Trümmer der einst so imposanten Monumentalskulpturen zu bergen und als Schüttgut in den Rohrkellern des Pergamonmuseums einlagern zu lassen.

Als man sich 2001 daran machte, die über ein halbes Jahrhundert nicht weiter beachteten Bruchstücke im Rahmen eines umfangreichen Restaurierungsprojekts zu bearbeiten, war nicht abzusehen, dass sich daraus ein Vorhaben entwickeln würde, das durchaus mit der Rekonstruktion der Prozessionsstrasse und des Ischtartores von Babylon Ende der 1920er Jahre vergleichbar ist. Die wieder zusammengefügten Skulpturen werden künftig nicht nur als langfristige Leihgabe der Max von Oppenheim-Stiftung den Sammlungsbestand des Vorderasiatischen Museums beträchtlich erweitern, sondern die Rekonstruktion der Vorderfassade des West-Palastes vom Tell Halaf wird auch im Zuge der Generalsanierung des Pergamonmuseums den neuen Zugang zum Vorderasiatischen Museum bilden. Den berühmten Architekturdenkmälern des Hauses wird damit ein weiteres außergewöhnliches Zeugnis antiker Bau- und Bildhauerkunst hinzugefügt. Wir können gespannt sein!

Voraussetzungen für den Erfolg des Projektes waren eine kontinuierliche und solide Drittmittelfinanzierung durch private und öffentliche Förderer. Mein ausdrücklicher Dank gilt der Sal. Oppenheim-Stiftung, der Alfred Freiherr von Oppenheim-Stiftung, dem Bankhaus Sal. Oppenheim jr. & Cie., der Deutschen Forschungsgemeinschaft sowie dem Auswärtigen Amt. Herzlich danken möchte ich der Eigentümerin dieser Schätze, der Max Freiherr von Oppenheim-Stiftung und Baron Christopher von Oppenheim, der sich für den dauerhaften Verbleib der Skulpturen im Vorderasiatischen Museum so engagiert eingesetzt hat. Die Direktorin des Vorderasiatischen Museums, Beate Salje, ihre Mitarbeiter Nadja Cholidis und Lutz Martin sowie der Restaurator Stefan Geismeier haben sich in den letzten Jahren unermüdlich für die Wiederherstellung der Objekte aus Tell Halaf und die Präsentation in dieser sehr gelungenen Ausstellung eingesetzt. Ihnen gilt meine besondere Anerkennung.

Grußwort

Professor Dr.-Ing. Matthias Kleiner, Präsident der Deutschen Forschungsgemeinschaft, Bonn

Der Tell Halaf zählt zu den bedeutendsten archäologischen Orten im modernen Syrien. Zu verdanken ist dies dem Engagement des deutschen Diplomaten und Privatgelehrten Max Freiherr von Oppenheim, der vor genau 100 Jahren die wissenschaftliche Erforschung des antiken Guzana begann. Die von ihm zwischen 1911 und 1913 und dann letztmalig 1929 durchgeführten Ausgrabungen förderten einzigartige Skulpturen der Eingangsfassade eines ins frühe 1. Jahrtausend v. Chr. zu datierenden Palastes und aus Grabanlagen zutage. Daneben wurden aber die noch viel älteren Siedlungsschichten, die im Verlauf der Ausgrabungen entdeckt wurden, namensgebend für die sogenannte spätjungsteinzeitliche Halaf-Kultur (ca. 6000–5300 v. Chr.).

Oppenheim musste bei seinen Ausgrabungen viel privates Vermögen investieren, um seine Arbeiten durchführen zu können – eine Unterstützung, wie sie heute die Deutsche Forschungsgemeinschaft (DFG) der Wissenschaft bietet, gab es damals noch nicht.

Die 1927 im Rahmen einer Fundteilung nach Deutschland gesandten Steinbildwerke brachte der Forscher in einem eigens dafür gestalteten Museum in Berlin unter. Als 1943 durch alliierte Bomben dieses Haus in Schutt und Asche fiel, zerbarsten im Feuer auch die Exponate. 1944 verbrachte man die Bruchstücke in ein Depot des Pergamonmuseums, wo sie – auch aufgrund der politischen Verhältnisse im Nachkriegsdeutschland – bis in die 1990er Jahre weitgehend unbeachtet blieben.

In einem auch von der DFG geförderten Vorhaben gelang es schließlich zwischen 2001 und 2010 die mehr als 27.000 Fragmente wieder zu den früheren Bildwerken zusammenzufügen – ein beeindruckendes Puzzle, zu dem ich den verantwortlichen Wissenschaftlerinnen und Wissenschaftlern des Vorderasiatischen Museums und ihrem Restauratorenteam gratuliere. Diese einmaligen Kunstzeugnisse bilden den Mittelpunkt der Ausstellung. Sie zeigen auch, dass Museen nicht nur Orte der Vermittlung von Forschung, sondern zugleich auch Orte der Forschung selbst sind.

Die DFG unterstützt seit 2006 auch die vom Vorderasiatischen Museum in Zusammenarbeit mit den Universitäten Tübingen und Halle neu aufgenommenen Ausgrabungen auf dem Tell Halaf, die als ein deutsch-syrisches Kooperationsunternehmen durchgeführt werden. Mit verfeinerten Methoden und in interdisziplinärer Zusammenarbeit zwischen Archäologen und Naturwissenschaftlern werden hier neue Einblicke in die Siedlungsgeschichte der altorientalischen Stadt gewonnen – ein faszinierendes Unternehmen, das an die Pionierleistung des Forschers Max von Oppenheim anknüpft.

In diesem Zusammenhang ist ein ganz besonderer Dank an die syrische Antikenverwaltung zu richten, die nach mehr als sieben Jahrzehnten wiederum einem deutschen Team die Grabungslizenz übertragen hat und in hervorragender Weise das gemeinsame Vorhaben fördert. Sie hat es auch ermöglicht, dass erste Ergebnisse dieser neuen Ausgrabungen in diese Ausstellung einfließen konnten.

Im Namen der DFG wünsche ich der Ausstellung viele interessierte Besucherinnen und Besucher und den deutsch-syrischen Ausgrabungen weiterhin viel Erfolg und neue spannende Erkenntnisse über die Geschichte einer Region, die uns immer wieder in ihren Bann zu ziehen vermag.

Grußwort

Dr. Arend Oetker, Präsident des Stifterverbandes für die Deutsche Wissenschaft, Essen

Ungebrochen sind Zauber und Faszination, die von Reiseberichten und Entdeckungen mutiger und neugieriger Frauen und Männer ausgehen. Sie sind Anlass für Träume und Ausgangspunkt, es diesen Menschen nachzutun, Unbekanntes zu erkunden oder der eigenen wie fremder Kulturen Vergangenheit nachzuspüren, sie zu rekonstruieren und zu erklären.

Dies wurde jüngst eindrucksvoll in der Ausstellung „Das große Spiel. Archäologie und Politik" in Szene gesetzt – eines der Projekte, das in der Kulturhauptstadt Ruhr 2010 im neuen Ruhrmuseum auf Zeche Zollverein mit großem Erfolg präsentiert wurde. Im Begleitbuch zur Ausstellung – erschienen unter identischem Titel und herausgegeben von Charlotte Trümpler[1] – wird eindrucksvoll die Geschichte der Archäologie im 19. und 20. Jahrhundert vermittelt, ihre Verflechtungen mit nationalen, ökonomischen oder kolonialen Interessen und Bestrebungen offen gelegt – eben die Beziehungen zwischen Archäologie und Politik in einem weiten Sinne. Und es wird gefragt, wer denn diese archäologischen Pioniere waren, welche Motive sie bewegten und wie diese Unternehmungen finanziert wurden. Fragen, die erst in jüngerer Zeit in dieser Schärfe in den Blick der Forschung geraten sind. Einer der Pioniere, die nicht zuerst professionelle Archäologen waren, sondern ganz andere biographische Hintergründe hatten, war Max von Oppenheim, dessen knapper biographischer Skizze im Ausstellungsbegleitbuch Gabriele Teichmann den sprechenden Titel „Max Freiherr von Oppenheim – Archäologe, Diplomat, Freund des Orients" gegeben hat.[2]

Im Jahre 2011 werden es 100 Jahre sein, dass Max von Oppenheim seine Grabungen in Tell Halaf begann und sensationelle Funde zu Tage förderte, für die er 1930 in Berlin sein Tell Halaf-Museum gründete, das 1943 zerbombt wurde. Zwar konnten die Trümmer der Steinbildwerke damals gesichert, aber erst zwischen 2001 und 2010 in vorbildlicher Weise rekonstruiert werden.

Wenn im Jahre 2010 ein großer Band erscheinen konnte, der Tell Halaf und die Rekonstruktion der Basaltdenkmäler minutiös beschreibt und präsentiert,[3] dann ist für Max von Oppenheim bereits ein Teil der Forderung erfüllt, die einzelnen Forscherpersönlichkeiten intensiver in den Blick zu nehmen. Mit dem vorliegenden Sammelband wird dieses Anliegen in bemerkenswerter und vorbildlicher Weise weiter verfolgt. Damit wird Max von Oppenheim, der auch selbst zu Worte kommt, im 100. Jahr seit Grabungsbeginn ein bleibendes Denkmal gesetzt.

Ich freue mich besonders darüber, dass die schwierige Restaurierung der Skulpturen und Reliefplatten vom Tell Halaf, die auch Grundlage dieses Werkes ist, sich der verantwortungsvollen und vorbildlichen Zusammenarbeit von Wissenschaft und einer sich dem wissenschaftlich-kulturellen Erbe verpflichteten Wissenschaftsförderung verdankt. Die geradezu als Geschwisterorganisationen vor 90 Jahren gegründete Deutsche Forschungsgemeinschaft (DFG) und der Stifterverband für die Deutsche Wissenschaft – in Form der Alfred Freiherr von Oppenheim-Stiftung und der Sal. Oppenheim-Stiftung – haben durch substanzielle Förderung ebenso zum Gelingen beigetragen wie das Bankhaus Sal. Oppenheim in Köln und auch das Auswärtige Amt. Dies ist ein bemerkenswertes Beispiel dafür – und zugleich ein hoffnungsvolles Zeichen für die Zukunft –, wie effizient öffentliche und private Förderer kooperieren und auf Herausforderungen gemeinsam reagieren können.

Wir dürfen uns freuen, das Werk Max von Oppenheims bald wieder erleben zu dürfen und in seiner ganzen Bedeutung verstehen zu können.

---

1 Charlotte Trümpler (Hrsg.): Das große Spiel. Archäologie und Politik im Zeitalter des Kolonialismus (1860–1940), Essen/Köln 2008.

2 Gabriele Teichmann: Max Freiherr von Oppenheim – Archäologe, Diplomat, Freund des Orients, ebd. S. 239–249.

3 Nadja Cholidis/Lutz Martin (Hrsg.): Tell Halaf. Im Krieg zerstörte Denkmäler und ihre Restaurierung, Tell Halaf V, Berlin/New York 2010.

Grußwort

Christopher Freiherr von Oppenheim, Köln

In meiner Kindheit war Onkel Max eine verschwommene Figur. Ein Ur-Onkel ohne sichtbares Leben oder Werk, ein Ahn von dem keiner genau wusste, wer er wirklich gewesen war. Lediglich ein paar Anekdoten tauchten in unserer reichen, wechselhaften Familiengeschichte auf. Von einem Harem in Kairo flüsterte man hinter vorgehaltener Hand und von seinen für immer verloren geglaubten Schätzen vom Tell Halaf.

Im tiefsten Winkel des großelterlichen Parks standen zwei antike Säulen, vertieft in einen geheimnisvollen Dialog über ihre Herkunft, die keiner der Erwachsenen zu entschlüsseln vermochte. Während seines Begräbnisses 1946 in Landshut tauchten, so wurde uns Kindern erzählt, aus dem Nebel Beduinenfürsten auf, um sich aus der Distanz von ihrem europäischen Verbündeten schweigend zu verabschieden.

Auf seinem Grabstein steht in Ornamentschrift gemeißelt:
„Hier ruht in Gott ein Mann, der die Wissenschaft, den Orient, die Wüste und den von ihm entdeckten und ausgegrabenen Tell Halaf geliebt hat.“

Wie wahr diese Inschrift ist, erfuhr ich erst im Jahre 2001 durch meine Mitwirkung an dem Buch „Faszination Orient“, welches parallel zur gleichnamigen Ausstellung im Rautenstrauch-Joest-Museum herauskam. Die Bedeutung dieses ungewöhnlichen Onkels, dessen Leben sich in einer anderen Welt wie auf einem anderen Planeten bedeutsam abgespielt hatte; seine Leistungen, sein Lebenswerk schälten sich aus den Schichten der Vergessenheit. Aus dem Statisten auf der Bühne der Familiengeschichte entstand ein Hauptdarsteller in einem ganz neuen aufregenden Stück, bevölkert von sagenhaften Charakteren, Schauplätzen und Heldentaten.

Als das Vorderasiatische Museum in Person von Herrn Dr. Lutz Martin an mich herantrat mit der Aussicht, die Überreste der großen Steinfiguren vom Tell Halaf wieder zum Leben zu erwecken, als Frau Dr. Nadja Cholidis aus dem großen Trümmerhaufen, diesen tausenden von Gesteinsbrocken, ein eigenes Lebenswerk zu schaffen versprach, gab es kein Zögern. Die Familie und die Bank waren begeistert und sicherten dem gewaltigen Projekt Unterstützung zu, zumal der Architekt Oswald Matthias Ungers plante, die Palastfassade des Tell Halaf und die dann rekonstruierten Steinbildwerke in den Erweiterungsbau des Pergamonmuseums zu präsentieren.

Mein Dank gilt Prof. Dr. h.c. Klaus-Dieter Lehmanns, damaliger Präsident der Stiftung Preußischer Kulturbesitz, und Prof. Dr. Peter-Klaus Schuster, Generaldirektor der Staatlichen Museen, die das Projekt von Anfang an mit Begeisterung begleiteten. Dies gilt ebenso ihren Nachfolgern Prof. Dr. Hermann Parzinger und Prof. Dr. Michael Eissenhauer, welche versprechen, den gewaltigen Steingöttern vom Tell Halaf eine neue, würdige Heimat im Vorderasiatischen Museum zu geben.

Die Ausstellung „Die geretteten Götter aus dem Palast vom Tell Halaf“ ist das Tor zu einer Reise des Betrachters in die verborgene Welt Max von Oppenheims. Gerechtigkeit für ein Lebenswerk im Orient, welches die jüngere Geschichte des Okzidents zerschlagen hatte.

Vorwort der Herausgeber

„Du hast Denkmäler aus uralter Zeit lebendig gemacht und wirst Denkmäler von gleicher Bedeutung hinterlassen.“

Taufik Massarra

Diese Worte galten Max Freiherrn von Oppenheim, der am 15. Juli 1930 nicht nur seinen 70. Geburtstag feierte, sondern auch sein privates Tell Halaf-Museum in Berlin-Charlottenburg eröffnete. Die *„Denkmäler aus uralter Zeit“* hatten einen weiten Weg von Nordost-Syrien an die Spree zurückgelegt und noch ein schreckliches Schicksal vor sich: Als im November 1943 das Tell Halaf-Museum durch eine Brandbombe zerstört wurde, schien sich der Wunsch des arabischen Gratulanten gleichsam in Rauch aufzulösen. Während in Syrien die Erinnerung an *„el baron“* bis heute lebendig blieb, geriet der Gelehrte in seiner Heimat zunehmend in Vergessenheit. Auch die Existenz der Trümmer, die nach der Bergung 1944 in die Keller des Pergamonmuseums gebracht wurden, war nur noch wenigen Fachleuten bekannt.

Obwohl die Erfolgsaussichten zu Beginn der Restaurierungsarbeiten 2001 durchaus ungewiss waren, fanden sich Förderinstitutionen und Mitarbeiter, die die Herausforderung annahmen und Oppenheims Vision von einer Wiederherstellung seiner Sammlung teilten. Engagement, Ausdauer und Leidenschaft sollten belohnt werden: Nur zehn Jahre später erhält Berlin – wenn auch nur für die Dauer von acht Monaten – ein neues Tell Halaf-Museum im Nordflügel des Pergamonmuseums.

Es ist uns eine große Freude, die 3000 Jahre alten Götter, Löwen und Fabelwesen wieder der Öffentlichkeit vorzustellen. Die Skulpturen und Reliefplatten ergänzen hervorragend die späthethitisch-aramäischen Zeugnisse aus Samʿal/Zincirli, einem weiteren bedeutenden Fürstensitz aus dem frühen 1. Jahrtausend v. Chr. Bereits 1914 wies der Gründungsdirektor der Vorderasiatischen Abteilung, Friedrich Delitzsch, auf die „epochemachende Bedeutung“ der Originalbildwerke und Gipsabgüsse vom Tell Halaf für den Ausbau seines Hauses hin. Der direkte Vergleich wird erst nach Vollendung der Generalsanierung des Pergamonmuseums 2025 möglich sein.

Taufik Massarra schmiedete seine Glückwünsche 1930 *„lauter wie Gold“* über Oppenheim, der durch *„Taten und literarische Werke die Blicke zu verführen wusste“*. Die Herausgeber möchten mit der Ausstellung und dem Begleitband die Blicke der Besucher und der Leser verführen, Max von Oppenheim und seinen Tell Halaf neu zu entdecken.

Unser großer Dank gilt der Familie von Oppenheim, allen Förderinstitutionen, den Staatlichen Museen zu Berlin und den Leihgebern im In- und Ausland. Max von Oppenheim nannte alle Mitarbeiter, die dem Tell Halaf in besonderer Weise verbunden waren, *„Tell Halafianer“*. Damit brachte er seine Wertschätzung und Dankbarkeit zum Ausdruck. Wir möchten abschließend allen Tell Halafianern danken, die die Restaurierung und Ausstellung ermöglichten.

Nadja Cholidis
Lutz Martin

I

Max von Oppenheim – Zwischen Pflicht und Abenteuer

In die Welt hinaus – Max Freiherr von Oppenheim (1860–1946)

Wolfgang Röllig, Tübingen

Er ist ein Sonntagskind und – wie es sich für ein Sonntagskind gehört – es gelingt ihm alles. Zu allererst: Er hat sich die richtigen Eltern erwählt, Paula und Albert von Oppenheim, in dritter Generation Teilhaber des Bankhauses Sal. Oppenheim jr. & Cie., seit 1798 ansässig in Köln und dort hoch angesehen. Am 15. Juli 1860 wird ihnen Max als zweiter Sohn geboren, und er ist natürlich ein Hoffnungsträger seines Vaters, der Erbe der wohlfundierten Bank. Aber es sollte anders kommen. Max, inzwischen Schüler des altehrwürdigen Apostelgymnasiums in Köln, erhält als Weihnachtsgeschenk eine Übersetzung der Märchen aus 1001 Nacht in vier Bänden, die er *„mit Begeisterung las und studierte. Hierdurch wurde in mir der Gedanke, Forschungsreisender, und zwar im islamischen Orient zu werden, immer mehr bestärkt.“* So schreibt er selbst in seinen unveröffentlichten Lebenserinnerungen, und er wird darin durch den Zeitgeist unterstützt. Doch zunächst folgt Max dem Rat seines Vaters und studiert Jura, wobei er *„immer an die [...] mir stets vorschwebende eigentliche Lebensaufgabe der Forschertätigkeit in Afrika oder im nahen Osten“* denkt. So unternimmt er bereits 1886 eine damals keinesfalls selbstverständliche Reise, die ihn über Rom und Sizilien nach Tunesien, Algerien und Marokko führt. Er gelangt, auf den Spuren von Gerhard Rohlfs [siehe auch Beitrag von Ch. Trümpler] nach Wezzan, durch das Rif-Gebirge nach Fez und ins Atlas Gebirge, schließlich quer durchs Land nach Tetuan und zurück nach Tanger. Schon dabei ist er sich der Besonderheit seiner Unternehmung bewusst und verfasst einen Reisebericht, der allerdings unveröffentlicht bleibt.

Von Köln nach Kairo

Max von Oppenheim (**Abb. 1**) bleibt bei seiner, wie es sein Vater ausdrückt, *„tragischen Passion“* und vermag offenbar Rohlfs dazu zu überreden, sich für ihn bei seinem Vater einzusetzen, so dass dieser schweren Herzens zustimmt, dass sein Sohn sich 1891 von seinem Regierungsamte beurlauben lässt und Vorbereitungen für eine Expedition zum Tschadsee trifft. Bereits in Berlin hatte er damit begonnen, Arabisch zu lernen. 1892 kommt er nach Alexandria, wenig später nach Kairo. *„Ich wollte durchaus wirklich gut Arabisch sprechen lernen und mehr als das, die Sitten und Gebräuche der Mohammedaner [...] studieren, ferner in den Geist des Islams eindringen, [...] um meine Forschungsexpedition [...] erfolgreich durchzuführen.“* Deshalb nimmt er sich nicht nur einen Lehrer fürs Arabische, sondern mietet sich auch ein Haus in der Altstadt, wo er *„eine vortreffliche schwarze Köchin, die natürlich nur die arabischen Eingeborenen-Gerichte kannte“*, und einen arabischen Diener engagiert. Nachdem er so eine solide Grundlage für seine Arbeit geschaffen hat und der Versuch, nach Afrika vorzudringen, gescheitert war, bricht er im Juni 1893 zu seiner ersten großen Reise auf. Diese führt ihn von Damaskus aus am Rande der Syrischen Wüste entlang bis nach Mossul am Tigris, dann zu Schiff nach Bagdad, zum Persischen Golf und über Maskat, Aden, Sansibar und Deutsch-Ostafrika wieder zurück nach Kairo. Da er *„mehr als die Hälfte des Landweges auf noch nicht vor mir von einem Europäer betretenen Wegen“* zurücklegt und sorgfältig Tagebuch führt, seine Beobachtung zu den geographischen Verhältnissen, historischen Stätten, den Lebensgewohnhei-

1 Der Gelehrte Max von Oppenheim, Porträt von E. Kossuth, Öl auf Leinwand, 1927 (Rautenstrauch-Joest-Museum, Köln)

ten, zur wirtschaftlichen und politischen Situation der Bewohner des Landes, vor allem der damals noch vorherrschenden Beduinen, sorgfältig vermerkt, kann er diesen Reisebericht bereits 1899 in zwei Bänden unter dem Titel „Vom Mittelmeer zum Persischen Golf" publizieren – eine auch heute noch, nun allerdings als Dokument einer vergangenen Epoche, sehr interessante Lektüre.

Bereits am 14. März 1896 ändert sich seine persönliche Situation grundlegend, als er als Attaché dem Kaiserlichen Generalkonsulat für Ägypten in Kairo zugeteilt wird, wo er später Legationsrat wird [siehe auch Beitrag von S. Oberhaus]. Er führt, wie er selbst es nennt, ein Doppelleben, nämlich ein „*europäisches Leben als Mitglied der großen Cairener Diplomatenwelt*" und „*das Sonderleben innerhalb der Eingeborenenwelt,* [wo er] *ganz anders wie andere Diplomaten mit den Eingeborenen verkehren*" kann, denn seine Kollegen waren „*fast niemals in der Lage, die wirkliche Stimmung und die Gefühle der Araber zu verstehen*". Sie waren auf die Hilfe von Dolmetschern angewiesen und erhielten deshalb oft „*mehr oder weniger absichtlich falsche Berichte. Alles dies fiel bei mir weg.*" Nicht ohne Stolz verweist Oppenheim hier auf seine Kompetenz, die er sich durch sein Leben im arabischen Milieu erworben hat und die ihm offensichtlich selbstverständlich ist – nicht aber den sonstigen Angehörigen der Botschaft. Dass ihm das alles keine reine Liebhaberei ist, sondern ihn ein echtes wissenschaftliches Interesse leitet, das größere Ziele verfolgt, vermerkt er in seinen Memoiren. „*Es liegt auf der Hand, dass ich in Kairo meine Beziehungen zu den dortigen Beduinenscheichen weiter vertieft habe, begann ich doch schon während meiner damaligen Dienstzeit den Plan zu verfolgen, ein größeres Werk über die Beduinenstämme Vorderasiens, ihr Leben, ihre Sitten und Gebräuche zu schreiben.*" Sicher ist er sich damals nicht im Klaren darüber, welches gewaltige Unterfangen er sich damit auflädt, wenn er auch „*aus Arabien hierher gekommene echte Beduinen*" befragt, Einzelheiten über ihr Wirtschaften, ihre Lebensumstände, ihre genealogischen Zusammenhänge notiert, „*genaue Aufzeichnungen über die Entwicklung der Machtverhältnisse auf der arabischen Halbinsel und vor allem im Inneren derselben*" macht. Jahrzehnte später wird er in einem monumentalen, vier Bände umfassenden Werk „Die Beduinen" seine Erhebungen auswerten und damit einer Kultur ein Denkmal setzen, die sich inzwischen grundlegend geändert hat, die tatsächlich verschwunden ist (**Abb. 2**).

Spektakuläre Entdeckung

Im Übrigen scheint Max von Oppenheim bei seiner Arbeit im diplomatischen Dienst, die immerhin auch Reisen nach Paris, Washington, in den Maghreb und nach Konstantinopel einschließt, seine eigenen Interessen energisch weiter verfolgt zu haben, zumal er dank der großzügigen Förderung durch seine Familie finanziell unabhängig bleibt. Am 11. Juni 1899 bricht er zu seiner nächsten Forschungsreise (**Abb. 3**) auf, die ihn von Damaskus über Homs und Aleppo zunächst nach Urfa, dem alten Edessa führt, von wo aus er weiter zum Habur-Fluss zieht, der an der heutigen Grenze zwischen Syrien und der Türkei entspringt. Das ist in der Zeit um die Jahrhundertwende eine unruhige

Gegend. Die Hohe Pforte, also der Sultan Abdul Hamid II., kann das große Osmanische Reich nur dadurch unter Kontrolle halten, dass er regionalen Vertretern der Zentralregierung große Rechte einräumt. Hier ist es Ibrahim Pascha (**Abb. 4**), der mächtige Scheich des großen beduinischen Stammesverbandes der Milli, der in Nordsyrien das Regiment führt – und dessen Gast und Freund Max von Oppenheim wird. Dennoch ist er mit seiner Karawane beim Marsch durch die Steppe immer wieder von räuberischen Beduinen bedroht, die es auf Hab und Gut der Reisenden abgesehen haben, die aber regelmäßig einlenken, wenn Oppenheim sie in fließendem Arabisch davon in Kenntnis setzt, wessen Freund er ist – und von wem sie folglich Sanktionen zu erwarten haben.

Im Zelt von Ibrahim Pascha war es dann auch, wie Oppenheim selbst berichtet, dass *„mir von merkwürdigen Steinbildern erzählt* [wurde], *die auf einem Hügel bei dem Dörfchen Ras el-Ain, dem „Quellkopf" des Chabur, gefunden worden wären. Das Dorf war von Tschetschen bewohnt, aus dem Kaukasus stammenden, mit den Tscherkessen verwandten Mohammedanern* [...]. [Sie] *hatten, so wurde mir berichtet, vor einigen Jahren einen Toten auf dem Hügel bestatten wollen. Dabei waren sie auf steinerne Tierbilder mit Menschenköpfen gestoßen. Voll abergläubiger Scheu schütteten sie das Loch wieder zu und bestatteten die Leiche an einer anderen Stelle. In demselben Jahr wurde die Gegend durch Regenmangel, Heuschreckenschwärme und Cholera heimgesucht. Dies schrieben die Tschetschen den bösen Geistern zu, die in den Steinbildern gehaust hätten und frei geworden wären. Infolgedessen vermieden sie es ängstlich, von den Steinbildern zu sprechen, aus Furcht, dass man die Fabelwesen nochmals ausgraben und dadurch wieder Unglück über sie bringen könne. Sofort beschloss ich, dieser Angelegenheit nachzugehen.*"[1]

Noch ahnt Oppenheim nicht, dass er nun vor der größten Aufgabe seines Lebens und einer ungewöhnlichen Entdeckung steht. Er setzt seine Reise fort und erreicht nach vier Tagen und acht Bedui-

2 Oppenheim (in weißem Anzug) und sein Sekretär Heinrich Hänicnen zu Gast im Zelt von Sottām Ibn Schalān, 1899 [Aufnahme O. Möller]

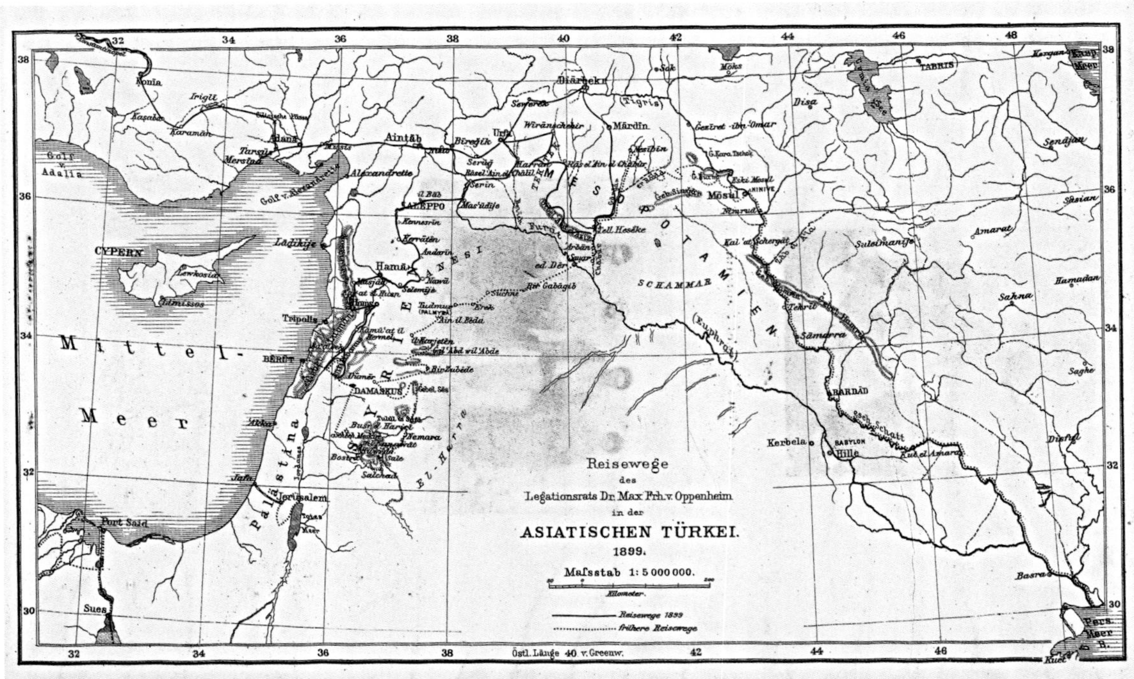

3 Karte der Reiseroute von 1899

nenüberfällen Ras el-Ain, heute eine Kleinstadt, damals ein Dorf, wo er beim Muchtar, dem Dorfschulzen, zunächst gastfreundlich aufgenommen wird. Als er sich nach den Steinbildern erkundigt, schlägt ihm eisiges Schweigen entgegen. Selbst beim Schwur auf den Koran will keiner etwas von den Funden wissen. *„Nun spielte ich meinen letzten Trumpf aus. Ich erhob mich und rief mit gellender Stimme meine Leute, die mich begleitenden Soldaten und Beduinenführer herbei. Ich brüllte einen Fluch auf meine Wirte, die auf den Koran falsch geschworen hätten. Ich sagte ihnen auf den Kopf zu, dass sie bei Beerdigung eines Toten dicht bei Ras el Ain auf die Steinbilder gestoßen seien* [...] *Nun gab es eine dramatische Szene: Alle Tschetschen erhoben sich. Einzelne zogen die langen schmalen Dolchmesser: Etwas Derartiges war den jähzornigen, stolzen Kaukasiern noch nicht begegnet. Meine Soldaten sprangen mir zur Seite. Die Lage wurde bedrohlich. Ich rief den Tschetschen zu, sie sollten ihrem Falscheid nun noch die Tötung des Gastes im eigenen Hause hinzufügen. Im letzten Augenblick traten drei alte Tschetschen und die Führer dazwischen, die mir von Ibrahim Pascha mitgegeben worden waren* [...]“.[2]

Schließlich bringen diese Leute ihn am 19. November 1899 zum Ruinenhügel Tell Halaf – *„am Abend vorher waren wir nichts ahnend an diesem Hügel vorbeigezogen, als wir bei einer oberhalb gelegenen Furt den Chabur überschritten* [...]“.[3] Jetzt wird rasch und ganz provisorisch, denn Oppenheim besitzt ja keine Grabungserlaubnis, an bestimmten Stellen nachgegraben und *„ich konnte bereits in dieser kurzen Zeit einen Teil der großen Hauptfassade des Tempelpalastes freilegen und* [...] *die Reste einiger Rundstatuen entdecken.“*[4] Schon ist ihm klar, dass er hier vor einer großen und ganz neuartigen Entdeckung steht – aber er lässt alles Ergrabene (**Abb. 5**) wieder zuschütten und setzt seine Erkundungsreise fort, die ihn in das Abd el-Aziz-Gebirge führt, wo ihm in späteren Jahren noch der spektakuläre Fund von monumentalen Plastiken des 3. Jahrtausends v. Chr. [SIEHE BEITRAG VON U. DUBIEL UND K. ZIMMERMANN] gelingt, und weiter zum Zusammenfluss von Habur und Djardjar, wo er den Anschluss an seine Erkundungsreise von 1893 findet, ehe er sich über Mardin und Urfa nach Adana (**Abb. 6**) und Konia in den Südosten der Türkei begibt.

4 Ibrahim Pascha, Oberscheich der Milli-Kurden, mit seinen Söhnen, 1899 [Aufnahme O. Möller]

5 Auf dem Tell Halaf stieß Oppenheim am 19. November 1899 auf die Reste eines 3000 Jahre alten Palastes, [Aufnahme O. Möller]

6 Die siebenmonatige Forschungsreise war sehr erfolgreich: Max von Oppenheim (Mitte) brachte über 500 Inschriften und fast 2000 fotografische Aufnahmen mit, Adana 1899 [Aufnahme O. Möller]

Vom Diplomaten zum Ausgräber

Obwohl sich Max von Oppenheim den Hügel 1899 für spätere Ausgrabungen (**Abb. 7**) reserviert hatte, waren indessen auch die türkischen Instanzen, die nationale Interessen verfolgten, da durch die intensivierte Ausgrabungstätigkeit das Prestige des Osmanischen Reichs gestärkt wurde, auf den Tell Halaf aufmerksam geworden: „*Aber zehn Jahre später* (1909) *erklärten die Türken, dass sie von anderen Nationen gedrängt würden und mir meinen Tell Halaf nicht länger zur Verfügung halten könnten. Da zog ich meinen Diplomatenrock aus und wurde Ausgräber.*“[5] So beschreibt er die entscheidende Wende in seinem Leben, die ihn auf eine ganz andere und überaus erfolgreiche Bahn führt. Sofort beginnt er damit, seine Expedition sorgfältig vorzubereiten. Da das Engagement des Deutschen Reiches mit den bereits angelaufenen oder geplanten Ausgrabungen im Vorderen Orient erschöpft ist, kann Oppenheim von dieser Seite keine finanzielle Unterstützung erwarten. So ist er auf sein nicht unbeträchtliches Privatvermögen angewiesen, um eine zeitgemäße Expedition auszustatten.

In Berlin, wo er nach dem Ausscheiden aus dem Auswärtigen Amt wohnt, wirbt er 1911 einige erfahrene Ausgräber – vor allem Architekten –, aber auch einen Arzt, einen Fotografen und seinen persönlichen Sekretär [SIEHE BEITRAG VON N. CHOLIDIS] an, denn er hat sich angewöhnt, alle seine Unternehmungen und natürlich auch seine Akquisitionen sorgfältig zu beschreiben – ein Schatz an Informationen, der leider später fast völlig vernichtet wird. In Beirut kommen noch als persönlicher Diener ein alter Bekannter, ein Libanese namens Tannus Maluf [SIEHE BEITRAG VON M. V.

7 Firman und Quittung: Die Ausgrabungskonzession für den Tell Halaf, Konstantinopel 1915

Anl. 2 zu Ber. Botschaft Pera vom 7.1.15, J.Nr. 6508

Tell Halaf

معارف عمومیه نظارتی

تدریسات عالیه دائره سی قلم مخصوصی

شعبه ۲

خصوصی نومرو

عمومی نومرو

خلاصه

المانیا آثار عتیقه متخصصلرندن بارون ماکس وون اوپنهایمك زورسیحاقی داخلنده اُس لیعه قضاسنده تل خلف نام محلده اجرا ایلمکده اولدیغی حفریاته مدت نظامیه سی ۹ ... تاریخنده

ختامبولمش اولدیغندن بداسنده اعتباراً بر سنه مدتله تجدیدینه دائر اراده سنیه حضرت پادشاهی شرف صدور بیورلمغله ۱۸ مارت ۳۳۰ تاریخلی و یوز اللی اوچ خصوصی نومرولو

تذکره سامیه ایله زیاره حیلمه وقوع تظاهرسی ولاده وولیرای عثمانی بالاخذ ابراز قیلدیلدیکی موزه همایون مدیریتنه ... تاریخلی $\frac{6706}{557}$ نومرولو تذکره سنده

اکمال اولنمقده اولان آثار عتیقه نظامنامه سی احکامنه توفیقاً اخراج اولنه جق آثار عتیقه کاملاً دولت علیه موزه سنه عائد اولمق و متحری بالکز رسم و قالبلرینی آلمق ایله ... و ...

ایده جک آثارک کافه سی تعیین اولنه جق مأمور واسطه سیله حکومت محلیه نظارتنه ایده جکی بر محله قونیلمه رق بو محله حافظ ... و آثار مذکوره یی تدقیق و تتبعه حق اولمق و ... علیه

حفریاته بعد الشروع دولتجه بر محذور کوریلورسه موقتاً تعطیل ایدیلور ... ونظامات ... و اثنای حفریاتده موزه طرفندن بولنمق ... حفریاته بعد الشروع ... تعطیل ایدیلورسه رخصتنامه حکمی

مأمورك معاشی متحری یه عائد اولمق و اوچ ماه ظرفنده بلا عذر حفریاته مباشرت ایدلمز یاخود مباشرت اولنوب ده بلا مانع ایکی آی تعطیل ایدیلورسه رخصتنامه حکمی ... قلاع و استحکامات

منفسخ اولمق و رخصتنامه آخره ترك و بیع ایدیلمه مك و الحاصل مذکور نظامنامه ده مندرج کافه احکامه رعایته مجبور بولنمق و علی الخصوص محل حفریاته ... و امثالی تقلیقاتنده

واماکن عمومیه یه مجاور اولمیه رق بونلره ابراث خسار ایتمه مك و متحری آثار عتیقه نظامنامه سی خارجنده اولرق اتیقه ... بر قسم کذیه ... قشیه یای روبرنجی

بولنمق شرطیله و حکومت محلیه ایله محلی حفریاته قومیسری طرفندن تصدیق اولنه جق اشبو مباشرت تاریخی بیلدیرلمك و اوچ یوز اوتوز سنه سی ... علی قلندی

کوننده اعتباراً بر سنه مدتله حکمی جاری اولمق اوزره اشبو رخصتنامه بارون ماکس وون اوپنهایمه اعطا قلندی

۱۰ محرم ۳۳۳ و ... تشرین ثانی ۳۳۰

یازیلاجق تحریرات جوابیه یه تاریخ و نومرولرك و هانکی مأمورك هانکی شعبه سی افاده سیله یازلدیغنك و بالاسنه خلاصه سنك درجی رجا اولونور .

* *

205 1/15

8 Zurück in Berlin bezog Oppenheim eine repräsentative Wohnung am Kurfürstendamm 203

Oppenheim], und der Vertreter der türkischen Regierung, Durri Bey, hinzu. In Aleppo wird nach sorgfältig überlegtem Plan die Ausrüstung für die Grabung zusammengestellt beziehungsweise vervollständigt. Eine Feldbahn zum Abtransport der bei der Grabung anfallenden Erd- und Schuttmassen wird später aus Deutschland nachgeschickt. Schließlich macht sich eine Karawane von 1000 Kamelen auf den Weg zum Tell Halaf. Oppenheim selbst reist auf anderem Wege – euphratabwärts bis Der ez-Zor und von dort den Haburfluss entlang – zum Tell Halaf, um seine früheren Beobachtungen in der damals noch weithin unbewohnten Gegend zu präzisieren.

Leicht ist das Leben auf der Grabung nicht [siehe Beitrag R. Heitmann], denn in der damals noch fast menschenleeren Gegend kann die Versorgung selbst mit Lebensmitteln des täglichen Bedarfs wie Mehl oder Reis nur durch Transporte über viele Kilometer Distanz bewerkstelligt werden, die noch dazu vor Räubern gesichert werden müssen. Auch Krankheiten, durch das ungewohnte Klima und durch verseuchtes Wasser gefördert, grassieren zuweilen und setzten selbst Max von Oppenheim schwer zu. Dennoch verlässt *„el baron"*, der inzwischen in seinem sechsten Lebensjahrzehnt steht, die Tatkraft und Neugier auf immer Neues in einer noch weithin unerforschten Gegend nicht. An den Tagen mit Arbeitspausen erkundet er die nähere und weitere Umgebung des Tell Halaf und notiert alle geographischen und archäologischen Besonderheiten, die sein inzwischen geschulter Blick erfasst. Auch trifft er sich mit den Scheichs der Beduinenstämme, deren Respekt und Vertrauen er genießt. Einen musikalischen Schatz stellen die heute noch abspielbaren Wachswalzen [siehe Beitrag von S. Ziegler und U. Wegner] dar, auf denen er beduinische Lieder aufgezeichnet hat. So ist er nicht nur Archäologe und Historiker, sondern auch Geograph und Ethnograph – eine durchaus ungewöhn-

9 Das Direktorialgebäude vor der Zerstörung, 1930er Jahre

liche und keinesfalls selbstverständliche Verwandlung des einstigen Juristen und Diplomaten.

Nach zwei Jahren intensiver und überaus erfolgreicher Grabungstätigkeit [SIEHE BEITRAG M. NOVÁK] kehrt Oppenheim im Herbst 1913 nach Deutschland (**Abb. 8**) zurück, um dort seine Funde vorzustellen, aber auch um aufzuarbeiten, was sich in den Monaten der Grabung angesammelt hatte. Der Ausbruch des 1. Weltkrieges verhindert die für 1914/15 geplante nächste Grabungskampagne. Oppenheim ist wieder in diplomatischem Dienst, da er eine „Nachrichtenstelle für den Orient"[6] organisiert, die sich zum Ziel gesetzt hat, *„arabische Unabhängigkeitsbewegungen gegen die Kolonialmächte in Gang zu setzen"*, indem sie Propaganda für die deutsch-türkische Waffenbrüderschaft [SIEHE BEITRAG VON S. OBERHAUS] macht. Zur gleichen Zeit knüpft er auch Verbindungen zu den Königlichen Museen auf der Berliner Museumsinsel an mit der Absicht, künftig alle Funde vom Tell Halaf im zu Beginn des Jahrhunderts begründeten Vorderasiatischen Museum unterzubringen und auszustellen – was aus verschiedenen Gründen schließlich scheitert.

Berliner Jahre

„In den zwanziger Jahren dieses Jahrhunderts hatte dann die Inflation Deutschland heimgesucht, wodurch ein mir trotz all der Ausgaben noch verbliebenes großes Vermögen, das ich geerbt hatte, fast ganz zusammengeschmolzen war." Diese bittere Bilanz zieht Oppenheim in seiner Autobiographie – und lässt sich doch nicht entmutigen. Er bleibt seiner Wissbegier und seinem selbst gewählten Auftrag als Wissenschaftler treu und widmet sich mit der ihm eigenen Energie der Aufarbeitung seiner Funde und seiner vielfältigen Aufzeichnungen, Fotos und Sammlungsobjekte. In Berlin kennt er eine Anzahl

von Orientalisten und Gelehrten benachbarter Fächer, mit denen er sich trifft, mit denen er korrespondiert, die ihn beraten und die Teile seiner Sammlungen für Publikationen benutzen können. Da er selbst keine akademische Position hat, andererseits die Erfahrung macht, dass akademische Ausbildung häufig praxisfern erfolgt, ihm aber nach wie vor der lebendige Kontakt zu Menschen und Institutionen des Orients besonders wichtig ist, gründet er 1922 das Orient-Forschungs-Institut, dem er seine sehr große Bibliothek und alle seine Materialien zur Verfügung stellt. Hier arbeiten im Laufe der Jahre Wissenschaftler verschiedener Disziplinen für und mit ihm.

Trotzdem verfolgt er auch den Plan weiter, die Grabung auf dem Tell Halaf fortzusetzen. So bricht er 1927 zu einer Vorexpedition nach Syrien auf, erreicht den Tell, der jetzt direkt an der Grenze zur Türkei liegt, und findet sein Wüstenschloss in Trümmern, da es bei Kämpfen zwischen Türken und Franzosen in der Schusslinie gelegen hatte. „*Die zusammenstürzenden Lehmziegelmauern bedeckten die in dem Hause befindlichen Steinbilder. Das war gut, denn sie wurden hierdurch neu begraben und vor weiteren Beschädigungen geschützt.*“[7] So berichtet er mit dem ihm eigenen Optimismus, der ihn auch in aussichtslosen Situationen nicht verlässt. Es gelingt ihm, die Funde der früheren Grabung zwischen Syrien und Deutschland aufteilen zu lassen; mit 13 Eisenbahnwaggons werden die Kisten nach Aleppo gebracht. In Berlin richtet Oppenheim ein eigenes Museum für seine Funde ein – ein wirklich einmaliges Unterfangen. Eröffnet wird das Tell Halaf-Museum anlässlich seines 70. Geburtstags am 15. Juli 1930. Vorher jedoch findet 1929 eine weitere und letzte Grabungskampagne

10 Das sogenannte Telefonzimmer im Direktorialgebäude mit ausgewählten Kleinfunden vom Tell Halaf und Tell Fecherije, 1930er Jahre

11 Die Büste eines Assyrers hatte die Katastrophe 1943 fast unbeschadet überstanden, 2010 (Max Freiherr von Oppenheim-Stiftung, Köln)

am Tell Halaf statt, die nähere Aufschlüsse zur Buntkeramik [SIEHE BEITRAG VON J. BECKER] liefern sollte. Gleichzeitig begibt sich Oppenheim nochmals zum Djebelet el-Beda, um den 1913 entdeckten Fundplatz näher zu untersuchen [SIEHE BEITRAG VON U. DUBIEL UND K. ZIMMERMANN].

Zurück in Berlin treibt Oppenheim trotz der Weltwirtschaftskrise seine Forschungen voran. Dafür ruft er schließlich 1929 mit dem ihm verbliebenen Geld eine eigene Stiftung ins Leben, zu deren Aufgaben nicht nur die Weiterführung von Grabungen im Orient gehört, sondern auch – und das jetzt verstärkt – die Publikation der Ergebnisse seiner Forschungen. Bereits 1931 war sein Buch „Der Tell Halaf, eine neue Kultur im ältesten Mesopotamien" erschienen, das eigentlich für ein breites Publikum gedacht war, aber auch in der Fachwelt zu einer intensiven Diskussion führt, da seine Datierung des sog. Tempelpalastes mit seinen Reliefs und den Skulpturen an den Anfang des 3. Jahrtausends v. Chr. weithin auf Ablehnung stößt.

Max von Oppenheim – ein Sonntagskind, dem alles gelingt?

Auch nach der Machtergreifung der Nationalsozialisten und dem Ausbruch des Zweiten Weltkriegs konnte Max von Oppenheim seine Forschungsarbeiten zunächst fortsetzen. 1943 erschien der erste Band der Tell Halaf-Publikation, auch das monumentale Werk über „Die Beduinen" wird mit Hilfe von Erich Bräunlich und Werner Caskel begonnen. Als die Luftangriffe auf Berlin zunehmen, bleibt auch Oppenheim nicht verschont: Im August 1943 wird sein Orient-Forschungs-Institut, wo er seit 1926 lebte, von Bomben getroffen und unbewohnbar. Sammlungsgegenstände, Bücher, Fotos und wissenschaftliche Aufzeichnungen werden beschädigt oder gehen ganz verloren. So entschließt sich Oppenheim aus der Not heraus, die Reste in Schlössern befreundeter Familien in der Umgebung Berlins unterzubringen – wo sie schließlich noch beim Einmarsch russischer Soldaten geplündert werden. Er selbst, inzwischen hoch betagt, flieht nach Dresden, wo ihn drei Monate später die Nachricht von der vollständigen Zerstörung des Tell Halaf-Museums und des benachbarten Direktorialgebäudes, wo die Kleinfunde (**Abb. 9–11**) aufbewahrt waren, erreicht. Bei dem verheerenden Bombenangriff vom 13./14. Februar 1945 auf die Stadt verliert von Oppenheim das Manuskript des 5. Bandes der „Beduinen" und letzte, noch gerettete Andenken. Er muss weiter fliehen zu seiner Schwester nach Schloss Ammerland am Starnberger See, schließlich, inzwischen schwer erkrankt, lebt er in Landshut [siehe Beitrag von G. Tausche], wo er am 15. November 1946 stirbt und auf dem Städtischen Friedhof bestattet wird.

Trotz aller Schicksalsschläge bleibt für „das Sonntagskind" Max von Oppenheim der Blick auf die Zukunft gerichtet. Noch von Ammerland aus schreibt er lange Briefe an Werner Caskel, die Zeugnisse seiner rührenden menschlichen Fürsorge für den einstigen Mitarbeiter sind, aber auch seiner Sorge um den Fortbestand seiner Stiftung, seiner Sammlungen, seiner Publikationen Ausdruck verleihen. Schon will er neue Bücher kaufen, setzt dafür die bescheidenen Mittel ein, die ihm geblieben sind. Schon knüpft er neue Verbindungen, belebt alte, um die Publikationen zu fördern – nichts ist zu spüren von Resignation. Wohl aber von einer merkwürdigen Unbekümmertheit und Blindheit gegenüber den Realitäten – wie sie ihn sein Leben lang begleiteten. Andere hätten sich entmutigen lassen vom Scheitern der Expedition zum Tschadsee, von der Zurückweisung im diplomatischen Dienst, von der Todesdrohung in Ras el-Ain, von der Zerstörung seines *„Wüstenschlosses"* und vielen Rückschlägen mehr. Nicht so Max von Oppenheim. Mit jugendlicher Romantik zuerst, mit Zielstrebigkeit und Beharrlichkeit später, mit einer Mischung aus Abenteurertum und echtem Forschergeist, mit Wissensdurst und Liebe zum Orient und seinen Menschen hat er sein Leben lang ein Ziel verfolgt: die Entschleierung des Orients, seiner Jahrtausende alten Kultur, seiner Geschichte – und er hat es erreicht.

Verwendete Zitate

Die Zitate stammen, wenn nicht anders erwähnt, aus den unveröffentlichten Lebenserinnerungen Max von Oppenheims.

---

1 Oppenheim 1931: 12–14.
2 Oppenheim 1931: 15.
3 Oppenheim 1931: 15.
4 Oppenheim 1931: 16.
5 Oppenheim 1931: 17.
6 Zur Nachrichtenstelle siehe auch Kröger 2001: 125–132.
7 Oppenheim 1931: 31.

„Ich war immer stolz, ein Oppenheim gewesen zu sein ..." – Max Freiherr von Oppenheim und seine Familie

Gabriele Teichmann, Köln

Der 15. Juli 1860 war ein Tag ungetrübter Freude im Haus des Bankiers Albert Oppenheim (1834–1912, **Abb. 12**) in der Kölner Elisenstraße. Soeben hatte sein zweiter Sohn Max Adrian Simon Hubert gesund das Licht der Welt erblickt. Der junge Vater gehörte zu den Erben der 1789 gegründeten Familienbank Sal. Oppenheim jr. & Cie., die damals für modernes Unternehmertum stand: Als erstes Geldinstitut hatte sich die Bank mit Erfolg auf das risikoreiche Terrain der Industriefinanzierung gewagt und den Inhabern innerhalb kurzer Zeit Reichtum und Ansehen gebracht. Die Oppenheims waren nicht nur aufstrebende Unternehmer, als Wohltäter, Mäzene und Citoyens lebten sie auch die klassischen Bürgertugenden. Ebenso engagierten sie sich mit Herzblut für die Gleichstellung der preußischen Juden, zu denen sie gehörten.[1]

Im Vergleich zu Max Oppenheims Vorfahren väterlicherseits war die Familie seiner Mutter von traditionellerem Zuschnitt. Paula Oppenheim (1837–1919, **Abb. 13**) entstammte der alteingesessenen Kölner Patrizierfamilie Engels. Ihr Vater Philipp Engels, Stadtrat und Großkaufmann, hatte durch den Handel mit Seidenstoffen und Fellen ein Vermögen gemacht, andere Verwandte hatten sich als tüchtige Verwaltungsbeamte hervorgetan.[2] Kurz vor der Eheschließung im Juli 1858 trat Albert Oppenheim zum katholischen Glauben seiner Braut über. Anders als die alte Generation stand Max von Oppenheim, folgt man den kurz vor seinem Tod verfassten Memoiren, dem jüdischen Familienerbe mit Distanz gegenüber. Darin dürften sich die vielen antisemitisch motivierten Diskriminierungen widerspiegeln, die er in seinem Leben erlitt, jedoch stets verdrängte. Er wird jedenfalls nicht müde, das „Deutschtum" der Familie und ihren Willen zur vollständigen Assimilation – im Gegensatz etwa zu den Rothschilds – zu betonen.[3]

Seinen Eltern, den zwei Brüdern und zwei Schwestern war Max Oppenheim zeitlebens von Herzen zugetan, besonders seiner Mutter, die er innig liebte.[4] Der Vater gab sich nicht als distanzierte Autorität, er ging vielmehr mit den Kindern zum Schwimmen an den Rhein, machte Wanderungen, ritt mit ihnen aus, unternahm gemeinsame Reisen.[5] Nachdem die wachsende Familie einige Jahre im Hause des Großvaters Simon Oppenheim am Wallrafplatz gelebt hatte, bezog sie 1868 das von Philipp Engels ererbte weitläufige Haus Glockengasse 3–5, das an die neue Kölner Synagoge, eine Stiftung Abraham Oppenheims, angrenzte. Albert Oppenheim ließ es im Inneren durch seinen Hausarchitekten Wilhelm Hoffmann umgestalten. Erhalten blieb eine alte Kapellennische, in der die Familie ab und zu die Messe lesen ließ.[6] Die geselligen Eltern machten das Haus zum Schauplatz rauschender Feste und musikalischer Soiréen, auf denen sich sogar Franz Liszt die Ehre gab.[7]

Nur das Verhältnis der Bankiersgenerationen untereinander vermochte einen Schatten auf diese heile Welt zu werfen. Albert Oppenheim und sein Bruder Eduard hatten es schwer, die Erwartungen der erfolgsverwöhnten Alten zu erfüllen. Obwohl bereits als Juniorchefs in der Bank tätig, verfügten sie über keine tatsächliche Entscheidungsgewalt. Die Beschäftigung mit Kunst und Kultur glich berufliche Frustrationen aus. Albert Oppenheim wurde ein bedeutender Mäzen seiner Vaterstadt, sein Ruf als Kunstkenner und -sammler reichte bald weit über ihre Grenzen hinaus. Für seine Bil-

12 Albert Freiherr von Oppenheim im Arbeitszimmer seines Hauses in der Glockengasse 3, um 1880

derschätze ließ er eigens einen Anbau an das Haus Glockengasse errichten, in dem Kunstexperten ein und aus gingen, allen voran Wilhelm von Bode. Die Aufgeschlossenheit der Eltern für Kultur, ihre generöse Gastlichkeit und die Sammelleidenschaft des Vaters wurden prägend für den Sohn, ebenso wie das Bewusstsein, einer herausragenden Familie anzugehören: *„Ich war immer stolz, ein Oppenheim gewesen zu sein und immer stolz auf unser Bankhaus in Köln, das von Anfang an in so vornehmer Weise geblüht hat und das so viel zu der wirtschaftlichen und damit auch kulturellen Entwicklung der westlichen preussischen Provinzen beigetragen hat*“, schrieb er 1935 an seinen Neffen Waldemar von Oppenheim.[8]

Das Gefühl, etwas Besonderes zu sein, wurde verstärkt durch die Adelserhebung der Familie im Jahr 1867. Auch wenn der siebenjährige Max die gesellschaftliche Tragweite dieser Ehrung noch nicht begriffen haben mag – es braucht wenig Fantasie, sich das ungeheure Hochgefühl vorzustellen, das sich gerade dem Kind einprägen musste. Angesichts seiner Abkunft erschien es ihm als das Natürlichste von der Welt, einen Platz in der deutschen Führungselite beanspruchen zu können. So erklärt sich später der unglücklich verlaufende, verbissene Kampf um die Aufnahme in den diplomatischen Dienst, den er als gesellschaftliches Nonplusultra empfand. Ferner hat der nationale Taumel seiner Jugendzeit, der 1870/71 einen Höhepunkt erreichte, tiefe Spuren in ihm hinterlassen. So hatten die propreußischen Oppenheims die deutsche Einigung unter Bismarcks Führung begeistert begrüßt. Max' Mutter, eine *„sehr patriotische Frau*“,[9] versah während der Kriege unermüdlich Lazarettdienste. Zeit seines Lebens blieb Oppenheim ein glühender Patriot und ewiger Anhänger des Kaiserreichs, lange nachdem es untergegangen war.

Aus der Sicht seiner Eltern war Max' Lebensweg selbstverständlich vorgezeichnet. Folgt man seinen

Lebenserinnerungen, war er jedoch bereits früh für eine Bankkarriere verloren. Die Lektüre von „1001 Nacht" hatte den Jugendlichen so beeindruckt, dass er beschloss, Forschungsreisender im Orient zu werden. Pate bei diesem jugendlichen Traum dürften auch nationale Berühmtheiten wie der Archäologe Heinrich Schliemann oder wie die Entdeckungsreisenden Gustav Nachtigal, Georg Schweinfurth und Gerhard Rohlfs gestanden haben, deren Leben als Verheißung von Abenteuer und Ruhm erschien. Die Lektüre von Rohlfs' berühmten Reisebeschreibungen wurde zum Katalysator für seine *„felsenfeste Absicht, Forschungsreisender zu werden.*"[10]

Was die Eltern zunächst als jugendliche Schwärmerei abtun konnten, reifte mit den Jahren zu einem ernsthaft verfolgten Ziel. Damit war der Konflikt mit dem Vater vorprogrammiert. Aus dessen Sicht war es nur allzu verständlich, an Max, den er für den Begabtesten seiner drei Söhne hielt, als Nachfolger seines Familienzweiges in der Bankleitung festzuhalten und dessen *„tragischen Passionen*"[11] Zügel anzulegen. Max von Oppenheim pochte dagegen auf seinen *„innere*[n] *Beruf*",[12] das Vorrecht individueller Selbstbestimmung vor den Forderungen dynastischer Pflicht. Er war nicht der einzige aus der vierten Generation der Bankfamilie, den das Bankfach wenig lockte, schien den fulminanten Erfolgen der Großvatergeneration doch kaum etwas hinzuzufügen. Auch sein Vetter Simon Alfred haderte mit den Wünschen seiner Eltern, unterwarf sich aber letztendlich doch der Familientradition.[13]

Nach dem Abitur im Jahr 1879 einigte man sich auf ein Jurastudium, das nichts präjudizierte und nichts verbaute (**Abb. 14**). Zunächst an der Universität Straßburg immatrikuliert, wechselte er 1881 nach Berlin. Großes Engagement für das Studium zeigte er nicht. Albert von Oppenheim setzte dem Bummelleben des Sohnes schließlich ein Ende und beorderte ihn zurück nach Hause, wo er unter den Fittichen eines Repetitors sein Erstes Staatsexamen und die Doktorprüfung ablegte. Während der nun folgenden Referendarzeit vollzog sich der finale Akt des Loslösungsprozesses. So oft er konnte, war Max im Haus seines Onkels Heinrich von Kusserow zu Gast, Vortragender Rat im Auswärtigen Amt und Schlüsselfigur der deutschen Kolonialbewegung. Denn dort traf er die Helden seiner Jugend: Nach-

13 Paula von Oppenheim stand ihrem Sohn sehr nahe. Porträt von Carl Sohn, Öl auf Leinwand, undatiert (Privatsammlung)

14 Der junge Baron (rechts) mit Freunden beim Kaffee, undatiert

15 Oppenheims Wohnhaus im Stadtteil Bab el-Louk

tigal, Schweinfurth, Rohlfs. Mit ihnen diskutierte er leidenschaftlich, holte sich Anregungen für den eigenen Lebensweg und Argumentationshilfen für die Auseinandersetzung mit seinem Vater. Gerhard Rohlfs, drei Jahre älter als Max' Vater, wurde in dieser Zeit zur entscheidenden Stütze [SIEHE AUCH BEITRAG VON CH. TRÜMPLER].[14] Rohlfs brachte dem jungen Mann wohl auch deshalb viel Verständnis entgegen, weil er die von seiner Familie vorgezeichnete Medizinerlaufbahn für ein Abenteuerleben aufgegeben hatte.[15] Außerdem begann Max von Oppenheim mit der Sammlung orientalischer Textilien, nahm Arabischunterricht und machte seine ersten beiden Orientreisen. Alles das waren deutliche Signale, dass er nicht gewillt war, auf die Verwirklichung seines Lebenstraums zu verzichten. Doch der Vater gab nicht so leicht auf. Ein Jahr, so forderte er, solle sich Max nach dem Assessorexamen 1888 in der preußischen Verwaltung versuchen und Fleiß, Verantwortungsbewusstsein sowie Durchhaltevermögen beweisen. Dagegen stand das väterliche Versprechen, im Anschluss daran eine große Forschungsreise zu finanzieren. Max von Oppenheim bestand die Bewährungsprobe – die Würfel waren gefallen.[16]

Es spricht für den Vater und für enge emotionale Bindungen innerhalb der Familie, dass er Max nicht zum verlorenen Sohn werden ließ, sondern ihn trotz der erlittenen Enttäuschung in großzügiger Weise förderte. Die erste Forschungsreise vom Mittelmeer zum Persischen Golf 1893/94 ist hier zu nennen, ferner die üppige Apanage, die es Max von Oppenheim während seiner Zeit als Mitarbeiter am Kaiserlichen Generalkonsulat in Kairo (1896–1909) ermöglichte, ein standesgemäßes Leben (**Abb. 15**) zu führen. Das alles wurde jedoch durch die Gelder in den Schatten gestellt, die Albert von Oppenheim 1911 dem Sohn für die Grabung auf dem Tell Halaf zur Verfügung stellte. Für das erste Jahr gab ihm der Vater 180.000 Mark, für das Jahr darauf waren 100.000 Mark vorgesehen.[17]

Auch aus der Sicht Max von Oppenheims bedeutete seine Entscheidung gegen die Bank keinen Bruch mit der Familie und all dem, wofür sie stand. Im Gegenteil, er fühlte sich zeitlebens deren Werten verpflichtet: Fleiß, Ehrgeiz, Erfolgsorientierung, Pflichtgefühl, Wirtschaftlichkeit – nur, dass er sie auf seine Weise auslebte. Wie programmatisch liest sich dazu ein Brief, den der immerhin 51-jährige Forscher vor seinem Aufbruch zum Tell Halaf an den Vater richtete: „*Ich möchte es mir nicht nehmen lassen,* [...] *meiner Dankbarkeit nochmals Ausdruck zu geben für die grossmütige Liberalität, mit der Du und die liebe Mama mir meine gegenwärtige Expedition ermöglicht hast.* [...] *ich* [kann] *Dir versichern, dass ich in anstrengendster Weise den ganzen Tag bis abends spät gearbeitet habe und weiter arbeiten werde, damit der wissenschaftliche Erfolg unserer Expedition die vielen Ausgaben, Mühen und Sorgen, die durch meine Reise entstanden sind, auch wirklich lohnt.* [...] *Dir jedoch möchte ich es noch besonders aussprechen, dass ich in meinen Ausgaben nach Möglichkeit mich einschränken werde.*“[18]

Die wenigen erhaltenen Familienbriefe belegen einen liebevollen Umgang miteinander. Max freute sich mit dem Vater über erfolgreiche Zukäufe zur Kunstsammlung[19] oder beklagte sich scherzhaft beim „*lieben Mütterlein*“, dem er regelmäßig einmal wöchentlich schrieb (**Abb. 16**), dass es ihm eine Unpässlichkeit verschwiegen habe.[20] Nie vergaß er

16 Max von Oppenheim im Arbeitszimmer seines Grabungshauses. Auf dem Schreibtisch ein Foto seiner Mutter, Tell Halaf 1912/13

persönliche Feier- und Gedenktage. Zum 77. Geburtstag Alberts schrieb er: „*Wenn ich auch sehr sehr weit von Dir, werde ich am 13. November Deiner herzlichst gedenken und das Hoch, das ich an diesem Tage in der Wüste auf Dich ausbringen werde, soll wenn es auch nicht bis zu Dir hinüber schallt, ein Zeichen der innigen Liebe und Verehrung und der herzlichsten Dankbarkeit und Anhänglichkeit sein, die ich Dir entgegenbringe, wie nur ein Kind dieses seinem Vater gegenüber tun kann.*“[21] Mit Genugtuung meldete er über die Grabung: „*Ich glaube, es ist keine Ueberhebung wenn ich es ausspreche, dass dieselbe zu den allerglücklichsten Unternehmungen dieser Art gezählt werden wird.*“[22]

1912 starb der Vater an den Folgen einer Operation, 1919 folgte seine Mutter. Damit begann eine Zeit tiefer Zäsuren für Oppenheim. Die Weimarer Republik war ihm zuwider, und da staatliche Positionen nun nicht mehr in Frage kamen, zog er sich ins Privatgelehrtenleben zurück, gründete 1922 das Orient-Forschungs-Institut, 1929 die Max Freiherr von Oppenheim-Stiftung und 1930 das Tell Halaf-Museum (**Abb. 17 und 18**). Seine finanzielle Situation verschlechterte sich dramatisch, nachdem er in der Hyperinflation sein Barvermögen verloren hatte, wozu auch sein Anteil an dem 1921 verkauften Anwesen in der Glockengasse gehörte. Die einzige Einkommensquelle bestand aus den Zinsen auf seine Kommanditeinlage von 240.000 RM in der Familienbank und einer Gewinnbeteiligung. Diese Einkünfte reichten indes bei weitem nicht aus. Daher musste er 1926 seine repräsentative Privatwohnung am Kurfürstendamm aufgeben und sich mit der Stiftungswohnung am Savignyplatz 6 bescheiden. Im selben Jahr borgte er sich 250.000 RM von dem Kölner Unternehmer Otto Wolff, für dessen Türkei-Geschäft er seit 1923 beratend tätig war. Da seine Kommanditeinlage als Sicherheit diente, Max aber die Zinsen nicht zahlen konnte, drohte zeitweilig der Eintritt Wolffs als Kommanditist des Bankhauses, was der Bankchef Simon Alfred von Oppenheim strikt ablehnte.[23]

Obwohl die Kölner Familie die Welt ihres orientbegeisterten Verwandten nicht verstand und obwohl die Bank während der krisengeschüttelten Zwischenkriegsjahre jeden Kapitalabzug vermeiden musste, hielt die Familiensolidarität. Max erhielt ein in monatlichen Raten ausgezahltes Darlehen, das durch seinen Erbanspruch auf den elterlichen Landsitz Kommende Ramersdorf gesichert war.[24] Von Simon Alfreds Ehefrau Flossy erhielt Max daneben zusätzlich monatlich 1000 RM als Geschenk.[25] 1931 finanzierte Simon Alfred von Oppenheim Max' USA-Reise mit einem Kredit über 30.000 RM, wofür Max das Doppelsitzbild als Sicherheit übereignete.[26] Auch Simon Alfreds Sohn und Nachfolger Waldemar von Oppenheim half mit Geldgeschenken oder durch den Abkauf kleiner Antiquitäten.[27] Die Geldsummen sicherten Max' Lebensunterhalt, zur Finanzierung seiner wissenschaftlichen Arbeit reichten sie indes nicht.

Also machte Max von Oppenheim weitere Schulden. Er ging dabei zu Recht davon aus, mit den 1927 per Fundteilung nach Berlin gekommenen Bildwerken vom Tell Halaf Vermögenswerte in Millionenhöhe in Händen zu halten.[28] Seine Versuche, die Tell Halaf-Funde ab 1930 geschlossen zu verkaufen, sich dadurch finanziell zu sanieren und eine solide Basis für die weitere Forschungsarbeit zu erhalten, blieben jedoch aus verschiedenen Gründen erfolglos. Schon wenige Jahre nach der Gründung des Tell Halaf-Museums waren fast alle Funde verpfändet. Ein Familienkonsortium half 1935 in höchster Not, als Max' Gläubiger Eduard von der Heydt mit dem Abtransport verpfändeter Stücke in die Schweiz drohte, und löste den Kredit von fast 100.000 RM ab.[29] Mit Jahresbeginn 1942 waren die Verbindlichkeiten des Orientforschers auf fast zwei Millionen RM angewachsen. Die größten Gläubiger waren zwei Konsortien unter Führung der Familienbank und der Deutschen Bank; hinzu kamen Privatschulden bei der Familie in Höhe von rund 100.000 RM.[30] Nachdem sich seine Hoffnungen auf einen Verkauf der Funde zerschlagen hatten, setzte Oppenheim auf den Übergang seiner Stiftung auf das Reich, alle Verbindlichkeiten inklusive.

Die Verhandlungen waren in vollem Gange, als im Spätherbst 1943 das Tell Halaf-Museum von Bomben getroffen wurde. Es ist eine bittere Ironie der Geschichte, dass die Zerstörung der Bildwerke

17 Keinem Bildwerk war Oppenheim so zugetan wie dieser monumentalen Grabfigur. Aufnahme für die New York Times, Tell Halaf-Museum Juli 1930

Grundlage der Entschuldung Oppenheims wurde. Das Hauptamt für Kriegssachschäden in Berlin gewährte eine Entschädigung zum Nennbetrag der Kredite, während die Banken sich bereit fanden, auf die Zinsen zu verzichten.[31]

Die fortlaufende finanzielle Beanspruchung der Familie scheint das herzliche Einvernehmen nicht getrübt zu haben. Wenn es seine Zeit und seine Gesundheit erlaubten, reiste Max nach Köln – zuletzt 1937 zu einer Familientaufe – oder nach Schloss Vollrads im Rheingau, wo seine Schwester Klara lebte, die seinen besten Freund aus der Referendarzeit, Guido Graf Matuschka-Greiffenclau, geheiratet hatte. Waren Verwandte in Berlin, lud er zum Frühstück in seine Wohnung ein, wo man ungestört über tagespolitische Ereignisse sprechen konnte. Den Aufbau des Oppenheim-Archivs und die Recherchen für eine Bank- und Familiengeschichte verfolgte Max mit größter Aufmerksamkeit, er stellte Unterlagen und Familienandenken zur Verfügung und gewann weitere Familienmitglieder für das Vorhaben. Politisch naiv zeigte er sich 1935 in seiner Einschätzung, dass sich bis zum 150-jährigen Jubiläum des Bankhauses im Jahr 1939 *„die unfreundlichen Momente, die gegenwärtig gegen die jüdische Abstammung der Oppenheim's vorliegen, sicherlich längst geglättet haben.“*[32] Er hätte sich selbst gern als Historiograph der Oppenheim-Geschichte betätigt, musste darauf aber aus Zeitgründen verzichten. Immerhin schrieb er die weniger komplexe Geschichte der mütterlichen Vorfahren.[33]

Selbstverständlich konnte sich Max von Oppenheim auch auf seine Verwandtschaft verlassen, nachdem ihn der Bombenkrieg heimat- und vollends mittellos gemacht hatte. Die familiäre Bindung überdauerte auch seinen Tod im November 1946. So trat der Neffe Richard Graf von Matuschka-Greiffenclau als Vertreter der Familie dem 1949 neu formierten Kuratorium der Max Freiherr von Oppenheim-Stiftung bei, *„um den vielen Bitten, die Onkel Max mir bei seinen Lebzeiten nahegelegt hat, zu entsprechen.“*[34] Die Erhaltung der Stiftung war angesichts der großen Nachkriegsprobleme keine Selbstverständlichkeit. Ein kleiner finanzieller Grundstock ergab sich jedoch nach dem Verkauf von Grundstücken aus Max' Erbteil an der Kommende Ramersdorf Anfang der 1950er Jahre, durch den auch Max' Schulden gegenüber der Familie getilgt wurden.[35]

Seither hat stets ein Angehöriger der Familie dem Kuratorium der Stiftung angehört wie von Max gewünscht und in den Statuten festgehalten. Auf Richard Graf von Matuschka-Greiffenclau folgte seine Witwe Eleonore, deren Sitz mit Manfred von Oppenheim wieder ein Namensträger übernahm. Eine neue Qualität erhielt die Unterstützung der Stiftung durch die Familie unter der Ägide Christopher von Oppenheims. Er machte das nur noch in Fachkreisen beachtete Erbe einer breiten Öffentlichkeit wieder bekannt, indem er mit Hilfe von Bank und Familie zahlreiche Projekte großzügig förderte: Die professionelle Archivierung des Nachlasses, die Ausstellung „Faszination Orient“ 2001/2002 in Köln, die gleichnamige Publikation zu Max' Leben und Werk sowie die Rekonstruktion der Tell Halaf-Skulpturen.

18 Oppenheims *„thronende Göttin“* konnte aus über 1000 Bruchstücken wieder zusammengesetzt werden, 2010 (Max Freiherr von Oppenheim-Stiftung, Köln)

1 Grundlegend zur Geschichte von Bank und Familie Oppenheim siehe Stürmer/Teichmann/Treue 1994. Zur ausführlichen Biographie Max von Oppenheims vgl. Teichmann 2001: 10–105.
2 Oppenheim 1943: 19–20, 110ff.
3 NL MvO 1/1, S. 2–3,12.
4 Vgl. beispielsweise Oppenheim 1943: 47.
5 NL MvO 1/1, S. 2–3.
6 Oppenheim 1943: 66.
7 Oppenheim 1943: 22.
8 Brief Max von Oppenheims vom 4.12.1935 (AI/4).
9 NL MvO 1/1, S. 36–37.
10 Notiz vom 14.2.36 (NL MvO 1/2)
11 Max von Oppenheim in einem Brief an Gerhard Rohlfs vom 31.12.1891 (NL MvO-230).
12 NL MvO 1/2, S. 3.
13 Oppenheim 2004: 369–370.
14 NL MvO 1/1, S. 14.

15 Zu Rohlfs siehe zum Beispiel Genschorek 1982: 13–14.
16 NL MvO 1/2, S. 3.
17 Brief vom 28.2.1912 (NL MvO-25).
18 Brief vom 18.6.1911 (NL MvO-25).
19 Brief vom 25.2.1912 (NL MvO-25).
20 Brief vom 22.3.1911 (NL MvO-25).
21 Brief vom 16.10.1911 (NL MvO-25).
22 Brief vom 25.2.1912 (NL MvO-25).
23 Unter anderem Notiz für Waldemar von Oppenheim vom 16.7.1942 (NL MvO-203).
24 Historisches Archiv Dresdner Bank (HADrB) Konsortialabteilung 27184-2001.BE, Bericht der Treuverkehr Deutsche Treuhand-Aktiengesellschaft über eine bei Herrn Dr. Max Freiherr von Oppenheim und der Max Freiherr von Oppenheim-Stiftung vorgenommenen Prüfung per 31. März 1935, S. 11.
25 HADrB Konsortialabteilung 27184-2001.BE, S. 14.
26 Brief Max von Oppenheims an Simon Alfred von Oppenheim vom 22.3.1931 (Archiv VAM: Oppenheim 1909–1940).
27 Brief an Waldemar von Oppenheim vom 29.11.1939 (NL MvO-201).
28 Prof. Bruno Meissner taxierte die Bildwerke beispielsweise auf mindestens 5,6 Mio. RM (8.2.1933), Prof. Arthur Ungnad schätzte sie in einer Aufstellung vom 21.2.1933 auf rund 6,2 Mio. RM (NL MvO-20).
29 Darlehens- und Sicherungsvertrag zwischen Max von Oppenheim und dem Familienkonsortium vom 23.4.1936 (NL MvO-20).
30 Aufstellung sämtlicher Verpflichtungen nach dem Stand vom 1.1.1942 (NL MvO-20).
31 Brief des Bankenvertreters Rechtsanwalt Dr. Schütz an Prof. Andrae vom 7.2.1945 (Archiv VAM: Oppenheim 1941–1945).
32 Brief an Waldemar von Oppenheim vom 4.12.1935 (A I/4).
33 Oppenheim 1943.
34 Brief Richard Graf von Matuschka-Greiffenclaus an Friedrich Carl von Oppenheim, 21.11.1949 (NL MvO-9).
35 Schreiben von Richard Graf Matuschka-Greiffenclau an Rechtsanwalt Dyckerhoff vom Bankhaus Oppenheim, 29.1.1952 (NL MvO-9).

„In Dankbarkeit und alter Freundschaft" – Max von Oppenheim, Ernst Herzfeld und der Tell Halaf

Stefan R. Hauser, Konstanz

„Sie wissen gar nicht, wie oft ich an Sie gedacht habe und wie aufrichtig und herzlich ich Ihnen dankbar geblieben bin für die viele Hilfe und die vielen Anregungen, die Sie mir haben zuteil werden lassen. Ich habe Sie stets als einen meiner Lehrmeister betrachtet."[1]

Mit diesen ebenso herzlichen wie wehmütigen Worten versuchte Max von Oppenheim nach dem Ende des Zweiten Weltkrieges, einen der wichtigsten wissenschaftlichen Kontakte seines Lebens wiederzubeleben, der im Verlauf der nationalsozialistischen Herrschaft abgebrochen war. Als Oppenheim diese Zeilen schrieb, waren seine geliebte und berühmte Bibliothek verbrannt, sein Tell Halaf-Museum in Charlottenburg von Bomben zerstört. Er selbst war, zweimal ausgebombt, nach Landshut gezogen. Sein an Wechselfällen reiches Leben hatte im 87. Jahr einen Tiefpunkt erreicht.[2] Anders als viele Europäer war er zwar von unmittelbaren Überlebenssorgen weitgehend befreit, doch sorgte sich Oppenheim um die Vollendung seines Lebenswerkes durch die Publikation der Ergebnisse vom Tell Halaf. Angesichts seines Alters und der persönlichen wie allgemeinen Lebensumstände im Deutschland der Nachkriegszeit brauchte er dafür wissenschaftliche Beratung und finanzielle Mittel.

Adressat des Briefes war Ernst Herzfeld (**Abb. 19**). Dieser hatte ab 1919 in Berlin als erster Professor die Orientalische Archäologie vertreten, war aber 1935 durch die nationalsozialistische Rassengesetzgebung gezwungen gewesen, in die USA zu emigrieren. Dort wurde er 1936 neben Nobelpreisträgern wie Albert Einstein oder John von Neumann als erster Geisteswissenschaftler zum Member des Institute for Advanced Study in Princeton berufen. Allein nach diesen Kriterien erscheint Herzfeld heute als eine gute Wahl, Oppenheim zu helfen. Doch für Oppenheim waren andere Aspekte entscheidend. Er brauchte jemanden, dem er im Gegensatz zu den Berliner Fachvertretern vertraute.[3] Und niemand war seit 1907 ihm und den Ausgrabungen am Tell Halaf auf so vielfältige, und bis heute weitgehend unbekannt gebliebene Weise intensiv verbunden wie sein alter Bekannter, Ratgeber und „Lehrer" Herzfeld.

Herzfeld und die Ausgrabung am Tell Halaf

Ernst Herzfeld wurde 1879 als Sohn eines Oberstabsarztes der Preußischen Armee in Celle geboren. Wie die Eltern von Max von Oppenheim waren auch Herzfelds Eltern (oder sogar schon die Großeltern) vom jüdischen zum (in diesem Fall protestantischen) christlichen Glauben konvertiert. Dennoch mussten beide zeitlebens unter den Zumutungen des virulenten und offenen Antisemitismus leiden, der Oppenheim den Eintritt in das diplomatische Corps verwehrte[4] und Herzfeld 1935 seine Berliner Professur kostete. Nach dem Studium der Architektur und Altorientalistik arbeitete Herzfeld zwei Jahre mit Walter Andrae und Julius Jordan in Assur, was in einer lebenslangen Abneigung mündete. Nach seiner Promotion bei dem berühmtesten Althistoriker seiner Zeit, Eduard Meyer, wurde Herzfeld von Friedrich Sarre als Partner für eine Forschungsreise entlang von Euphrat und Tigris geworben.[5] Vermutlich für deren Vorbereitung reiste Herzfeld 1907 nach Kairo, um Op-

19 Ernst Herzfeld in Persepolis, 23.2.1933

penheim, der aufgrund seiner berühmten „Reise vom Mittelmeer zum Persischen Golf" einer der wenigen Kenner von Teilen der Region war, zu besuchen.[6] Spätestens ab dieser Zeit bestand ein vertrauensvoller Kontakt in allen archäologischen Fragen. So war es Herzfeld, der 1908 einen ersten Kostenplan für die Ausgrabungen am Tell Halaf erarbeitete.[7] Und es war Herzfeld, mit dessen Hilfe Oppenheim die Grabungstätigkeit aufnehmen konnte.

Bekanntermaßen erhielt Oppenheim 1910, just als das Ende seiner Karriere in Kairo in Sicht war, einen Brief von elf führenden Orientwissenschaftlern, die ihn aufforderten *„eine der vornehmsten und aussichtsvollsten Aufgaben"* in der Erforschung Mesopotamiens, *„die Ausgrabung des Tell Halaf"*, zu beginnen. Erstaunlicherweise führte das Schreiben ebenfalls aus, dass die *„staatlichen Mittel* [...] *durch die großen babylonischen Ausgrabungen festgelegt"* seien, weshalb *„die Erforschung der hettitischen und islamischen Kultur* [...] *ganz privater Initiative überlassen* [ist]. *Welches stolze Bewusstsein verleiht es aber auch, eine solche Unternehmung aus eigenen Mitteln ausführen zu können!"*[8] Hatte man den ungewöhnlichen Text bislang als Schmeichelei für Oppenheims Ego interpretiert, so wirft ein Brief Herzfelds, den er am 3. Mai 1911 während seiner Ausgrabungen in Samarra an Robert Koldewey in Babylon schrieb, ein anderes Licht auf die Vorgänge.

„Als ich 1907 in Cairo bei O.[ppenheim] *war, habe ich ihm schon sehr zugesetzt Tell Khalaf auszugraben. Wir fuhren dann zusammen nach Marseille u. ich machte ihm einen ungefähren Kostenanschlag.* [...] *Da seine Carriere offenbar auf einem absolut toten Punkt angekommen war, so griff er den Plan auf, als Mittel noch irgendetwas zu erreichen. August 10 war ich in München mit mehreren Orientalisten. Ich brachte das Gespräch auf dieses Thema* [...] *Th. von Berchem meinte, man solle O. einen gemeinsamen Brief schreiben. Das geschah aber nicht! Zurückgekommen telefonierte ich mit O. und sagte ihm von diesem Briefe. Er war außer sich, dass das nicht gethan sei, damit hätte er beim Ausw. Amt – das ihn ja notabene schon längst vor die Tür gesetzt hatte – ja den „Urlaub" bekommen u. das Geld von seinem Vater. Daraufhin schrieb ich unterstützt von E[ugen] Mittwoch, einen Brief im Namen der europäischen Wissenschaft, bei deren Abfassung wir Tränen gelacht haben. Das ging als Eilbrief herum u. erhielt glaube ich 12 oder 20 Unterschriften von Th. Nöldecke, Goldziher, von Berchem etc. etc.* [...] *Dann habe ich ihm einen ganz spezialisierten Kostenvoranschlag gemacht, leider alles ohne Bezahlung, mit allen Adressen von Lieferanten etc."*.[9]

Dank dieses mit Herzfeld verabredeten und von ihm verfassten Briefes erhielt Oppenheim seine Freistellung und das Geld des Vaters. Die Ausgrabung am Tell Halaf konnte beginnen (**Abb. 20**).

Herzfeld als Berater

Solchermaßen ausgezeichnet blieb Herzfeld stets ein wichtiger Berater Oppenheims. Als im Sommer 1922 die Max Freiherr von Oppenheim-Stiftung gegründet wurde, gehörte er mit Hermann von Hatzfeld und Bruno Meissner zu deren Kuratorium.[10] Herzfeld war inzwischen aufgrund seiner Verdienste um die Begründung der Vorderasiatischen und der Isla-

20 Max von Oppenheim: Porträt im Hof des Grabungshauses, Tell Halaf 1912 oder 1913

21 Dass zumindest ein Teil der kleinen Reliefplatten nachträglich verbaut worden ist, ließ sich an der Art ihrer Anbringung erkennen: An der westlichen Mauerrücklage war der neunte Orthostat nicht nur liegend mit der Bildseite zur Wand gedreht, ein zweiter untergeschobener Stein sollte die Platte auf Höhe bringen, Tell Halaf 1913

mischen Kunstgeschichte und Archäologie 1919 zum ordentlichen Professor im Seminar für Historische Geographie ernannt worden. Er war aber von 1923 bis 1934 fast permanent beurlaubt, um in Teheran zunächst einen nationalen archäologischen Dienst, dann ein Deutsches Archäologisches Institut aufzubauen, Studenten zu unterrichten und schließlich für seine über das Oriental Institute Chicago finanzierten Ausgrabungen in Persepolis.[11]

Das hinderte ihn nicht, in engem Kontakt mit Oppenheim zu bleiben. Während dessen langwierigen Auseinandersetzungen mit den Berliner Museen um die Schenkung beziehungsweise Übereignung der Tell Halaf-Funde setzte sich Herzfeld 1927 für die Ansprüche Oppenheims und hohe Geldzahlungen ein.[12] Zahlreiche Briefe und getippte Memos zu Besuchen Herzfelds in der Sammlung Oppenheims in Charlottenburg zeugen von dem intensiven Einfluss, den er in allen wissenschaftlichen Fragen ausübte. Es verwunderte daher nicht, dass Oppenheim sich auch wegen der Datierung der Skulpturen und Reliefs vom Tell Halaf an ihn wandte. Wie für Oppenheim, so sollten die Skulpturen vom Tell Halaf auch für Herzfeld eine einschneidende Rolle in seinem Leben spielen.

Die Bildwerke vom Tell Halaf

Seit ihrer Aufdeckung wurden die Bildwerke des Tell Halaf intensiv diskutiert, traten sie doch just zu der Zeit ans Licht, als Kunst, Kultur und Geschichte der Hethiter Gegenstand der Forschung wurden. Ihre offensichtliche Nähe zu den Funden von Karkemisch, Zincirli und Malatya, die als hattische, hethitische, syro-kappadokische, hurri(ti)sche oder subaräische (u. a. m.) Kunst galten, konnten auch deren unklare Datierung und Einordnung ermöglichen.[13]

Nun hatte Oppenheim festgestellt, dass die sogenannten kleinen Reliefs, die den Palast Kaparas säumten, den er Meissner folgend in das 12. Jahrhundert v. Chr. datierte, von jenem Herrscher ausgegraben und sekundär benutzt (**Abb. 21 und 22**) worden waren.[14] Ihr Entstehungsdatum stand damit der stilistischen Diskussion offen. Während sich die diversen Ansichten zwischen der Mitte des 2. Jahrtausends und dem 9. Jahrhundert v. Chr. bewegten, wich Herzfeld radikal davon ab.[15] In (teilweise überlieferten) Gesprächen mit Oppenheim überzeugte er diesen, dass die Skulpturen drei Entwicklungsstufen angehörten, die er – wie die Reliefs der erwähnten Vergleichsorte – zwischen 3000 und 2400 v. Chr. ansetzte. Oppenheim folgte Herzfelds Standpunkt in dem Buch „Der Tell Halaf“ und rief damit einen Sturm der Entrüstung hervor.[16] Auf Vorwürfe absurder Fehldatierung reagierte Herzfeld aus Persepolis mit einem langen Artikel, dessen Ar-

22 Die Inschrift auf der restaurierten Reliefplatte lautet: *„Palast des Kapara, Sohn des Hadianu“*, 2010 (Max Freiherr von Oppenheim-Stiftung, Köln)

gumentation schwer zu folgen und dessen Tonfall so überheblich und verletzend war, dass sie Herzfeld persönlich wie wissenschaftlich weitgehend isolierten.[17] Der einzige, der zu ihm hielt, war Oppenheim, der einerseits Herzfelds Autorität vertraute und dem andererseits das hohe Alter seiner Funde zupasskam, verlieh es ihnen doch als Ausgangspunkt einer ganzen Kultur besondere Bedeutung.

Ansonsten verstanden schon die Zeitgenossen nicht, welche Überlegungen zu dieser Frühdatierung geführt hatten. Zwei Komponenten sind zu nennen. Zum einen vertrat Herzfeld die Vorstellung, dass der Alte Orient über Jahrtausende durch drei sogenannte Kulturkreise geprägt gewesen sei, die er sumerisch (Babylonien und Assyrien), elamisch-kaspisch (östlich und südlich des Zagros) und hettitisch (nördlich/nordwestlich von Mesopotamien, von Kleinasien bis in den Iran) nannte.[18] Nach seiner Vorstellung manifestierten sich diese in spezifischen Stilen, das heißt „Formgebung und geistigem Inhalt".[19] Dieser Ansatz unterschied sich grundlegend von den damals vorherrschenden Ideen, nach denen Artefakte und Kulturwandel mit Völkern oder Rassen verbunden waren. Seinem verehrten Lehrer Eduard Meyer folgend betonte Herzfeld hingegen, dass Rassen und Völker keine festen Einheiten, sondern immerfort neu definierte Konstrukte seien. Geographisch-regional definierte Kulturkreise wiesen demgegenüber eine darüber hinausreichende Beständigkeit auf. Wandel der (materiellen) Kultur durch interne Veränderungen, Außenkontakte oder die Zuwanderung von Völkern konnte stattfinden, ohne den Wesenskern der über Rassen- und Völkergrenzen fortwährenden Kulturkreise zu beeinträchtigen.[20] Gerade nach 1933 wurde ihm dieses Geschichtsbild immer wichtiger.[21]

Zum anderen erwartete Herzfeld Fortschritt innerhalb sowie regen Austausch zwischen den Kulturkreisen, das heißt in etwa parallele Kulturentwicklungen. Diese Vorstellungen führten ihn in Bezug auf die nordsyrischen Reliefs in ein Dilemma. Da diese teilweise eine Bilderschrift trugen, deren Entstehungszeit für Herzfeld nicht später sein konnte als die Hieroglyphen in Ägypten und die Anfänge sumerischer Schrift, mussten sie ein hohes Alter aufweisen. Zudem hatte Meyer, in dessen Urteil Herzfeld unbegrenztes Vertrauen setzte, festgestellt, dass *„die ganz primitiven Reliefs* [...] *von Sendschirli* [...] *in ihrer großen Unbeholfenheit* [...] *nur etwa in primitiven indianischen und in den ältesten sumerischen Skulpturen Parallelen"* hätten. Er sah in ihnen daher *„die ersten Ansätze zu einem eigenen, bodenständigen Stil"*, die *„ältesten Zeugnisse dieser werdenden Kultur"*.[22]

Herzfelds hettitischer Kulturkreis, zu dessen Kennzeichen Steinreliefs in architektonischem Kontext gehörten, erhielt so seine frühesten Belege, die er mit der Entwicklung in Sumer parallelisierte. Oppenheim folgte der Autorität Herzfelds bezüglich der Datierung nur zu gerne, benutzte aber – Ungnad folgend – den Begriff subaräisch statt hettitisch für den Kulturkreis.[23]

Aus diesem Konstrukt, dessen Rahmen von Meyer gesetzt war, gab es für Herzfeld keinen Ausweg. Im Eifer, seine Stellung zu verteidigen, schoss Herzfeld aber über das Ziel hinaus. Als es ein Jahr später um seine Entlassung aus der Professur ging, waren sich die Gutachter einig, dass Herzfelds Beitrag über die Skulpturen vom Tell Halaf ein Beispiel *„jüdisch-talmudischer Sophistik"* sei, mit dem er *„dem Ansehen Deutschlands und deutscher Wissenschaftler"* geschadet habe und deshalb aus dem öffentlichen Dienst entlassen gehöre.[24]

Freundschaft und Vertrauen

Der einzige, der weiter fest an die Datierungen Herzfelds glaubte, war Oppenheim. Zu viel hatte die beiden Männer über 30 Jahre hinweg verbunden als dass er an Herzfeld hätte irre werden können. Und auch Herzfeld hatte bei aller Kritik an Oppenheims Ausflügen in völkische oder rassistische Interpretationen die persönliche Wertschätzung für Oppenheim nie verloren. Auf Oppenheims Kontaktaufnahme antwortete er am 26. August 1946 aus Damaskus, wohin er nach seiner Emeritierung gereist war, um seine 1912 begonnenen Arbeiten an der Aufnahme islamischer Bauinschriften abzuschließen: *„Lieber Baron,* [...] *Ich hatte gerade mit dem alten Besitzer des Hotel Baron lange über Sie gesprochen, und ebenso im Museum dort, wo die Herren Sie als Gründer und Mäzen des Museums in grosser Verehrung betrachten. Auch in Ankara* [... und ...] *in New York* [...]. *Sie sind nirgends vergessen*, im Ge-

genteil Sie sind eine ganze Legende.“[25] Der Kontakt war wiederhergestellt, doch trafen sich beide nicht mehr. Oppenheim starb, als ein letzter Brief vom 23. Oktober 1946 Herzfeld gerade erreichte. Herzfeld überlebt ihn nur um 14 Monate. Er erkrankte 1947 in Ägypten schwer und starb am 20. Januar 1948 bei Basel.

Beide erlebten dadurch den Neuaufbau der Orientalischen Archäologie in Deutschland, für die sie so viel geleistet hatten, nicht mehr. Mit der Professur von Anton Moortgat, mit dem Oppenheim und Herzfeld sich über die Skulpturen des Tell Halaf zerstritten hatten, begann an der Freien Universität Berlin eine neue Ära. Moortgat, der 1926–1928 für Oppenheim gearbeitet hatte, war es auch, der schließlich die Endpublikation der Skulpturen vorlegte und diese in das 9. Jahrhundert v. Chr. datierte.

Während die Datierung seither nur wenig verändert wurde, ist eine andere Annahme zu korrigieren. Moortgat berichtet unter Berufung auf Werner Caskel, dass Oppenheim „*am Ende seines Lebens* [...] *auch nicht mehr* [...] *an Herzfelds Beweisführung* [geglaubt hat], *die die Bildwerke des Tell Halaf zwar nicht in die Zeit der Buntkeramik, aber doch noch in das dritte vorchristliche Jahrtausend verweist*“.[26] Hätten Oppenheim oder Herzfeld noch gelebt, hätten sie widersprochen. Denn im eingangs zitierten Brief vom Juni 1946 schrieb Oppenheim an Herzfeld, dass er hoffe, den Band über die Skulpturen des Tell Halaf „*bald abschließen zu können*“ und versicherte: „*Ich habe mich weiter ganz hierbei auf den von Ihnen in den AMI VI vertretenen Standpunkt gestellt.*“ „*Meine Arbeit an dem Skulpturen-Band ist sehr interessant, macht mir aber deshalb grosse Schwierigkeiten, weil ich eben ohne andere Bücher bin. Ich jammere gerade zu nach einzelnen Sachen, so insbesondere nach A. Moortgat ‚Die Kunst des Alten Orients und die Bergvölker‘, dessen Standpunkt ich in erster Linie bekämpfen muss.*“[27] Dankbarkeit, alte Freundschaft und ein tiefes Vertrauen ließen Oppenheim an Herzfeld, ohne dessen Hilfe vielleicht nicht am Tell Halaf gegraben worden wäre, gegen alle Kritik festhalten.

---

1 Oppenheim an Herzfeld 21.6.1946 (Freer & Sackler Galleries Archives, Herzfeld Archive N 131). Dies war bereits der zweite Versuch der Kontaktaufnahme, nachdem Oppenheim Herzfelds Antwort auf seinen ersten Brief, den er am 18.10.1945 auf Englisch verfasst hatte, nicht erhalten hatte.
2 Teichmann 2001: 92–94.
3 Teichmann 2001: 82–89.
4 Teichmann 2001: 27–29.
5 Sarre/Herzfeld 1911/1920.
6 Brief Herzfeld an Koldewey vom 3.5.1911 (ArDOG II.1.2.18.3); Oppenheim an Herzfeld, Brief vom 3.4.1912, er erinnere sich so gerne an diese Reise (NL MvO-229).
7 NL MvO-56.
8 NL MvO-205; Teichmann 2001: 53.
9 Brief Herzfeld an Koldewey vom 3.5.1911 (ArDOG II.1.2.18.3). Der Brief an Oppenheim vom 24.9.1910 war unterzeichnet von C. H. Becker, M. van Berchem, I. Goldziher, E. Herzfeld, A. Jeremias, E. Littmann, L. Messerschmidt, E. Mittwoch, F. Sarre, M. Sobernheim und H. Winckler, vgl. Teichmann 2001: 52–53.
10 Bothmer 2007: 129.
11 Zu Herzfeld siehe die Beiträge in Gunter/Hauser 2005; Hauser 2008.
12 Vgl. zu den Streitigkeiten Bothmer 2007: 145–167; zu Herzfelds Rolle 163–164.
13 Vgl. Genge 1979: 2–18.
14 Oppenheim 1931: 127–128 führt 13 Argumente für die Wiederverwendung auf, die sich in erster Linie auf die Nichtbeachtung der Bilder beim Versetzen der Steine beziehen.
15 Vgl. vor allem Bissing 1931; Moortgat 1932.
16 Oppenheim 1931 mit dem Beitrag Herzfeld 1931. Die Datierungen schon zuvor in Herzfeld 1930: 186.
17 Herzfeld 1934.
18 Herzfeld 1928: 38–48; Herzfeld 1930: 137. Gerade diese Namenswahl bereitete konstant Schwierigkeiten, musste Herzfeld doch immer erklären, dass damit weder die Hethiter (die er Nesier nannte), noch deren Herrschaftsgebiet im 2. Jahrtausend v. Chr. gemeint waren.
19 Herzfeld 1930: 138.
20 Herzfeld 1930: 137–138: „*Diese Kunst und Kultur [eines Kulturkreises] ist von ganz verschiedenen Völkern getragen worden. Aber so wenig es eine gutaeische, kossaeische, chaldaeische Kultur und Kunst gibt, sondern nur eine sumerische Kunst der verschiedenen Epochen in jenem Gebiet* [...] *so gibt es keine khattische, mitannische, subaraeische, melitenische oder aramaeische Kunst, sondern nur eine hettitische Kunst der verschiedenen Epochen der verschiedenen Landschaften dieses weiten Kulturkreises.*“ Zu diesem Konzept: Hauser 2005: 533–547.
21 Artikel, in denen sich Oppenheim mit Rassen und insbesondere Ariern im Vorderen Orient beschäftigte, korrigierte Herzfeld, der um Kommentare gebeten worden war, scharf: „*Zu nordische, arische Beziehungen etc. Warne ich entschieden*

zu drucken! In wissenschaftl. literatur darf der ausdruck ‚arisch' ganz allein auf die aus 5 gliedern bestehende gruppe der indoeuropäischen sprachfamilie angewandt werden. [...] *Andre Arier giebt es nicht.*" *„zu Aufsatz II Die Nordischen Völker etc.*" *Gilt dasselbe: Ich warne zu drucken! Arier kann es nie in Europa gegeben haben.*" Aus einem Brief vom 21.11.1933 (NL MvO-193 Bd. 1, alle Schreibweisen und Hervorhebungen nach Herzfeld). Zu Oppenheim und „Ariern" siehe auch Teichmann 2001: 88–89.

22 Meyer 1928: 31–32.

23 Oppenheim 1931: 47–53.

24 Die vollständigen, heute abstoßenden gutachterlichen Schreiben von Alexander Langsdorff, Hans Ehelolf und Walter Andrae werden in anderem Zusammenhang vom Autor demnächst vorgestellt.

25 NL MvO-233, Bd. 1.

26 Moortgat 1955: 3.

27 Brief vom 21.6.1946, Freer & Sackler Galleries Archives, Herzfeld Archive N-131.

Ungebrochen – Die letzten Monate in Landshut

Gerhard Tausche, Landshut

Max Freiherr von Oppenheim lebte zu Beginn des Jahres 1946 nach seiner Flucht von Berlin über Dresden bei seiner Schwester Wanda Gräfin von Pocci in Ammerland am Starnberger See. Zu diesem Zeitpunkt ist schon bekannt, *„dass es sein Wunsch war, in der Stadt zu wohnen, denn er war für das abgelegene Schloss viel zu aktiv in der Bearbeitung seiner verloren gegangenen Aufzeichnungen.“*[1] Hinzu kam, dass er zunehmend permanenter medizinischer Betreuung bedurfte, die damals nur in Städten möglich war.

Der Weg nach Landshut

Die Stadt Landshut war im Zweiten Weltkrieg von Zerstörungen weitgehend verschont geblieben. Erst in den letzten Kriegsmonaten ab Dezember 1944 wurde der außerhalb der Stadt liegende Hauptbahnhof als Verkehrsknotenpunkt mit der wichtigen Verbindung zur Tauernbahn nach Österreich Angriffsziel der alliierten Bomberverbände und in Schutt und Asche gelegt. Die intakte Stadt selbst zog in der Nachkriegszeit zahlreiche Flüchtlinge an und bot ihnen Unterkunft, wenn auch auf beengtem Raum.

Oppenheims Kontakt zu Landshut wurde über die Familie Dietzsch geknüpft. Hans Hubert Dietzsch war am 15. Oktober 1945 von der amerikanischen Militärregierung zum kommissarischen Oberbürgermeister Landshuts bestimmt worden.[2] Bis zu diesem Zeitpunkt hatte seine Familie in einem Ökonomiegebäude von Schloss Ast gewohnt, das im Besitz von Friedrich Carl Freiherr von Oppenheim war, einem Neffen Max von Oppenheims. Dem neuen Oberbürgermeister und seiner Familie wurde von der US-Armee im 2. Stock des Hauses Altstadt 94/95 (**Abb. 23**) eine 10-Zimmer-Wohnung zugewiesen. Über ihre Beziehungen zu Schloss Ast kamen Hubert und Ursula Dietzsch mit Max von Oppenheim ins Gespräch und waren schließlich froh, für ihre große Wohnung einen Untermieter gefunden zu haben. Der Baron meldete sich am 14. Mai 1946, nachdem er sich kurz noch in Ast aufgehalten hatte, in Landshut an und bezog mit seinem Diener Adolf Sommer[3] die Räume.[4]

Sein Leben in der Stadt Landshut

Schon bald nach seinem Umzug sicherte sich Oppenheim die Dienste von Werner Nickels als Sekretär.[5] In einem Brief schrieb er an seinen ehemaligen Sekretär Peter Höfges, dass er sich in Landshut sehr wohl fühle und zwei ausgezeichnete Schreibkräfte, eine weibliche und eine männliche, gefunden habe, mit denen er täglich acht Stunden zusammenarbeite.[6] In einem späteren Schreiben lobte er Nickels als *„einen so hervorragend tüchtigen Mann, wie ich noch keinen Sekretär bei mir hatte, und so brav und hilfreich. Ein hervorragender Kerl.“*[7] Aus den erhaltenen Aufzeichnungen geht hervor, dass Oppenheim täglich acht Stunden an seinem Schreibtisch verbrachte, um seine Lebenserinnerungen niederzuschreiben. Aus der Ferne versuchte er, seine Bibliothek zu vervollständigen und seine Sammlung, soweit es möglich war, zu sichern. Zudem lag ihm der Abschluss des dritten Bandes seiner Tell Halaf-Publikation sehr am Herzen.[8] Insgesamt war der Baron mit dem Voranschreiten seiner Arbeit mehr

23 Postkarte mit dem Haus, in dem Oppenheim und sein Diener Alfred Sommer zur Untermiete wohnten

nerstraße 8/1.

Ehrl. selbständiges Alleinmädchen wird für Metzgereihaushalt zum sofortigen Eintritt gesucht. Scheuermeier, Landshut, Regierungsstraße 571.

Vorleserin, abends 8—10, für wissenschaftliche Arbeiten, engl. Kenntnisse, gesucht. Vorst. nicht zwischen 1/212—3. Baron Oppenheim, Landshut, Altstadt 94/II.

Ordentl. fleiß. Mädchen für 3 Personen-Haushalt gesucht. Näh. unt. 3697 an Isar Post, Landshut.

Zugehfrau für 2mal wöchentl. 2—3 Stunden gesucht. Zuschr. unt. 3711 an Isar Post.

Stellung suchen

Tücht. led. kaufm. Angestellter, 32 J., Eisenwarenbranche mit langjähr. Praxis

24 Oppenheims Stellenanzeige in der IsarPost vom 12.7.1946

als zufrieden. Aus verschiedenen Briefen ist zu entnehmen, dass ihm auch der Bestand der Stiftung und deren Weiterentwicklung ein großes Anliegen war und ihn permanent beschäftigte.

Offensichtlich zur Unterstützung seiner Arbeit wollte er seine bisherigen Aufzeichnungen durchlesen. Da aber, wie er selbst vermerkte,[9] seine Augen nicht mehr sehr gut waren, suchte er mittels einer Anzeige in der damaligen Zeitung IsarPost vom 12. Juli 1946 (**Abb. 24**) eine Vorleserin. Das Inserat wirft auch einen Blick auf die Arbeitsweise des Barons. Dort wird nämlich die Zeit zwischen 11:30 und 15:00 Uhr angegeben, zu der keine Vorstellungsgespräche möglich sind – Mittag und Erholung(?). Mit dem Wissen um die tägliche Arbeitszeit von acht Stunden lässt sich als Rückschluss ein strikter, konzentrierter Tagesablauf von 7:30 bis 11:30 und von 15:00 bis 19:00 Uhr erkennen.

Auf seine Anzeige meldeten sich zwei junge Damen, Maria Lanzinger und Amanda Rauhmeier,[10] die in der Folge abwechselnd abends zwischen 20 und 22 Uhr aus dem maschinengeschriebenen Manuskript seiner Memoiren vorlasen, wobei stets *„der alte Butler"* anwesend war. Da der Inhalt für Maria Lanzinger, die Geschichte und Geographie studierte, hoch interessant war, unterbrach sie öfter und stellte Fragen, die der Baron freundlich und bereitwillig beantwortete.[11] Er selbst war ebenfalls an historischen Ereignissen in Landshut interessiert und befragte dazu die jungen Landshuterinnen. In Erinnerung geblieben ist Maria Lanzinger die Frage nach dem Haus des Grafen Pocci in der Landshuter Altstadt Nr. 78.

Vor allem Maria Lanzinger prägte der Kontakt mit dem Privatgelehrten nachhaltig. Man kann unumwunden feststellen, dass damit ihr beruflicher Werdegang maßgeblich mitbestimmt wurde, da sie später für das Bayerische Landesamt für Denkmalpflege im Bereich Archäologie tätig war. Ihr großer Verdienst ist es, die Erinnerung an Baron Oppenheim in Landshut stets wach zu halten.[12] In ihren Augen war Oppenheim ein sehr freundlicher alter Herr, *„der schon etwas gebrechlich wirkte, dicke Augengläser trug"* und sie glaubte, *„dass er nicht mehr gut hörte, denn ich saß beim Lesen nahe an seinem Lehnstuhl."*[13]

Ein Glücksfall dürfte es für den Baron gewesen sein, dass die Rundfunkabteilung „Orient" am Ende des Krieges von Berlin nach Landshut übergesiedelt war. Neben einigen deutschen Mitarbeitern waren Araber, unter ihnen Ismail Hassan aus Bagdad, Dajani aus Jerusalem, Kadi aus Oran (Provinz im Westen von Algerien), Muhammed et Turki aus Tunis sowie der Türke Idris aus Kasan vor Ort.[14] Mit dieser Gruppe dürfte es während der Landshuter Zeit zu einem intensiven Gesprächskontakt gekommen sein.

Max von Oppenheims Tod

Die sechs Monate in Landshut (**Abb. 25**) waren im Rückblick von einer ungebrochenen Arbeitsaktivi-

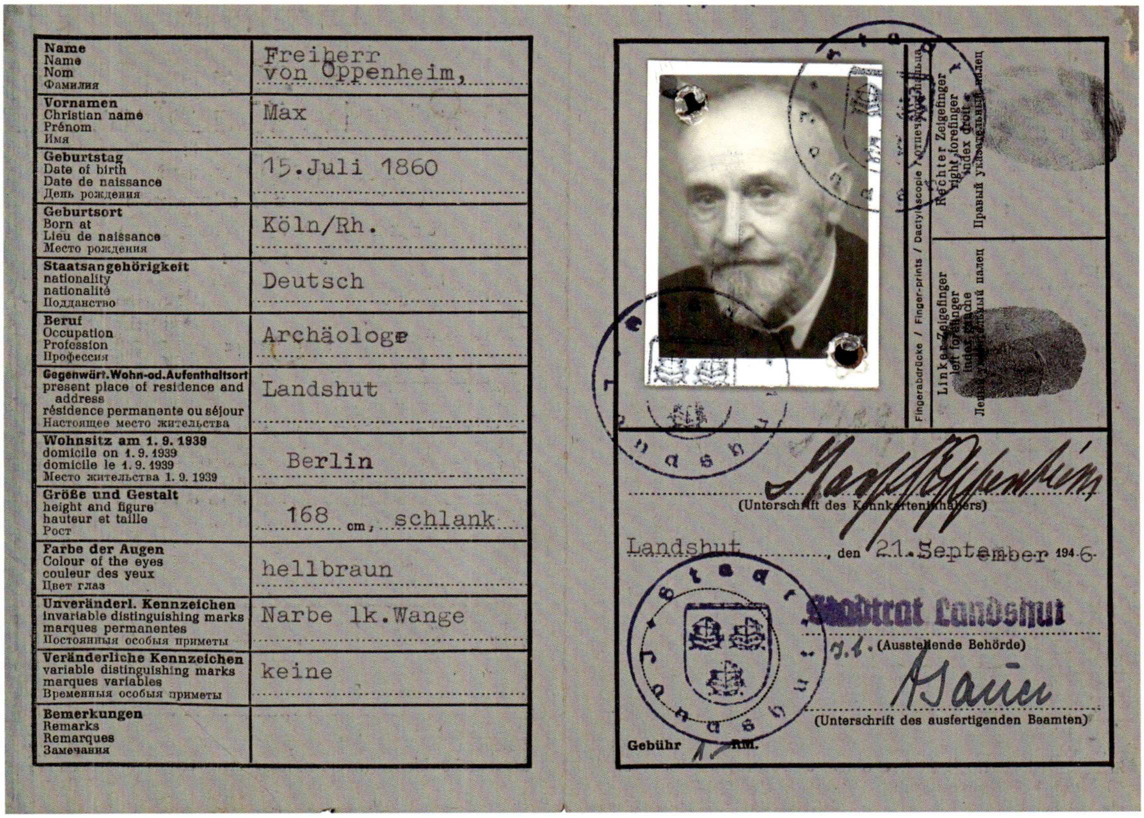

Name / Name / Nom / Фамилия	Freiherr von Oppenheim,
Vornamen / Christian name / Prénom / Имя	Max
Geburtstag / Date of birth / Date de naissance / День рождения	15.Juli 1860
Geburtsort / Born at / Lieu de naissance / Место рождения	Köln/Rh.
Staatsangehörigkeit / nationality / nationalité / Подданство	Deutsch
Beruf / Occupation / Profession / Профессия	Archäologe
Gegenwärt. Wohn-od. Aufenthaltsort / present place of residence and address / résidence permanente ou séjour / Настоящее место жительства	Landshut
Wohnsitz am 1. 9. 1939 / domicile on 1. 9. 1939 / domicile le 1. 9. 1939 / Место жительства 1. 9. 1939	Berlin
Größe und Gestalt / height and figure / hauteur et taille / Рост	168 cm, schlank
Farbe der Augen / Colour of the eyes / couleur des yeux / Цвет глаз	hellbraun
Unveränderl. Kennzeichen / invariable distinguishing marks / marques permanentes / Постоянныя особыя приметы	Narbe lk.Wange
Veränderliche Kennzeichen / variable distinguishing marks / marques variables / Временныя особыя приметы	keine
Bemerkungen / Remarks / Remarques / Замечания	

Fingerabdrücke / Finger-prints / Dactyloscopie

Rechter Zeigefinger / right forefinger / index droit / Правый указательный палец

Linker Zeigefinger / left forefinger / index gauche / Левый указательный палец

(Unterschrift des Kennkarteninhabers)

Landshut, den 21. September 1946

Stadtrat Landshut

(Ausstellende Behörde)

(Unterschrift des ausfertigenden Beamten)

Gebühr RM.

25 Im September 1946 erhielt Oppenheim eine Kennkarte der Stadt Landshut

tät und einem enormen Eifer des Barons gekennzeichnet. Anfang November verschlechterte sich jedoch sein Gesundheitszustand rapide: „*Am Donnerstag, d. 7. November früh erlitt Herr Baron einen schweren Erstickungsanfall, der erst nach mehreren Stunden wieder behoben werden konnte und sich am Abend des gleichen Tages zu wiederholen drohte. Doch gelang es dem noch in der Nacht hinzugezogenen behandelnden Arzt, Dr. Bauer, dies zu verhüten. Am 8. November vormittags begab sich Herr Baron in das hiesige Krankenhaus* [in der Länd], *um die Möglichkeit zu haben, auch nachts ständig die erforderlichen Spritzen zu bekommen.*“ Entgegen des ärztlichen Rats nahm er einige Bücher und Manuskripte mit ins Krankenhaus. „*Sein Zustand verschlechterte sich von Tag zu Tag, und als ich* [Werner Nickels] *ihn soeben* [13.11.] *besuchte, fand ich ihn im Gegensatz zu heute vormittag nicht mehr bei Bewusstsein. Der Herrn Baron im Krankenhaus behandelnde Arzt, Herr Sanitätsrat Joerdens, machte schon heute früh wenig Hoffnung, dass Herr Baron noch seiner Arbeit erhalten bleiben könne.*“[15]

Während des ersten Erstickungsanfalls hatte von Oppenheim eine Reihe von Schriftstücken für den Fall seines Ablebens diktiert. Im Angesicht des baldigen Todes sorgte er sich um seinen langjährigen Begleiter Adolf Sommer und seinen Sekretär Werner Nickels. Er bat seinen Neffen, sich um die beiden zu kümmern.[16] Aber auch an seine beiden Vorleserinnen hatte er gedacht: „*Als er so plötzlich gestorben war, ich wusste noch nichts davon, kam der Butler in unsere Wohnung und wollte mich sprechen. Wir baten ihn herein. Da weinte er und erzählte vom Tod des Barons. Er brachte einige Kleinigkeiten, die der Baron schon für Weihnachten für uns, seine Vorleserinnen, gekauft hatte.*“[17]

Am 15. November 1946 verstarb Max Freiherr von Oppenheim im städtischen Krankenhaus, Obere Länd 43, im Alter von 86 Jahren. Werner Nickels berichtete nach Berlin von der Beerdigung:

„*Gestern* [19.11.1946] *fand die Trauerfeier* [Jesuitenkirche] *und Beisetzung von Herrn Baron in feierlicher und würdiger Form statt. Die nächsten Angehörigen waren durch Baron Friedrich Carl und Baronin Ruth Oppenheim, seine Gemahlin, vertreten. Die Araber Landshuts gaben dem Verewigten das letzte Geleit, und am offenen Grabe sprach der Araber Ismail Hassan ehrende Worte und brachte dem Toten den Gruss der arabischen Länder. Er gedachte gleichzeitig der wissenschaftlichen Bedeutung des Barons und betonte, dass auch in der arabischen Welt der Name Max Freiherr von Oppenheim unvergessen bleibe. Dr. Martin Abel legte einen Kranz im Namen der Deutschen Orientalisten nieder.*“[18]

Das Grab auf dem Landshuter Hauptfriedhof

Seine letzte Ruhestätte fand Max Freiherr von Oppenheim auf dem Hauptfriedhof in Landshut.[19] Erst 1951 konnte dort ein Grabstein errichtet werden. Wahrscheinlich hatte es fast fünf Jahre gedauert, bis sich seine Stiftung konsolidiert hatte.

Der Bildhauer Egon Altdorf (1922–2008) schuf das Grabmal. Dieser lebte seit 1946 in Wiesbaden und galt zudem als Glasmaler, Schriftsteller und Lyriker. Er war ein Schüler von Emy Roeder und Mitglied der Wiesbadener „Gruppe 50“. Unter anderem hatte er im Jahr 1953 am Platz der 1938 zerstörten Synagoge in Wiesbaden zur Erinnerung eine Basalt-Lava-Stele geschaffen.

Der Grabstein (**Abb. 26**) nimmt Gestaltungselemente der von Oppenheim so geliebten „thronenden Göttin“ vom Tell Halaf auf und trägt eine vom Baron selbst formulierte Inschrift.[20] Eine detaillierte Beschreibung des Grabmals lieferte der Künstler selbst: „*Beim Grabmal des Forschers sollte durch die Form und Schrift bzw. Ornamentik des Steines eine Beziehung aufgezeigt werden zu der Kultur, die der Verstorbene entdeckt hatte. Die genaue Nachbildung irgendeines Motivs aus der subaräischen Kultur war nicht vorgesehen, da ja der zu schaffende Stein als Grabmal für sich gültig sein sollte und nicht als Kuriosität ohne Beziehung zu seiner Umwelt stehen sollte. Ich wollte dem Stein einen megalithhaften Charakter geben, der 1. der Idee der alten subaräischen Kultur gerecht wird, und 2. auch für uns grabmalsgültig ist, da auch in unserem Kulturkreis Grabmäler standen, die einen ähnlichen Charakter hatten. Durch die besondere Form des Steines mußte auch die Schrift gefunden werden bzw. so geschlagen werden, daß sie sich der Idee des Steines unterordnete. Demzufolge hatte ich nach einem Studium alter Basaltschriften in Mayen (Eifel) die Schrift frei auf den Stein geschlagen, so wie es die Alten gemacht haben, ohne langweilige Richtigkeiten, die mir zu maniriert und zu steif erschienen. Ich habe die Schrift als Ornament aufgefaßt, das die ganze Fläche des Steines filigranhaft füllen sollte, namentlich die obere Schriftplatte.*

Die Kuratoren der Freiherr von Oppenheim Stiftung, Herr Graf Matuschka von Greifenklau (ein Verwandter des Verstorbenen) und Prof. Scheel von der Mainzer Universität regten zu einer anlehnenden Form des Grabmals an durch die Abbildung der subaräischen Urgöttin Hepet, einer thronenden Göttin, die um das Jahr 2850 v. Chr. datiert wird, eine Figur, die den blockhaften Würfelhockerdarstellungen der ägyptischen Kultur gleichkommt. Der untere Teil dieser Göttin sollte als Idee verwendet werden. Die Idee des vollplastischen Bechers der Göttin, durch den der Regen und die Fruchtbarkeit auf die Erde fällt, wurde übernommen, und zwar ornamental abgewandelt in die linke obere Ecke des Grabmals vor die Schrift gesetzt.

Diagonal dazu wählte ich als christliches Symbol das frühe christliche Radkreuz, das in seinem Volumen am besten zu dem diagonal liegenden Becher stand. Zwischen beiden Ornamenten liegt eine siebenzeilige Schrift, die besagt:

Hier ruht in Gott ein Mann,
der die Wissenschaft,
den Orient, die Wüste
und den von ihm entdeckten
und ausgegrabenen
Tell H a l a f
geliebt hat.

Das über die ganze Fläche laufende Ornamentband, das den Rocksaum der Göttin darstellen soll […], *wurde als Idee mit übernommen und diente grob auf den Stein geschlagen als Abschluß-Ornament-Band der oberen Schriftplatte. Der untere Teil des Grabmals trägt den Namen und die Daten des Verstorbenen.*

26 Der Grabstein Max von Oppenheims auf dem Hauptfriedhof in Landshut, 2010

Anhand eines kleinen Modells, das ich mir machte (im Maßstab 1:5), erwog ich nun die Proportionen, um die richtigen Formen des Grabmals zu finden und um die Schrift und die Ornamente festzulegen. Der ganze Stein ist in sich um ein weniges gerundet, um die Form plastischer und kubischer zu halten.

Als Material wählte ich Basalt-Lava, einen mittleren bis groben porösen Stein aus der Eifel."[21]

1 Brief von Ursula Dietzsch-Kluth vom 27.2.2005 (Stadtarchiv Landshut).
2 Bleibrunner 1991: 284.
3 Adolf Sommer (1875–1957), Krankenpfleger; am 27.6. 1949 nach Berlin-Neukölln abgemeldet. Bis zu seinem Tod erhielt Sommer in Anerkennung seiner Verdienste um Max von Oppenheim ein monatliches Legat von 75,00 DM (Brief von Richard Graf Matuschka-Greiffenclau an Friedrich Schneider vom 4.12.1957, MvO-S, Nr. 59).
4 Meldekarte der Stadt Landshut (Stadtarchiv Landshut).
5 Leider konnten zu Werner Nickels keine Angaben recherchiert werden.
6 Brief an Peter Höfges vom 25.7.1946 (MvO-S, Nr. 79).
7 Brief an Waldemar und Sunny von Oppenheim vom 7.11.1946 (MvO-S, Nr. 61); von der letzten Sekretärin Irene Keilig ist leider nur der Name bekannt.
8 Teichmann 2001: 94.
9 Brief von Max von Oppenheim an Peter Höfges vom 25.7.1946 (MvO-S, Nr. 79).
10 Lanzinger verheiratete Lindner; Amanda Rauhmeier ist 2004 verstorben.
11 Brief von Maria Lindner vom 29. 8.1996.
12 Lindner 1996: 44; Lindner 1996–1997: 175–184.
13 Maria Lanzinger/Lindner, Erinnerungen an Baron Oppenheim, Mskr.
14 NL MvO-7.
15 Brief von W. Nickels an Werner Caskel, dem designierten Vorsitzenden der Max Freiherr von Oppenheim-Stiftung, vom 13.11.1946 (MvO-S, Nr. 61).
16 Brief an Waldemar und Sunny von Oppenheim vom 7.11.1946 (MvO-S, Nr. 61).
17 Maria Lanzinger/Lindner, Erinnerungen an Baron Oppenheim, Mskr.
18 Brief von W. Nickels an Werner Caskel vom 20.11.1946 (MvO-S, Nr. 61).
19 Hauptfriedhof Landshut Abt. 36/Reihe 11/Grabstätte 07–08.
20 Teichmann 2001: 94.
21 Egon Altdorf, Grabmal eines Orientforschers, in: Landshuter Zeitung vom 3.8.1951, Seite 12.

II

Zeitspiegel

Deutsche Weltpolitik zwischen machtpolitischer Eroberung und kultureller Durchdringung, 1860–1945

Jost Dülffer, Köln

Als Max von Oppenheim 1860 geboren wurde, hatten gerade die Österreicher und Franzosen samt den Italienern nach einem kurzen blutigen Krieg Frieden geschlossen, der italienische Nationalstaat kam auf den Weg. Der locker organisierte Deutsche Bund blieb außen vor, die Preußen hielten sich gegenüber ihren Wiener Blutsbrüdern zurück. Doch schuf dies eine Bedingung für die nachfolgenden preußischen Kriege im folgenden Jahrzehnt, die 1871 zur Gründung eines kleindeutschen Deutschen Reiches ohne Österreich führte. Es war eine kriegerische Zeit, aber mit immer noch relativ kurzen und überschaubaren militärischen Auseinandersetzungen. Im 20. Jahrhundert wurde das anders: der Erste Weltkrieg, in dem Oppenheim den Höhepunkt seines politischen Einflusses erreichte, wurde zum großen beidseitigen Massenmorden in Europa und nicht nur dort. Und kaum zwanzig Jahre nach seinem Ende stürzten die im Deutschen Reich herrschenden Nationalsozialisten Europa und große Teile der Welt in einen noch schrecklicheren Krieg, der mit einem Rassenmord einherging. Kein Wunder, dass dies auch de facto das Ende dieses Deutschen Reiches bedeutete. Diese totale Niederlage erlebte Max von Oppenheim gerade noch ein Jahr vor seinem Tod mit.

Diese Kriegserfahrungen bedeuteten gravierende Brüche in eigentlich allen Lebensläufen, aber auch in der Staatspolitik. Aber dennoch bildete dies keine ganz gerade Linie. Zumal in den ersten Jahrzehnten des Kaiserreichs für weit länger als die Spanne einer Generation Frieden herrschte, nach 1919, dem Ende des Weltkrieges, noch einmal mehr als 20 Jahre lang. Allerdings war diese Spanne zwischen den beiden Weltkriegen wesentlich stärker von Gewalt getragen, ging es doch nicht nur um die Revision des als ungerecht empfundenen Friedens, sondern zunehmend um die Wiederholung des verlorenen Ersten Weltkrieges mit besseren Voraussetzungen und mit weiter reichenden Zielen einer auch rassischen Umgestaltung des Kontinents.

1860 startete das damals ganz auf Mitteleuropa konzentrierte Preußen eine Ostasienexpedition, die mit einem Vertrag über Freundschaft, Handel und Schifffahrt mit Japan im Januar 1861 endete. Das war der Anfang eines erstaunlichen Kulturtransfers nach Asien, der sich in den folgenden Jahrzehnten auf vielen Ebenen entwickelte. Zugleich deutete sich hier eine Variante von Weltgeltung ab, die primär auf friedliche Mittel setzte. Als 1871 das Deutsche Reich gegründet und Frieden nach dem Sieg über Frankreich geschlossen wurde, hätte Otto von Bismarck (**Abb. 27**) leicht Indochina als Siegespreis fordern können – es wurde dann aber Elsass-Lothringen, eine Schmach für Paris, welche die europäische Politik für eine Generation belastete. Der neue Reichskanzler konzentrierte sein Augenmerk dann auch ganz auf die Konsolidierung der neuen Großmacht in Europa, auch wenn der Gedanke an eigene Kolonien für den deutschen Bevölkerungsüberschuss zu einer Zeit aufkam, als Hunderttausende jährlich in die USA zogen. So erwarb das Deutsche Reich unter seiner Kanzlerschaft Mitte der 1880er Jahre fast alle seine Kolonien – Deutsch-Südwestafrika, dann Deutsch-Ostafrika, Togo und Kamerun sowie Südseeinseln. Aber gerade diese Gebiete waren für Siedlungen größeren Stils ungeeignet – der Anspruch jedoch blieb und führte bis zum Ersten Weltkrieg 1914 zu keinem wesentlich größeren Erwerb, wohl aber steigerten sich die öffentlichen Ansprüche. Wir müssen exportieren – entweder wir exportieren Menschen oder wir exportieren Waren, erklärte Reichskanzler Leo von Caprivi Anfang der 1890er Jahre in einer Rede den Deutschen mögliche Alternativen. Industriewirtschaftliches Wachstum brachte in der Tat seit diesem Jahrzehnt große Erfolge, woraufhin auch die Massenauswanderung zurückging. Aber im Bewusstsein vieler Menschen setzte sich eine sozialdarwinistische Haltung durch und das beileibe nicht nur in Deutschland. Der britische Premierminister Lord Salisbury teilte die Staaten in lebende und absterbende Nationen ein, der deutsche Außenminister und spätere Reichskanzler Bernhard von Bülow mahnte noch relativ bescheiden an, man wolle niemand in den Schatten stellen, sondern auch nur einen eigenen Platz an der Sonne. Deutsche Weltpolitik und keine Erfolge, so könnte man die Bilanz der Jahre bis zum Weltkrieg ziehen. Das bedeutete zugleich, dass den durchweg konservativ gesinnten Regierungen zunehmend der Wind von der politischen Rechten her ins Gesicht blies. Es bildeten sich nationale Agitationsgruppen von den Alldeutschen bis zum Kolonialverein, die zum Teil Massen der Bevölkerung organisierten und begeisterten. Einiges davon hatte aggressive, ja auch militante Züge, wie etwa die Flottenbegeisterung, mittels derer Admiral von Tirpitz Kaiser Wilhelm II. eine Flotte zu bauen sich anschickte, welche die erste Seemacht der Welt Großbritannien herausfordern und gegebenenfalls dann auch beerben sollte. Andere setzten gerade in den Jahren vor 1914 auf die Verstärkung des Heeres, die mit dem Verbündeten Österreich-Ungarn den beiden großen Kontinentalmächten Russland und Frankreich mindestens gewachsen sein sollte. Das Merkwürdige daran: Dieses offensive Wettrüsten wurde häufig als defensiv wahrgenommen, als bittere Notwendigkeit im Kampf ums Dasein für das weitere 20. Jahrhundert.

27 Französische Karikatur auf den deutschen Reichskanzler: Otto von Bismarck balanciert auf der Weltkugel, Holzstich (1870) von Jules Draner

Eine Alternative bot sich jedoch an: Die kulturelle, die friedliche Durchdringung der Welt. Nehmen wir J. J. Ruedorffer, das Pseudonym eines Vertrauten von Reichskanzler Theobald von Bethmann Hollweg. Auch er war vom Kampf ums Dasein überzeugt, meinte auch, dass kosmopolitische Bestrebungen letztlich doch nur nationalen Interessen dienten. Die Briten waren das große Vorbild.[1] „*Die Engländer, die instinktiv die englische Weltherrschaft mit der Herrschaft von Zivilisation, Freiheit und Humanität gleichsetzen, nehmen* [...] *an, dass die anderen Völker gar keinen Grund und deshalb auch kein Recht haben, mit der britischen Expansion unzufrieden zu sein.*“ Somit könne durchaus ein Krieg lange aufgeschoben werden und parallele Expansionen aller und so auch der Deutschen erfolgen.

Das wichtigste Gebiet, auf dem das im ersten Jahrzehnt des 20. Jahrhunderts möglich war, stellte das Osmanische Reich dar, in dem Max von Oppenheim von Kairo aus zwischen 1896 und 1910 wirkte.[2] Obwohl es gerade hier nur um wirtschaftliche Vorherrschaft durch die Bagdadbahn und damit zugleich Stabilisierung des maroden Reiches ging, zogen die Deutschen dennoch die bisher in der Region dominierenden britischen und russischen Konflikte auf sich. Kulturpolitik, wie sie Karl Lamprecht vertrat, war auch hier angesagt und sogar Reichskanzler von Bethmann Hollweg stellte sich Ende 1913 in einem Brief an den Historiker dahinter:[3] Auch er „*sei von der Notwendigkeit einer*

28 Treue Verbündete!
Postkarte mit Porträts von Kaiser Wilhelm II., Zar Ferdinand von Bulgarien, Sultan Mehmed V. und Kaiser Franz Joseph von Österreich, Aufnahmedatum um 1915

auswärtigen Kulturpolitik überzeugt [...] *Wenn auch die Regierung durch Unterstützung und Anregung manches helfen kann, so muß doch* [...] *das meiste und die ganze Kleinarbeit von der Nation selbst geleistet werden.*" In einem Beitrag dazu lag auch Oppenheims Rolle im Frieden.

Im Ersten Weltkrieg sah es dann allerdings ganz anders aus. Die „deutschen Ideen" von 1914, die eine große Schar Intellektueller verkündete, isolierten das Reich erst einmal in der gebildeten Welt; die Kolonien gingen mehr oder weniger schnell verloren – deutsche Weltgeltung geriet angesichts des blutigen europäischen Weltkrieges ganz ins Hintertreffen. So trat zwar das Osmanische Reich auf Seiten der Mittelmächte (**Abb. 28**) in den Krieg ein, aber statt friedlicher Durchdringung ging es dort nun um die Revolutionierung der muslimischen Welt gegen die Kriegsgegner – die Briten in Ägypten, die Russen im Kaukasus. Oppenheim wurde hier zu einem der führenden Pläneschmiede in Berlin (**Abb. 29**), der dabei Ideen aufgriff, welche der Kaiser bereits um die Jahrhundertwende als Möglichkeit ins Auge gefasst hatte. Auch Propagandamittel flossen reichlich [SIEHE BEITRAG VON S. OBERHAUS]. Doch der Erfolg war gering. Österreichische und deutsche Truppen rückten zwar in den Kaukasus vor, deutsche Streitkräfte hielten zeitweilig Jerusalem. Doch die Revolutionierung des Osmanischen Reiches lief umgekehrt: Es brach durch Kriegsniederlage und Abfall der Randbereiche zusammen.

Mit dem Friedensvertrag verlor das Deutsche Reich alle überseeischen Kolonien. Die Verhältnisse zur übrigen Welt mussten erst mühsam wieder auf eine halbwegs vertrauensvolle Basis gestellt werden, zu tief waren die wechselseitigen Kriegserlebnisse im kollektiven Bewusstsein verankert. Alle nach 1918 verbliebenen Großmächte hatten auf der Geg-

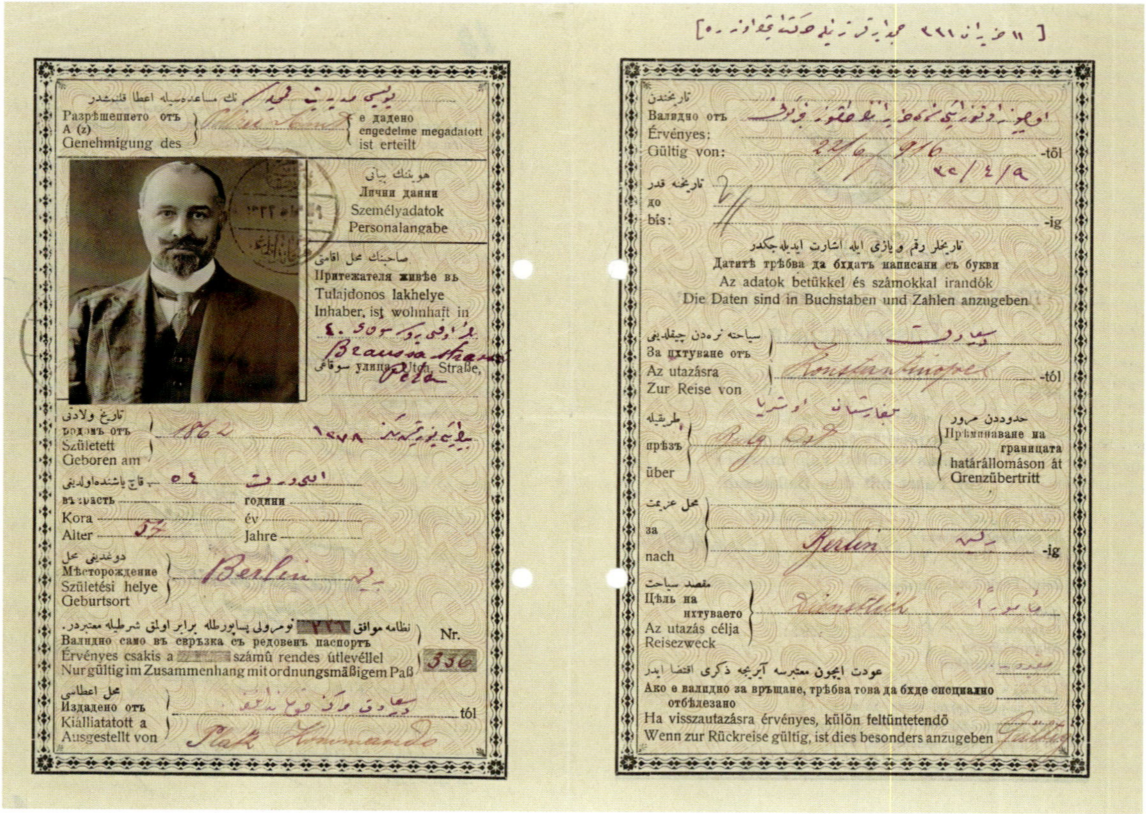

Разрѣшението отъ / A (z) / Genehmigung des — е дадено / engedelme megadatott / ist erteilt

Лични данни / Személyadatok / Personalangabe

Притежателя живѣе въ / Tulajdonos lakhelye / Inhaber, ist wohnhaft in — улица, Utca, Straße

Родомъ отъ / Született / Geboren am 1862

въ възрасть … години / Kora … év / Alter … Jahre

Мѣсторождение / Születési helye / Geburtsort Berlin

Валидно само въ свръзка съ редовенъ паспортъ / Érvényes csakis a … számú rendes útlevéllel / Nur gültig im Zusammenhang mit ordnungsmäßigem Paß Nr. 336

Издадено отъ / Kiállíatott a / Ausgestellt von Platz Kommando

Валидно отъ / Érvényes: / Gültig von: 22/6 1916 -tól

до / bis: -ig

Датитѣ трѣбва да бѫдатъ написани съ букви / Az adatok betükkel és számokkal irandók / Die Daten sind in Buchstaben und Zahlen anzugeben

За пѫтуване отъ / Az utazásra / Zur Reise von Konstantinopel -tól

презъ / über — Прѣминаване на границата / határállomáson át / Grenzübertritt

за / nach Berlin -ig

Цѣль на пѫтуването / Az utazás célja / Reisezweck Dienstlich

Ако е валидно за връщане, трѣбва това да бъде специално отбѣлязано / Ha visszautazásra érvényes, külön feltüntetendő / Wenn zur Rückreise gültig, ist dies besonders anzugeben

29 Im März 1915 wurde Oppenheim nach Konstantinopel entsandt, um Nachrichtensäle für Propagandazwecke aufzubauen. Passierschein von 1916

nerseite gestanden. Erst Mitte der 20er Jahre gelang wenigstens mit den Locarno-Verträgen und dem deutschen Beitritt zum Völkerbund der Ansatz zu gleichberechtigten Beziehungen. Deutsche auswärtige Kulturpolitik bildete nunmehr ein willkommenes Instrument zur Sympathiewerbung. Offizielle Stellen und der Verein für das Deutschtum im Ausland bemühten sich gerade in Übersee um Kontakte zu den Auslandsdeutschen und um Verbreitung der deutschen Sprache und Schulen. „*Wir wollen nicht den Erdball germanisieren, sondern unsere Kultur so entfalten, dass jeder, der guten Willens ist, in ihr das Spiegelbild der Welt, freilich mit deutschen Augen gesehen und in deutschem Geiste verarbeitet, wieder findet,*“ hieß es 1931 dazu.[4]

Als ab 1933 die Nationalsozialisten an die Macht gelangten, änderte sich das grundlegend. Eine Politik zum Kriege, die sich letztlich auf rassenideologische Kriterien gründete, trat – oft nur schwach nach außen verhüllt – die Lenkung der Politik an. Auslandsdeutsche auf allen Kontinenten wurden nun als Teil des germanischen Rassekerns angesehen, der für die Besiedlung des kriegerisch zu erobernden Lebensraums im Osten Europas vorgesehen war. Im Nahen Osten spielte der neue Nationalstaat Türkei zwar eine wichtige Rolle für deutsche Kulturpolitik, südlich davon richteten sich jedoch Briten und Franzosen mit einem Völkerbundmandat in Großsyrien und dem Irak ein. Im Zweiten Weltkrieg blieb die Türkei fast bis zum Ende im wohl verstandenen Eigeninteresse neutral, diente aber doch als Exilland für etliche verfolgte Politiker und Wissenschaftler. Insgesamt blieb der Nahe Osten für die Kriegspolitik der Achsenmächte Deutschland und Italien unerreicht, wobei der Raum für letztere eigentlich als Expansionszone gelten sollte.

Aber der Nahe Osten war nun auch als Ölfördergebiet von großem Interesse geworden. Jedoch nur einmal, im Sommer 1941, suchten irakische Aufständische sich von britischer Vormundschaft durch einen Putsch zu lösen, aber die Deutschen konnten vor Ort keine Hilfe leisten. Für 1942 hatten Hitler und die Wehrmacht schon einmal einen „Weltblitzkrieg" geplant, der nach einer Eroberung Ägyptens und der Sowjetunion bis zum Kaukasus eine Zangenbewegung zur Eroberung des Nahen Ostens vorsah. Dieser sollte mit einer von den Dreierpaktmächten (inklusive Japan) veröffentlichten „Arabien-Erklärung" (sowie einer „Indien-Erklärung") Westasien gegen die Anglo-Amerikaner revolutionieren. Gerade weil die Deutschen keine eigenen territorialen Interessen im Nahen Osten verfolgten, war das für die arabische Welt durchaus interessant. Doch wie im Ersten Weltkrieg kam dieses geplante Zusammenspiel von äußerer Eroberung und innerer Revolutionierung aufgrund des Scheiterns der aberwitzigen deutschen Kriegspläne nicht zustande. Auch die antisemitische Karte im Hinblick auf Palästina stach in diesem Zweiten Weltkrieg nicht. Erneut waren die deutschen Kräfte zu schwach, um nachdrücklich militärisch oder auch nur kulturell in die Region eindringen zu können. Die totale Niederlage von 1945 beendete auch diese Phase deutscher Politik endgültig.

---

1 Ruedorffer 1916: 212.
2 Kröger 2001: 106–139; Kröger 1994: 366–391.
3 Ruedorffer 1916: 251.
4 Franz Thierfelder, Präsident der Deutschen Akademie in München, zitiert nach Düwell 1976: 125.

Die Bagdadbahn – Finanzierung einer technischen Glanzleistung

Manfred Pohl, Frankfurt am Main

Nach eigenem Bekunden sollte ursprünglich Max von Oppenheim auf Bitte von Georg von Siemens, damals Vorstandsmitglied und Sprecher der Deutschen Bank, die Aufklärungsexpedition zur Festlegung der Trassenführung der projektierten Bagdadbahn leiten. Doch auf „*Wunsch des Auswärtigen Amtes musste ich aber hiervon Abstand nehmen* [...]. *Meine vorgesetzte Behörde hielt es für untunlich, durch einen Beamten der Politischen Abteilung Orientfragen klären zu lassen, an denen England und Frankreich stärker interessiert waren als wir selber.*“[1] Ganz aufgeben wollte von Oppenheim seine Reisepläne jedoch nicht, auch weil seine Karawane bereits reisefertig war. So brach er im Sommer 1899 nach Mesopotamien auf, um *in privatim* seine Ansicht über die beste Bahnlinie zwischen Aleppo und Mossul an von Siemens zu übermitteln. Obwohl von Oppenheim somit nur indirekten Anteil an der Planung der Bagdadbahn hatte, verfolgte er ihren Bau mit großem Interesse. Enge Kontakte entwickelten sich ab 1912, als die Eisenbahningenieure der XX. Sektion in Harran ein neues Basislager einrichteten. Um seine eingelagerten Steinbilder zu schützen, übergab von Oppenheim Ende 1913 sein Grabungshaus sogar an die XXI. Sektion zur Nutzung. [Die Herausgeber]

Otto von Bismarck befürchtete politische Verwicklungen im instabilen Osmanischen Reich und Georg von Siemens, der Vorstandssprecher der Deutschen Bank, hatte nur wenig Lust und Interesse, ein derart umfangreiches und offensichtlich auch risikobeladenes Projekt anzugehen. Zudem galten die finanziellen Verhältnisse im Osmanischen Reich trotz des sogenannten „Mouharrem-Dekrets“ vom 20. Dezember 1881, als alle Schulden zusammengelegt wurden und die Wahrnehmung des Zinsen- und Tilgungsdienstes dem „Conseil d'Administration de la Dette Publique Ottomane“ übertragen worden war, als wenig sicher und zukunftsfest. Der „kranke Mann am Bosporus“ wurde zwar wieder für Kapitalgeber interessant, aber niemand konnte die zukünftige finanzielle Entwicklung einschätzen. Und nicht zuletzt war das Osmanische Reich bis in die achtziger Jahre des

30 Sultan Abdul Hamid II. (1842–1918)

19. Jahrhunderts die Domäne französischen und englischen Kapitals.

Sultan Abdul Hamid II. (**Abb. 30**) aber dachte sehr strategisch und ökonomisch. Er wollte eine Eisenbahn von der europäischen Türkei über Konstantinopel in Richtung Persischer Golf, da er am Beispiel Nordamerikas sich orientierend in den Schienenwegen die Grundlage für eine leistungsfähige Landwirtschaft und die Industrialisierung sah. Er wollte zunächst die Konzession für den Bau einer Eisenbahn vom asiatischen Teil Konstantinopels bis nach Ankara (Angora) vergeben. Hierbei beabsichtigte er, die französische Dominanz zu beschneiden und englische und deutsche Institute zu bevorzugen. Aber so einfach war das nicht. Die englisch-italienische Finanz-Gruppe unter Führung von Vincent Caillard und die französische Gruppe des Bauunternehmers Collas sowie die „Banque Impériale Ottomane", die mehr und mehr eine Monopolstellung in den türkischen Finanzgeschäften ausbaute, bedrängten Sultan Abdul Hamid II., ihnen die Konzession zu überlassen.

Der Sultan wandte sich in dieser prekären Lage an den Ingenieur Wilhelm Pressel, der seit 1872 „Generaldirektor der türkischen Eisenbahnen in Asien" war, und bat ihn, eine deutsche Finanzgruppe zu suchen. Georg von Siemens ließ seine Zurückhaltung erst fallen, als Alfred Kaulla und Kilian Steiner von der Württembergischen Vereinsbank ihn von dem Projekt überzeugten. Otto von Bismarck blieb zögerlich, gab aber nach, nachdem festgehalten worden war, dass alle Risiken bei den Unternehmen lagen. Sicherlich hatte Bismarck auch einkalkuliert, dass er hierdurch die englisch-französische Rivalität aufrechterhalten konnte.

So konnten nun am 4. Oktober 1888 die Konzessionsverträge für den Bau, die Verwaltung und den Betrieb der Eisenbahnlinie von Haidar Pascha nach Angora (Ankara) von der Deutschen Bank und der türkischen Regierung unterzeichnet werden. Somit war die Deutsche Bank voll im türkischen Geschäft. Die Konzession über die Dauer von 99 Jahren betraf zunächst die bereits existierende Linie von Haidar Pascha nach Ismid und die 486 km landeinwärts nach Ankara. Die Deutsche Bank übertrug die Bau- und Betriebskonzession für die Eisenbahn einer Aktiengesellschaft türkischen Rechts, der „Société du Chemin de Fer Ottoman d'Anatolie", der Anatolischen Eisenbahn-Gesellschaft, deren Leitung Otto von Kühlmann als Generaldirektor übernahm. Er war als ehemaliger Eisenbahndirektor der orientalischen Eisenbahnen des Barons Moritz von Hirsch mit den türkischen Verhältnissen bestens vertraut.

Übrigens übernahm die Deutsche Bank 1890 zusammen mit dem Wiener Bankverein die Aktien der „Betriebs-Gesellschaft der Orientalischen Eisenbahnen" aus dem Besitz des Barons Moritz von Hirsch und erhielt somit die Kontrolle über die Eisenbahnen im europäischen Teil des Osmanischen Reiches. Diese Zukäufe, einschließlich der Mazedonischen Eisenbahnkonzession, waren notwendig, um in den folgenden Jahren ein entwicklungs- und ausdehnungsfähiges Eisenbahnnetz von zunächst über 2000 km einschließlich der notwendigen Bauten wie Stations- und Verwaltungsgebäude zu errichten.

Der Bau ging nun zügig voran, nachdem zunächst die französische Bankgesellschaft des Grafen Vilali, die „Régie Générale des Chemins de Fer", die Strecke Konstantinopel nach Ankara baute, Schienen, Lokomotiven und Waggons jedoch aus Deutschland kamen. Nach und nach aber übernahm das Frankfurter Bauunternehmen Philipp Holzmann den Bau der Eisenbahnstrecken. Am 15. Februar 1893 erhielt die Anatolische Eisenbahn-Gesellschaft die Konzession für die Linie Eskischehir-Konya und von Ankara nach Kayseri sowie eine schrittweise Verlängerung nach Diarbekir und Bagdad. Am 20. Juli 1896 konnte die Strecke bis nach Konya in Betrieb genommen werden. Die Anatolische Eisenbahn-Gesellschaft verfügte nun über ein Netz von rund 1020 km.

Der Weiterbau nach Bagdad (**Abb. 31**) zögerte sich hin, da diplomatische Auseinandersetzungen um die Konzession das technische und wirtschaftliche Vorhaben lähmten. Der Bau der Bahn nach Ostanatolien und in den Kaukasus berührte russische Interessen. Die türkische Regierung beugte sich den Russen und schlug nun eine Trasse in südlicher Richtung Konya-Adana vor. Hier waren aber englische und französische Interessen berührt. Vor allem der Hafen Smyrna fürchtete seine Stellung an Haidar Pascha zu verlieren.

Nach und nach wuchs das Interesse der deutschen Diplomatie an dem Bagdadbahn-Projekt

31 Karrikatur auf Georg von Siemens

32 Zug der Bagdadbahn nördlich vom Tell Halaf an der Habur-Brücke

trotz der Skepsis Bismarcks. Die zweite Orientreise Kaiser Wilhelms II. nach Istanbul im Oktober 1898 [siehe auch Beitrag von S. Böhme] festigte die Handelsbeziehungen beider Länder. Vor allem aber bekräftigte Sultan Abdul Hamid II. gegenüber der deutschen Finanzgruppe, ihnen die Konzession zum Weiterbau der Bahn bis Bagdad zu übertragen.

Verhandlungen mit den Franzosen über eine „Internationalisierung“ der Bagdadbahn hatten zunächst Erfolg, während die Engländer jede Beteiligung ablehnten. Ein Vorschlag des Sultans an Kaiser Wilhelm II., die Bahn als Eigentum und auf Rechnung des türkischen Staates zu bauen (Staatsbahngedanken), lehnte die Deutsche Bank ab.

Am 26. November 1899 erhielt die Anatolische Eisenbahn-Gesellschaft die „Vorkonzession“ für den Bau der „Bagdadbahn“. Die Gesellschaft verpflichtete sich, innerhalb von acht Jahren eine Bahn von Konya nach Bagdad und Basra zu bauen. Nach dem Tode von Georg von Siemens am 23. Oktober 1901 übernahm Arthur von Gwinner die Betreuung

33 Karte von 1915 mit der Trassenführung der Bagdadbahn

der türkischen Eisenbahngeschäfte. Am 5. März 1903 unterzeichnete er die Konzession für die Bagdadbahn. Zur Durchführung der Bautätigkeit wurde am 13. April 1903 unter Führung der Deutschen Bank und der Ottomanbank die „Société Impériale Ottoman du Chemin de Fer de Bagdad" gegründet. Die Anatolische Eisenbahn-Gesellschaft übernahm wie die türkische Regierung 10 % des Eigenkapitals, die Deutsche Bank und die Ottomanbank je 27 %, die restlichen Anteile gingen an Schweizer, Wiener und deutsche Banken.

Trotz vieler Schwierigkeiten konnten die Arbeiten zügig vorangetrieben werden. Am 2. Juni 1908 unterzeichneten die türkische Regierung und die beiden Direktoren der Anatolischen Eisenbahn-Gesellschaft, Edouard Huguenin und Karl Helfferich, die Konzession zum Weiterbau der Bagdadbahn von der bisherigen Endstation Burgulu nach Tel-el-Helif (Tell Halaf, **Abb. 32**), eine Strecke von 840 km durch das Taurus- und das Amanusgebirge, die Überquerung des Euphrats und den Eintritt in das obere Mesopotamien.

Der Aufstand der „Jungtürken" 1908 und die Absetzung des Sultans Abdul Hamid II. blockierten kurzfristig den Weiterbau, da die „Jungtürken" die Einstellung forderten. Schließlich siegte jedoch die Vernunft und die Bahn wurde weitergebaut, wobei vor allem Philipp Holzmann unter Leitung von Otto Riese und seinen Ingenieuren hervorragende Ingenieursleistungen etwa bei der Durchquerung des Taurusgebirges gelangen.

Kurz vor Kriegsausbruch 1914 regelten Deutschland und England ihre Eisenbahninteressen (**Abb. 33**) in der Türkei. Der Erste Weltkrieg blockierte jedoch jedes weitere gemeinsame Vorgehen. Am 10. August 1920 wurde die Auflösung des Osmanischen Reiches im Friedensvertrag von Sèvres besiegelt. Zunächst hatten alliierte Besatzungstruppen die Eisenbahnlinien in der Türkei in Besitz genommen. Nach heftigen wechselvollen Verhandlungen einigten sich die Anatolische Eisenbahn-Gesellschaft, die zugleich die Verwalterin der Bagdadbahn-Gesellschaft war, und die Türkische Republik im Jahre 1928 auf eine Abtretung aller Linien, einschließlich Rohmaterial, Inventar, Grundbesitz und Wertpapiere. Den Gegenwert von 440 Millionen Schweizer Franken sollte die Türkei über 73 Jahre, also bis 2002 abstottern. 1944 stellte die Türkei den Zahlungsdienst ein und nahm ihn nach 1945 nicht wieder auf. Bis dahin waren lediglich 9 Millionen Schweizer Franken bezahlt.

Zwar war die Bagdadbahn im Juli 1940 fertig gestellt worden, aber die Welt hatte sich nicht nur grundlegend verändert, auch alle Romantik, die diesen Bau vor allem in Deutschland begleitet hatte, war unwiederbringlich geschwunden.

Quellen

Bestände des Historischen Archivs der Deutschen Bank

Literatur

Feldmann 1995; Gall 1995; Korn 2009; Lodermann/Pohl 1989; Pohl 1999.

1 Oppenheim 1939: 8.

Jenseits der Gelehrsamkeit – Max von Oppenheim im Diplomatischen Dienst. Vordenker der deutschen Orientpolitik?

Salvador Oberhaus, Wuppertal

Max von Oppenheim im Auswärtigen Dienst

Für den vom Orient faszinierten Anhänger der „wilhelminischen Weltpolitik" Max von Oppenheim ging ein Lebenstraum in Erfüllung, der es ihm ermöglichte, seine wissenschaftlichen und politischen Interessen im Dienst für sein Vaterland zu kombinieren, als er im Sommer 1896 endlich die eigens für ihn geschaffene Stelle als politischer Beobachter und Berichterstatter am deutschen Generalkonsulat in Kairo (**Abb. 34**) antreten konnte. Die Entscheidungsträger im Auswärtigen Amt hat-

34 Der Stab des Deutschen Generalkonsulats in Kairo. Max von Oppenheim (1. Reihe, 3. v. li.) trägt die Uniform eines Legationsrates, Kairo 1906

35 Empfang Kaiser Wilhelms II. und Kaiserin Auguste Viktoria durch Sultan Abdul Hamid II. am Dolmabahçe-Palast, 2.11.1889, Holzschnitt, um 1889 (nach einer Zeichnung von F. Schlegel)

ten erkannt, dass man auf die Dienste des Orientkenners, der die Länder des Vorderen Orients von zahlreichen Forschungsreisen kannte und viele Bekanntschaften auch in höchste Kreise pflegte, nicht leichtfertig verzichten sollte. Schließlich stand das Osmanische Reich seit der Thronbesteigung Wilhelm II. im Zentrum der imperialistischen Bestrebungen des kaiserlichen Deutschlands (**Abb. 35 und 36**), doch man tat sich in der Wilhelmstraße (damals ein Synonym für das Auswärtige Amt) schwer, eine realistische machtpolitische Strategie zu entwickeln. Nicht zuletzt der Mangel an gesicherten Erkenntnissen und verwertbaren Informationen über die politischen, militärischen und gesellschaftlichen Verhältnisse in diesen Ländern schwächte die deutsche Position und wirkte sich negativ auf das Auftreten Deutschlands in der internationalen Politik aus.

Max von Oppenheim wollte dazu beitragen, dieses Informationsdefizit zu beseitigen. Als er seine Tätigkeit im Generalkonsulat 1909 aufgab, um die Ausgrabungsarbeiten auf dem Tell Halaf vorzubereiten, hatte er insgesamt etwa 500 Berichte und Denkschriften verfasst. Oppenheims Interesse an der arabischen Welt war umfassend. Er äußerte sich zu politischen, kulturellen, wirtschaftlichen und religiösen Themen. Die Vielzahl der Berichte kann allerdings nicht darüber hinwegtäuschen, dass Max von Oppenheim zu keiner Zeit der große Stratege und Vordenker der deutschen Orientpolitik war, den man gelegentlich in ihm sieht. Max von Oppenheim hatte ganz im Ge-

Le Petit Journal

Le Petit Journal
CHAQUE JOUR 5 CENTIMES
Le Supplément illustré
CHAQUE SEMAINE 5 CENTIMES

SUPPLEMENT ILLUSTRÉ
Huit pages : CINQ centimes

ABONNEMENTS

	SIX MOIS	UN AN
SEINE ET SEINE-ET-OISE	2 fr.	3 fr. 50
DÉPARTEMENTS	2 fr.	4 fr.
ÉTRANGER	2 50	5 fr.

Neuvième année — DIMANCHE 6 NOVEMBRE 1898 — Numéro 416

L'EMPEREUR D'ALLEMAGNE EN VOYAGE

36 Karikatur zur Türkeireise von Wilhelm II. Holzstich, koloriert (November 1898) von Henri Meyer genteil keinen Einfluss auf die Meinungsbildung im Auswärtigen Amt in Berlin. Seine unmittelbaren Vorgesetzten in Kairo profitierten freilich von der regen Berichterstattung Oppenheims. Indizien dafür, dass seine Anregungen auch in Regierungskreisen aufgegriffen, geschweige denn in orientpolitische Konzepte überführt wurden, finden sich jedoch nicht.

Der Islam als militärischer Faktor

Max von Oppenheim verfolgte in einer Zeit sich häufender und an Schärfe zunehmender Spannungen zwischen den Großmächten, die einen europäischen Krieg bisweilen als unvermeidlich erscheinen ließen, besonders die Orientpolitik Englands und Frankreichs sowie die Entwicklung des Panislamismus und anderer anti-kolonialer Widerstandsbewegungen mit großer Aufmerksamkeit. Er befasste sich wiederholt mit der Frage, wie der Islam als militärischer Faktor im Kriegsfall für das kaiserliche Deutschland ausgenützt werden könnte. Seinen Grundgedanken, der im Oktober 1914 Eingang in seine heute vieldiskutierte „Denkschrift betreffend die Revolutionierung der islamischen Gebiete unserer Feinde" fand, kann wie folgt zusammengefasst werden: Oppenheim beabsichtigte mittels intensiver Propaganda, eine um sich greifende anti-koloniale Aufstandsbewegung in der muslimischen Bevölkerung gegen die so dargestellte britische Fremdherrschaft besonders in Ägypten und in Indien zu initiieren. Mit Unterstützung des osmanischen Sultans als geistlichem Oberhaupt über viele Millionen Muslime sollte der Djihad, der Heilige Krieg (**Abb. 37**), gegen England proklamiert werden. Getragen vom angeblichen religiösen Fanatismus der Muslime würde der Djihad schnell zum Erfolg führen und das britische Empire zusammenbrechen. Das so geschwächte England wäre dann zur Kapitulation im europäischen Krieg gezwungen. Deutschland hätte einen kriegsentscheidenden Vorteil erzielt – und genau darauf kam es Max von Oppenheim an.

37 Der heilige Krieg
Zeichnung von Emil Orlik, 1915

Das erste Mal formulierte er diesen Gedanken, zwar nicht expressis verbis, aber in der Sache unzweideutig, in einer kleinen Denkschrift vom 5. Juli 1898, die den Titel „Die Panislamische Bewegung" trägt. Darin heißt es: „*Der Djehad, der heilige Krieg gegen die Ungläubigen, hat im Laufe der Zeiten seine Gestalt verändert* [...]. *Auch heute noch würden seine Folgen unberechenbar sein, wenn er ausgerufen würde, nachdem die muhammedanischen Völker in gehöriger Weise vorbereitet worden wären. Vor mehreren Jahrzehnten wurde von Konstantinopel eine Art panislamischer* (sic!) *Bewegung begonnen. In außerordentlich geschickter Weise hat diese der gegenwärtige Sultan mit großer Energie in die Hand genommen* [...]. *Mehr als je ist der Sultan gegenwärtig als der mächtigste muhammedanische Fürst* [...] *in der ganzen Welt des Islams angesehen. Mag er für eine Großmacht als direkter Gegner auch weniger gefährlich erscheinen, so würde er im Kampfe gegen jeden Staat, der zahlreiche muhammedanische Unterthanen besitzt, ein wertvoller Bundesgenosse werden können.* [...]."

Wie aber eine Revolutionierung vermittels Djihad organisiert und durchgeführt werden sollte, davon hatten Oppenheim und andere Verfechter einer solchen Insurrektionspolitik, zu denen an vorderster Stelle auch Kaiser Wilhelm II. gehörte, nur äußerst vage Vorstellungen. Das Auswärtige Amt behandelte solche offensichtlich utopischen Vorschläge als private Meinungsäußerung, die sich nicht auf die Gestaltung der Außenpolitik auswirkten. So nimmt es auch nicht Wunder, dass vor dem Ausbruch des Ersten Weltkrieges kein systematisches Konzept zur Revolutionierung der islamischen Welt vorlag.

Die „Denkschrift betreffend die Revolutionierung der islamischen Gebiete unserer Feinde"

Trotzdem hatten sich Kaiser Wilhelm II. und sein Generalstabschef von Moltke in Verhandlungen mit der türkischen Regierung – das deutsch-türkische Bündnis wurde am 2. August 1914 unterzeichnet – unmittelbar vor Kriegsausbruch für die Proklamation des Heiligen Krieges entschieden, der in eine internationale Revolutionierungsstrategie gegen die Entente-Mächte eingebettet sein sollte. Als Max von Oppenheim Anfang August ins Auswärtige Amt zurückkehrte, hatte die Propaganda für den Heiligen Krieg bereits begonnen. In Berlin und Konstantinopel waren erste Maßnahmen zur Entfesselung der erhofften Aufstandsbewegung angelaufen und zahllose weitere Vorschläge und Empfehlungen, wie die islamische Welt in Aufruhr zu versetzen sei, gingen im Auswärtigen Amt ein.

In dieser Phase erlangte Max von Oppenheim für einige Monate herausragende Bedeutung für die deutsche Orientpolitik. In seiner umfangreichen „Denkschrift betreffend die Revolutionierung der islamischen Gebiete unserer Feinde", der die Überzeugung zugrunde lag, dass dem Heiligen Krieg nur dann Erfolg beschieden war, wenn auch der Krieg um die Köpfe gewonnen würde und die Muslime sich zahlreich am Djihad beteiligten, systematisierte Oppenheim mit großem Aufwand die häufig konfusen und zusammenhangslosen Ideenpapiere zu Sabotage-, Putsch- und Mordaktionen sowie bereits begonnenen Aktionen und brachte sie in einen logischen Zusammenhang. Allerdings entwickelte Oppenheim keine erkennbar eigenen Vorschläge zum programmatischen Vorgehen. Die Gründung und Organisationsstruktur der Nachrichtenstelle für den Orient, der eigens geschaffenen zentralen Propagandabehörde, die als pressepolitisches Lenkungsinstrument und Denkfabrik vorgesehen war, geht hingegen unmittelbar auf Ideen Max von Oppenheims zurück. So schien den Entscheidungsträgern in Regierung und Armeeführung dank Oppenheims Denkschrift das gigantisch wirkende Revolutionierungsprojekt realisierbar. Es sollten aber noch einige Wochen vergehen, bis der osmanische Sultan am 11. November 1914 den in erster Linie vom Deutschen Reich geführten Djihad proklamierte, dessen Scheitern aufgrund diverser Fehleinschätzungen sich die Deutschen spätestens im Sommer 1916 eingestehen mussten.

Dass Max von Oppenheim dennoch nicht der „Vater des Heiligen Krieges" war, wie gelegentlich zu lesen ist, erhellen besonders zwei Tatsachen: Zum einen wurde die Entscheidung für den Heiligen Krieg vor seiner Rückkehr ins Auswärtige Amt gefällt. Wichtiger aber ist zum anderen die Feststellung, dass Oppenheim nur in geringem Maße für die inhaltliche Konzeption des von ihm verschriftlichten Revolutionierungsprogramms verantwortlich war. Der Heilige Krieg hatte viele Väter und Oppenheim war, wenn man so will, ein wichtiger Geburtshelfer.

Nationalsozialismus und Zweiter Weltkrieg

Nach dem Ersten Weltkrieg zog sich Oppenheim endgültig aus dem aktiven Dienst zurück und widmete sich voll und ganz seinen Forschungen. Als Hitler den Zweiten Weltkrieg entfesselte, konnte Max von Oppenheim auf ein beeindruckendes wissenschaftliches Lebenswerk zurückblicken. Inzwischen 80 Jahre alt, fühlte er sich noch einmal berufen, dem Auswärtigen Amt orientpolitische Ratschläge zu erteilen, die sich inhaltlich kaum von früheren Gedanken unterschieden. In einer kurzen Denkschrift an Unterstaatssekretär Theodor Habicht – einem überzeugten Nationalsozialisten – vom 25. Juli 1940 empfahl Oppenheim: „*Es ist jetzt für Deutschland der Moment gekommen, energisch im Vorderen Orient gegen England zu arbeiten. Zwei Aufgaben sind dabei dringlich: 1) Berlin mit direkten, zuverlässigen Nachrichten aus dem Vorderen Orient zu versorgen. 2) Die Revolutionierung, zunächst Syri-*

ens [...] des Iraks, Transjordaniens, Palästinas und Saudi-Arabiens. Das Ziel wäre, britische Streitkräfte zu binden, die Ölausfuhr [...] zu verhindern, den Verkehr durch den Suezkanal [...] lahmzulegen und letztlich die britische Vorherrschaft im Vorderen Orient zu vernichten."[1] In der Antwort des Auswärtigen Amts hieß es knapp, dass man sich bereits eingehend um die aufgeworfenen Fragen kümmere. Von einem Einfluss Oppenheims auf die nationalsozialistische Orientpolitik kann also schwerlich die Rede sein, obschon er sich weiterhin für seine Idee einsetzte.

Auch wenn Oppenheims Initiative von Habicht ausgebremst wurde, steht die Frage im Raum, warum sich der Monarchist und Vernunftrepublikaner Oppenheim zum Kollaborateur der Nationalsozialisten machte. Im Sommer 1914 bestimmten in erster Linie politische Motive Oppenheims Denken und Handeln. Die Situation im Jahre 1940 unterscheidet sich davon grundlegend. Max von Oppenheim wollte überleben und sein wissenschaftliches Werk zum Abschluss bringen und sichern. Aus diesem Grund diente er sich zeitweise einem System an, das ihn und seine Familie mit der Vernichtung der physischen Existenz bedrohte, denn nach den Rassegesetzen galt Oppenheim als „Halbjude". Er war ein potentiell Verfolgter, der, um zu überleben, zum geistigen Brandstifter wurde. Max von Oppenheim war kein Nationalsozialist. Gleichwohl hegte er die Hoffnung, dass der Nationalsozialismus Deutschland „zu alter Größe" zurückführen würde. Er blieb hierbei im Denken der „wilhelminischen Weltpolitik" verhaftet.

Ursache und Wirkung?

Die Bestrebungen, die islamische Welt zum Aufstand zu bringen, scheiterten in beiden Weltkriegen letzten Endes auf ganzer Linie. Es ist deshalb äußerst fragwürdig, ob die deutsche Revolutionierungsstrategie, die Max von Oppenheim 1914–1918 mitgestaltete, zur Radikalisierung und Verselbstständigung der heutzutage religiös argumentierenden Protestbewegungen in der arabischen Welt beigetragen hat. Man begibt sich hier schnell in den Bereich von Spekulationen, weil überzeugende Belege fehlen und die originären Ursachen für die vielschichtigen Konfliktkonstellationen im Nahen Osten ausgeblendet werden. Man wird sich kaum dem Vorwurf der Apologie aussetzen, wenn man feststellt, dass im Gegensatz zu Oppenheims politischem Handeln sein wissenschaftliches Lebenswerk bis in die Gegenwart hineinwirkt.

Literatur

Oberhaus 2007 (alle Zitate im Text sind dieser Arbeit entnommen); Teichmann/Völger 2001.

1 PA AA, NL Hentig, Bd. 84.

III

West-östliche Begegnungen

Deutsche Archäologie- und Orientbegeisterung im 19. Jahrhundert

Olaf Matthes, Hamburg

Das 1871 neu errichtete Deutsche Kaiserreich hatte gleich auf einer Reihe von Gebieten großen Nachholbedarf. Denn über lange Zeiträume hinweg hatten die deutschen Einzelstaaten nicht nur zusehen müssen, wie Großbritannien und Frankreich sich seit etwa 1800 riesige Kolonialreiche schufen, sondern auch ihre Museen in London und Paris mit Objekten aus dem Römischen Reich, dem antiken Griechenland und dann vor allem aus dem Vorderen Orient[1] zum Ruhm der eigenen Nation mit unermesslichen Schätzen füllten. Ungeachtet der späteren Devise vom „Platz an der Sonne" gestaltete sich der Erwerb eigener Kolonien nach der Reichsgründung jedoch nur schleppend. Erst seit Mitte der 1880er Jahre entstand ein deutsches Kolonialreich, und das blieb vergleichsweise bescheiden. Ganz anders sah es dagegen im Bereich der archäologischen Feldforschung aus: Nur wenige Jahre nach der Reichsgründung begannen 1875 im antiken Olympia langjährige, kostenintensive und überhaupt in diesem Umfang und Ausmaß bis dahin nicht gekannte Ausgrabungen des Reiches. Und nur kurz darauf, 1878, nahmen die epochalen Grabungen der Berliner Museen in Pergamon ihren Anfang.

Gerade der Erfolg im Wettrennen um kolonialen Erwerb war seinerzeit ein bedeutendes Kriterium für das nationale Selbstbewusstsein. Warum in Deutschland der Archäologie im Verhältnis zur Erwerbung von Kolonien eine so große Priorität eingeräumt wurde, ist nicht zuletzt darauf zurückzuführen, dass auf kolonialem Sektor die meisten Stücke des Kuchens bereits verteilt waren. So blieb dem wirtschaftlich immer bedeutender werdenden Kaiserreich vorerst nur der Weg über den größeren und schnelleren Erfolg versprechenden Kulturwettstreit der Nationen.[2] Den Wissenschaften, vor allem jenen des Altertums, kam dabei eine tragende Rolle zu. Insbesondere die noch vergleichsweise junge Disziplin der Archäologie konnte nicht nur den seit den 1830er Jahren immer wieder beklagten „*traurige*[n] *Mangel an Stoff und Hülfsmittel*[n]"[3] beheben, sondern zur Definierung, Legitimierung und Stärkung des neuen Deutschlands als kultureller Großmacht im Zentrum Europas beitragen – und zwar ohne dass damit gravierende Gefahren im Konzert der Mächte verbunden gewesen wären.

Indem Deutschland den Schritt hin zur archäologischen Erschließung dieser Hochkulturen gehen würde, dessen war sich der allergrößte Teil vor allem des gebildeten Bürgertums bewusst, folgte man den Mustern der Vorbilder Großbritannien und Frankreich und würde sich ihnen auf dieser Ebene als ebenbürtig erweisen. Darüber hinaus bot sie – im Gegensatz zum Kolonialerwerb – Chancen für eine rasche Profilierung des jungen Staates. Dies um so mehr, als gerade die deutsche Altertumsforschung auf zahlreichen Feldern bereits vor der Reichsgründung weltweit als führend galt. So war zu erhoffen, dass zukünftige Grabungen neue wissenschaftliche Maßstäbe setzen und damit die Überlegenheit deutscher Forschung zumindest auf diesem Feld gegenüber den anderen Großmächten demonstrieren würden.

Auch nach innen übernahm die Archäologie eine legitimierende und identitätsstiftende Funktion. Die antiken Hochkulturen, die man im Rahmen wissenschaftlicher Ausgrabungen zutage förderte, ließen sich auch für die eigenen Zwecke instrumentalisieren, und zwar gleich in mehrfacher Hinsicht. Zum einen konnte man die Kulturleistungen der alten Ägypter, Babylonier, Assyrer, Griechen und Römer der eigenen Nation als vorbildlich präsentieren. Darüber hinaus aber wies die kulturelle Leistung, die mit der wissenschaftlichen Erschließung der frühesten Vergangenheit verbunden war, der eigenen Kultur den Rang als Beschützer der alten Hochkulturen zu. Da zudem die alten Hochkulturen des Mittelmeerraumes und des Vorderen Orients auch im Alten Testament eine Rolle spielen, konnte zudem ein Bezug zur eigenen christlichen Identität hergestellt werden, was dem Unternehmen zu zusätzlicher Popularität verhalf. Durch solcherlei Vereinnahmungen konnte die immer tiefer in der Vergangenheit verankerte Geschichte in einer immer heterogener werdenden Industriegesellschaft einen Beitrag zur gesellschaftlichen Stabilisierung liefern.

Die Ausgrabungen, die 1875 im antiken Olympia – an symbolträchtigem Ort – begannen, überstiegen in Umfang, Kosten und Dauer alle bis dahin vorgenommenen Unternehmungen dieser Art. Damit hatten sich zunächst jene Archäologen, Klassizisten und Idealisten um Ernst Curtius durchgesetzt, die diesen Plan schon seit den 1850er Jahren verfolgten. Doch die teilweise spektakulären Funde – erinnert sei nur an den berühmten Hermes des Praxiteles – blieben in Griechenland, da das dortige Antikengesetz eine Ausfuhr untersagte. Die zahlreichen der deutschen Seite zugestandenen Gipsabgüsse und Dubletten von Kleinfunden waren hier ein nur schwacher Trost. Vor allem aus diesem Grunde verebbte das in Deutschland anfänglich so große öffentliche Interesse an Olympia bald.[4] Es wurde allerdings auch überlagert durch das Aufsehen, das 1878 die Funde im kleinasiatischen Pergamon erregten. Die hier begonnenen Untersuchungen der Berliner Museen unter Karl Humann und Alexander Conze förderten mit dem Auffinden der Figurengruppen der Gigantomachie des Großen Altars eine ganz neue Kunstepoche zutage, den Hellenismus. Als 1880 ein Teil dieser Funde erstmals öffentlich ausgestellt wurde, war die Sensation groß. Mit dem Pergamonaltar besaß die Reichshauptstadt nun ein herausragendes Plastik- und Architekturensemble, wie es noch nicht einmal in Paris oder London zu sehen war – ein phänomenaler Triumph im Kulturwettstreit der Nationen.

Doch die Lücken in anderen Sammlungsbeständen der Museen der Reichshauptstadt waren weiterhin enorm. Insbesondere mangelte es an Objekten aus dem Vorderen Orient. Nur die Ägyptische Abteilung besaß – vor allem aufgrund der zahlreichen Funde, die die preußische Expedition nach Ägypten und Nubien unter Richard Lepsius in den Jahren 1842–1846 gemacht hatte – eine beachtliche Kollektion.

Besonders groß war der Rückstand im Bereich von Funden aus den alten Hochkulturen zwischen Euphrat und Tigris. Hier kam es bereits in den 1840er Jahren durch Paul-Émile Botta, dem französischen Konsul von Mossul, zu wichtigen Entdeckungen in Assyrien. In Dur Šarrukin (heute Khorsabad), der zeitweiligen Hauptstadt des Königs Sargon II., grub Botta 1843 einen assyrischen Palast aus; ein Teil der Funde gelangte in den Louvre, der ab 1847 als erstes Museum überhaupt eine assyrische Sammlung der Öffentlichkeit präsentieren konnte. Nur wenig später hatte Austen Henry Layard Nimrud (das biblische Kalach) und danach Ninive entdeckt und in zwei Grabungskampagnen von 1845–1847 und 1849–1851 (gemeinsam mit Hormuzd Rassam) große Teile neuassyrischer Palastarchitektur freigelegt. Dabei gelang mit der Entdeckung der Bibliothek des Königs Assurbanipal – mit über 25.000 Tontafeln eine der größten des Alten Orients – einer der Sensationsfunde des 19. Jahrhunderts. Layards Publikationen über seine Forschungen und Funde in diesen in der Bibel erwähnten Stätten wurden zu archäologischen Bestsellern und trugen auch in Deutschland nicht unwesentlich zur Popularisierung des Alten Orients bei. Diese Entdeckungen sowie die schrittweise Entzifferung der Keilschrift durch Georg Friedrich Grotefend, Christian Lassen, Henry Rawlinson und andere mündeten in Großbritannien und in vielen Teilen Europas in einer regelrechten Assyromanie, die dazu führte, dass man sogar Porzellan im „assyrischen Stil“ gestaltete.[5]

Über die Bedeutung der neuartigen Funde, die geradezu triumphal die biblischen Berichte zu bestätigen schienen, bestanden für die Zeitgenossen nicht die geringsten Zweifel; man pries sie als *„eine der wunderbarsten Entdeckungen in der Geschichte der Menschheit.“*[6] Sie seien, so schrieb ein anderer Zeitgenosse 1850, *„eines Zeitalters der Gasbeleuchtung, der Spinnmaschinen, Eisenbahnen, elektrischer Telegrafen und Röhrenbrücken würdig.“*[7] In engli-

38 Zweite Orientreise des deutschen Kaisers: Feierliche Enthüllung einer Erinnerungstafel in Baalbek, 10.11.1898

schen Zeitungen und Zeitschriften wurden die bedeutendsten Funde vorgestellt und schließlich auch die neu eingerichteten assyrischen Räume im British Museum.[8]

In Deutschland wurde erst 1845, also vergleichsweise spät, mit der Deutschen Morgenländischen Gesellschaft eine wissenschaftliche Institution zur Erforschung auch des Alten Orients gegründet – in Paris war es bereits 1822 mit der Société asiatique und in London im Jahr darauf mit der Royal Asiatic Society zur Etablierung der ersten wissenschaftlichen Orientvereine in Europa gekommen. Unter den schwierigen politischen und wirtschaftlichen Umständen war es den einzelnen deutschen Staaten kaum möglich – und die meisten Landesfürsten waren auch nicht willig –, sich mit Frankreich und Großbritannien im Vorderen Orient archäologisch zu messen.

Die deutsche Orientalistik dagegen war auf zahlreichen Gebieten – etwa der Indologie oder der Arabistik – bereits in der Mitte des 19. Jahrhunderts führend gewesen.[9] Nach der Reichsgründung entstanden zahlreiche neue Lehrstühle, nun auch für Altorientalische Sprachen. 1887 wurde das Berliner Seminar für Orientalische Sprachen gegründet. Um 1900 war die Orientalistik reichsweit an 21 Universitäten vertreten; insgesamt 57 Forscher wirkten in diesem Bereich.

Mit der Etablierung der Orientalistik in der zweiten Hälfte des 19. Jahrhunderts kam es, wie schon zuvor im Bereich der klassischen Altertumswissenschaften, zu einer regelrechten Publikationswelle auf diesem Gebiet. In den 1870er Jahren erhielt die deutsche Orientbegeisterung neue Nahrung, nachdem dem britischen Assyriologen George Smith von 1872–1873 die Entdeckung und Übersetzung des Gilgamesch-Epos, jenes chaldäischen Berichtes zur Sintflut, gelungen war. Kurz darauf, 1876, publizierte Smith die erste Übersetzung des babylonischen Schöpfungsmythos Enuma Elisch, der ebenfalls in den Ruinen der Bibliothek des Assurbanipal gefunden worden war. Damit waren mit einem Schlag die biblischen Schriften in einen historischen Kontext gestellt worden.

Bereits wenige Jahre zuvor war durch Charles Darwin dem biblischen Genesisbericht auf naturwissenschaftlichem Wege die Grundlage entzogen worden. Mit dieser Entdeckung büßte er auch den Nimbus der Einzigartigkeit ein und zeigte sich als ein Schöpfungsmythos, der in ähnlicher Form im ganzen Alten Orient verbreitet war. Mit Spannung erwarteten nun weite Kreise des Bildungsbürgertums Europas neue Entdeckungen, die weitere Einsichten in alttestamentliche Zusammenhänge boten.

1887 erfolgte in Berlin die Gründung des Orient-Comités, der ersten reinen Ausgrabungsgesellschaft für den Orient in Deutschland. Das Orient-Comité finanzierte die Ausgrabung der aramäischen Stadt Sam'al (Zincirli) im damaligen Osmanischen Reich, die zwischen 1888 und 1894 in mehreren Kampagnen unter Leitung des Anthropologen und Arztes Felix von Luschan durchgeführt wurde. Aufgrund seiner starren Finanzierungsstruktur hatte das Comité aber nur einen begrenzten Handlungsrahmen. Wesentlich erfolgreicher war die 1898 gegründete Deutsche Orient-Gesellschaft, die es in kürzester Zeit schaffte, nicht nur zahlreiche Mitglieder, sondern so gut wie alle maßgeblichen Kreise für ihre Ziele zu gewinnen. Äußerst erfolgreiche Geschäftsleute, herausragende Wissenschaftler, die wichtigsten Ministerialbeamten und allen voran der archäologie- und orientbegeisterte Kaiser Wilhelm II. [siehe auch Beitrag von S. Böhme, **Abb. 38 und Abb. 39**] förderten die Ziele der neuen Gesellschaft nach Kräften. Bereits 1899 konnte so die Ausgrabung Babylons, eine der berühmtesten Metropolen Mesopotamiens, beginnen. Der Kaiser ließ es sich schließlich nicht nehmen und wurde 1901 oberster Protektor der Deutschen Orient-Gesellschaft. Unter geradezu idealen finanziellen und kulturpolitischen Rahmenbedingungen konnten so zahlreiche weitere antike Orte im Zweistromland, Ägypten und Palästina sowie Grabungsbeteiligungen in Kleinasien durchgeführt werden. Infolge dieses Engagements und der zu erwartenden Funde kam es 1899 zur Gründung des Vorderasiatischen Museums. Dessen erster Direktor war der Assyriologe Friedrich Delitzsch.

Großes Aufsehen erregte Delitzsch wenige Jahre darauf durch seine Babel-Bibel-Vorträge, die einen handfesten Skandal hervorriefen, der als Babel-Bibel-Streit in die Geschichte einging. Delitzsch vertrat hier die Ansicht, dass die jüdische Religion nach dem Vorbild der babylonischen entstanden sei, das Alte Testament in seinen essentiellen Teilen ursprünglich babylonische Mythen enthalte. Der anwesende Kaiser stimmte diesen Ausführungen beim ersten Vortrag 1902 zwar prompt zu, distanzierte sich aber nach dem zweiten Vortrag von 1903 auf Druck zahlreicher Personen in- und außerhalb seines Hofstaates in Form eines publizierten Briefes an den zweiten Vorsitzenden der Deutschen Orient-Gesellschaft Friedrich von Hollmann. Die sich über mehrere Jahre hinziehende, in Zeitungen, Zeitschriften und Vorträgen ausgetragene Debatte über die Delitzschen Ausführungen – jener Babel-Bibel-Streit – führten zu einer Popularisierung des

39 Jupitertempel mit der Votivtafel zur Erinnerung an den Besuch Ihrer Majestäten des Kaisers und der Kaiserin, Baalbek 1899 (originale Bildunterschrift)

40 Mit den Entdeckungen am Tell Halaf konnte das Deutsche Reich an die Erfolge der britischen und französischen Grabungen anschließen, Tell Halaf 1913

41 Dank privater Mittel konnte Oppenheim Ausgrabungen in großem Stil durchführen, Tell Halaf 1912

Themas und hatten so letztlich den Effekt, dass sich die Faszination für den Alten Orient steigerte. So fanden die beiden publizierten Vorträge Delitzschs bis 1905 in mehr als 100.000 verkauften Exemplaren in Deutschland und Europa einen enormen Absatz.[10]

Von der Faszination für den Alten Orient wurden schließlich breite Bevölkerungsschichten erfasst, als bei den Ausgrabungen der Deutschen Orient-Gesellschaft in Tell el-Amarna in Ägypten sensationelle Funde gelangen und auch jene privaten Grabungen des Max Freiherrn von Oppenheim auf dem Tell Halaf (**Abb. 40 und 41**) bis dahin ganz unbekannte und hochgradig faszinierende Kunstepochen zu Tage förderten.

Mit den Ausgrabungserfolgen ging die rapide Erweiterung der archäologischen Sammlungen in Berlin einher, für die seit 1910 ein neues Gebäude errichtet wurde. Mit diesem Repräsentationsbau wurde eine neue Dimension an Monumentalität erreicht und darüber hinaus ein neuer Museumstypus verwirklicht: das Architekturmuseum. Hier sollte schließlich auch das Vorderasiatische Museum eine museale Heimstätte finden, in der die epochalen deutschen Grabungen in Babylon und Assur eine angemessene Aufstellung erhielten.

In kaum einem anderen Land war zu Beginn des 20. Jahrhunderts die Begeisterung für die Altertümer des Orients so ausgeprägt und so langlebig wie in Deutschland. Erst die Schützengräben des Ersten Weltkrieges bereiteten ihr ein vorläufiges Ende.

1 Der Begriff „Orient" fand im 19. Jahrhundert auf unterschiedlichen Ebenen Anwendung und war zahlreichen Wandlungen unterworfen, insbesondere was die räumliche, historische oder soziale Zuordnung betraf. Auf die weitläufige und bis heute intensiv geführte Orientalismus-Debatte, ausgelöst von Edward Saids 1978 erschienenem Buch „Orientalism", wird hier nicht eingegangen.
2 Zur eher untergeordneten Rolle der Archäologie als Teil der kulturellen Identität etwa in Frankreich siehe Foro/Rey 2008: 95–108.
3 Ewald 1837: 6.
4 Zu den allgemeinen politischen Hintergründen siehe Bruch 2002: 9–17.
5 Vgl. hierzu McCall/Tubb 2003.
6 So ein anonymer Rezensent in The Gentlemen's Magazine 29 (NS), 1851, S. 270: *„one of the most wonderful discoveries that has occurred in the history of the world."* Siehe auch ebd., S. 264.
7 The Economist 8, 1850, S. 658.
8 Vgl. etwa The Illustrated London News vom 26.10. und 28.12.1850.
9 Vgl. hierzu allgemein Mangold 2004, Marchand 2009.
10 Vgl. hierzu Lehmann 1994.

Mein treuer Freund und Diener Tannus Malouf[1]

Max von Oppenheim (†)

42 Tannus Malouf mit seiner Familie, Beirut 1899

Der gewissenhafteste und treuste Mensch des gesamten Orients, den ich je in meinem Dienst hatte, war Tannus Malouf (**Abb. 42**). Er war ein christlicher Syrier und kam aus dem Libanon-Gebirge in der Nähe von Beirut. In den 1890er Jahren führte er meine Expeditionskarawanen in Syrien, Nordarabien und Mesopotamien, vom Mittelmeer bis zum Persischen Golf. Er sagte damals, er sei zehn Jahre jünger als ich, doch ich glaube, er war zehn Jahre älter.

Nachdem ich ihn mitgenommen und auf längeren Reisen durch die Wüste erprobt hatte, empfahl ich ihn dem deutschen Konsulat in Beirut, wo ein *Kavass* gesucht wurde. Ich vereinbarte mit dem Konsulat, dass Tannus mich jederzeit auf späteren Forschungsexpeditionen begleiten dürfte. So wurde

43 Tannus (re.) kauft Hammelfett für die Küche

er einer der deutschen *Kavassen*. Es sind besonders zuverlässige, unerschrockene Männer, die Leibwächter des Konsuls und Polizeibeamte in einem sind. Sie sind berechtigt, Waffen zu tragen und Leute zu verhaften, die die Staatsangehörigkeit ihres Konsulats besitzen usw. Die *Kavassen* trugen besonders prächtige Uniformen im Stil des beginnenden letzten Jahrhunderts mit bauschigen Kniehosen und goldbestickten Jacken. Auf dem Kopf trugen sie einen Fes oder einen Turban. Sie führten einen Krummsäbel und früher eine große Pistole mit sich, später einen Revolver.

Sobald ich die Grenze des ehemaligen Osmanischen Reiches erreichte, war mir Tannus sofort zu Diensten. In seiner Begleitung bereiste ich die Länder des Nahen Ostens. In den Städten marschierte er mir in seiner Uniform voran. Er schob die Menschen ringsum zur Seite, um mir den Weg frei zu machen. Auf unseren Reisen führte er das Kommando über meine Karawane und das Zeltlager. Er verteilte die Lasten auf die Transportkamele oder Pferde und sorgte dafür, dass sie bepackt und entladen wurden. Er wählte den Platz für unser Lager und schlug die Zelte auf. Bei der geringsten Gefahr bestand er darauf, auf dem Boden direkt vor dem Eingang meines Zeltes zu schlafen. Er pflegte mich aufopfernd, wenn ich krank war. Er kannte sich im Umgang mit Beduinen, jenen arabischen Nomaden und Räubern, den Herren der Wüste, sehr gut aus. Er war es, der nach meiner Anweisung die Ehrengewänder unter ihnen verteilte.

Gleichzeitig war er mein persönlicher Diener und Vertrauter. Er führte unsere Reisekasse in seinem persönlichen Gepäck mit. Er war jederzeit freundlich, angenehm und guter Dinge. Ich hatte nie die geringste Beschwerde über diesen großartigen Mann.

Tannus war nicht nur der aufrichtigste, sondern auch der stärkste Mensch, dem ich je begegnet bin. Eines Tages hatten zwei meiner Stallburschen Streit. Als ich davon erfuhr, lagen sie auf dem Boden und droschen aufeinander ein. Der oben war, griff einen

Stein und wollte ihn mit voller Wucht auf den Kopf des Anderen schlagen. Gerade noch rechtzeitig sprang Tannus dazwischen, packte mit jeder Hand einen der Raufbolde und hob sie hoch in die Luft. Er stieß ihre Köpfe hart gegeneinander und warf sie auf den Boden – einen zu seiner Rechten und den anderen zur Linken. Von da an herrschte Frieden in meiner Karawane, wenn Tannus auftauchte.

Tannus konnte weder lesen noch schreiben. Er verstand keine europäische Sprache. Aber er war außerordentlich intelligent und so geschickt wie es nur ein Orientale sein kann.

Nachdem ich mich während des Weltkrieges lange in der Türkei aufgehalten hatte, nahm ich ihn das erste Mal mit nach Deutschland. Er blieb nach dem Krieg viele Jahre lang bei mir, bis er zurückkehrte, um seine Aufgaben im Konsulat in Beirut wieder aufzunehmen. Er hatte eine starke Abneigung dagegen, sich europäisch zu kleiden. Er bat immer darum, wenn es nur irgend möglich war, seine weite *Kavass*-Uniform auch in Deutschland tragen zu dürfen.

Während des gesamten Zeitraums meiner Ausgrabungen auf dem Tell Halaf von 1911–1914, 1927 und 1929 war er stets bei mir. Vor dem Krieg war er für die Vorräte in unserem Lagerraum (**Abb. 43**) meines Expeditionshauses auf dem Tell Halaf zuständig. Er sorgte dafür, dass nichts verschwand – was keine leichte Aufgabe war, wenn man bedenkt, wie viele meiner Bediensteten und Beduinenarbeiter ein- und ausgingen.

Eines Tages verschwand ein wertvoller kleiner orientalischer Läufer aus meinem Zimmer. Ich wusste, dass der Dieb unter meinen eigenen Bediensteten zu suchen sein musste. Zur gleichen Zeit hielt sich ein wandernder Scheich in unserer Gesellschaft auf, ein Mitglied der islamischen Bruderschaft der Kaderije. Er war ein Meister jeder Art von Zauberkunst. Diese übte er zu Ehren Gottes und seines Heiligen, dem Scheich Abd el Kader, aus. Er ritzte sich die Wangen mit einem Schwert auf, nahm glühende Kohlen in den Mund usw. Tannus half mir, meinen Plan auszuführen, den Dieb durch diesen Mann zu überführen. Er erzählte dem Scheich von seinem Verdacht, dass der Läufer von einem jungen christlichen Diener aus Jerusalem gestohlen worden sei. Der würde ihn wahrscheinlich verstecken, um ihn bei passender Gelegenheit an eine vorbeiziehende Karawane zu verkaufen. Meine ganze Mannschaft wurde im Hof zusammengerufen – Köche, Diener, Knechte, Wasserträger usw. Tannus und der Scheich traten in die Mitte des Hofs. Der Scheich erhitzte ein Eisen, bis es glühte. Er erklärte der versammelten Mannschaft, dass er den Dieb mit Allahs Hilfe und durch das berühmte und sehr gefürchtete Gericht des Feuers finden würde. Nach etlichen Gebeten nahm der Scheich das Eisen und verkündete, dass er es jedem der Anwesenden auf die Zunge legen würde. Die Unschuldigen würden durch das Feuer nicht verletzt, aber der Dieb würde schreckliche Verbrennungen erleiden. Er tanzte wild von einem zum anderen der Bediensteten und fragte, ob er den Läufer gestohlen habe. Jeder von ihnen rief den Namen seines Gottes und Abd el Kaders an und gelobte hoch und heilig, den Diebstahl nicht begangen zu haben. Schließlich blieb der Scheich vor dem jungen Christen aus Jerusalem stehen. Tannus hielt den Bediensteten rasch von hinten fest; der Scheich öffnete ihm mit Gewalt den Mund und war im Begriff, ihm das glühende Eisen auf die Zunge zu legen. In diesem entscheidenden Augenblick warf sich der Schuldige auf den Boden. Er küsste die Füße des Scheichs und bat ihn um Vergebung, gestand den Läufer gestohlen zu haben und versprach, ihn sofort aus seinem Versteck hervorzuholen.

So kam es, dass das sogenannte Christentum des jungen Bediensteten gegenüber den Zauberkünsten eines mohammedanischen Magiers unterlegen war.

Tannus führte meine Leute mit eiserner Hand. Seine Disziplin war streng. Seine wachsamen Augen (**Abb. 44**) sahen alles, was geschah. Und genossen außerdem mein vollstes Vertrauen. Das alles weckte bei einigen meiner Leute Unmut, ganz besonders bei einem meiner Aufseher, der Ismail hieß und erst seit Kurzem bei mir war. Er wohnte und aß im Expeditionshaus, wie alle anderen Aufseher. Diesem Mann hatte ich eine etwas verantwortungsvollere Stelle gegeben, da er besonders intelligent und Mitglied eines anderen Stammes war. Tannus entdeckte jedoch bald eine diebische Seite an ihm. Ismail wusste dies und war daher doppelt bemüht, Tannus loszuwerden.

Ich hatte über 500 Arbeiter auf dem Tell Halaf – alle halb-nomadische Beduinen, die mit ihren Familien die Zelte rund um mein Expeditionshaus

44 Vom Dach des Expeditionshauses überwacht Tannus, mit Sonnenschirm, die Erweiterungsarbeiten am Ostflügel, Tell Halaf 1912 [Aufnahme O. Seemann?]

aufgeschlagen hatten. Ich erfuhr alles, was in dem großen Beduinenlager um mich herum geschah. Ich besaß das Vertrauen all meiner Leute und sie betrachteten mich als ihren Vater.

Eines Abends kam einer meiner Beduinen zu mir und berichtete mir, dass Ismail eine Intrige gegen Tannus geplant habe. Ismail sei nach der Arbeit zwischen den Zelten umhergegangen und habe das Gerücht verbreitet, dass Tannus eine Beduinenfrau verführt hätte. Er habe behauptet, er sei der Einzige, der es mit Sicherheit wüsste, aber die anderen haben, genau wie er, Tannus mit dem Mädchen zusammen im Expeditionshaus gesehen. Es hätte keinen Zweck, mir von dieser schändlichen Affäre zu erzählen, da ich eher Tannus als den Anderen glauben und seine Bestrafung verhindern würde. Mein Informant berichtete mir, dass Ismail die Beduinen derart aufgehetzt habe, dass sie vorhätten, am folgenden Mittag mit ihren Waffen und Werkzeugen zum Expeditionshaus zu kommen, um Tannus zu töten.

Ich wusste, dass es für meinen guten Freund auf Leben und Tod ging. Die mohammedanischen Beduinen aus der Wüste waren ausgesprochen streng und reizbar, wenn es um die Ehre ihrer Frauen ging. Die Verführung eines Beduinenmädchens, zumal vom christlichen Tannus, bedeutete den sicheren Tod für den Verführer. Die Beduinenfrauen tragen keinen Schleier, denn das ungeschriebene Gesetz der Blutrache schützt sie in der Wüste ausreichend gegen jeden Frevel, der ihnen angetan werden könnte. Ich hatte es so arrangiert, dass auch Frauen bei den Ausgrabungen mitarbeiteten. Die Hilfe der Frauen hielt die Männer bei Laune. Nicht ein einziges Mal war es in meinem Lager dadurch zu Unannehmlichkeiten gekommen. Ich hatte mit all meinen europäischen Herren die Vereinbarung, dass der geringste Versuch, sich einer Beduinenfrau zu nähern, die fristlose Kündigung zur Folge hätte. Es war nicht leicht, monate- und jahrelang in der Wüste zu leben, ohne je in die Nähe einer Frau zu kommen. Viele der Beduinenmädchen, die für uns arbeiteten, waren echte Schönheiten, ihre wunderbaren bronzefarbenen Gestalten konnte man ausreichend durch ihre leichte Kleidung erkennen.

Doch die harte Arbeit von morgens bis abends, das Pflichtbewusstsein und das Wissen um die Konsequenzen genügten, um meine europäischen Herrschaften davon abzuhalten, irgendeinen Schritt in diese Richtung zu unternehmen. Ich selbst ging ihnen mit bestem Vorbild voran.

Doch mein guter Freund Tannus lebte in der ständigen Gefahr, Opfer rachedurstiger Beduinen zu werden. Wenn Ismails Geschichte wahr wäre, hätte ich meinen Freund noch in der gleichen Nacht aus dem Lager und aus dem Land geschickt. Wenn sie nicht wahr wäre, wüsste ich, was ich zu tun hätte.

Es galt keine Zeit zu verlieren. Ich rief meine Hausangestellten zu mir und verhörte sie detailliert über den Fall. Mein arabischer Sekretär führte Protokoll. Es stellte sich heraus, dass Ismails Behauptungen nichts als Lügen waren. Das Mädchen, um das es sich handelte, war die Schwester eines meiner Arbeiter. Sie war oft in unserem Haus, da sie seit einigen Wochen die Wäsche für die europäischen Herren machte. Aber sie hatte nie eine Nacht im Haus verbracht. Das konnte jeder bestätigen. Wenn irgendetwas an Ismails Behauptungen wahr gewesen wäre, hätte sicher einer meiner Bediensteten gegen Tannus ausgesagt, da dieser sich durch seine eiserne Disziplin nicht beliebt gemacht hatte. Ich verhörte sogar meine Wachleute und meine Soldaten. Ich ließ den Bruder der Wäscherin zu mir kommen. Alle waren sich einig, dass Ismail nichts als Lügen und Intrigen verbreitete. Ich befahl meinen Leuten, über die Vernehmung und ihr Ergebnis absolutes Stillschweigen zu bewahren. Sie folgten meiner Anordnung ausnahmslos, da die Angelegenheit ziemlich heikel war.

Nachdem ich mich von Tannus' Unschuld überzeugt hatte, begab ich mich am nächsten Morgen zu meiner üblichen Überprüfung der Ausgrabungen. Ich bemerkte, dass die Arbeiter anders als gewohnt miteinander tuschelten. Ich sah auch, dass Ismail immer noch versuchte, sie aufzuhetzen. Ich tat so, als ob ich nichts Ungewöhnliches bemerkt hätte. Ein- oder zweimal fragte ich leichthin, worüber sie redeten. Wenn sie antworteten, dass es um Tannus ging, sagte ich ihnen, dass sie weiterarbeiten sollten, denn das, was über ihn geredet würde, wäre alles Unsinn.

Nun war ich mir ganz sicher, dass der Angriff auf Tannus am Mittag stattfinden würde. Um zwölf Uhr, beim höchsten Stand der Sonne, wurde die Arbeit auf der Ausgrabungsstätte unterbrochen. Mit dem Ton der Pfeife, die unser deutscher Architekt blies, legten die Arbeiter gewöhnlich die Werkzeuge aus der Hand und gingen in ihre Zelte oder legten sich an der Ausgrabungsstätte auf den Boden, um sich zwei bis drei Stunden auszuruhen, bis es Zeit war weiterzuarbeiten. Heute nahmen meine Soldaten und Bediensteten ihre Waffen und versammelten sich in Erwartung des Angriffs im Hof. Ich selbst ging voran, nur von meinem arabischen Sekretär und einem Knecht begleitet, den Arbeitern entgegen. Ich hatte die Haustür hinter mir verriegelt. Die Arbeiter – es waren mehrere hundert – waren beim Ton der Mittagspfeife zusammengekommen. Sie kamen jetzt auf mein Haus zu und fuchtelten mit ihren Waffen und Werkzeugen herum, allen voran Ismail. Ich hörte sie schreien:

„Heraus mit Tannus, heraus mit Tannus. Wir müssen ihn töten."

Als sie mich auf sie zukommen sahen, blieben sie stehen. So laut ich konnte, rief ich ihnen zu:

„Ihr seid verrückt, Kinder. Ihr habt euch von Ismail, diesem Lügner und Intriganten, täuschen lassen. Er hat die ganze Geschichte mit Tannus erfunden, weil er diebisch ist und das aufmerksame Auge meines treuen Dieners vernichten wollte. Ich habe die Angelegenheit vollständig untersucht. Ich habe die Aussagen unserer Wäscherin, der Frau, die angeblich verführt wurde, und die ihres Bruders gehört. Tannus hat niemals eine unserer Frauen angerührt. Wenn es so wäre, sollte ich der Erste sein, der ihn bestraft, da ich euer Vater bin. Mein arabischer Sekretär hat das Protokoll der Vernehmung, die ich wie ein Kadi geführt habe."

Dann ging ich auf Ismail zu und sagte wütend zu ihm: „Das ist alles dein Werk, du gemeiner Lügner und Betrüger. Tannus hat dich einmal beim Stehlen erwischt; er ließ dich gehen und bestrafte dich nicht, wie du es verdient hättest. Aber du trachtest danach, dich seiner zu entledigen, um deine diebischen Machenschaften weiterzuführen. Du würdest sogar das Blut eines unschuldigen Menschen vergießen, du Hund und Sohn eines Hundes. Gib mir deinen Arbeitsausweis. Du bist aus meinem Lager entlassen. Verlasse mein Haus

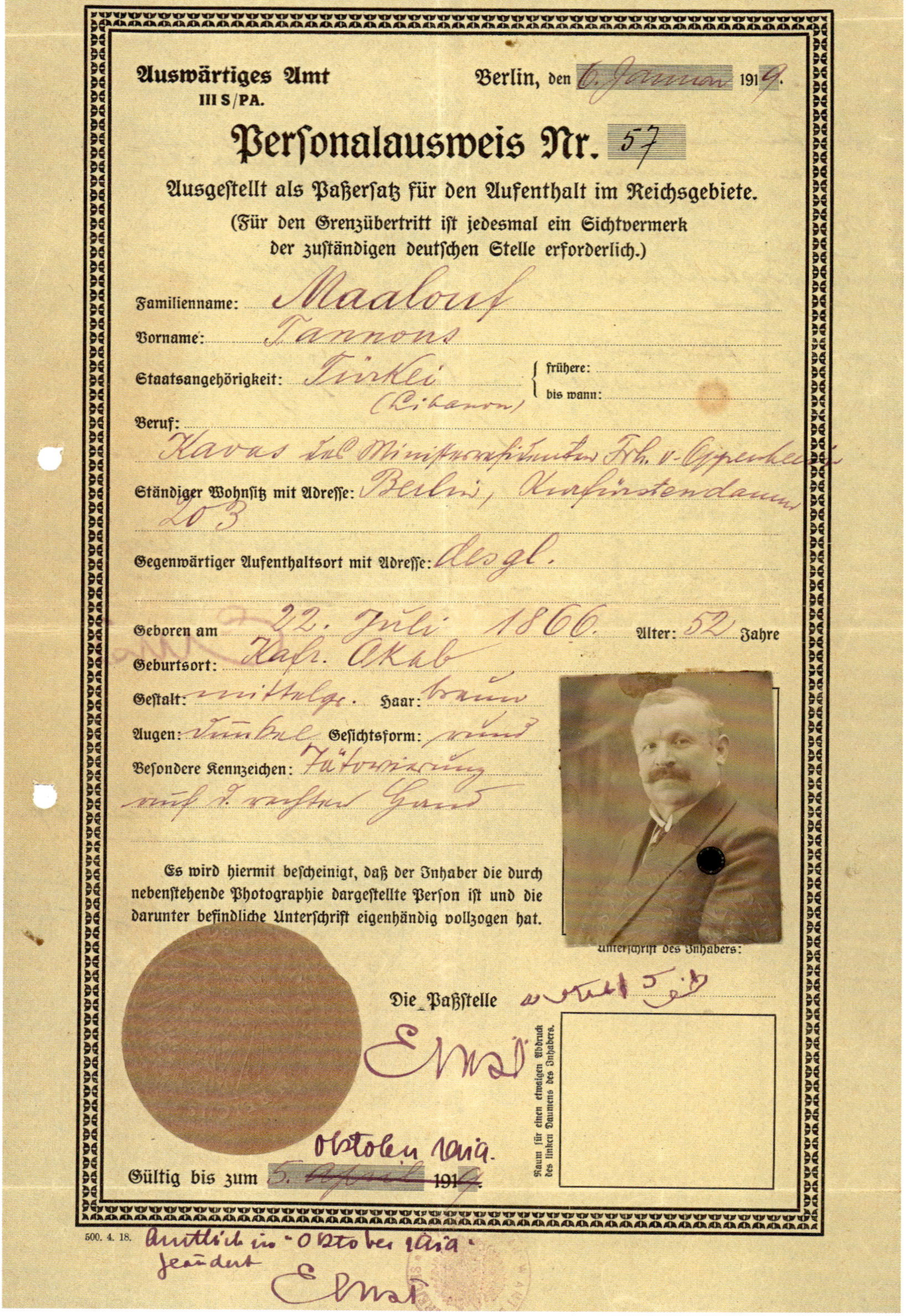

Auswärtiges Amt
III S/PA.

Berlin, den 6. Januar 1919.

Personalausweis Nr. 57

Ausgestellt als Paßersatz für den Aufenthalt im Reichsgebiete.

(Für den Grenzübertritt ist jedesmal ein Sichtvermerk der zuständigen deutschen Stelle erforderlich.)

Familienname: Maalouf

Vorname: Tannous

Staatsangehörigkeit: Türkei (Libanon) | frühere: | bis wann:

Beruf: Kavas bei Ministerresident Frh. v. Oppenheim

Ständiger Wohnsitz mit Adresse: Berlin, Kurfürstendamm 203

Gegenwärtiger Aufenthaltsort mit Adresse: desgl.

Geboren am 22. Juli 1866. Alter: 52 Jahre

Geburtsort: Kafr Akab

Gestalt: mittelgr. Haar: braun

Augen: dunkel Gesichtsform: rund

Besondere Kennzeichen: Tätowierung auf d. rechten Hand

Es wird hiermit bescheinigt, daß der Inhaber die durch nebenstehende Photographie dargestellte Person ist und die darunter befindliche Unterschrift eigenhändig vollzogen hat.

Unterschrift des Inhabers:

Die Paßstelle

Raum für einen etwaigen Abdruck des linken Daumens des Inhabers.

Gültig bis zum ~~5. April~~ Oktober 1919.

500. 4. 18.

Amtlich in „Oktober 1919" geändert

45 Ausweispapier für den Aufenthalt in Deutschland, 1919

46 Oppenheim besuchte auf seiner letzten Orientreise auch Madame Tannus, Beirut 1939

und kehre zu dem Stamm zurück, von welchem du kamst. Das ist dein Dank für meine Gastfreundschaft und meine gute Behandlung."

Meine Autorität war groß. Meine Arbeiter verehrten mich nicht nur als Quelle ihres Einkommens, sondern als wirklichen Vater, der für seine Kinder sorgte und ihnen half, wo er nur konnte. Sie waren deshalb friedlich stehen geblieben, während ich sprach und sahen nun etwas betreten aus.

Aschfahl überreichte mir Ismail seinen Arbeitsausweis zum Zeichen, dass er meinen Befehl, das Lager zu verlassen, verstanden hatte. Ich wandte mich dann wieder an die Beduinen: „Und nun fort mit euch, meine Kinder, geht zu euren Zelten und schämt euch, dass ihr euren Vater so behandelt habt. Lasst niemanden in mein Haus gehen oder gar meinen Diener Tannus anrühren! Wenn es einer von euch versuchen sollte, werde ich ihn persönlich niederschießen, denn Tannus ist unschuldig. Ich gebe euch mein Wort dafür."

Das genügte. Meine Leute glaubten mir und sie glaubten an mich. Nachdem sie sich entschuldigt hatten, kehrten sie in ihre Zelte zurück. Aber Ismail verließ unser Lager noch am selben Tag.

Dieser Zwischenfall festigte meine Autorität in der Wüste und, was noch viel wichtiger war, er vermehrte Tannus' Liebe und Ergebenheit mir gegenüber.

Über beinahe 40 Jahre hinweg war mir Tannus (**Abb. 45**) stets zu Diensten, wenn ich im Orient war. Im vergangenen Jahr [1930] ist dieser treue Mensch in Beirut gestorben (**Abb. 46**). Ich trauerte um ihn wie für einen besten Freund.

1 Übersetzung aus dem Englischen von Anne Pitz, Saarbrücken.

IV

Abenteuer Tell Halaf – Ausgrabung

„Der Grundriß rechts oben entwickelt sich anders."[1] – Die Ausgrabungen von 1911–13, 1927, 1929 und 1939

Mirko Novák, München

Die spektakuläre Entdeckung des Tell Halaf und seiner ungewöhnlichen Bildwerke durch Max Freiherr von Oppenheim erfolgte während einer seiner großen Forschungsreisen im Jahre 1899. Die wissenschaftliche Erforschung des Ortes begann jedoch erst 1911, nachdem sich Oppenheim endgültig dazu entschieden hatte, seine Karriere als Diplomat gegen diejenige eines Archäologen einzutauschen.

Die erste, über zwei Jahre andauernde Grabungskampagne war nicht nur die umfang-, sondern fraglos auch die ertragreichste, die bislang auf dem Tell Halaf unternommen wurde. Alleine die aufwendigen Vorbereitungen und die Anreise nahmen mehrere Monate in Anspruch und erweckten einiges öffentliches Interesse. Die eigentlichen Ausgrabungen wurden ohne größere Unterbrechung

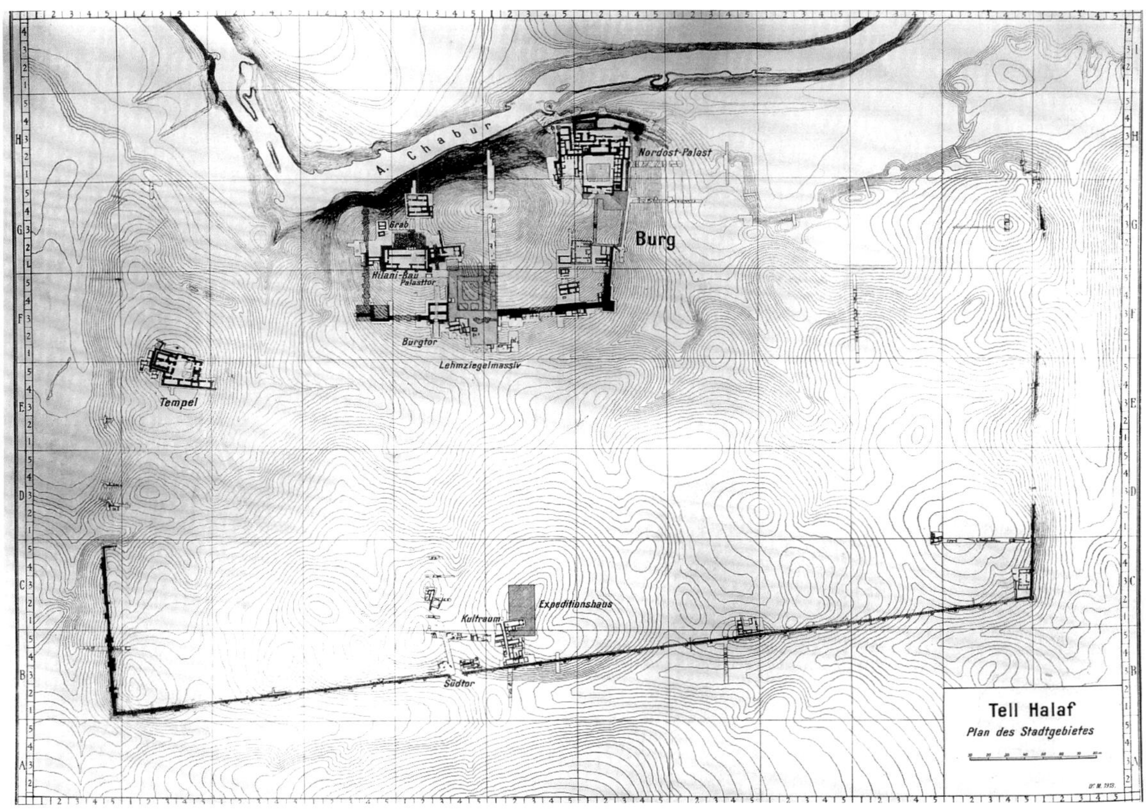

47 Gesamtplan der Ruinen, von K. Müller 1913 erstellt

48 Bereits auf der Grabung ließ Oppenheim die Bildwerke der Palastfassade für die fotografische Dokumentation wieder zusammensetzen, Tell Halaf 1913

von August 1911 bis Dezember 1913 durchgeführt. Zwischenzeitlich bestand die anfangs kleine Grabungsmannschaft aus 10 deutschen Forschern, dem türkischen Kommissar sowie bis zu 550 Arbeitern, zumeist Beduinen.

Im großen Stil wurden Bauten zunächst auf der Zitadelle und anschließend auch in der Unterstadt (**Abb. 47**) freigelegt. Am Ende der Kampagne waren faktisch alle bis heute bekannten Großbauten des Ortes untersucht worden, namentlich der zu Beginn der Grabungen im Mittelpunkt stehende West-Palast („Tempel-Palast", „Hilani", **Abb. 48 und 303**) und, seit Februar 1912, das daneben liegende Skorpionentor, zwei Bauten, deren Errich-

49 Der Nordost-Palast von Süden gesehen, Tell Halaf 1912

50 Der assyrische Stadttempel, im Nordwesten des Stadtgebiets gelegen, Tell Halaf 1913 [Aufnahme K. Müller]

tung und Ausgestaltung mittels Großplastik und Reliefplatten auf den aramäischen Fürsten Kapara zurückgehen. In der Folge wurde im Mai 1912 das in zwei Bauphasen gegliederte Burgtor, ab Juli 1912 die östlich benachbarten, in assyrischer Zeit errichteten Lehmziegelterrassen („Massive Unterbauten") und parallel dazu der „Nordost-Palast" (**Abb. 49**), bei dem es sich nach heutigem Stand der Forschung um den assyrischen Gouverneurspalast handelt, ausgegraben. 1913 wurden Nachuntersuchungen am West-Palast und am Aufweg vom Skorpionentor zur Terrasse vor dem West-Palast durchgeführt, im Sommer wurde zudem der große Nord-Süd-Schnitt auf der Zitadelle angelegt. In den letzten Grabungsmonaten 1913 konzentrierten sich die Arbeiten auf die Unterstadt, wo neben der Stadtbefestigung das Wohnviertel in mehreren Suchgräben untersucht und mit dem „Stadttempel" (**Abb. 50**) sowie dem „Kultbau" (**Abb. 51**) zwei monumentale Gebäude großflächig freigelegt wurden.

Max von Oppenheim bediente sich bei seinen Arbeiten der Grabungsmethoden, die der deutsche Bauforscher Robert Koldewey in Babylon entwickelt hatte und die in modifizierter Form unter anderem auch bei den Ausgrabungen Walter Andraes in Assur zum Tragen gekommen sind. Die beiden von der Deutschen Orient-Gesellschaft und den Königlichen Museen durchgeführten Ausgrabungen in Babylon und Assur waren zeitgleich zu den Arbeiten in Tell Halaf im Gange und standen – was die Bewertung ihrer Ergebnisse anbetrifft – in einer gewissen Konkurrenz zu diesen. Der auffällige

51 Durch Zufall wurde am 12. Oktober 1912 der sogenannte Kultraum in der unmittelbaren Nähe des Grabungshauses entdeckt

Fundreichtum der privat organisierten Unternehmung des Freiherrn erweckte den nur mühsam unterdrückten Neid der Verantwortlichen der Deutschen Orient-Gesellschaft und der Königlichen Museen.

Die wichtigsten Mitarbeiter Max von Oppenheims, vor allem der I. Architekt Felix Langenegger [siehe auch Beitrag von A. Gering], hatten unter Koldewey gearbeitet und dabei dessen Methoden erlernt. 1912 besuchte Max von Oppenheim zudem die Ausgrabungen in Assur, um sich weitere Anregungen hinsichtlich der dort gegenüber der „Muttergrabung“ in Babylon noch weiter entwickelten Methoden zu verschaffen. Zwar traf er Walter Andrae nicht persönlich an, wurde aber von dessen Stellvertreter Julius Jordan freundlich empfangen und konnte sich ein ausgiebiges Bild von den Arbeiten und den Ergebnissen machen.

Die Methoden Koldeweys und Andraes erfreuten sich zu ihrer Zeit größter Wertschätzung, galten sie doch als besonders modern und hinsichtlich der detaillierten Beobachtung der zumeist aus Lehmziegeln bestehenden Baureste und ihrer baustratigraphischen Entwicklung als vorbildlich. Max von Oppenheim hat es – anders als viele andere „Laien-Archäologen“ seiner Zeit – verstanden, sich durch Hinzuziehung entsprechender Fachleute das für eine moderne Großgrabung nötige Know-how anzueignen. Doch mit dem System Koldeweys erbte er auch dessen Schwächen: Das Fehlen ausgebildeter Historiker und Kunsthistoriker verstellte auch auf seiner Grabung den Blick auf die kulturgeschichtliche Dimension der Befunde. Als besonders gravierend erwies sich die mangelhafte Berücksichtigung der jeweiligen Fundkontexte der Artefakte. Die Folge waren Mängel bei der chronologischen Zuweisung der Bauten und ihrer relativen Zeitstellung; ein Umstand, der sich noch in den Publikationen bemerkbar machte, obgleich Max von Oppenheim selbst in den Jahren nach der ersten Kampagne in seinem Forschungs-Institut in Berlin sehr wohl Assyriologen und Kunsthistoriker zur Auswertung der Ergebnisse hinzuzog und damit in bis dahin einzigartiger Weise einen interdisziplinären Mitarbeiterstab aufbaute.

Parallel zu den Ausgrabungen führte Max von Oppenheim Erkundungsreisen in der weiteren Umgebung durch – gewissermaßen die Vorform dessen, was heute als Survey bezeichnet wird. So führte ihn im Frühjahr 1913 eine dieser Forschungsreisen in den westlichen Teil des Djebel Abd el-Aziz und den sich südwestlich daran anschließenden Djebelet el-Beda, den er zwei Tage lang erkundete [siehe Beitrag von U. Dubiel und K. Zimmermann]. Im gleichen Jahr unternahm er seine ausgedehnteste Erkundungsreise in die Steppe westlich des Habur, bei der er eine Reihe morphologisch gleichartiger Ruinenhügel aus dem 3. Jahrtausend entdeckte, die er als „Kranzhügel“ bezeichnete und deren größter und bekanntester Vertreter der Tell Chuera ist.

Ende 1913 wurde die Notwendigkeit einer Unterbrechung der Arbeiten immer deutlicher. Diese sollte ursprünglich nur von kurzer Dauer sein und der Auswertung der bisherigen Ergebnisse sowie der Neuorganisation der Mission dienen. Bereits für das Folgejahr 1914 wurde die Fortführung der Ausgrabungen avisiert. Der Erste Weltkrieg und die darauf folgenden schwierigen wirtschaftlichen Verhältnisse verhinderten indessen die Umsetzung dieser Pläne.

Tatsächlich sollte es bis zum Jahr 1927 dauern, ehe Max von Oppenheim wieder die Möglichkeiten fand, nach Syrien zurückzukehren und neue Ausgrabungen (**Abb. 112 und 113**) vorzubereiten. Allerdings galt es zunächst, die Funde der ersten Kampagne zu sichern und die offizielle Fundteilung vorzubereiten. Durch den Zusammenbruch des Osmanischen Reiches und den darauf folgenden türkischen Unabhängigkeitskrieg hatten sich die politischen Verhältnisse vor Ort völlig gewandelt: Syrien, auf dessen Territorium der Tell Halaf nun lag, stand unter dem Mandat Frankreichs, die Grenze zum neuen Staat Türkei wurde durch den Verlauf der Bagdadbahn markiert. Die französisch dominierte Antikenverwaltung Syriens unterstützte Oppenheims Pläne zur weiteren Erforschung Nordmesopotamiens und des Tell Halaf vorbehaltlos und erteilte ihm eine Grabungskonzession für das gesamte Quellgebiet des Habur. Dies war insofern bedeutsam, als Max von Oppenheim nicht nur die Fortführung der Arbeiten auf dem Tell Halaf, sondern auch die Aufnahme von Grabungen auf dem benachbarten Tell Fecherije (**Abb. 115**) ins Auge fasste, den er völlig zu recht mit der mittanischen Hauptstadt Waššukanni identifizierte.

52 Als Oppenheim 1927 zur Fundteilung nach Syrien reiste, waren das Grabungshaus zerstört und ein Teil der Bildwerke mutwillig beschädigt

Oppenheims Tätigkeiten beschränkten sich jedoch zunächst darauf, die 1913 in seinem Grabungshaus zurückgelassenen Bildwerke und Objekte zu bergen. Das Gebäude war im Verlauf türkisch-französischer Kampfhandlungen durch Artilleriebeschuss weitgehend zerstört worden und hatte alle Artefakte in seinen Trümmern (**Abb. 52**) begraben. Immerhin waren sie dadurch vor weiteren Zerstörungen und Raub geschützt.

Anfang Juni 1927 suchte Oppenheim zudem auch den Djebelet el-Beda wieder auf und konnte die von ihm 14 Jahre zuvor dort entdeckten Statuen- und Stelenfragmente bergen. Gemeinsam mit den Funden aus seinem Grabungshaus am Tell Halaf wurden sie mit der Bagdadbahn zunächst nach Aleppo verbracht, wo die Fundteilung erfolgte.

Wissenschaftliche Untersuchungen im eigentlichen Sinne wurden 1927 noch nicht durchgeführt, doch hat man bereits die Vorbereitungen für die folgende, zweite Grabungskampagne getroffen, die dann schließlich 1929 stattfinden konnte.

Die genaue Einschätzung der Ergebnisse der etwa sechsmonatigen Ausgrabungen von 1929 wird durch den Umstand erschwert, dass die Grabungsdokumentation im Verlauf des Zweiten Weltkrieges fast vollständig verloren ging. Die wesentlichen Baubefunde auf der Zitadelle waren ja bereits in der ersten Kampagne freigelegt worden. Offenbar gelang es aber, mehr Material aus den älteren, prähistorischen Schichten [SIEHE BEITRAG VON J. BECKER] zu gewinnen. Max von Oppenheim schreibt dazu selbst, dass die Aufgabe der Kampagne vor allem darin bestanden habe, die Schichten unter den 1911–1913 freigelegten Bauten auf der Zitadelle zu untersuchen. Er selbst wertete die Ergebnisse als überaus befriedigend. Zu den Prinzipien der ersten Grabungskampagne hatte es gehört, keine Baureste – abgesehen von den hellenistischen – abzutragen und auf den Bauplänen sämtliche Phasen gemeinsam aufzunehmen. Von diesen Ansätzen verabschiedete man sich in der Kampagne von 1929, so dass man nun in zusammenhängender Form ältere Befunde untersuchen konnte. Dennoch scheint Oppenheim weitgehend den Grabungsmethoden seiner ersten Kampagne treu geblieben zu sein, die mittlerweile in der europäischen prähistorischen

Archäologie unter dem Einfluss der Geologie entwickelten moderneren Vorgehensweisen fanden keinen Eingang mehr in seine Systematik. Aufgrund dessen war es ihm und seiner Mannschaft auch weiterhin nicht möglich, die kleinteilige Lehmziegelarchitektur der neolithischen Schichten zu erfassen und eine entsprechende Stratigraphie zu erstellen. So blieben Natur, Form und Entwicklung der prähistorischen Besiedlung des Tell Halaf weitgehend unklar; zu den neuen Leitorten auch für die nach dem Tell Halaf benannte Kulturstufe sollten nun andere, zumeist von Engländern und Amerikanern untersuchte Fundplätze werden.

Parallel zu den Arbeiten auf dem Tell Halaf führte Max von Oppenheim im Mai 1929 eine vierwöchige Ausgrabung auf dem Djebelet el-Beda [Siehe Beitrag U. Dubiel und K. Zimmermann] durch. Auf dem Tell Fecherije wurde er – entgegen seiner ursprünglichen Pläne – nicht mehr aktiv. Sein vehementer, auf seine Grabungskonzession begründeter Einspruch führte später dazu, dass die 1940 begonnenen amerikanischen Ausgrabungen auf dem Tell Fecherije trotz großer Anfangserfolge abgebrochen werden mussten.

Auch die Kampagne von 1929 sollte nicht den Abschluss der Forschungen auf dem Tell Halaf darstellen, weitere Grabungen waren durchaus geplant. Einmal mehr aber verhinderten die politischen Verhältnisse und ökonomische Schwierigkeiten die zügige Fortführung der Tätigkeiten. Waren es zunächst finanzielle Engpässe, so wurden es nach der Machtergreifung der Nationalsozialisten zusehends politische Faktoren, die weitere Arbeiten erschwerten. Immerhin gelang es Oppenheim 1939, zehn Jahre nach seinem letzten Aufenthalt auf dem Tell Halaf, nochmals, Gelder für eine weitere Ausgrabungskampagne einzuwerben. Gemeinsam mit Felix Langenegger reiste er über Beirut nach Ras el-Ain. Dort aber wurde er von den Autoritäten der französischen Mandatsverwaltung an einer Weiterfahrt zum Tell Halaf gehindert, offenbar als Folge der angespannten politischen Beziehungen zwischen Deutschland und Frankreich im Vorfeld des Zweiten Weltkrieges. Unverrichteter Dinge musste Max von Oppenheim (**Abb. 116**) wieder abreisen, ohne „seinen" Tell Halaf nochmals betreten zu haben. Und diesmal sollte der Abschied endgültig sein.

Literatur

Orthmann 2002; Teichmann 2001.

1 Zitat aus dem Grabungstagebuch, Eintrag vom 23.2.1913 (NL MvO-89).

Ein Arbeitstag auf Tell Halaf[1]

Karl Müller (†)

Noch liegt das fahle, fröstelnde Licht der Morgendämmerung über dem Ruinenhügel des Tell Halaf, hebt das Kasr el Wesir auf der Höhe des welligen Geländes allmählich aus der Dunkelheit heraus, während über dem Chabur, seine Windungen kennzeichnend, die Nebelschwaden lagern. In den Niederlassungen von Zelten aus schwärzlichen Ziegenhaarfellen, die im Kranze das Kasr umgeben, beginnt es sich zu regen. Frauen in blauschwarzen Kleidern und Männer im weissen Sebun, in die braune Abaje eingehüllt, bereiten sich auf den Gang zur Arbeit vor.

Vom Dache des Kasr, aus dem die Gestänge der Mückennetze in die klare, kühle Morgenluft stechen, segelgleich du[-]rch die weißen Netze verbunden, steigen die deutschen Herren nach prüfendem Blick über die erwachende Umgebung zum Obergeschoß herunter, um über die Galerie ihre Zimmer zu erreichen, in denen trotz offener Fenster und Türen noch etwas von der vortäglichen Hitze brütet. Iskender und Elias, die armenischen Diener, steigen alsbald die offenen Treppen herauf zur Memsche und bieten ihren Herren starken bitteren Kaffee zur Morgenstärkung.

Im Hofe rührt sich der aschtschi Pascha Said und schürt das Herdfeuer, die Magd Nure knetet mit bräunlichen Händen den Teig zum täglichen Brote, im Vorhof strecken sich gähnend die Saptijes, deren guter Schlaf das Kasr wieder eine Nacht behütet hat, sehen nach ihren Pferden, die erwachend im Stall schnauben und ihrem Futter entgegenwiehern. Kessar der sluki des Dr. Langenegger springt umher, die schlafstarren Glieder zu erwärmen und Mocksi, der Wächterhund, kommt in das Hoftor, nach einem Extrabissen Umschau haltend.

Kaum dringen die ersten Sonnenstrahlen über den Himmelsdom, diesen in strahlendes, blaues Licht hüllend, während noch Erde und Zelte im fahlen Morgenlicht liegen, da strömen Männer, Frauen und Kinder, die Körbe (Senbil) unter den Arm geklemmt, zu den Gräben auf dem Ruinenhügel und im Stadtgebiet, wo die Meister mit der Spitzhacke (gasme) die Hackenarbeiter mit der Breithacke (marr) die Züge (jok) um sich versammeln. Seiner Würde bewusst, schreitet der Aufseher ..., ein dunkelbärtiger Schech, im braun-weissen Mantel, zur Hauptgrabung und prüft die Pünktlichkeit der annähernd 300 arbeitenden Araber. Schon tritt auch aus dem dunklen, hochragenden Tore des Kasr chauadscha Rauschenberger (**Abb. 87**) und beginnt mit dem Augenblick, wo sich der erste Sonnenball

53 Der Architekt Karl Müller kontrolliert die Arbeiterkarten

über den Horizont erhebt und alles, gelbe Steppenflächen, offene Erde der Grabung, Schutthalden und ernste starre Basaltbilder mit goldenem warmen Lichte übergiesst, die Arbeitskarten mit dem morgendlichen Datumstempel (**Abb. 53**) zu versehen (mucher): die roten teskeres der gasmatschis (**Abb. 54**) und Zugführer, die gelben der marrars, die weissen der erwachsenen Korbträger, die grünen der Frauen und Jungen (**Abb. 55**).

Und kaum hat sich die Sonne erhoben, so beginnt auch die Arbeit. Der ustad spuckt in die Hände und bricht mit der gasme die Erde von den tausendjährigen Mauern aus Lehmziegel oder gebrannten Steinen. Die Korbträger (**Abb. 56**), in Reihen zu vier stehend, reichen ihre senabil den drei marrars jedes Zuges, die diese mit Schutterde füllen, nehmen ihre Körbe unter den Arm und ziehen in langsamem Schritt zum Rande der Schutthalde hin und her, hin und her und mit jedem Gang wächst der helle Schuttdamm in das Gelände und eine alte Mauer tritt deutlicher in das Licht der Gegenwart.

54 Ein Arbeiter mit Spitzhacke (arab. Gasmatschi) [Aufnahme O. Seemann?]

Oben auf dem Hügel, wo die alte, noch verborgene Burg des Kaparra nicht unter Schutt verdeckt werden darf, führen Schmalspurschienen zum Rande des Hügels, werden Kipploren von den Senbiltschis gefüllt und die Wagen von arabatschis über den Abhang entleert. Aufseher treiben an, besonders, wenn chauadscha Rauschenberger in die Nähe ihrer Züge kommt, und melden die Säumigen und Verspäteten.

Im Hofe des Kasr haben unterdes die Messgehilfen von Langenegger und Ahmed und Mohamed und Halil Messtangen und Instrumente bereitgestellt, mit denen jeder seinem muhändis alsbald folgt. Abu schuarib (Dr. Langenegger, **Abb. 69**) zieht in hohen Schaftstiefeln zur Burg. Unter Dr. Müller bey werden längs der Stadtgrenze neue Gräben abgesteckt. Ahmed al Mohamed und Mohamed al Ibrahim müssen eilen, um auf dem hügeligen Stadtgelände die Meßstangen nach Winkzeichen hier und dort einzustellen und das Nivellierinstrument, (das Terbin), von Ort zu Ort zu bringen.

Währenddessen hockt chauadscha Pulus noch in der Dunkelkammer, um die Aufnahmen des vorigen Tages in den noch kühleren Morgenstunden zu entwickeln und Platten für die Tagesarbeit in die Kasetten einzulegen. Chauadscha Tischer prüft die Wetterstation und verschwindet dann im Raum über dem Tor, um an den Funden des Vortages Zusammensetzung und Registratur durchzuführen.

Die Sonne steht schon hoch am südöstlichen Himmel und hat die Kühle der Nacht wieder in eine sengende Glut verwandelt, da kommen die Herren zu einer kurzen Frühstückpause (**Abb. 57**) in's Haus, bis auf chauadscha Dombart, der Rauschenbey im Außendienst abgelöst hat und von 9–12 Uhr die Arbeiten an sämtlichen Stellen der Grabung beaufsichtigt, die Arbeiter antreibt, säumige Leute in's habbes steckt, d. h. auf einen halben oder ganzen Tag von der Arbeit ausschliesst und Funde aller Art zur Kenntnis nimmt, in besonderen Fällen die massgebenden Herren rufen läßt.

Nach dem Frühstück liegt das Kasr verlassen. Die Herren sind wieder bei ihren zeichnerischen

55 Eine Gruppe von Mess- und Kehrjungen auf dem Tell Halaf [Aufnahme K. Müller]

56 Abu Djasi, ein Korbträger (arab. Sembiltschi), Tell Halaf 1911/12 [Aufnahme O. Seemann?]

57 Im Frühstückszelt, Tell Halaf 1911. Sicher zu identifizieren sind nur Felix Langenegger (li.) und der türkische Grabungskommissar Ahmed Durri Bey (re.) [Aufnahme O. Seemann?]

58 Die Söhne Ibrahim Paschas kommen mit ihrer Mutter zu Besuch. Max von Oppenheim (vorn) geleitet die Gäste in sein Grabungshaus, Tell Halaf 7.4.1913

und Messaufnahmen, Herr Paul taucht auf, wo er gewünscht wird, um Aufnahmen in der Grabung, vom Grabungsgelände und von Einzelheiten zu machen. Auch el Wesir, Herr Ministerresident Dr. von Oppenheim, reitet auf seinem Schimmel, von einem saptije begleitet, aus dem Burgtor zu einer Inspektion in die Grabung aus. Die Herren erstatten Bericht, wo er zu ihnen kommt, erklären und zeigen, besprechen die nächsten Arbeiten.

Da tauchen in der Ferne Reiter auf, kriegerisch bewehrt und mit Lanzen und alten Gewehren, die alsbald die Furth im Chabur oberhalb des Tell durchreiten und Richtung auf das Kasr nehmen. Es sind die Söhne des Ibrahim Pascha aus Weranschehir (**Abb. 58**), die zum Gegenbesuch kommen. Bei ihrem Herannahen hat sich der Wesir sofort in das Haus zurückbegeben, um dort den Empfang der hohen Gäste anzuordnen. Im Hofe wird frischer Kaffee nach arabischer Art auf offenem Feuer gekocht; Diener und saptijes stellen sich bereit, die Pferde zu halten und die Begleitung der Schechs zur Unterkunft zu bringen. Auch Duri bey, der türkische Aufsichtsbeamte, vervollständigt seine morgendliche Gewandung, um den alten Freunden würdig entgegenzutreten.

Die Gäste schwingen sich aus dem Sattel ihrer malerisch aufgezäun[m]ten Rassepferde und steigen würdevoll die Holzstiege zur oberen Galerie empor, wo sie vom Wesir empfangen und in das Arbeitszimmer geleitet werden. Chauadscha Pulus macht Platten bereit, um die mächtigsten Herren der Gegend für die Nachwelt im Bilde festzuhalten. Mittlerweile werden im Zimmer des Wesir Begrüssungshöflichkeiten ausgetauscht, Zigaretten geraucht und Kaffee zum Willkommen angeboten. Dann erst beginnt die Unterhaltung, die schliesslich zu einer Besichtigung der Grabung führt. Chauadscha Dr. Müller kommt in das Haus, um aus dem Ambur Gastgeschenke herauszusuchen wie ...

So ist es mittlerweile Mittag geworden. Duri bey hat in seinem großen Zelt vor dem Burgtor das Mittagsmahl für die arabischen Gäste herrichten lassen, denen ein Sitzen am Tisch und Essen mit Messer und Gabel zu ungewohnt und peinlich ist.

Auf dem Rückweg aus der Grabung setzen sich auch die deutschen Herren eine Zeitlang bei Zigarette und Kaffee zu den Gästen, um zu zeigen, dass die Expedition der Gastgeber ist.

Nun zeigt die primitive Sonnenuhr auf dem Tell, durch einen in den Boden gesteckten Stab dargestellt, dem Aufseher an, dass es genau Mittag ist. Auf seinen Pfiff werden eiligst die Arbeitsgeräte beiseite gelegt. Ein Teil der Arbeiter eilt in die dörflichen Zelte zurück, viele, die weiter entfernt wohnen, setzen sich in die Grabung an einen schattigen Platz und verzehren dort ihr chubes, um dann die abaje über den Kopf zu ziehen und zu schlafen, bis die Pfeife des Aufsehers sie wieder weckt.

Die deutschen Herren versammeln sich in der Mittagspause im kühlen, nach Osten gelegenen Esszimmer, um sich an der Kunst des aschtschi-pascha zu erfrischen, der aus landesüblichen Lebensmitteln und Kartoffeln und Konserven die nahrhaftesten Gerichte hergestellt hat. Nach dem Essen wird auch im Kasr eine, wenn auch kurze Mittagsruhe gehalten, hinter verhangenen Fenstern und verschlossenen Türen, die der Mittagsglut wenigstens etwas den Eingang verwehren sollen. Doch nicht lange, dann geht überall das emsige Treiben wieder los. Die Feldbahnwagen rollen über die Schutthalden, die senbiltschis ziehen in Reihen, einförmige rythmische Lieder singend, hin und her, die gefüllten Körbe entleerend und die leeren zu den Hackenarbeitern bringend. Die Aufseher treiben mit: yallah, yallah, zur Arbeit an. An der Stadtgrenze steht Dr. Müller bey mit seinen Gehilfen und mißt in der flimmernden Nachmittagssonne mit dem Nivellierinstrument. Dr. Langenegger auf dem Burghügel zeichnet und mißt mit Zollstock und Bandmaß das Hilani des Kaparra. Chauadscha Tischer macht die Runde und auf hohem Holzgerüst steht chauadscha Pulus, um Uebersichtsbilder aufzunehmen. Nur im Kasr ist's still geworden.

Nach der Mittagspause eröffnet auch der Arzt der Expedition, Dr. Kohl, seine Sprechstunde, zu der sich allerlei Kranke drängen, meist an Malaria leidend, seltener mit kleinen Verletzungen. Da wird Chinin und Aspirin ausgeteilt, da ein Verband gemacht, jedem wird kostenlos geholfen.

So vergeht der Nachmittag und die Sonne senkt sich allmählich zum Horizont herab, ohne dass die Hitze nachlässt. Der muhändis, der die 4. Tagwache hat, beginnt die Arbeitskarten mit dem Abendstempel zu versehen, läßt sich die Kleinfunde zeigen, gibt noch Anweisungen für den nächsten Tag. Kaum ist er fertig, so ist es auch schon nicht mehr weit zum völligen Sonnenuntergang, er gibt dem Aufseher in seiner Nähe ein Zeichen und dieser pfeift zum abendlichen Arbeitsschluß (faidos). Ein Rennen beginnt, denn jeder strebt nach seinem Zelt, wo z.T. schon vom Kochfeuer bläuliche Rauchwolken zum immer noch blauen Himmel steigen. Aufseher und Meßgehilfen ziehen zum Kasr, um dort die Kleinfunde des Tages an chauadscha Tischer abzuliefern.

Die deutschen Herren treffen sich an der Quelle, die am Fuße des Tell die Wasser des Chabur vermehrt, um sich vom Staube und der Hitze zu befreien. Dorthin kommt auch der Wasserträger (Sakka) mit seinem Esel und holt in Ziegenhäuten Wasser für das Kasr. Weiter unten hocken Frauen im dunklen Mantel und waschen noch schnell einige Kleidungsstücke.

Wenn die Sonne unter dem Horizont verschwunden ist und Nebel über dem Flussbett aufsteigen, wenn der Tell chandsir in der Dämmerung verschwindet, dann endet auch das Leben um den Tell und am Fluß, über dem jetzt allerlei Mücken ihren lustigen Reigen tanzen, deren Berührung und Stich als fiebertragend gern gemieden wird.

Die schwarzen Ziegenhaarzelte werden zu gedrückten Schatten, in denen sich fast nichts mehr regt. Hier und da noch ein trübes Feuer, ein eintöniger Gesang zur arabischen Geige, der rababe, die nur eine Saite hat, einige Kinder noch, die vor den Zelten spielen.

Im Kasr haben sich die deutschen Herren mit[t]lerweile [handschriftliche Ergänzung: tägliche Besprechung mit den Herren bei mir] zur Hauptmahlzeit unter Vorsitz des Barons versammelt. Bei Suppe, Fleisch, Gemüse, Mehlspeise, Obst, bei einem Glas einheimischen Rotweins werden ruhige Gespräche über die Ergebnisse des Tages geführt, ohne dass das Essen vergessen wird. Dann noch ein kurzer Aufenthalt auf der Galerie oder auf dem Dache des Hauses in weiterem Gespräch, oder es bilden sich Gruppen in den einzelnen Zimmern zu anregendem Meinungsaustausch, bis schliesslich jeder noch eine Weile sich seinen Zeichnungen und Berichten und dem Studium widmet. Gegen 10

Uhr erlöschen aber auch die stillen Lichter der Petroleumlampen in den Fenstern des Kasr, helle Schatten klettern die Treppe zum Dache hinauf, wo mit Rücksicht auf die heissen Sommernächte die Betten stehen, und bald liegt tiefe Stille der Steppe über dem tell Halaf und seinem versunkenen Schloß. Außer Hundegebell und dem fernen Heulen der Schakale (waui) stört nichts den nächtlichen Schlaf.

Glossar

Abaje, arab. Bez. für einen Übermantel
Abu schuarib, arab. Bez. für „Vater des Schnurrbartes"
Ambur, Ambar, türk. Bez. für Depot, Magazin
Arabatschis, arab. Bez. für Wagenführer
aschtschi, arab. Anrede für Mekka-Pilger oder Ehrbezeichnung für ältere Männer
bey, türk. Bez. für Herr
chauadsch, **chauadscha**, arab. Anrede für Christen und Europäer im Sinne von „Herr"
chubes, arab. Bez. für Fladenbrot
gasmatschi, arab. Bez. für Spitzhackenarbeiter
habbes, arab. Bez. für Ermäßigung, Abnahme, hier Lohnminderung
Kasr el Wesir, arab. Bez. des Grabungshauses, „Kasr" = Burg, Schloss, „Wesir", Minister
marrar, arab. Bez. für Breithackenarbeiter
Memsche, arab. Bez. für Durchgang, Promenade
muhändis, arab. Bez. für Ingenieur
Saptije, türk. Bez. für Wachsoldat
Sebun, arab. Bez. für ein langes, vorne offenes Kleidungsstück mit Ärmeln
Senbiltschis, arab. Bez. für Korbträger
Sluki, Rassebez. für Windhund
Teskere, türk. Bez. für Arbeiterkarte
Ustad, arab. Bez. für Meister, Lehrmeister, Vorarbeiter

1 Abschrift eines unveröffentlichten Manuskripts, das sich heute im Archiv der Max Freiherr von Oppenheim-Stiftung, Köln, befindet. Dr. Karl Müller hat als III. Architekt ein Jahr auf dem Tell Halaf gearbeitet. Schreibweise und Orthographie entsprechen dem Originaltext, handschriftliche Korrekturen wurden nicht kenntlich gemacht.

„Grabung: Wie gestern, ohne wesentlich Neues“[1] – Die Grabungstagebücher vom Tell Halaf 5.8.1911–25.12.1913

Raphaela Heitmann, Berlin

Bei der Zerstörung des Orient-Forschungs-Instituts und des Direktorialgebäudes 1943 [SIEHE BEITRAG VON J. THIEME] sind fast alle Grabungsunterlagen verloren gegangen. Zu den wenigen erhalten gebliebenen Dokumenten gehören die Tagebücher der ersten Kampagne, die Oppenheim offiziell führen ließ. Möglicherweise befanden sich die Aufzeichnungen damals bei Felix Langenegger in Dresden, der mit der Publikation der Architekturbefunde beauftragt war. Die neun Journale, die heute im Archiv der Max Freiherr von Oppenheim-Stiftung in Köln aufbewahrt werden, beschreiben den Verlauf der Ausgrabungen und gewähren darüber hinaus auch vielfältige Einblicke in den Alltag am Tell Halaf wie zum Beispiel in die schwierige Versorgungslage, in die Querelen mit den Lokalbehörden oder den Auseinandersetzungen mit den Arbeitern; aber auch die täglichen Wetterbeobachtungen, die Ankunft von Besuchern und das gemeinsame Begehen von Feiertagen wurden akribisch notiert.

Die Grabungstagebücher (**Abb. 59**) stammen zum größten Teil aus der Feder von Felix Langenegger [SIEHE AUCH BEITRAG VON A. GERING]. Während seiner Abwesenheit übernahmen andere Mit-

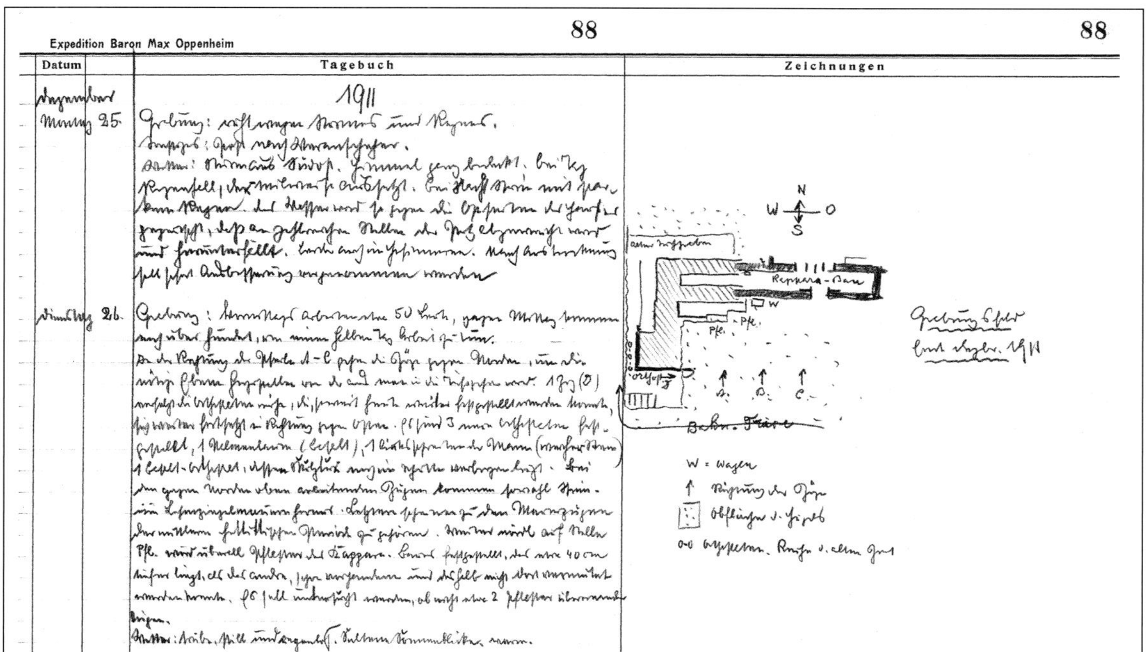

59 Grabungstagebuch, Eintrag vom 25./26. Dezember 1911 – Arbeiten am West-Palast glieder der Expedition die täglichen Eintragungen. Gegen Ende der Kampagne waren 450 Seiten beschrieben, ergänzt durch zahlreiche Skizzen der aufgedeckten Befunde und ausgewählter Kleinfunde.

Leben in der Wüste

Die Bedingungen am Tell Halaf, vor 100 Jahren *„zweifellos der gefährlichste Wetterwinkel der mesopotamischen Wüstensteppe"*,[2] waren nicht einfach. Alle benötigten Güter mussten mit Esels- oder Kamelkarawanen (**Abb. 60**) herantransportiert werden [SIEHE DAZU AUCH BEITRAG VON M. KRÖGER]. Vieles wurde aus Deutschland mitgebracht oder nachgeordert, zum Beispiel Werkzeuge oder die Kipploren für die Feldbahn, mit deren Hilfe der Aushub abtransportiert werden sollte. Alles weitere, vor allem Lebensmittel, Baumaterialien, Utensilien für die Grabung (Körbe, Besen) oder auch das nötige Münzgeld für die Lohnauszahlung mussten aus dem 80 km entfernt liegenden Mardin (heute Türkei) beschafft werden. Spezialisierte Handwerker wurden dort für die Bauarbeiten am Haus engagiert. Regelmäßig waren Karawanen zwischen Mardin und Tell Halaf unterwegs, um die Expedition mit dem Nötigsten zu versorgen. Ganz ungefährlich waren diese Wege nicht: Am 4. November 1911 erreichte das Lager die Nachricht, dass die Karawane bei einem bewaffneten Überfall ausgeraubt worden sei. Verletzt wurde glücklicherweise niemand.

Über Urfa (ca. 100 km) und Weranschehir (ca. 50 km) wurde der Kontakt mit der Heimat gehalten. Dort konnten Telegramme, Briefe oder Pakete aufgegeben werden und von dort kamen die neuesten Nachrichten und die Post aus Europa. In Weranschehir verfolgte das ganze Dorf mit Interesse die Neuigkeiten vom Tell Halaf, denn der dortige Postmeister las die Telegramme zunächst in den Cafés vor, bevor er sie zustellte.

Anfangs wohnte die Mission in Zelten, da die örtlichen Behörden den Bau des Grabungshauses durch immer neue Einwände behinderten. Schließlich durfte Felix Langenegger Ende August 1911 das zukünftige Areal abstecken. Bei der Grundsteinle-

60 Ankunft einer Karawane aus Aleppo, Februar 1913

61 Mit dem Bau des Grabungshauses war Felix Langenegger (re., mit Aktentasche) betraut. An der zeremoniellen Grundsteinlegung nahm auch Oppenheim (zu Pferde) teil [Aufnahme O. Seemann?]

gung am 6. September 1911 (**Abb. 61 und 62**) wurde eine Glaskapsel mit Urkunde versenkt und ein Hammelopfer durchgeführt. Nicht nur die Tagebücher widmeten sich diesem Thema sehr ausführlich; auch die Hilferufe an das deutsche Konsulat in Aleppo oder die Botschaft in Konstantinopel lassen erahnen, wie ernst die Situation angesichts des bevorstehenden Winters war. Schließlich konnte das festungsähnliche Gehöft am 10. November 1911 bezogen werden. Es wurden noch kleinere Arbeiten durchgeführt, aber zum Weihnachtsfest war alles fertig. Der Silvesterabend mit Punsch verlief nicht ganz so ruhig wie geplant: Ein in die Ecke gestelltes Kohlebecken verursachte bei Durri Bey und Dr. Seemann eine kurze Ohnmacht durch eine Dioxydvergiftung, die anderen kamen mit dem Schrecken davon.

Die gesellschaftlichen Möglichkeiten waren in dieser einsamen Gegend sehr eingeschränkt. An sechs Tagen in der Woche wurde auf dem Tell Halaf gearbeitet, so wie es auch heute noch auf den Ausgrabungen im Nahen Osten üblich ist. Bis Ende Februar 1912 ruhte die Grabung sonntags, doch auf Bitten der Arbeiter wurde zum muslimischen Feiertag, dem Freitag, gewechselt. Zu den Freizeitvergnügungen der Expeditionsmitglieder an den freien Tagen gehörten das Scheibenschießen mit Mauser-Karabinern und Browning-Pistolen (**Abb. 63**) oder die Jagd mit den Windhunden auf Gazellen.

Eine willkommene Abwechslung bot daher die Ankunft der Ingenieure aus Deutschland, die den Bau der Bagdadbahn betreuten und sich in der Nähe von Harran einrichteten. Die anfängliche Befürchtung, dass die Anwesenheit eines Konkurrenzunternehmens in der Nähe die Löhne ansteigen und die Arbeiter abwandern lassen könnte, bewahrheitete sich nicht. Die beiden Expeditionen besuchten sich gegenseitig und es wurde 1913 verabredet, dass das Grabungshaus zum Schutz der eingelagerten Steinbilder respektive nach Beendigung der Kampagne an die Ingenieure der XX. Sektion übergeben werden sollte.

Abgesehen von den Bahnspezialisten werden nur wenige europäische Gäste in den Tagebüchern erwähnt. Einer von ihnen ist Walter Andrae, der Ausgräber von Assur und spätere Direktor der Vor-

62 Ziegeltransport für den Hausbau, Tell Halaf 1911 [Aufnahme O. Seemann?]

63 Sonntagsvergnügen: Scheibenschießen auf dem Tell Halaf derasiatischen Abteilung in Berlin, der den Tell Halaf am Nachmittag des 11. April 1912 erreichte. Andrae, der sich auf der Durchreise nach Aleppo befand, reiste schon am nächsten Morgen weiter. Offenbar hatte Oppenheim nicht mit seinem Besuch gerechnet, da er zur gleichen Zeit auf dem Weg nach Assur war, um sich dort mit Andrae auszutauschen.

Für eine gewisse Abwechslung sorgten Ereignisse der verschiedensten Art: Eines Tages drang zum Beispiel ein Wolf in den Hof des Expeditionshauses ein, um ein Lamm aus der Schafherde zu reißen. Der Angriff konnte durch einen der Jagdwindhunde abgewehrt und der Wolf vertrieben werden. Auch ein Löwe soll im christlichen Arbeiterlager gesichtet worden sein.

Die Ausgrabungen

Am 5. August 1911 setzt das Tagebuch mit den ersten Grabungsarbeiten auf dem Hügel ein. Mit zehn Arbeitern wurde nach den 1899 wieder sorgfältig zugeschütteten Steinbildern gesucht. Im Laufe der folgenden zwei Jahre schwankte die Anzahl der Arbeiter [SIEHE DAZU AUCH BEITRAG VON K. LANGE] beträchtlich, zum Schluss wurden bis zu 560 Leute beschäftigt. Es ist daher kein Wunder, dass die Tagebücher häufig über Schwierigkeiten bei der Anwerbung von Arbeitern und deren Verbleib auf der Grabung berichteten. Viele verließen den Tell Halaf schon nach kurzer Zeit wieder, da ihnen die schweren Arbeits- und Witterungsbedingungen nicht zusagten. Manchmal mussten die Arbeiten aufgrund von Streitigkeiten oder Streiks um höhere Löhne unterbrochen werden oder die Arbeiter wurden von Amtswegen abgezogen, um sich an dem jährlichen Aufsammeln der noch flugunfähigen Heuschreckenlarven zu beteiligen, bevor die riesigen Schwärme die gesamte Ernte zu vernichten drohten. Bisweilen sorgte auch Gerede von außen für eine gewisse Unruhe. So kursierte im Frühjahr 1912 das Gerücht, dass es im Winter keinen Regen gäbe, *„weil die sitzende Basaltfigur mit der Tasse in der Hand den Sonnenschein finge und den Regen vertriebe.“* (**Abb. 64**) Der ständige Wechsel bedeutete, dass immer wieder aufs Neue Arbeiter angeworben und von den wenigen Mitgliedern der Expedition zeitintensiv eingearbeitet werden mussten.

Die Arbeiten an der ersten Grabungsstelle erwiesen sich indes als Glückstreffer. Es wurden nicht nur einzelne Skulpturenteile wieder entdeckt, sondern in den folgenden Monaten die Reste eines monumentalen Gebäudes freigelegt, dessen Außenfassade umlaufend mit reliefierten Steinplatten geschmückt war und das, später als West-Palast bezeichnet, bis heute als beeindruckendes Zeugnis der aramäischen Baukunst gilt.

Bis zur Aufnahme eines topographischen Planes des Hügels im Frühjahr 1912 wurden fortlaufend nummerierte Suchschnitte mit unterschiedlicher Breite und Länge angelegt. Sobald vielversprechende Lehmziegelmauern sichtbar wurden, verließ man den Suchschnitt an dieser Stelle und verfolgte die Mauerverläufe, um so das ganze Gebäude zu erfassen.

Am 19. September 1911 überschattete ein schrecklicher Unfall die Arbeiten auf dem Hügel. Am frühen Morgen waren drei Arbeiter durch ab-

64 Der *„thronenden Göttin“* wurden unheilvolle Kräfte nachgesagt, Tell Halaf 1912

gehende Erdmassen (**Abb. 65**) verschüttet worden. Bei den sofort eingeleiteten Rettungsarbeiten konnten nur noch zwei der Verschütteten lebend geborgen werden, für einen Jungen kam jede Hilfe zu spät. Das Freischaufeln wurde, wie nachzulesen ist, durch zwei weitere Nachstürze erschwert, die zuerst den an der Rettung beteiligten Architekten Felix Langenegger, dann auch den Arzt Dr. Seemann bis zum Oberkörper begruben. Die Konsequenzen dieses Unfalls sind noch heute sichtbar: Um weitere Unfälle dieser Art zu vermeiden, hatte man die Böschungen der Suchgräben von nun an stufenförmig angelegt, um ein Abrutschen der Erde zu verhindern.

Große Konsequenzen hatte der Übersetzungsfehler eines Telegramms, in dem es um die Einrichtung einer neuen Grabungsstelle ging. So hatte Max von Oppenheim vor seiner Heimreise im August 1912 die Untersuchung des Ostteils des Hügels angeordnet, diese aber dann per Telegramm wieder aufgehoben. Langenegger, der noch von der ursprünglichen Anweisung ausging, nahm dieses Missverständnis zum Anlass, über die bisherige Grabungsstrategie grundsätzlich nachzudenken:

65 Zurückgelassene Körbchen und Schürfhacken zeugen von dem Unglück, bei dem drei Arbeiter verschüttet wurden, Tell Halaf 1911

„[...] *Nach all den getroffenen Vorbereitungen (Bahn!) und der Disposition, die viel Arbeit gekostet haben, ein nicht ohne weiteres befolgbarer Befehl, der vor allen Dingen nicht sogleich ausgeführt werden konnte. Die Untersuchungen auf* $II_{1,2}/B_{2,3}$ *hängen zusammen mit der Aufklärung des Hügelinnern und der Feststellung bezüglich der Lehmziegel-Massiv-Anlage. Die Grabung hat sich mit Freilegung (und zwar noch unvollständige Freilegung!) des Hilani, immer nur an Außenseiten des Hügels betätigt. Durch die Suchgräben konnte, wie die Erfahrung eben lehrte, nicht das rechte Bild gewonnen werden. Es müßte einmal eine mehr nach dem Hügelinnern gelegene Zentral-Grabung einsetzen, von der aus dann nach allen Seiten, soweit nötig, vorgegangen werden kann. Auch die Grabung auf* $VI_1/B_{2,3}$ *soll eine Verlängerung nach* $B_1 A_3$ *hin erfahren, woselbst dann die Außen-Mauer und die Massiv-Anbindung festgestellt werden wird. Immerhin ist zu bedenken, daß bei der, der Grabung noch gesetzten Frist von einem Jahr nicht mehr zuviel Zeit verschwendet werden darf an Untersuchungen, die keine Grundriß-Anlagen ergeben. Außer dem Hilani und dem Tor sind weiter noch keine gefunden worden. Das Massiv ergibt wenig Wichtiges. Nötig ist, daß der Ostteil des Hügels, und zwar der Streifen* $V_2–VII_1/A_3–E_2$ *eingehend untersucht werde, der Mittelhügel bleibt mit Ausnahme einer Tiefengrabung im großen N.-S.-Suchgraben auf* IV_3 *für die Erforschung wegen seiner enormen Schutthöhe verschlossen.* [...] *Demgemäß muß von dem techn.*[nischen] *Grabungsleiter, bei bester Überlegung und nach bestem Wissen und Gewissen geurteilt, der jetzige Plan eingehalten werden.*“

Letztlich sollte sich der Irrtum jedoch als glückliche Fügung erweisen, da mit dem Festhalten an der ursprünglichen Order und der bewussten Entscheidung, Architekturbefunde verstärkt flächenmäßig freizulegen, der Nordost-Palast entdeckt wurde.

Das Ende der Grabungen

Am 12. August 1913 übergab Felix Langenegger das Tagebuch an den Architekten Karl Müller. In den folgenden Tagen reiste die gesamte Grabungsmannschaft ab. Müller und der im Juni desselben Jahres angereiste Karl Beger (**Abb. 91**), der im Auftrag der Königlichen Museen zu Berlin Abformungen von

66 Im Auftrag der osmanischen Antikenbehörde wachte Ahmed Durri Bey über den Verlauf der Grabung, Tell Halaf 1912/13 [Aufnahme O. Seemann?]

67 Der Abtransport der kleineren Grabfigur erfolgte am 18.11.1913 [Aufnahme K. Müller]

68 Beladen des Wagens mit einem großen Orthostaten, Tell Halaf 1913 [Aufnahme K. Müller]

den Basaltstatuen anfertigen sollte, sowie Durri Bey, der Kommissar der türkischen Regierung (**Abb. 66**), blieben noch vor Ort. In den nächsten Monaten wurden weiterhin an verschiedenen Grabungsstellen mit über 100 Arbeitern Nachuntersuchungen durchgeführt. Für die Arbeiten am sogenannten Kultbau mussten sogar Räume des Expeditionshauses abgerissen werden, da dieses trotz vorheriger Untersuchungen durch Testschnitte über diesem errichtet worden war.

Ein weiterer Schwerpunkt der letzten Wochen lag auf dem Abtransport der steinernen Bildwerke (**Abb. 67 und 68**) vom Tell in das Grabungshaus. Zunächst mussten die Zugangswege verbreitert und geebnet werden, um den Transport der schweren Steinbilder und Orthostaten zu ermöglichen. Mit der Hilfe eines Flaschenzuges wurden diese auf einen Wagen gehoben und dann in das Expeditionshaus gezogen. Auf diese Weise wurden nach und nach alle Bildwerke von der Grabung im Expeditionshaus untergebracht.

In der Zwischenzeit hatten die Ingenieure der Bagdadbahn ihr Zeltlager in der Nähe des Hauses aufgeschlagen und damit begonnen, ihr Material dort einzulagern. Am ersten Weihnachtstag verließ schließlich Karl Müller als letzter der Grabungsmannschaft den Tell Halaf zu Pferd in Richtung Urfa. Das Grabungshaus wurde an die Ingenieure der Bagdadbahn übergeben. Der ursprüngliche Plan, im nächsten Winter mit den Grabungen fortzufahren, scheiterte am Ausbruch des Ersten Weltkrieges.

Verwendete Zitate

Die Zitate stammen, wenn nicht anders erwähnt, aus den Grabungstagebüchern vom Tell Halaf 05.08.1911–25.12.1913 (NL MvO-83 bis NL MvO-91)

Literatur

Oppenheim 1908; Oppenheim 1931.

1 Diese sehr häufig gewählte Einleitung der Tagesberichte steht im großen Gegensatz zu den Ergebnissen der Grabung und taucht nicht nur dann auf, wenn zum Beispiel „*wegen größerer Schuttbewältigungen*“ keine neuen Befunde gemacht wurden, sondern sogar in einem Eintrag zum Gold- und Elfenbeinfund in einer der beiden Grüfte nördlich des West-Palastes. Detaillierte Beschreibungen und zeichnerische Bauaufnahmen der Befunde wurden allerdings in einer gesonderten Dokumentation vorgenommen, die leider nicht erhalten geblieben ist.

2 Max von Oppenheim in einem Brief an den deutschen Botschafter in Konstantinopel, Hans Freiherr von Wangenheim, vom 15.4.1913 (PA AA Konstantinopel 431).

Ein Leben für den Orient – Zur Person des I. Architekten Felix Langenegger (1876–1947)

Axel Gering, Berlin

Von Babylon nach Tell Halaf: Vor dem Ersten Weltkrieg

„[...] *Ich habe jahrelang in diesen einsamsten Gebieten der asiatischen Türkei geweilt und als Ausgräber mit wenigen gleichgesinnten Kameraden in der Wüste gearbeitet. Sie ist mir nicht ‚unwirtlich', sondern eine liebe Heimat, und es gibt kein Gedenken für mich im Leben, welches mir lieber und sehnsuchtsreicher wäre, als das Gedenken an meinen palmenumrauschten Heimatsort Kowajrisch am Euphrat. Dort lagen die Ruinen von Babylon, die wir im Auftrage der deutschen Orientgesellschaft und unter der Leitung unseres Meisters und Freundes Prof. Dr. Koldewey erforschten.*"[1]

Felix Langenegger hätte wie sein Vater Ernst, Kaiserlicher Rechnungsrat, ein ruhiges Familienleben in seiner Heimat Dresden führen können. Seine Sozialisation verlief, den Briefen und Familienerinnerungen nach, in völligem Einklang mit den Werten des aufstrebenden Bürgertums im wilhelminischen Deutschland; die beruflichen Beziehungen des Vaters bildeten einen guten Ausgangspunkt für eine sichere Beamtenlaufbahn. Das entsprechende Familienidyll im Heim belegt eine Fotografie von 1899 (**Abb. 69**) mit dem damals

69 Der junge Felix Langenegger: Familienszene mit Schwestern Eva und Frida. Seinem gewaltigen Schnurrbart verdankte er später den arabischen Spitznamen „Abu schuarib", Vater des Schnurrbartes, 1899

23-jährigen Architekturstudenten am Klavier und seinen Schwestern Eva und Frida. Nichts deutet darauf hin, dass Felix' Heimatbegriff nur wenige Jahre später einer radikalen Metamorphose unterlag, was das Eingangszitat nahe legt: Entscheidenden Einfluss auf diese Entwicklung hatte Robert Koldewey. In dessen elitäre Schülerschar erwählt, bricht er als Mittzwanzigjähriger im Auftrag der Deutschen Orient-Gesellschaft 1903–05 in den Vorderen Orient auf, um in Babylon jenes Handwerkszeug zu erlernen, das eine ganze Generation von Architekten zu Altertums- und Bauforschern entwickelte.[2] 1908 promovierte er über die „Baukunst des Irak", ein Standardwerk zur Lehmziegelarchitektur Mesopotamiens – übrigens zusammen mit seinem wohl bekanntesten Kommilitonen Walter Andrae – an der technischen Hochschule Dresden. Und bis zu seinem tragischen Lebensende blieb er dann unter verschiedensten Vorzeichen dem Orient verbunden, *„im Banne der merkwürdigen Gewalt, welche dieses wunderbare Land auf alle ausübt"*[3] – allerdings längst nicht mehr nur als Architekt, sondern auch als Sammler und Verehrer aller Zeugnisse arabischer Lebenskultur und -praxis. Neben den akribischen Zeichnungen und Plänen mit konkret architektonisch-technischem Gehalt, die man von einem Architekten geradezu erwartet, zeugen davon auch romantisch-verklärte Texte und Phantasien zu Landschaften (**Abb. 70**) sowie wiederum sehr realistische Alltagsskizzen zum zeitgenössischen Stadt- und Landleben (**Abb. 71**). Was überrascht, sind jedoch vor allem die Fotografien: Das Interesse an – für den Blick des Europäers – ungewöhnlichen Lebensbedingungen führte ihn dazu, die gesamte Vielfalt der Menschen, denen er auf seinen Reisen begegnete, zu dokumentieren.

Wie ansonsten nur wenige galt der frisch gebackene Dr. Ing. Felix Langenegger nach seinen Jahren in Babylon, seiner langen Orientreise und seiner ersten Funktion als leitender Architekt in Jericho sowohl als ausgewiesener Grabungsexperte als auch als Orientkenner. Koldewey hatte seine ta-

70 „In Babylonien": Orientphantasie für Felix Langeneggers Buch: „Durch verlorene Lande"

71 Tadmor/Palmyra: Skizze des bei den Grabungen abgerissenen arabischen Dorfes lentiertesten Schüler, zu denen auch Felix gehörte, auf verschiedenste verantwortliche Positionen an „Nebengrabungen" wie Fara oder Borsippa gesetzt, aber auch an schwieriges Material in Babylon selbst, wie es vor allem die Bergung der farbigen Ziegel der Prozessionsstraße darstellte.[4] Diese Jahre enthusiastischen Arbeitens in Babylonien und eine abenteuerreiche Reise zwischen Bagdad und Damaskus, die er in dem recht ungewöhnlichen ‚*Rück*reiseroman' „Durch verlorene Lande" festgehalten hatte, boten zudem eine gute Schulung fürs Leben und Überleben im Orient: Felix (**Abb. 72**) wurde von Räubern gejagt und entkam, besuchte systematisch antike Stätten und islamische Heiligtümer auch jenseits bekannter Routen, unternahm Wüstendurchquerungen und sammelte dabei Erzählungen und Anekdoten am Lagerfeuer, ferner technisches Wissen aus Gewerbe und Städtebau sowie Kunsthandwerk von Palästina bis Persien: Als Kenner diverser arabischer Dialekte bot sich ihm noch die Chance, als gern gesehener Gast am Leben der freien Wüstenbewohner teilzunehmen (**Abb. 73**) und unbekannte Mentalitäten, uralte Traditionen und die feinen kulturellen Unterschiede kennen zu lernen, die damals im Vorderen Orient herrschten und inzwischen als verloren oder nivelliert gelten können – fernab jener ersten Zentren eines ‚kanalisierten' Tourismus mit europäischem Luxus, den er in Aleppo oder Damaskus bereits erlebt hatte und mit gewisser Verachtung strafte.[5]

Seine eigentlichen Arbeitgeber, die Landbauämter von Dresden und Leipzig, hatten Felix Langenegger seit 1901 eine unaufdringlich gesicherte Existenz mit überraschenden Freiräumen für seine Orientjahre ermöglicht, zunächst als Regierungsbauführer, dann seit 1907 als Regierungsbaumeister, seit 1915 als Königlicher Baurat respektive seit 1919 als Regierungsbaurat der neuen Weimarer Demokratie, der verantwortlich war für die Finanzämter, Universitäten und Theater Sachsens. Bereits 1907 ließ sich vor diesem Hintergrund Heimurlaub mit Heiratsabsicht machen – aus der Perspektive seines

72 Die Reisen: Felix Langenegger zu Pferd in der syrischen Wüste, undatiert

73 Felix Langenegger zu Gast bei Nomaden, undatiert

74 1913 erhielt Langenegger Besuch von seiner Frau Doris. Das Gruppenfoto zeigt neben Oppenheim (Mitte), Frau Langenegger (im weißen Kleid) und ihren Mann (3. v. re) mit Ingenieuren der XXI. Sektion der Bagdadbahn.

Lehrers Koldewey ein weiterer Schüler, der damit als verloren zu gelten hatte, da er sich in einer „längst vermessenen Gegend" aufhielt. Aus der Ehe mit Doris Schlippe (**Abb. 74**) ging Felix' einziger Sohn Said 1914 hervor.

Langeneggers längste Beziehung im Vorderen Orient, allerdings ohne Happy End, galt dem Tell Halaf, dem er von 1911 bis 1939 verbunden blieb. Aller Anfang dort war schwer, wie eine Postkarte an seine Familie zu illustrieren vermag (**Abb. 75**), die im Herbst 1911, im ersten Jahr der Hauptkampagne am Tell Halaf (1911–1913), Zuversicht vermitteln sollte: „[...] *denn wir leben immer noch in Zelten, und unser Haus wird erst in etwa 3 Wochen bezugsfertig.* [...] *Mein Kollege Löffler hat vor 3 Tagen die Heimreise nach Deutschland antreten müssen, da er hier infolge des Klimas, das er nicht vertrug, sehr abgekommen ist. Es ist jedoch um Ersatz in Gestalt von 2 neuen Architekten geschrieben worden, sodass ich etwa Anfang Januar etwas entlastet sein werde. Zurzeit habe ich sehr viel zu tun, da ich ganz allein Hausbau und Grabung und auch noch allerhand Nebenarbeiten zu überwachen habe.*"[6]

Eine Handvoll Spezialisten, Architekten und Fotografen hatten, als Baron Oppenheim, der Initiator und Organisator der Tell Halaf-Grabung, 1912 längere Zeit auf *Promotion*-Tour in Berlin war, den gesamten wissenschaftlichen Grabungsbetrieb mit teilweise bis zu 550 Arbeitern vor Ort zu gewährleisten.[7] Der damals 35-jährige königliche Bauamtsmann in Dresden war von Oppenheim 1910 zum technischen Leiter der Grabungen am Tell Halaf bestimmt worden, während *„el baron"*, wie Oppenheim auch genannt wurde, selbst in Sachen Finanzen, Logistik und Organisation beschäftigt, oft zwischen Tell, Distrikt- und Provinzhauptstädten und Berlin pendelte: „[...] *Ich wollte mir* [...] *die in Babylon und Assur bewährten technischen Erfahrungen der bekannten Ausgräberschule des Professors Robert Koldewey zunutze machen und sicherte mir deshalb eine seiner besten Kräfte, Dr. Felix Langenegger.* [...] *Er wurde mein erster Grabungsarchitekt und hat sich auch in der Folgezeit dem Tell-Halaf-Werk dauernd zur Verfügung gestellt.*"[8] Eine für die Zeit bestmögliche Dokumentation und Grabungstechnik war für den Privatmann und Autodidakten von Oppen-

75 Postkarte Langeneggers vom Tell Halaf nach Dresden, 15.10.1911

heim grundlegend, um Angriffe seitens der offiziell etablierten Archäologie parieren zu können, die ihm Energie und Erfolg neidete.[9] So nimmt es nicht wunder, dass später auch eine Reihe von weiteren Architekten der Koldewey-Schule Langenegger zugesellt wurden, die allerdings, mit Ausnahme von Karl Müller, wegen interner Querelen oder Krankheiten meist nur vergleichsweise kurz durchhielten. Auch von Oppenheim selbst wird nach dem Tod des zweiten Architekten Dr. Löffler zur Kur genötigt,[10] die einzige archäologische Konstante vor Ort bleibt Langenegger – ein für die Kontinuität des Grabungsbetriebs elementarer Faktor, dem von Oppenheim großen Respekt zollt: „[...] *Während meiner Reisen vertrat mich der unverwüstliche Dr. Langenegger auf dem Tell Halaf.*“[11]

Agententätigkeit und eigene Expeditionen 1914–1918

Die erfolgreiche lokale Vernetzung, die viele Archäologen und Orientkenner mit den lokalen Honoratioren und Clanführern durch gegenseitige Besuche pflegten, geriet seit 1914 beinahe selbstverständlich unter militärische Vorzeichen.[12] Von Oppenheim selbst ging nach Kriegsbeginn nach Konstantinopel, wo er das „Nachrichtenbüro für den Orient“ [SIEHE BEITRAG VON S. OBERHAUS] einrichtete. Auch Felix Langenegger kehrte bald schon in den Orient zurück: Nach seinem Kampfeinsatz in Serbien an der Grenze zu Griechenland 1915 avancierte er seit 1916 auf Basis seiner umfassenden Kenntnis orientalischer Topographie und Mentalität unter anderem zum „*politischen Araberagenten für den Irak*“ und 1918 zum „*agent provocateur sowie Führer einer eingeborenen Kamelreiterabteilung der türkischen Armee*“[13] in Palästina und Syrien (**Abb. 76**). Felix‘ Selbstwahrnehmung fokussierte weniger auf Kriegstaten denn auf seine organisatorischen Fähigkeiten als Expeditionsleiter, wobei er unter anderem „[...] *im Auftrag der 6. Türkischen Armee eine viermalige Durchquerung des (fast) völlig unbekannten unteren Mittelmesopotamien zur Aufklärung und Herstellung von Karten*“ hervorhebt, wofür er auch zum Leutnant befördert wurde. Bei allem militärischen Hintergrund blieb aber auch damals das orientalische Leben Zentrum

76 Der Erste Weltkrieg: Felix Langenegger (re. im Bild) mit Kameraden als *„Araberagent“*

77 Während des Ersten Weltkriegs konnten u.a. Langenegger (re.) und Müller (2. v. re.) zum Tell Halaf reisen und den Zustand des Grabungshauses überprüfen, Tell Halaf 1917

seines unstillbaren Interesses, was sich in den Fotos spiegelt, die man aus seinem Nachlass kennt und die in einem Zeitraum bis 1918 jeweils dort entstanden, wo er gerade zum Einsatz kam (**Abb. 77**).[14] Viele dieser Stationen stimmten mit Ausnahme seines serbischen Intermezzos wohl nicht zufällig mit den Einsatzorten seiner Kommilitonen und ‚Mit-Babylonier' überein, wie Walter Andrae dies in seinen Lebenserinnerungen kommentiert: „[...] *So wurden wir alte Koldewey-Leute nach Berlin beordert* [...] *und noch 1915 in Marsch gesetzt. Mit der Zeit versammelten sich die ehemaligen Ausgräber in Syrien und Mesopotamien in den verschiedensten Positionen* [...].“[15]

Nach dem Ersten Weltkrieg: Eine letzte Herausforderung

Felix Langeneggers Verhältnis zu Oppenheim war bis Anfang der 1940er Jahre durch tiefen Respekt und Loyalität geprägt. Das spiegelte bereits die Übernahme der Verantwortung für die gesamte Hauptkampagne von Juli 1912 – der Heimreise von Oppenheims – bis Ende 1912 und im Jahr 1913 wider. Auch nach 1918 war Langenegger eine kontinuierliche Betreuung des Materials möglich, den Höhepunkt dieser Bemühungen bildete aber seine nochmalige Verwendung für die Saison 1929 am Tell Halaf (**Abb. 78**). Damals wurden neue Tiefgrabungen angestellt und der benachbarte Siedlungshügel Tell Fecherije in Langeneggers Verantwortung erstmals aufgenommen, systematische Ausgrabungen auf dem Djebelet el-Beda [SIEHE BEITRAG VON U. DUBIEL UND K. ZIMMERMANN] folgten.[16]

Dem aufstrebenden NS-Regime stand der wertkonservative Weltbürger Langenegger wie viele Zentrumswähler keineswegs nahe. Den ungebrochen offenen Blick des Vielgereisten zeigen auch jene Artikel, die in Zeitschriften zwischen 1933 und 1938 abgedruckt wurden – Felix bewundert den Orient weit grundlegender als nur auf der Oberfläche seiner Bauten, deren Größe eine vornehmlich historische Größe ist. Auch das radikal Andere des arabischen Kulturentwurfs fasziniert ihn, die Le-

78 Felix Langenegger vor den Ruinen des Expeditionshauses, Tell Halaf 1929

benseinstellung und -freude, Arbeitsweisen, die Aufteilung der Berufe, der Alltag in Stadt und Land. Dementsprechend spannt sich der Bogen von Kaffeeritualen, Beduinenheiligtümern oder Wasserwirtschaft am Euphrat über die Motorisierung des Orients bis zur Anthologie der Lebensfreude ‚Gelächter im Morgenland' und zu jener zeitgenössischen Charakternovelle mit dem Titel: Die Rache des Abdul Fadl.[17] Wie wenig er damit im Deutschland seiner Zeit tatsächlich verankert war, belegen Querelen mit der stramm nationalsozialistisch denkenden Schwester Frida, aber am unmittelbarsten seine unbeholfen wirkenden Versuche, 1941 unter Vermeidung allzu ‚völkischer' Diktion eine Aufnahme in die Reichsschrifttumskammer zu erreichen, um seine Forschungen zum Tell Halaf, aber auch seine Wüstenerfahrungen publizieren zu können: „[...] *Ich schreibe nicht nur über archäologische Forschungen, sondern auch über geographisches, geschichtliches und die heutigen Verhältnisse* [...]."[18] Der nunmehr 65-Jährige versuchte dabei – am Höhepunkt seiner heimischen Beamtenkarriere, aber aus Altersgründen ausgemustert – unter anderem auch, einen abermaligen Einzug als arabischer Dolmetscheroffizier in den geliebten Nahen Osten nahe zu legen. Er begründet dies mit Rückblick auf seine Vergangenheit: „[...] *ich habe neben meiner Berufstätigkeit* [seit 1937 sächsischer Oberregierungsbaurat und stellvertretender Leiter der Hochbaudirektion] *mehr als ein Jahrzehnt meines Lebens der Ausgrabung und Bauforschung in Vorderasien gewidmet. Ich beteiligte mich an Ausgrabungen in Babylon, Borsippa, Farah im Irak, leitete die deutschen Ausgrabungen in Jericho in Palästina, ferner die deutschen Ausgrabungen auf dem Tell Halaf und im Djebelet el Beda in Obermesopotamien.*"[19]

Noch 1938 hatte es den Anschein gehabt, dass Langeneggers Forscherlaufbahn endlich wieder in den Orient führen könnte, um offene Fragen der Kampagne von 1929 zu klären. Der Kriegsbeginn 1939 hatte jedoch alle Hoffnungen auf die Fortsetzung deutscher Grabungen im französischen Mandatsgebiet am Tell Halaf und Tell Fecherije vereitelt.

Der verlorene Kampf um die Publikation des Lebenswerks: Nach 1945

Felix' selbst gewähltes Ende 1947 ist von grundlegender Resignation und persönlicher Perspektivlosigkeit gekennzeichnet. Sein Lebenssinn, die Publikation seiner vielfältigen Orienterfahrungen, schien auf kein kulturelles Interesse mehr zu stoßen. Im Kontext eines neuen politisierten Literaturbetriebs wurde zunächst die Erlaubnis für die Herausgabe seiner „Arabischen Humoresken" aus Papiermangel verweigert. Auch weitere Manuskripte, unter anderem über orientalische Gewerbe und Musik, blieben liegen, ebenso wie die Auswertung seiner vielen und zum Teil einzigartigen Fotografien. Seine umfangreiche Sammlung von Teppichen und Kunstgewerbe des Vorderen Orients hatte Krieg und Besatzung nur zum Teil überlebt. Was davon als Altersvorsorge galt, war in der Stunde Null ohnehin wertlos geworden. Felix verlor zuletzt die Bezugsberechtigung für die 3-Zimmer-Wohnung, die er für seinen Altersruhestand vorgesehen hatte und sollte in ein Zimmer umquartiert werden. Das ungewisse Schicksal seines Tell Halaf-Beitrags über die Architektur, den er als sein Lebenswerk begriff, war jedoch der entscheidende Faktor – offenbar in Unkenntnis besserer Nachrichten, die zumindest den

Erhalt des zweiten Manuskripts durch Helmuth Scheel, Kuratoriumsmitglied der Max Freiherr von Oppenheim-Stiftung, in der sicheren französischen Besatzungszone belegten, nahm er sich das Leben.[20]

Die Rehabilitierung seiner Leistung als akribischer Architekt und Ausgräber erscheint angesichts der Grabungstagebücher [siehe Beitrag von R. Heitmann], Pläne, Zeichnungen und der 1950 endlich erschienenen Abhandlung über die Bauten des Tell Halaf kaum nötig. Die übrigen Facetten des künstlerisch überaus begabten Beobachters, Fotografen und ethnologisch wie kulturhistorisch interessierten Reiseschriftstellers sowie die Hintergründe seiner Liebe zur Wüste und ihren Bewohnern etwas umfassender als bislang geschehen im Rahmen des vorliegenden Buches zu beleuchten, war dagegen eine Herzensangelegenheit eines entfernten Nachkommens: Uronkel Felix war ein geflügelter Begriff in meiner Kindheit, weit lebendiger als die Erzählungen aus 1001 Nacht: Seit seiner Ausbildungszeit als Schüler Koldeweys und Bauforscher in Babylon verbrachte er viel Zeit auf der abenteuerlichen Suche nach Ungewöhnlichem oder Ursprünglichem, allein reisend oder in Begleitung von Pilgern, Händlern, Straßenräubern und Weisen, die ihre Geschichte erzählten am Lagerfeuer. Er erlebte und dokumentierte jene verwirrend-andersartige Alltagswelt der arabischen Städte abwechselnd zur absoluten Einsamkeit jener ‚verlorenen Lande', die er mit ebenso tief empfundener Zuneigung zu den Ruinen ihrer glanzvollen Vergangenheit betrachtete. So war die Lektüre seiner Reiseberichte und Briefe auch durchaus mehr als eine zufällige Anregung, in seine Fußstapfen zu treten, den Orient kennen zu lernen und selbst Archäologe und Ausgräber zu werden.[21]

1 Langenegger 1911a: 3.
2 Andrae/Boehmer 1992: 6–12.
3 Langenegger 1911a: 3.
4 Andrae/Boehmer 1992: 10–11.
5 Langenegger 1911a: 401–403.
6 Postkarte vom 15. Oktober 1911 an seine Eltern in Dresden (Privatbesitz Dr. A. Gering).
7 Bothmer 2007: 48, 72.
8 Oppenheim 2001: 182–183.
9 Bothmer 2007: 57, 69–70.
10 Bothmer 2007: 48. Oppenheim 2001: 193.
11 Oppenheim 2001: 196. Vgl. dazu Bothmer 2007: 60.
12 Vgl. dazu Andrae/Boehmer 1992: 26–32
13 Einschreiben 19. Juni 1941 an die Deutsche Schriftkammer (BAB RK B 310): Anschreiben und Lebenslauf.
14 Die Fotografien Langeneggers werden derzeit am Vorderasiatischen Museum der Staatlichen Museen zu Berlin katalogisiert. Neben einer Reihe von Einsatzorten von der türkischen Mesopotamienfront bis Palästina sowie Bildern einiger Kampfhandlungen oder Verbündeter fallen auch Besuche in Istanbul und Bagdad auf.
15 Andrae/Boehmer 1992: 26–32 mit Anm. 44.
16 Oppenheim 2001: 201.
17 Monographien: Langenegger 1911a/b. Mitautorenschaft: Langenegger/Sellin/Watzinger 1908: 1–41. Artikel in Zeitungen und Zeitschriften: Dresdner Anzeiger, Velhagen und Klasings Monatshefte, ferner: Die Woche (Berlin), Umschau (Frankfurt), Der Steinbruch (Darmstadt), Zeiten und Völker (Stuttgart), Westermanns Monatshefte, Der Globus, Die Woche, Reclams Universum.
18 Einschreiben 19. Juni 1941 an die Deutsche Schriftkammer (BAB RK B 310): Anschreiben und Lebenslauf.
19 Einschreiben 19. Juni 1941 an die Deutsche Schriftkammer (BAB RK B 310): Anschreiben und Lebenslauf.
20 Die Verzögerungen, die sich bei der Drucklegung des Architekturbandes ergaben, lastete Langenegger nicht nur dem Verlag, sondern auch von Oppenheim an, wie ein Brief an Oppenheim vom 20.7.1946 belegt (GStAPK, VI.HA. NL Scheel Nr. 5, Bl. 261–263).
21 Zu den im Vergleich zum heutigen Zustand aufschlussreichen historisch-landeskundlichen Beobachtungen Langeneggers, insbesondere auf seiner Reiseroute durch die syrische Wüste bis Palmyra, ist eine Abhandlung des Autors in Vorbereitung.

„Schippe heil!" – Die Mitglieder der ersten Grabungskampagne (1911–1913)

Nadja Cholidis, Berlin

Die Grabungsmannschaft am Tell Halaf setzte sich – mit wechselnder Besetzung und Stärke – aus Architekten, Ärzten/Naturwissenschaftlern, Fotografen, einem Kunstformer und Sekretären zusammen. Bislang waren kaum mehr als die Namen bekannt, so dass sich die Spurensuche vielleicht am ehesten mit der Rekonstruktion eines komplizierten Mosaiks vergleichen lässt. Jedes noch so kleine Steinchen trägt zur Vervollständigung des Bildes bei, doch während sich einzelne Ausschnitte relativ gut ergänzen lassen, bleiben andere noch bruchstückhaft. Neben den Tagebuchaufzeichnungen [SIEHE BEITRAG VON R. HEITMANN] sind es vor allem Briefe, unveröffentlichte Manuskripte [SIEHE BEITRAG VON K. MÜLLER] und Fotos, die uns Aufschluss geben.

„Jedes Menschenherz hat viele Kammern. In einer wohnt das Heimweh nach der Fremde, in einer anderen der Zweifel, in einer dritten die Liebe."[1]

Wissenschaftliche Ausgrabungen zu Beginn des 20. Jahrhunderts waren trotz sorgfältiger Planungen immer noch ein Wagnis und großes Abenteuer, vor allem wenn das Reiseziel im Orient lag. Die erste Hälfte der Strecke legten die Teilnehmer der Oppenheim-Expedition mit Eisenbahn und Dampfschiff zurück. Nach der Ankunft in Kairo, Beirut oder Alexandrette (heute Iskenderun) konnten sie Reit- und Lasttiere mieten. Auch mehrsitzige offene Kutschen oder eine sog. Jaile (ein geräumiger Liegewagen) standen zur Verfügung, wurden aber selbst in den gängigen Reiseführern nicht unbedingt empfohlen. Wer beabsichtigte, länger zu bleiben, besorgte sich alsbald ein eigenes Pferd, weshalb Felix Langenegger beim Bau des Grabungshauses (**Abb. 61**) auch Ställe einplanen musste. 1927 konnte Oppenheim schon mit dem Zug bis nach Ras el-Ain (**Abb. 32**) fahren, ab 1929 standen ihm Automobile (**Abb. 256**) zur Verfügung.[2]

„Mit Bleistift, Brettern und Sekt"[3]

Die Tell Halaf-Expedition war für heutige Verhältnisse nicht nur vorbildlich organisiert und personell zusammengestellt, sondern auch sehr komfortabel eingerichtet. Um den Kostenplan nicht durch Einfuhrzölle zu belasten, hatte sich Oppenheim noch vor Beginn der Reise um Zollfreiheit für technisches Gerät, Werkzeuge oder Zubehör bemüht, die ihm mit Einschränkungen auch gewährt wurde. Auch hatte er sich beim deutschen Konsulat in Aleppo erkundigt, wie er seine wissenschaftliche und private Ausrüstung, etwa 6000 kg Stückgut,[4] am besten zum Grabungsort expedieren könne. Statt der 1000 Kamele, wie es später hieß, reichten für den ersten Transport etwa 80 Tiere und 30 Wagen aus.[5] Alles in allem dürften es aber im Laufe der Jahre etwa 1000 Lasttiere gewesen sein, wenn man sich die Frachtbriefe und Lieferlisten genauer anschaut.

Zum Ende der ersten Kampagne wurde ein Teil der Ausrüstung nach Aleppo gebracht und im Haus von Madame Sola [SIEHE AUCH BEITRAG VON M. AL-MAQDISSI] gegen eine jährliche Gebühr eingelagert. Wie gut die Expedition seinerzeit aufgestellt war, lässt sich an der Inventarliste von 1931 ablesen: Erwähnt werden unter anderem Zelte, Feld-, Eisen- und Holzbetten, Tische, Stühle, Korbsessel, zusammenlegbare Laternen, Windleuchten, Kerzen, Vermessungstechnik, Grabungsgerät, zwei eiserne Pflanzenpressen, ein geologischer Bohrer, Architekten-, Fotografen-, Kanzlei- und Verpackungsmaterial, Geschirr, ein Eisapparat, ein Sodor-Kohlensäure-Apparat samt Patronen, Tisch- und Bettwäsche, Toilettengegenstände, eine Bettente und ein Klosetteimer.

Die Arbeitsverträge

Die Absprachen mit seinen deutschen Herren räumten Oppenheim als Leiter der Expedition weitestgehende Rechte ein; vom Kündigungsrecht bis zur wissenschaftlichen Verwertung war alles genau in seinem Sinne festgelegt. Die Bezahlung hing von den jeweiligen Aufgaben ab: So erhielt Langenegger als I. Architekt mit 400 Mark (ca. 3.500 €) das höchste Gehalt, die übrigen Architekten wie auch Dr. Kohl bezogen 350 Mark (ca. 3.000 €) monatlich. Die Leistungen des Fotografen Robert Paul wurden mit 250 Mark (ca. 2.180,00 €) entlohnt, die Sekretäre bekamen 200 Mark (ca. 1.750,00 €). Außerdem erhielten alle Männer vor Antritt der Fahrt einen einmaligen Betrag in Höhe von 400 Mark für die private Ausrüstung.

Eigene Notizen und Fotos sowie das Führen eines privaten Tagebuchs oder Kontakte zur Presse waren streng untersagt, bei Zuwiderhandlung drohte eine Konventionalstrafe in Höhe von bis zu 20.000 Mark (etwa 175.000 €). Auf der anderen Seite übernahm die Grabungskasse alle Kosten, sofern diese mit den Forschungszielen zusammenhingen, die Ausgaben für die medizinische Versorgung und die Verpflegung; mit einer Ausnahme: für Wein und Tabak musste jeder selbst aufkommen!

Für Oppenheim war es selbstverständlich, dass seine Herren ihre *„ganze Arbeitskraft“* ausschließlich seinen Interessen widmeten. Neben der jeweiligen Hauptttätigkeit sollte jeder Einzelne seine Kenntnisse und Fähigkeiten den Gesamtinteressen der Expedition zur Verfügung stellen und diese fördern. Das hieß zum Beispiel für den Arzt Dr. Seemann, dass er mit dem türkischen Grabungskommissar die Eisenbahn zu montieren hatte.[6]

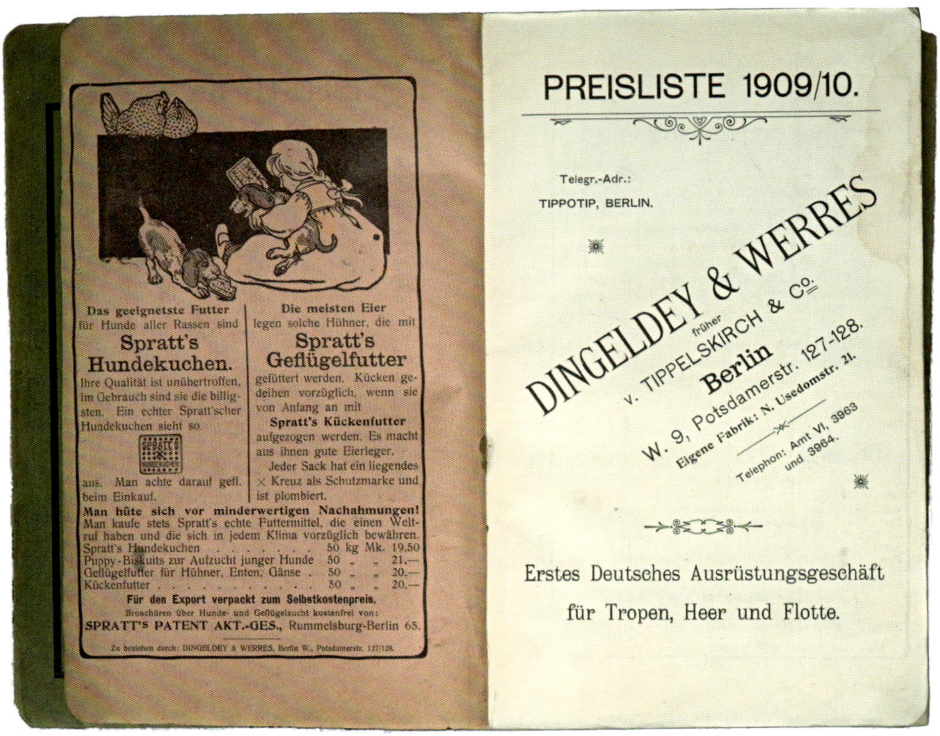

79 Die Firma Dingeldey & Werres mit Sitz in Berlin galt als erste Adresse für die Ausrüstung von Expeditionen aller Art (Privatsammlung)

Die Garderobe

Nicht zu unterschätzen war die richtige Bekleidung, die einerseits robust und zweckmäßig sein sollte, andererseits aber auch einer gewissen Kleiderordnung unterworfen war. Fast immer trugen die Männer eine Krawatte, selbst wenn es auf die Jagd ging. Zu besonderen Anlässen wurde ein dunkler Anzug angezogen. Wer unsicher war, was er brauchte, ließ sich in Berlin bei Dingeldey & Werres, dem Ersten Deutschen Ausrüstungsgeschäft für Tropen, Heer und Flotte (**Abb. 79**), beraten. Zur Not konnte man aber auch noch in Aleppo letzte Dinge, wie zum Beispiel einen Regenmantel oder „*Pidjama*", nachkaufen.[7] Warme Unterwäsche war vor allem in den kalten Monaten Pflicht, wollte man sich in der Grabung nicht verkühlen.

Mineralwasser, Makkaroni und Marzipan

Obwohl die Verproviantierung wegen der langen Transportwege und ständig drohender Raubzüge nicht einfach war und manche Lieferung erst nach Wochen am Tell Halaf eintraf, scheute Oppenheim keine Kosten, „*seinen Herren*" das Leben in der Wüste so angenehm wie möglich zu gestalten: Mineralwasser aus Deutschland (**Abb. 142**),[8] Bier, Cognac, Whiskey, Wein und Champagner, Delikatessen aus Paris, Konserven mit Frankfurter Würstchen, Corned Beef oder Ochsenzunge, Käse, Milch und Suppen in Büchsen, Pumpernickel, Mixed Pickles, Früchte in Dosen, frisches Obst, Nüsse, Gebäck (Brezeln, Spekulatius, Aachener Printen, Honigkuchen), Gewürze, Senf, Backpulver, Gelatine, Tee, Kaffee und Kakao, frische Kartoffeln oder Makkaroni, um nur einige Speisen und Zutaten aufzuzählen, ergänzten und bereicherten den Speiseplan. Besonders beliebt waren offenbar in Dosen eingelegte Sardinen und Thunfischfilets, die immer in großer Stückzahl vorrätig waren.[9] Gelegentlich schickte auch Paula von Oppenheim (**Abb. 13**) kleine Pakete mit Marzipan, Likör und Sherry aus Köln, um ihren Sohn fernab der Heimat ein wenig zu verwöhnen.

Nur zwei der drei Mahlzeiten (**Abb. 57**) – Mittag- und Abendessen – wurden gemeinsam eingenommen: „*Frühmorgens wurde unseren Herren das Frühstück gereicht, wie sie gerade Zeit hatten. Die Architekten waren zum Teil schon stundenlang vorher in der Grabung und brachten schon großen Hunger mit. Dr. Langenegger hat einmal zum Frühstück 24 Spiegeleier zu sich nehmen können.*"[10] Frische Eier lieferten die mitgebrachten Hühner, Fladenbrot wurde im eigenen Brotofen gebacken.

Zu besonderen Anlässen ließ Oppenheim mehrgängige Menüs auftischen: So gab es am 1. Weihnachtsfeiertag 1912 nicht nur Filet de Boeuf à la bretonne, sondern auch Kartoffelpuffer mit Kompott. Letztere wurden auch zu Ostern (**Abb. 80**) serviert, was dafür spricht, dass diese deutsche Spezialität sehr geschätzt wurde.

„Hier lebte ich mit meinen Herren und Leuten wie ein Fürst in der Wüste."[11]

Bevor das Grabungshaus aus luftgetrockneten Lehmziegeln gebaut und bezugsfertig war, mussten die Männer in Zelten leben. Diese waren in der warmen Jahreszeit durchaus nicht zu verachten, aber bei der geplanten Länge des Aufenthaltes keine Dauerlösung. Von den anhaltenden Behinderungen der lokalen Behörden zermürbt, bat Oppenheim schließlich im Spätherbst die deutsche Botschaft in Konstantinopel um Vermittlung, da eine weitere Verzögerung im Bauablauf wegen des drohenden Winterregens nicht mehr hinnehmbar war. Das zweigeschossige Wüstenschloss, wie Oppenheim das großzügige Quartier nannte, bot mit seinen 18 (später 32) Räumen auf 39 x 40 m viel Platz für seine Bewohner (**Abb. 81**); im Erdgeschoss befanden sich Küche und Vorratskammern, das Dienstzimmer und das sog. Museum, im oberen Stock waren unter anderem die Schlafzimmer der Herren, die Bibliothek und das Esszimmer, auf dem Dach das Wetterhäuschen untergebracht. Außerdem gab es ein „*Sprechstunden-Kabinett*" im Außenhof neben der Unterkunft für die Soldaten und Wachen, wo Dr. Seemann seine einheimischen Patienten behandeln konnte.

Mit der zweckmäßigen Möblierung wurden Tischler vor Ort beauftragt. Die wenigen Aufnahmen von den privaten Zimmern der Mitarbeiter (**Abb. 138**) lassen erkennen, dass man bei der Einrichtung weitgehend auf die Angebote der Basare

Speisenfolge am
Ostersonntag.

Caviar, Fasanenpain
Königinsupp
Fisch mit holländisch. Sauce
Panierte Cotelettes
mit jungem Gemüse.
Kartoffelpuffer mit
Apfelmus
Viktoriakuchen
Butter u. Käse – Obst u. Südfrüchte
—
Getränke.
Ch. Pontet Canet – Enkirchener
Sekt aus Cairo – Liköre
Türkischer Kaffee.
—
Tell Halaf, den 23. März 1913.

80 Die spektakuläre Entdeckung der zweiten Grabfigur am Vortag im Lehmziegelmassiv schrieb Oppenheim dem Osterhasen zu

81 Oppenheims *„Wüstenschloss"* war weithin sichtbar (Zeichnung Karl Müller)

zurückgriff: Kelims, textile Wandbehänge und Decken sorgten für Gemütlichkeit, Sichtschutz und Wärme im Winter. Zu den Accessoires gehörten Kannen, Kessel und Schalen aus Metall sowie alle Arten von Waffen, Letztere meist dekorativ an die Wand gehängt. Petroleumlampen sorgten für zusätzliches Licht. Persönliche Gegenstände aus der Heimat, wie zum Beispiel Fotos, sind auf den Abzügen nicht zu erkennen. Während Oppenheim ein eigenes Arbeitszimmer und Schlafzimmer (**Abb. 82**) besaß, mussten zumindest die Architekten noch Platz für einen Schreibtisch vorhalten. Bücher, Pläne und Unterlagen belegen, dass auch im stillen Kämmerlein noch gearbeitet wurde. Auf Müllers Schreibtisch stand außerdem ein mechanischer Tischventilator mit Handkurbel, der laut Dingeldey & Werres den *„grössten Schutz gegen Insekten, Hitze und Rauch"* bot und – je nach Durchmesser der Flügel – etwa 20–80 Minuten selbsttätig arbeiten konnte.[12] Aufschlussreich sind ferner der offene Gitarrenkoffer auf seinem Bett und die kleine Kollektion von Streichinstrumenten. Etwas aus dem Rahmen fällt der kleine Frosch, der vielleicht eine Art Glücksbringer war.

Große Verwunderung rief Oppenheims Musikstuhl hervor, ein Stuhl mit eingebauter Spieluhr, die ausgelöst wurde, sobald man sich hinsetzte. In den Genuss dieses eher zweifelhaften Vergnügens kamen nach Oppenheim aber nur die *„grossen Schechs"*.[13]

Die Kommunikation innerhalb des weitläufigen Hauses erleichterte ein Telefon, das unter anderem in Oppenheims Arbeitszimmer (**Abb. 16**) an der Wand hing. Mit diesem Telefon konnte *„el baron"* auch so manchen einheimischen Gast überraschen, dem diese Technik noch fremd war. Dass die Wartung der elektrischen Klingel nicht ganz einfach war, belegt die erhaltene Anleitung, die mit den Worten *„Sollten die Elemente merklich an Kraft nachlassen,* [...]"[14] begann. Vor allem der feine Staub, der sich auf die Kontakte legte, bereitete häufig Kummer.

Muße am Tell Halaf

Knapp bemessen waren die Ruhetage und die damit verbundenen Möglichkeiten der Entspannung: Ausflüge in die nähere Umgebung wurden nicht

82 Oppenheims Schlafzimmer im Expeditionshaus, Tell Halaf 1912/13

selten dazu genutzt, antike Ruinenstätten aufzumessen oder Routenaufnahmen anzufertigen. Scheibenschießen (**Abb. 63**)[15] war sicher eine willkommene Gelegenheit, die eigenen Schießkünste mit denen der Kollegen und Arbeiter zu vergleichen – aber jeden Sonntag? Da bot das kleine armselige Freudenhaus am Rande von Ras el-Ain vielleicht mehr Gesprächsstoff. Mit dem Fernglas vom Tell ließ sich immer gut erkennen, wer die Dienste der drei Mädchen in Anspruch nahm.[16]

„*Abends unterhielten sich meine Herren musizierend und plaudernd, wenn sie nicht für sich oder sonst irgend etwas zu arbeiten hatten.*“[17] Oft sind es nur versteckte Hinweise, wie die Gitarre in Müllers Zimmer oder die Farbmischpalette an der Wand, die Rückschlüsse erlauben. Langenegger schien – deutet man die Anzahl der Jagdtrophäen richtig – lieber zu jagen. Immerhin war es dem I. Architekten eine Mitteilung im Grabungstagebuch wert, dass Pfingsten 1912 die erste Gazelle erlegt worden ist.[18]

Auch wenn der Tell Halaf fernab jeder Zivilisation lag, waren die Mitglieder über das weltpolitische Geschehen – zum Beispiel den griechisch-bulgarischen Krieg – oder Deutschland betreffende Nachrichten relativ gut informiert, denn zusammen mit der Post kamen regelmäßig Zeitungen. So enthielt zum Beispiel das Postpaket vom 16.3.1912 nicht weniger als 127 Drucksachen und 25 lose Zeitungen (unter anderem die Kölnische Zeitung). Man konnte also, falls es an Zeit und Kraft nicht mangelte, des Abends noch gemütlich Zeitung lesen und über die Vorkommnisse in der Heimat diskutieren.

„O Tannenbaum, o Tannenbaum“

Weihnachten und Silvester waren, vor allem wenn man sie nicht mit der Familie feiern konnte, ganz besondere Festtage auf dem Tell Halaf. Das Speisezimmer wurde weihnachtlich geschmückt, was

83 Weihnachten auf dem Tell Halaf 1911

fernab der Heimat ein wenig Improvisationstalent erforderte. Zum Fest gehörte selbstverständlich ein Christbaum, der im ersten Jahr aus einer ziemlich kümmerlichen Zypresse (**Abb. 83**), dekoriert mit vergoldeten Eiern, Nüssen, Bändern und Kerzen, bestand. Dazu gab es für jeden Anwesenden einen Weihnachtsteller mit Namensschildchen, Äpfeln und Süßigkeiten. Auch erhielt jeder Mitarbeiter kleine Geschenke, Tabak und Zigaretten sowie einen Geldgutschein; die Listen von 1912 zählen zum Beispiel für Langenegger *„Dolch, 2 Schalen, 1 Teller, 1 Kaffeetässchen, grosse Zigarettendose, Oxydierter Silber-Tulableistift“* auf. Der Fotograf Paul erhielt *„Schale, Pistole, 1 Dtz. dicke Unterhemden, Bleistift, Kordanzug mit 2 Hosen, Lodenmantel“*; auch der türkische Grabungskommissar Durri Bey (**Abb. 66**) wurde reich beschenkt: *„Mause*[r]*gewehr mit 100 Patronen, completter Sattel mit Zaumzeug und 2 Satteltaschen, Decken etc. goldene Nadel, goldener Bleistift, grosse Zigarettendose, Zigarren.“*[19] Die Gratifikationen waren gestaffelt und reichten von 400 Mark für Langenegger abwärts bis zu 30 Mark für Hermann Lehne, der als Neuankömmling nicht mit mehr Prämie rechnen konnte.

84 Weihnachtsabend 1912: K. Tischer, L. Kohl, F. Langenegger, Durri Bey, H. Franke (stehend), K. Müller, E. Rauschenberger und P. Höfges (v. li. n. re.), Tell Halaf 1912

Der plötzliche Tod Löfflers wie auch die Abwesenheit Oppenheims dürften sich Weihnachten 1911 schwer auf die Stimmung der Messe gelegt haben. Unter einem ganz anderen Stern stand das zweite Weihnachtsfest 1912 (**Abb. 84**): Einen Tag vor Heiligabend war Oppenheim mit der ersehnten Verstärkung am Tell eingetroffen.[20] Würde man sich mit den neuen Herren gut verstehen? Bedeuteten sie eine wirkliche Entlastung oder bliebe alles beim Alten? Vermutlich vertraute man auf eine deutliche Verbesserung der Arbeitssituation, zumindest begegnete man dem neuen Jahr mit viel Humor – und Punsch! „*Schippe heil!!*" lautete die Devise (**Abb. 139 und 140**), die die letzten Monate auf dem Tell Halaf einläutete.

Dem Gross-Vesir vom Tell Halaf

O Tannenbaum, o Tannenbaum,
wie treu sind Deine Blätter!
Du grünst nicht nur im Vaterland,
Nein auch im öden Wüstensand.
O Tannenbaum, o Tannenbaum,
wie treu sind Deine Blätter!

O Grossvesir, o Grossvesir,
wie danken wir Dir alle!
Du hast bereitet all dies Glück,
Hast aufgebaut hier Stück für
Stück.
O Grossvesir, o Grossvesir,
wie danken wir Dir alle!

Der Fluss Chabur, der Fluss Chabur
ist Deiner Güte Spiegel!
Er strömt nicht nur, wenn Regen
fliesst,
Bei Dürr' er nicht den Quell
verschliesst.
Der Fluss Chabur, der Fluss Chabur
ist Deiner Güte Spiegel!

Der Tell Halaf, der Tell Halaf,
mit allen seinen Leuten
Mög' denken so das ganze Jahr,
Dies wünscht des Vesir's Jünger-
schar
Der Tell Halaf, der Tell Halaf,
mit allen seinen Leuten.

O Tannenbaum, o Tannenbaum,
wie treu sind Deine Blätter!
Du grünst nicht nur im Vaterland,
Nein auch im öden Wüstensand.
O Tannenbaum, o Tannenbaum,
wie treu sind Deine Blätter!

E.R. [Erich Rauschenberger]

„Die schönen Tage von Tel Halaf sind nun vorüber" – Zu Besuch auf dem Tell Halaf

Besuche bedeuteten immer eine willkommene Abwechslung, sei es durch die Ingenieure der Bagdadbahn, die sich mit dem Fortgang der Arbeiten intensivierten, oder durch Beduinen, die auf ihrer Wanderung am Tell Halaf vorbeizogen. Gelegentlich klopften Fachkollegen (zum Beispiel Hugo Prinz, Friedrich Sarre, Walter Andrae) oder Abenteurer an die Tür, wie im Grabungstagebuch oder Fremdenbuch vermerkt wurde. Besondere Erwähnung fanden „*Vagabundus*" (Herr Sindsinger), der zu Fuß von Aleppo nach Bagdad unterwegs war,[21] und das „*Universalgenie*" Lorenzo Nicola, der „*sich über Nacht aus dem Staube gemacht* [hat], *nachdem er diesen am Tage vorher durch reichlichen Alkoholgenuß*" hat herunterspülen wollen.[22] In Erinnerung blieben – wenn auch nicht namentlich – drei junge „*Herumtreiber*" aus der Schweiz, aus Österreich und Deutschland.[23]

Eher selten auf dem Tell Halaf anzutreffen waren junge Damen aus Europa. Meist hatte es sie als Ehefrauen in den Orient verschlagen; manche blieben nur für kurze Zeit im Land, andere hatten sich an der Seite ihres Mannes oder Vaters auf Dauer eingerichtet wie zum Beispiel Martha Koch und ihre Töchter in Aleppo, Frau Vischer oder Frau Künzler in Urfa. Häufiger zu Gast war Paula Koch. Für die junge Frau dürfte der Besuch von Doris Langenegger (**Abb. 74**) sicher eine nette Abwechslung gewesen sein, auch konnte sie der Dresdnerin, die mit der arabischen Kultur ganz unvertraut war, durch ihre Gesellschaft ein Gefühl der Sicherheit vermitteln.

Die besondere Situation, die das enge Zusammenleben auf einer Grabung mit sich brachte, schien für Eheleute weniger geeignet zu sein, vor allem, wenn man nicht der Grabungsleiter war. Aber vielleicht stellte sich die Frage auch gar nicht für die verheirateten Teilnehmer der Expedition – Langenegger, Löffler und Seemann. Wahrscheinlich teilte Oppenheim sogar die Ansicht Robert Koldeweys, nach der Frauen auf einer Grabung nichts zu suchen hätten. Der tragische Tod von Löffler mag ihn ferner dazu veranlasst haben, Junggesellen bei der Suche nach Ersatz zu bevorzugen: „*Jedenfalls müssen die Herren unverheiratet und unbedingt stark und tropenfest sein.*“[24]

Im Zauberbann des Orients – Felix Langenegger (1876–1947)

Ohne einen so erfahrenen Ausgräber wie Felix Langenegger [siehe Beitrag von A. Gering] hätte Oppenheim die Untersuchungen am Tell Halaf nicht so gewissenhaft durchführen oder fortsetzen können, da er weder über die notwendigen Grabungserfahrungen noch über die Fachkenntnisse verfügte. Als I. Grabungsarchitekt erhielt Langenegger (**Abb. 72**) nicht nur mehr Lohn, er nahm auch auf das Arbeitsprogramm Einfluss und vertrat Oppenheim während dessen Abwesenheit. Am 1. Jahrestag der Ankunft auf dem Tell Halaf bemerkte er lakonisch: „*Heute jährt sich der Aufenthalt der Expedition von Oppenheim auf dem Hügel Tell Halaf. Als einziges Mitglied, das den Auszug aus Berlin und den Einzug in Tell Halaf miterlebte, befindet sich am Hügel nur noch Langenegger.*“[25]

Wie abhängig Oppenheim von seinem langjährigen Mitarbeiter tatsächlich war, zeigte sich 1929, als das Sächsische Staatsministerium einer Beurlaubung zum gewünschten Termin nicht zustimmen wollte und Oppenheim deshalb im Auswärtigen Amt intervenieren musste: „*Meine Expedition würde vollkommen unmöglich werden, wenn Regierungs-Baurat Dr. Langenegger nicht an ihr teilnehmen könnte. [...] Es liegt tatsächlich im Reichsinteresse, dass die Expedition jetzt ausgeführt wird. Es wäre eine Blamage des Deutschtums, wenn sie infolge Nichtbeurlaubung des Dr. Langenegger unmöglich wird. Dr. Langenegger ist der technische Leiter der ersten Grabung und der einzige, der dort unten in technischer Hinsicht Bescheid weiß; er muß eben tatsächlich jetzt wieder hinausgehen. Eine weitere Verschiebung wäre aber aus den verschiedensten Gründen undenkbar.*“[26]

Dass trotz aller Planungen und Weitsicht häufig nur dem Zufall ein spektakulärer Fund zu verdanken ist, beweist die Entdeckung des sog. Kultraumes im Oktober 1912 (**Abb. 51**), die in die Zeit von Oppenheims Abwesenheit fiel: „*Zufällig beim Mörtelbereiten hinter Pferdestall Expeditionshaus kleine Königsstatue stehend, desgl. Doppelstatue Mann-Frau sitzend, vier Statuetten (Hausgötter) alles Basalt Perlen Bronzegegenstände gefunden Fund noch nicht abgeschlossen.*“ Gegenüber Konsul Rössler, der den Wortlaut des Telegramms an Oppenheim weiterleiten sollte, kommentierte Langenegger die Fundumstände etwas unverblümter: „*Sie sehen daraus, dass uns wieder einmal ein blödes Glück begünstigt hat, wie es allein unsere Expedition verfolgt.*“[27] Manchmal ist es aber auch die Ausdauer, die zum Erfolg führt: So wollte Oppenheim die Grabungen am Lehmziegelmassiv schon einstellen lassen, als die erste monumentale Grabfigur zum Vorschein kam.[28]

1939 sollte Felix Langenegger im Auftrag der Max Freiherr von Oppenheim-Stiftung die Forschungsarbeiten am Tell Halaf und am benachbarten Tell Fecherije alleinverantwortlich fortsetzen. Doch am Vorabend des Zweiten Weltkriegs waren Oppenheims Pläne in Syrien zwangsläufig zum Scheitern verurteilt. So blickte Langenegger, von den nachfolgenden Kriegsjahren schwer gezeichnet, auf seine Zeit am Tell Halaf mit unerwarteter Bitterkeit zurück: „*In der Notlage, in die mich mein unverdientes Geschick gegen Ende meines Lebens hineinlaviert hat, kann für mich der Tell Halaf naturgemäss nicht mehr die alte Rolle spielen und dieselbe Wichtigkeit haben, wie bisher, wo ich wirtschaftlich völlig gesichert war und die Beschäftigung mit ihm eine herrliche Ablenkung von dem grauen Trott meines Alltagslebens war, eine gern ausgeführte Nebentätigkeit, die von mir in selbstloser Weise gegen nur sehr geringe Vergütung ausgeübt wurde, und zwar um ihrer Sache willen. [...] Ich also kann Ihren Optimismus* [Oppenheim] *bezüglich des Tell Halaf nicht teilen. Lassen wir ihn ruhen! Er hat uns herrliche Stunden im Leben geschenkt. Aber in das Finster unserer Zukunft, oder wenigstens der meinen, kann er sein Licht*

85 Die Architekten Paul Löffler (li.) und Felix Langenegger (Mitte) in Damaskus, 1911 [Aufnahme O. Seemann]

nicht mehr strahlen lassen. Habet sibi!"[29] Am 25. Juli 1947 schied Felix Langenegger, im Alter von 71 Jahren, freiwillig aus dem Leben, das für ihn ohne Freude und Hoffnung nicht mehr lebenswert erschien.

Tod in der Fremde – Paul Löffler († 1911)

Dass trotz aller Vorkehrungen und Maßnahmen der Tod des II. Architekten nicht zu verhindern war, ist besonders tragisch. Nach eigenen Worten war Oppenheim nach dem Bewerbungsgespräch noch unschlüssig, ob der junge, fast schlaksig zu nennende Löffler (**Abb. 85**) den harten Anforderungen gewachsen wäre: „*Als ich wegen seines nicht sehr starken Aussehens in Deutschland Bedenken hatte, ihn mitzunehmen, hat er diese durch ein ärztliches Attest und seine unbezähmbare Passion für meine Expedition überwunden und ich habe seinen und der Seinigen Bitten nachgegeben.*"[30] Schon in Aleppo kam es zu einem ersten Zwischenfall bei der Dokumentation des Löwenportals auf der Zitadelle (**Abb. 105 und 106**): Für ein Foto hatte Löffler die Mauerfugen etwas gesäubert; doch kaum waren die Aufnahmen im Kasten und die Zitadelle wieder verlassen, fiel einer der beiden Löwenköpfe herunter. Was folgte, waren ein Lokaltermin, endlose Berichte zur Klärung der ganzen Angelegenheit, die bis nach Konstantinopel hohe Wellen schlug, und das Angebot Oppenheims, den Schaden zu beheben – auch wenn damit kein Schuldeingeständnis verbunden war.

Weil das Grabungshaus erst im November 1911 bezugsfertig war, hatten sich die Expeditionsteilnehmer auf ein Leben im Zeltlager einrichten müssen, wobei die hygienischen Bedingungen und das extreme Klima in der Region eine zusätzliche Belastung bedeuteten.[31] Wahrscheinlich infizierte sich Löffler in dieser Zeit mit Amöbenruhr, einer entzündlichen Dickdarminfektion, die Durchfall, Fieber und Kreislaufschwäche verursachte. Als sich keine Besserung abzeichnete, wurde Anfang Oktober auf Anraten von Dr. Seemann beschlossen,

Löffler nach Hause zu bringen.[32] Mit einem Reisewagen ging es zuerst nach Urfa und dann nach Aleppo, wo sich Konsul Rössler und seine Frau (**Abb. 103**) rührend um den Patienten kümmerten. Es scheint sogar, dass Löffler neue Kraft schöpfte, wie einem Telegramm an seine Frau zu entnehmen ist: „*Nicht sorget alles wunschgemaess Weihnachtsbrief ausfuehrlich schicket gar keine Packete Innigst Paul.*"[33] Mitte November wurde der Architekt von der Krankenschwester Anna Zorn nach Beirut in das Hôpital Allemand begleitet. Als sich sein Zustand entgegen aller Erwartungen dramatisch verschlechterte, bat Pastor Kunze, die Angehörigen in Berlin zu verständigen.[34] Nach einem weiteren schweren Anfall verstarb Löffler am 9. Dezember 1911.

Trotz des Schocks, den die Mitteilung auslöste, überblickte Oppenheim auch sehr schnell die möglichen Folgen, die sich durch das plötzliche Ableben seines Mitarbeiters ergaben. Löffler hätte nach seiner Genesung in Berlin die mitgeführten Skizzen- und Aufnahmebücher aufarbeiten sollen. Weil die Dokumente jetzt automatisch zum Nachlass und somit den Erben gehörten, war es zunächst nicht möglich, diese zurückzuerhalten – obwohl Oppenheim mehrfach beim Konsulat darum ersucht hatte.

Löffler wurde, da eine Überführung des Leichnams nicht möglich war, in Beirut beigesetzt. Die Kosten dafür und für einen Kranz übernahm Oppenheim, ebenso wie die Erstattung der Behandlungskosten und der damit verbundenen Aufwendungen (Wagen, Proviant, Medikamente, Porto, Unterkunft, Wäsche, Begleitung); er beglich auch die Schulden, sah aber von einer finanziellen Entschädigung der Witwe ab.

Der Tod des Königlich Preussischen Regierungsbaumeisters in der Fremde ist auch ein Beleg dafür, wie schnell sich schlechte Nachrichten in der Heimat verbreiteten. So warnte Bernhard Moritz seinen Freund nur drei Tage später: „*Der Tod Ihres Architekten Löffler hat hier, vielleicht auch anderwärts, böses Blut gemacht. Ich will von den Anschuldigungen schweigen, die man gegen Sie erhoben hat. Soweit ich konnte, habe ich sie widerlegt. Bleibt mir nur unerklärlich die Fahrt des kranken Mannes auf einem Leiterwagen* [sic!] *bis Aleppo. Diese Fahrt ist, wenn L. an Dyssenterie oder anderem Darmleiden krank war, möglicherweise mit Schuld an dem unglücklichen Ausgang. Ich gebe Ihnen den freundschaftlichen Rath: Wenn wieder, was Gott verhüte, einer Ihrer Herren schwer erkranken und die Kunst Ihres Arztes sich dem Fall gegenüber als ohnmächtig erzeigen sollte, so lassen Sie ihn nur nach Urfa zur Deutschen Mission transportieren, deren ärztliches Können einen ausserordentlichen Ruf hat. Damit Sie den Ernst verstehen, aus dem heraus ich Ihnen diese Mittheilungen mache, verrathe ich, daß ein sehr hoher Diplomat Ihre Expedition die ‚Oppenheimsche Totengräberei' nennt.*"[35]

„Nett und frisch" – Kurt Heinrich Tischer († 1942)

Kurt Heinrich Tischer sollte im Januar 1912 die Nachfolge von Löffler antreten. Oppenheim, der den jungen Architekten noch nicht persönlich kannte, war offenbar sehr angetan von dem neuen Mitglied seiner Expedition: „*Herr Tischer ist mit den Leuten gestern nachmittag gut angekommen. Er scheint ein netter und frischer junger Mann zu sein, der auf mich einen sehr guten Eindruck gemacht hat.*"[36]

Eine Eintragung im Grabungstagebuch lässt erahnen, wie groß der Druck war, der wegen des gewaltigen Arbeitspensums inzwischen auf den Bauforschern lastete: „*Die Antikenregistrierung wegen Überbürdung L.'s* [Langeneggers] *an Herrn Tischer abgegeben.*"[37] Langenegger hatte die Inventarisierung der Funde nach dem Tod Löfflers übernehmen müssen. Die Fundjournale enthielten Angaben zum Objekt, häufig auch eine Skizze, sowie die genaue Bezeichnung der Fundstelle. Nach der Registrierung erfolgte die Einordnung in das bestehende Museum sowie der Fotoauftrag, wobei es sich Oppenheim nicht nehmen ließ, sich die wichtigsten Funde und Scherben am Abend vorlegen zu lassen. Tischer übernahm später auch die Dokumentation des Grabungsbefundes am Kultraum; erhalten geblieben sind seine Beschreibungen und das erste Fundinventar, das mehr als 100 Positionen umfasste. Als die personellen Veränderungen im Oktober 1912 größere Um- und Anbauten am Expeditionshaus erforderten, wurde er mit den Ausführungen beauftragt.

Der Berliner Architekt fiel am 14. Juli 1942 an der Front. Der Nachruf erinnerte nicht nur an seine Bauten in der Reichshauptstadt, die neben dem Dienst-

86 Nur wenige Zeichnungen von Tell Halaf-Bildwerken blieben erhalten [Zeichnung von Konrad Lehmann, 18.3.1912]

gebäude der Reichsleitung des Reichsarbeitsdienstes auch Wohnhäuser umfassten, sondern auch an seine besonderen Stärken: „*Launisches, das so oft für künstlerisch, für ein Zeichen überschießender Erfindungskraft gelten soll, lag Tischer nicht. Wie seine Bauten sind, waren seine Zeichnungen von vollkommener Genauigkeit, Sauberkeit, ohne eine Spur „genialer Flottheit.*“[38]

„Besonders tüchtig und gescheit“ – Konrad Lehmann

Auf Konrad Lehmann war Oppenheim durch Zufall in Rom aufmerksam geworden, als er den jungen Mann beim Zeichnen beobachtete. Auf die sehr hübschen Skizzen angesprochen, stellte sich heraus, dass Lehmann durch sein Studium die besten Voraussetzungen für einen möglichen Einsatz am Tell Halaf (**Abb. 86**) mitbrachte. Die kleine Episode belegt, dass Oppenheim seine Mitarbeiter nicht nur auf Empfehlung oder durch Annoncen fand, sondern auch spontan anwarb.

So traf Lehmann Anfang März 1912 am Tell Halaf ein. Der frisch examinierte Regierungsbaumeister ohne jede Orienterfahrung war ganz nach Oppenheims Geschmack: „*Er ist sehr gut hier angekommen und ich freue mich wirklich, dass er uns zugesandt worden ist. Ich schrieb Ihnen bereits, dass ich ihn schon von Berlin aus kenne und er ein ganz besonders tüchtiger und gescheiter Mensch ist, der zudem persönlich sehr angenehm und vortrefflich erzogen ist.*“ Lehmanns Aufenthalt endete allerdings schon nach drei Monaten aufgrund ernster gesundheitlicher Probleme. Verständlicherweise wollte Oppenheim nach dem Verlust von Löffler kein Risiko eingehen, deshalb schickte er seinen II. Architekten

87 Der Architekt Erich Rauschenberger mit seiner Jagdbeute, Tell Halaf 1913

im Juni zurück nach Deutschland. Lehmann blieb aber – als offizieller Vertreter der Oppenheim-Grabung in Berlin – weiter mit Aufgaben betraut: Er hielt die Verbindung zu den Königlichen Museen, bekam sogar einen Arbeitsplatz im Kaiser-Friedrich-Museum gestellt und konnte dank der drahtlosen Nachrichtenübermittlung schnell auf Oppenheims Wünsche und Direktiven reagieren.

Hinein ins Abenteuer – Erich Rauschenberger († 1916)

Betrachtet man die wenigen Aufnahmen von Erich Rauschenberger, so fällt zuerst der offene Ausdruck im Gesicht des jungen Regierungsbauführers aus Berlin auf. Stolz, mit einem leichten Lächeln, präsentiert er sich mit einem erlegten Wolf (**Abb. 87**), den er am Tell Herbe geschossen hatte. In drei Aufnahmen ließ er seinen Jagderfolg dokumentieren. Auch die Fotos, die ihn in der Gruppe zeigen, lassen etwas von seinem jungenhaften Charme erahnen.

„*Chauadscha Rauschenberger*" war im Dezember 1912, zusammen mit Tischer, zur Verstärkung der Architekten am Tell Halaf eingetroffen. Seine Zimmereinrichtung (**Abb. 138**) lässt erkennen, dass er sich mit den vor Ort erhältlichen Waren schnell ein gemütliches Reich geschaffen hat: Stoffe und Kelims gehörten genauso zum persönlichen Stil wie Waffen an der Wand, eine Wasserpfeife am Arbeitstisch und Metallwaren.

Eine zweite Kampagne war Erich Rauschenberger auf dem Tell Halaf nicht mehr vergönnt. Im Ersten Weltkrieg als Ulan eingesetzt, fiel er auf einem Patrouillenritt in Russland.[39]

„Nur die Einsamkeit ist gross" – Karl Müller († 1942)

Mit der Verpflichtung von Karl Müller (**Abb. 53**) konnte Oppenheim für die Grabung einen zweiten langjährigen Koldewey-Schüler gewinnen; wer das harte Klima in Babylon unbeschadet überstanden hat, würde auch mit den Verhältnissen am Tell Halaf zurechtkommen. Zudem verfügte der Dresdner über so viel Erfahrung, dass er – nachdem bis auf Karl Beger und Durri Bey alle im August 1913 abgereist waren – die Grabung am Kultraum, den Transport und die sichere Unterbringung der Großbildwerke alleine fortführen konnte.

„*Ein Arbeitstag auf Tell Halaf*" – Das undatierte Typoskript von Müller [SIEHE BEITRAG VON K. MÜLLER], das sich im Archiv der Max Freiherr von Oppenheim-Stiftung wieder gefunden hat, beschreibt vortrefflich den Tagesablauf der Männer vom ersten Morgengrauen bis zum Einbruch der Dunkelheit. Es gehört damit zu den wichtigsten Quellen bei der Rekonstruktion des Alltags auf dem Tell Halaf.

Als Oppenheim Ende April 1913 zur Erkundung des Djebel Abd el-Aziz aufbrach, nahm er Tischer, Kohl und Höfges mit, während Langenegger seinen ersten wohlverdienten Urlaub antrat. Die Stellung am Tell Halaf hielten Rauschenberger und Müller,

88 Impfung der Hausdiener gegen Windpocken, Tell Halaf 1913

der die Führung des Tagebuchs übernahm. Sein Eintrag vom 19. Mai 1913 verrät durchaus Sinn für Humor: *„Auf Tell und in der Stadt nichts Neues. Auch im Privatleben nicht.“* Eine Woche später wurde Müller von so starken Zahnschmerzen geplagt, dass er zur Behandlung nach Urfa reiten musste. Etwa zur gleichen Zeit dürfte Kohl einem Beduinen am Djebelet el-Beda einen Zahn gezogen haben; ein Glück für die Gruppe, denn wenige Tage später blieb sie von einem Überfall verschont, als einer der angreifenden Reiter seinen Arzt erkannte.

Nach dem großen Aufbruch Mitte August 1913 muss es im Grabungshaus recht still geworden sein; zuerst waren Kohl und Paul (12.8.), dann Oppenheim, Lehne und Höfges, gefolgt von Langenegger und Dombart (14.8.) und schließlich Rauschenberger und Tischer (16.8.) abgereist. Falls die kurzerhand vorgenommene Änderung der Zimmerverteilung von dem Unbehagen ablenken sollte, dürfte der Versuch ohne Erfolg geblieben sein: *„Auf dem tell ist alles gesund und die Arbeit geht ohne Hindernisse vorwärts, alhamdulillah. Nur die Einsamkeit ist gross.“*, schrieb Müller an Konsul Rössler.[40] Sein sehnlichster Wunsch, Weihnachten wieder im Kreise der Familie zu feiern, erfüllte sich nicht. Immer wieder hatte er die Abreise verschieben müssen, sei es wegen unvorhergesehener Verzögerungen vor Ort oder wegen neuer Anordnungen aus Berlin. Durch die fast ständige Anwesenheit der Bahningenieure wurden zu allem Verdruss auch noch die Lebensmittelvorräte knapp. Daher machte Müller aus der Not eine Tugend und bestellte im September 12 halbe und 6 ganze Flaschen Sekt, 20 Büchsen Delikatessen wie Gänseleber, Schinken in Büchsen, Hummer etc., 6 Büchsen Käse, Camembert sowie 200 Stück Zigarren – auf Oppenheims Kosten.

Als Beger Anfang Dezember seine Heimreise alleine antrat, dürfte Müllers Stimmung mindestens so schlecht gewesen sein wie das Wetter, über das er täglich Buch führte. Nachdem die letzten schweren Funde aus der Grabung ins Haus gebracht worden waren, wurden die Türen der Depots in Anwesenheit des türkischen Grabungskommissars verplombt, wobei Müller nicht allein auf das Regierungssiegel vertraute, sondern auch eigene Plomben benutzte. Der letzte Eintrag im Grabungstagebuch lautete schließlich: *„Am 25. Dezember ritt ich selbst ab über Weranschehir nach Urfa. Im Hause blieb Durri Bey und Herr Landmesser Baumann zurück. Tell Halaf, den 25. Dezember 1913, Dr. Ing. Karl Müller.*"

Neben Langenegger gehörte Müller zu den *„Tell Halafianern*", die auch nach ihrer Rückkehr für Oppenheim noch längere Zeit tätig beziehungsweise in die Aufarbeitung und Publikation der Architekturbefunde eingebunden waren.

„Sehr ruhig und tüchtig" – Theodor Dombart (1884–1969)

Regierungsbaumeister Theodor Dombart, der an der Technischen Hochschule in München Architektur studiert hatte, stieß Anfang April 1913 als letzter Neuzugang zum Tell Halaf. Anscheinend grassierten in der Region gerade Windpocken, denn noch in Aleppo erreichte ihn ein Telegramm Oppenheims mit der Aufforderung, sich gegen die Virusinfektion impfen zu lassen und vorsorglich 50 Einheiten des Impfstoffs zum Tell Halaf (**Abb. 88**) mitzubringen.[41]

Auch wenn Dombarts Aufenthalt am Tell Halaf nur von kurzer Dauer war, dürfte seine Mitarbeit in der Grabung dazu geführt haben, sich beruflich neu zu orientieren und ganz der Bauforschung zu verschreiben. Nach der Promotion zum Thema „Zikkurat und Pyramide" habilitierte er sich in München und übernahm den Lehrstuhl für „Geschichte der Baukunst im alten Orient und in der Antike".

Eine besondere Freude bereitete Dombart seinem ehemaligen Arbeitgeber zu dessen 54. Geburtstag, als er ihm eine selbstverfasste kleine Erzählung widmete: *„Das Schammserl. Ein Märchen aus alten Tell-Halaf-Zeiten*"[42] beschreibt die Geschichte des Baumeisters Chattu, der, von Kapara zum Tode verurteilt, dem erzürnten Fürsten ein ungewöhnliches Angebot macht. Würde es ihm gelingen, 10.000 Ziegel zwischen Sonnenaufgang und -untergang zu streichen, sollte der Fürst Gnade walten lassen und sein Leben verschonen. Fast hätte Chattu die Aufgabe gemeistert, als im letzten Moment der Lieblingshund der Prinzessin über die noch feuchten Ziegel sprang und tiefe Pfotenabdrücke hinterließ: *„Verloren! Verloren! Verloren! Alles ist aus! Mein Leben dahin! Wie sicher war ich des Sieges!*" Wie die Geschichte ausgeht? Es wäre wohl kein Märchen, wüsste die kluge Fürstentochter nicht, was in dieser schier auswegslosen Situation zu tun sei.

Ein Ziegel mit Pfotenabdruck ist tatsächlich während der Ausgrabungen am Tell Halaf entdeckt worden. Hübsch Dombarts Idee, wie es dazu gekommen sein könnte. Wie stolz Oppenheim über die Widmung war, lässt sich daran ablesen, dass er Walter Rössler eine Abschrift des Märchens zukommen ließ.

„Pharyngitis, Laryngitis, Bronchitis" – Oswald Seemann (1880–??)

Oppenheims Entscheidung, zum Tell Halaf auch einen Arzt mitzunehmen, dürfte sicher darauf zurückzuführen sein, dass er wegen der klimatischen und mehr als unwirtlichen Verhältnisse vor Ort mit gesundheitlichen Problemen rechnete. Das nächste, von einem Schweizer Arzt geführte Krankenhaus für eine armenische Mission befand sich in Urfa, viel zu weit entfernt, falls ein schnelles ärztliches Eingreifen erforderlich gewesen wäre.[43] Andererseits konnte sich Oppenheim keinen Mitarbeiter leisten, der nur im Krankheitsfall zum Einsatz kam. Deshalb sollte Oswald Seemann, der sich später als Spezialist für Chirurgie und Orthopädie in Dortmund niederließ, auch als Naturwissenschaftler und Fotograf arbeiten.

Behandelt wurden unter anderem Augenleiden, Hautkrankheiten, Syphilis, Fieber und „Rich", eine diffuse Erkrankung, die Seemann mit *„Schmerzen, die unbestimmt im Körper herumziehen*" umschrieb; aber auch Arbeitsunfälle, Opfer von Raufereien oder Überfällen mussten ärztlich versorgt werden. Nicht selten hatten es Seemann und sein Nachfolger mit Stich- und Schusswunden zu tun. Von beträchtlichem Wert sind die Krankenjournale und ärztlichen Berichte im Archiv der Max Freiherr von Oppenheim-Stiftung, die Seemann mit großer Akribie führte. Die Unterlagen enthalten zum Beispiel detaillierte Angaben über Alter, Geschlecht und Stammeszugehörigkeit des Patienten, zur Erkrankung und zur verordneten Medikation; besonders

89 Baggara-Beduinen: Dr. Kohl mit Patienten, Tell Halaf 1912/13

aufschlussreich ist der mehrseitige Erfahrungsbericht, in dem Seemann die schwierige Behandlung der Beduinen zusammenfasste. Neben ganz einfachen Sprachproblemen waren es vor allem die kulturellen Gegensätze, die zu vielen Missverständnissen und Enttäuschungen führten: „*Das Verhältnis zwischen Arzt und Kranken unterscheidet sich freilich im Orient wesentlich von dem, was wir in Europa kennen. Je länger ich dort war und von den Beduinen um Arznei gebeten wurde, desto klarer ist es mir geworden, dass der weiße Hakim* [arab. Bez. für Weiser, Philosoph, Titel der Ärzte] *für die erdrückende Mehrzahl nichts weiter war als ein Luxus, eine Gelegenheit, um die Neugier zu befriedigen, die Zeit zu vertreiben und dabei im Schatten unserer Zelte die vielen unbekannten Gegenstände der Fremden aus der Nähe zu besehen. Die Anwesenheit eines Arztes befriedigt dort nicht ein lang empfundenes Bedürfnis. Diese Menschen werden seit Jahrhunderten ohne einen fachmännischen Arzt geboren, leben und sterben, wie Allah es will.*“ Ärztliche Hilfe, so mutmaßte Seemann, wird deshalb als eine Art Ware verstanden: „*Man kann sie teuer, man kann sie auch wohlfeil erhalten, je nach der Hartnäckigkeit und Geschicklichkeit, mit der man handelt. Niemand von diesen Leuten hat eine Empfindung dafür, für das, was wir als Wesen des Verhältnisses zwischen Arzt und Kranken ansehen und das in einem unbegrenzten Vertrauen auf der einen Seite und einer Aufopferung aller persönlichen Interessen und dem Bewusstsein einer uneingeschränkten Verantwortlichkeit auf der anderen Seite besteht. Trotz alles Bemühens, das Verhältnis zu meiner Klientel zu vertiefen, ist es mir nicht gelungen, an ihren Auffassungen etwas zu verändern. Ich bin dabei vielleicht auch von falschen, eben europäischen Vorstellungen ausgegangen.*“ Besonders problematisch war, dass Seemann seine Patienten selten ein zweites Mal sah, er den Erfolg seiner Behandlung also nicht überprüfen konnte. Hier half nur ein strenges Vorgehen, um die eigensinnigen Beduinen zu einem zweiten Besuch zu bewegen: Medikamente wurden nur für zwei, drei Tage ausgegeben; wer sich trotz ausdrücklicher Auforderung nicht noch einmal vorstellte, benötigte demzufolge keine Behandlung. Mindestens genauso schwierig gestaltete sich auch die verordnete Einnahme der Medikamente: „*Was soll man tun bei Leuten, die keine Uhr und keinen Begriff von einem Zeitmass haben, die kein Glas, keine Tasse, keinen Löffel besitzen, die ein annäherndes Mass geben könnten, die nicht verstehen, dass man eine Pastille in einer Flüssigkeit auflösen kann und die eine Pille sicher zerkauen, wenn man sie gerade in tieferen Abschnitten des Darmes wirken lassen will? Was soll man bei einem chronischen Magenkartarrh erreichen, wenn der Küchenzettel aus geröstetem Mehlbrei, genannt Brot, rohen Zwiebeln, grobgeschroteter Gerste, saurer Milch und zweifelhaftem Wasser besteht, wie soll man Erfolge haben bei einer chronischen Pharyngitis, Laryngitis, Bronchitis mit Emphysem bei Menschen, deren Tagesbeschäftigung darin besteht, Zigaretten zu drehen und sie zu rauchen und dazu in einem Zelte zu liegen, in dem der bläuliche Qualm eines in feuchtem Wurzelholz oder halbtrockenem Mist schwelenden Feuers dem Weissen so in die Augen beisst, dass er nichts sieht? […] Als Zeitpunkt zum Einnehmen konnte man am besten die drei grossen Tageszeiten, den Morgen, Mittag und den Abend wählen, wobei man freilich wissen muss, dass die Leute häufig Mittags nur eine kleine oder gar keine Mahlzeit halten. Kleinere Zeitspannen wurden durch „Zigarettenlängen" präzisiert. „Solange jemand ein oder auch zwei Zigaretten raucht". Mit diesem Begriff war das Höchste an Feinheit erreicht, was ein Beduine kennt.*"[44]

Zwei tragische Ereignisse sollten Seemanns Aufenthalt am Tell Halaf überschatten: ein Unfall kurz nach Beginn der Ausgrabungen, bei dem nur zwei der drei verschütteten Korbträger (**Abb. 65**) lebend gerettet werden konnten [SIEHE BEITRAG VON R. HEITMANN] und der Tod des II. Architekten Paul Löffler.

Nicht für alle gesundheitlichen Probleme gab es Abhilfe. Als Seemann nach knapp einem Jahr selbst schwer erkrankte, musste er sich eingestehen, dass ein Erholungsurlaub in der Heimat dringend angeraten war. Ähnlich erging es Konrad Lehmann, der so geschwächt war, dass er mit dem Wagen nach Urfa gebracht werden musste. Auch Ernst Lehmann benötigte einen dringenden Klimawechsel und schloss sich Oppenheim an, der zu Studienzwecken nach Deutschland reisen wollte. Dem deutschen Konsulat in Aleppo berichtete Oppenheim: „*Nochmals: die Reise meiner Herren hat nichts besorgniserregendes, im Gegenteil, sie sind beide davon überzeugt, nach der Erholung in Deutschland mit neuen Kräften doppelt gestärkt wieder herauskommen zu können. […] Mir persönlich geht es ausgezeichnet, ich bin eben nun doch einmal der alte Expeditions-*

90 Ludwig Kohl zu Pferde (im Vordergrund), Tell Halaf 1912/13

mensch, je mehr ich reite, je mehr ich zu arbeiten habe, desto wohler fühle ich mich. [...] *Meine schwere Krankheit im vorigen Winter war eben Fieber mit Begleiterscheinungen. Das kann jedem passieren. Ich sage hierbei „unberufen"! Nur möchte ich Sie über mein persönliches Befinden orientieren.*"[45] So kam es, dass die Expedition im Juli plötzlich um die Hälfte ihrer Mitglieder geschrumpft war, was auch Felix Langenegger verdächtig vorkam: *„Auf dem Hügel zurückgeblieben sind Tischer, Höfges, Paul und ich als stehender ~~Punkt~~ol in der Erscheinungen Flucht!*"[46] Als absehbar war, dass weder Konrad Lehmann noch Seemann oder Ernst Lehmann zum Tell Halaf zurückkehren würden, begab sich Oppenheim umgehend auf die Suche nach geeignetem Ersatz.

„Ein Mann, ein Wort!" – Ludwig Kohl (1884–1969)

Zu den ungewöhnlichsten Expeditionsteilnehmern, die Oppenheim für die erste Kampagne verpflichten konnte, gehörte sicher der Arzt Ludwig Kohl-Larsen (**Abb. 90**). Zeitlebens erfüllt von tiefem Fernweh, von der Sehnsucht nach unbekannten Landschaften, sollte das Studium der Medizin – ein Arbeitsfeld, das an keine Landesgrenzen gebunden war – Kohls Tor zur Welt werden. Die nötige innere Einstellung und Stärke erwarb sich der junge Pfälzer durch seine alpinen Erfahrungen: Es gab keinen Weg, der nicht bezwungen, kein Ziel, das nicht erreicht werden konnte.

Kohls Bewerbung bot ihm die willkommene Gelegenheit, nach Brasilien, der gescheiterten Südpolar-Expedition und einer Wanderung von Lappland nach Nordschweden erstmals den Vorderen Orient kennen zu lernen. Gerade 28 Jahre alt, vereinte der Arzt alle Eigenschaften, über die ein Entdecker jener Zeit verfügen sollte und die Oppenheim suchte: einen unstillbaren Wissensdurst, Freimut, Furchtlosigkeit und eine robuste Gesundheit. Außerdem war Kohl durch seine Vorbereitungen auf den Dienst als Regierungsarzt in Neu-Guinea bestens geschult für seine künftigen Arbeitsaufgaben am Tell Halaf, die neben der medizinischen Versorgung auch geographische und ethnologische Studien umfassten. Wie weit reichend Oppenheims Einfluss damals war, lässt sich unter anderem daran ermessen, dass er für den kaiserlichen Regierungsarzt in spe innerhalb kürzester Zeit eine einjährige Beurlaubung beim zuständigen Reichskolonialamt erwirken konnte. Noch am Tag der Abreise verlobte sich Kohl mit Margit Larsen, die seinen Forscherdrang verstand und teilte; über Salzburg, Triest und Brindisi ging es, zusammen mit dem Physiker Dr. Heinrich Franke, nach Alexandrien, von dort weiter nach Kairo, Beirut und Aleppo. Das letzte Stück der vierwöchigen Reise wurde zu Pferd zurückgelegt. Einen Tag vor Weihnachten, am 23.12.1912, traf die Reisegesellschaft, zu der sich noch Oppenheim, Müller, Rauschenberger und Lehne gesellt hatten, am Tell Halaf ein – von den Arbeitern begeistert in Empfang genommen. Damit war Oppenheims Grabungsmannschaft endlich wieder komplett.

Unvergessen Kohls tollkühner Ritt auf einem Araberhengst, der mit einer gekonnten Luftrolle endete, oder die Art und Weise, wie er zu seiner Tätowierung kam. Der „*Wissenschaftler mit dem Dichterauge*", wie ihn Hugo Eckner viele Jahre später nannte,[47] besaß darüber hinaus die Gabe, seine Erlebnisse, Beobachtungen oder Erfahrungen selbstkritisch zu reflektieren, aber auch fesselnd zu beschreiben. Ludwig Kohl setzte nicht nur Seemanns Patientenbehandlung und anthropologische Untersuchungen fort, er war auch für die Erfassung von Wetterdaten, dem Sammeln, Konservieren und Verpacken geologischer, botanischer und zoologischer Kollektionen verantwortlich: *„Ich bin hier vielerlei in einer Person, gerade wie mir dies recht ist. Neben der Eingeborenensprechstunde, die meinem eigentlichen Berufe auferlegt ist, bin ich Zoologe, Botaniker und Angestellter im Grabungsdienst. Ich beaufsichtige die Arbeiter und lauere darauf, ob uns nicht der Sand des Hügels irgendeine wertvolle Statue aus der Hettiterzeit in einer günstigen Stunde freigibt.*"[48] Außerdem erwies er sich auch als sehr guter Fotograf.

Kohl war – in Abwandlung seiner Beschreibung der Gebrüder Karl und Oskar Mugler – ein Draufgänger im besten Sinne des Wortes, der die Fremde zu seinem Bett gemacht hatte.[49] Nicht nur seine Befähigung, auch seine schnelle Auffassungsgabe trugen dazu bei, dass er Oppenheim als *„außerordentlich wertvolle Kraft*" in bester Erinnerung blieb: *„Er* [Kohl] *vereinigt alle Fähigkeiten und ge-*

Auszug aus Kohl-Larsen 1991: 87–88.

„Jeder, der das Reiten liebt, wird verstehen, daß man endlich auf dem Sattel eines Vollblutarabers sitzen möchte. Ich brauchte nicht lange diesen Wunsch zu äußern, [...], und ich schwang mich ungeduldig auf den Rücken des edlen Pferdes. Sofort, als es seine leichte Last verspürte und ich die Zügel locker ließ, jagte es in voller Karriere über die Steppe. Sein Mut schien an der Niederung jedoch keine Genüge zu finden; denn es stürmte in toller Fahrt auf einen langsam ansteigenden und weit sich dehnenden Hügel zu. Indem ich nun hoffte, das Tier würde in der ansteigenden Landschaft ruhiger dahinjagen, machte, kaum auf der Kuppe angekommen, der Hengst unversehens kehrt und sauste wieder dem Stall zu. Mehr in der Luft als auf dem Sattel, ging es von dem Hügel in kaum vorstellbarer Schnelligkeit abwärts, direkt auf die Gruppe der Herren zu, die auf dem Abgang meines Rittes gespannt waren.

Nun geschah das Wunder, das mich eigentlich für alle Zukunft dem Zirkus hätte verschreiben müssen. Hing ich vor dem Endziele nur noch locker über dem Sattel, genügte nach physikalischen Bewegungsgesetzen das plötzliche Halten des Pferdes vor der Stalltür, um mich total zu entheben. Mein Körper überschlug sich in einem Salto Mortale, aber in einem so vollkommenen Riesenschwung, daß ich aufrecht auf der Erde landete und mich mit einer Verbeugung – selbstverständlich an den Expeditionschef – ihm und meinem Publikum empfahl."

Auszug aus Kohl-Larsen 1991: 90–91.

„Kurz darauf hatte ich bei dem Stamm der Bagari Gelegenheit, einer Tätowierung beizuwohnen, nachdem ich einige Tage zuvor den Scheich Molle Achmed gebeten hatte, mir Einblick in diese Kunst zu gewähren. [...] Eines Nachmittags begebe ich mich also in das Zelt Achmeds und treffe dort dessen Frau inmitten einer stattlichen Kinderzahl. Ich sag ihr sogleich, sie solle mir zwei kleine Punkte auf den Arm tätowieren. Sie zögert etwas, doch als ich sie mit einigen Worten ermutige, geht sie sogleich an ihr Werk. Sie hängt eine kleine Schale über die Flamme, um den Ruß zu produzieren. Kurz darauf schärft sie ihre Nadel an dem Zeltpfahl. [...] Nun schabt das junge Weib den Ruß in das erwärmte Schälchen, und um ihn aufzulösen, drückt sie einige Milchtropfen aus ihrer Brust in ihre Hand und lässt sie in die Schale gerinnen. „Malesch" [...] „Es ist mir alles gleich" – sagte ich mir in einer kleinen Anwandlung von Reue und Gewissensbissen. „Nun hast du A gesagt, jetzt mußt du auch B sagen, ein Mann, ein Wort!"

Doch war es mir nicht gerade wohl zu Mute, als ich bemerkte, wie sie ihrem jüngsten Kind noch rasch einige Läuse aus den Haaren zog, ehe sie ihre Arbeit fortsetzte. In welches Abenteuer hatte ich mich begeben!

Probeweise machte sie nun einen kleinen Punkt in den Arm eines ihrer Kinder. Dann konn[t]e ich an die Reihe. Sie rückt näher an mich heran und greift entschlossen nach meinem linken Arm. Sogleich setzt sie mir mit zwei gekoppelten Nadeln einen ersten Stich in die Haut. Dieser kleine Punkt hätte mir eigentlich genügt, ich wollte ihn mit in die Heimat nehmen wie ein graues Haar, das man sich in der Fremde geholt hat.

Aber rasch wie ein Blitz fahren nun die beiden Nadeln auf meinem Arm umher, nachdem der Farbstoff aufgetragen war. So, mitten im Festakte, denke ich nicht mehr daran, die Behandlung abzubrechen, genau so wenig, wie man von einem Künstler ein nur halb vollendetes Bild entgegennehmen will. Nein, einen Torso wollte ich nicht haben, sondern ein Mal, das Sinn und Vollendung zeigte. So kam es, daß ich Laufe von dreiviertel Stunden Fegefeuer eine Baum-Figur als Merkmal für mein Leben erhielt.

Als alles vollendet, waren Begierde und Lust mehr als gebüßt. Sogleich gab ich dem Weibe mein Geldgeschenk, das ich reichlich bemaß und das sie freudig annahm. [...] Ich hatte also, was nicht viele von sich behaupten können, einen Baum auf der Beugeseite meines linken Vorderarmes.

Übrigens hat mir dieses Zeichen [...], später auf einer Ostasienreise den Zugang zu den Moscheen Indiens geöffnet, wenn ich nach erster Abwehr die blaue Figur dem Tempeldiener zeigte. Ich hatte einen Paß für alle Zukunft, einen blauen Paß.

nügt auch höchsten Anforderungen, die man an einen Forschungsreisenden stellen kann. Er besitzt eine hervorragende Passion für solche Reisen und eiserne Gesundheit. Dr. Kohl war ein pflichttreues, unermüdlich arbeitendes Mitglied meiner Expedition, stets bereit, die wissenschaftlichen Zwecke derselben zu fördern und, falls es notwendig war, für jeden von uns in dessen Arbeit einzuspringen. Dabei war er immer ein guter und liebenswürdiger Kamerad."[50] Obwohl die Zusammenarbeit hiermit endete, blieben beide Männer bis in die 1940er Jahre in lockerer Verbindung, erkundigten sich nach dem Verbleib oder Befinden der anderen Tell Halafianer und unterrichteten sich über geplante Projekte.

Seine Einberufung als Militärarzt führte Ludwig Kohl-Larsen, der die Weiten der Djezira und das freie Leben der Beduinen in den knapp acht Monaten lieben gelernt hatte, 1916 ein zweites und letztes Mal nach Vorderasien. Am Tell Halaf traf er auf den Architekten Oskar Reuther, der ebenfalls unter Koldewey viele Jahre in Babylon gegraben hatte und jetzt als Etappenkommandant im ehemaligen Grabungshaus die Stellung hielt. Auch alte Bekannte aus glücklicheren Tagen wie der Postreiter Dabo statteten ihm einen Besuch ab. Doch die Freude des Wiedersehens währte nur kurz; ein neuer Marschbefehl schickte Kohl, der sich freiwillig zum Kriegsdienst gemeldet hatte, in den Irak und weiter nach Persien.

Von Beruf und Herzen Fotograf – Robert Paul

Angesichts der schwierigen Bedingungen, die sowohl für Transport und Lagerung des empfindlichen Fotomaterials als auch für die Entwicklung der Glasnegative bestanden, ist die Leistung der Fotografen am Tell Halaf nicht hoch genug zu bewerten. Vor der Fertigstellung des Grabungshauses wurden die noch nicht entwickelten Fotoplatten entweder nach Deutschland geschickt – wobei immer die Gefahr bestand, dass die Plattenkästen unterwegs geöffnet und ihr Inhalt zerstört werden könnte – oder deponiert. Beide Optionen waren nicht befriedigend, da die Kontrolle darüber fehlte, ob die Aufnahmen gelungen und brauchbar waren. Erst nachdem das Grabungshaus gebaut war, verfügte Seemann über eine eigene, gut eingerichtete Dunkelkammer, die aber während der „*oft herrschenden phantastischen Hitze*" auch nur bedingt genutzt werden konnte.[51] Obwohl der Arzt ein sehr guter Amateurfotograf war und während der Reisen sowie auf dem Tell Halaf über 1100 Fotos aufgenommen hatte, musste Oppenheim bald einsehen, dass das Arbeitspensum kaum noch zu bewältigen war: „*Wir haben nämlich grosse Not mit dem Nachkommen in dem Ausarbeiten unserer Photographien und wir sind uns noch nicht darüber klar, wie diesbezüglich zu disponieren sein wird. Natürlich werden bei den wunderbaren Resultaten unserer Grabung täglich neue Anforderungen hinsichtlich Photographien gestellt und so kommen wir in dieser Hinsicht gar nicht recht vorwärts trotz der hingebendsten Arbeiten des Herrn Dr. Seemann, und trotzdem ich mir einen kleinen Hülfsphotographen aus Orfa mitgenommen habe. Diesem kann jedoch wenig anvertraut werden und er ist nur für gewisse Kopierarbeiten brauchbar.*"[52] Bereits zwei Wochen später fiel zum ersten Mal der Name Robert Paul, eines professionellen Fotografen, der in Kairo ein eigenes kleines Atelier besaß.[53]

Für Paul, von Oppenheims Freund Fürst Hatzfeld empfohlen, kam der Ortswechsel wegen finanzieller Probleme wie gerufen. Doch schon auf den Weg zum Tell Halaf erkrankte er an Dysenterie (oder Delirium tremens, wie Oppenheim später zugetragen wurde), die in Aleppo auskuriert werden musste. Endlich traf Paul im April 1912 am Tell Halaf ein, wo er schon dringend erwartet wurde.

Da der deutsche Berufsfotograf bereits in Ägypten auf Ausgrabungen fotografiert hatte, brachte er die besten Voraussetzungen mit: Zu seinen Aufgaben gehörten nicht nur die Aufnahmen im Feld (**Abb. 119**), sondern auch die fotografische Dokumentation der Kleinfunde. Paul arbeitete meist auf Zuruf der Architekten, fand aber auch Zeit für andere Tätigkeiten, wie zum Beispiel für die Zuordnung von Fragmenten oder die Instandsetzung des Gipsofens. Insgesamt nahm er mehr als 3000 Fotos auf.

Im Herbst 1912 ging Oppenheim irrtümlich davon aus, dass Pauls Vertrag, den Fürst Hatzfeld für ihn abgeschlossen hatte, im Dezember enden würde. Deshalb schaute er sich nach einem neuen Fotografen um, den er in Heinrich Franke fand. Erst nach seiner Rückkehr zum Tell Halaf stellte sich heraus, dass Chauadscha Pulus, wie Paul genannt wurde, noch bleiben wollte. So kam es, dass 1913 plötzlich vorübergehend zwei Fotografen für Oppenheim arbeiteten: *„Der Arme* [Robert Paul] *ist an dem Irrtume in dem Telegramme, von dem Sie ja wissen, nicht schuld, und unter den obwaltenden Umständen wüsste ich nicht, was er jetzt in Cairo machen sollte. Abgesehen davon hat er der Grabung gute Dienste geleistet. Die beiden Photographen, Herr Dr. Franke und Herr Paul, vertragen sich gut. Herr Paul hat allerlei Kunstfertigkeiten, so bei dem Zusammensetzen von Statuen etc. bewiesen, und die Expedition wird durch sein Verbleiben gewiss nicht zu kurz kommen.“* Wohl auf Bitten von Paul, dessen Angelegenheiten in Kairo immer noch nicht geklärt waren, fuhr Oppenheim fort: *„Ich bitte Sie nun in seiner Angelegenheit mit einer Bitte belästigen zu dürfen. Herr Paul hat früher in Cairo ein Photographen-Geschäft betrieben, welches infolge der schlechten Saison des vorigen Winters etc. zu Grunde gegangen ist. Seine Sachen sind zum Teil gerichtlich beschlagnahmt, und befinden sich auf dem deutschen Konsulat in Cairo. Herr Paul wurde infolgedessen von dem mit ihm befreundeten Direktor der Deutschen Orient-Bank in Alexandrien, Herrn Singer, veranlasst, dem Direktor derselben Bank in Cairo, Herr Dr. Schricker, mit Vollmacht zu versehen, damit dieser für ihn die betreffenden Apparate zurückkaufen kann. Auch will Herr Paul Herrn Dr. Schricker mit dem Inkasso seiner Aussenstände betrauen.“*[54]

Schon in Kairo litt Paul unter *„dem Schnapssuff“*, der sich auf dem Tell Halaf noch verstärken sollte.[55] Offenbar führte seine Sucht zu schweren Auseinandersetzungen mit Langenegger, der sich über manche Ausfälle und eigenmächtige Handlungen ärgerte. So klingt denn auch in seiner ausführlichen Beschreibung von Pauls Reitunfall eine gewisse Häme heraus: *„Auf dem Hinritte stürzt Paul im leichten Galopp infolge von Trunkenheit (Nachmittags um 4 Uhr!) vom Pferd, bleibt im Zügel hängen und wird geschleift, da er an dem entgegengesetzten Bügel hängen bleibt, dessen Riemen nunmehr über den Sattel herüber hängt, so hängt er kopfüber herab und wird mehrfach mit dem Kopfe aufgestoßen. Noch ehe es Langenegger gelingt, das Pferd zu fangen, reißt der Bügelriemen ab und Paul fällt zur Erde. Er ist anscheinend unverletzt und setzt den Ritt fort, kehrt aber zu Fuße nach Hause zurück, da er nicht mehr reiten möchte.“*[56] Nicht immer gelang es Paul, seinen blinden Aktionismus zu begründen, so zum Beispiel, als er eigenmächtig vorsortierte Fragmente mit Reliefdekor zurück in die Grabung bringen ließ oder Grabungsbefunde vor dem Fotografieren veränderte. Als er eine größere Zahl von Fotoplatten als vermeintliche Duplikate auslagerte und dadurch ruinierte, platzte dem I. Architekten endgültig der Kragen. In einer offiziellen Protokollnotiz listete er alle Verfehlungen auf, entzog Paul den Schlüssel zum Ambar und drohte: *„Der 1. Architekt untersagt ihm nun, um neue Fälle zu verhüten, für die ihm am Ende die Verantwortung zugeschoben wird, sich bis zur Ankunft von Herrn Minister auf Tell Halaf mit etwas anderem zu beschäftigen, als mit den von ihm zu fertigenden Aufnahmen. Andernfalls müßte er wegen Gehorsamsverweigerung als Gast der Expedition angesehen werden. Der stellvertretende Leiter ist zu diesem Schritte einfach gezwungen, da Herr Paul hinterher stets alle Versehen als ganz formlos zu drehen beliebt, bezugsweise dem Leiter einfach auf den Kopf zusagt, daß er es ja gewußt habe und ihm die Erlaubnis gegeben habe.“*[57]

Trotz aller Probleme, die Robert Paul verursachte oder unter denen er litt, war er ein exzellenter Fotograf (**Abb. 148**) mit einem untrüglichen Blick und Gespür für Dokumentations- und Momentaufnahmen und so sollte sich Oppenheims Einschätzung auch bewahrheiten: *„Für die ausgezeichneten Aufnahmen, die er am Tell Halaf gemacht hat, ist ihm die Wissenschaft grossen Dank schuldig.“*[58]

91 Karl Beger mit seinen beiden Gehilfen, Tell Halaf 1913 [Aufnahme K. Müller]

„Ein Hüne von Gestalt" – Heinrich Franke (1887–1966)

Heinrich Franke, der Robert Paul als Fotograf nachfolgen sollte, hatte in Halle Physik, Mathematik und Chemie studiert. Nach der Promotion ging der Physiker zunächst nach Berlin an die Technische Hochschule, wo er sich auf Röntgenfotografie spezialisierte.

Auf einer Reihe von Aufnahmen sind bereits erlegte Vögel (**Abb. 157**), Schlangen oder Säugetiere zu sehen, die für das Berliner Naturkundemuseum bestimmt waren. In den Grabungsunterlagen gibt es keine Hinweise darüber, wie die Tiere gefangen wurden. Wahrscheinlich blieb es häufig dem Zufall überlassen, wenn die Deutung des Fotos, das Franke mit einer Schildkröte zeigt, zutreffend ist.

Völlig unerwartet zog sich der Fotograf im März 1913 eine schwere Lungenerkrankung zu, so dass sein Aufenthalt am Tell Halaf schon nach drei Monaten beendet war. Oppenheim musste der Rückreise auf Anraten von Kohl zustimmen, auch wenn der Zeitpunkt wegen der bevorstehenden Reise zum Djebel Abd el-Aziz alles andere als gelegen kam: „*Es ist verwunderlich, dass dieser starke grosse Mann derart befallen worden ist. Doch daran ist nichts zu machen, und ich bedaure es wirklich, ihn von hier gehen zu lassen.*"[59]

Franke erhielt nach dem Zweiten Weltkrieg eine Reihe von Auszeichnungen, unter anderem die Ehrendoktorwürde der medizinischen Fakultät der Friedrich-Alexander-Universität Erlangen (1950), das Große Bundesverdienstkreuz (1957) und die Ehrenbürgerschaft der Stadt Erlangen (1962). Im Rahmen seines politischen Engagements war er von 1946 bis 1954 Mitglied des Bayerischen Landtages.

Frech, aber fleißig – Karl Beger (1867–1930)

Im Juni 1913 traf Karl Beger auf dem Tell Halaf ein. Der Gipsformer, den die Königlichen Museen Anfang des Jahres nach Samarra (Irak) entsandt hatten, sollte hier die wichtigsten Bildwerke abformen. Offenbar mangelte es dem Berliner gehörig an Respekt, was Ernst Herzfeld (**Abb. 19**) sofort dazu veranlasste, Oppenheim vorzuwarnen: „*Was ich in dieser Woche von ihm erlebt habe, war wenig erbaulich. Es ist kaum übertrieben, wenn ich ihn persönlich fürchterlich finde. Von einer groben Taktlosigkeit, in beinah allem was er sagt; ziemlich von seinem Können eingenommen, obgleich er zunächst nur sehr einfache Sachen gemacht hat; was man ihm an Material giebt erst einmal als unbrauchbar erklärend, bis es sich hinterher als sehr gut herausstellt; sehr genau die Arbeitspausen einhaltend; kurz u. gut, ein Mann, der hier nicht hinpasst. Ich fürchte, das Urteil, das sich ja bis-*

her nur auf die Erfahrung von wenigen Tagen aufbaut, wird richtig bleiben, wenn ich auch hoffe, ich könnte es später abmildern. Seine Abgüsse an sich wird er wohl ganz gut machen."[60] Da Oppenheim den Urteilen Herzfelds viel Gewicht beimaß, suchte er umgehend über Konrad Lehmann nach einem Ersatzmann. Zum Glück waren die infrage kommenden Gipsformer (unter anderem Theodor Bartus) nicht verfügbar, denn Beger erwies sich sowohl in Samarra als auch am Tell Halaf als außerordentlich fleißig und geschickt – wie auch Herzfeld wenig später einräumen musste: „*Herr Beger macht sich jetzt auch wesentlich besser, nachdem ich ihn gehörig zurechtgestuzt. Wie gefällt Ihnen folgendes. Er sagt: „ha, Herr Herzfeld, frühstücken Se man ruhig, wenn es Ihre Zeit erlaubt, u. kommen Se denn mal zu mir." Ich antworte: Hören Sie, Herr Beger, wenn Sie den Minister von Oppenheim aber auch immer Herr von Oppenheim titulieren, dann können Sie was erleben!" In diesem Stile erziehe ich ihn etwas.*"[61]

Bereits im Juli hatte Beger (**Abb. 91**) 88 kleine Orthostaten abgegipst, wie einer datierten Liste zu entnehmen ist, weitere 30 sollten noch folgen. Die großen Bildwerke mussten, da sie noch nicht geborgen waren, an Ort und Stelle abgeformt werden. Zu diesem Zweck ließ Beger sein Arbeitszelt mitten in der Grabung aufgeschlagen. Bürsten, Bohrer, Feilen, Gipsschöpfer, Löffel, Pfannen und Ziehklingen hatte er aus Berlin mitgebracht,[62] Gips konnte vor Ort gewonnen werden.

Etwa 60 Kisten mit „*Gypsabgüssen*" sind nach Berlin verschickt worden. Oppenheims Entscheidung, trotz der damit verbundenen Mehrkosten möglichst viele Bildwerke bereits 1913 abformen zu lassen, sollte sich als klug und vorausschauend erweisen: Als sein Grabungshaus Anfang der 1920er Jahre zerstört und viele Bildwerke zerschlagen, verstümmelt oder gestohlen worden waren, konnte er die Schäden und Verluste durch die vorhandenen Formen etwas abmildern. Abgeschlagene Nasen oder Zöpfe ließen sich originalgetreu ergänzen oder völlig zerstörte Reliefplatten mit ihrer Hilfe rekonstruieren.

Auch nach seiner Rückkehr arbeitete Beger noch gelegentlich für Oppenheim, wie die signierte Form einer kleinen Grabskulptur belegt. Eine Reihe von Aufnahmen, die in Oppenheims Wohnung am Kurfürstendamm entstanden sind, zeigen überdies in der vorderen Diele abgeformte Reliefplatten an der Wand. Solange noch keine offizielle Fundteilung erzielt worden war, konnte der stolze Entdecker seinen Gästen zumindest einige seiner spektakulären Funde in Form von Abgüssen vorführen.

Rund um die Uhr im Einsatz – Ernst Lehmann

Schon auf seinen ersten Forschungsreisen nahm Oppenheim einen Sekretär mit, der nicht nur mehrere Sprachen beherrschen, sondern auch sattelfest sein musste; war dieser 1893 noch arabischer Herkunft, gehörte ab 1899 auch immer ein deutscher Sekretär (**Abb. 2**) oder Stenograph zur Reisegruppe.[63] Nicht ohne Stolz schrieb Oppenheim im Rückblick auf diese Zeit: „*In Routen- und Peiltischaufnahmen samt Höhenmessungen geschult und mit dem Arabischen gut vertraut, war ich für meine Aufgabe aufs beste gerüstet. Auf den Karawanenreisen pflegte ich im Schritt mit Uhr und Kompaß zu reiten, indem ich vom Sattel aus jede, auch die geringste Änderung der Marschroute und alle passierten Örtlichkeiten mit den mutmaßlichen Entfernungen notieren ließ. In der Bestimmung von Entfernungen lernt man sich bald zurechtfinden, abgesehen davon, daß diese mit den Führern zu diskutieren sind. Jeder Aufenthalt, gleichviel ob kurz oder lang, wurde in das im Sattel geführte Tagebuch eingetragen.*"[64]

Da sich die Aufgabenverteilung in der Vergangenheit bestens bewährt hatte, behielt Oppenheim auch am Tell Halaf die Aufstellung der Reisegruppe bei, als er zu seinen sternförmig angelegten Erkundungsritten aufbrach – allerdings nahm er jetzt auch immer einen seiner Architekten mit: „*Die Zusammenarbeit der verschiedenen Herren ermöglichte auch bei kürzeren Aufenthalten genaue Aufnahmen, indem z. B. die Beschreibung eines Ruinenortes von mir diktiert wurde, während die Architekten und die Photographen ihre Aufnahmen machten und der arabische Sekretär nach Inschriften suchte, diese abklatschte und kopierte.*"[65]

Der Privatsekretär Ernst Lehmann gehörte mit Langenegger, Löffler und Seemann zum ersten Mitarbeiterstab am Tell Halaf. Die erhaltene Korrespondenz belegt, wie beschäftigt der Mittzwanziger war. Gerade in den ersten Monaten mussten fast täglich Briefe nach Aleppo, Beirut oder Konstantinopel geschrieben werden, da die örtlichen Behör-

92 Der Sekretär Peter Höfges präsentiert sich in selbstbewusster Pose auf einer Grußkarte

den die Ausgrabungen in jeder Beziehung durch Verbote oder willkürliche Bestimmungen zu stören versuchten. Falls Lehmann nicht gerade ein Diktat aufnahm, „*verlangte die wissenschaftliche Bearbeitung der immer zahlreicher zu Tage tretenden Funde, die Führung der Photolisten, die Verwaltung des ganzen Hauswesens, der Vorräte für die Lebenshaltung und die Grabungsarbeiten, und auch die Kassenführung*“ seine ganze Aufmerksamkeit. „*Auch bei Grabung selbst musste der Sekretär sich bei der Beaufsichtigung der Arbeiter usw. nützlich erweisen.*“[66]

Weihnachten 1912 verbrachte Oppenheim, durch Fieber und Malaria geschwächt, im Krankenhaus von Urfa; während Seemann weiter zum Tell Halaf ritt, um die Feier für die deutschen Herren und christlichen Diener vorzubereiten sowie die fotografischen Platten in der neuen Dunkelkammer zu entwickeln, leistete ihm Lehmann Gesellschaft. Typisch für Oppenheim, dass er seine Korrespondenz auch vom Krankenbett aus standhaft fortführte; so sind zahlreiche Briefe und wissenschaftliche Schriftstücke erhalten, die sein Sekretär nach dem Diktat auf der mitgeführten Schreibmaschine abtippte.

Lehmanns Krankenblatt vom 26. Januar 1912 belegt, wie erschöpft und gesundheitlich angeschlagen er zu dieser Zeit bereits war: „*In Deutschland gesund. Mit beginn der Reise geistige und körperliche Überanstrengung. Viele Durchfall auf dem Marsche und während der heißen Zeit im Lager. Anfälle von Tachycardie* [Herzjagen] *mit Schmerzen und Atemnot. Schwindel, Kopfschmerzen, Ohrensausen, schlechten Schlaf. Appetit meist gut. Jetzt seit Rückkehr zur Grabung ins Haus, schlechter Appetit, Ohrensausen, Kopfschmerzen, Hitze und Kältegefühl am Rücken Darmfunktion usw. Schlechter Schlaf.*“ Seemann verschrieb eine Arsenkur, täglich eine Stunde Bewegung in freier Luft, eine Beschränkung der Arbeitszeit auf zehn Stunden und die Einnahme einen Schlafmittels.[67]

Nach der Ankunft von Konrad Lehmann wurde der Sekretär „*Herr Ernst*“ gerufen, um eine Verwechslung mit dem Architekten zu vermeiden. Dem gestiegenen Arbeitspensum Rechnung tragend, bemühte sich Oppenheim spätestens ab November 1911 um eine Entlastung seines Sekretärs. Durch die Vermittlung seines Vaters, Albert von Oppenheim, konnte ein Vierteljahr später die Stelle mit Peter Höfges besetzt werden.

Als Herr Ernst um einen Erholungsurlaub in der Heimat bat, ging Oppenheim zunächst noch davon aus, dass sein Sekretär wieder mit ihm zurückkehren würde. Deshalb dürfte sich Lehmann wohl erst in Deutschland zum Bleiben entschieden haben. Vielleicht fiel ihm der Entschluss auch deshalb nicht schwer, da mit Höfges noch eine Vertretung vor Ort war.

Mit dem Prädikat „vorzüglich“ – Peter A. Höfges (1888–1978)

Peter Höfges gehörte zu den Männern, die es mit aller Macht in die Fremde zog, denen aber die nötigen Mittel dafür fehlten. Für den Dienst im Reichskolonialamt noch zu jung, arbeitete er gerade für die Felten & Guilleaume Carlswerk AG in Köln-Mühlheim, als er die Suchanzeige des Bankhauses Oppenheim las: „*Für mehrjährige Forschungs-Expedition nach Syrien und Mesopotamien wird ein Sekretär gesucht. Stenographie und Schreibmaschine Bedingung, französisch erwünscht*“. Diese Gelegenheit wollte sich Höfges nicht entgehen lassen, obwohl die Konkurrenz gewaltig war: „*Auf diese Annonce gingen aus dem Deutschen Reiche und Oesterreich insgesamt 274 Bewerbungen ein*[,] *es meldeten sich Akademiker, Archäologen und Juristen, Beamte, Kaufleute, Zirkusleute und einige wenige Sekretäre, d. h. solche, die wirklich stenographieren und Maschine schreiben konnten.*“ Auf seine Fähigkeiten vertrauend, machte sich Höfges in schwarzem Gehrock und Zylinder auf dem Weg zum Bewerbungsgespräch. Scheuen musste er den Termin nicht, hatte er doch „*die Prü-*

Übersicht über die deutschen Mitglieder der Oppenheim-Expeditionen am Tell Halaf

	Syrienreise 1899 Entdeckung Tell Halaf: 19.11.1899	**1. Kampagne 1911–1913** Ankunft auf dem Tell Halaf: 28.7.1911 Grabungsbeginn: 5.8.1911	**Syrienreise 1927** April bis August 1927 Fundteilung	**2. Kampagne 1929** März bis September 1929 Tell Halaf: Tiefschnitt Fecherije: Aufnahme + Vermessung Djebelet el Beda: system. Ausgrabung	**Syrienreise 1939** April bis Juni 1939 (Weiterreise zum Tell Halaf wird auf Anordnung der französischen Mandatsverwaltung verwehrt, Abbruch der Kampagne)
I. Architekt	–	Felix Langenegger (7/1911–8/1913)	–	Felix Langenegger	Felix Langenegger
II. Architekt	–	Paul Löffler (7/1911–9.12.1911 †) Konrad Lehmann (2/1912–6/1912)	–	Hans Lehmann Robert Riedel	–
III. Architekt	–	Kurt Heinrich Tischer (1/1912–8/1913) Karl Müller (12/1912–12/1913) Erich Rauschenberger (12/1912–8/1913) Theodor Dombart (4/1913–8/1913)	–	–	–
Arzt/Naturwissenschaftler	–	Oswald Seemann (7/1911–6/1912) Ludwig Kohl (12/1912–8/1913)	–	–	–
Fotografen	O. Möller	Oswald Seemann (7/1911–6/1912) Robert Paul (4/1912–8/1913) Heinrich Franke (12/1912– 3/1913)	Alfred Dietrich	Otto Schotten	Georg Fischer
Sekretäre/ Stenographen	Heinrich Hänichen	Ernst Lehmann (7/1911–7/1912) Peter Höfges (2/1912–8/1913) Hermann Lehne (12/1912–8/1913)	Alfred Dietrich	Georg Fischer	Georg Fischer
Gipsformer/ Restaurator	–	Karl Beger (6/1913–12/1913)	–	Igor von Jakimow	–
Vertreter der Grabung in Deutschland	–	Konrad Lehmann	–	–	–

fung als stenographischer Praktiker (200 Silben p. M. eine halbe Stunde lang) mit dem Prädikat „vorzüglich" abgelegt" und auch die fehlerfreie Übertragung eines Diktats in die Schreibmaschine ging ihm flott von der Hand. In Handumdrehen überzeugte Höfges den langjährigen Familien-Korrespondenten der Oppenheims, Jakob Isola, indem er die Eignungsprüfung mit Bravour bestand.[68] Oppenheim konnte mit der Empfehlung seines Vaters mehr als zufrieden sein, auch weil sich *„der stets fröhliche Rheinländer rasch in die Schwierigkeiten unseres Aufenthaltes in der Wüste hinein zu finden*" wusste.[69]

„Höffekes", wie der neue Sekretär von Oppenheim genannt wurde, traf am 1. Februar 1912 auf dem Tell Halaf ein. Vorsorglich hatte Oppenheim über Konsul Rössler noch nachfragen lassen, ob der junge Mann eine Matratze mit sich führe, anderenfalls solle er sich eine solche mit Kissen in Aleppo besorgen. Wie verbunden Oppenheim seinem neuen Mitarbeiter bald war, lässt sich daran ermessen, dass er seinen Vater noch im gleichen Monat um einen günstigeren Zinssatz für sein Gehalt bat; ein Privileg, das ansonsten nur Mitgliedern der Familie vorbehalten war.[70]

Im Frühjahr 1913 begleitete Höfges (**Abb. 92**) seinen Dienstherrn auf die beiden Forschungsreisen zum Tektek-Gebirge und zum Djebel Abd el-Aziz, während Lehne am Tell Halaf seinen Aufgaben nachkam. Nach Abschluss der ersten Grabungskampagne erhielt *„Höffekes"* – sicher auf Vermittlung von Oppenheim – eine feste Anstellung im Kölner Bankhaus, dem er mehr als 25 Jahre angehörte. Die gemeinsame Zeit im Orient hatte ein ganz besonderes Band zwischen ihm und Max von Oppenheim geknüpft: *„Sie können sich denken,*" schrieb Oppenheim ihm im Juli 1946, *„wie sehr ich mich über die Anhänglichkeit meiner früheren Helfer gefreut habe. Aber der Liebste von allen waren immer Sie, mein lieber Höffekes. Die Zeiten, in denen wir zusammen auf dem Tell Halaf waren, sind mir unvergesslich.*"[71] Die Sympathie beruhte auf Gegenseitigkeit, übernahm *„el baron"* doch auch die Patenschaft für einen von Höfges Söhnen. Bis zu seinem Tod – mehr als 33 Jahre nach der ersten Begegnung am Tell Halaf – hielt die Verbindung. Ebenso war es Peter Höfges ein großes Anliegen, die Erinnerung an Baron Oppenheim und seine Verdienste im Bankhaus wach zu halten. Ein geeigneter Anlass war dessen 100. Geburtstag: *„Meine bescheidene Aufgabe sehe ich darin, der ehemaligen Gestalt einen menschlichen Rahmen zu geben. Ich möchte meine Kollegen und Kolleginnen im Bankhaus Oppenheim mit einem berühmten Träger des Namens Oppenheim bekannt machen. Als letzter Ueberlebender der grössten und massgebenden Expedition des Freiherren von Oppenheim in den Jahren 1911–1913 halte ich mich ebenso berechtigt wie verpflichtet, hierüber meine Erlebnisse nieder zu schreiben, da ja ausser mir niemand mehr darüber erzählen könnte.*"[72]

Von Hannover-Linden zum Tell Halaf – Hermann Lehne

Nachdem feststand, dass Ernst Lehmann nicht mehr zum Tell Halaf zurückkehren würde, musste sich Oppenheim notgedrungen nach einem Nachfolger umschauen. Wollte er noch dazu an den für 1913 geplanten Studienreisen festhalten, war die Einstellung eines weiteren Sekretärs unumgänglich. So traf im Dezember 1912 Hermann Lehne am Tell Halaf ein.

Zu den Aufgaben des Sekretärs gehörte neben den bereits erwähnten Pflichten auch die Aneignung technischer Kenntnisse, um im Bedarfsfall die Schreibmaschine reparieren zu können. Feste Arbeitszeiten gab es nicht, allerdings oblag es dem Sekretär, wann er Diktate, Notizen, Berichte abtippte – natürlich immer mit Durchschlag.

Über den nunmehr II. Sekretär und Stenographen gibt es keine nähere Beschreibung. Auch auf dem Weihnachtsfoto von 1912 (**Abb. 84**) ist er nicht abgebildet, auf den beiden Silvesteraufnahmen (**Abb. 139 und 140**) nicht sicher zu identifizieren. Lehne wie auch Höfges hatten aber wohl keine ernstlichen Gesundheitsprobleme, da sie ohne Unterbrechung bis zum Ende der ersten Kampagne geblieben sind.

Die Tell Halafianer in der Rückschau

Das 19. und frühe 20. Jahrhundert bot viele Chancen, den engen privaten und beruflichen Grenzen der Heimat zu entfliehen. Anders als heute, wo eine Reise in die entlegensten Winkel der Welt kaum 24 Stunden dauert, mussten die Männer und Frauen viele Strapazen auf sich nehmen, um ihre Ziele zu erreichen und sich in der Fremde zu behaupten. Sehnsucht und Einsamkeit sind zwei Gefühle, die seinerzeit häufig in Reisebeschreibungen genannt werden. Sie widersprechen sich nur auf den ersten Blick: Sehnsucht ist der Motor, Einsamkeit der Katalysator. Landschaftliche Eindrücke, Begegnungen mit fremden Kulturen ließen keinen Reisenden unbeeindruckt. Sowohl Langenegger als auch Müller empfanden die Einsamkeit als befreiend und belastend. Es waren vor allem die Nächte in der Wüste, die sich in ihren Schilderungen widerspiegeln. Indes, nicht immer wurde der Wagemut auch belohnt. Neben ganz realen Gefahren, wie zum Beispiel durch Beduinenraubzüge (**Abb. 100**), war es oft die fehlende körperliche Konstitution. Zwar endete nicht jede Erkrankung tödlich, aber sie führte in vielen Fällen zum vorzeitigen Abbruch der Reise oder des Aufenthaltes. Oppenheim wusste deshalb sehr wohl, wie wichtig die Mitnahme eines Arztes war.

Können die Teilnehmer der ersten Grabungskampagne als eingeschworene Gemeinschaft beschrieben werden? Gewiss, wenn es darum ging, den Problemen, die von außen an sie herangetragen wurden, zu trotzen. Auch die vielen Abenteuer, die man gemeinsam überstanden hatte, dürften ein festes Band geschmiedet haben. War es für alle *„Ausgrabungsmänner"* auch eine glückliche Zeit? Diese Frage lässt sich sehr viel schwieriger beantworten, da es kaum eigene Aufzeichnungen gibt. Wer einmal an einer Grabungskampagne teilgenommen hat, weiß jedoch, wie schnell sich Spannungen aufbauen und entladen können. Durch den enormen Arbeitsdruck, der auf allen Teilnehmern der Oppenheim-Grabung lastete, dürften sich einige Konflikte und Auseinandersetzungen ergeben haben, die allerdings nur in einem Fall auch Eingang im Grabungstagebuch fanden.

Doch warum nahmen Max von Oppenheim und seine Herren so viele Entbehrungen auf sich? *„Die Überzeugung, immer noch weitere Ergebnisse zu zeitigen, stählte uns im Kampf gegen das schlechte Klima, die Hitze und die so vielfachen kleineren und grösseren Unzuträglichkeiten, sowie vor allem auch gegen so viele Entsagungen, die ja das Leben in der Wüste den Europäern auferlegt."*[73]

Zweifellos überlagerten nach der Rückkehr 1913 die Schrecken der beiden Weltkriege viele der Erinnerungen an die Zeit auf dem Tell Halaf. Während Oppenheim in seinen Briefen immer wieder die glücklichen Momente heraufbeschwor, fand Langenegger in seinen Erinnerungen keinen Trost mehr. Das Schicksal der Tell Halafer oder Tell Halafianer, wie sich die Herren nannten, war Oppenheim nicht gleichgültig. Umso bitterer fiel die Bilanz aus, die er 1946, kurz vor seinem Tod, ziehen musste: Müller, Tischer, Rauschenberger, Konrad Lehmann, Paul und Herr Ernst waren tot, das Schicksal von Seemann, Kohl und Franke ungewiss (alle drei hatten den Krieg überlebt); nur von Langenegger und Höfges war ihm der Aufenthaltsort bekannt.[74]

Es waren schlussendlich großartige Männer, die Baron Oppenheim zum Tell Halaf gefolgt sind. Nicht immer erfüllten sich ihre Träume, manchmal endeten sie – wie im Fall von Paul Löffler (**Abb. 281**) – auch tragisch. Allen gebührt jedoch größter Respekt für ihre Kühnheit, ihre Leistungen und ihren selbstlosen Einsatz.

---

1 Kohl-Larsen 1991: 94.

2 Oppenheim 1943: 10.

3 Die Überschrift bezieht sich auf einen Eintrag mit Grabungstagebuch vom 1.6.1913: *„Eine Karawane von Aleppo – Urfa kommt an mit neuen Bleistiften, Brettern und Sekt."* Am rechten Rand von anderer Hand: *„wieder Bretter?! vom Kopp"*. (NL MvO-90).

4 Verzeichnis der Gegenstände und der Bezugsfirmen, Anlage zu einem Brief von Oppenheim an Konsul Padel vom 9.3.1911 (PA AA Konsulat Beirut).

5 Oppenheim 1931: 19; Artikel in der Kölnischen Zeitung vom 29.10.1911.

6 Eintrag im Grabungstagebuch vom 29.8.1911 (NL MvO-83).

7 Empfehlung an Konrad Lehmann und Peter Höfges. Oppenheim an Walter Rössler vom 8.1.1912 (PA AA Konsulat Aleppo 6/1).

8 „200 ¾ Bordfl. Königl. Fachinger, Starverschluss" kosteten rund 80 Mark, heute etwa 700 € (PA AA Konsulat Aleppo 6/1).

9 NL MvO-109.

10 NL MvO-178: S. 252.
11 Oppenheim 1931: 28.
12 Müller hatte den Ventilator gebraucht von Dingeldey & Werres erworben. Mitteilung des Vizekonsuls Theodor Belfante an das Konsulat in Aleppo vom 27.2.1913 (PA AA Konsulat Aleppo 6/1).
13 NL MvO-178: S. 264.
14 NL MvO-178.
15 Eintrag im Grabungstagebuch vom 10.9.1911 (NL MvO-83).
16 NL MvO-158.
17 NL MvO-178: S. 253.
18 Eintrag im Grabungstagebuch vom 2.10.1911 (NL MvO-86).
19 NL MvO-204.
20 NL MvO-108.
21 Eintrag im Grabungstagebuch vom 6.2.1913 (NL MvO-89).
22 Eintrag im Grabungstagebuch vom 28.5.1913 (NL MvO-90).
23 Eintrag im Grabungstagebuch vom 24.7.1913 (NL MvO-91).
24 Brief von Oppenheim vom 9.8.1912 (ArDOG I.8.8).
25 Eintrag im Grabungstagebuch vom 28.7.1912 (NL MvO-87).
26 Durchschrift eines Briefes von Oppenheim an Geheimrat Terdenge vom 12.2.1929 (PA AA R 65739).
27 Langenegger in einem Brief an Walter Rössler vom 14.10.1912 (PA AA Konsulat Aleppo 6/1).
28 Eintrag im Grabungstagebuch vom 12.3.1912 (NL MvO-85).
29 Brief an Max von Oppenheim vom 20.7.1946 (GStAPK VI.HA Nl Scheel Nr. 5, Bl. 261–263).
30 Brief von Oppenheim an Konsul Drubba vom 22.12.1911 (PA AA Konsulat Beirut).
31 Oppenheim 1931: 27–28.
32 Eintrag im Grabungstagebuch vom 2.10.1911 (NL MvO-83).
33 Telegramm vom 1.11.1911 (PA AA Konsulat Aleppo 6/1).
34 Brief von Oppenheim an Walter Rössler mit der Abschrift von zwei Telegrammen, 6.12.1911 (PA AA Konsulat Aleppo 6/1).
35 Der Brief datiert vom 12.12.1911, nur drei Tage nach dem Tod von Löffler (NL MvO-229).
36 Brief an Walter Rössler vom 1.1.1913 (PA AA Konsulat Aleppo 6/1).
37 Eintrag im Grabungstagebuch vom 22.4.1912 (NL MvO-86).
38 Anonymus 1942: 3.
39 Oppenheim in einem Brief an Ludwig Kohl vom 31.12.1919 (Archiv und Museum Landau, Mappe K 2/10: Korrespondenz mit Dr. Max Freiherr von Oppenheim, Nr. 6).
40 Brief von Müller an Walter Rössler vom 23.8.1913 (AA PA Konsulat Aleppo 6/1).
41 Telegramm von Oppenheim an das Konsulat in Aleppo, eingegangen am 23.3.1913 (PA AA Konsulat Aleppo 6/1).
42 NL MvO-24.
43 Die Hilfe von Dr. Vischer wurde nur in Anspruch genommen, wenn eine Erfolg versprechende Behandlung auf dem Tell Halaf nicht möglich oder eine Klimaveränderung angeraten war.
44 NL MvO-114.
45 Brief von Oppenheim an Walter Rössler vom 29.5.1912 (PA AA Konsulat Aleppo 6/1).
46 Langenegger in einem Brief an Walter Rössler vom 7.7.1912 (PA AA Konsulat Aleppo 6/1).
47 Kohl-Larsen 1991: 9.
48 Kohl-Larsen 1991: 88–89.
49 Kohl-Larsen 1991: 52.
50 Kohl-Larsen 1991: 231.
51 NL MvO 178: S. 260.
52 Brief von Oppenheim an Walter Rössler vom 17.2.1912 (PA AA Konsulat Aleppo 6/1).
53 Brief von Oppenheim an Walter Rössler vom 2.3.1912 (PA AA Konsulat Aleppo 6/1).
54 Brief von Oppenheim an Heinrich Bergfeld, vom 8.11.1912 bis 6.4.1913 kommissarischer Leiter des Konsulats in Aleppo, vom 29.12.1912 (PA AA Konsulat Aleppo 6/1).
55 Siehe Korrespondenz zwischen Oppenheim und Ludwig Borchardt beziehungsweise Oppenheim und Moritz, NL MvO-129.
56 Grabungstagebuch, Eintrag vom 17.10.1912 (NL MvO-88).
57 Grabungstagebuch, Eintrag vom 6.12.1912 (NL MvO-89).
58 NL MvO 178: S. 207.
59 Brief von Oppenheim an Heinrich Bergfeld vom 19.1.1913 (PA AA Konsulat Aleppo 6/1).
60 Herzfeld in einem Brief an Oppenheim vom 21.2.1913 (NL MvO-229).
61 Herzfeld in einem Brief an Oppenheim vom 3.3.1913 (NL MvO-229).
62 Inventar des Materialienschrankes, Eintrag vom 21.1.1913 (Gipsformerei, Berlin).
63 Oppenheim 1943: 10–12.
64 Oppenheim 1943: 11.
65 Oppenheim 1943: 11.
66 NL MvO-178: 208.
67 NL MvO-114.
68 MvO-S, Nr. 79.
69 NL MvO-178: S. 214.
70 Brief an Albert von Oppenheim vom 28.2.1912 (NL MvO-25).
71 Brief von Oppenheim an Peter Höfges vom 25.7.1946 (MvO-S, Nr. 79).
72 MvO-S, Nr. 79.
73 NL MvO-178: S. 4.
74 NL MvO-7.

Ethnographie und Archäologie – Die Arbeiter am Tell Halaf

Katharina Lange, Berlin

Die Ausgrabung auf dem Tell Halaf war nur mit Hilfe zahlreicher Arbeiter möglich. Ab Oktober/November 1911 waren hier zunächst 200 bis 300, später bis zu 550 Männer und Frauen aus dem heutigen Syrien und der Türkei beschäftigt.

Max von Oppenheims Aufzeichnungen geben Aufschluss über seine Sicht auf diese Gruppe. Schriftliche Zeugnisse aus der Perspektive der Arbeiter und Arbeiterinnen selbst, die zum überwiegenden Teil nie lesen und schreiben lernten, haben wir dagegen nicht. Wer waren diese Arbeiter? Zunächst wurden etwa 200 armenische Bauern in der Umgebung der nahen Stadt Mardin (in der heutigen Türkei) für die Grabung rekrutiert. Schon nach kurzer Zeit wurden sie weitgehend durch (muslimische) arabische Beduinen ersetzt. Diese Gruppe sollte in den nächsten Jahren das Hauptkontingent der Arbeiter und Arbeiterinnen stellen.

Die ersten beduinischen Arbeiter rechneten sich den al-Hamad al-Hussein zu, einer etwa 50 Zelte starken Untergruppe des Stammes (arab. *qabîla*) der Baggarat al-Dschebel. Es waren Angehörige und Gefolgsleute des Scheichs Muhammad al-Hissî, die in der Nähe der Ausgrabungen lagerten (**Abb. 93**).[1] Später kamen auch Angehörige anderer Stämme (vor allem Scherabin, Harb, Nu'em) dazu. Die Baggara (**Abb. 94**) waren (und sind) eine große, im nördlichen Syrien, in der südlichen Türkei und im nördlichen Irak verbreitete tribale Gruppe. Die Stammeseinheit war in zwei Hauptgruppen unterteilt. Die „Baggarat al-Dschebel", der die meisten Grabungsarbeiter angehörten, lebten großteils nomadisch; ihre Schaf- und Kamelherden weideten im Winter in der Gegend des Djebel Abd el-Aziz, im Sommer in der nördlichen Ebene. Ein Teil betrieb zudem Ackerbau.[2]

Oppenheims Syrienreisen dienten nicht nur der archäologischen, sondern auch der ethnographischen Erkundung. Sein vierbändiges Werk „Die Beduinen", das zwischen 1939 und 1968 publiziert wurde, ist bis heute eine wichtige ethnographische Quelle. Seine Aufenthalte am Tell Halaf nutzte Oppenheim zur Vervollständigung seiner Materialsammlung, er machte Besuche bei den Beduinenscheichs der Umgebung und empfing ihre Gegenbesuche; mit seinen Assistenten zeichnete er ethnographische und geographische Informationen von den beduinischen „Nachbarn" des Tell Halaf (**Abb. 95**) auf.[3] Umgekehrt unterstreichen Oppenheims Notizen die Bedeutung seiner ethnographischen Kenntnisse für die Durchführung der Grabung. Bereits die Anwerbung der ersten beduinischen Arbeiter sei durch seine Vertrautheit mit den syrischen Stämmen erleichtert worden; auch im weiteren Verlauf der Grabung habe er durch *„auf der Reise* [...] *angeknüpfte Beziehungen viele Beduinen heran*[gezogen]".[4] Die al-Hamad al-Hussein, die die ersten beduinischen Arbeiter am Tell Halaf stellten, waren politisch von den Millî abhängig, einem überwiegend kurdischen Stamm in der Nachbarschaft des Tell Halaf.[5] Zu ihrem Scheich, Ibrahim Pascha, und dessen Söhnen pflegte Oppenheim eine Freundschaft, auf die er stolz war (**Abb. 96–98**).

Bei der Rekrutierung der beduinischen Arbeiter aus unterschiedlichen Gruppen galt es Oppenheim zufolge, die „Beduinenpolitik", das heißt die Verhältnisse der einzelnen Stämme untereinander, zu berücksichtigen.[6] In seiner Wahrnehmung spielten hierarchische Abstufungen unter den Stämmen und im inneren Gefüge der Stammeseinheiten

93 Zeltlager der Grabungsarbeiter am Tell Halaf, 1911/12
[Aufnahme O. Seemann?]

94 Scheich Sultan vom Stamm der Baggara zu Besuch im Grabungshaus, Tell Halaf August 1913

95 Das klassische Beduinenzelt (arab. Beit al-Sha'r, „Haus aus Haaren") bestand aus gewobenem Ziegenhaar, das in Streifen zu einer Plane vernäht war, Tell Halaf undatiert

96 Oppenheim und seine Männer zu Gast im Zelt der Söhne von Ibrahim Pascha, Tell Halaf undatiert

97 Max von Oppenheim (re.) beim Sammeln und Abgleich von Daten. Die Gespräche fanden im europäischen Teil eines Beduinenzelts statt, 1929

98 Kaffeezubereitung im Zelt der Söhne Ibrahim Paschas, undatiert

99 Hadlet el Djed'an, Tell Halaf undatiert

eine wichtige Rolle. Die nomadisch lebenden „echten Beduinen" verkörperten für ihn Tugenden wie „Großmut", „Kühnheit" und „Ritterlichkeit",[7] die mit zunehmender Sesshaftwerdung verloren gingen. Er achtete genau auf die sozialen und politischen Verhältnisse innerhalb der Beduinenstämme und reproduzierte Unterschiede in Rang und Würde zwischen Scheichs und anderen Stammesmitgliedern auch in der Grabungsorganisation: *„Es war besonders wichtig, die Stammesverhältnisse genau zu kennen und mit ihnen zu rechnen, sowohl was die Verteilung der Arbeiter anging, als auch in Momenten von Schwierigkeiten, Streiks und dergl. Vor allem war es notwendig, den patriarchalen Verhältnissen der Beduinen entsprechend mit ihren Hauptanführern, mit den nächsten Verwandten ihrer Oberschechs oder durch besondere Klugheit und Gewandtheit privilegierten Personen, die sich Einfluss zu verschaffen im Stande waren, zu rechnen. Die Oberschechs wurden immer mit kleinen Geschenken, Abaijen und dergl. bedacht."*[8] *„Die Söhne und Töchter der Schechs erhielten die bevorzugten Stellungen* [...] *Bei eintretenden Schwierigkeiten wandte ich mich an die Schechs selbst oder deren Söhne."*[9]

Auch bei größter Hitze und widrigem Wetter wurden die körperlich schweren Grabungsarbeiten von Sonnenaufgang bis kurz vor Sonnenuntergang durchgeführt. Die tägliche Arbeitszeit betrug um die zehn Stunden und wurde von einer Mittagspause unterbrochen. Auch Arbeitsunfälle blieben nicht aus, die in mindestens einem Fall sogar tödlich endeten, als ein Erdrutsch in einem der tiefen Suchgräben zum Tod eines jungen Arbeiters führte [SIEHE AUCH BEITRAG VON R. HEITMANN].

Die Beduinen bekamen geringere Löhne als andere Arbeiter. Während in der Saison 1912/1913 die Arbeiter aus Mardin 7, 6 beziehungsweise 5 Piaster täglich bekamen, arbeiteten die Beduinen *„zu einem relativ vernünftigen Preise"* von 5, 4, und 3 Piaster pro Tag, von dem sie sich auch selbst verpflegen mussten.[10] (1912 kostete 1 Shumbul – ca. 60 kg – Weizen auf dem Markt in Aleppo zwischen 150 und 190 Piaster).[11] Oppenheim begründete dies mit ihrer geringeren Arbeitsleistung. Die Löhne waren nach Tätigkeit und Arbeitsleistung abgestuft: Männer mit Eisengeräten bekamen den höchsten, Kinder den niedrigsten Tagelohn.[12]

Mit Streiks protestierten die Arbeiter gegen schlechte Arbeitsbedingungen und forderten eine Aufbesserung der Löhne. Oppenheim bewertete die Proteste nicht etwa als gerechtfertigte Reaktion auf schwere Arbeitsbedingungen und einen relativ geringen Lohn, sondern betrachtete sie (besonders bei den Mardiner Arbeitern) als Ausdruck von *„Undankbarkeit"* und *„Aufsässigkeit"* oder tat sie als unbedeutend ab.[13]

Was motivierte die Arbeiter, trotzdem an der Grabung teilzunehmen? Zwischen 1910 und 1912 waren die klimatischen Bedingungen für die Viehzucht in Nordsyrien ausgesprochen ungünstig. Der Winter vor Beginn der Ausgrabungen war extrem hart gewesen und hatte Oppenheims Aufzeichnungen zufolge mehr als die Hälfte der Herden in der Region vernichtet. Manche Viehzüchter hatten *„alles verloren, was sie besassen, und es war auch niemand da, der ihnen durch Hirtenstellen und dergl. Geld zu verdienen gegeben hätte."*[14] Dieser Umstand begünstigte die Beschäftigung beduinischer Arbeiter auf dem Tell Halaf. Obwohl die mit der Grabung verbundenen Arbeiten für die Viehzüchter ungewohnt waren, war eine wachsende Zahl von Männern und Frauen (**Abb. 99**) dazu bereit.

100 Beduinen auf dem Raubzug (arab. Ghazu), undatiert

Viele der beduinischen Arbeiter hatten durch die Grabungsarbeiten vermutlich erstmals ein festes Einkommen an Bargeld. Zu jener Zeit war es in Nordsyrien zumeist üblich, Entlohnungen für Arbeit in der Landwirtschaft, Pachtzins usw. in Naturalien auszuzahlen. Auch Steuern, Brautpreise oder Blutgeld wurden unter den Nomaden meist in Naturalien entrichtet.

Geld gewann in der ersten Hälfte des 20. Jahrhunderts an Bedeutung. Bargeld konnten Beduinen durch den Verkauf von Tieren, Wolle oder Milchprodukten verdienen. Auf kleineren Märkten und in der Metropole Aleppo wurden gegen Geld Genussmittel (Kaffee, Zucker, Tabak), Waffen, Schmuck sowie solche Gegenstände des täglichen Bedarfs und Kleidungsstücke gekauft, die die Beduinen nicht selbst herstellten. Der Lohn aus der Grabung ergänzte die mageren Einkünfte aus Viehzucht und Ackerbau. Dennoch blieb das saisonale Einkommen aus den Grabungsarbeiten für die Arbeiter eher ein Zuverdienst als eine grundlegende Einkommensquelle. Im Vordergrund standen nach wie vor die mobile Viehzucht und der Ackerbau. So musste sich auch der Rhythmus der Grabungsarbeiten dem Wirtschaftsjahr der Beduinen anpassen: „[... I]*m Spätherbst* [verließen uns die Leute], *weil sie in gewohnter Weise nach dem Djebel Abd el Aziz gehen wollten, um dort die Butumernte*[15] *einzuheimsen und ihre Heerden* [sic!] *weiden zu lassen. Die ständige Arbeit war ihnen noch nicht genügend in Fleisch und Blut übergegangen. Bisher waren die Leute stets freie Wüstensöhne gewesen, in den paar Wochen hatten sie für ihre Verhältnisse so viel Geld verdient, dass sie über den unerwarteten Reichtum vergnügt von dannen zogen, ohne den weiteren Verdienst noch mitzunehmen.*“[16]

Oppenheims Haltung gegenüber „seinen“ beduinischen Arbeitern, die er selbst als „*freundväterlich-patriarchalisch*“ beschrieb, spiegelt seine eigene Sicht des Orients und wohl auch die Prägung durch seine Herkunftsgesellschaft wider. So mochte sein Nicht-Ernst-Nehmen beziehungsweise die Ableh-

101 Gefangene Schammar-Beduinen im Expeditionshaus, Tell Halaf undatiert

nung der Streiks auch durch Oppenheims eigene soziale Herkunft beeinflusst sein. Möglicherweise drückte sich hierin wie in seiner Darstellung des Verhältnisses zu den „wilden Wüstensöhnen" aber auch die Sehnsucht nach *„einer Welt* [... aus], *die archaischen Mustern folgte, in der die Geschichte quasi stehen geblieben zu sein schien, in der Hierarchien und Werte klar waren ohne die beunruhigenden und hässlichen Begleiterscheinungen der modernen Industriegesellschaft"*.[17]

In seiner paternalistischen Haltung näherte Oppenheim sich der Rolle einheimischer Beduinenscheichs an, wie er sie verstand. Seine Haltung insbesondere gegenüber den beduinischen Arbeitern war von Sympathie und Herablassung geprägt: *„Die Leute sind wie Kinder zu behandeln. Das Mass, welches an Europäer zu legen ist, ist bei ihnen nicht anzuwenden.* [...] *Jede persönliche Eitelkeit ist abzulegen. Man muss die hiesigen Verhältnisse sich zur Richtschnur nehmen, niemals an Europa denken und nicht zu grosse Anstrengungen machen, die Leute zu Europäern zu erziehen. Freundväterlich-patriarchalisch soll man gegen sie sein, selbstverständlich mit einer gewissen Strenge, indem man verlangt, dass gearbeitet wird."*[18]

Das Verhältnis zu den Arbeitern war – zumindest aus Oppenheims Perspektive – weit mehr als nur ein Zweckbündnis zur Ausgrabung des Tell Halaf. In seiner wiederholten Bezeichnung der Arbeiter als „Kinder" kommen einerseits Überlegenheitsgefühle des gebildeten Europäers gegenüber den „wilden Wüstensöhnen" (**Abb. 100 und 101**), die kaum ein Europäer zu jener Zeit als gleichberechtigte oder gar gleichgestellte Menschen wahrnahm, zum Ausdruck. Darüber hinaus verweist seine Wortwahl jedoch auch auf seine Sympathie und sein Gefühl der „Fürsorge": *„die Arbeiter machten mir viel Arbeit und Sorge, ebenso wie viel Kinder einem Arbeit machen – so denke ich es mir wenigstens, da ich Junggeselle bin."*[19] Dass das Verhältnis zu den beduinischen Arbeitern ihm auch emotionale Befriedigung verschaffte, zeigt folgende Notiz: *„Das Zusammenleben mit* [den Beduinen] *war an sich für* *mich schon eine Freude. Ich liebte meine Arbeiter trotz ihrer Unarten, und ich hatte das Gefühl, dass auch sie mich liebten.*“[20] So räumte Oppenheim hinsichtlich der beduinischen Arbeiter denn auch ein: „*Wir sind ihnen zu grossem Danke verpflichtet*“.[21]

Quellen

Für diesen Beitrag wurden Quellen aus dem Nachlass Max von Oppenheims (NL MvO) verwendet.

1 NL MvO-178, Grabungsgeschichte Tell Halaf 1918, 1928–1929, 1937; Oppenheim 1983: 249.

2 Oppenheim 1983: 239–240.

3 NL MvO-178, S. 278.

4 NL MvO-110, Grabungsalltag Tell Halaf; „Einrichtung der Grabung“, 22.6.1913, S. 1.

5 Oppenheim 1983: 248, 251.

6 NL MvO-178, S. 2.

7 Nippa 2001: 145.

8 NL MvO-110, S. 3.

9 NL MvO-178.

10 NL MvO-108, Alltagsleben Tell Halaf 1912–1913; auch Brief Max von Oppenheims an Konsul Walter Rössler vom 27.11.1911 (PA AA, RAV Aleppo 6 Bd. 1).

11 Issawi 1988: 426.

12 Oppenheim 2001: 189, 190.

13 Oppenheim 2001: 190.

14 NL MvO-110, S. 6.

15 Eine Pistazienart.

16 NL MvO-108, S. 2–3, auch NL MvO-178.

17 Teichmann 2001: 52.

18 NL MvO-110. S. 5.

19 NL MvO-178, S. 2.

20 NL MvO-178, S. 4.

21 NL MvO-108, S. 1.

„Alles dieses bitte vertraulich" – Max von Oppenheim und Walter Rössler

Martin Kröger, Berlin

Am Nikolaustag des Jahres 1910 erhielt der deutsche Konsul in Aleppo einen erstaunlichen Brief. Er begann mit den Sätzen: „*Ich weiß nicht, ob Sie sich meiner noch erinnern werden. Ich hatte die Ehre Sie in Zanzibar im Jahre 1893 kennen zu lernen. Seitdem hat das Geschick uns beide nach den verschiedensten Orten herumgeworfen. Der Zufall will jedoch, dass ich binnen Kurzem Ihnen wieder zu begegnen die Freude haben werde.*"[1] Das war der Auftakt zu einem Schriftwechsel, der am Ende viele hundert Briefe und Telegramme, Zettel, Listen, Rechnungen und Zahlungsanweisungen, Belege, Lieferscheine und Quittungen, Berichte, Aufzeichnungen und Erlasse umfassen sollte. In der überlieferten Akte sind besagtem Schreiben zwei Zeitungsartikel vorgeheftet, die Konsul Walter Rössler (**Abb. 102**) vielleicht schon auf das Kommende vorbereiteten. Der „Berliner Lokal-Anzeiger" vom 12. November und der in Konstantinopel erscheinende „Osmanische Lloyd" vom 29. November hatten gemeldet, dass Max Freiherr von Oppenheim eine Expedition ausrüste, um eine im Amtsbezirk des Konsulats gelegene hethitische Residenz auszugraben. Beide Blätter erinnerten an Oppenheims Zeit in Kairo, wo er in seinem Hause die größte Gastlichkeit geübt habe und wo „*kein Reisender von Distinktion*" vorübergegangen sei. Daran knüpfte Rössler in seiner Antwort an: „*Ich entsinne mich nicht nur genau Ihres Besuches in Zanzibar nach Beendigung Ihrer großen Reise, sondern könnte auch daran erinnern, daß ich in Kairo im Frühjahr 1899 die Ehre hatte, Sie wiederzusehen.*"[2]

Die beiden Korrespondenzpartner hätten unterschiedlicher kaum sein können. Walter Rössler wurde am 7. Oktober 1871 als Sohn eines Philosophieprofessors und Publizisten geboren. Sein Vater, Constantin Rössler, hatte sich als kleindeutscher Liberaler Bismarck angeschlossen, für den er Pressekampagnen betrieb. Seine Artikel in der „Krieg-in-Sicht"-Krise (1875) und während der „Boulanger-Affaire" (1887) haben Geschichte gemacht.[3] Vor seinem Ruhestand hatte er 1893 noch seinen jüngeren Sohn Walter im Auswärtigen Dienst unterbringen können, einige Jahre später folgte ihm auch der ältere Bruder, Sigismund; dieser war von 1909 bis 1917 Konsul in Rio Grande do Sul in Brasilien. Insofern waren die Rösslers fest in den Strukturen des Auswärtigen

102 Konsul Walter Rössler, 1909

103 Walter Rössler und seine Frau, 1908

Amts verankert. Walter Rösslers Karriere verlief auf sehr typische Weise. Er hatte Jura und am Seminar für orientalische Sprachen in Berlin Arabisch studiert. Nach dem Sprachdiplom und dem Referendarexamen war er in den Auswärtigen Dienst einberufen worden, wo er zunächst als Dolmetscher im arabischen Raum tätig war. Im Anschluss an seine konsularische Prüfung übernahm er 1909 die Geschäfte als Konsul in Aleppo, wo er bis 1918 blieb. Zu Nachruhm kam Rössler durch seine schonungslose Berichterstattung über die Verbrechen an der armenischen Bevölkerung während des Ersten Weltkriegs. Rössler war verheiratet (**Abb. 103**), hatte zwei Söhne; er starb 1929 in seiner Geburtsstadt Berlin.[4]

Ganz anders der elf Jahre ältere, adlige Bankierssohn aus Köln [SIEHE BEITRAG VON W. RÖLLIG]: Max von Oppenheim war ledig, schwärmte von einer Zeitfrau in Kairo; sein Leben dort hatte er orientalisch inszeniert. Eine gewöhnliche konsularische oder diplomatische Laufbahn war ihm verwehrt worden. Nur eine Zeit lang gehörte er dem Auswärtigen Dienst an: Von 1896 bis 1910 berichtete er dem Auswärtigen Amt über Land und Leute der arabischen Welt. Während dieser Zeit war er trotz gegenteiliger zeitgenössischer und auch späterer Unterstellungen kein deutscher Agent im britisch beherrschten Ägypten [SIEHE AUCH BEITRAG VON S. OBERHAUS].[5] Wo Rössler mit dem für die damaligen Verhältnisse durchaus anständigen Jahresgehalt als Konsul (1910: 13000 Mark)[6] haushalten musste, rüstete Max von Oppenheim mit dem Geld seines Vaters eine ganze Expedition aus.

Zurück zu dem eingangs erwähnten Brief, der genau diese Expedition betraf. Oppenheim wusste, dass er Rat und Beistand des Konsuls in Aleppo benötigen würde. Er wird auch gewusst haben, dass das Auswärtige Amt seinen Mitarbeiter vor Ort anweisen wollte, die Ausgrabung nach Kräften zu unterstützen.[7] Ihm scheint aber der vorherige persönliche Kontakt wichtig gewesen zu sein. Man wird das nachvollziehen können, angesichts der Größenordnungen, die in der ersten Kontaktaufnahme beschrieben sind, und der Vielzahl von Einzelfragen und Bitten, die darin vorgetragen werden: Sechs Tonnen Stückgut, 800 m Gleise für eine Kleinbahn und sechs Lorenwagen sollten in die Wüsten-Outbacks des Osmanischen Reichs verfrachtet werden. Was würden Transport und Lager kosten, wo würde man am Besten anlanden – im kleinen Alexandrette oder im entfernteren Beirut –, was kostete ein Kamel, wie viele würden wohl benötigt, gäbe es genügend Lasttiertreiber oder sogar motorisierte Lastwagen, wer spräche französisch, was würde das Personal, was ein Hotelzimmer kosten; und wann könnte die Karawane aufbrechen, wenn man spätestens im April am Tell Halaf beginnen wollte?

Wie die schon zitierte Erinnerung an das Zusammentreffen in Kairo zeigt, antwortete Rössler in einem kollegialen, entgegenkommenden Ton. Oppenheims Fragen beantwortete er sehr genau. Hierfür hatte er sich vor Ort sowie in Alexandrette und Beirut erkundigt. Rössler vermittelte auch einen Aleppiner Kaufmann, der Transport und Lager zu übernehmen bereit war. Überdies gab er Ratschläge aus seiner Erfahrung als Konsul: „*Schreiben Sie in Ihre Liste* [gemeint ist die Zollerklärung] *lieber etwas mehr als Sie tatsächlich mitführen, als umgekehrt. Ist es nachher weniger, so kümmert sich niemand darum. Wollen Sie aber ein Stück mehr einführen als in der Liste steht, so können Sie die ganzen Formalitäten noch einmal machen.*“[8] Oppenheim bedankte sich stets wortreich bei seinem beamteten Helfer: „[…] *bin Ihnen wirklich außerordentlich verbunden für Ihr grosses Interesse für meine Expedition*“, „[…] *darf ich Ihnen nochmals meinen herzlichsten Dank für Ihre freundlichen Bemühun-*

gen aussprechen und mein aufrichtiges Bedauern, Ihnen solche durch meine Expedition zu machen".[9]

Dies wird den Charakter der Korrespondenz über die nächsten drei Jahre prägen: Oppenheim bittet für die unterschiedlichsten Dinge um den Beistand des Konsuls, den dieser nicht ablehnen kann, weil die Berliner Zentrale ihn entsprechend instruiert hat, und den er wohl auch nicht ablehnen will, weil er sich wirklich für die Ausgrabungen interessiert: „*Ich wünsche von Herzen*", schrieb er, „*daß Ihre Grabung wieder so prächtige Ergebnisse liefert.*"[10] Jedoch überwiegen an Zahl und Umfang die Briefe Oppenheims diejenigen Rösslers bei weitem. Oppenheim diktierte ungezählte, ausführliche und mehrseitige Briefe, mindestens einen, oft mehrere, in der Woche; er nannte sie ausdrücklich seine „Expeditionsbriefe".[11] Rössler antwortete dagegen nur in knapper handschriftlicher Form, häufig auf drei oder vier Briefe gleichzeitig.

Trotz der großen Zahl von Schreiben gibt es in der Korrespondenz keinen deutlichen Hinweis darauf, dass sich die Beziehung der beiden im Laufe der Zeit etwa freundschaftlich vertieft hätte. Man grüßte herzlich zu den hohen christlichen Feiertagen,[12] schenkte ein signiertes Portrait[13] oder etwas zum Geburtstag[14] und lud zum Diner ein;[15] Oppenheim gratulierte telegraphisch aus Berlin zur Geburt des Sohnes[16] und Rössler kondolierte, als Oppenheims Vater starb.[17] Indes blieb man beim „Sie", nicht unbedingt kühl, aber geschäftsmäßig, wobei Max von Oppenheim deutlich den persönlicheren Ton anschlug: Einmal anfangs des Jahres 1914 schrieb er sogar „*lieber Freund*".[18] Auch versäumte er nicht die jährliche Spende von 100 Mark für die Deutsche Schule, in der sich Rösslers Frau engagierte.[19] Lediglich bei wenigen Telegrammen benutzte Rössler Vornamen („Max" und „Paula" für die Mutter in Köln) oder verkürzte Oppenheim die Schlussformel („*besten gruss*" statt „*mit vielen Empfehlungen bin ich Ihr sehr ergebener*"). Das aber ist nicht der Ausdruck größerer Vertrautheit, sondern diente einzig dazu, die Telegraphiekosten zu senken. Immerhin war das Verhältnis der beiden aber so vertraut, dass sich Oppenheim ausführlich über den Tod des Vaters, den dadurch erlebten Verlust und die „*traurigen Stunden*" in Köln äußerte.[20]

Insgesamt darf man wohl sagen, dass es Oppenheim mit einer Mischung aus rheinischem Charme, unwiderstehlicher Dreistigkeit und ein wenig

104 Das Wahrzeichen von Aleppo ist bis heute die Zitadelle im Zentrum der Stadt, 1899

Nachdruck aus dem Auswärtigen Amt gelang, das Konsulat in Aleppo zu einem Verwaltungsposten seiner Tell Halaf-Expedition zu instrumentalisieren. Aber Walter Rössler ließ es bereitwillig geschehen, jedenfalls ist von ihm weder Widerspruch noch Kritik überliefert. In seinem Jahresbericht schrieb er nur: „*Im April 1911 traf die Expedition des Baron Max von Oppenheim für die Ausgrabungen auf dem Tell Halaf in Aleppo ein, durch welche das Konsulat dauernd sehr stark in Anspruch genommen worden ist.*" Hinter dem hier auch vermerkten Anstieg der Journalnummern von 1203 im Vorjahr auf jetzt 1800 versteckt sich ein entsprechender Anstieg der Arbeitslast um die Hälfte ohne Zuwachs beim Personal (neben Rössler ein Dragoman und ein Sekretär).[21] Oppenheim, dem die Journalzählweise geläufig war, konnte selbst ermessen, wie viel Arbeit er dem Konsulat bereitete: „*Ich habe aus Ihren an mich gesandten Sachen ersehen, dass Sie vom 20. November bis 24. November No. 1543–1595 hatten* [...] *Das ist ja eine kolossale Belastung.*"[22] Entsprechend ahnte Oppenheim den Mangel an „*fürsorgliche*[r] *Hülfe*" voraus, als der Konsul einen Urlaub ankündigte.[23]

Wie notwendig Oppenheim die Unterstützung Rösslers hatte, zeigte sich schon bei seinem Aufenthalt in Aleppo vom 8. Mai bis 18. Juni 1911. Bei einer archäologischen Begehung der Zitadelle (**Abb. 104**)

105 Erinnerungsfoto im Torbogen der Zitadelle mit Löwenköpfen: Max von Oppenheim (1. v. li.) und Paul Löffler (2. v. li.), Aleppo 1911 [Aufnahme O. Seemann]

kam es zum Abbruch eines antiken Löwenkopfes (**Abb. 105 und 106**), mit dem entsprechenden Hin und Her zwischen osmanischem Militär und lokaler Zivilverwaltung. Dass Oppenheim bereit war, die Restaurierung zu bezahlen, war sicherlich hilfreich; aber nur der Konsul, der in diesem *„türkischen Winkel"*[24] schließlich das deutsche Kaiserreich vertrat, konnte den Streit beilegen. Er informierte Berlin sowie die Botschaft in Konstantinopel und verhandelte mit den örtlichen Würdenträgern, so dass die Sache glimpflich für den Expeditionsleiter ablief.[25] Immer wieder verließ sich Oppenheim auf Rösslers Hilfe. Alle Schwierigkeiten mit osmanischen Beamten, Karawanendieben, seinen Arbeitern oder den im Umfeld des Tell Halaf lebenden Menschen, auch die Ängste vor britischer Grabungskonkurrenz teilte er dem Konsul mit. *„Bei dem zweifellosen Uebelwollen des Mutessarifs* [Gouverneur eines türkischen Verwaltungsdistrikts] *von Der ez Zor"*, so schrieb Oppenheim beispielsweise, *„erscheint mir eine erneute energische Anweisung desselben von Constantinopel, uns das größte Wohlwollen entgegenzubringen und weiter Schwierigkeiten zu ersparen, sehr notwendig."*[26] Rössler tat, was in seiner Macht stand, um der Expedition zumindest gegenüber den türkischen Behörden den Rücken frei zu halten.[27] Dabei sandte er Oppenheim stets die Abschriften solcher Berichte, Telegramme oder Erlasse, die er in Expeditionsangelegenheiten an andere Dienststellen (benachbarte Konsulate, die Botschaft in Konstantinopel, das Auswärtige Amt oder osmanische Stellen) geschrieben hatte.

Wie sehr er Rössler vertraute, zeigt beispielsweise Oppenheims Umgang mit den Geldtransfers seiner Eltern: *„Aus bestimmten internen Gründen möchte man von Cöln aus die Sachen nicht direkt an die Bank absenden."* Das Geld ging stattdessen an Rössler, der es als Einzahlung von Oppenheim zur

Aleppiner Filiale der Deutschen Orientbank trug.[28] Die gleiche Verlässlichkeit und Diskretion setzte Oppenheim voraus, wenn er Rössler berichtete, *„wie glücklich ich über die Funde der letzten Wochen auf unserem Tell bin. Derselbe hält wirklich alle Erwartungen und weit mehr.“* Über die Anlage des Palastes sei er sich klar geworden, auch habe man eine Reihe von Orthostaten und einzelne Goldgegenstände gefunden. *„Natürlich bitte ich Sie, dieses einstweilen noch vertraulich zu behandeln.“*[29] Wenige Tage später bat er den Konsul um Rat, *„was die Wegsendung all dieser Sachen angeht“*. Oppenheim gab ganz offen zu, dass er sie zumindest teilweise als Umzugsgut deklarieren wollte.[30] Einige Wochen darauf schrieb er, *„dass es absolut notwendig ist, so bald wie möglich über* [die] *Versendung, ganz gleichgültig wohin, möglichst lange vorher sich genau zu verständigen“*.[31] Oppenheim verhandelte in Konstantinopel über eine geregelte Fundteilung, worüber er im Vertrauen *„meinen“*[32] Konsul unterrichtete. Dabei kam ihm sogar die Idee, den türkischen Anteil auf seine Kosten in die Hauptstadt schaffen zu lassen. Er bat Rössler, der auf Urlaub in Deutschland weilte: *„Wenn Sie im* [Auswärtigen] *Amte oder in Konstantinopel bei*[m deutschen Botschafter] *Baron Wangenheim Gelegenheit haben sollten, auf diesen Punkt zu sprechen zu kommen, und auch Ihrerseits das Ihrige dazu beitragen, damit wir die Hälfte unserer Funde, Kleinfunde sowohl wie auch grosse Orthostaten, Statuen etc. erhalten, würden Sie für die Wissenschaft ein gutes Werk tun.“*[33] Und Oppenheims Drängen wurde noch nachdrücklicher: *„Vor allem habe ich“*, schrieb er, kaum dass Rössler seinen Urlaub beendet hatte, *„wirklich schwere ernste Sorgen wegen der Rettung meiner Sachen* [...] *Sie wissen ja, und Ihnen darf ich es schreiben, ein wie intensives Interesse die höchsten Kreise in Deutschland* [– der Konsul wusste, dass Wilhelm II. gemeint war –] *daran nehmen und wieviel für mich selbst dabei tatsächlich auf dem Spiele steht.“*[34] Als Halil Bey, der Generaldirektor der Staatlichen Osmanischen Museen, damit begann, Oppenheims Transporte zu behindern,[35] schrieb dieser, *„wie wünschenswert es mir erscheint, dass nun baldigst die sämtlichen Kisten hinauskommen“*.[36]

Antworten Rösslers hierauf sind nicht überliefert, aber er scheint den Expeditionsleiter so gut es ging, unterstützt zu haben: *„Ich danke Ihnen vielmals“*, schrieb ihm dieser, *„für Ihre vorsichtigen Massnahmen und hoffe, dass demnächst alle Sachen wie bisher ungefährdet auf See gebracht werden.“*[37] An anderer Stelle dankte er mit den Worten: *„Überhaupt bin ich glücklich, dass Sie in einer so sachgemässen, liebenswürdigen, energischen Weise alle meine Sachen in Ordnung bringen.“*[38] Dass Rössler aber keineswegs mit allem einverstanden war, was Oppenheim tat, um die Funde außer Landes zu bringen, zeigt ein Bericht an den Botschafter Wangenheim. Demnach hat er Oppenheims Zeitplan kritisiert, und es für bedenklich gehalten, bereits beschlagnahmte Sachen zurückzuverlangen, *„weil damit zugegeben würde, dass Herr von Oppenheim Antiquitäten exportiert hatte*[,] *was von unserer Seite für die übrigen beschlagnahmten Sendungen nie zugegeben war“*.[39] Durch die türkischen Maßnahmen vorsichtig geworden, bat er das Konsulat in Beirut, aus nach dorthin gegangenen Kisten, die Oppenheim als Umzugsgut deklariert hatte, *„solche Gegenstände*[,] *die etwa als Antiquitäten behandelt werden könnten, vorher zu entfernen“*.[40] Erst nach dieser

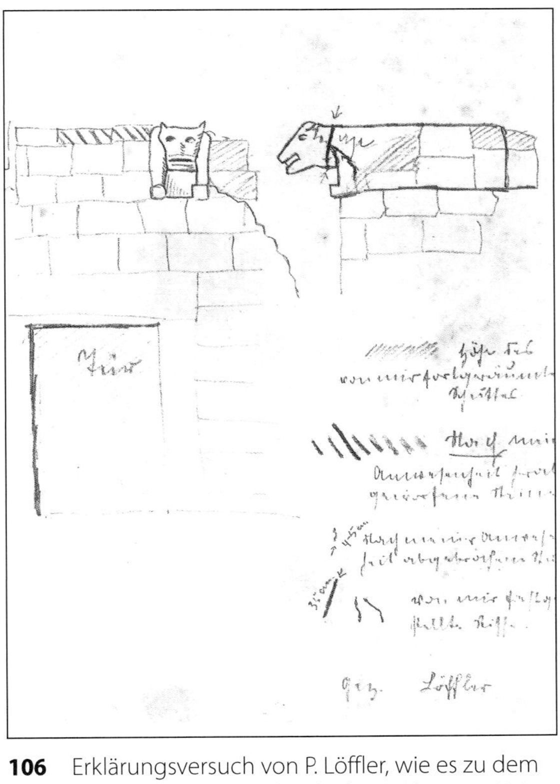

106 Erklärungsversuch von P. Löffler, wie es zu dem Abbruch des Löwenkopfes kam, Aleppo 1911

Kontrolle bescheinigte er, dass es sich um Umzugsgut handelte.[41] Trotzdem sandte Oppenheim dankbar an Rössler die Worte: „*Sie selbst tragen einen sehr grossen Teil des Verdienstes, die Sachen hierher* [nach Berlin] *gebracht zu haben.*“[42] Er schrieb dies am 27. Juli 1914, vier Tage später brach der Erste Weltkrieg aus. Es sollte viele Jahre dauern, bis Max von Oppenheim seinen Tell Halaf wieder sehen konnte.

1 Oppenheim an Rössler 22.11.1910: PA AA, RAV Aleppo 6 Bd. 1; die Gegenüberlieferung befindet sich im Hausarchiv des Bankhauses Sal. Oppenheim jr. & Cie., Köln, NL MvO-93, 94 und 96; das Titelzitat aus Oppenheim an Rössler 9.4.1914: NL MvO-96.
2 Desgl. 6.12.1910: PA AA, RAV Aleppo 6 Bd. 1.
3 Urbach 2003: 750.
4 Keiper/Kröger 2008: 702–706.
5 Kröger 2001: 106–140.
6 Notiz vom 24.6.1910: PA AA, Personalakte Rössler 12630.
7 Erlass vom 31.12.1910: PA AA, RAV Aleppo 6 Bd. 1.
8 Rössler an Oppenheim 6.2.1911: ebd.
9 Oppenheim an Rössler 9.3. und 25.4.1911: ebd.
10 Rössler an Oppenheim 26.3.1912: NL MvO-94.
11 Oppenheim an Rössler 6.4.1913: PA AA, RAV Aleppo 6 Bd. 3.
12 Oppenheim an Rössler 18.12.1911: PA AA, RAV Aleppo 6 Bd. 1 (Weihnachten); Rössler an Oppenheim 25.5.1912: PA AA, RAV Aleppo 6 Bd. 2 (Pfingsten).
13 Gertrud Rössler an Oppenheim 5.3.1912: „*Ihr Bild macht sich im Salon sehr gut.*“: NL MvO-94; das Bild befindet sich im PA AA, NL Rössler Nr. 203.
14 Oppenheim an Rössler 15.6.1912: PA AA, RAV Aleppo 6 Bd. 2; auch desgl. 14.12.1912: NL MvO-94.
15 Desgl. 18.7.1912: PA AA, RAV Aleppo 6 Bd. 2.
16 Desgl. 9. u. 13.12.1912: NL MvO-94.
17 Telegramm Rösslers 27.6.1912: PA AA, RAV Aleppo 6 Bd. 2.
18 Oppenheim an Rössler 19.1.1914: PA AA, RAV Aleppo 6 Bd. 4.
19 Desgl. 27.7.1914: PA AA, RAV Aleppo 6 Bd. 4; Gertrud Rössler an Oppenheim 8.1. und 12.2.1914: NL MvO-96.
20 Oppenheim an Rössler 29.6. und 12.8.1912: PA AA, RAV Aleppo 6 Bd. 2.
21 Rössler an den Reichskanzler 28.5.1912: PA AA, R 141454.
22 Oppenheim an Rössler 6.12.1911: PA AA, RAV Aleppo 6 Bd. 1.
23 Desgl. 14.3.1912: PA AA, RAV Aleppo 6 Bd. 1, Aleppo 6 Bd. 2.
24 Desgl. 1.1.1912: PA AA, RAV Aleppo 6 Bd. 1.
25 Erklärungen vom 18.6.1911 von Löffler, Langenegger, Seemann und Oppenheim: PA AA, RAV Aleppo 6 Bd. 1; Rössler an den Reichskanzler, Botschaft Konstantinopel und Museumsdirektor Wiegand 19.6.1911: PA AA, RAV Aleppo 6 Bd. 1, auch PA AA, RAV Konstantinopel, Bd. 422.
26 Oppenheim an Rössler 24.6.1912: PA AA, RAV Aleppo 6 Bd. 2.
27 Vgl. Rössler an Marschall 24.1.1911 (Abschrift): NL MvO-93.
28 Oppenheim an Rössler 1.1.1912: PA AA, RAV Aleppo 6 Bd. 1; Rössler an Oppenheim 26.9.1911: NL MvO-93.
29 Oppenheim an Rössler 2.2.1912: PA AA, RAV Aleppo 6 Bd. 1.
30 Desgl. 17.2.1912: PA AA, RAV Aleppo 6 Bd. 1.
31 Desgl. 29.5.1912: PA AA, RAV Aleppo 6 Bd. 1.
32 Desgl. 6.4.1913: PA AA, RAV Aleppo 6 Bd. 3.
33 Desgl. 25.1.1913: PA AA, RAV Aleppo 6 Bd. 3.
34 Desgl. 13.4.1913: PA AA, RAV Aleppo 6 Bd. 3.
35 Teichmann 2001: 67.
36 Oppenheim an Rössler 29.4.1913: PA AA, RAV Aleppo 6 Bd. 3.
37 Desgl. 1.7.1913: PA AA, RAV Aleppo 6 Bd. 3.
38 Desgl. 11.6.1913: NL MvO-96.
39 Rössler an Wangenheim 3.10.1913: PA AA, RAV Aleppo 6 Bd. 4; vgl. Rösslers Randbemerkung „*Nur weil man sich so beeilt hat*“ zu Oppenheim an Rössler 19.1.1914: PA AA, RAV Aleppo 6 Bd. 4.
40 Rössler an Konsulat Beirut 18.11.1913: PA AA, RAV Aleppo 6 Bd. 4.
41 Bescheinigung Rösslers 23.12.1913: PA AA, RAV Aleppo 6 Bd. 4.
42 Oppenheim an Rössler 27.7.1914: PA AA, RAV Aleppo 6 Bd. 4.

„In tiefster Ehrfurcht und unwandelbarer Treue verharre ich" – Max von Oppenheim, ein Tatmensch wilhelminischer Prägung, und Wilhelm II.

Sabine Böhme, Istanbul

Bis zum Ersten Weltkrieg verfasste Max von Oppenheim einmal im Jahr ausführliche Berichte an Wilhelm II., den deutschen Kaiser, über die Forschungen am Tell Halaf und Umgebung. Die sogenannten Immediat-Berichte vom 2. Oktober 1911, vom 3. Februar 1912, vom 17. April 1913 und 3. April 1914 geben auch Außenstehenden einen guten Einblick in die Situation vor Ort. Ergänzt werden sie durch viele Fotos und Zeichnungen vom Ausgrabungsgebiet und von Reisen des Ausgrabungsteams in Nordmesopotamien.[1]

Monarch und Monarchist – archäologische Forschung und Orientbegeisterung wilhelminischer Prägung

„Allerdurchlauchtigster grossmächtiger Kaiser und König, Allergnädigster Kaiser, König und Herr. Eurer kaiserlichen Majestät" – so lautet die briefliche Anrede Max von Oppenheims. Er schließt am Ende mit *„in tiefster Ehrfurcht und unwandelbarer Treue verharre ich, Eurer kaiserlichen und königlichen Majestät alleruntertänigster Diener, gez. Freiherr von Oppenheim"*. In seinen Berichten hält sich Oppenheim an die heute so hoffnungslos überfrachtet anmutenden Referenzformeln seiner Zeit gegenüber dem Herrscher und Förderer. Für ihn, den überzeugten Monarchisten, waren es keine leeren Floskeln. Die deutsche Niederlage im Ersten Weltkrieg und das Ende der Hohenzollernherrschaft trafen Oppenheim tief.[2] Auch wenn ihm ein langes Leben bis in das erste Jahr nach dem Zweiten Weltkrieg beschieden war, blieb er im Kern seiner Persönlichkeit und seiner Interessenslage von der wilhelminischen Zeit geprägt. An Oppenheims Vita lässt sich der Aufstieg deutscher archäologischer Forschung im damaligen Osmanischen Reich während der wissenschaftsfreudigen Ära Wilhelms II. ebenso ablesen wie sein persönlicher *arrivisme* als Spross einer Familie mit relativ neuem Adelstitel: Er empfindet Genugtuung in der höfischen Gesellschaft zu verkehren und die besondere Aufmerksamkeit des Potentaten erlangt zu haben.[3] Im VII. Kapitel seiner unveröffentlichten Lebenserinnerungen schwelgt Oppenheim darin, schon bald nach seiner Ernennung zum Legationsrat des Auswärtigen Amtes (1900) in Berlin oder Potsdam immer wieder zur kaiserlichen *„Mittags- oder Abendtafel befohlen"* worden zu sein. Er sei dann *„fast immer neben dem Kaiser"* platziert gewesen und dieser habe sich *„in angeregtester Weise"* mit ihm unterhalten.[4] *„Ich erinnere mich, dass es meist den von mir so geliebten warmen Hummer mit nur viel geschlagener Butter gab, dass aber bei Tisch furchtbar rasch serviert wurde und mir der Teller weggenommen wurde, nachdem ich kaum zugegriffen hatte. Der Kaiser lachte darüber, liess aber den Teller nicht nochmal zurückkommen* [...]."[5] Weiter unten fährt von Oppenheim fort, der Kaiser habe sich *„in hohem Masse für den Orient* [interessiert]. *Jedes Mal musste ich ihm genau über die Stimmung der Muhammedaner in den verschiedenen Ländergebieten berichten."* 1911, anlässlich einer erneuten Einladung, kurz vor seinem Aufbruch zum Tell Halaf, sei er dermaßen in ein Gespräch über frühere Reisen und das Leben in der Wüste und die Beduinen mit der einzigen Tochter Wilhelms II. vertieft gewesen, dass er die Aufhebung der Tafel nicht bemerkte. Der Kaiser kam schließlich auf die beiden zu und ermahnte ihn lachend,

dass er doch wohl nicht seine Tochter verführen wolle, mit ihm in die Wüste zu gehen.

Max von Oppenheims Berichte zur Ausgrabung an den Kaiser sind also keine Zusammenfassungen von Ereignissen an einen anonymen Auftraggeber. Man kannte sich von Angesicht zu Angesicht, und Oppenheim konnte sicher sein, dass der Kaiser diese mit positiver Erwartungshaltung lesen würde.[6]

Max von Oppenheim – *Selfmademan?*

Die auf der Schreibmaschine getippten Berichte an den fernen Kaiser zum Fortgang der Ausgrabung zeigen die beiden wichtigsten gemeinsamen Themen der beiden Männer: Die Faszination der Archäologie und die Begeisterung für den Orient [Siehe dazu auch Beitrag von O. Matthes]. Beides sollte sie Zeit ihres Lebens verbinden und garantieren, dass der eine sich gern in der Gesellschaft des anderen wiederfand und man sich gegenseitig in seinen Leistungen ernst nahm. Oppenheim hebt in diesem Zusammenhang in seiner Autobiographie hervor, dass er sich in der Gegenwart des Kaisers *„stets vollkommen frei"* äußern konnte.[7]

107 11. November 1898: Zeltlager des deutschen Kaisers bei Baalbek [Aufnahme von Ottomar Anschütz]

Einige Historiker haben ein allgemeines Faible beim Kaiser für erfolgreiche Persönlichkeiten mit ungewöhnlichem Werdegang festgestellt:[8] Sie waren häufig wie er, der es sich zur Aufgabe gemacht hatte, mit allem etwas anfangen zu können und zu allem etwas beizutragen, ständig passende Worte parat zu haben; Generalisten, die regelmäßig im Gegensatz zu den beamteten Spezialisten in Verwaltungshierarchien standen, die aber aus Wilhelms Sicht trotzdem beispielhaft ihre Aufgaben für verschiedene Belange erfüllten. Eberhard Straub unterstreicht dabei den Charakterzug des Kaisers, sich anregen oder in gewissem Maße auch überzeugen zu lassen. *„Für unmodern wurde er nicht einmal von denen gehalten, die ihn kritisierten."* *„Zum Wilhelminismus* [gehörten] [...] *die mannigfachsten Gestalten oder Phänomene* [...] *Nichts Altes und Neues, Modern oder Vormodern standen gegeneinander, beides vermischte sich."*[9]

Auch die eigentümliche und anachronistisch anmutende verfassungsmäßige Stellung des deutschen Kaisers schlug hier wahrscheinlich durch. Sie räumte dem Monarchen übermäßige Entscheidungsgewalt in einer Welt ein, die immer mehr von Fachwissen geprägt war. Es scheint fast so, als habe Wilhelm II. auf so manchem Gebiet Nonkonformisten und Außenseiter deshalb geschätzt, weil er sich selbst wohl oft genug in der Situation sah, sich gegen das – ihn in seiner Entscheidungsgewalt – behindernde „Spezialistentum" durchsetzen zu müssen.

Oppenheim entsprach diesem, vom Kaiser geschätzten Persönlichkeitstypus,[10] der auf seinem Gebiet durchaus eine Sonderstellung einnahm: Sammler, Forscher, Mitarbeiter im Auswärtigen Amt und Ausgrabungsleiter, zur Zeit der Weimarer Republik dann Museumsdirektor sowie Institutsleiter. In von Wilhelm II. nach dem Weltkrieg verfassten Erinnerungen, in denen er namentlich einige hervorhob, fand Oppenheim allerdings keine Erwähnung.[11]

Um die Jahrhundertwende und unmittelbar nach seiner vielbeachteten Palästinafahrt 1898 (**Abb. 107**) war der Kaiser als Protektor der Deutschen Orient-Gesellschaft gewonnen worden, einem privaten Verein, der sich die moderne archäologische Erforschung alter Stätten in Mesopotamien (heute Nordost-Syrien, Irak) zum Ziel gesetzt hatte. Wilhelm II. setzte sich damit auch an die Spitze der

Bemühungen, den Königlichen Museen in Berlin ähnlich umfangreiche Sammlungen wie diejenigen der Museen in London und Paris zu verschaffen und damit den inzwischen errungenen Platz Deutschlands als „Universität der Welt" [SIEHE BEITRAG O. MATTHES] zu sichern.[12]

Des Kaisers Geburtstag am Außenposten deutscher Wissenschaft in der syrischen Wüste

Aus dem Bericht vom 17. April 1913 an den hochwohlgeborenen Adressaten erfährt man, dass *„Eurer Majestät Geburtstagsfest* [...] *auch in diesem Jahr von mir mit meinen 9 deutschen Mitarbeitern und dem türkischen Kommissar durch Fahnenschmuck, Feuerwerk, Hammelschlachten und Flinten- und Pistolensalven feierlich begonnen worden* [ist], *und* [dass] *in begeisterter Weise* [...] *unsere kleine deutsche Gemeinde – die am weitesten in die Wüste vorgeschobene in der asiatischen Türkei – Eurer Majestät an diesem Freudentage gehuldigt* [hat] *mit innigstem Dank für die gnädige Fürsorge und das mit so hohem Sachverständnis verbundene Interesse, das Eure Majestät auch unserer wissenschaftlichen Arbeit zu Teil werden zu lassen die Gnade haben.*"[13] (**Abb. 108**)

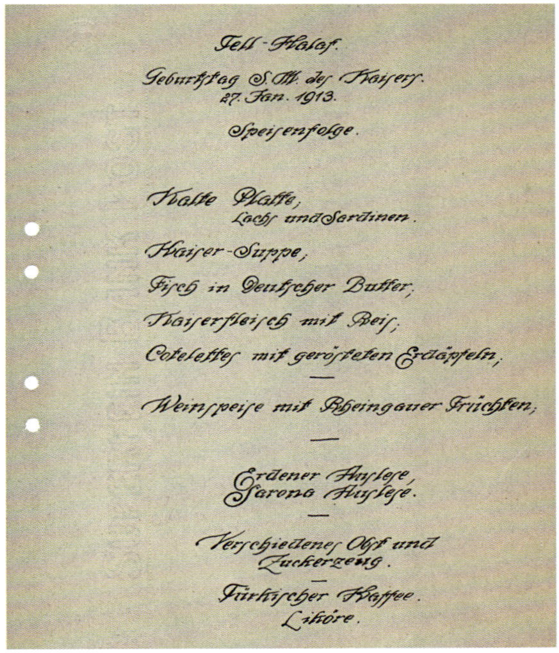
Tell-Halaf.
Geburtstag S. M. des Kaisers.
27. Jan. 1913.
Speisenfolge.

Kalte Platte,
Lachs und Sardinen.
Kaiser-Suppe,
Fisch in Deutscher Butter,
Kaiserfleisch mit Reis;
Cotelettes mit gerösteten Erdäpfeln;
—
Weinspeise mit Rheingauer Früchten;
—
Erdener Auslese,
Sarona Auslese.
—
Verschiedenes Obst und
Zuckerzeug.
—
Türkischer Kaffee.
Liköre.

108 Zum Geburtstag des Kaisers ließ Oppenheim – mitten in der Wüste – ein sechsgängiges Menü servieren, Tell Halaf 27.1.1913

Diese „kleine deutsche Gemeinde" lebte zum Zeitpunkt der Abfassung dieser Zeilen in einem für damalige Zeiten modern und mit mancher Annehmlichkeit ausgestattetem Expeditionshaus. Ein eindrucksvoller solider Bau in karger und flacher Landschaft, der während der Grabungssaison umringt war von zahlreichen Beduinenzelten der Arbeiter und heute ein romantisch-orientalistisches Bild vermittelt.

Oppenheims Bestrebungen auf der Höhe seiner Zeit zu forschen und zu dokumentieren, spiegeln sich unter anderem in der sorgfältigen Auswahl seines Grabungsteams wider,[14] ebenso scheute er für die Organisation und die technische Ausrüstung keine Kosten. Auf Seite 9 des Berichtes von 1911 beklagt er sich sehr darüber, dass die *„prachtvollen Erzeugnisse der islamischen Keramik- und Glasfabrikation"* in Rakka *„ein dem Goldsuchen ähnliches Antiquitätenfieber* [...] *bei* [...] *zahlreichen Aleppiner Kunsthändlern hervorgerufen* [habe]." Er ist entsetzt über die *„Bodendurchwühlungen in Rakka, besonders* [...], *weil sie ein späteres, systematisches wissenschaftliches Arbeiten in dieser klassisch arabischen Stelle fast unmöglich gemacht* [...] *haben.*"

Fast über 30 Jahre nach Grabungsbeginn am Tell Halaf schickte Wilhelm von Hohenzollern aus seinem Doorner Exil im Juli 1940 einen Gruß an Max von Oppenheim zu dessen 80. Geburtstag (**Abb. 109**) nach Berlin an den Savignyplatz 6. Dieser Gruß zeigt ein zeitgenössisches Foto des letzten Kaisers samt persönlicher Widmung (**Abb. 110**), in der er den Jubilar für seine unermüdlichen Leistungen in seinem Leben besonders als Forscher beglückwünscht.

„Archäologenfieber" und Verhandlungen im Gastland

„El baron" – wie Oppenheim von den Beduinenscheichs der Djezira genannt wurde – unterrichtet Wilhelm II. in seinen Berichten nicht nur über das Fortschreiten der Ausgrabungen, sondern auch über Alltagsprobleme in einer entlegenen Provinz des Osmanischen Reiches. So beklagt sich Oppen-

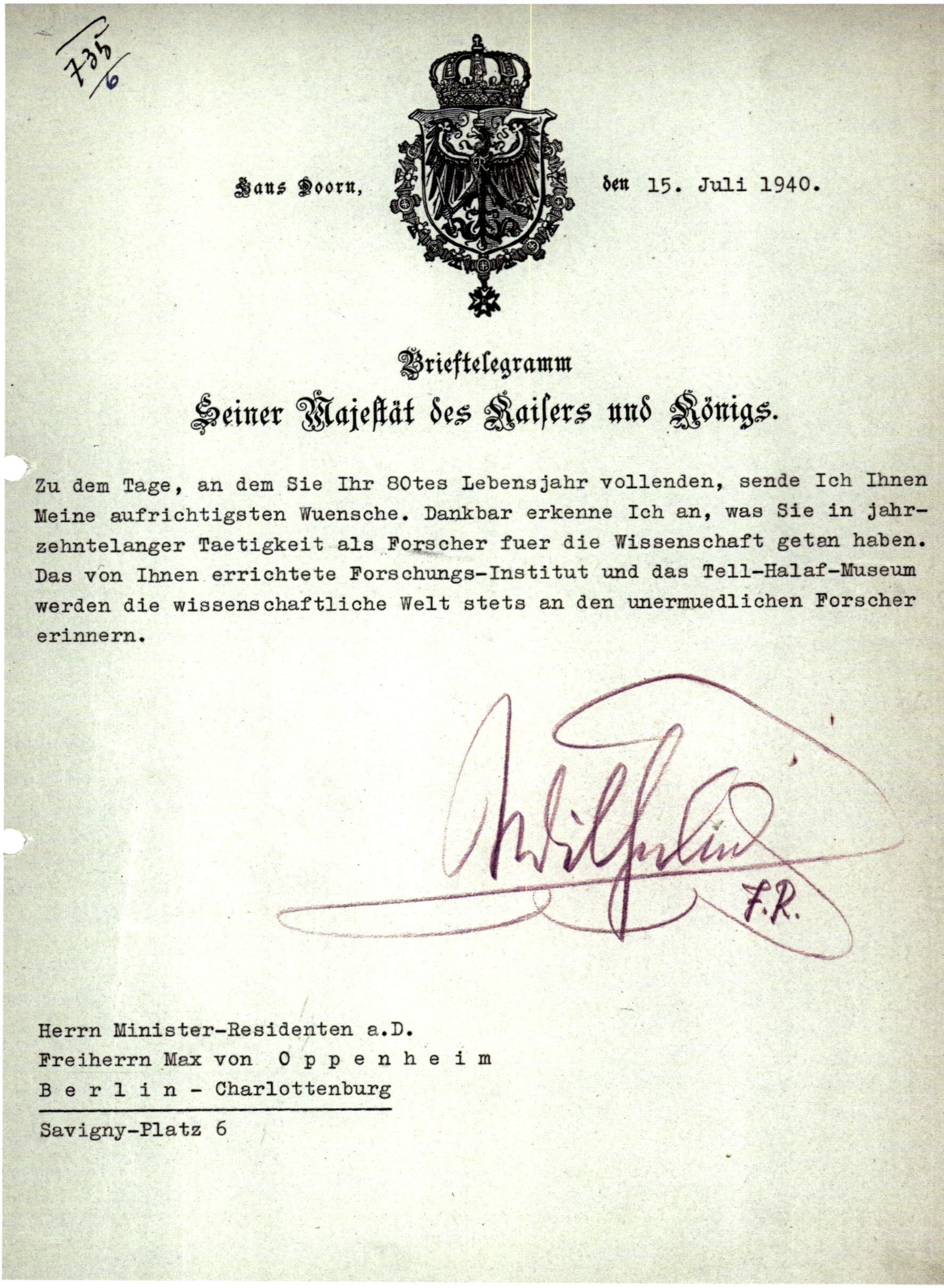

735/6

Haus Doorn, den 15. Juli 1940.

Brieftelegramm
Seiner Majestät des Kaisers und Königs.

Zu dem Tage, an dem Sie Ihr 80tes Lebensjahr vollenden, sende Ich Ihnen Meine aufrichtigsten Wuensche. Dankbar erkenne Ich an, was Sie in jahrzehntelanger Taetigkeit als Forscher fuer die Wissenschaft getan haben. Das von Ihnen errichtete Forschungs-Institut und das Tell-Halaf-Museum werden die wissenschaftliche Welt stets an den unermuedlichen Forscher erinnern.

Wilhelm I.R.

Herrn Minister-Residenten a.D.
Freiherrn Max von O p p e n h e i m
B e r l i n - Charlottenburg
Savigny-Platz 6

109 In einem Brieftelegramm gratulierte Wilhelm II. zum 80. Geburtstag heim, dass die lokalen Vertreter der „Unterbehörden" des ausgedehnten osmanischen Verwaltungsapparates nicht den nötigen Respekt aufbringen, die Arbeit der Forscher und den Bau des Expeditionshauses behindern. Noch im zweiten Bericht ist von dem „unmöglichen" *Kamaikam*[15] die Rede, dessen Absetzung schließlich nur mit Einwirken des deutschen Botschafters in Konstantinopel erreicht werden kann. Gleichwohl freut er sich über den Fortschritt, den der Bau der Bagdadbahn nimmt, die nicht mehr allzu weit vom Tell Halaf entfernt ist und mit deren Hilfe er hofft, die großen Monumentalstatuen abzutransportieren.

Archäologisches verfolgte der deutsche Monarch so enthusiastisch wie kein anderes gekröntes Haupt im damaligen Europa. Er brachte bekanntlich eigene Erfahrungen in der Spatenforschung mit. Aus den Erinnerungen Wilhelms II. erfährt man,[16] dass die Archäologie und Ausgrabungstätigkeit ein Gebiet war, das ihn *„in den Stunden der Erholung"* immer sehr beschäftigte. Das „Archäologenfieber" hatte ihn selbst im Jahr 1911 gepackt, in dem auch die erste Kampagne auf dem Tell Halaf startete. Ihre Majestät hatten zusammen mit dem eilig aus Athen herbeizitierten Wilhelm Dörpfeld (1853–1940), dem ehemaligen Assistenten Heinrich Schliemanns, Ausgrabungen in Korfu, unweit vom eigenen Sommeridyll *Achilleion* verfolgt und dort sogar selbst Hand angelegt.[17]

Diese Forschungen fanden wie viele andere bedeutendere mit Ausbruch des Krieges ihr Ende. *„Derweilen ich in Korfu über Gorgonen, dorische Säulen und Homer forschte und diskutierte, wurde im Kaukasus und in Rußland schon gegen uns mobil gemacht!* [...] *Solcher Gestalt war die Beschäftigung des Deutschen Kaisers der, auf Raub und Eroberung sinnend, blutdurstig den Weltkrieg herbeigeführt haben soll, im Frühjahr 1914!"*, ergänzte Wilhelm II. in seinen Erinnerungen und schreibt damit gegen Vorwürfe an, er habe den Ausbruch des Krieges wissentlich herbeigeführt.

Vor der großen Zäsur um 1914 war für Oppenheim die kaiserliche Unterstützung entscheidend, denn die sprichwörtliche Freundschaft zwischen Wilhelm II. und Sultan Abdul Hamid II. ermöglichte gerade auf archäologischem Gebiet und für die Königlichen Museen in Berlin vieles.[18] Das sollte sich bereits ab 1908 ändern: Mit der Regierungsübernahme durch das „Komitee für Einheit und Fortschritt", den sogenannten Jungtürken, die dem Reich die konstitutionelle Verfassung wiedergaben und türkisch-national empfanden, wurden die deutsch-osmanischen Beziehungen auf eine harte Probe gestellt. Trotz grundsätzlich positiver Haltung gegenüber Deutschland kühlte sich das Verhältnis gerade aufgrund der vorherig guten Beziehung beider Herrscher zeitweilig ab. Problematisch für deutsche Altertumsforscher auf dem Gebiet des Osmanischen Reiches: Die Anwendung des sogenannten Geheimabkommens – eigentlich ein diplomatischer Notenwechsel verbunden mit einem hochherrschaftlichen Erlass des Sultans von 1899, wodurch den Berliner Museen bislang Vorteile eingeräumt worden waren – wurde von osmanischer Seite nun zusehends ausgebremst.

110 Zu seinem runden Geburtstag erhielt Oppenheim auch ein Foto mit Widmung überreicht, das ihm der ehemalige deutsche Kaiser aus seinem holländischen Exil zukommen ließ

In Oppenheims letzten Bericht vom 3. April 1914 sind seine Befürchtungen vor Komplikationen beim Abtransport der Funde das zentrale Thema auf insgesamt fünf Seiten. Ohne Umschweife beglückwünscht er den Kaiser zur Fundteilung und dem Abtransport der Assur-Funde nach Konstantinopel und Berlin, die erst seit Beginn des Jahres mit dem Großwesir Said Halim und dem Museumsdirektor Halil Bey ausgehandelt worden waren.[19] Aus seiner Sicht ging es vor allem darum, die großen Standbilder nach Deutschland zu bringen, angesichts der gegebenen Umstände ein logistischer wie diplomatischer Kraftakt. Oppenheim hoffte, dass Anfang des Jahres 1915 die Trasse der Bagdadbahn bis zum Tell Halaf fertig gestellt sein werde. Sein Schenkungsvertrag mit den Königlichen Berliner Museen war auf dem Weg, allein *„die Befürchtung ist nicht von der Hand zu weisen, dass die türkische Regierung meine Grabungsergebnisse von der Wohltat des durch Eure Majestät erzielten Erfolges auszuschließen und die Überführung der Tell Halaf Funde* [...] *zu verhindern* [versucht]. *Ich wäre glücklich, wenn in dieser Hinsicht jetzt schon vorsorgliche Vorkehrungen getroffen werden* [...]." Weiter unten bittet er den Kaiser um Mithilfe: *„dass eine jetzt auch für den Tell Halaf gewonnene Sicherung in derselben Weise wie Babylon, Didyma, und den anderen unter dem Allerhöchsten Protektorat Euer Majestät stehenden Ausgrabungen zu Gute kommen wird."* Etwas unbescheiden fährt er fort, möglichst alle Funde in Berlin sehen zu wollen. Bestärkend weist er auf die Überlegenheit deutscher Forschung im Vergleich mit den imperialen europäischen Mächten Frankreich und England hin.[20] Unklar ist, inwieweit kaiserliche Hilfe waltete, um in den Folgemonaten doch noch die Fundtransporte auf den Weg zu bringen.

Mein Dank für die unbürokratische Bereitstellung des Fotos (Abb. 107) aus der Kalif Abdülmecid Efendi Bibliothek (K-200) geht an die Direktion des Museums Dolmabahçe.

Verwendete Zitate

Die Zitate stammen, wenn nicht anders erwähnt, aus den unveröffentlichten Lebenserinnerungen Max von Oppenheims, die heute im Archiv der Max Freiherr von Oppenheim-Stiftung, Köln, verwahrt werden.

1 Bericht vom 3.4.1914 (NL MvO-92); Durchschriften der Berichte vom 2.10.1911, 3.2.1912 und 17.4.1913 im Bundesarchiv, Berlin (BAB R 901/37222). Abschriften der Berichte befinden sich auch im PA AA, Akten der Botschaft Konstantinopel, Bde. 430–432.
2 Teichmann 2001: 49, 74–75.
3 Teichmann 2001: 11. Der Großvater Oppenheims wurde vom österreichischen Kaiser Franz Joseph 1867 für seine Verdienste geadelt.
4 NL MvO 1/7: 162.
5 NL MvO 1/7: 162.
6 Teichmann 2001: 65.
7 NL MvO 1/7: 164.
8 Simons 1991: 100–105, Clark 2000: 60–62 und Straub 2008: 337.
9 Straub 2008: 9–10, 12.
10 Simon 1991: 102–103.
11 Wilhelm II. 1922.
12 Straub 2008: 212–217, besonders 216.
13 NL MvO-92, erste Seite.
14 Noch Jahrzehnte später, nach dem Zweiten Weltkrieg, war es aufgrund der fotografischen Grabungsdokumentation möglich, Tell Halaf–Publikationen, wie zum Beispiel den Kleinfundeband (Tell Halaf IV), herauszugeben, obwohl durch kriegsbedingte Zerstörung des Tell Halaf-Museums bereits viele Funde verloren waren.
15 Distriktvorsteher innerhalb der osmanischen Provinzverwaltung.
16 Wilhelm II. 1922: 168ff.
17 Löhlein 2008: 391–397; Löhlein. 2003: 659–664.
18 Iki dost hükümdar/Zwei befreundete Herrscher: Sultan II. Abdülhamid/Kaiser Wilhelm II. 2009.
19 Crüsemann 2003: 53–66.
20 NL MvO-92: 3.4.1914.

Max von Oppenheim zwischen Erfolg und Misserfolg – Aus unbekannten Dokumenten[1]

Michél Al-Maqdissi, Damaskus

Als der deutsche Orientalist Max Freiherr von Oppenheim seine Ausgrabungen begann, war ihm bewusst, dass er den Weg zur Entdeckung von Altertümern in einer Region der alten Welt öffnete, die historisch, geographisch und archäologisch noch weitgehend unbekannt beziehungsweise noch kaum dokumentiert war. Mit der Erforschung des Tell Halaf begann eine glanzvolle Zeit archäologischer Ausgrabungen in Nordost-Syrien. Oppenheim konnte während einer langen Grabungskampagne (1911–1913) großartige Funde einer 3000 Jahre alten Kultur entdecken, die durch zahlreiche, gewaltige, künstlerische und architektonische Zeugnisse überraschte.

Mit dem Ausbruch des Ersten Weltkriegs und der politischen Neuordnung der Länder des Nahen Ostens geriet Syrien unter französisches Mandat. Die archäologischen Arbeiten wurden danach vom französischen Antikendienst mit Hauptsitz in Beirut beaufsichtigt. Charles Virolleaud leitete diesen Dienst von 1920 bis 1929, bevor ihm Henri Seyrig[2] 1929 bis 1941 folgte.

Die Politik der Öffnung, die vom Antikendienst verfolgt wurde, hatte direkte Auswirkung auf die Ausweitung der Feldarbeiten. So begannen in Syrien und im Libanon Erkundungsarbeiten an zahlreichen Plätzen, von denen wir folgende erwähnen: Ras Shamra – antik Ugarit, Tell Hariri – das antike Mari, Tell Brak – antik Nagar und Tell Ahmar – antik Tell Barsib.[3] Die meisten Ergebnisse dieser Ausgrabungen wurden in mehreren wichtigen Fachzeitschriften[4] und Druckerzeugnissen von hervorragenden Forschern und Wissenschaftlern, an deren Spitze der Orientalist René Dussaud stand,[5] herausgegeben.

In dieser außergewöhnlichen Atmosphäre führte von Oppenheim 1929 erneut systematische Ausgrabungen am Tell Halaf durch, deren Ergebnisse große Aufmerksamkeit erregten. Vor allem die qualitätvolle Buntkeramik mit abwechslungsreichen Bildmotiven, die in diesem Umfang noch an keinem anderen Ort beobachtet worden war, führte dazu, diese späte Phase des Neolithikums als Halaf-Zeit zu bezeichnen.

Im französischen Orient-Institut (Institut Français du Proche-Orient, IFPO) werden heute zahlreiche, noch nicht veröffentlichte Dokumente aufbewahrt. Ergänzt werden diese offiziellen Schriftstücke durch Dokumente aus Privatbesitz, die es uns ermöglichen, die Beziehungen zwischen Max von Oppenheim und den Antikenbehörden in jener Zeit vorzustellen. Wir können diese Archivalien wie folgt gliedern:

1. Dokumente aus der Zeit vor dem französischen Mandat, die von Georges Antaki in Aleppo aufbewahrt wurden. Diese Unterlagen gehen auf die Jahre 1917 und 1918 zurück und umfassen Schreiben, die Antaki mit Zoé Costaki Homsi, Aleppo, austauschte. Die Briefe (**Abb. 111**) vermitteln uns ein anschauliches Bild über die Beziehungen Oppenheims zu den aristokratischen Familien in den Städten, in denen er während seiner Rundreisen im Nahen Osten verweilte.[6]
2. Eine Sammlung von Briefen und Berichten aus den Jahren 1924 bis 1927, respektive aus der Zeit vor dem Besuch Oppenheims und der Vorbereitung für die zweite Grabungskampagne am Tell Halaf.
3. Korrespondenz im Zusammenhang mit dem Besuch Oppenheims am Tell Halaf im Jahre

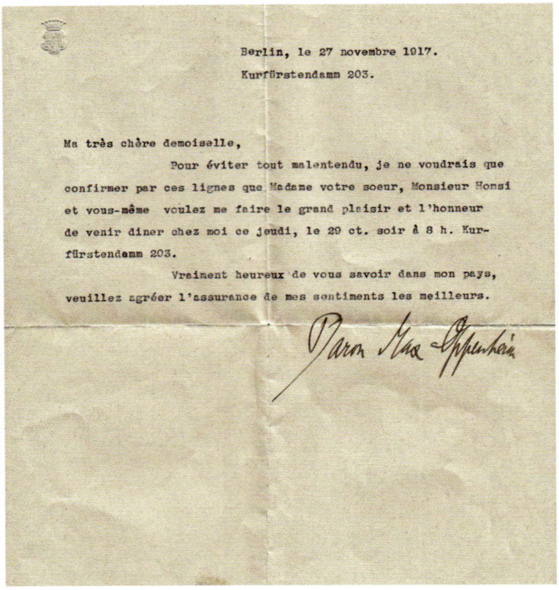

Berlin, le 27 novembre 1917.
Kurfürstendamm 203.

Ma très chère demoiselle,

Pour éviter tout malentendu, je ne voudrais que confirmer par ces lignes que Madame votre soeur, Monsieur Homsi et vous-même voulez me faire le grand plaisir et l'honneur de venir diner chez moi ce jeudi, le 29 ct. soir à 8 h. Kurfürstendamm 203.

Vraiment heureux de vous savoir dans mon pays, veuillez agréer l'assurance de mes sentiments les meilleurs.

Baron Max Oppenheim

111 Max von Oppenheims Antwort auf eine Einladung von Herrn und Frau Homsi zu einem Abendessen in Berlin am 27. November 1917

1927, in der es um die Erfassung der Funde aus der ersten Ausgrabungskampagne (1911–1913) geht. Ergänzt werden die Briefe durch Berichte von Josèphe Darrous, einem Angestellten der Antikenbehörde, die den Transport der Funde belegen. Aus diesem Briefwechsel geht auch klar hervor, dass Oppenheim die Wiederaufnahme der Ausgrabungsarbeiten (**Abb. 112**) beantragt hatte.

4. Korrespondenz, die auf das Jahr 1927 datiert und hauptsächlich die Vorbereitungen für die Genehmigung einer Wiederaufnahme der Ausgrabungsarbeiten am Tell Halaf und Djebelet el-Beda[7] sowie deren Bewilligung am 2. August 1927 (**Abb. 113**) beinhaltet.
5. Dokumente und Korrespondenz bezüglich der zweiten Ausgrabungskampagne am Tell Halaf im Jahre 1929, die insbesondere über den Fortschritt der Arbeiten, die entdeckten Ruinen und die Teilung der Funde Aufschluss geben.

112 Oppenheim (3. v. re.) wurde bei seiner Reise 1927 von allen Zivil- und Militärbehörden herzlich empfangen, Ras el-Ain 1927 [Aufnahme A. Dietrich]

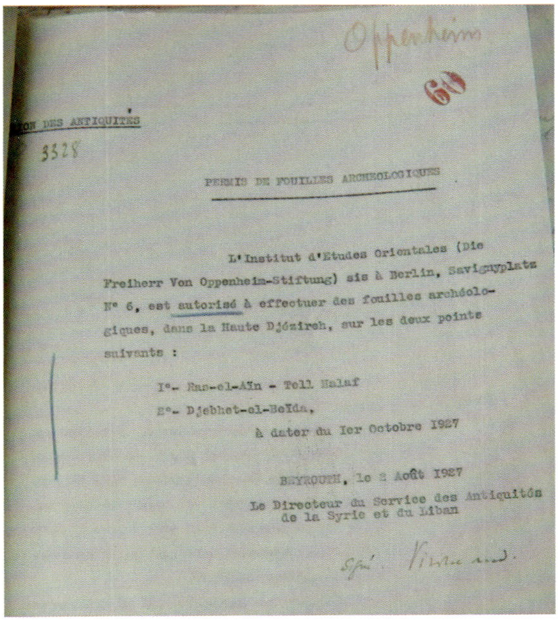

ON DES ANTIQUITES

3328

PERMIS DE FOUILLES ARCHEOLOGIQUES

L'Institut d'Etudes Orientales (Die Freiherr Von Oppenheim-Stiftung) sis à Berlin, Savignyplatz N° 6, est autorisé à effectuer des fouilles archéologiques, dans la Haute Djézireh, sur les deux points suivants :

1°- Ras-el-Aïn - Tell Halaf

2°- Djebhet-el-Beïda,

à dater du 1er Octobre 1927

BEYROUTH, le 2 Août 1927

Le Directeur du Service des Antiquités de la Syrie et du Liban

113 Grabungserlaubnis für die Aufnahme der Arbeiten am Tell Halaf und Djebelet el-Beda, ausgestellt auf die Max Freiherr von Oppenheim-Stiftung, unterzeichnet von Charles Virolleaud am 2. August 1927

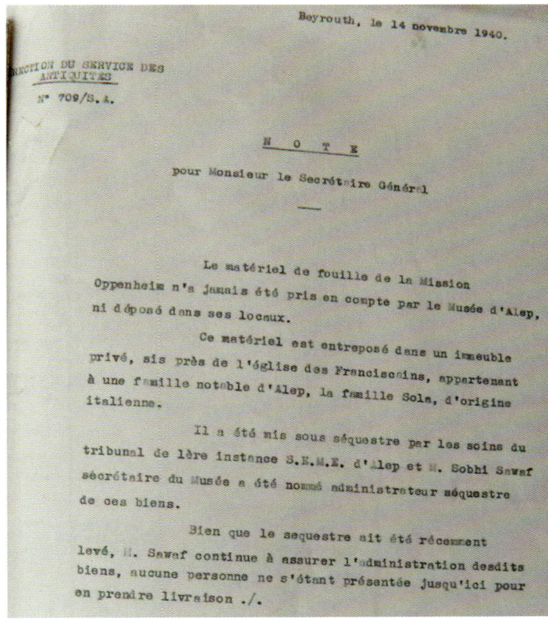

Beyrouth, le 14 novembre 1940.

ECTION DU SERVICE DES ANTIQUITES

N° 709/S.A.

N O T E

pour Monsieur le Secrétaire Général

Le matériel de fouille de la Mission Oppenheim n'a jamais été pris en compte par le Musée d'Alep, ni déposé dans ses locaux.

Ce matériel est entreposé dans un immeuble privé, sis près de l'église des Franciscains, appartenant à une famille notable d'Alep, la famille Sola, d'origine italienne.

Il a été mis sous séquestre par les soins du tribunal de 1ère instance S.E.M.E. d'Alep et M. Sobhi Sawaf sécrétaire du Musée a été nommé administrateur séquestre de ces biens.

Bien que le sequestre ait été récemment levé, M. Sawaf continue à assurer l'administration desdits biens, aucune personne ne s'étant présentée jusqu'ici pour en prendre livraison ./.

114 Note vom 14. November 1940 über Oppenheims Ausrüstung, die bei der Familie Sola eingelagert war

6. Der Versuch Oppenheims, zwischen 1939 und 1940 die Ausgrabungsarbeiten fortzusetzen. Aufgrund der damaligen internationalen Verhältnisse und der angespannten deutsch-französischen Beziehungen wurde ihm jedoch der Zugang zum Tell Halaf verwehrt. Die Korrespondenz belegt nicht nur das Scheitern seiner Mission, sondern auch die spätere Versteigerung der eingelagerten Expeditionsausrüstung unter der Aufsicht von Soubhi Sawaf (**Abb. 114**), einem damaligen Angestellten im Museum von Aleppo.

Diese Aufstellung der Quellen umreißt die Arbeit Oppenheims in Syrien. Die erhaltenen Dokumente geben Auskunft über seine Beziehungen zur Antikenbehörde, der zeitlichen Entwicklung sowie die Haltung der beiden Direktoren dieser Behörde, Charles Virolleaud und Henri Seyrig, gegenüber der wichtigen wissenschaftlichen Forschung Oppenheims. Nachvollziehbar wird auch, welche Auswirkungen der politische Druck der Mandatsverwaltung aufgrund des schwierigen deutsch-französischen Verhältnisses – vor allem nach 1933, als die NSDAP die Macht in Deutschland ergriff – auf Oppenheims Pläne hatte. Immer wieder hatte er sich darum bemüht, die Ausgrabungsarbeiten, insbesondere am Tell Fecherije (**Abb. 115**), in der Nähe vom Tell Halaf, zu beginnen und am Tell Halaf selbst wieder aufzunehmen. Seine Bemühungen blieben jedoch erfolglos, weil die Antikenbehörde ihre zuvor erteilte Genehmigung zurückzog. Oppenheims letzter Besuch in der Region im Jahre 1939 (**Abb. 116**) war deshalb ein verheerender Misserfolg, dem die Vergabe der Ausgrabungserlaubnis für die Untersuchung des Tell Fecherije an das Oriental Institute in Chicago 1940 folgte.[8]

Allgemein kann gesagt werden: Die Arbeiten Oppenheims in Syrien standen stets unter dem Druck der politischen Ereignisse. Hatte er seine weit ausgelegten Grabungen anfangs noch leicht durchführen können, setzten die zunehmenden Streitigkeiten in Europa und der Kampf um die

115 Felix Langenegger (Mitte) und Hans Lehmann (re.) führen erste Messungen auf dem Tell Fecherije durch, 1929

Welt zwischen den Alliierten und den Achsenmächten den Träumen dieses großen deutschen Wissenschaftlers ein jähes Ende. Trauriger Höhepunkt war die Zerstörung des Tell Halaf-Museums am 23.11.1943 durch einen alliierten Luftangriff auf Berlin.[9]

1 Übersetzung aus dem Arabischen von Hani Al-Saleh, Damaskus
2 Siehe Gelin 2002.
3 Siehe insbesondere Chevalier 2002: 283–321.
4 Zu erwähnen sind die beiden Zeitschriften Syria und Bulletin d'Etudes Orientales.
5 Siehe zum Beispiel Bibliothèque Historique et Archéologique.
6 Vor allem Aleppo, Damaskus, Beirut und Kairo: Nippa 2001: 140–175; Teichmann 2008: 55–57.
7 Siehe Martin 2008: 62–64.
8 Die Genehmigung wurde in Beirut am 5. Januar 1940 ausgestellt und höchstwahrscheinlich von Henri Seyrig für die Antikenbehörde und Bayard Dodge (damals Rektor der amerikanischen Universität in Beirut) für die amerikanische Seite unterzeichnet. Die Genehmigung wurde auf den Namen von Calvin McEwan, Oriental Institute an der Universität Chicago, ausgefertigt.
9 Siehe Cholidis 2008: 64–67.

116 Im letzten Moment untersagte die französische Mandatsverwaltung die Weiterreise zum Tell Halaf. Oppenheim durfte „seinen" Hügel nur noch aus der Ferne sehen, Ras el-Ain 1939

Mit Spaten, Pinsel und Computer – Die neuen Ausgrabungen am Tell Halaf

Abd el-Masih Hanna Baghdo und Lutz Martin, Hassake/Berlin

„Der Tell Halaf verlangt aber noch mehrere Ausgrabungskampagnen. Durch unsere bisherigen Untersuchungen sind viele neue Fragen aufgeworfen worden. Manches ist noch nicht vollständig geklärt. Es gilt selbst noch die Namen für Stadt und Land des alten Tell Halaf zu finden, ja sogar für das Reich Kaparas und seine Hauptstadt."[1]

Bereits 1931 benannte der Entdecker und Ausgräber des Tell Halaf die wichtigsten, immer noch ungelösten Probleme zur Ruinenstätte, die eine Fortsetzung der Ausgrabungen dringend geboten erscheinen ließen. Obwohl der Siedlungshügel, insbesondere seine Zitadelle, Anfang des 20. Jahrhunderts intensiv untersucht worden war [SIEHE BEITRAG VON M. NOVAK],[2] blieben viele spezielle Fragen, zum Beispiel zur Siedlungschronologie, zur Siedlungsstruktur oder zur Rolle des Tell Halaf in der historischen Entwicklung des Alten Vorderasiens, offen. Als deutsche Archäologen Mitte der 1950er Jahre wieder Ausgrabungen in Syrien durchführen konnten, wandten sie sich anderen antiken Siedlungen zu. Der Erfolg neuer Feldforschungen am Tell Halaf wurde damals eher zurückhaltend beurteilt.[3]

Erst in der jüngeren Vergangenheit ist verschiedentlich auf die Notwendigkeit neuer Untersuchungen hingewiesen worden.[4] Die Dringlichkeit ergab sich auch aus der zunehmenden Bedrohung der Ruine durch verstärkte Bautätigkeiten: Seit Anfang der 1970er Jahre wurde durch Umsiedlungsmaßnahmen das gesamte Areal der antiken Unterstadt des Tell Halaf modern überbaut, inzwischen reicht die Ortsgrenze des heutigen Dorfes sogar bis an die Zitadelle heran, beziehungsweise hat diese schon im südlichen Bereich zerstört. Als nach dem Beginn des Tell Halaf-Restaurierungsprojektes im Jahre 2001 im Zusammenhang mit Recherchen zu den Bildwerken erneut die Desiderate in der Erforschung der Ruine bewusst wurden, begannen die konkreten Planungen zur Wiederaufnahme der Ausgrabungen. Die Deutsche Forschungsgemeinschaft stellte aufgrund der wissenschaftlichen Relevanz der Fragestellungen Sachmittel für die Durchführung eines Grabungsprojektes zur Verfügung, so dass im Frühjahr 2006 vom Generaldirektor der Staatlichen Museen zu Berlin ein entsprechender Lizenzantrag an die Direction Générale des Antiquités et des Musées Damas gestellt werden konnte.

Durch die langjährige gute Zusammenarbeit mit der syrischen Antikendirektion ist schon im Sommer 2006 die Erlaubnis für eine gemeinsame deutsch-syrische Ausgrabung erteilt worden. Im Mittelpunkt der neuen Forschungen stehen Untersuchungen zu den einzelnen Siedlungsperioden am Tell Halaf. So ist zum Beispiel die Frage von Interesse, ob der Ort im 4. Jahrtausend v. Chr. wirklich endgültig verlassen und erst an der Wende vom 2. zum 1. Jahrtausend wieder besiedelt worden ist. Wenige Vorstellungen gibt es auch über das Aussehen der aramäischen Residenzstadt. So sind neben dem West-Palast des Fürsten Kapara keine weiteren Palast- oder Tempelbauten aus dieser Zeit freigelegt worden. Wie war die Zitadelle zur Zeit der assyrischen Statthalter baulich gegliedert und bietet der archäologische Befund Hinweise auf einen Wechsel der Herrschaftssysteme? Wichtig wären auch neue Erkenntnisse zur Ausdehnung der Stadtanlage im frühen 1. Jahrtausend: War die Unterstadt schon in aramäischer Zeit besiedelt oder handelte es sich um eine Neugründung in assyri-

117 Wiederaufnahme der Grabung am Skorpionentor, Tell Halaf 2006

scher Zeit? Vom Fundrepertoire aus den Oppenheim-Grabungen war bekannt, dass nach dem Zusammenbruch des assyrischen Reiches der Tell Halaf auch in hellenistischer und parthisch-römischer Zeit bewohnt gewesen sein muss. Eine der zu klärenden Fragen betrifft deshalb auch die Rolle des Ortes in nachassyrischer Zeit.

Am 5. August 2006, auf den Tag genau 95 Jahre nach dem Beginn der Grabungen Max von Oppenheims, nahm eine gemeinsame Mission der Staatlichen Museen zu Berlin und der syrischen Generaldirektion in Zusammenarbeit mit den Universitäten Halle und Tübingen die Arbeiten am Tell Halaf (**Abb. 117**) wieder auf. Hatte von Oppenheim noch zehn deutsche Mitarbeiter an seiner Seite, setzt sich das heutige Archäologenteam aus 30 deutschen und syrischen Mitarbeitern **(Abb. 118)** zusammen. Auch die Zahl der Grabungsarbeiter hat sich grundlegend

118 Frühstück des syrisch-deutschen Grabungsteams, Tell Halaf 2007

119 Transport des Fotografengestells innerhalb der Grabung, Tell Halaf 1912/13

120 Aufwendig gestaltet sich auch heute noch der Aufbau der Fotostellagen: Einrichtung des Kamerakrans, Tell Halaf 2009

gewandelt: Beschäftigte von Oppenheim noch bis zu 550 Männer, Frauen und Kinder, werden heute etwa 100 Arbeiter im Feld eingesetzt. Das veränderte Zahlenverhältnis zwischen Spezialisten und Grabungshelfern ergibt sich aus den veränderten Zielstellungen heutiger Ausgrabungen. Zu Zeiten von Oppenheims stand noch die Suche nach herausragenden Kunstwerken und Schriftzeugnissen im Mittelpunkt des Interesses. Heute dagegen geht es darum, einen möglichst umfassenden Überblick zur Ruinenstätte zu erlangen, um daraus Schlüsse für die kulturhistorische Entwicklung der Region beziehungsweise ganz Vorderasiens zu ziehen. Ungeachtet dessen verbinden sich mit einer archäologischen Grabung in der Öffentlichkeit immer noch Vorstellungen von Abenteuern in fremden Ländern und einer geheimnisvollen Schatzsuche. Die Realität dagegen besteht in einem zehn- bis zwölfstündigen Arbeitstag, extremen Witterungsbedingungen und einem von früh bis spät durchorganisierten sowie sehr spezialisierten Arbeitsablauf. Die Menge der während der Ausgrabungen anfallenden Informationen kann nur noch digital verarbeitet werden und so gehören heute neben den traditionellen Grabungswerkzeugen wie Spaten, Spachtel, Pinsel und Tachymeter auch Laptop, Drucker und Scanner (**Abb. 119–121**) zur unverzichtbaren Ausrüstung.[5]

In bisher vier zehnwöchigen Grabungskampagnen sind die Untersuchungen auf der Zitadelle und im Gebiet der antiken Unterstadt fortgesetzt worden. Die Funde und Befunde aus den Kampagnen 2006 bis 2009 haben bereits zu einer Präzisierung der Oppenheim'schen Grabungsergebnisse und in

121 Der Innendienst: Gabriele Elsen-Novák (li.) und Elisabeth Katzy (re.) bei Dokumentationsarbeiten im Grabungshaus, Tell Halaf 2007

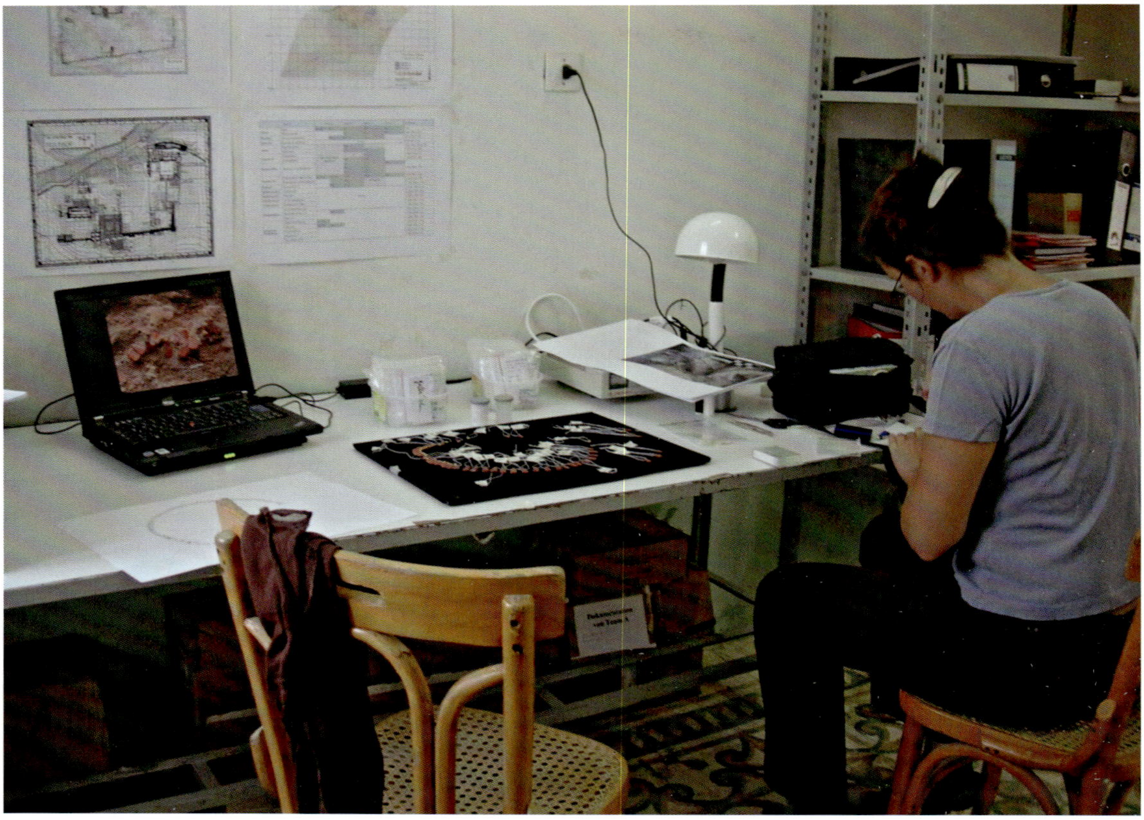

122 In sorgfältiger Kleinarbeit setzt Laura Simons die geborgenen Perlen einer Kette wieder zusammen, Tell Halaf 2009

einigen Fällen zu grundlegend neuen Erkenntnissen über baugeschichtliche Entwicklungen auf der Zitadelle vom Tell Halaf geführt.

Von besonderem Interesse ist der erstmalige Nachweis von Rundbauten aus dem 6. Jahrtausend v. Chr., der späten Halaf-Zeit, die mit Bauten aus anderen Fundorten wie Yarimtepe II und III, Tell Sabi Abyad oder Tell Arpachiya zu vergleichen sind.[6] Max von Oppenheim hatte während seiner Grabungen zwar reichlich Keramik aus der Halaf-Zeit gefunden, die Untersuchungen zur Architektur dagegen erbrachten damals nur wenige Informationen [SIEHE AUCH BEITRAG VON J. BECKER]. Über die Obed-Zeit hinaus lassen sich jetzt weitere Siedlungsaktivitäten bis in das Spätchalkolithikum (4. Jahrtausend v. Chr.) nachweisen, das heißt nach dem gegenwärtigen Stand der Forschungen hat der Tell offenbar nur im 3. und 2. Jahrtausend v. Chr. eine untergeordnete Rolle mehr als Siedlungsplatz

123 Halskette aus dem Grab eines jungen Mädchens, 11. Jahrhundert v. Chr., Tell Halaf 2009

124 Südhof des Nordost-Palastes mit jüngeren Einbauten, Tell Halaf 2009

gespielt. Ende des 2. beziehungsweise zu Beginn des 1. Jahrtausends wurden aramäische Halbnomaden im Quellgebiet des Haburs sesshaft und die Dynastie der Bahiani gründete die Hauptstadt ihres Fürstentums auf dem prähistorischen Tell. Vom West-Palast, dem Herrschersitz Kaparas, kündet heute lediglich eine noch etwa 3 m hohe, ca. 60 m lange und 20 m breite Lehmziegelplattform, die in eine tiefe Baugrube gestellt worden war. In unmittelbarer Umgebung des Fundaments konnten 2008 einzelne ältere Mauerreste nachgewiesen werden, die darauf hindeuten, dass das Gebiet schon vor der Errichtung des West-Palastes bebaut worden ist. Falls es an dieser Stelle einen Vorgängerbau gegeben haben sollte, so die Interpretation der Architekten um Max von Oppenheim, ist dieser vor Errichtung des West-Palastes komplett abgerissen worden, so dass sich heute davon keine Spuren mehr nachweisen lassen.[7]

In die frühe Eisenzeit beziehungsweise die Zeit der aramäischen Besiedlung gehören auch die neuen Steinfragmente mit Reliefdekor. Diese Funde bestätigen von Oppenheims Vermutungen, dass das Repertoire von Bildwerken am Tell Halaf noch umfangreicher gewesen sein muss.[8]

Im Zusammenhang mit den Untersuchungen zur frühen Eisenzeit konnten auch zwei Grüfte freigelegt werden. Bei den Bestattungen handelte es sich mit großer Wahrscheinlichkeit um ein 14–15-jähriges Mädchen und ein drei bis vier Jahre altes Kind unbestimmten Geschlechts.[9] Neben den Beigabegefäßen, die für Untersuchungen zur früheisenzeitlichen Keramik von großer Bedeutung sind, und dem Schmuck (**Abb. 122 und 123**) waren es vor allem die Textil- und möglicherweise auch Lederreste im Grab des jungen Mädchens, die eine kleine Sensation darstellten, da solche Funde aus der altorientalischen Zeit nicht sehr häufig erhalten

125 Sicherung der Grabungsstelle am Nordost-Palast zum Ende der zweiten Kampagne, Tell Halaf 2007

sind. Die Gräber in unmittelbarer Nähe des West-Palastes, die nach dem stratigraphischen Befund aber älter als dieser sind, könnten zu einer früheisenzeitlichen Nekropole gehören. Inwieweit die bereits von Max von Oppenheim weiter westlich entdeckten Grüfte[10] Teil dieser Nekropole waren, müssen künftige Untersuchungen klären.

Im Süden der Zitadelle wurden die Grabungen auf dem sogenannten Lehmziegelmassiv wieder aufgenommen. Auch hier konnten neue Erkenntnisse über die Funktion der Anlage gewonnen werden. Bei dem Lehmziegelmassiv handelte es sich um eine großflächige Plattform aus assyrischer Zeit. Im Massivblock fanden sich ältere Mauern, die überbaut worden sind und deren architektonischer Kontext noch zu klären ist. Bereits bei den Oppenheim-Ausgrabungen wurden hier zwei zugesetzte Grabkapellen aus aramäischer Zeit gefunden, in denen jeweils eine monumentale Sitzfigur über einem Grabschacht stand.[11] Nachdem durch die neuen Grabungen zwei Räume eines Gebäudes freigelegt werden konnten, hat sich die These erhärtet, dass die Anlage als Terrasse zur Schaffung eines ebenen Baugrundes diente. Die Ausgestaltung der Räume, die in ihnen aufgefundene Keramik und die geborgenen Kleinfunde legen die Vermutung nahe, dass es sich um das Haus einer wohlhabenderen Familie gehandelt haben könnte. Das Keramikinventar und eine Tontafel, die sich direkt auf dem Fußboden fand, sprechen für eine Datierung des Gebäudes in das späte 8. beziehungsweise frühe 7. Jahrhundert v. Chr., das heißt in die Zeit der assyrischen Vorherrschaft am Tell Halaf.[12]

Eine wichtige Rolle spielte auch der Nordost-Palast, den die alten Ausgräber für den Wohnpalast Kaparas hielten. Durch die Nachuntersuchungen (**Abb. 124 und 125**) hat sich jetzt ergeben, dass das Palastareal viel weiter nach Süden reicht. Mit seiner Grundfläche von über 100 m Länge und mindestens 50 m Breite gehörte der Bau zu den dominantesten Gebäuden in neuassyrischer Zeit auf der Zitadelle. In seiner Architektur entsprach er dem typischen Bauschema neuassyrischer Gouverneurspaläste.[13] Der Fundort des im Dezember 1912 entdeckten Archivs des assyrischen Statthalters Mannu-ki-mat-Assur[14] befand sich nach heutigen

126 Abdullah Illa (li.), ein Enkel Ibrahim Paschas, im Gespräch mit Lutz Martin, Ras el-Ain 2006

Erkenntnissen im Südtrakt des Palastes. Das Bauwerk war damit offenbar schon in der ersten Hälfte des 8. Jahrhunderts in Nutzung. Inwieweit Vorgängerbauten existierten, muss durch künftige Untersuchungen geklärt werden. Spätbabylonische Briefe,[15] aber auch Funde von sogenannten skythischen Pfeilspitzen im Bereich des Palastes zeigen, dass der Bau auch nach dem Zusammenbruch des assyrischen Reiches im 7. Jahrhundert v. Chr. weiter genutzt worden ist. So konnten in einem großen Hof des südlichen Palastteils zum Beispiel verschiedene Einbauten mit ihren Inventaren wie zahlreichen Spinnwirteln und vielen vollständigen Gefäßen festgestellt werden. Diese Befunde könnten darauf hindeuten, dass der ehemalige Gouverneurspalast möglicherweise als „Gewerbegebiet“ bis in die spätbabylonische Zeit hinein in Nutzung war.

Obwohl es schwierig ist, in der modern überbauten ehemaligen Unterstadt von Guzana zu graben, konnte bei einer gezielten Sondage eine Mauer des Kultraumes wieder gefunden werden. Dabei zeigte sich jetzt, dass der Kultraum auf dem gewachsenen Boden aufsitzt und daher zur ersten Nutzungsphase der Unterstadt in aramäischer Zeit zu zählen ist. Vermutlich gehören auch die bei den Grabungen Oppenheims in diesem Bereich freigelegten Häuser zu dieser ersten Besiedlungsphase.[16] Eine weitere Sondage im ehemaligen Stadtgebiet an der westlichen Stadtmauer hat bestätigt, dass das Befestigungswerk aus drei Mauerteilen bestand, wobei die Mauerschalen angelegt wurden, um die an den Außenseiten beschädigte Stadtmauer auszubessern beziehungsweise zu verstärken.

Die Erhebung im Zentrum der Zitadelle scheint – den Befunden und Funden in dem wieder geöffneten großen Nord-Süd-Schnitt von Oppenheims zufolge – erst auf Bauaktivitäten der nachassyrischen, insbesondere der hellenistischen Zeit zurückzugehen. Aufgrund der mächtigen jüngeren Schuttschichten und eines neuzeitlichen Friedhofs wird es aber schwierig, die angenommene Bebauung dieses zentralen Raumes in der aramäisch-assyrischen Zeit zu untersuchen. Südlich des islamischen Friedhofes konnten zunächst Architekturreste nachgewiesen werden, deren genauere chronologische Einordnung noch aussteht. Die bisher nur fragmentarisch ausgegrabenen Raumeinheiten dürften nach den aufgefundenen keramischen Feinwaren und qualitätvollen Terrakotten aus der hellenistischen Zeit stammen. Möglicherweise handelte es sich damals um eine großräumige Bebauung, die darauf hindeuten könnte, dass Guzana noch eine bedeutende Rolle gespielt hat. Nach den gegenwärtigen Erkenntnissen lässt sich allerdings eine Zäsur in der Besiedlung im 1. Jahrhundert v. Chr. beobachten.[17] Ab dieser Zeit konzentrierten sich die Siedlungsaktivitäten offenbar wieder stärker auf den benachbarten Tell Fecherije. Zu Beginn der römischen Kaiserzeit, vermutlich aufgrund der (Neu-) Gründung des nahe gelegenen Rhesina, dem heutigen Ras el-Ain, erfolgte dann wohl die endgültige Aufgabe der Stadt.

Die bisherigen vier Grabungskampagnen haben gezeigt, dass der Tell Halaf insbesondere für Untersuchungen zur Frühen Eisenzeit Nordmesopotamiens außerordentlich interessant ist. Die Deutsche Forschungsgemeinschaft hat deshalb das Ausgrabungsprojekt 2008 in die Langzeitförderung aufgenommen, so dass für die nächsten Jahre Planungssicherheit besteht.

Die Erinnerung an Max von Oppenheim und seine legendäre Grabung ist bei den Bewohnern Ras el-Ains nie in Vergessenheit geraten. So haben die Nachkommen Ibrahim Paschas (**Abb. 4**) nach der Wiederaufnahme der Ausgrabungen am Tell Halaf ihre Freundschaft zu den Archäologen (**Abb. 126**) erneuert, die Max von Oppenheim 1899 begründet hatte.

1 Oppenheim 1931: 223. Zum heutigen Kenntnisstand über die historische Entwicklung am Tell Halaf siehe Dornauer 2010 und Novák 2009: 93–97.

2 Die Grabungsergebnisse liegen in vier Bänden vor, siehe dazu Tell Halaf 1943; Tell Halaf 1950; Tell Halaf 1955 und Tell Halaf 1962.

3 Im Mittelpunkt der Untersuchungen standen damals Forschungen zum 2. Jahrtausend, insbesondere die Suche nach der Hauptstadt des Mitanni-Reiches Waschschukanni.

4 Siehe zum Beispiel Orthmann 2002: 42; Cholidis/Martin 2002: 25.

5 Zur Auswertung einer Ausgrabung tragen deshalb heute nicht nur Archäologen, Baugeschichtler und Philologen bei, sondern es werden auch die in interdisziplinärer Zusammenarbeit mit Paläobotanikern, Anthropologen, Archäozoologen, Geomorphologen und Klimatologen gewonnenen Erkenntnisse einbezogen.

6 Becker 2009: 27.

7 Die in Martin/Fakhru 2009: 19–20 angedeutete Vermutung hat sich durch die Grabungen 2008 inzwischen bestätigt.

8 Rohn 2010: 253–279.

9 Partheil 2008: 5, 19.

10 Tell Halaf 1950: 100–104; Orthmann 2002: 47–50.

11 Orthmann 2002: 52–53, 89–90.

12 Bei der Tontafel handelt es sich um eine Schuldurkunde in assyrischer Keilschrift. Nach dem auf der Tafel genanntem Eponym (Jahresbeamten) könnte sie um 733 v. Chr./685 v. Chr. geschrieben worden sein. Dornauer 2010: 65, Anm. 194.

13 Novák/Ghafour 2009: 60.

14 Zum Archiv siehe Dornauer in Vorb.

15 Ungnad 1940: 66–68.

16 Orthmann 2009: 64.

17 Katzy 2009: 92.

V

Reisen, Sammeln, Forschen

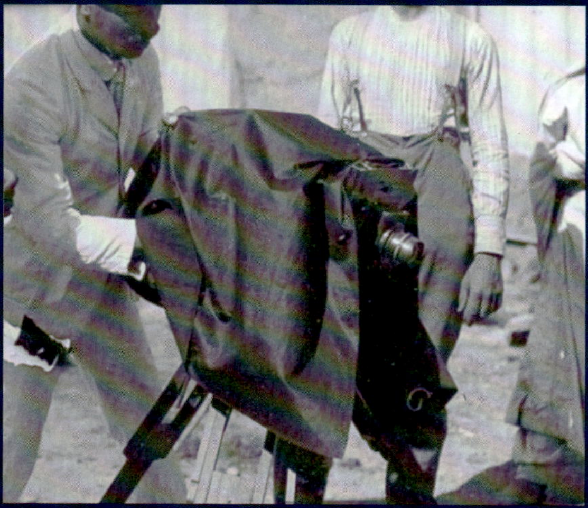

♀
15./IV.1913

Das Orient-Forschungs-Institut und die Max Freiherr von Oppenheim-Stiftung

Wolfgang Röllig, Tübingen

Nach dem Ende des Ersten Weltkrieges, in dessen Verlauf sich Max von Oppenheim der von ihm begründeten und geleiteten „Nachrichtenstelle für den Orient“ gewidmet hatte, trat die Sorge um sein wissenschaftliches Vermächtnis in den Vordergrund. Die umfangreichen Sammlungen an Büchern (**Abb. 127**) und Realien, die er bereits in Kairo (**Abb. 128**) angelegt hatte, waren inzwischen in Berlin zusammengeführt. Diese und die reichen Ergebnisse der Grabung auf dem Tell Halaf, ferner die umfangreichen Materialien und Notizen von seinen Reisen galt es nun sinnvoll zu nutzen. Dafür mussten

127 Oppenheims private Bibliothek in seinem Haus am Bab el-Louk, Kairo undatiert

128 Eine der seltenen Aufnahmen, die Max von Oppenheim in orientalischer Tracht zeigt, Kairo undatiert

sie in den Strom der Wissenschaften vom Orient eingespeist werden. Das veranlasste von Oppenheim, der mit vielen Gelehrten seiner Zeit, vor allem in Berlin, enge Kontakte pflegte, mit seinen damals noch reichlich vorhandenen Mitteln ein „Orient-Institut" und in Verbindung damit eine eigene Stiftung ins Leben zu rufen. Dazu hatten ihn offenbar auch Erfahrungen mit der an den Universitäten gelehrten Orientalistik bewogen. Sie war in seinen Augen wohl zu „akademisch", zu sehr auf Sprache und Text konzentriert, noch dazu mit stark historischer Ausrichtung. Sie diente weniger der Vermittlung des „täglichen Lebens", der lebendigen Sprache, des Brauchtums der Länder des Vorderen Orients. Deshalb beschrieb er selbst den Zweck der Stiftung so: *„Gegenstand der von der Stiftung zu pflegenden Studien und Forschungen ist in erster Linie der vordere Orient von den ältesten prähistorischen Zeiten bis zur Gegenwart nach allen Richtungen hin, also auf den Gebieten der Geschichte, der Geographie, der Landes- und Rassenkunde, Ethnographie und Kulturgeschichte, der Literatur, der Kunst und des Kunstgewerbes, der Mythologie und Theologie, der Philosophie und überhaupt aller Zweige der Wissenschaften, die im Orient gepflegt wurden und gepflegt werden."* Die Philologie aber, die ja damals bei der Orientalistik im Rahmen der Universität einen bevorzugten Platz einnahm, schien ihm weniger wichtig zu sein: *„Das rein spezifisch linguistische* [...] *soll nicht als Hauptzweck der Stiftung gelten"* hieß es deshalb in einem Spendenaufruf für seine Stiftung.

Schon im Jahre 1922 hatte er energisch den Plan verfolgt, ein „Orient-Forschungs-Institut" zu gründen. Er dachte dabei offenbar an eine Art Graduiertenschule, ein College, in dem Studenten der Orientalistik, die bereits ein Grundstudium absolviert hatten, sich vor allem der Forschung widmen sollten. Geeignete Räumlichkeiten fand er zunächst am Savignyplatz 6; hier war seine Bibliothek untergebracht, die damals weit mehr als 40.000 Bände umfasst haben soll. Auch seine Sammlungen an archäologischen, ethnographischen und folkloristischen Objekten konnten dort studiert und publiziert werden. Zu diesem Zweck wollte er auch Stipendien verleihen, die es den Studenten ermöglichen sollten, in Ruhe und frei von materiellen Sorgen ihre Arbeit zu verrichten. Es war ferner daran gedacht, in regelmäßigem Kontakt mit Gelehrten verschiedener Fachrichtungen „interdisziplinär" zu forschen – wie man das heute nennen würde. Bemerkenswert war auch sein Wunsch, *„mit Instituten ähnlicher Art in anderen Ländern und mit deutschen sowie fremden Gelehrten intensive Beziehungen"* zu pflegen. Deshalb *„sollen die Studierenden in den Räumen der Stiftung sich wohl fühlen, die* [...] *Werke über Kunst und dergleichen sollen sie zu einem idealen Fluge begeistern und sie anhalten, sich nicht nur auf ein trockenes Spezialstudium zu beschränken."* Aus diesen von ihm selbst formulierten Sätzen zu einer Idealform des Studiums des Orients kann man gut ablesen, was ihn, den Quereinsteiger in der Archäologie und Orientalistik, vor allem interessierte, was er offenbar in der Universitätsausbildung vermisste: die praktische Kenntnis des Vorderen Orients, seiner Sitten und Gebräuche einerseits, die phantasievolle Deutung und enge Grenzen überschreitende Interpretation von Texten, Bildern und Denkmälern andererseits.

129 Männerabteil in Watbans Zelt: Watban, Ali Djenan, Max von Oppenheim und Abd el Kerim Sesi (v. li. n. re.), Ain Tellaui 1939

Die gleichzeitige Gründung einer Stiftung, die ihm besonders am Herzen lag, konnte Oppenheim aufgrund der Inflation erst 1929 verwirklichen. Die „Max Freiherr von Oppenheim-Stiftung", die er selbst als „sein Kind" bezeichnete, hatte den Zweck, *„die Herausgabe der wissenschaftlichen Werke des Stifters"*, die *„Vornahme und Unterstützung von Forschungen und Grabungen in und über den Vorderen Orient, insbesondere auf dem Forschungsfelde des Stifters"* zu ermöglichen. Die Sorge um den Erhalt seiner Stiftung hat Oppenheim bis zu seinem Tod 1946 bewegt, waren doch große Teile der Sammlung während des Zweiten Weltkriegs vernichtet worden oder nicht mehr zugänglich. Noch in seinen letzten Lebensmonaten bat er seinen ehemaligen und treuen Mitarbeiter Werner Caskel (1896–1970), sich um die verbliebenen Reste des einstigen Reichtums zu kümmern und sie wieder zusammenzuführen. Caskel sollte auch mit den Witwen inzwischen verstorbener Orientalisten Kontakt aufnehmen, um möglichst deren Bibliotheken für die Stiftung aufzukaufen. Dafür wollte er sein letztes Geld einsetzen.

Als Werner Caskel 1948 auf einen Lehrstuhl für Orientalistik nach Köln berufen wurde, sah er sich in der Verantwortung für das Erbe Max von Oppenheims: Er überführte die Bibliothek und die Reste der Sammlungen an seinen neuen Wirkungsort und entfaltete bald eine – in Anbetracht der damaligen Verhältnisse bemerkenswerte – sehr zielgerichtete Aktivität. Sein Anliegen war es vor allem, die umfangreichen und ganz einmaligen Sammlungen zu den „Beduinen" (**Abb. 129**) weiterzuführen.

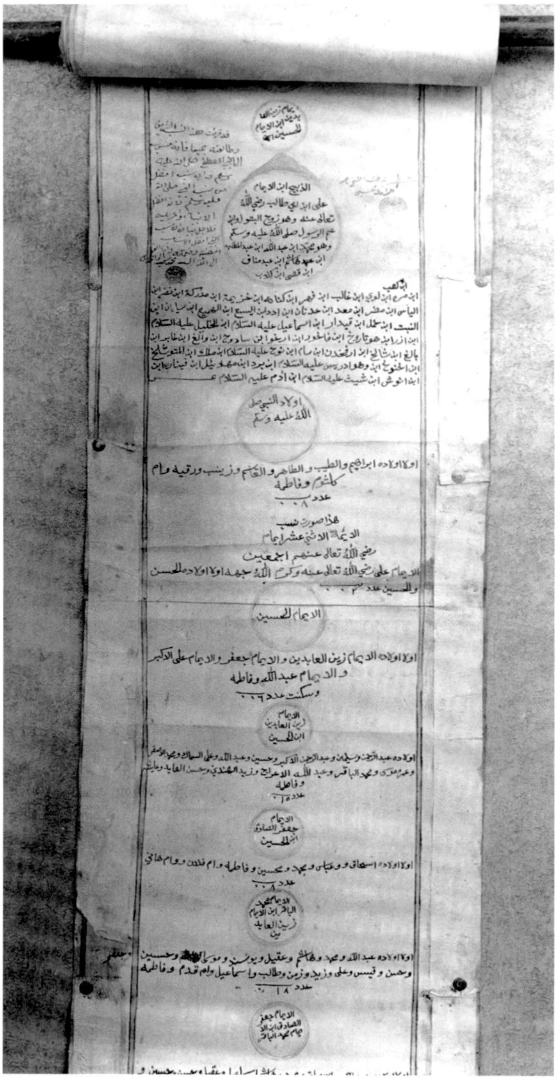

130 Beduinen-Stammbaum, Syrien 1929

Ein erster Band war unter der Ägide des Barons und unter Mitarbeit von Erich Bräunlich bereits 1939 erschienen, ein weiterer noch 1943. Nun übernahm Caskel allein die Arbeit und legte zwei weitere Bände des gewaltigen Werkes in den Jahren 1952 und 1968 vor. Diese vier Bände gelten heute als Zeugnis einer längst vergangenen Zeit, denn die Stämme in Mesopotamien, Syrien, Palästina, in Nord- und Mittelarabien und im Irak spielen als politische oder wirtschaftliche Einheiten scheinbar keine Rolle mehr. In der Tat ist ihre noch im 19. Jahrhundert dominierende und zum Teil auch bedrohliche Existenz heute nicht mehr bewusst, sind andere Organisationsformen an ihre Stelle getreten, ist nach dem Untergang des Osmanischen Reiches und durch die von den Alliierten verfügte neue politische Ordnung ein ganz neues Nationalbewusstsein in vielen Staaten der arabischen Welt entstanden. Dennoch wirken die alten Blutsbande, die Traditionen über die Zugehörigkeit zu bestimmten, ursprünglich beduinischen und weit verzweigten Stämmen noch immer nach, sind sich viele Araber ihrer Zugehörigkeit zu ihrem ganz eigenen und namentlich benannten Stamm (**Abb. 130**) bewusst. Insofern arbeitet dieses große Werk, das erst kürzlich ins Arabische übersetzt wurde, einen wichtigen Sektor arabischer Geschichte auf. Es ist ein Vermächtnis, das im Bewusstsein vieler Araber bis heute lebt, das einen wichtigen Baustein zum Gebäude der jeweiligen nationalen Identität hinzufügt.

Ein weiteres Anliegen musste es sein, die Ergebnisse der Grabung auf dem Tell Halaf in angemessener wissenschaftlicher Form zu publizieren. Eine vorläufige und für eine größere Öffentlichkeit bestimmte Publikation hatte Max von Oppenheim 1931 unter dem Titel „Der Tell Halaf, eine neue Kultur im ältesten Mesopotamien" vorgelegt, die rasch ins Englische und Französische übersetzt wurde und schon bald wegen der vorgeschlagenen Datierung der Tell Halaf-Skulpturen eine lebhafte Diskussion hervorrief [Siehe auch Beitrag S. Hauser].

Schon im Kriege, nämlich 1943, erschien der erste Band der Endpublikation, in dem Hubert Schmidt die prähistorischen Funde vorlegte, die bei einer Tiefgrabung auf dem Zentralhügel gemacht worden waren [Siehe Beitrag J. Becker]. Die Drucklegung des zweiten Bandes hatte kein gutes Schicksal; Oppenheim hatte die Bearbeitung seinem langjährigen Freund und Mitarbeiter, dem Architekten Felix Langenegger [Siehe auch Beitrag A. Gering], anvertraut. Er sollte die Architekturbefunde beschreiben, also die zentrale Grabungspublikation vorlegen. Zunächst gestaltete sich die Zusammenarbeit mit dem Verlag in der Kriegssituation schwierig, wie die erhaltene Korrespondenz mit Helmuth Scheel, dem damaligen Beauftragten der Oppenheim-Stiftung, belegt. Der verheerende Luftangriff auf Dresden am 13./14. Februar 1945, bei dem Teile des bereits weitgehend abgeschlossenen Manuskripts und wichtige Unterlagen (Pläne, Zeichnungen, Grabungsberichte), die sich bei Langenegger und von Oppenheim befanden, verbrannten, haben schließlich die Fertigstellung zusätzlich erschwert und verzögert. So war es erst nach dem Krieg möglich, mit den verbliebenen Materialien den Text zu rekonstruieren, der dann 1950 von Rudolf Naumann als Band II publiziert wurde.

Ein weiterer Mitarbeiter Oppenheims, der als junger Gelehrter seine Arbeit im Orient-Forschungs-Institut aufnahm, als die Zeit der Grabung bereits vorüber war, war Anton Moortgat (1897–1977). Er hatte zunächst Kunstgeschichte und klassische Archäologie studiert, sich aber bald dem Orient zugewandt und etablierte nach dem Krieg die „Vorderasiatische Altertumskunde" an der Freien Universität als Studienfach. Ihm fiel die schwierige Aufgabe zu, im dritten Tell Halaf-Band die Bildwerke darzustellen und zu interpretieren, die inzwischen nur noch in Bruchstücken existierten. Mit Hilfe der Aufzeichnungen von Dietrich Opitz, der sehr guten Fotos aus den Grabungen und auf Grund seiner eigenen Erinnerungen an die einst im Tell Halaf-Museum aufgestellten Skulpturen, beschrieb Moortgat sie mustergültig. Er versuchte, sie in die nun bereits von ihm entwickelte ikonographische Tradition mesopotamischer und syrischer Darstellung von Göttern und Menschen zu stellen. Mit diesem Band wurde die durchaus eigene künstlerische Konzeption der frühen aramäischen Kultur auf dem Tell Halaf unterstrichen und gewürdigt. Ein vierter Band der Grabungspublikation, verfasst von Barthel Hrouda, einem Schüler Moortgats, präsentierte schließlich – ebenfalls nur aufgrund der Fotos und Zeichnungen – die Kleinfunde, eine ebenfalls stattliche Zahl von durchaus originellen und damals noch weithin einzigartigen Objekten.

Die geplante Publikation der Bildwerke vom Djebelet el-Beda, die Oppenheim 1913 entdeckt hatte [SIEHE BEITRAG VON U. DUBIEL UND K. ZIMMERMANN], übernahm Ursula Moortgat-Correns. Sie legte 1972 eine vorbildliche Studie der bis heute einzigartigen Steinskulpturen vor, ordnete sie kunst- und kulturgeschichtlich ein. In diesem Buch wurden auch einige Ruinenhügel der heutigen Wüstensteppe in Nordost-Syrien behandelt, die Max von Oppenheim bei seinen Erkundungsritten aufgefallen waren. Einer dieser so genannten Kranzhügel, der Tell Chuera, wurde später das Ziel einer langjährigen Ausgrabung, die Anton Moortgat im Auftrage der Stiftung 1958 begann, nachdem andere Plätze sich als nicht Erfolg versprechend erwiesen hatten. Sie dauert bis heute an. Ursula Moortgat-Correns, Winfried Orthmann und Jan-Waalke Meyer haben in zahlreichen Grabungskampagnen und unter schwierigen Arbeitsbedingungen nachweisen können, dass es sich um eine ausgedehnte Stadtanlage mit mehreren auf Steinterrassen errichteten Tempeln, einem außerstädtischen Heiligtum, großer Toranlage, daneben zahlreichen Werkstätten und Produktionsbetrieben handelte, die enge kulturelle Kontakte zum Zweistromland besaß. Sie ging wahrscheinlich ca. 2250 v. Chr. infolge eines Eroberungskrieges akkadischer Könige unter. Der markante Ruinenhügel, der nur noch einmal, um 1240/30 v. Chr. für eine gewisse Zeit von Assyrern besiedelt wurde, ist bis heute unbewohnt.

Anders verhält es sich mit dem Tell Halaf. Hier hat sich vor ca. 50 Jahren ein Dorf angesiedelt, das heute einen beträchtlichen Teil des Hügels einnimmt. Die gemeinsamen syrisch-deutschen Grabungen, die dort – auch mit Unterstützung der Oppenheim-Stiftung – im Sommer 2006 unter Leitung von Abdel Masih Baghdo, Lutz Martin und Mirko Novák wieder aufgenommen wurden, sind deshalb nur mit Schwierigkeiten an ausgewählten Punkten der Ruine durchzuführen. Dennoch wird hier der Wille des Stifters, nämlich Forschungen und Grabungen im Vorderen Orient durchzuführen, nach bestem Wissen und Können erfüllt.

Die Max Freiherr von Oppenheim-Stiftung ist heute in Köln angesiedelt und dort eng mit dem Bankhaus Sal. Oppenheim verbunden. Sie hat in deren Haus ihr Archiv gelagert, das vor allem die zahlreichen und umfangreichen Fotoalben aufbewahrt, daneben aber auch alle Aufzeichnungen und Manuskripte, die von Oppenheim erhalten geblieben sind. Sie gibt ferner zwei Schriftenreihen heraus, die „Schriften der Max Freiherr von Oppenheim-Stiftung" sowie die „Vorderasiatischen Forschungen der Max Freiherr von Oppenheim-Stiftung", und unterhält die im Orientalischen Seminar der Universität zu Köln aufgestellte Bibliothek des Barons. Dort sind auch Teile der islamischen Sammlungen untergebracht, deren größter Teil, Gewänder und Stoffe, Waffen und historische wissenschaftliche Geräte, Porzellan und Kupfergerätschaften allerdings dem Rautenstrauch-Joest-Museum als Leihgaben überlassen wurden.

So ist durch wissenschaftliche Forschung und moderne Grabung, Konservierung des Überkommenen und Publizität der Sammlungen dafür Sorge getragen, dass der erklärte Wille des Stifters, die Kenntnis des alten und des modernen Orients in Deutschland zu fördern, in dem engen Rahmen, den eine private Stiftung bietet, heute und für zukünftige Zeiten erfüllt wird.

Verwendete Zitate

Die Zitate stammen, wenn nicht anders erwähnt, aus den unveröffentlichten Lebenserinnerungen Max von Oppenheims und den Archivalien der Max Freiherr von Oppenheim-Stiftung.

Max Freiherr von Oppenheim und die Islamische Kunst[1]

Julia Gonnella, Berlin

Würdigt die aktuelle Ausstellung vor allem den großen Enthusiasmus und das Engagement Max von Oppenheims für die Vorderasiatische Archäologie, so wäre an dieser Stelle auch an seine zweite, sicherlich gleichsam dringliche Leidenschaft zu erinnern: die islamische Kunst und Kultur, die im Leben dieses ungewöhnlichen Mannes in vielerlei Hinsicht eine bedeutende Rolle spielte. Oppenheim war einer der größten und bemerkenswertesten Privatsammler islamischer Kunst seiner Zeit. Durch seine langjährigen Aufenthalte im Vorderen Orient und seine zahlreichen Forschungsreisen hat er ein reiches Inventar an islamischen Objekten und „Realien", das heißt ethnographischen Gegenständen, zusammengetragen. Der Großteil seiner facettenreichen Sammlung umgab ihn zu Hause. Offensichtlich vermittelten ihm seine mit großer Umsicht zusammengetragenen Kunstwerke und Alltagsobjekte sein sehr persönliches „orientalisches" Lebensgefühl, waren zugleich aber auch sichtbarer Ausdruck für seine enge Verbundenheit zu dem Teil der Welt, in dem er zweifelsohne die für ihn glücklichsten Abschnitte seines Lebens verbracht hatte.

So war es sicher auch der zeitgenössische Orient mit seiner islamischen Kultur, der Max von Oppenheim zunächst faszinierte und der ihn letztlich in die Länder östlich des Mittelmeers zog. Prägend war offensichtlich schon seine erste Reise nach Konstantinopel (1883), die ihn dazu veranlasste, nach seiner Rückkehr Arabisch zu lernen und drei Jahre später zu einer zweiten Reise nach Nordafrika inspirierte. Nach seiner Entsendung an das Generalkonsulat in Kairo unternahm er zahlreiche nachhaltige Forschungsreisen, die ihn vor allem nach Syrien und die Türkei, aber auch nach Mesopotamien, in den Libanon und nach Palästina führten. Seine wertvolle fotografische Sammlung dokumentiert sein großes „ethnographisches" Interesse an Land und Leuten. Sie zeigt aber auch, dass er bei seinen Reisen systematisch die bedeutenden islamischen Architekturdenkmäler aufgesucht hat. Max von Oppenheim hat mehr oder weniger alle Baudenkmäler fotografieren lassen: Zitadellen, Moscheen, Synagogen, die ihn vielleicht aufgrund seiner jüdischen Abstammung besonders interessierten, Grabmäler, Brücken, aber auch Privathäuser oder Straßenzüge aus den heute häufig zerstörten Altstadtvierteln. Für die Islamische Kunstgeschichte und Bauforschung stellen diese Aufnahmen heute wichtige historische Dokumente dar.

Das rege Sammeln islamischer Kunst und Alltagsgegenstände erfolgte auf allen seinen Reisen und Forschungsaufenthalten, offensichtlich von frühester Zeit an.[2] Betrachtet man die Inventarliste, die Max von Oppenheim Jahre später von seiner Sammlung anfertigen ließ, kommt man aus dem Staunen nicht heraus.[3] Ganz offensichtlich kaufte *„el baron"* praktisch alles, was die Händler seinerzeit in den orientalischen Bazaren feilhielten **(Abb. 131)**, seien es antiquarische Kunstgegenstände oder auch „Realien", wobei die Abgrenzung zwischen beiden Kategorien recht schwierig zu ziehen ist. Das Inventar verzeichnet eine unglaubliche Vielfalt an Materialien: vor allem Textilien, darunter Wandbehänge, Kostüme, Handtücher, zum Teil mit farbiger Seidenstickerei versehen, Teppiche, Handschriften, Keramiken („Fayencen") und Metallgefäße sowie zwei- und dreiteilige Handwaschgarnituren aus

131 Baron Oppenheim beim Teppichkauf im Hotel Khoudiviet el Koubra, Aleppo 1929

132 Das von Oppenheim angekaufte Zimmer aus dem Bet Muneijir (Name des Hauses), Damaskus 1929

vergoldetem Kupfer oder Silber, Kannen, Räuchergefäße sowie Etageren. Außerdem werden Waffen genannt, darunter osmanische Dolche wie solche aus dem Maghreb, Gewehre, Lanzen und Spieße, ferner feuervergoldete Kupfergefäße (*tombak*), Musikinstrumente, osmanische Fermane (Dekrete), aber ebenso Münzen, Bucheinbände oder Zeichnungen. Recht außergewöhnlich war seine Kollektion spätiranischer Wandbilder, die heute auf dem Kunstmarkt hohe Preise erzielen würde. Besondere Beachtung verdienen aber auch die Alltagsgegenstände der Beduinen, wie die kupfernen Kaffeegeschirre (mit Kännchen, Röstlöffel und Kaffeemühlen) und *mangals*, spezielle Behältnisse, die den Beduinen bei der Holzkohlenfeuerung dienten.

Oppenheim selbst charakterisierte seine Sammelinteressen wie folgt: *„Meine Sachen betreffen, abgesehen von allem, was die Buchkunst betrifft, vor allem die Inneneinrichtung der Häuser besserer Familien im Vorderen Orient des 18. J. – ich möchte sagen: des Ausgangs des 18. und des Anfangs des 19. Jahrhunderts.“*[4] In der Tat umfasst seine Sammlung zahlreiche Stücke, die ursprünglich aus Privathaushalten stammen oder anderweitig im städtischen Milieu Verwendung fanden. Noch heute bietet sie wie keine andere Sammlung die Möglichkeit, ein praktisch geschlossenes Inventar einer bestimmten Zeit relativ vollständig zu rekonstruieren. Oppenheim besaß Schalen, Töpfe, Tabletts und Textilien, Wasserpfeifen, Spielbretter, Jagd- und Reitgeräte, Reiseutensilien wie auch Hammam-Ausstattungen mit Schuhen, Spiegel sowohl für die Wand wie die Hand, als auch silberne Maniküregeräte. Auch Oppenheims umfangreiche Kollektion von chinesischem Porzellan, das im 18. und 19. Jahrhundert zur Grundausstattung besserer Hausinventare im Vorderen Orient gehörte, muss in diesem Zusammenhang erwähnt werden.[5] Die komplette hölzerne Zimmerdekoration eines Damaszener Wohnhauses, des „Bet Muneijir“ vom Ende des 18. Jahrhunderts (**Abb. 132**), ist sicher als sein spektakulärster Kauf zu bezeichnen. Wie die Bilder aus dem Archiv belegen, ließ er es vorher sorgfältig fotografieren und zeichnerisch dokumentieren. In der Gewissheit, historisch wichtiges Material für die Nachwelt gerettet zu haben, schrieb er dem damaligen Direktor des Museums für Islamische Kunst in Berlin, Ernst Kühnel (1882–1964): *„Ich habe mich zuletzt noch 1939 in Konstantinopel, Damaskus und Aleppo davon überzeugen können, dass diese Dinge fast ganz vom Kunstmarkt verschwunden sind“* und *„Dieses Material ist ja in den größeren Museen nicht gesammelt worden, weil es für sie zu spät ist, ebenso wenig in den ethnographischen Museen, weil es für diese zu früh ist: Ende des 18. Jahrhunderts und Anfang des 19. Jahrhunderts.“*[6] Oppenheims Kollektion islamischer Artefakte nimmt von daher durchaus eine Sonderstellung für die damaligen Sammleraktivitäten ein. Tatsächlich wird heutzutage sehr kontrovers diskutiert, ob derartige Objekte in ein ethnologisches Museum oder ein Kunstmuseum gehören und ob in diesem Zusammenhang die Trennung zwischen einem ethnologischen und einem Kunstmuseum überhaupt sinnvoll ist. Ein älteres Beispiel einer hölzernen Innendekoration aus einem syrischen Privathaus, das ins Jahr 1601 datierte Aleppozimmer, ist auf jeden Fall auch im Berliner Museum für Islamische Kunst zu finden.

Anders als für seine archäologischen Funde vom Tell Halaf baute Max von Oppenheim jedoch für seine islamischen Objekte nie ein eigenes Museum, sondern umgab sich selbst mit ihnen.[7] Vor allem stattete er die Innenräume seiner großzügigen Wohnungen mit ihnen aus und verlieh diesen damit einen orientalischen Flair, sei es zunächst in seinem Haus im Viertel Bab el-Louk in Kairo (**Abb. 15 und 133**) wie auch später in seinen Berliner Wohnungen am Kurfürstendamm 203 und am Savignyplatz 6, dem Sitz seines 1922 gegründeten Orient-Forschungs-Instituts. Die von ihm erworbenen Textilien und Wandbehänge drapierten dekorativ die Fensteröffnungen und Türen, auf dem Boden lagen zahlreiche Teppiche, stilvoll ergänzt durch intarsierte Möbel, darunter kleine Tischchen (Taburetts), Bänke, Truhen, Kommoden und Hocker. Hölzerne Fenstergitter (*maschrabiyyen*) dienten als Raumteiler; Kerzenleuchter, Tabletts, Becken und Kannen ließ Oppenheim bei seinen Einladungen auffahren und die von ihm so geschätzten und in großem Stil gesammelten Frauenkostüme fanden bei den beliebten Verkleidungsabenden Verwendung.[8] Auserwählte Gäste durften in dem reizvollen schmiedeeisernen Bett (**Abb. 8**) nächtigen, das Oppenheim aus dem Besitz einer jungen Dame aus dem Kasbah-Viertel in Algier erworben hatte.[9]

133 Zimmer in Oppenheims Haus am Bab el-Louk, Kairo undatiert

134 Das Stuckpaneel von Kharab Sayar *in situ*, 1913

Die ganzen Jahre über stand Max von Oppenheim in regem Austausch mit Kollegen, die sich mit islamischer Kunst und Archäologie beschäftigten, einem Fachgebiet, das zu seiner Zeit ja erst im Entstehen begriffen war und deshalb in vielen Fällen zunächst von Altorientalisten „mit"-behandelt wurde.[10] Oppenheim selbst katalogisierte auf seinen Reisen aramäische, hebräische und arabische Inschriften, die später von dem Schweizer Epigraphiker Max van Berchem (1863–1921) bearbeitet wurden.[11] Der große Bauforscher und Universalorientalist Ernst Herzfeld (1879–1948) wiederum, mit dem er schon wegen der Datierungen der Tell Halaf-Bildwerke in ständiger Verbindung stand [SIEHE BEITRAG S. HAUSER], publizierte die abbasidische Stuckdekoration einer Grabmoschee in Nordsyrien, die Oppenheim auf seinen Reisen entdeckt hatte.[12] Reger Kontakt bestand auch zu dem Altertumsforscher und Arabisten Moritz Sobernheim (1872–1933) sowie zu dessen Schwester Frida (1874–1955), die zusammen mit ihrem Mann, dem Unternehmer Georg Hahn, zu den großen Mäzenen der hethitischen Archäologie gehörte und selbst eine Sammlung antiker Kunst besaß.[13] Mit zahlreichen Arabisten, Islamwissenschaftlern und Indologen stand er nicht zuletzt in seiner Funktion als Leiter der „Nachrichtenstelle für den Orient" (November 1914 – März 1915) während des ersten Weltkrieges in Verbindung, darunter Persönlichkeiten wie Martin Hartmann (1851–1918), Helmuth von Glasenapp (1891–1963) und Eugen Mittwoch (1876–1942), der verschiedentlich Inschriften für das Museum für Islamische Kunst gelesen hatte und im Februar 1916 die Leitungsstelle des Nachrichtendienstes [SIEHE BEITRAG S. OBERHAUS] übernahm.

Wann Max von Oppenheim Verbindungen zu den ersten beiden Direktoren des Berliner Museums für Islamische Kunst, Friedrich Sarre und Ernst Kühnel, aufnahm, ist nicht bekannt. Sarre mag er möglicherweise schon im Haus der Familie Koch in Aleppo getroffen haben. Die Kochs waren eine wichtige Anlaufstelle für die verschiedenen durchreisenden Archäologen und vermittelten auch bedeutende Kunstankäufe (unter anderem das Aleppozimmer). Spätestens im Zuge der großen Münchner Ausstellung von 1910 bildete sich ein enger Kontakt zu Sarre und Kühnel, da Oppenheim mit rund 300 Leihgaben an der für Deutschland erstmaligen großen Schau Islamischer Kunst beteiligt war.[14] Auch fungierte er als wichtiger Leihgeber für die große Ausstellung „Orientalische Buchkunst", die 1910 im Kunstgewerbe-Museum in Berlin gezeigt wurde.[15]

Es mögen die engen Beziehungen aus glücklicheren Zeiten gewesen sein, die Max von Oppenheim dazu bewogen haben, sich in den schwierigen Zeiten an seine Kollegen aus dem Berliner Museum für Islamische Kunst zu wenden. Nach den verheerenden Luftangriffen, die im August und im November 1943 und erneut Ende Januar 1944 seine Wohnung am Savignyplatz und am 23.11.1943 das Tell Halaf-Museum zerstörten, waren es neben Oppenheims eigenen treuen Mitarbeitern, allen voran Werner Caskel, Otto Streu und Dietrich Opitz, der Direktor des Museums für Islamische Kunst, Ernst Kühnel, sowie insbesondere sein Mitarbeiter, Kurt Erdmann (1901–1964), die unter schwierigsten Umständen seine islamische Sammlung aus den zerstörten Räumen zu retten versuchten.[16] Zusammen mit Caskel organisierte Erdmann in beispielloser Logistik die Überführung der geretteten Bestände, die auch Teile der Fachbibliothek, wissenschaftliche Akten und die kostbaren Fotoalben mit knapp 13.000 Aufnahmen umfassten. Einiges wurde in der Berliner Umgebung ausgelagert, darunter im Gutshaus von Zettemin. Auch dieses geschah unter Erdmanns Anleitung. Insgesamt 58 Kisten durfte Oppenheim in den Kellern der Staatlichen Museen unterbringen, die Kühnel ihm zur Verfügung gestellt hatte. Zu diesem Zeitpunkt hielt sich Max von Oppenheim schon in Dresden auf, von wo er zum Teil täglich mit Erdmann und Kühnel korrespondierte: Voller Lob und Dank sind seine letzten Briefe. Als Anerkennung für Erdmanns selbstlose Hilfe schenkte er dem Museum schließlich ein frühislamisches Stuckpaneel aus dem nordsyrischen Ort Kharab Sayar, das er von einer seiner Reisen mitgebracht hatte (**Abb. 134**), und das schon lange im Museum als Leihgabe ausgestellt war.[17] Friedrich Sarre, der es erstmalig in der Festschrift Oppenheim vorstellte, hatte es sich immer schon als Geschenk für das Museum gewünscht.[18] Max von Oppenheim hätte es gefreut, dass seit einigen Jahren erfolgreiche archäologische Untersuchungen von der Universität Frankfurt an jenem Ort durchgeführt werden, auf den er seinerzeit als Erster hingewiesen hat;

135 Seite aus dem sogenannten „Oppenheim"-Koran (Anfang der Sure 15), Marokko, 17. Jahrhundert (Museum für Islamische Kunst, Berlin)

ebenso wie der Umstand, dass zahlreiche weitere, faszinierende Stuckdekorationen gefunden worden sind.[19]

Die meisten islamischen Kunstgegenstände und Ethnographica mit rund 2000 Objekten befinden sich heute in Köln als Dauerleihgabe im Rautenstrauch-Joest-Museum, das soeben in neuer Aufstellung wiedereröffnet worden ist. Das Berliner Museum für Islamische Kunst selbst besitzt nur noch wenige Objekte, die mit Max von Oppenheim in Verbindung gebracht werden können.[20] Ein Prunkstück bildet der schön illuminierte marokkanische „Oppenheim-Koran" aus dem 17. Jahrhundert, der schon 1910 auf der orientalischen Buchkunstausstellung in Berlin zu sehen war (**Abb. 135**).[21] Das Museum hatte ihn noch im März 1945 für 23.000 Reichsmark Baron Oppenheim abkaufen können.[22]

1 Die Autorin möchte Jens Kröger danken, der schon vor geraumer Zeit die Archivunterlagen des Museums für Islamische Kunst zu Oppenheim zusammengestellt hat, sowie auch ganz herzlich Nadja Cholidis für die Bereitstellung der zahlreichen Informationen und Dokumente auch zur islamischen Kunst. Ohne ihre Hilfe hätte der Beitrag nicht geschrieben werden können.

2 Zu den Sammelaktivitäten Max von Oppenheims siehe grundlegend den Artikel von Gisela Völger 2001 sowie für die Spezialbereiche Metall (Haase 2001), Textilien (Majlis 2001) und Handschriften (Wiesmüller 2001).

3 Archiv Museum für Islamische Kunst.

4 Brief von Oppenheim an E. Kühnel, 22.3.1937 (Archiv Museum für Islamische Kunst).

5 Siehe Beitrag Wiesner 2001.

6 Brief von Oppenheim an E. Kühnel, 10.9.1941 (Archiv Museum für Islamische Kunst).

7 Oppenheim stellte wohl auch einige Objekte in seinem Tell Halaf-Museum in der Franklinstraße aus, aber erst nach einer Umgestaltung 1936. Der Museumsführer erwähnt drei Sonderräume (II–IV) für islamische Holzarbeiten, Fliesen und Gemälde, die aber nicht einzeln dokumentiert wurden (Tell Halaf-Museum 1934: 72).

8 Siehe Majlis 2001.

9 Völger 2001: 294–295.

10 Siehe hierzu Hagedorn 2000.

11 Oppenheim/Berchem 1909.

12 Der Stuck stammt aus der Grabmoschee des Abd el-Aziz aus Gharra im Djebel Abd el-Aziz. Herzfeld 1910.

13 Nachruf auf das Ehepaar im Archiv Museum für Islamische Kunst.

14 Siehe von J. Kröger zusammengestellte Liste im Archiv Museum für Islamische Kunst. Zur Ausstellung siehe rezent Eva Troelenberg (im Druck). Siehe auch Lermer/Shalem 2010.

15 Katalog der Sonderausstellung Orientalische Buchkunst. Handschriften und Miniaturen aus den Ländern des Islam und aus Ost-Turkestan. Februar–März 1910. Königliche Museen Berlin. Kunstgewerbe-Museum. Berlin 1910.

16 Siehe ausführlich hierzu Völger 2001: 299–302.

17 Dankesbrief von Oppenheim an Erdmann vom 23.9.1943 (Archiv Museum für Islamische Kunst). Das Paneel wurde nachträglich als I. 7167 ab inventarisiert. Oppenheim hatte es 1913 auf einer Reise entdeckt.

18 Sarre 1933. Das Paneel wurde auf Drängen von Michael Meinecke (1941–1995), dem späteren Direktor des Museums für Islamische Kunst und Ausgräber der frühislamischen Stadt Raqqa, von Ursula Moortgat Correns 1992 erstmals umfassend veröffentlicht.

19 Die Grabungen wurden 1997 aufgenommen. Siehe Meyer 2003, auch für weitere Literaturhinweise zur Grabung sowie Haase 2007 für die jüngste Abhandlung zur frühislamischen Stuckornamentik in Nordsyrien.

20 Im Jahr 2002 wurden dem Museum für Islamische Kunst ferner 355 Objekte der Max Freiherr von Oppenheim-Stiftung übergeben, die zuvor im Vorderasiatischen Museum gelagert waren. Dabei handelt es sich primär um „archäologische" Objekte, d. h. vor allem Keramikfragmente (Schalenböden, Flaschenhälse, Tiegel, Brotstempel usw.), aber auch einige komplette Gefäße. Aus dieser Gruppe wurde jüngst ein wahrscheinlich iranischer Deckelkasten aus Bronze als Abschlussarbeit für die HTW-Berlin von Franziska Schlicht restauriert.

21 Zur jüngsten Datierung und stilistischen Zuordnung des Korans siehe Gladiss 2004: 91.

22 Neun Blätter des Korans (I. 7163) wurden der Max Freiherr von Oppenheim-Stiftung überlassen (siehe Wiesmüller 2001: 409). Der zusammen mit dem Koran angekaufte Ledereinband (I. 7164) gehört wahrscheinlich nicht dazu.

„Zu dem Kaiserbericht gehören eine Reihe von Photographien"

Charlotte Trümpler, Frankfurt

Im Internet verbirgt sich unter dem Namen der Bild-Datenbank Arachne die einzigartige Fotosammlung von Max von Oppenheim. Die Fotografien selbst befinden sich im Hausarchiv des Bankhauses Sal. Oppenheim jr. & Cie. in Köln und wurden in den letzten Jahren vom Archäologischen Institut der Universität zu Köln vorbildlich digitalisiert. Insgesamt umfasst die Sammlung 13.000 Fotografien von 1899 bis 1939, die in 75 Fotoalben, mit teilweise wunderbaren Einbänden, aufbewahrt sind. Die Datenbank folgt der mehr oder weniger chronologischen Reihenfolge der Bilder, die nach Reisen, Aufenthaltsorten und den Ausgrabungen auf dem Tell Halaf in den Fotoalben angeordnet sind.

Die Sammlung gehört nicht nur wegen ihres Umfanges und ihrer ungewöhnlichen Qualität, sondern vor allem wegen ihrer außergewöhnlichen Vielfalt zu den weltweit bedeutendsten Fotokonvoluten jener Epoche. Denn Oppenheim beschränkte sich nicht nur darauf, Reisebilder von interessanten Städten und archäologischen Monumenten (**Abb. 136 und 137**) herzustellen, sondern die Sammlung umfasst auch ethnologische Aufnahmen, Landschaftsbilder, Panoramen und den Grabungsalltag (**Abb. 138–140**). Es ist sein großer Verdienst, dass er Fotografien als unschätzbar für die Dokumentation seiner Expeditionen und wissenschaftlichen Tätigkeit angesehen hat. Dies war gegen Ende des 19. und Anfang des 20. Jahrhunderts durchaus noch keine Selbstverständlichkeit. Lange nicht alle Reisenden und Forscher, die sich in den bis dahin unbekannten Gebieten aufhielten, fanden es notwendig, ihre Ergebnisse auf so professionelle Weise fotografisch festzuhalten.

Das Interesse Oppenheims, seine Reisen möglichst genau zu dokumentieren, kam wahrscheinlich von seinem großen Vorbild, dem Afrikaforscher Gerhard Rohlfs (1831–1896). In zahlreichen Briefen von 1891 bis 1896 drückte Oppenheim seine grenzenlose Bewunderung für dessen Leistungen aus und dankte ihm wiederholt für die Hilfe, die dieser ihm bei der Verwirklichung seiner Pläne zukommen ließ. In einem Kondolenzbrief vom 29. Juli 1896 an die Witwe von Rohlfs schrieb er: „*Wie Sie wissen, verdanke ich persönlich Ihrem Gatten außerordentlich viel. Er ist es, welcher durch sein Beispiel, durch die Bücher, die er geschrieben hat, durch Unterredungen, welche er mit mir gepflogen, die Begeisterung in mir wachgerufen hat, wie er, die unerforschten Gebiete der mohammedanischen Welt aufzusuchen.*"[1] Rohlfs hatte auf seiner Reise in die libysche Wüste 1893–1894 den Fotografen Philipp Remelé mitgenommen und publizierte die Fotografien im Buch „Drei Monate in der libyschen Wüste".[2]

Oppenheim erwähnte erstmals in einem Memorandum vom 10. Oktober 1893 zur Vorbereitung einer Reise in die Sahara, das er Gerhard Rohlfs zur Begutachtung schickte, die Absicht Bilder herzustellen. In diesem zählte er die Personen auf, die ihn begleiten sollen und führte an erster Stelle einen europäischen Offizier auf, der am Abend Tagebuch schreiben, meteorologische Beobachtungen machen, Kartenskizzen anfertigen und „*zoologische Sammlungen anlegen, photographieren und medicinieren soll, wenn er ein Arzt ist.* [...] *Sollte er nicht photographieren können oder zu beschäftigt sein, so würde ich dieses übernehmen ebenso wie das Plattenwechseln und Entwickeln, welch letzteres nur bei längerem Aufenthalt vorgenommen, eventuell ganz unterlassen wird.*"[3]

136 Der Tempel von Husn Niha, Libanon 1899 [Aufnahme O. Möller]

137 Kasr el-Banat in Raqqa, Ansicht von Westen, 1911

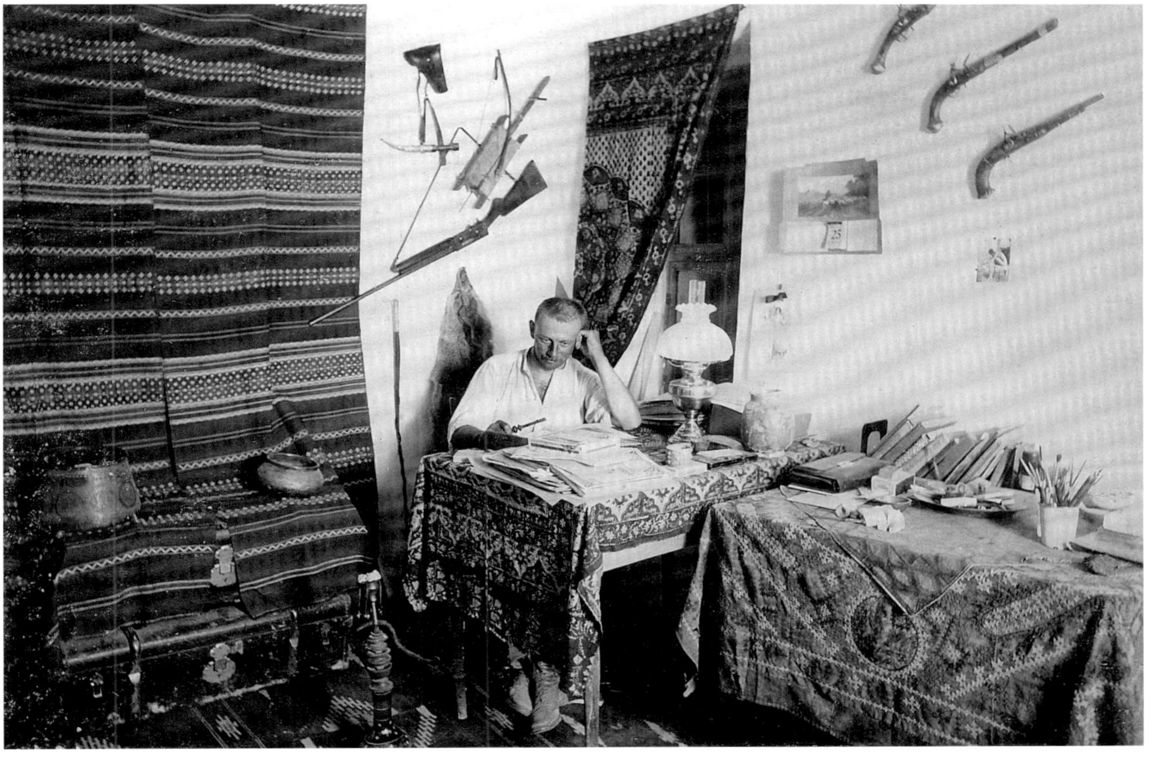

138 Erich Rauschenberger in seinem Zimmer, Tell Halaf 1912/13

139 Silvester 1912 auf dem Tell Halaf: Schippe Heil!!

140 Neujahr 1913: fünf Minuten nach Mitternacht!

Es ist das einzige Mal, dass Oppenheim erwähnte, dass er fotografieren kann und dass er auch bereit wäre, unter Umständen selber Aufnahmen anzufertigen. Dazu schien es nicht gekommen zu sein, denn er stellte ab 1899 Berufsfotografen ein oder Personen, die neben anderen Tätigkeiten auch Bilder anfertigen sollten.

Die Reise in die Sahara kam aus politischen Gründen nicht zustande. Oppenheim konzentrierte seine Reisen deshalb auf den Nahen Osten. 1899 unternahm er eine ausgedehnte, siebenmonatige Expedition, die er unter dem Titel „Bericht über eine im Jahr 1899 ausgeführte Forschungsreise in der Asiatischen Türkei" publizierte. Bei dieser Expedition wurde er von einem europäischen Fotografen begleitet, den er zwar in dem veröffentlichten Artikel erwähnte, aber merkwürdigerweise nicht namentlich benannte.[4] O. Möller, ein Berufsfotograf, war während der gesamten Reise dabei und dokumentierte vor allem archäologische Stätten und antike Monumente. Die Aufnahmen sind in acht Bildbände aufgeteilt, der Reiseroute folgend von Beirut bis Konia über Damaskus, Aleppo und den Tell Halaf. Auf dieser Reise entstanden die ersten Bilder vom Tell Halaf, die die Fachwelt in Erstaunen versetzten und später Oppenheim unter Druck. Neugierig geworden durch die faszinierenden Bilder, verfolgten die andern Nationen seine Tätigkeiten in Syrien. Da Oppenheim sich das Grabungsrecht gesichert hatte, aber nach zehn Jahren immer noch nicht mit Graben anfing, forderten ihn die osmanischen Behörden nachdrücklich dazu auf.[5] In einem separaten Band wurden die schönsten Bilder der Reise von 1899 nochmals vergrößert und malerisch zusammengestellt, sie dienten als Schauband „Bilder aus Syrien, Mesopotamien und Klein-Asien". Auf dieselbe Weise entstand aus Fotografien zahlreicher Einzelbände vom Tell Halaf ein weiterer Vorzeigeband, den Oppenheim „Zeigeserie" nannte.

Fotografien waren für den Orientforscher nicht einfach nur Dokumente, sondern sie dienten ihm auch als ständige Bestätigung seiner wissenschaftlichen Aktivitäten gegenüber anderen Forschern, Geschäftspartnern und wichtigen Personen. Die beeindruckenden Bilder sollten also auch zugleich die Leistungsfähigkeit von Oppenheim demonstrieren. Immer wieder erwähnte er in Briefen, dass seinem Bericht Bilder beiliegen, so beispielweise in einem Schreiben an den deutschen Konsul Walter Rössler vom 2. Februar 1912: *„Zu dem Kaiserbericht gehören eine Reihe von Photographien, die ich zunächst an Herrn Titzenthaler gesandt habe, damit dieser sie umgehend aufzieht und dann dem Auswärtigen Amt übergibt."*[6] Dem Antikendirektor des Osmanischen Reiches, Halil Bey, teilt er mit, dass er die Burg Kalat el-Nedjm am Euphrat gründlich untersucht habe und zwar mit zwei Baumeistern, einem Fotografen sowie einem Sekretär und dass sich der wissenschaftliche Apparat, mit dem er reiste, wenn jemals, dann dort, als nützlich erwiesen habe: *„Ich behalte mir vor, über diese gelegentlich nähere Details mit Photographien usw. Ihnen vorzulegen."*[7] Interessant ist dabei, dass Oppenheim oft dieselben archäologischen Stätten mehrmals besuchte und jedes Mal neue Aufnahmen herstellen ließ, um die Veränderungen oder den Verfall zu dokumentieren. So erscheinen die Ruinen von Raqqa auf mehreren Fotografien, die während verschiedener Reisen entstanden sind.

1911 begann Oppenheim seine Grabungen auf dem Tell Halaf. Der Fotograf Dr. Oswald Seemann war gleichzeitig Arzt,[8] er wurde im April 1912 abgelöst durch den Berufsfotografen Robert Paul aus Kairo, der bis zum Ende der Grabung im August 1913 blieb. Dazwischen fertigte auch der Philologe Dr. Heinrich Franke vom Dezember 1912 bis März 1913 Aufnahmen an. Während dieser Zeit, aber auch 1929, in seiner ersten Kampagne nach dem Krieg, entstanden wunderbar atmosphärische Bilder der Ausgrabung, die sowohl die Arbeiten, die archäologischen Befunde sowie die Objekte, aber auch den Grabungsalltag dokumentierten. Sie sind praktisch einzigartig, weil sie einen so hervorragenden Einblick in das Leben auf einer Grabung geben, wie wir es sonst nicht kennen. Erst Agatha Christie hatte es 1938 in einem Film auf den Grabungen in Tell Brak in Syrien auf vergleichbare Weise festgehalten, was genauso ungewöhnlich war für die damalige Zeit. Beiden gemeinsam ist, dass sie keine Archäologen waren und sich deshalb nicht nur für die wissenschaftlichen Aspekte einer Grabung interessierten. Oppenheim ließ den Aufbau des Grabungshauses mit dem Transport der Baumaterialien, bei dem sich die Kamele weigerten durch das Hoftor zu gehen (**Abb. 141**), ebenso festhalten wie das Küchen-, Schlaf- und Aufenthaltszelt der Grabungsteilnehmer, die eine bunte Mischung von orientalischen Teppichen, Waffen sowie Büchern zeigen. Selbst der Weihnachtsbaum wurde beim Transport zum Haus und geschmückt mit Kerzen neben angeheiterten Mitarbeitern Silvester 1912/1913 fotografiert. Eine Reihe von Bildern dokumentiert die aufwändige Logistik eines Expeditionstransportes anhand von langen Kamelkarawanen mit Fachinger Wasser (**Abb. 142**) und unzähligen Kisten mit Grabungsausrüstungen und Esswaren, die im Grabungshof (**Abb. 143**) abgeladen werden. Weitere Aufnahmen zeigen die Organisation der Grabung von der Anwerbung der Arbeiter (**Abb. 144**) über deren Entlohnung sowie verschiedene Bevölkerungsgruppen, die auf der Grabung tätig sind. Absolut einmalig sind Fotografien von Grabungsarbeiterinnen (**Abb. 145 und Abb. 146**), die Oppenheim angestellt hatte. Dies war nicht nur für die damalige Zeit ungewöhnlich. Laut dem Grabungsleiter trugen sie jedoch zur friedlichen Stimmung

141 Die Kamele sträuben sich, durch das Tor des Expeditionshauses zu gehen (originale Bildunterschrift), Tell Halaf 1913

142 Ankunft einer Karawane mit Fachinger-Mineralwasser für die Tell Halaf-Grabung, Tell Halaf 1912/13

143 Planwagen im äußeren Hof des Expeditionshauses, Tell Halaf 1912

144 Anwerbung von Arbeitern für die Grabung, Tell Halaf undatiert

145 Grabungsarbeiterin am Tell Halaf, undatiert

146 Korbträgerin, Tell Halaf undatiert

147 Das Fotografiergestell in Gebrauch, Tell Halaf undatiert

bei und wurden auch nie von den Arbeitern belästigt.[9]

Das Fotografieren selbst ist ebenfalls ein Thema. Wir sehen die Arbeiter gebückt das Fotografiergestell (**Abb. 119**), das zum Herstellen von Bildern aus der Höhe (**Abb. 50 und Abb. 147**) diente, über die Grabung schleppen, der Fotograf verschwindet unter einem schwarzen Tuch (**Abb. 148**), während er die Kamera bedient und Mahmud Siblini (**Abb. 149**), der Gehilfe des Fotografen, steht in der Dunkelkammer und entwickelt Bilder. Selbst die archäologischen Aufnahmen geben oft sehr atmosphärische Eindrücke wieder, wenn beispielsweise die Skorpionenvogelmänner, mit Schnee bedeckt (**Abb. 150**), fotografiert wurden.

Faszinierend sind diese einzigartigen Dokumente, weil sie Einblick geben in eine vergangene Welt der Europäer im Orient und der Orientalen im europäischen Umfeld, in die Tätigkeiten und Gebräuche von Nomaden und der städtischen Bevölkerung und in die wissenschaftliche Arbeit der Archäologen. In ihrem gesamten Spektrum und ihrer enormen Vielfalt spiegelt die Samm lung auf eindrückliche Weise das Leben Oppenheims als Grenzgänger zwischen Orient und Okzident wider.

148 Dr. Kohl und Herr Paul beim Fotografieren im Hof des Expeditionshauses, Tell Halaf 1912/13

149 Der Diener Mahmud in der Dunkelkammer der französischen Militärstation von Ras el-Ain, wo sich Oppenheims Expedition 1929 eingerichtet hatte

150 Winter am Tell Halaf: das Skorpionentor im Schnee, 1912/13

1 HBO A/AIII/31 Brief Max Frhr. Oppenheim an Frau Rohlfs, Cairo 29. Juli 1896.
2 Rohlfs 1875.
3 HBO A/AIII/31 Memorandum für die in die Sahara projektierte Expedition des Kgl. Preuss. Regierungs Assessors Max Frhr. v. Oppenheim, Sanzibar, den 10. Oktober 1893, 1.
4 Oppenheim 1901: 69.
5 Oppenheim 1931: 17.
6 NL MvO-94.
7 Brief vom 4. August 1911 (Archiv VAM: Oppenheim 1909–1940).
8 Oppenheim 1931: 17.
9 Oppenheim 1931: 27.

Die Oppenheim-Sammlung am Museum für Naturkunde Berlin

Hannelore Landsberg und Sylke Frahnert, Berlin

Als Max von Oppenheim 1894 das erste Mal Kontakt zu Karl Möbius, dem Direktor des Zoologischen Museums aufnahm, war das Naturkundemuseum schon eine international bekannte wissenschaftliche Einrichtung mit einer der weltweit größten naturkundlichen Sammlungen. Es hatte zu diesem Zeitpunkt gerade seinen Umzug vom Universitätsgebäude „Unter den Linden" zum Neubau in der Invalidenstraße bewältigt und seine Ausstellungen für den Publikumsverkehr eröffnet (**Abb. 151**).

Die neu konzipierte Schausammlung war höchst modern eingerichtet und die zuvor noch überquellenden Sammlungen waren erstmals in Sammlungsräumen untergebracht, die getrennt von der Schausammlung waren. Viele Forschungsreisende und Sammler ließen es sich zur Ehre gereichen dem Museum ihre Schätze anzubieten.[1] Auch Max von Oppenheim, der zu diesem Zeitpunkt schon einige Reiseerfahrungen erworben hatte, bot dem Museum sogleich eine Sammlung Mineralien an:

151 Das Museum für Naturkunde in der Invalidenstraße, um 1901

„Berlin, den 31. Oktober 1884,
Hochgeehrter Herr Professor!
Beifolgend erlaube ich mir Ihnen eine Kollektion von Mineralien zu übersenden, welche ich auf meiner letzten Reise durch die nordarabische Wüste und Mesopotamien gesammelt habe; in der beigeschlossenen Kiste sind die genauen Fundorte verzeichnet. Die Steine stammen zum Teil aus dem außerordentlich interessanten Gebieten der Safaberge, einem aus Lawaschlacken bestehenden Kraterkomplexe. Außer Wetzstein[2] *war ich bisher der einzige Europäer, der die Safaberge bestiegen hat. Soviel ich weiß hat Wetzstein keine Mineralien von dort mitgebracht. Ich hoffe, dass die Sendung einiges interessante für Ihr Museum haben wird und werde nicht verfehlen, von Ihrer mir einmal in der geographischen Gesellschaft gütigst erteilten Erlaubnis Gebrauch machend, mich demnächst bei Ihnen einzufinden, in der Hoffnung, kurze Andeutungen zum Sammeln naturwissenschaftlicher Gegenstände*[3] *von Ihren Herren zu empfangen.* […] *Ihr ergebenster Max v. Oppenheim.“*[4]

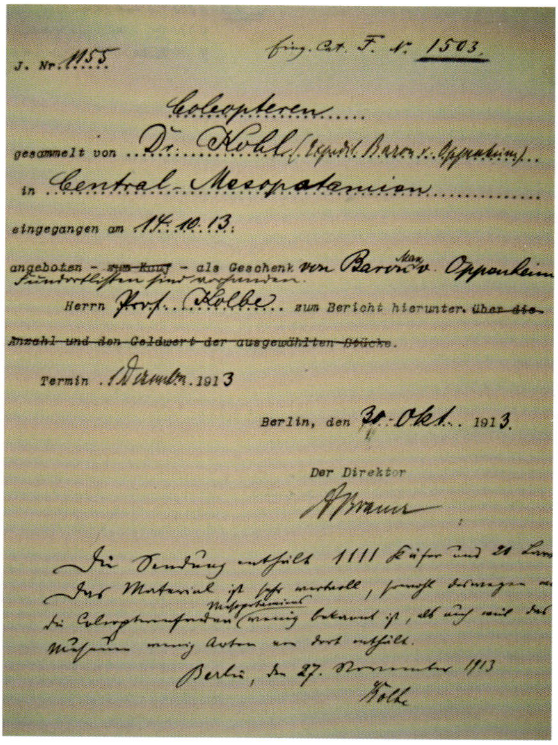
J. Nr. 1155
Coleopteren
gesammelt von Dr. Kohl
in Central-Mesopotamien
eingegangen am 14.10.13.
angeboten – ~~zum Kauf~~ – als Geschenk von Baron Max v. Oppenheim
Herrn Prof. Kolbe zum Bericht hierunter. ~~über die Anzahl und den Geldwert der ausgewählten Stücke.~~
Termin . 1 Dezember. 1913
Berlin, den 30. Okt. 1913.
Der Direktor
ABrauer
Die Sendung enthält 1111 Käfer und 21 […]
Berlin, den 27. November 1913
Kolbe

152 Im Oktober 1913 konnte Dr. Kohl die gesammelten Präparate dem Museum für Naturkunde übergeben: Eingangsbogen für die Käfer

Mit diesem ersten Brief, einer Mineraliensendung und der Bitte um Instruktionen war nun eine Zusammenarbeit mit dem Naturkundemuseum begründet, die ein halbes Jahrhundert anhalten sollte.

Doch zunächst gab es eine mehrjährige Schreibpause bis zu Oppenheims Rückkehr von der nunmehr beendeten Expedition in Mesopotamien, den Ausgrabungen am Tell Halaf. Am 13. Oktober 1913 berichtet Max von Oppenheim freudig, dass er, wie er glaube, sehr gutes zoologisches Material mitgebracht habe. Dies Material sei dem *„Expeditionsarzt Herrn Dr. Kohl zu danken, der in unermüdlicher Tätigkeit und größter Sorgfalt die Sammlungen angelegt, registriert, präpariert und eingepackt hat.“*[5] Vier Kisten wurden vom Alten Museum zum Zoologischen Museum gebracht und von Ludwig Kohl ausgepackt.

Nun begann ein Prozedere, an das die Kuratoren des Zoologischen Museums schon gewöhnt waren. Die Sammlungsausbeute wurde nach Tiergruppen geordnet und zur Begutachtung, Bewertung und wissenschaftlichen Bestimmung verteilt. Die Sammlung enthielt Säugetiere, Vögel und Vogeleier, Reptilien und Amphibien, Fische, Krebse und Myriapoden (Tausendfüßler), Würmer, Schnecken, Lepidopteren (Schmetterlinge), Coleopteren (Käfer), Arachniden (Spinnentiere), Hymenopteren (zum Beispiel Bienen, Wespen,), Neuropteren (z. B. Florfliegen, Ameisenjungfern), Dipteren (zum Beispiel Fliegen), Rhynchoten (zum Beispiel Wanzen) und Orthopteren (zum Beispiel Heuschrecken) – also einen Querschnitt durch das gesamte Tierreich.

Eine erste Bewertung der Sammlung durch den Direktor des Zoologischen Museums war durchweg positiv. Die Sammlung sei vorzüglich konserviert und mit ausführlichen Fundortnotizen versehen. Wenn es sich auch um weit verbreitete Tierarten handele, seien sie doch aus dieser Region für das Museum neu und deshalb eine sehr willkommene Bereicherung.[6]

Nur wenige Sammlungen des Naturkundemuseums stammen aus den Nahen Osten. Als naturkundliche Sammler vor Oppenheims Expedition sind etwa J. H. Petermann (1801–1876) und Otto Kersten (1839–1900) bekannt. Später folgten Pater Ernst Schmitz (1845–1922) und Israel Aharoni (1882–1946). Die Objekte der „Expedition Max von Oppenheim“, gesammelt und präpariert von Dr. Oswald Seemann und Dr. Ludwig Kohl, wurden nun von den Kustoden wissenschaftlich bestimmt und in der jeweiligen

Sammlung nach systematischer Zugehörigkeit eingeordnet. Eine geschlossen aufgestellte „Sammlung Max von Oppenheim“ gab es damit nicht mehr.

Heute ist es deshalb aufwändig, die Stücke der Oppenheim-Sammlung ausfindig zu machen. Nur in wenigen Fällen ist auf den „Eingangsbögen“ schon eine Inventarnummer beziehungsweise Eingangsnummer vermerkt, da die Tiere schließlich erst bestimmt werden mussten (**Abb. 152 und 153**). In einigen Fällen wurden die Fachleute fündig, weil sie bei den Arten nachforschten, die aus dem Nahen Osten bekannt sind; der Status „aus dieser Region neu für das Museum“ hat sich bis heute kaum geändert. Wenn die Tiere in der Mehrzahl auch keine Seltenheiten sind, so stellen sie doch charakteristische Vertreter der mesopotamischen Fauna dar (**Abb. 154 und 155**), in einigen Fällen schon augenfällig durch ihre Namen wie Ruinenagame, Felsengecko oder Sandboa. Es sind darunter auch eine große Zahl von Tieren, die bei den Ausgrabungen selbst „anfielen“ – Tiere, die sich entweder über Tage oder prinzipiell unter der Erde aufhielten, wie die asiatische Wechselkröte, eine Schlange namens Blödauge und Skorpione oder auch die Wärme und Sand liebenden Schwarzkäfer.

153 Kollektion von genadelten Schwarzkäfern (Museum für Naturkunde, Berlin)

154 Zur Konservierung wurden die Ruinenagamen in Spiritus eingelegt (Museum für Naturkunde, Berlin)

155 Rieseneidechse und Maulwurfsgrille (originale Bildunterschrift), Tell Halaf undatiert

Besondere Wertschätzung durch die Museumskustoden erfuhren die kleinen Formen von Insekten, die gewöhnlich von fachfremden Sammlern wenig beachtet wurden.

Max von Oppenheim selbst hatte gewiss auch ein besonderes Faible für Tierarten, die er aus bildlichen Darstellungen kannte, so kaufte er zum Beispiel die Felle einer Bezoarziege[7] und eines mesopotamischen Damhirsches[8] in Konstantinopel an (**Abb. 156**).

Oppenheim wartete nun für seine eigene Publikation sehnsüchtig auf eine Rückmeldung des Naturkundemuseums, dass seine Sammlung „neue Tierarten" enthält; zeitweilig stellte er seine Fundortnotizen zur Verfügung, um Ungenauigkeiten zu vermeiden.[9] Die wissenschaftliche Bearbeitung des Materials, das nur einen winzig kleinen Teil unter den riesigen Sammlungen, die aus den deutschen Kolonien kamen, darstellte, zögerte sich hinaus.

Die Vogelsammlung der Expedition Max von Oppenheim

Von insgesamt drei neuen Tierarten wurde als Erste eine neue Vogelart beschrieben. Am 14. Oktober 1913 hatte Ludwig Kohl[10] eine Sammlung von 31 Vögeln in 27 Arten am Museum für Naturkunde persönlich übergeben.

Gesammelt wurden die Vögel vermutlich auf gemeinschaftlichen Jagdausflügen (**Abb. 157**), die an den Wochenenden in die Umgebung der Ausgrabungsstätte unternommen wurden.[11] Max von Oppenheim beschreibt, dass strahlenförmig größere Forschungsreisen in die weitere Umgebung durchgeführt wurden. Dabei hat Oswald Seemann im Sommer die Sammlung mit zwei Greifvögeln, einem Adlerbussard und einer Steppenweihe sowie einem Blauwangenspint begründet. Ludwig Kohl setzte die von Oswald Seemann begonnene Sammeltätigkeit fort und verfolgte dabei offensichtlich das Ziel, eine wissenschaftliche Sammlung zu erstellen. Alle Vögel wurden als Bälge, liegende Präparate, an das Museum für Naturkunde übergeben. Anton Reichenow (1859–1939) begutachtete als Vogelkustos des Museums die Sammlung und stellte fest, dass nur wenige Tiere tatsächlich von Bedeutung waren.[12] Dieses Urteil fußt vermutlich auf der Artzusammensetzung, die sich von der heimischen Vogelwelt nicht wesentlich unterschied, da viele Tiere auf dem Zug oder im Winterquartier gesammelt wurden. In den Zeiten großen Materialzugangs[13] aus den deutschen Kolonien wurde die Sammlung nicht inventarisiert, wohl aber in die Museumssammlung integriert.

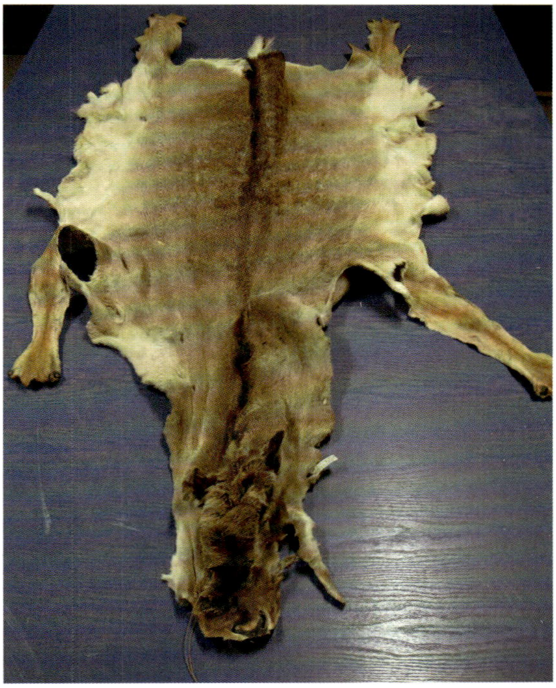

156 Zu den eingelieferten Objekten gehörten auch angekaufte Stücke wie das Fell eines Damhirsches aus Konstantinopel (Museum für Naturkunde, Berlin)

157 Schnepfenart vom Djirdjib (originale Bildunterschrift), März 1913

Auch der Kurator Reichenow erkannte indes, dass die Sammlung trotz ihres bescheidenen Umfangs aufgrund des Sammelgebietes von Bedeutung war und ließ sie von einem befreundeten Ornithologen, Oskar Neumann (1867–1946), bearbeiten. Neumann führte in seiner Jugend selbst bedeutende ornithologische Expeditionen insbesondere nach Afrika durch. Danach bearbeitete er über viele Jahre in Berlin die Sammlungen anderer Sammler des Museums. 1915 wurden nun seine Ergebnisse im Berliner Journal für Ornithologie publiziert.[14] Dabei unterstreicht er die Bedeutung der Sammlung, da über die Vogelwelt im nördlichen Zweistromland bislang lediglich zwei zusammenhängende Abhandlungen erschienen waren.[15] Lediglich im British Museum befand sich seinerzeit eine größere Kollektion von Vögeln aus dem südlichen Zweistromland, gesammelt von einem „Commander Jones".[16] Doch bereits die kleine Sammlung vom Tell Halaf ergänzte die Artenliste aus den bisherigen Sammlungen um einige Arten.

Die 27 heute noch im Museum für Naturkunde vorhandenen Präparate sind alle mit einheitlichen Sammleretiketten versehen. Auf diesen sind Fundort, Funddatum, Sammler sowie wenige biologische Merkmale, wie zum Beispiel das Alter und die Färbung von Iris, Füßen und Schnabel festgehalten. Da die Tiere größtenteils nicht inventarisiert wurden, bekamen sie erst im Jahre 2009 Museumsetiketten, wie für alle Präparate vorgesehen. Die akribische Datierung der Präparate auf den Sammleretiketten ist von großer wissenschaftlicher Bedeutung, da viele Aussagen zu den Präparaten durch sie erst möglich werden. Vermutlich verdanken wir diese genauen Angaben den Fundortlisten Oppenheims und den Notizen seines arabischen Sekretärs, die er 1914 dem Museum leihweise zur Verfügung gestellt hatte.[17] So lässt sich heute beispielsweise ablesen, ob die Tiere am Tell Halaf ihr Brutgebiet hatten oder ob sie möglicherweise ganz woanders brüteten und am Tell Halaf während des Zuges oder ihres Winteraufenthaltes gesammelt wurden.

Entsprechend der wasserreichen Habitate im Quellgebiet des Habur um den Tell Halaf wurden insbesondere an das Wasser gebundene Vögel (Enten, Watvögel, Eisvögel) gesammelt, aber auch Arten wie der Bienenfresser, die an Insektennahrung und eine offene Kulturlandschaft gebunden sind. Die Wasservögel, wie Schwarzhalstaucher, Krickente und Bleßralle, wurden hauptsächlich in den Wintermonaten gesammelt. Lediglich die Rostgans ist ein potentieller Brutvogel. Auch die gesammelten Watvögel sind zum großen Teil Durchzügler und Wintergäste, zum Beispiel Kiebitz und Alpenstrandläufer. Bienenfresser und Blauwangenspint wurden im Frühling und Sommer gesammelt. Die im Winter und Frühjahr gesammelten Heidelerchen und Isabellwürger sind demgegenüber Vertreter trockener Landstriche. Insgesamt spiegelt die Artenzusammensetzung der Sammlung die Verschiedenartigkeit der Landschaft wider, gleichzeitig kann sie jedoch aufgrund ihrer Größe nicht als repräsentativ für die Vogelwelt um den Tell Halaf betrachtet werden.

Eine Besonderheit ist das Präparat eines Stares (*Sturnus vulgaris*). Nach diesem Exemplar hat Oskar Neumann 1915 die Unterart *Sturnus vulgaris oppenheimi* beschrieben. Für gültige Artbeschreibungen ist es unabdingbar, ein Belegexemplar zu hinterlegen, den sogenannten Typus, an dem alle Wissenschaftler die Beschreibung nachvollziehen können. Liegt nur ein solches Exemplar vor, so ist dies der Holotypus. Das von Ludwig Kohl gesammelte Präparat ist damit der Holotypus für die Unterart *Sturnus vulgaris oppenheimi* (Neumann, 1915) (**Abb. 158**). Das Präparat weist ein dunkles Gefieder mit weißen Flecken auf, ein sogenanntes Perlkleid, welches die Tiere außerhalb der Brutzeit besitzen. Die weißen Tupfen werden durch weiße Spitzen an den Federn hervorgerufen, die im Herbst angelegt werden. Bis zum Frühjahr nutzen sich diese weißen Spitzen ab, so dass der Vogel dann das Brutkleid mit nur wenigen Punkten aufweist. Als Spezifität für die von Oskar Neumann beschriebene Unterart gibt der Autor Unterschiede des Glanzes (violett, grün, golden) am Körper zu allen anderen bekannten Unterarten an.

Das Verbreitungsgebiet des Stares umfasst Europa (exklusive der Iberischen Halbinsel) bis hin nach Sibirien im Osten sowie in die Nord-Mongolei und die Dschungarei im Südosten. Da der Typus im Januar gesammelt wurde, handelt es sich um ein Tier im Wintergebiet, für das nicht zu klären ist, wo es brütet. Die Taxonomie des Stares wurde vielfach kontrovers diskutiert. Viele Unterarten sind anhand von unterschiedlichen Verteilungen des farbigen Schillerns sowie Größenunterschieden beschrieben.[18]

158 Holotypus einer neu beschriebenen Starenunterart, nach ihrem Entdecker benannt: *Sturnus vulgaris oppenheimi* (Museum für Naturkunde, Berlin)

Diese Umstände haben dazu geführt, dass auch die von Oskar Neumann beschriebene Unterart zeitweise nicht anerkannt und mit der Unterart *Sturnus vulgaris tauricus* synonymisiert wurde.[19] Eine heute weit akzeptierte, aktuelle taxonomische Gliederung der Vögel erkennt *St.v. oppenheimi* wieder als Unterart an, die in der Südost-Türkei, im Nord-Irak und im Mittleren Osten vorkommt.[20]

Die Bedeutung als Typus der Unterart *Sturnus vulgaris oppenheimi* bleibt dem Präparat jedoch stets insofern erhalten, dass bei einer Änderung in der Taxonomie, wie an dieser Unterart gesehen, nach der Prioritätsregel wieder auf diesen Namen zurückgegriffen werden muss.

Insgesamt ist Syrien auch heute noch eines der am wenigsten ornithologisch erforschten Gebiete im Mittelmeerraum.[21] In der Berliner Sammlung sind bis heute kaum weitere Tiere aus Syrien hinzugekommen. Lediglich in den 1930er Jahren wurden einige von Israel Aharoni gesammelte Tiere erworben. Dementsprechend hat die Vogelsammlung vom Tell Halaf bis heute eine große Bedeutung für die Erforschung der Vogelwelt Syriens.

Noch zwei neue Arten

Erst 1924 veröffentlichte der Kustos Ernst Ahl die Beschreibung einer neuen Schlangenart, der Katzennatter *Telescopus nigriceps*.[22] Diese Giftschlange ernährt sich von Kleinsäugern und liebt warme sandige Areale – es ist also wieder ein Tier, das den Ausgräbern vielleicht zufällig begegnet ist.

Noch später erschien die Beschreibung eines Grashüpfers, der sich als neue Art unter den 293 trockenen Orthopteren (Springschrecken) herausstellte. Der gut erhaltene Typus der Unterart *Platycleis intermedia mesopotamica* (Ramme, 1927) trägt als Fundortangabe den Vermerk: „Centr. Mesopotamien, Steppe a. Chaburufer, 23.VI.1913, Exp. V. Oppenheim, Kohl S.“ [S = Sammler],[23] also wieder eine Fundortangabe von großer Genauigkeit.

Das Museum als Gastgeber artfremder Gegenstände

Die guten Beziehungen zwischen Oppenheim und dem Museum für Naturkunde führten ab etwa 1925, ein genaues Datum ließ sich nicht ermitteln, zu einem ungewöhnlichen „Untermietverhältnis“. Oppenheim erhielt die Möglichkeit, in Parterreräumen des Museums einen Teil seiner alt-arabischen Möbel- und Panneauxsammlung unterzustellen. Selbst als die Möbel zum Fotografieren für die Max Freiherr von Oppenheim-Stiftung auf den Hof getragen werden sollten, protestierte Säugetierkustos Paul Matschie, der offensichtlich Oppenheims Gewährsmann am Museum war, nur vorsichtig.

1926 bat Oppenheim um die wissenschaftlichen Namen der beim Museum „*lagernden, meiner Stiftung gehörigen Sachen*" – Schwanzwedel einer Giraffe, Felle und eine Geweihstange. Das Museum protestierte und konnte nachweisen, dass Oppenheim die Säugetiere geschenkt hatte. Es waren wohl finanzielle Probleme mit dem Fiskus, die zu diesen Unstimmigkeiten führten, denn auf den untergestellten arabischen Holzarbeiten lag 1928 eine Sperrverfügung.

Oppenheim jedoch kündigte im Brief vom 29. Oktober 1928 eine erneute Ausgrabungs- und Forschungsexpedition an. Ein Sammelangebot für das Zoologische Museum fügte er an,[24] doch kam es diesmal nicht zur Übergabe von zoologischen Objekten.

1935 gab es noch einmal eine Diskussion über die Rückgabe des Hirschgeweihs. Das Museum machte sich nun wenigstens einen Abguss dieses raren Stückes, bevor es in die Oppenheim-Stiftung gegeben wurde. Dieser Abguss ist heute allerdings nicht mehr auffindbar. So scheint es, dass die Kriegsereignisse zwar die zoologische Sammlung Oppenheims unversehrt und wohl nahezu vollständig überdauern ließen, ausgerechnet dieses Geweih aber vernichtet haben.

Die Sammlung Max von Oppenheims war im Museum für Naturkunde bis zur Recherche im Zusammenhang mit der Wiederentdeckung der archäologischen Sammlung Tell Halaf nahezu unbekannt. So fanden zum Beispiel selbst in einer aktuellen ornithologischen Abhandlung über die Vogelwelt Syriens,[25] an der auch Mitarbeiter des Museums für Naturkunde beteiligt waren, die Funde keinen Eingang. Zumindest die gesammelten Vögel wurden 2009 vollständig inventarisiert und sind somit wissenschaftlichen Untersuchungen zugänglich. In den Abteilungen für Mollusken, Amphibien und Reptilien wurden die „Oppenheim-Tiere" aufgelistet und sind nun jederzeit auffindbar. In den übrigen Kustodien des Museums hat die Erfahrung der Mitarbeiter zum Fund vieler Exemplare dieser Sammlung geführt, eine Inventarisierung ist eine Aufgabe für die Zukunft. Insbesondere die Typen jedoch sind von bleibender Bedeutung. Die Namen Max von Oppenheim sowie seiner Sammler Oswald Seemann und Ludwig Kohl bleiben auf diese Weise auch in der Naturgeschichte für immer präsent.

---

1 Landsberg/Damaschun 2007.
2 Johann Gottfried Wetzstein (1815–1905), Orientalist und preußischer Konsul in Damaskus.
3 Die beständige Nachfrage nach Instruktionen führte 1902 zur Herausgabe einer gedruckten „Anleitung zum Sammeln, Konservieren und Verpacken von Tieren", die späteren Reisenden ausgehändigt wurde.
4 MfN, HSB, ZM, SIII, Oppenheim, M. Bl. 1–2.
5 MfN, HSB, ZM, SIII, Oppenheim, M. Bl. 4.
6 MfN, HSB, ZM, SIII, Oppenheim, M. Bl. 6–7.
7 Diese ursprünglich weit verbreitete Wildziegenart gilt heute als in ihrem Bestand bedroht.
8 Dieses Fell ist vermutlich das einzige aus einem Wildfang, die anderen Felle des MfN kamen in jüngerer Zeit aus dem Tierpark Berlin.
9 MfN, HSB, ZM, SIII, Oppenheim, M. Bl. 25.
10 Ludwig Kohl-Larsen (1884–1969), der in mehreren Expeditionen unter anderem die Antarktis erkundete, gilt auch als Entdecker der Fundstädte des *Australopithecus afarensis* in Laetoli (Tansania).
11 Oppenheim 2001: 177–203.
12 MfN, HSB, ZM, SIII, Oppenheim, M. Bl. 8.
13 Ade/Frahnert/Stark 2001: 325–331.
14 Neumann 1915: 118–123.
15 Sassi 1912: 116–119, Weigold 1912a: 249–297, Weigold 1912b: 365–410, Weigold 1913: 1–40.
16 Neumann 1915: 118–123.
17 MfN, HSB, ZM, SIII, Oppenheim, M. Bl. 25.
18 Glutz von Blotzheim 1993: 1–2178, Craig & Feare 2009: 654–758.
19 Amadon 1962, Cramp & Perrins 1994.
20 Dickinson 2003.
21 Baumgart/Kasparek/Stephan 1995.
22 Ahl 1924: 246–254.
23 Erfasst in einer speziellen Datenbank des Projektes „Deutsche Orthopteren Sammlungen (DORSA)".
24 MfN, HSB, ZM, SIII, Oppenheim, M. Bl. 48.
25 Baumgart/Kasparek/Stephan 1995.

Zu den musikalischen Aufnahmen auf dem Tell Halaf[1]

Susanne Ziegler und Ulrich Wegner, Berlin/Hildesheim

Die umfangreichen Sammlungen Max von Oppenheims in Berliner Museen umfassen nicht nur archäologische Objekte, Ethnographica, Handschriften etc., sondern auch Tonaufnahmen, die sich heute in der Abt. Musikethnologie, Medien-Technik und Berliner Phonogramm-Archiv des Ethnologischen Museums befinden. Über diese Tonaufnahmen, die während der Expedition 1911 bis 1913 mit einem Phonographen auf Wachswalzen aufgezeichnet wurden, ist bisher wenig bekannt.

Für die Tonaufnahmen Max von Oppenheims ist die Quellenlage wenig ergiebig; es können im Wesentlichen nur die Walzen selbst und die wenigen im Berliner Phonogramm-Archiv erhaltenen Dokumente herangezogen werden. Da das Phonogramm-Archiv erst 1934 in das damalige Museum für Völkerkunde übernommen wurde, gibt es in den historischen Akten des heutigen Ethnologischen Museums keine Hinweise auf die Tonaufnahmen. In den Schriften und Tagebüchern Max von Oppenheims bleiben die Tonaufnahmen bis auf eine Ausnahme unerwähnt,[2] deshalb müssen viele Fragen offen bleiben. Um den geschichtlichen Kontext zu verstehen, soll zunächst kurz das Phonogramm-Archiv vorgestellt und dann auf die Oppenheim-Sammlung selbst eingegangen werden.

Das Berliner Phonogramm-Archiv – Geschichte und Bestand[3]

Die Geschichte des Berliner Phonogramm-Archivs beginnt mit Tonaufnahmen, die der Psychologe Carl Stumpf im September 1900 mit einer thailändischen Theatertruppe im Berliner Zoo gemacht hat. Weitere Tonaufnahmen folgten, aber erst im Jahr 1905 wurde das Phonogramm-Archiv als Teil des Psychologischen Instituts der Berliner Friedrich-Wilhelms-Universität institutionalisiert. Neben Carl Stumpf war die treibende Kraft im Archiv Erich Moritz von Hornbostel, der aus Wien stammte, im Fach Chemie promoviert hatte und 1901 nach Berlin kam. Zunächst war er Mitarbeiter und Assistent von Carl Stumpf, 1905 wurde ihm die Leitung des Phonogramm-Archivs übertragen, die er bis 1933 innehatte. Die Vielseitigkeit der mit dem Phonogramm-Archiv verbundenen Gelehrten und die daraus resultierende Bedeutung des Archivs war von großem Vorteil für die Nutzung der Sammlungen, das Archiv war international bekannt, und Stumpf und Hornbostel pflegten eine umfangreiche Korrespondenz. Nach Stumpfs Emeritierung wurde das Archiv 1923 der Staatlichen Hochschule für Musik angegliedert; nach dem Weggang von Hornbostel gelang es Marius Schneider, seinem Nachfolger, das Archiv 1934 in das Museum für Völkerkunde in Berlin-Dahlem zu überführen. Ende 1944 wurde der gesamte Archivbestand ausgelagert, gelangte zunächst nach Leningrad, später nach Ost-Berlin und kam nach fast 50-jähriger Odyssee erst 1991 in das Museum für Völkerkunde (heute Ethnologisches Museum) zurück.

Die weltweite Bedeutung der einzigartigen historischen Tondokumente wurde 1999 durch die Aufnahme der „Early cylinder recordings of the world's musical traditions in the Berlin Phonogrammarchiv" in die UNESCO-Liste „Memory of the World" dokumentiert. Die Walzenbestände des Berliner Phonogramm-Archivs verteilen sich auf 351 Sammlungen, die zwischen 1893 und 1954 phonographisch aufgezeichnet wurden.[4] Gegenstand der Aufnahmen war hauptsächlich traditionelle Musik aus aller Welt.

Zur phonographischen Technik

Der Phonograph wurde 1877 von Thomas A. Edison erfunden und 1890 in den Vereinigten Staaten von Amerika erstmals für eine ethnographische Feldforschung verwendet. Das Gerät (**Abb. 159**) eignete sich sowohl zur Aufnahme wie zur anschließenden Reproduktion von Musik und Sprache, war einfach zu transportieren und ebenso einfach zu bedienen. Aufgenommen wurde auf Wachswalzen (Edison-Zylinder), die jedoch bei jedem Abspielen an Qualität verloren.

In Berlin war man daher schon früh dazu übergegangen, die originalen Musikaufnahmen zu galvanisieren und von den gewonnenen Kupfermatrizen Wachskopien herzustellen, die dann zu wissenschaftlichen Untersuchungen und Vorträgen genutzt werden konnten. Durch diese Technik wurde das Berliner Phonogramm-Archiv in aller Welt bekannt, und viele Sammler schickten ihre Originalaufnahmen nach Berlin, um sie hier galvanisieren und kopieren zu lassen. Seit 1998 werden auf herkömmliche Weise neue Kopien (**Abb. 160**) hergestellt, die dann auf digitale Tonträger überspielt werden.[5]

Die Walzensammlung Oppenheim

Warum Max von Oppenheim Kontakt mit dem Berliner Phonogramm-Archiv aufnahm, geht aus den Archivunterlagen nicht hervor. Es ist jedoch nicht die einzige Sammlung, die in Verbindung mit archäologischen Ausgrabungen steht, auch andere Forscher nutzten die Gelegenheit, bei Ausgrabungen mit der ortsansässigen Bevölkerung in Kontakt zu kommen und diese dann zu phonographischen Aufnahmen zu bewegen. Zu nennen ist beispielsweise Felix von Luschan, der während seiner Grabungen in Zincirli 1902 zahlreiche phonographische Aufnahmen machte und sie dann zusammen mit

159 Der „Phonograph Excelsior" für Feldforschung, ca. 1902 (Ethnologisches Museum, Abt. VI, Berlin)

Hornbostel auch veröffentlichte;[6] auch während der deutschen Uruk-Warka-Expedition (1934–1935) nahm der Fotograf Fritz Neuhart Musik für das Berliner Phonogramm-Archiv auf.[7]

Max von Oppenheim stand zwar schon seit Mitte der 1890er Jahre mit dem Museum für Völkerkunde in Berlin in Verbindung, ein Kontakt mit dem Phonogramm-Archiv ist aber erst seit Januar 1911 belegt.[8] Er wandte sich in einem Brief an Hornbostel mit der Bitte um Auskunft, wie eine phonographische Sammlung anzulegen sei, ob die Wachsrollen auch in heiße Klimata mitgenommen werden können und wie lange sie halten. Die erbetene Antwort ist leider nicht im Phonogramm-Archiv vorhanden. Einen von Hornbostel empfohlenen Phonographen hatte Oppenheim sich bei der Fa. Wertheim angesehen und wohl auch gekauft. In handschriftlichen Notizen von Hornbostel findet sich ein Zettel mit der Bemerkung. „*Auf eigene Kosten für uns tätig:* [...]. *1911 Exp. Baron Oppenheim (Reg. Baumeister Löffler) Mesopot.*"

Bis 1930 ist kein weiterer Briefwechsel überliefert. Offenbar sind die Walzenaufnahmen nicht – wie üblicherweise gehandhabt – gleich nach Beendigung der Expedition ins Phonogramm-Archiv gekommen, sondern lagerten an anderer Stelle. Erst 1930 schickte Oppenheim wieder einen Brief an das Phonogramm-Archiv, in dem er ankündigt, seine während der Expedition 1911/1913 in Mesopotamien aufgenommenen Walzen an das Phonogramm-Archiv zu übersenden. Der erneute Kontakt kam auf Veranlassung von Robert Lachmann zustande, der als freier Mitarbeiter des Phonogramm-Archivs tätig war und ebenfalls Aufnahmen arabischer Musik gemacht hatte.[9] Hornbostel antwortete umgehend, dankte Oppenheim und betonte: „[...] *die Spende ist um so willkommener als wir aus diesem Teil des arabischen Kulturgebietes noch keine Aufnahmen besaßen und Ihre Aufnahmen ebenso technisch gelungen wie von hohem wissenschaftlichen Interesse sind.*"[10] Im selben Brief bittet er um ein Verzeichnis mit kurzen Inhaltsangaben, da die Walzen nur Nummern tragen. Das gewünschte Verzeichnis schickt Oppenheim am 23. April 1930 und bemerkt, dass er dazu auch die Texte besitze, „*in arabischer Schrift, teilweise mit Übersetzungen* [...]." Es enthält – wie gewünscht – den Aufnahmeort, „*Ras el Ain, unweit Nisibin, dem heutigen Endpunkt der Bagdadbahn*", die Titel

160 Walzen aus dem Berliner Phonogramm-Archiv (v. li. n. re.): Original (helles Wachs), Galvano (Kupfernegativ), alte Kopie (schwarzes Wachs), neue Kopie (rotes Wachs), 2005 (Ethnologisches Museum, Abt. VI, Berlin)

der Stücke, dazu teilweise kurze Erläuterungen, die Namen der aufgenommenen Musikinstrumente und die Namen der Interpreten sowie in einigen Fällen das Aufnahmedatum.

In diesem maschinenschriftlichen Verzeichnis sind insgesamt 33 Walzen aufgeführt, davon aber mehrere durchgestrichen und als fehlend markiert, bei diesen fehlen meist auch die Inhaltsangaben. Inventarnummern wurden nicht eingetragen. Es ist heute nicht mehr zu klären, ob die fehlenden Walzen bereits 1930 verschimmelt, zerstört oder einfach nicht mehr aufzufinden waren. In Hornbostels letztem Bericht über das Phonogramm-Archiv sind 28 Walzen aus Mesopotamien erwähnt.[11]

Nach der kriegsbedingten Auslagerung und späteren Rückführung der Walzen konnten 1994 aus der Oppenheim-Sammlung 16 Walzen identifiziert und im Jahr 1999 auf digitale Tonträger übertragen werden. Im Rahmen einer Ausstellung über Max von Oppenheim im Rautenstrauch-Joest-Museum für Völkerkunde in Köln 2001 wurden einzelne Tonaufnahmen erstmals der Öffentlichkeit vorgestellt.[12]

Die Walzensammlung Max von Oppenheims ist bisher nie im Einzelnen studiert worden, die Sammlung ist aber aus mehreren Gründen von Bedeutung. Sie zeigt einmal mehr die Einbindung des Phonogramm-Archivs in die damalige Berliner Wissenschafts- und Museumsgeschichte und wirft zugleich ein neues Licht auf den Sammler Max von Oppenheim.

In dem schon erwähnten Brief an den Leiter des Berliner Phonogramm-Archivs kündigte Oppenheim sein Vorhaben wie folgt an: „*Ich habe die Absicht auf meinen auf mehrere Jahre berechneten Expeditionen nach Mesopotamien usw.* [...] *einen Phonographen mitzunehmen, um Lieder, Gedichte etc. von Beduinen und anderen Eingeborenen sowie evtl. auch die von diesen vorgetragenen Musikstücke auf den bekannten primitiven Instrumenten aufzunehmen.*“[13] Die Bedeutung der kleinen Sammlung an Tondokumenten, die wenig später entstehen sollte, wird deutlich anhand der Tatsache, dass in Kulturen ohne eine eigene musikalische Notation erst die Schallaufnahme das (Ver)Klingende festhält und einen Einblick von historischer Tiefe ermöglicht. Wenn wir heute in Ansätzen wissen, wie arabische Musik um und nach 1900 geklungen hat, so verdanken wir das in erster Linie den wenigen, heute zugänglichen Schalldokumenten.

Als Oppenheim 1911 zum Tell Halaf aufbrach, war der Phonograph im Vorderen Orient kein Unbekannter mehr. Bereits Ende des 19. Jahrhunderts war man dazu übergegangen, im islamischen Raum die Rezitation des Qur'an (Koran) auf Walzen festzuhalten und über die Tonkonserve öffentlich zu machen.[14] Der ägyptische Sänger Abdu al-Hamuli (gest. 1901) ist einer der ersten der Kairener Sängerberühmtheiten gewesen, deren Gesang zum Zwecke des kommerziellen Vertriebs auf Wachswalzen festgehalten wurde.[15] Für die Zeit um die Jahrhundertwende dürfen wir im Vorderen Orient bereits einen gewissen Absatzmarkt für Edison-Walzen mit (primär urbaner) arabischer und türkischer Musik annehmen.[16]

Auch für einen ausschließlich dokumentarisch ausgerichteten Ansatz in der Klangaufzeichnung gibt es frühe Belege: Dem holländischen Islamwissenschaftler Christiaan Snouck Hurgronje verdanken wir eine umfangreiche Sammlung von Edison-Walzen mit Sprach- und Musikaufnahmen von der Arabischen Halbinsel (1906 *et seq.*). Oppenheims wenige Jahre später gesammelten Tondokumente zählen zu den frühesten Klangbelegen für die Musik des mesopotamischen Raums.

Der historischen Bedeutung der Walzenaufnahmen Max von Oppenheims steht allerdings eine gewisse Kargheit der Informationen gegenüber – ein Faktum, das die Interpretation der Schallaufnahmen erheblich erschwert. Als man um „*ein Verzeichnis mit kurzen Inhaltsangaben und den Orten der Aufnahmen*“[17] gebeten hatte, reichte Oppenheim kaum mehr als eine Abschrift der auf den Walzen getätigten Ansagen nach.

Oppenheim beließ es andererseits nicht bei der Konservierung des Klangs. Mit unterschiedlich gearteten Dokumentationsverfahren suchte er in Einzelfällen verschiedene Aspekte des Performativen zu erfassen, einen für seine Zeit ungewöhnlich umfassenden und in die Zukunft weisenden Ansatz verfolgend. Zu den Vorführungen einer Roma-Gruppe etwa, die die Ausgrabungsstätte besuchte, konnte er eine Dokumentation vorlegen, die Walzenaufnahmen (Walze 15–22), Textniederschriften, Fotos und filmische Aufzeichnungen(!) umfasste.[18] Fast vier Seiten widmete Oppenheim in einer Notiz unter „*Tell Halaf, den 21. März 1913*“ dem Besuch dieser Roma-Familie.[19] Dort ist zu lesen: „*Die Truppe bestand aus einem alten Mann namens Mohammed el Faris, einem Sohne und einem Enkel von ihm. Sie waren mit einem kleinen Zelte hierher gekommen. Seine Frau ist dabei.*“ Zwei Fotos entstanden, sechs Tonwalzen wurden bespielt: „*Einer der beiden älteren war ein vortrefflicher Rababespieler. Ein anderer hatte eine größere Trommel. Der kleine Junge von etwa 10 Jahren tanzte und machte kleine Akrobatenkunststücke.*“

Die in den beiden Fotos (**Abb. 161 und 162**) abgebildete Spießgeige (*rababa*) entspricht dem im syrischen Euphrat-Tal verbreiteten länglichen Typus; die Trommel (*dable*) ähnelt in ihrer zylindrischen Form dem Instrument der *tabl-mizmar*-Ensembles, deren Spiel auf Trommel und Oboe das Roma-Musizieren unter anderem auch an der syrisch-türkischen Grenze kennzeichnet,[20] von Oppenheim jedoch – soweit bekannt – nicht aufgenommen worden ist.

Neben rein instrumentalen, wohl zur Tanzbegleitung dienenden Stücken der Roma-Gruppe finden sich solche, in denen ein Sänger freirhythmisch arabische Volksdichtung vortrug, die er auf der Geige begleitete. Mit der vierzeiligen *ʿataba*-Strophe griff der Sänger auf eine unter der bäuerlichen, vor allem aber beduinischen Bevölkerung des syrisch-irakischen Raums verbreitete Form der arabischen Volkspoesie zurück. Oppenheims Interesse

161 Singspielgruppe: Muhammed ibn Faris, gen.[annt] Abu Haschisch, Saʿd ibn Muhammed und Husein ibn Derwisch, Ras el-Ain bei Nusaibin 1913 (originale Bildunterschrift)

162 Singspielgruppe, Ras el-Ain bei Nusaibin 1913

an der gesungenen, „neuarabischen" Dichtung reflektierte eine Neuorientierung der Orientalistik des späten 19. Jahrhunderts: So stellte Eduard Sachau 1899, der beklagt, dass die Volkspoesie „*unter den vielen Zweigen der Arabischen Litteratur stets das Aschenbrödel gewesen*" sei, 20 solcher *ʿataba*-Strophen in seinem Werk über „Arabische Volkslieder aus Mesopotamien" vor.[21] Den im Dichterischen *und* Musikalischen sich gründenden ästhetischen Gesamtkomplex des *ʿataba*-Vortrags bildete Oppenheim jedoch weitaus genauer ab, indem er das Gedicht niederschrieb und übersetzte, zugleich aber auch dessen musikalische Umsetzung klingend dokumentierte. Einer umfassenden Analyse des Dichterisch-Sängerischen war der Weg bereitet. Dies gilt auch für den „Hymnus aus dem Stegreif auf Freiherrn von Oppenheim" (Walze 20), einen extemporierten Lobgesang in *ʿataba*-Form, der auf die alte beduinische Tradition des Preissingens verweist.[22]

Von den übrigen Aufnahmen der Sammlung liegen dem Berliner Phonogramm-Archiv nur einige vor. Zu hören, was der *„Maultierreiter Schukri"* zu seinem Spiel auf der *„sechsseitg. deutschen Guitarre, 5 oberen Seiten umgestimmt"* gesungen hat (Walze 1), ist uns durch den Verlust des Tonzylinders verwehrt. Aus demselben Grunde wissen wir nicht, wie das *„Türkische Rekrutenlied mit Guitarrebegl."* geklungen haben mag (Walze 2). Verloren auch die Aufnahmen, in denen zur Musik auf der offenen Längsflöte *shababa (masʾula)* gesungen wird (Walze 3–5). Erhalten dagegen sind die Tondokumente, die mit der Doppelklarinette *mutbaq (mutbag)* ein Blasinstrument vorstellen, das der Instrumentalmusik der bäuerlichen Bevölkerung des syrisch-irakischen Raums zuzurechnen ist (Walze 6–9).

Schließlich enthält die Sammlung Oppenheim sechs Aufnahmen, die die Maultierreiter *„Artin ibn Karabet und Arslan"* und ihre auf der Langhalslaute *tanbura* (*„tanbure"*) gespielte Musik vorstellen (Walze 23–28). Die Langhalslaute war – obwohl vorzugsweise ein Instrument der türkischen Volksmusik – im 18. und 19. Jahrhundert nachweislich auch unter arabischen Musikern zu finden. Villoteau bildet diverse Langhalslautentypen für das Ägypten des späten 18. Jahrhunderts ab,[23] Rouanet belegt die Kontinuität des Langhalslautenspiels über 100 Jahre später für die Musik Syriens, Palästinas und Ägyptens (*„tambour bousourk"*).[24] Alle die dort beschriebenen Lauten tragen Bünde und Saiten, die in (Doppel-) Chören angeordnet und gestimmt sind. Um was für ein Instrument es sich bei den Aufnahmen vom Tell Halaf tatsächlich gehandelt hat, wissen wir nicht. Auch die Frage nach der ethnischen Herkunft der Musiker ist nicht eindeutig zu beantworten. Gespielt werden zwei *„türkische Märsche"* und Stücke, die in dem Zusatz *„tscherkesi"* („tscherkessisch") einen Verweis auf die Herkunft der vorgetragenen Stücke beziehungsweise der Musiker enthalten mag.[25]

1 Unser Dank gilt Gabriele Teichmann, Hausarchiv Sal. Oppenheim-Bank, Köln, und Nadja Cholidis, Berlin, für Hinweise auf die entsprechenden Unterlagen.
2 NL MvO-108.
3 Ausführliche Darstellungen finden sich in Simon 2000 und Ziegler 2006.
4 In Ziegler 2006 werden alle Sammlungen und Sammler kurz vorgestellt, auf der CD-ROM-Beilage finden sich die entsprechenden Textdokumentationen und einige Musikbeispiele, darunter auch ein Beispiel aus der Sammlung Oppenheim.
5 Weitergehende Informationen zur Aufnahmetechnik und zur Digitalisierung der Walzensammlungen finden sich in Wiedmann 2006.
6 Vgl. dazu auch Ziegler 2009.
7 Vgl. Ziegler 2006: 232.
8 In den Akten des Phonogramm-Archivs sind insgesamt vier Briefe erhalten, und zwar drei von Max von Oppenheim an das Phonogramm-Archiv, datiert vom 12.1.1911, 6.2.1930, 23.4.1930 und ein Brief von Hornbostel an Oppenheim vom 7.2.1930.
9 Auf Lachmann nimmt Oppenheim in seinem Brief vom 6.2.1930 direkt Bezug und bittet, diesen von seinen Aufnahmen zu unterrichten.
10 Brief von Hornbostel an Oppenheim vom 7.2.1930.
11 Hornbostel 1933: 42.
12 Vgl. dazu auch Wegner 2001.
13 Brief vom 12.1.1911.
14 Vgl. Hurgronje 1900.
15 Racy 1977: 81.
16 Racy 1977: 80–81.
17 Brief Erich Moritz von Hornbostel an Max von Oppenheim, 7.11.1930.
18 Die Niederschriften und Übersetzungen der Gesangstexte und das Filmmaterial sind vermutlich verloren.
19 NL MvO-108.
20 Royl 1975: 11, 15.
21 Sachau 1890: 13, 17–42.
22 Vgl. Oppenheim 1939: 31.
23 Villoteau 1818: Plate AA : Vases, meubles et instrumens. Instrumens orientaux à corde connu en Égypte.
24 Rouanet 1922: 2789.
25 Tscherkessen siedelten in nennenswerter Zahl nach 1864, nach ihrer Vertreibung im Anschluss an die Russisch-Kaukasischen Kriege, in Syrien und in der Türkei.

VI

Abenteuer Tell Halaf – Das Tell Halaf-Museum

Tell Halaf-Museum

Max von Oppenheim und die Berliner Museen – Ein schwieriges Verhältnis[1]

Nicola Crüsemann, Speyer

„Es wäre wunderbar, wenn alle diese Sachen in dem neuen Museum, das Eure Majestät haben erstehen lassen und welches der Vollendung entgegengeht, demnächst vereint zur Schau gestellt werden könnten."

Max von Oppenheim an Wilhelm II., 3. April 1914[2]

Als 1930 in Berlin der Öffentlichkeit zwei vorderasiatische Sammlungen übergeben wurden, ging damit eine lange Phase der nur im Verborgenen und nicht öffentlich zugänglichen Unterbringung von Zeugnissen altorientalischer Kulturen in der Hauptstadt des Deutschen Reiches zu Ende. Mit den Eröffnungen des Tell Halaf-Museums am 15. Juli und des Pergamonmuseums am 2. Oktober wurden die Ergebnisse des intensiven deutschen Engagements im Vorderen Orient sichtbar, das seit dem Einstieg des Deutschen Reiches in die archäologische Erforschung des Zweistromlandes im Jahr 1899 bis zum Ausbruch des Ersten Weltkrieges einen besonderen Höhepunkt erlebt hatte. Nun endlich konnten die Ergebnisse der deutschen Grabungen unter anderem in Babylon, Assur, Uruk, Boghazköy und Tell Halaf der Öffentlichkeit präsentiert werden. Zugleich aber lassen diese beiden – nahezu zeitgleichen – Eröffnungen bereits die Schwierigkeiten der Beziehungen zwischen Max von Oppenheim und den Berliner Museen erahnen. Mit der Sonderausstellung der Staatlichen Museen zu Max von Oppenheim und „seinem" Tell Halaf scheint das Ende eines langen schwierigen Weges endlich erreicht.

An dessen Anfang steht das Jahr 1899, in dem die Vorderasiatische Abteilung der Berliner Museen gegründet wurde und diese gemeinsam mit der Deutschen Orient-Gesellschaft (DOG) in Babylon die lang ersehnte erste deutsche Grabung in Mesopotamien eröffnen konnte. Denn auch die Entdeckung des Tell Halaf durch Oppenheim fiel in dieses Jahr. Schon die 1901 veröffentlichten Ergebnisse der Testgrabungen machten die Vertreter der Berliner Museen aufmerksam, waren sie doch – zur Vergrößerung ihrer altorientalischen Sammlungsbestände – auf der Suche nach weiteren ertragreichen Grabungsorten im Orient.

Oppenheim aber schien zunächst keineswegs darum bemüht, Tell Halaf zur nächsten großen Berliner Museumsgrabung zu machen. Vielmehr beantragte er erst 1909 die Grabungslizenz. Während die Grabungsvorbereitungen bereits im Gange waren, appellierten führende Wissenschaftler im Herbst 1910 an Oppenheim, nun endlich den Tell Halaf auszugraben. Unter dem Hinweis, dass für dieses Unternehmen aufgrund der großen Ausgrabungen in Babylon und Assur (Beginn 1903) keine staatlichen Mittel zur Verfügung stünden, suchte man damit offenbar nicht nur Oppenheims finanzielles Engagement, sondern insbesondere auch die Unterstützung seines Vaters und des Auswärtigen Amts zu gewinnen: *„Welches stolze Bewusstsein verleiht es aber auch, eine solche Unternehmung aus eigenen Mitteln ausführen zu können!"*[3]

Zugleich lässt dieses Schreiben bereits das ambivalente Verhältnis der Vertreter von Museen, Wissenschaft und Politik zu Max von Oppenheim erkennen, die die folgenden Jahre prägten und die Susan Marchand so treffend formuliert: *„Oppenheim was disliked by professional scholars and the usually cautious Foreign Ministry, but as a rich amateur he could operate outside the usual institutions and networks and did not need to perform the usual kinds of deference."*[4] Denn während man einerseits die „Unabhängigkeit" Oppenheims nutzen wollte, wurde andererseits rasch deutlich, wie sehr man voneinander abhängig war: Die von Oppenheim direkt an den Kaiser geschickten Grabungsberichte – die über das Kultusministerium auch an die Museen und die DOG gelangten – machten rasch deutlich, dass hier innerhalb kürzester Zeit zahlreiche große steinerne, für ein Museum repräsentative Monumente zu Tage kamen, auf die man in Assur und Babylon so lange vergeblich gehofft hatte. So traten die gemeinsamen Anstrengungen der Berliner Museen und der DOG in den Schatten der Oppenheimschen Erfolge. Selbst der Beginn der Grabung in Uruk/Warka wurde von diesen eindrucksvollen Ergebnissen überschattet: *„Nun was meinen Sie, lieber Herr Professor, glauben Sie, dass es wirklich ratsam ist, in diesen bösen Zeiten, wo Deutschland, insbesondere die „deutsche Wissenschaft", ganz im Banne der glänzenden Ergebnisse der Oppenheimschen Ausgrabungen in Tell Halaf steht, in Warka zu beginnen? 180 Orthostaten werden wir ganz gewiß in Warka nicht finden, das kann ich schon jetzt sagen."*[5]

Die Grabung eines Einzelnen wurde somit zur Konkurrenz der Museumsgrabungen, unterstützt und finanziert durch viele. Gleichzeitig aber wuchsen die gegenseitigen Abhängigkeiten: So nutzte Oppenheim die Vermittlung der Museumsvertreter vor Ort und bat um fachliche Unterstützung bei Konservierung und Hebung der Funde. Zudem agierte man im selben politischen Umfeld und war daher auf dieselben deutschen und osmanischen Institutionen und deren Wohlwollen beziehungsweise Unterstützung angewiesen. Vor allem aber waren die eindrucksvollen Funde für die Berliner Museen von großem Interesse. Nicht eindeutig zu klären ist, ob und welche Absprachen es im Vorfeld zwischen Oppenheim und den Berliner Museen diesbezüglich gab. Es ist aber eher davon auszugehen, dass keine klaren Regelungen getroffen wurden und man erst im Verlauf der Grabung nach möglichen Formen der Kooperation suchte.

Die enge Verzahnung dieser beiden so unterschiedlichen „Parteien" wurde besonders bei Oppenheims Bemühungen um Abtransport und Sicherung der Funde deutlich. Dabei suchte er Ende 1912 zunächst – mit Unterstützung des Auswärtigen Amts – eine unabhängige „*Sonderabrechnung*".[6] Doch die türkische Regierung lehnte seinen Vorschlag, die Funde auf eigene Kosten nach Konstantinopel transportieren zu lassen und dafür einen angemessenen Teil als Entgelt zu erhalten, ab. Stattdessen bot man ihm für die Übernahme der Transportkosten einige Objekte als Geschenk an. Der deutsche Botschafter in Konstantinopel riet zur Annahme dieses Vorschlags. Oppenheim aber war unzufrieden und entschied, unter diesen Umständen die Grabung bereits im August 1913 zu schließen.

Parallel zu diesen Verhandlungen setzten ab November 1912 Kooperationen zwischen den Berliner Museen und Oppenheim ein, in deren Rahmen einige Funde durch Prof. Rathgen restauriert werden sollten und die Generalverwaltung der Museen einen Gipsabgießer zum Tell Halaf sandte, um einen Teil der Steinbilder abzuformen. Zudem war man auf der Suche nach möglichen Aufbewahrungsorten der Funde.

Nach Abschluss der ersten Grabungskampagne schien Oppenheim deutlich darum bemüht, seine Grabung zu einer offiziellen Museumsgrabung zu machen. So stellte er im Spätherbst 1913 – unter bestimmten Bedingungen – eine „Schenkung" der nach einer Fundteilung zu erwartenden Stücke in Aussicht.[7] Möglicher Hintergrund dieser geplanten „Übergabe" war das sog. Geheimabkommen mit der Hohen Pforte, das im November 1899 unter erheblichem politischen Druck von deutscher Seite abgeschlossen wurde und die Generalverwaltung der Königlichen Museen ermächtigte, „*den von ihm* [dem Museum] *im Wege rechtmäßiger Ausgrabungen zu Tage geförderten Alterthümer zur Hälfte für sich zu behalten, unter Ueberlassung der anderen Hälfte an die türkische Regierung.*"[8] Tatsächlich wurde dieses Abkommen aufgrund seiner Brisanz schließlich nur ein einziges Mal eingesetzt – bei den Bemühungen um die Funde aus Assur, die im Frühjahr 1914 zu einem Politikum wurden.[9]

Vermutlich erfuhr Oppenheim von diesem geheimen Abkommen Ende 1913/Anfang 1914. Und so nutzte er ein Gratulationsschreiben an den Kaiser zur „Freilassung der Assurfunde" im April 1914 auch dazu, seine Grabung direkt in die Reihe der Museumsgrabungen zu stellen: „*Meine Ausgrabung ist im Grunde lediglich im Interesse Eurer Majestät Museum ausgeführt worden* [...]".[10] Tatsächlich setzten nach diesem Schreiben erneute Überlegungen zur Gewinnung der Funde vom Tell Halaf ein. Doch die diplomatischen Vertreter blieben skeptisch und betonten, dass Oppenheim erst „*durch den Verlauf der Ereignisse, auf den Gedanken verfallen sei*", den jetzigen Antrag zu stellen.[11]

Während die diplomatischen Bemühungen somit stockten, schritten die Verhandlungen bezüglich einer „Übernahme“ der Oppenheimschen Funde durch die Museen rasch voran. So entstand am 4. Mai 1914 ein Vertragsentwurf, der allerdings – kriegsbedingt – nicht zur Unterschrift kam. Der Vertrag beinhaltet den Verzicht Oppenheims auf alle Ansprüche an die von ihm ausgegrabenen und noch auszugrabenden Funde zu Gunsten des Preußischen Fiskus unter bestimmten Auflagen und Bestimmungen. Dazu gehörte die Zahlung einer Gesamtsumme von maximal 275.000 Mark in genau festgelegten jährlichen Raten an Oppenheim sowie die Garantie einer dauernden und würdigen Ausstellung und Unterhaltung der Sammlung im Neubau des Vorderasiatischen Museums verbunden mit der Bezeichnung der Räume als „Schenkung des Freiherrn von Oppenheim“.[12]

Nach Ausbruch des Ersten Weltkriegs wurde Oppenheim zurück in den diplomatischen Dienst beordert. Zuvor aber erhielt er aus dem Privatfond des Generaldirektors der Berliner Museen, Wilhelm von Bode, ein zinsfreies Darlehen von 25.000 Mark zur Gründung eines Tell Halaf-Fonds, der unter anderem für die Fundbearbeitung verwendet wurde. Als Sicherheit wurden den Museen einige bereits in Berlin befindliche Funde zur Verfügung gestellt. So gelangte der sogenannte „Piepmatz“ vom Tell Halaf (**Abb. 163 und 164**) gemeinsam mit einigen Orthostatenreliefs (**Abb. 165 und 166**) bereits im Herbst 1914 in die Vorderasiatische Abteilung.

Nach Ablauf des Darlehens wurde der oben genannte „Schenkungsvertrag“ zwischen Oppenheim und den Berliner Museen am 1. Mai 1918 ratifiziert, die ersten Raten in den Jahren 1918 bis 1921 vertragsgemäß gezahlt. Weitere Objekte aus der Oppenheimschen Museumswohnung aber gelangten bis 1927 nicht in die Berliner Museen. Denn nach dem Ende des 1. Weltkrieges entbrannte – nicht zuletzt aufgrund der veränderten politischen und wirtschaftlichen Situation – bald ein heftiger und langwieriger Rechtsstreit zwischen Oppenheim und den Berliner Museen, bei dem es um strittige Auslegungen des Vertrags ging. Dabei spielte schließlich auch die erfolgreiche Fundteilung mit der syrisch-französischen Mandatsverwaltung – durch die Grenzziehung nach dem Zerfall des Osmanischen Reichs lag der Tell Halaf auf syrischem Gebiet – im Jahr 1927 eine große Rolle. So ging es bei den Streitigkeiten auch darum, ob und unter welchen Bedingungen der Übernahmevertrag von 1918 auch für die neuen Funde rechtsgültig war.

Schließlich kam es am 15. August 1928 zu einem Vergleich, durch den der Vertrag von 1918 aufgeho-

163 Bereits auf der Grabung ließ Oppenheim einzelne Bildwerke wieder zusammensetzen, Tell Halaf 1913

164 Der Raubvogel nach der Restaurierung und Neuaufstellung, 2010 (Vorderasiatisches Museum, Berlin)

165 Orthostatenrelief mit der Darstellung eines Fischmenschen, akkadisch *kulullu*, 2010 (Max Freiherr von Oppenheim-Stiftung, Köln)

166 Strauß und Steinhuhn auf einem rot gefärbten Kalkstein-Orthostaten, 2010 (Max Freiherr von Oppenheim-Stiftung, Köln)

ben wurde.[13] Darin wurde den Berliner Museen eine Reihe von Objekten aus der ersten Grabungskampagne endgültig zugesprochen. Im Gegenzug bemühte sich der Fiskus um einen Bankkredit für Oppenheim von 600.000 Mark, die dieser inzwischen für die Gründung seiner Stiftung [SIEHE BEITRAG VON W. RÖLLIG] sowie die Fortsetzung seiner Grabungen (im Jahr 1929) dringend benötigte. Mit diesem Vergleich trennten sich zunächst die Wege der Berliner Museen und Max von Oppenheims – der Wunsch einer Präsentation der Tell Halaf-Funde auf der Museumsinsel war damit vorerst gescheitert.

Einen besonderen Hinweis verdient die Tatsache, dass bei den Verhandlungen bereits der Nachbau der Eingangsfassade des West-Palastes sowie des sogenannten Kultraums (**Abb. 167**) eine Rolle spielte. Der Direktor der Vorderasiatischen Abteilung, Otto Weber, wollte ursprünglich die Präsentation dieser beiden Architekturbefunde in Originalgröße im Museumsneubau aufnehmen. Allerdings scheiterte die Ausführung offenbar an den Kosten, die keiner übernehmen wollte. Stattdessen wurden diese Rekonstruktionen 1930 im Tell Halaf-Museum (**Abb. 168**) präsentiert.

So lag schließlich in beiden Berliner vorderasiatischen Ausstellungen ein Schwerpunkt auf Architekturrekonstruktionen: Während im Pergamonmuseum Rekonstruktionen von Ischtar-Tor und Prozessionsstraße aus Babylon, aber auch des Burgtores von Zincirli zu sehen waren, konnte der Besucher im Tell Halaf-Museum die West-Palastfassade sowie den Kultraum bestaunen. Doch auch mit diesen unabhängigen Eröffnungen waren die Beziehungen zwischen Max von Oppenheim und den Staatlichen Museen nicht beendet.

167 Zum besseren Verständnis ließ Oppenheim einzelne Grabungsbefunde, hier den Kultraum, im Tell Halaf-Museum nachbauen, 1930er Jahre

168 Obwohl die Nachbildung der Palastfassade im Tell Halaf-Museum enorm aufwendig war, scheute Oppenheim weder Mühen noch Kosten, 1928/30

Denn nach der Zerstörung seines Museums wurden mit der Bergung der Überreste die Weichen für eine mögliche Wiederherstellung der Sammlung gestellt. Allerdings mussten schließlich 55 Jahre vergehen, bevor die Max Freiherr von Oppenheim-Stiftung und die Staatlichen Museen einen Neuanfang wagten.

1 Der vorliegende Beitrag basiert vornehmlich auf meinen Recherchen und Ausführungen im Rahmen meiner Dissertation zur Geschichte des Vorderasiatischen Museums Berlin. Siehe dazu Crüsemann 2000: 227–236. Dort finden sich weitere Literaturangaben sowie Quellennachweise, die hier nur in relevanten Einzelfällen zitiert werden.

2 Bericht vom 3.4.1914 (NL MvO-92).

3 Das vollständige Schreiben befindet sich im Archiv des Vorderasiatischen Museums (Archiv VAM: Oppenheim 1909–1940). Siehe zu den Hintergründen dieses Schreibens auch den Beitrag von S. Hauser.

4 Marchand 2009: 340.

5 J. Jordan an G. Güterbock vom 8.7.1912 (ArDOG II.1.2.6.13).

6 So nannte der Geschäftsträger der Deutschen Botschaft in Konstantinopel, G. von Mutius, Oppenheims erste Bemühungen um die Funde vom Tell Halaf. Siehe PA AA, Reihe 468d, R. 64605 Mutius an den Reichskanzler 22.4.1914.

7 Siehe dazu Cholidis/Martin 2002: 43.

8 BAB R 901/37694, Bl. 81f. AA an Kultusminister 28.11.1899. Der vollständige Wortlaut des bilateralen Notenwechsels wurde erstmals von Marchand 1996: 199 veröffentlicht und ist auch bei Crüsemann 2000: 278 (Dok. 1) zu finden.

9 Zum Kampf um die Funde aus Assur siehe ausführlich Crüsemann 2000: 192–204 sowie Crüsemann 2003.

10 Oppenheim an Wilhelm II. 3.4.1914 (NL MvO-92).

11 PA AA R 64605 Mutius an den Reichskanzler 22.4.1914.

12 Siehe ausführlich Crüsemann 2000: 284–286 (Dok. 9).

13 Dieser befindet sich im Archiv des Vorderasiatischen Museums (Archiv VAM: Oppenheim 1909–1940).

„Götter vertreiben Maschinen“[1] – Die Berliner AG für Eisengießerei und Maschinenfabrikation ehem. J. C. Freund und das Tell Halaf-Museum

Miron Mislin, Berlin

Eine leer stehende Fabrikhalle zu einem Museum umzubauen, war 1929–1930 ein Novum in der Museums- und Industriebaugeschichte. Die mechanische Werkstatt einer Maschinenbauanstalt, die hierfür umgenutzt wurde, hat in der Geschichte des Berliner Industriebaus eine ebenso herausragende Bedeutung wie das sehr moderne Museumskonzept, das damit verwirklicht wurde.

Die mechanische Werkstatt oder Maschinenhalle gehörte zu einer der ersten Maschinenbauanstalten Berlins, die 1815 durch den Mechaniker G. C. Freund zuerst in der Mauerstraße 34 gegründet worden war. Nach dem Tod des Firmeninhabers übernahm sein Bruder Julius Conrad Freund, ebenfalls Mechaniker, 1819 die Leitung der Fabrik, die neben Dampfmaschinen auch Ölmühlen und Gasanstalten herstellte. Bauerweiterungen führten zum Umzug der Firma in die Holzmarktstraße und 1821 in die Sommerstraße.

Ab 1835 gehörte der Firma ein sehr großes unbebautes Gelände am Salzufer 9–10 (früher Nr. 6–8), auf dem die räumliche und bauliche Expansion der Fabrik zwischen dem Charlottenburger Schifffahrtskanal im Süden und der Spree im Norden begann. 1837 und 1839 wurden eine Kesselschmiede und eine Eisengießerei auf dem nördlichen, zur Spreeseite gelegenen Grundstück errichtet, die 1853 und 1865 baulich erweitert wurden (**Abb. 169**). Die Eisengießerei im Ziegelrohbau mit einer hölzernen Dachkonstruktion wurde mit Lauf- und Drehkränen von 5–15t Tragkraft zur Produktion von Rohrfassonstücken mit einem Durchmesser von 0,18–1,40 m ausgestattet.[2]

Die rasante Industrialisierung Berlins im letzten Drittel des 19. Jahrhunderts und der steigende Bedarf an Kapital führten zur Umwandlung vieler Maschinenfabriken in Aktiengesellschaften. Nach fast 60 Jahren Bestehen wurde 1871 auch die Maschinenbauanstalt von J. C. Freund in eine Aktiengesellschaft, die „Berliner AG für Eisengießerei und Maschinenfabrikation ehem. J. C. Freund“, umgewandelt. Die gesamte Produktion wurde nunmehr in das Charlottenburger Werk am Salzufer 9–11 verlegt: Dampfmaschinen, Fräsmaschinen, Wasserpumpen und Apparate für die chemische Industrie (Mälzereitrommeln), Schleusen und Docks.

Die Jahre 1872–1873 waren durch eine rege Bautätigkeit gekennzeichnet. Der Entwurf des Baumeisters Fr. Koch von 1872 für eine Rohrgießerei sah eine längliche Halle von 34 x 70 m vor, unterteilt in zwei Schiffe von je 17 m Breite für unterschiedlich große Röhren und ausgeführt mit Backsteinmauern (**Abb. 170**). In architektonisch-konstruktiver Hinsicht war die Dachkonstruktion aus einfachen Polonceau-Trägern von Bedeutung. Realisiert wurde jedoch ein anderer Entwurf von ihm mit einer höheren Haupthalle für große Rohre und einer niedrigen Halle für kleinere Rohre, deren Dachkonstruktion aus eisernen Fachwerkbindern bestand.

In diesem Zusammenhang sind die statischen Berechnungen für Eisenkonstruktionen von Dachstühlen und von Montagehallen durch Maurermeister in konstruktionshistorischer Hinsicht von Bedeutung. In dieser Zeit übernahmen die Fabrikationsanstalten für Eisenkonstruktionen, wie zum Beispiel das Technische Bureau der AG „Lauchhammer“, die statischen Berechnungen und lieferten den „Garantie-Schein“ für die sachgemäße Ausführung und Haltbarkeit (**Abb. 178**).

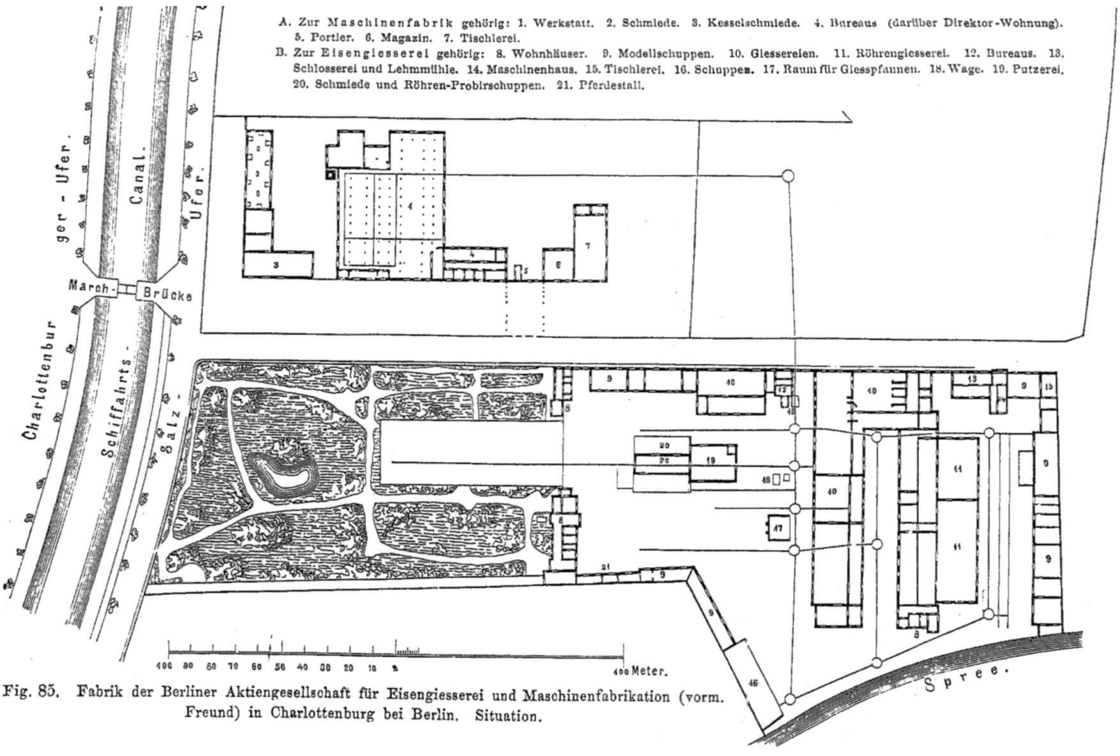

169 Lageplan, Salzufer 9–10/Franklinstr. 1–6

Auch frühe Auflagen zum Umweltschutz, zum Beispiel beim Bau von Dampfkesselanlagen sind interessant. Sie richteten sich nach Vorschriften der Gewerbebauordnung von 1845, später der vom 21. Juni 1869, die vorsah, dass der „[...] *Unternehmer verpflichtet ist, durch Einrichtung der Feuerungsanlage oder mechanische Vorrichtungen, wie durch Anwendung geeigneten Brennmaterials und durch sorgsame Bewartung auf eine möglichst vollständige Verbrennung des Rauches hinzuwirken. Der Unternehmer ist auch verpflichtet, falls sich ergeben sollte, dass die getroffenen Einrichtungen nicht genügen, an Belästigungen oder Beschädigungen der benachbarten Grundbesitzer durch Rauch, Ruß usw. zu verhüten* [...].“

Erwähnenswert ist auch der Versuch, im Auftrag der Maschinenbauanstalt von J. C. Freund um 1872 die erste Werkswohnsiedlung Berlins zu bauen. Auf einem schmalen Grundstücksstreifen der Franklinstraße 6 (früher Nr. 8) wurden sieben Mietshäuserblocks im Abstand von 10 m als hintereinander liegende Quergebäude (41 x 11,50 m) von dem Maurermeister und Architekten R. Kaltmann vorgeschlagen, die allerdings nicht zur Ausführung gelangten (**Abb. 177**).[3]

Besonders interessant ist auch, dass der Fabrikant oder der Werksdirektor in dieser Zeit in einer Gartenvilla auf dem Fabrikgelände wohnte. Die Abteilungsdirektoren wurden in Wohnhäusern vor der Gartenanlage untergebracht (**Abb. 169, 172 und 179**).

Eine neue Maschinenfabrik (ca. 68 x 50 m) wurde 1883 vom Architekten und Maurermeister E. Gerhardt mit Nebengebäuden für die Dreherei, Montage, Schlosserei und Comptoir auf dem benachbarten Grundstück Nr. 11 errichtet. Die damals übliche Gestaltung im Industriebau zeigte eine Maschinenbauanstalt mit Dreherei, Montagehalle und Schlosserei als Großraumhalle. Die Außenwände der Halle waren aus Backstein und hatten zusätzlich zu den bemerkenswerten gusseisernen 110 Stützen zwei konstruktionshistorisch bedeutende Hängewerke mit Laternen.[4] Dieses Grundstück einschließlich der Maschinenhalle wurde 1883 an das Kabelwerk Siemens & Halske verkauft. Wegen des Verkaufs mussten auf dem Firmengrundstück am Salz-

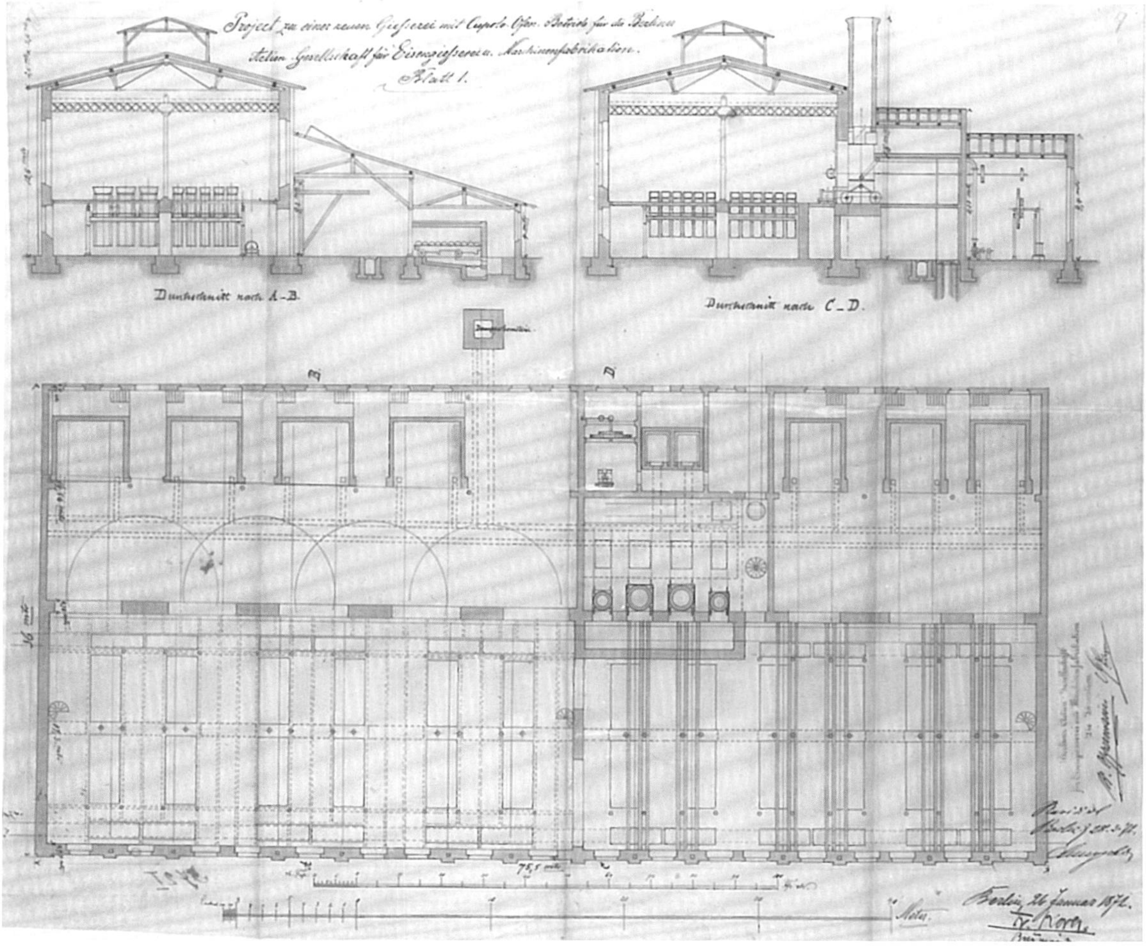

170 Eisengießerei für Rohre, 1872, Entwurf, Fr. Koch, Baumeister

ufer 9–10 Ersatzgebäude geschaffen werden: Eine Kesselschmiede, eine Schmiede, eine Tischlerei, ein Speisesaal und ein Direktorengebäude wurden gebaut. 1883 baute E. Gerhardt auf dem Grundstück Salzufer 9–10 eine neue mechanische Werkstatt als dreischiffige Halle von 45,34 x 18,75 m mit basilikalem Querschnitt. Die niedrigeren Seitenschiffe waren ca. 5,50 m breit und 5,0 m hoch, das Mittelschiff ca. 7,75 m breit und ca. 10 m hoch. Die Dachkonstruktion des Mittelschiffes setzte sich aus einfachen hölzernen Hängewerken mit einer mittigen Pfette zusammen. Über die 5 m hohen Seitenschiffe wurden pultförmige Pfettendachstühle gebaut, die durch einfache Hängewerke mit einem mittigen eisernen Zugstab befestigt waren und auf gusseisernen Säulenreihen aufsetzten. Diese Halle wurde in den 1890er Jahren um ca. 26 m verlängert, so dass die Gesamtlänge ca. 72 m betrug. Aufgrund eines Vergleichs der Fotografien des Tell Halaf-Museums von 1930 mit dem Grundrissplan und dem Gebäudequerschnitt von 1883 kann davon ausgegangen werden, dass diese mechanische Werkstatt später als Ausstellungshalle umgenutzt wurde (**Abb. 171 und 185**).[5]

Ab 1883 übernahm der Maurermeister E. Gerhardt für die Maschinenbauanstalt J. C. Freund beinahe die Aufgaben eines „Hausarchitekten“. Bis 1922, also fast 40 Jahre lang, plante er fast alle Bauten oder führte sie aus. 1883 erbaute Gerhardt eine neue Sand- und Lehrformerei und ein Comptoirgebäude und 1888–1890 wirkte er als ausführender Maurermeister bei dem Comptoirgebäude mit, das von dem Architekten R. Schrobsdorff entworfen wurde.

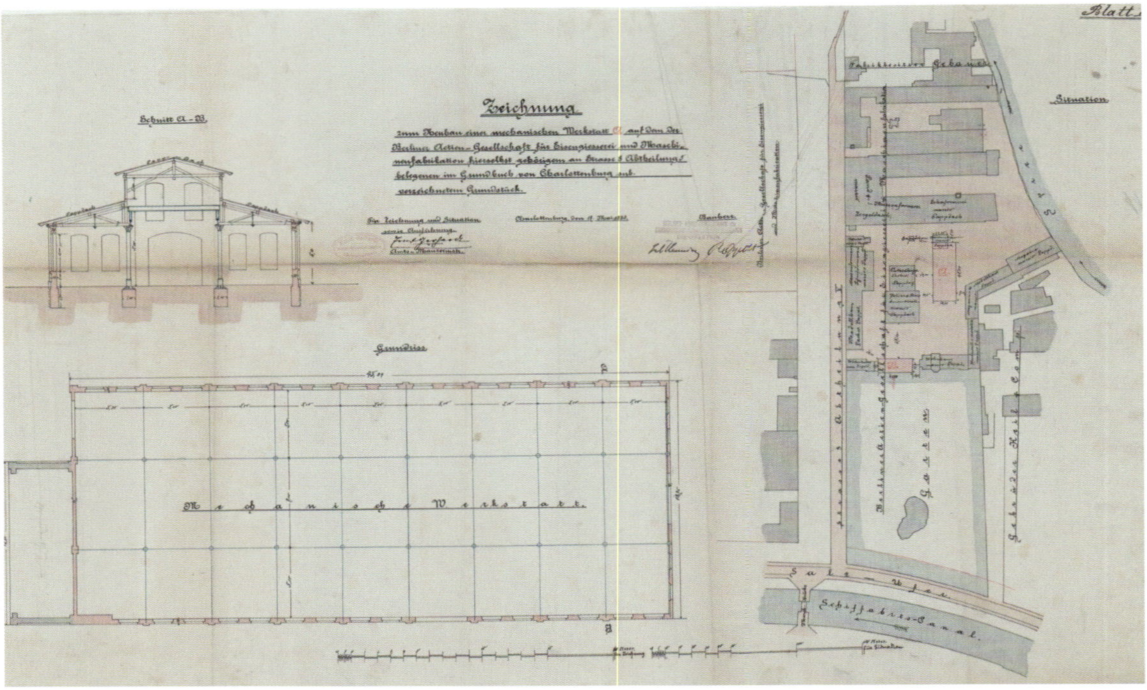

171 Mechanische Werkstatt, 1883, (ab 1930 Tell Halaf-Museum), Maurermeister E. Gerhardt

1899–1900 wurde die neue Eisengießerei mit einer Berliner Version des doppelten Polonceau-Dachstuhlsystems gebaut.[6] Sie wurde wahrscheinlich nach dem Vorbild des hölzernen Hängewerks der Montagehalle von Hummel, mit einer speziellen Berliner Konstruktion einer Dachlaterne, in der Johannisstraße 2 von 1872 gebaut. Die Form des Dachsystems ist in konstruktionshistorischer Hinsicht bemerkenswert: Der Dachbinder setzte sich aus einem geknickten doppelten Polonceau-Träger zusammen. Die Knickung bezweckte die Schaffung einer dreieckigen Lichtkuppel oder Laterne. Auf beiden Dreiecksseiten, oberhalb des Daches, waren ca. 3,00 bis 3,30 m lange Glasplatten befestigt (**Abb. 173–176**).

172 Lageplan Salzufer 9–10/Franklinstraße, 1885 (Legende: g = Gießerei, w = Wohnung, pu = Putzerei, rg = Rohrgießerei, mos = Modellschuppen)

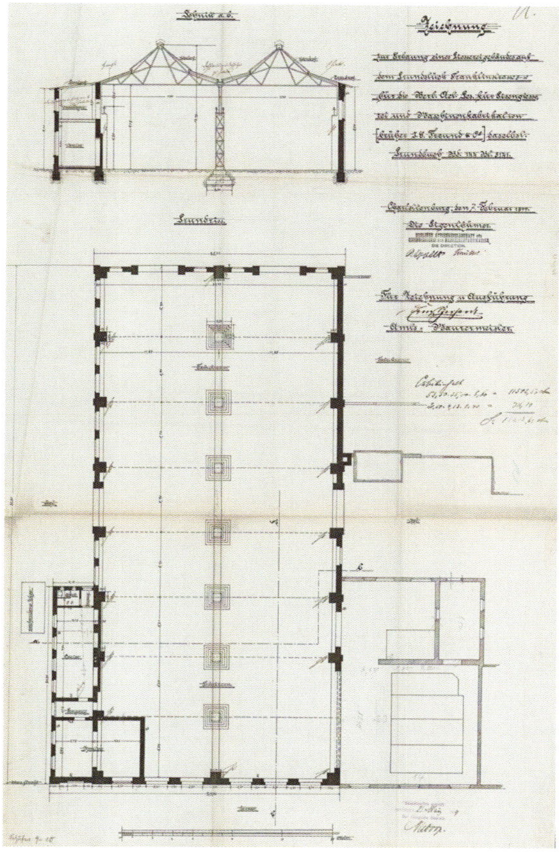

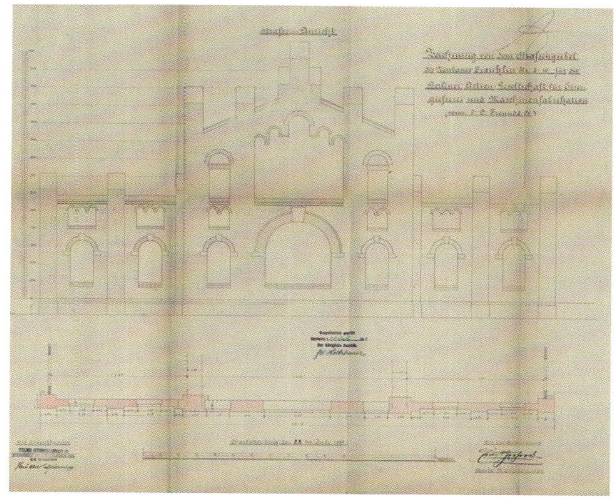

174 Fassadenentwurf für die Gießerei, 1898, Maurermeister E. Gerhardt

173 Gießereigebäude, Grundriss und Querschnitt, Franklinstr. 5–10, 1898, Maurermeister E. Gerhardt

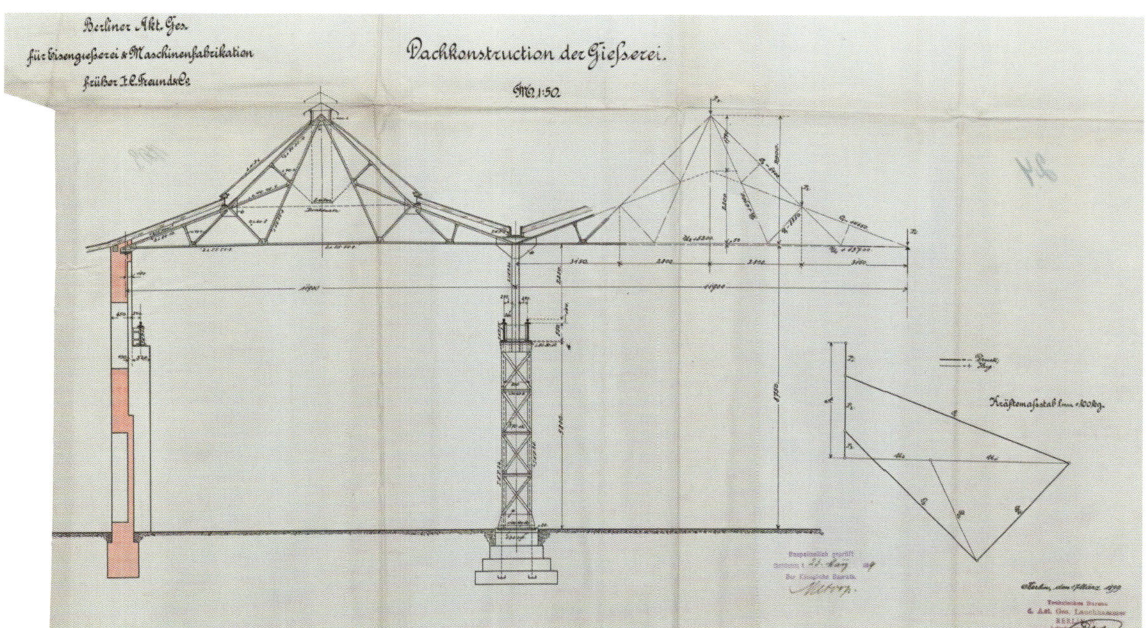

175 Querschnitt, Eisengießerei, 1899

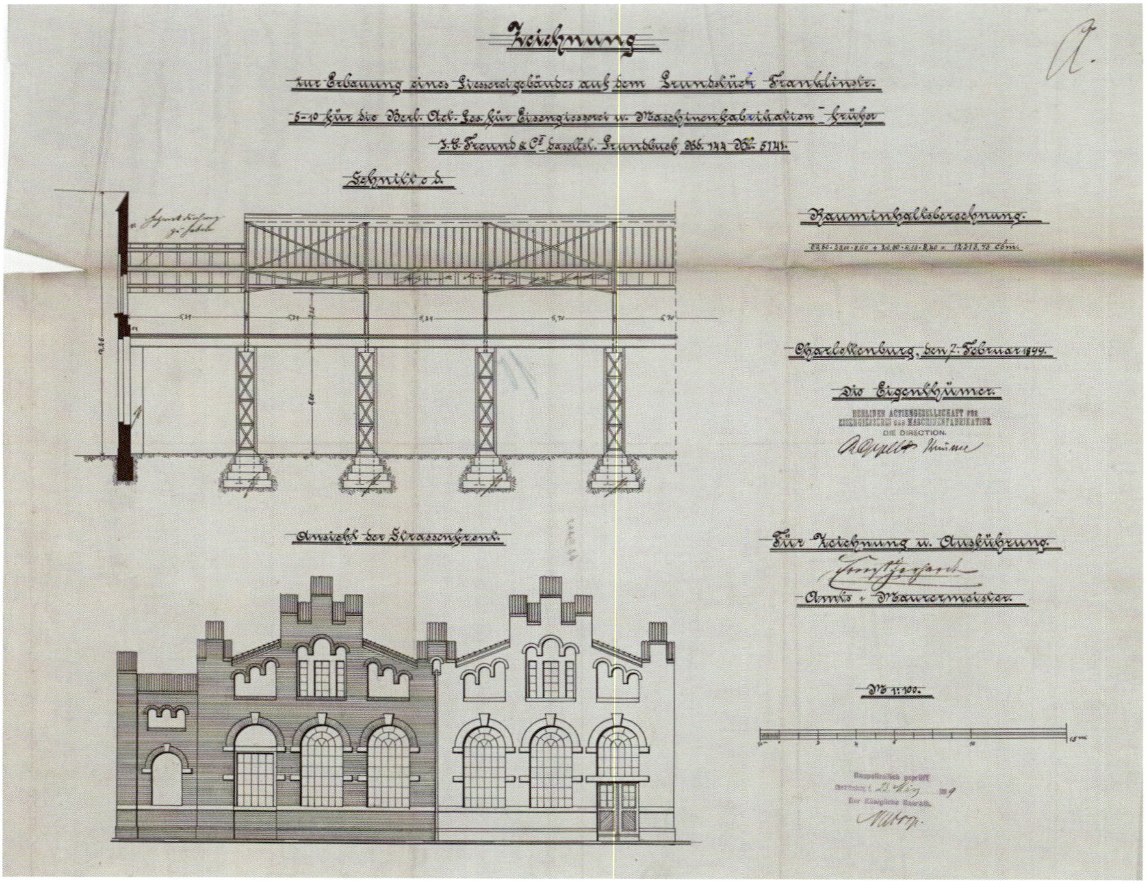

176 Längsschnitt und Fassaden, Eisengießerei,1899, Maurermeister E. Gerhardt

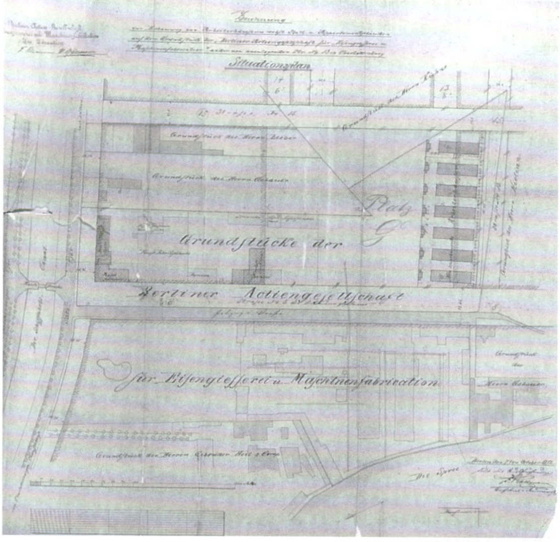

177 Werkswohnsiedlung, Entwurf, Arch.+Maurermeister R. Kaltmann

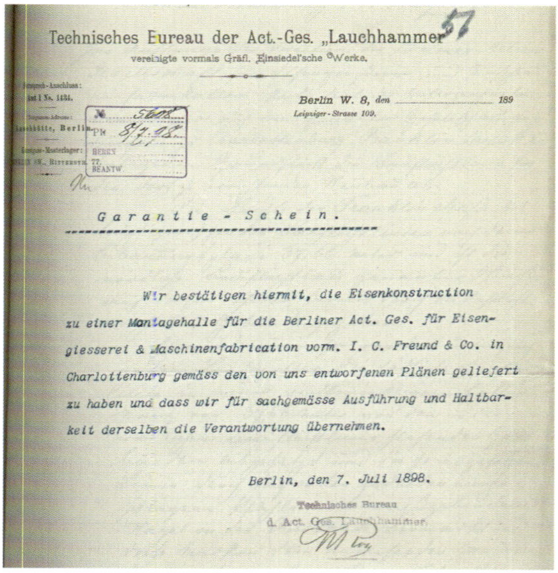

Technisches Eureau der Act.-Ges. „Lauchhammer" 57

vereinigte vormals Gräfl. Einsiedel'sche Werke.

Berlin W. 8, den ______ 189

Leipziger-Strasse 109.

№ 5608 PR 8/7.98.

BERRN 77. BEANTW.

Garantie - Schein.

Wir bestätigen hiermit, die Eisenkonstruction zu einer Montagehalle für die Berliner Act. Ges. für Eisengiesserei & Maschinenfabrication vorm. I. C. Freund & Co. in Charlottenburg gemäss den von uns entworfenen Plänen geliefert zu haben und dass wir für sachgemässe Ausführung und Haltbarkeit derselben die Verantwortung übernehmen.

Berlin, den 7. Juli 1898.

Technisches Bureau
d. Act. Ges. Lauchhammer.

178 Garantie-Schein, Lauchhammer, 1898

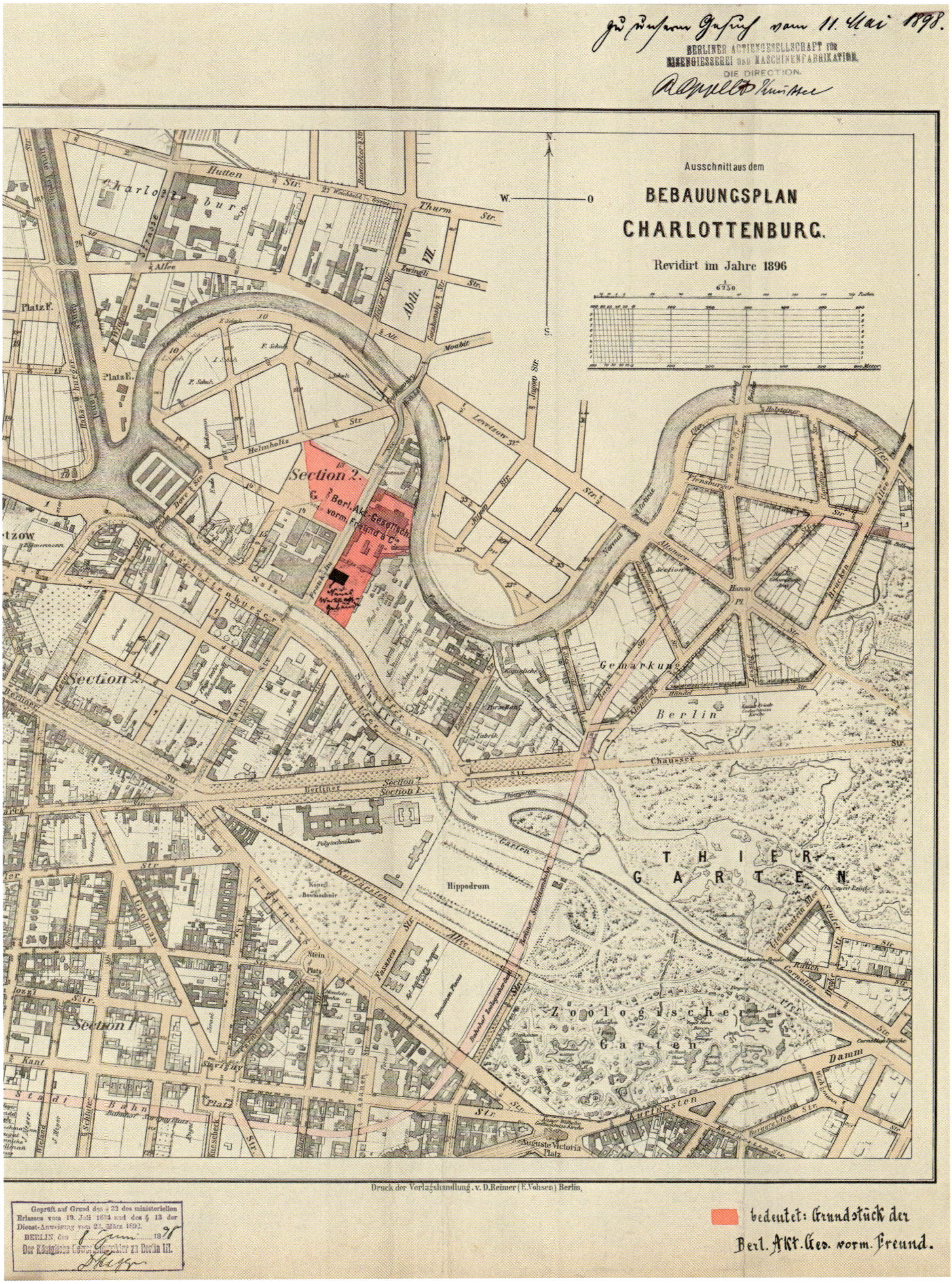

179 Lageplan, Salzufer 9–10, 1898

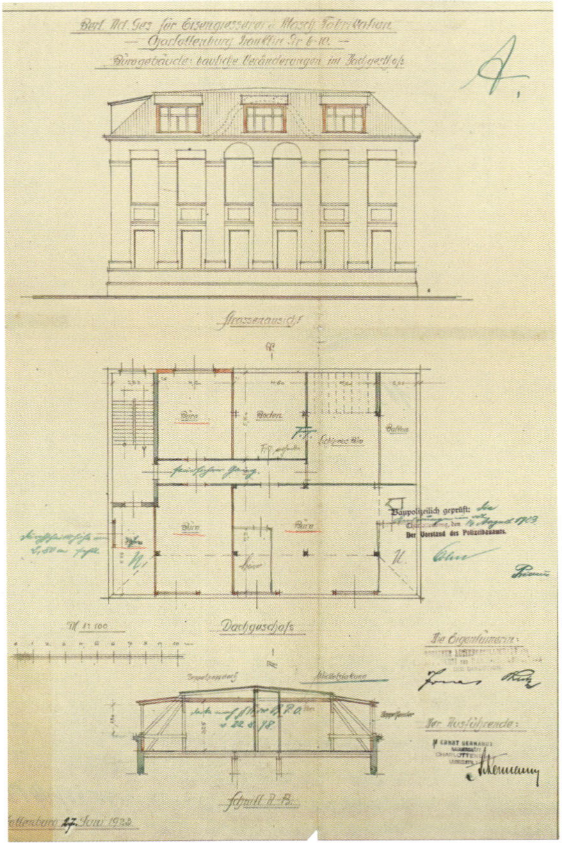

180 Bureaugebäude, 1903

Eine ähnliche Konstruktion wies die Lokomotivhalle mit dem Binder der Schiebebühne des Borsigwerks in Berlin-Tegel von 1896 auf. Schließlich führte der Ingenieur Scharowsky 1891 eine neue Konstruktion für Laternen ein, die für weit gespannte Montagehallen zur Ausführung kam.[7]

Noch um 1899–1900 wurden manche Fabrikfassaden, wie zum Beispiel die des Bürogebäudes und der zweischiffigen Eisengießerei von E. Gerhardt im historisierenden Stil gestaltet. Die zweischiffige Eisengießerei erhielt eine Giebelfassade im Ziegelrohbau mit Zier- und Fenstergesimsen und freien Formen der Gotik in den Obergeschossfenstern. Die breiten und hohen Fenster im Erdgeschoss waren durch angedeutete glatte Pilaster, die über das Dachgesimsprofil als Trias mit überdachten kleinen Dächern im Sinne der Renaissance herausragten, mit dem Obergeschoss optisch verbunden. In dieser Übergangszeit wagten die Baumeister noch nicht, in den Fassaden die blanke Konstruktion ohne jede Ausschmückung zu zeigen. Die meisten Hallen mit markanten Eisenkonstruktionen hatten deshalb einen Giebel im roten Ziegelrohbau mit dekorierten Gesimsbändern, Pilastern und Türmchen (**Abb. 180**). Die Bauakten zeigen einen Plan vom Februar 1898 mit einer neuen dreischiffigen Montagehalle mit einer interessanten Fachwerkkonstruktion. Zehn Jahre später vermerken die Bauakten eine erneute Bauaktivität auf dem Gelände des Salzufers: 1908 wurden von Gerhardt das Bürogebäude erweitert, 1913 und 1917 eine neue Dampfkesselanlage und ein Anbau für die Schmiede errichtet und 1922 der Hof mit Dachbindern und Glasplatten überdacht, so dass eine neue, lichtdurchflutete Fabrikationsfläche gewonnen werden konnte (**Abb. 181 und 182**). Noch im Februar 1924 wurde ein 40 m hoher Schornstein errichtet.

Die Maschinenbauanstalt ehem. J. C. Freund gewann bei der Gewerbe- und Industrieausstellung in Görlitz 1885 eine Anerkennungsmedaille und weitere Medaillen bei der Ausstellung für Handwerkstechnik und Kleinindustrie in Königsberg (1885) sowie bei der großen Gewerbeausstellung in Berlin (1898). Die Eisengießerei und Maschinenbauanstalt ehem. J. C. Freund war vom Ende des 19. Jahrhunderts bis Anfang der 1920er Jahre wichtigster Rohrproduzent im Berliner Raum. In den 1890er Jahren wurden über 600 Arbeiter beschäftigt: 120–150 im Dampfkessel- und Dampfmaschinenbau, 400–500 in der Produktion von Gas-, Wasser- und Kanalisationsrohren. In den 1920er Jahren machte sich die Wirtschaftskrise bemerkbar. Aus den Bauakten ergeben sich nur noch kleine Baumaßnahmen: 1924 Umbau eines Lagerschuppens zu Büro- und Laborräumen, 1925 Erweiterung des Labors und 1925–1926 Erweiterung des Putzereigebäudes. Um 1926 löste sich die Maschinenbauanstalt, ehem. J. C. Freund auf. Die Bau- und Architekturgeschichte fand somit Ende der 1920er Jahre ihren Abschluss; der vordere Grundstücksteil am Salzufer 9 wurde 1928 an die damalige Technische Hochschule Charlottenburg verkauft, die auf dem Gelände das Heinrich-Hertz-Institut (1928–1930) errichtete. Wenig später kamen auch die übrigen Fabrikbauten in den Besitz der Technischen Hochschule.[8]

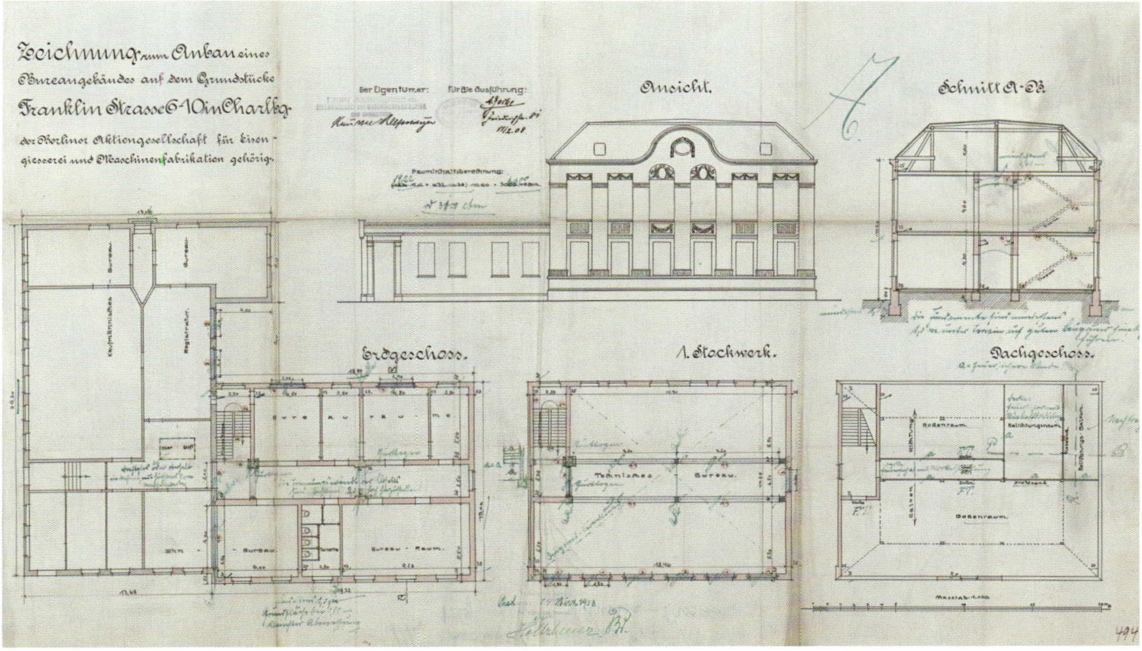

181 Anbau eines Bureaugebäudes, 1908

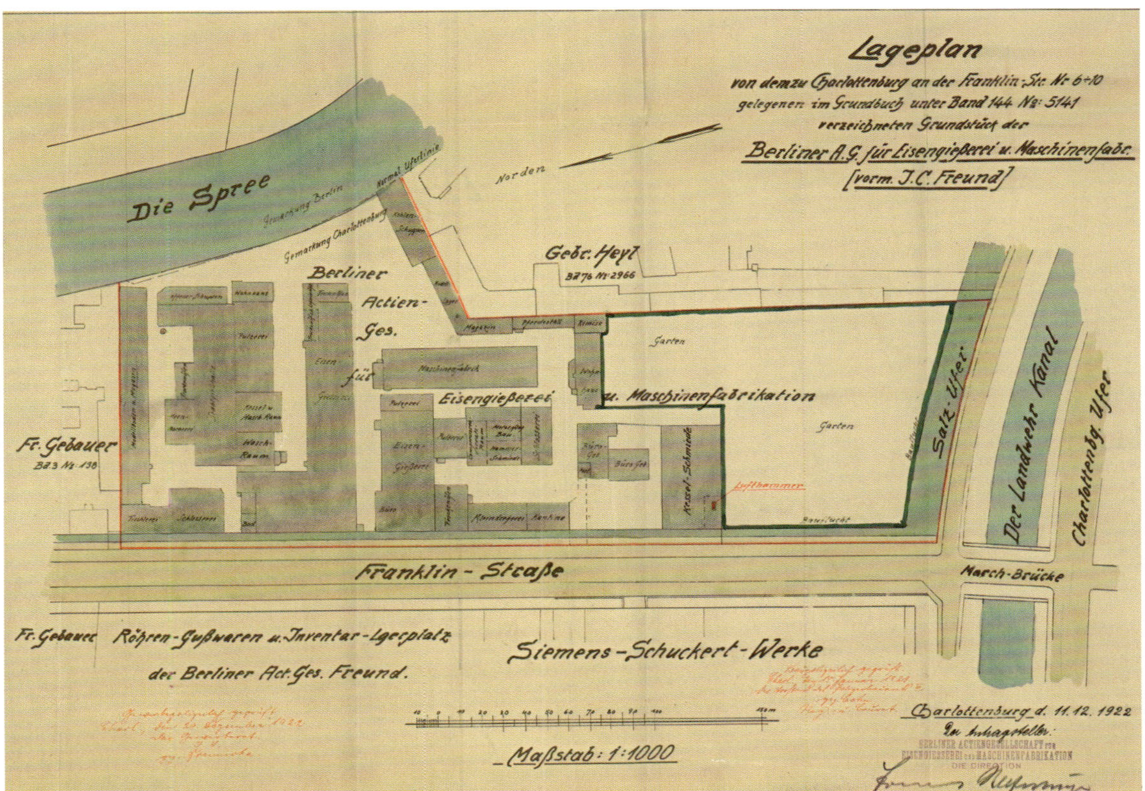

182 Lageplan, 1922

183 Die ehemalige Maschinenhalle nach dem Umbau zum Museum, 1930er Jahre

184 An der Umgestaltung der ehemaligen Eisengießerei zu einer Ausstellungshalle waren maßgeblich der Bauingenieur Hans Lehmann und der russische Künstler Igor von Jakimow beteiligt, Tell Halaf-Museum 1928/30

185 Die 6 m hohe Nachbildung der Palastfassade im zweiten Hauptraum galt bald als *„gewaltigstes Erlebnis des Tell Halaf-Museums"*, Berlin 1929/30

Nachdem die Verhandlungen mit den Staatlichen Museen zur Präsentation der Tell Halaf-Sammlung auf der Museumsinsel gescheitert waren, nahm von Oppenheim in seiner Not das Angebot der Technischen Hochschule an, die ehemalige Maschinenwerkstatt und das Direktionsgebäude der Maschinenbauanstalt ehem. J. C. Freund kostenlos zu nutzen. Hier beginnt die ungewöhnliche Geschichte des Tell Halaf-Museums (**Abb. 183**): Es handelt sich um eines der ersten Umnutzungsprojekte der modernen Bau- und Kulturgeschichte, das sich allerdings damals eher zufällig ergeben hatte und nur als temporäre Lösung gedacht war. Die Umnutzung leer stehender Industriehallen und ihrer ehemaligen Bürogebäude gehört heute zu den Hauptthemen der Denkmalpflege. Trotz der Wirtschaftskrise und Inflation gelang es Max von Oppenheim mit minimalen Mitteln, die Innenräume der ca. 1400 Quadratmeter großen Maschinenhalle für museale Zwecke umzugestalten (**Abb. 184 und 185**).

Im ehemaligen Direktionsgebäude waren die Kleinfunde vom Tell Halaf, Teile der islamischen Realiensammlung, Foto- und Laborräume, Depot- und Arbeitsräume (**Abb. 9**) untergebracht. Die 18,75 x 72 m große ehemalige dreischiffige mechanische Werkstatt wurde in zwei Raumeinheiten von je 30 m Länge aufgeteilt. Die übrigen 12 m waren später als Räume für Gipsformen und für die islamische Abteilung vorbehalten. Durch Zwischenmauern, leichte Trennwände und Einbauten, die nur bis zu einer geschätzten Höhe von 2,80–3,00 m hochgezogen wurden, konnte im ersten Hauptraum ausreichend Platz für Kleinfunde, Steinreliefs und freistehende Standbilder geschaffen werden. Hier waren die Wände mit Rupfen, einem Jutegewebe, bespannt, so dass sich ein interessanter Materialkontrast zu den rauen Holzdielen ergab.

Auf Fotografien ist zu sehen, dass eine abgehängte Decke bis zu den Pilastern und Kapitellen der Säulen reichte, die den Eindruck eines abgeschlossenen Ausstellungsraums vermittelte.

Für den zweiten Hauptraum, der interessanterweise den freien Blick auf die Dachstuhlkonstruktion zuließ, wurden die Einbauten mit einem Lehmverputz versehen, der die Farbe der Palastmauern in Guzana (Tell Halaf) wiedergeben sollte. Das rekonstruierte Eingangsportal des West-Palastes mit drei riesigen Götterstandbildern auf Tierbasen, die in der Art von Karyatiden den Torsturz auf einer Länge von 23,50 m trugen, wurde ausstellungstechnisch mit einfachen Baumaterialien effektvoll inszeniert (**Abb. 188 und 201**) und bildete einen Kontrast zu der gusseisernen Säulenreihe und den sichtbaren Dachstuhlbindern des Mittel- und Seitenschiffes. Der Besucherrundgang endete fast in der Mitte der Halle im kleinen Empfangszimmer des zweiten Hauptraums, wo Pläne, Karten und Zeichnungen die Situation der Grabungen am Tell Halaf dokumentierten.[9]

Im Vergleich zur perfekten Rekonstruktion des inneren Burgtors von Zincirli (**Abb. 317**) in der Vorderasiatischen Abteilung des Pergamonmuseums, fällt die bescheidene Nachgestaltung der Palastfassade im Tell Halaf-Museum auf. Mehr noch: Gegenüber der akkuraten, fast sterilen Perfektion des Pergamonmuseums erweckt die Präsentation Oppenheims in einer improvisierten, ehemaligen Montagehalle den Eindruck eines Museums oder einer Ausstellung auf einer Baustelle, die sich unweit der Ausgrabung befinden könnte. Im Unterschied zu einem Museumsgebäude, das als solches gebaut wurde, wirkt die ehemalige, nur provisorisch für eine Sammlung vorbereitete Fabrikhalle nach den heutigen Maßstäben erstaunlich unkonventionell und modern. In diesem Zusammenhang ist ein Pressebericht der 1930er Jahre interessant. So kann man bei Paul Ferdinand Schmidt in den „Sozialistischen Monatsheften“ vom November 1930 nachlesen: „*Von der Öffentlichkeit nicht sehr bemerkt, weil die Eröffnungsfreuden des Pergamonmuseums* [1930] *alles übertönten, hat sich in Berlin ein Gegenstück zu jenem Architekturschrecken aufgetan, das nicht nur Gelehrte, sondern alle Kunstfreunde elektrisieren müsste: das von Max von Oppenheim errichtete Tell Halaf-Museum. Es ist in einer alten Maschinenhalle untergebracht, auf einem verwahrlosten Hof in der Franklinstraße, an der Grenze der Stadtteile Moabit und Charlottenburg. Aber die völlige Schmucklosigkeit und das Provisorische dieses riesigen Raumes wirken in seltsamer Weise, man möchte einen Bruchteil seiner Stimmungskraft dem kalten Akademiebau am Kupfergraben wünschen. Es müsste eine Völkerwanderung zu diesem originellen Museum stattfinden.*“

Für die Umgestaltung der Maschinenbauanstalt ehem. J. C. Freund zu einem Museum waren der Architekt Hans Lehmann und für die Gipsabgüsse der russische Bildhauer Igor von Jakimow [SIEHE BEITRAG VON N. CHOLIDIS] verpflichtet worden. Mit der feierlichen Eröffnung des Tell Halaf-Museums am 15. Juli 1930 endete die Baugeschichte der ehemaligen Montagehalle.

Quellen

LA Berlin, Rep. 207, Acc. 1039, Nr. 467–477 (es fehlen Bauakten von 1929/30 bis 1945. Das Bauaufsichtsamt Charlottenburg-Wilmersdorf, Bd. 5 (Franklinstr. 1/6), hat unvollständige Akten ab 1946/47)
Charlottenburger Nachrichten vom 15. März 1873
Berliner Volkszeitung vom 17. Juli 1936
Deutsche Allgemeine Zeitung vom 18. Juli 1936
Fränkischer Kurier vom 20. Juli 1936
Sozialistische Monatshefte vom November 1930
Völkischer Beobachter vom 7. März und 18. Juli 1936

1 Zitiert nach einem Artikel im Tageblatt vom 26.11.1933 mit der Überschrift „Götter vertrieben Maschinen“.
2 Hirschfeld 1897: 249.
3 Siehe dazu Mislin 2002: 283, Kat. 24–26.
4 Vgl. Lagepläne von 1883 und 1922.
5 Die planenden und ausführenden Baumeister, die im 19. Jahrhundert Industriebauten in Berlin errichtet haben, waren durchweg erfahrene Handwerksmeister, oft bauten sie nach Vorgaben der Werksdirektoren, zum Beispiel bei der Gießerei ehem. J. C. Freund leiteten die technischen Direktoren in den 1870er Jahren, W. Oppermann, F. Kleemann, R. Appelt und S. Fleming, das Unternehmen.
6 LAB Rep. 207, Nr. 474.
7 Vgl. die Typologie der Tragwerke bei Mislin 2002: 136–137, 414.
8 Nach Auskunft von H. J. Rieseberg, Abt. IV Gebäude- und Dienstemanagement der Technischen Universität Berlin, war die Technische Hochschule in der Franklinstraße nur Mieter der Gebäude.
9 Dazu Cholidis 2002a: 43–52.

„Tapferer Mut, herrlicher Optimismus" – Der Künstler Igor von Jakimow (1885–1962)

Nadja Cholidis, Berlin

Für Sacha (1939–2010)

Die Entstehungsgeschichte des Berliner Tell Halaf-Museums ist eng mit dem Namen des russischen Bildhauers und Malers Igor von Jakimow verbunden. In den 1920er Jahren hatten nur wenige bildende Künstler ein regelmäßiges Einkommen, daher kam Oppenheims Angebot, die im Altertum zerstörten Skulpturen zu restaurieren, abzuformen und die Kopien zu ergänzen, für Jakimow im richtigen Moment. Obwohl die monumentale Nachbildung der Palastfassade im Zweiten Weltkrieg verloren ging, zählt sie bis heute zu den sprichwörtlich größten Leistungen des Künstlers.

„Wie ein menschlicher Vulkan"

Igor von Jakimow (**Abb. 186**) und sein Zwillingsbruder Oleg kamen 1885 auf dem Gut Jakimow in Polotjobnoje (Gouvernement Rjasan) zur Welt. Der Vater, Wladimir Michailowitsch Jakimow, ein angesehener Edelmann und Strafverteidiger, führte in der zentralrussischen Stadt Woronesch eine gut gehende Anwaltskanzlei. Die Brüder verbrachten viel Zeit auf dem Gutshof, wo sie in der Gesellschaft der Dorfkinder als *„ungebaerdige Naturburschen"*[1] heranwuchsen. Schon früh interessierte sich Igor für Musik und Kunst, lernte Fechten, Schreinern, später auch Boxen. Dem Vater zuliebe begann er 1905 in St. Petersburg zunächst ein Studium der Rechtswissenschaften, schließlich aber siegte der Wunsch nach einer künstlerischen Ausbildung. Da er die Aufnahmeprüfung an der Kunstakademie nicht bestand, schickte ihn der Vater nach Paris, zu Beginn des 20. Jahrhunderts das Zentrum der künstlerischen Avantgarde. Hier besuchte Jakimow zunächst die bekannte Académie Colarossi, wo er hauptsächlich Zeichenunterricht nahm, später auch die Académie Matisse. 1907 verbrachte er einige Zeit in München und Ungarn, um bei dem ungarischen Maler Simon Hollósy (1857–1918) das *„innere Sehen"* zu erlernen.[2]

186 Das Selbstporträt Igor von Jakimows spiegelt Verletzlichkeit und Zweifel des Künstlers wider, Öl auf Leinwand, 1925 (Privatsammlung)

„Oui ou non?“

Im Herbst 1908 kehrte Jakimow für ein paar Monate nach Paris zurück. Im Quartier Montparnasse begegnete er seiner großen Liebe – Annemarie Kruse (1889–1977).[3] Die Tochter des Bildhauers Max Kruse war schon im Mai in Begleitung ihrer Mutter das erste Mal an die Seine gekommen, um ebenfalls Kunst zu studieren. Aus der anfänglichen Freundschaft war bald eine tiefe Zuneigung geworden, doch auf sein geflüstertes *„Oui ou non?“* antwortete Annemarie zuerst erschrocken mit *„Non“*; ein „Ja“ zu Beginn ihrer Ausbildung hätte für sie die Aufgabe aller eigenen Wünsche und Träume als Künstlerin bedeutet.[4] Auch ihr Vater erhob Einspruch und setzte eine strenge Kontaktsperre durch, die erst an Annemaries 21. Geburtstag endete.[5] Drei Jahre nach dem Heiratsantrag in der kleinen Dunkelkammer konnten die beiden Verlobten im Dezember 1912 endlich heiraten. Das letzte Jahr in Paris hatten sie gemeinsam die Académie Vitti und die Académie de la Grande-Chaumière besucht, wo Emile-Antoine Bourdelle (1861–1929) Jakimows Leidenschaft für die Bildhauerei neu entfachte. Nach ersten Achtungserfolgen mit eigenen Werken im Salon d'Automne und dem Salon des Indépendants, wo junge Künstler ohne Jury ausstellen konnten, rückte der Abschied von Paris 1913 immer näher. Vor dem endgültigen Umzug nach Polotjobnoje reiste das junge Ehepaar noch einmal nach Deutschland, um sich in der Mark einen modern bewirtschafteten Gutshof anzuschauen und Annemaries Familie ein letztes Mal zu besuchen.

„Moll und Dur des irdischen Daseins“[6]

Das Leben auf dem idyllischen, aber wenig ertragreichen Landgut Polotjobnoje war vor allem für Annemarie schwer, da die Passivität ihres Mannes und die ablehnende Haltung ihrer Schwiegermutter Neuerungen kaum zuließen. Ohne zu erwirtschaftende Überschüsse war es jedoch unmöglich, die Wintermonate in Paris zu verbringen.

Nach sechs Monaten fuhren beide über München, wo gute Freunde dem Paar beim Verkauf ihrer Bilder behilflich sein wollten, zu Annemaries Mutter nach Klotzsche bei Dresden. Hier kam im Februar 1914 der kleine Igor, Igruschka genannt, zur Welt. Die Heimreise nach Russland rückte schon bald in weite Ferne. Im ehemaligen Jagdschlösschen des Grafen La Rosée, in Mariabrunn bei Dachau gelegen, fand die kleine Familie ein neues Zuhause.

Als seine Mutter im Sommer 1914 starb, reiste Jakimow allein nach Russland, um die Beerdigung und Verwaltung des Gutes zu regeln. Am Tag der Abreise ereilte ihn die Nachricht von der deutschen Kriegserklärung. Als Reserveoffizier musste er sich umgehend bei seinem Garderegiment in Petersburg melden. Ein zerschossenes Wadenbein entrückte ihn wenige Wochen später nicht nur *„dem Rausch des Totentanzes“*[7], sondern führte ihn auch wieder mit seiner Familie zusammen. Voller Sorge ohne jede Nachricht von ihrem Mann hatte sich Annemarie mit dem Söhnchen auf eigene Faust bis nach Moskau durchgeschlagen. Gemeinsam kehrte man bald auf den Gutshof zurück, wo Jakimow bis zu seiner erneuten Einberufung vier Monate bleiben und künstlerisch tätig sein konnte. Zunehmend bedrohlicher wurde die Situation im dritten Kriegsjahr, als die Oktoberrevolution das ganze Reich in einen blutigen Bürgerkrieg stürzte. Nach der Enteignung und völligen Plünderung der Domäne Jakimow tauchte die Familie in Skopin unter, wo im Frühjahr 1918 ein zweiter Sohn, Erasmus, geboren wurde. Unter mehr als abenteuerlichen Bedingungen gelang im November – nach Monaten der Angst, Not und Entbehrungen – schließlich die Flucht nach Deutschland.[8]

Berliner Jahre

Den Neubeginn wollte das Künstlerpaar in Berlin mit seiner recht aktiven Künstlerszene versuchen. In der Schlüterstraße/Ecke Goethestraße fand Jakimow an seinem 34. Geburtstag ein geeignetes Bildhaueratelier, wo er auch Schüler unterrichtete und nach dem Pariser Vorbild gut besuchte Abendakte anbot. Die karge Ausstattung erforderte jedoch eine räumliche Trennung von der Familie; im Herbst konnte Annemarie eine kleine Wohnung in der Trabener Straße 25 (Grunewald) beziehen. Jakimow, der jetzt hauptsächlich als Bildhauer arbeitete, galt bald als *„einer der Hauptrepräsentanten* *vornehmer Emigrantenkunst internationaler Prägung.*“[9] Von Max Liebermann gefördert, stellte er seine Arbeiten in der Akademie der Künste, in der Berliner Secession oder im Kunstsalon Gurlitt aus. Bereits im ersten Jahr wurde er Mitglied der Freien Secession, der unter anderen Ernst Barlach, Max Beckmann, Georg Kolbe und Käthe Kollwitz, die auch zum Freundeskreis des Paares zählte, angehörten. Jakimows ausdrucksstarke Porträtbüsten und Keramiken, die die Familie finanziell über Wasser hielten, trafen den Geschmack der Zeit und brachten neue Aufträge ein. Die Sommermonate verbrachte die Familie in Mariabrunn (**Abb. 187**), im Winter kehrte man wieder nach Berlin zurück. Oft waren Annemarie und Igor wochenlang getrennt, denn nicht selten kam Igor später oder reiste früher nach Berlin zurück. Den Krisen der ersten deutschen Republik trotzte man mit rauschenden Festen sowohl in Berlin als auch in Mariabrunn; die Krise, die sich zwischen den Eheleuten anbahnte, wog ungleich schwerer. Für einen kurzen Moment schien aber mit der Geburt von Töchterchen Marina im Mai 1922 die Gefahr gebannt. Obwohl sich Jakimow in Deutschland sehr gut eingelebt hatte, lehnte Bayern im selben Jahr – als einziges Land – seinen Antrag auf Einbürgerung ab. Ohne die deutsche Staatsbürgerschaft konnte er aber nicht, wie von Liebermann initiiert, Mitglied der Berliner Akademie der Künste werden.[10]

187 Annemarie und Igor von Jakimow mit ihren beiden Söhnen Igruschka und Erasmus in Mariabrunn, 1920

„Igorr ist da“

Wiederholt war Jakimow auch zu Gast bei Käthe Kruse (1883–1968), die seit 1910 mit Annemaries Vater verheiratet war und mit ihren neuartigen Puppen große Erfolge feierte. Anfang der 1920er Jahre hatte er auf ihre Bitte hin eine Büste des damals dreijährigen Friedebald Kruse angefertigt, die später als Modellvorlage für das erste Schaufensterkind dienen sollte. Nach diesem Portrait wurden 1929 auch die Köpfe für „Friedebald“ (Puppe VIII) und zwei Jahre später für das „Hampelchen“ (Puppe XII) gestaltet.[11] Max Kruse jr., Annemaries Halbbruder, konnte sich an die Besuche in Bad Kösen an der Saale, von 1912 bis 1950 Stammsitz des Familienunternehmens, noch lebhaft erinnern: „*Er redete mit volltönender Stimme. Wenn er zu uns kam, dröhnten die Wände vom Treppenhaus bis zum Dachboden. »Igorr ist da!« brüllte er schon in der Tür. Igor erschien mir wie ein menschlicher Vulkan.*“[12]

„Das ganze Leben besteht aus Bruchstücken …“

Die große Liebe, für die Igor und seine Frau so lange und leidenschaftlich gekämpft hatten, konnte sich im Alltag nicht behaupten. 1923 zerbrach die Beziehung endgültig an den unterschiedlichen Auffassungen von Verantwortung und Treue. Die Scheidung, wenn auch in aller Freundschaft vollzogen, stürzte Jakimow in eine tiefe Krise, da er mit Annemarie zugleich die wichtigste Stütze in seinem

Leben verlor. Trotz der anhaltenden Inflation gelang es ihm, sein Berliner Atelier zu halten. Mehr Sicherheit versprach eine freie Stelle als Kunsterzieher an der Odenwaldschule (OSO) in Ober-Hambach, die ihm Annemarie 1926 vermittelte. Nicht nur die idyllische Landschaft, auch die Nähe zu seinen Kindern, die hier zur Schule und in den Kindergarten gingen, machten den Abschied aus Berlin leicht. Der ungewöhnliche Lehrer, der nicht nur die Keramikwerkstatt leitete, sondern auch Tanzunterricht gab, hinterließ an der Reformschule einen bleibenden Eindruck bei seinen Schülern: *„Igor von Jakimow ist ein feiner Kerl, er sitzt meist traumverloren an der Töpferscheibe. Andererseits ist er auch ein Vollblutmensch, der sämtliche Schönheiten der OSO modelliert. Neulich veranstaltete er einen Tanzabend, er suchte sich das apparteste der anwesenden Mädchen aus, schwang, barfuß, mit einer Schärpe gegürtet, in Polkas, schottisch, ungarisch im Saal herum. Ich fühle mich in seiner Werkstatt sehr wohl."*[13]

„Aus Liebe zur Wissenschaft"

Als sich immer deutlicher abzeichnete, dass mit einer Präsentation der Tell Halaf-Funde auf der Berliner Museumsinsel in nächster Zeit nicht zu rechnen war, entschloss sich Oppenheim 1928 zur Gründung eines eigenen Museums. In der Berliner Tageszeitung gab er eine Anzeige auf, in der er einen Bildhauer für seine Skulpturen suchte. Wieder war es Annemarie, die ihren geschiedenen Mann auf die Annonce aufmerksam machte. Dass Oppenheim nicht viel zahlen wollte, war für Jakimow offenbar kein Problem: *„Das Geld ist mir wurscht, ich arbeite aus Liebe zur Wissenschaft."*[14]

188 Die abgeformten Götter der Eingangsfassade vor der Retusche, Tell Halaf-Museum 1929/30

Die größte Schwierigkeit bestand anfangs darin, den Grundriss der Maschinenhalle so zu verändern, dass eine angemessene Präsentation der Funde möglich wurde. Diese Aufgabe übernahm der Architekt Hans Lehmann, unterstützt von zahlreichen Gehilfen und Handwerkern, deren Namen heute in Vergessenheit geraten sind. Da ein Teil der auszustellenden Steinbilder bereits im Altertum zerschlagen beziehungsweise bei der Zerstörung des Grabungshauses verstümmelt worden war, galt es, diese zunächst wieder herzustellen. Baron Oppenheim wollte seinen Besuchern ein möglichst vollständiges Bild von den einzigartigen Denkmälern vermitteln, deshalb ließ er von allen Stücken, die nach der Fundteilung in Syrien verblieben oder der Vorderasiatischen Abteilung zugesprochen worden waren, Abgüsse anfertigen soweit dieses noch nicht geschehen war. Im Gegenzug sollte auch das Museum in Aleppo eine Reihe von vertraglich vereinbarten Abgüssen erhalten, deren Originale 1927 an den Ausgräber gegangen waren. Schließlich sollte Jakimow die Eingangsskulpturen des Kapara-Palastes nach der Restaurierung abformen und die Abgüsse vervollständigen (**Abb. 188**), um im Zweiten Hauptraum den West-Palast als *„gewaltigstes Erlebnis des Tell Halaf-Museums“*[15] neu erstehen zu lassen.

„Wie aus Flammen gewachsen“

Da Oppenheim für 1929 eine neue Grabungskampagne plante, war es notwendig, dass mit der Herstellung der Gipsabgüsse für Aleppo sobald wie möglich begonnen wurde: *„Nun war ausgerechnet dieser Winter besonders kalt; alle Sachverständigen betrachteten ein derartiges Unternehmen als Unmöglichkeit, und die Fachleute, denen der Baron es zumutete, lachten ihn aus. [...] Dann stach mich der Ehrgeiz, fertig zu bringen, was niemand zu übernehmen wagte. Wenn man aber statt des nötigen Minimums – fünfzehn Grad Wärme – achtundzwanzig Gr. Kälte hatte, musste ich zum Wundertäter werden. Auf einem kleinen Eisenofen hielt ich stets kochendes Wasser, über dem man den Atem aufwärmen konnte, den Gips löste ich in heissem Wasser, modellierte damit und brachte gleich Stroh, in einem Kreis gestapelt, in Brand. Die Lohe sollte so lange wüten, bis der Gips hart wurde. Und siehe! Mehrere überlebensgroße weisse Figuren standen bald, wie aus Flammen gewachsen. Von weitem hörte ich den Baron donnern, dabei zitterte alles. Mich zwischen dem Feuer und Rauch erblickend, murmelte er lediglich: „Ich will Sie nicht stören“, und mit eiligen Schritten entfernte er sich.“*[16]

„Unter dem Einfluß des Riesengottes“

Als Jakimow im Frühjahr 1929 mit der Oppenheim-Expedition in Syrien (**Abb. 189**) eintraf, war er gerade 44 Jahre alt geworden. Während *„el baron“* mit seinen Architekten weiter zum Tell Halaf und Djebelet el-Beda reiste, blieb er mit seinem Gehilfen Abdullah (**Abb. 190 und 191**) in Aleppo zurück, um die dortigen Bildwerke zu sichern (**Abb. 192**) und die Berliner Abgusssammlung zu vervollständigen.[17] Als Künstler war es für ihn selbstverständlich geworden, seine Umgebung, aber auch seine Mitmenschen genau zu studieren. Besonders empfänglich für Stimmungen und Landschaften schrieb er nach Hause: *„Es scheint mir, dass mein Schicksal unter dem Einfluß des Riesengottes steht.* [...] *Ich bereite mich vor, wieder in die Wüste zu fahren. Diese Reise hat für mich einen neuen Sinn. Ich habe ein sonderbares Gefühl, daß dort der unsichtbare Riesengott steht und meiner wartet. Das ganze Leben besteht aus Bruchstücken, die man beständig sammeln und vereinigen muß. Aber das Leben ist so kurz, und groß ist Dein Glück, wenn Du – sei es auch nur aus einem Bruchstück – das Wesen des Ganzen erkennen kannst. Ich weiß, daß ich noch weit vom Ziel bin. Doch obgleich die Gestalt des Riesengottes im Schatten verborgen steht und nur hoch im Himmel seine Augen leuchten, sehe ich das Ende meines Weges.“*[18]

Als die Arbeit in Aleppo zu Ende ging, reiste Jakimow in Begleitung von Josèphe Darrous, Direktor des Antikenwesens im nördlichen Syrien und Mesopotamien, zum Tell Halaf. Nicht nur die zersplitterten Skulpturen, auch die bunt bemalten Scherben der Halaf-Zeit weckten sofort sein Interesse. Wie unsicher die Region aber immer noch war, wurde allen Männern auf schmerzliche Weise bewusst, als sie hörten, dass Darrous (**Abb. 193**) wenig später bei einem Überfall von Beduinen erschossen wurde.

189 Jakimow (2. v. li.) mit seinen Reisegefährten Felix Langenegger, Hans Lehmann und Robert Riedel auf der Altane des Hotels Khoudiviet in Aleppo, 1929

190 Jakimow mit seinem Gehilfen Abdullah, Aleppo 1929

191 Seine Erlebnisse und Beobachtungen hielt Jakimow in Briefen fest, die 1948 veröffentlicht wurden. Die Tuschezeichnung auf dem Einband zeigt Jakimow und seinen Gehilfen Abdullah in der Wüste (Privatsammlung)

192 Ein Großteil der Basaltfragmente lagerte neben dem Arbeitsschuppen (re.), in der Mitte Igor von Jakimow, Aleppo 1929

193 Einladung zum Abendessen bei Josèphe Darrous, der kurz darauf bei einem Raubüberfall erschossen wurde, Aleppo 1929

„Un camarade aimable"

Wenige Wochen vor der Eröffnung des Museums kam es vermutlich zu einem handfesten Streit zwischen dem eigenwilligen Künstler und seinem nicht weniger unnachgiebigen Arbeitgeber.[19] Möglicherweise hatte sich Jakimow über Oppenheims Kritik an seiner Arbeit geärgert: „*Zu dicker Aufstrich der Farbe auf den Basaltabgüssen. – Schlechte Darstellung des Bartes auf dem Gipsabguß der Zottenrock-Statue des Djebelet el Beda.*"[20] Dass die Kündigung zum „*Ultimo Juli 1930*" aber schnell wieder aufgehoben wurde, belegen die Daten des Arbeitszeugnisses, in dem Jakimows Verdienste um das Museum und seine Arbeit in Syrien besonders gewürdigt wurden. In dem französisch verfassten Bulletin findet sich auch eine Beurteilung seiner Person: „*Personnellement, il a été un camarade aimable et agréable, serviable et de tout temps prêt à toute besogne dans l'interêt de l'expedition.*"[21]

Der Abschluss der Arbeiten bedeutete eine Zäsur für Jakimow. Getrieben von der Sehnsucht, in Paris noch einmal nach dem Glück der frühen Jahre zu suchen, reiste er im Herbst nach Frankreich. Als sich aber immer deutlicher abzeichnete, dass er als „deutscher" Künstler in Paris nicht weiterkommen würde, ließ er sich mit seiner zweiten Frau, der belgischen Violinistin Marie-Louise Michelis, genannt Amanda, in Heidelberg nieder. Hier lebte und arbeitete er noch über 30 Jahre, wenngleich „*seine künstlerischen Leistungen und die Freude am Kunstschaffen*"[22] nach 1945 stetig abnahmen. Einzel- und Kollektivausstellungen, aber auch seine jährlichen Verkaufs- und Weihnachtsausstellungen im eigenen Atelier sorgten dennoch für ein bescheidenes Einkommen, das seine Frau durch ihre Lehrtätigkeit allerdings aufbessern musste. Zuflucht vor der hektischen äußeren Welt fand Jakimow in seinem eigenen Obstgarten, den er mit viel Hingabe pflegte. Einblicke in seine innere, durch existenzielle Fragen und Schicksalsschläge erschütterte Welt gewährte er nur noch wenigen Freunden.

„Das Rad des Schicksals"

Anlässlich der Neuordnung und Erweiterung seines Museums ließ Oppenheim Jakimow 1936 wissen: *„Es ist immer eine grosse Freude für mich von Ihnen etwas zu hören. Ich freue mich über Ihren tapferen Mut, über Ihren herrlichen Optimismus, alles Momente, die, wie Sie ja wissen, auch ich hege und pflege oder die uns beiden angeboren sind. So wünsche ich Ihnen denn von Herzen, dass das Schicksal bald sein Rad drehen möge, sodass alle Ihre Wünsche in Erfüllung gehen."*[23]

Das *„Rad des Schicksals"*, wie Oppenheim es in seinem Brief nannte, war mit Ausbruch des Zweiten Weltkrieges für beide Männer zum Stillstand gekommen: Oppenheim verlor fast seinen ganzen Besitz, Igor von Jakimow, ab 1941 als Dolmetscher der Wehrmacht in russischen Gefangenenlagern mit Elend und Schrecken des Krieges konfrontiert,[24] verlor 1944 seine beiden ältesten Söhne an der Front. Ungefähr zur gleichen Zeit empfahl Oppenheim dem damaligen Direktor der Vorderasiatischen Abteilung, Walter Andrae, Jakimow für die Wiederherstellung der im Krieg zerstörten Bildwerke zu gewinnen: *„Ich glaube aber, dass später einmal eine Zusammensetzung möglich sein wird, besonders wenn, wie ich hoffe, der Bildhauer Igor von Jakimow mit der praktischen Arbeit betraut werden kann.* […] *Er ist ein sehr praktischer Mann, der unsere Skulpturen ganz genau kennt."*[25] Jakimow war zu diesem Zeitpunkt 59 Jahre alt, nach der Nachricht vom Tod seiner Kinder zu einem in sich gekehrten, schwermütigen Mann geworden: *„Das Wort Tod ist ungenügend, wenn alles in den Abgrund stürzt."*[26]

„Ich teile dies Leben mit niemandem."

Der Künstler Igor von Jakimow hat trotz kriegsbedingter Verluste ein umfangreiches Werk hinterlassen, das heute jedoch weitgehend in Vergessenheit geraten ist. Plastiken aus Ton, Bronze (**Abb. 194**) und Holz, Graphiken, Aquarelle oder Gemälde belegen sein breites Interesse, sich in verschiedenen Werkstoffen, Techniken und Sujets zu probieren. Vor allem seine Portraitbüsten haben seinerzeit große Anerkennung gefunden, da es ihm gelungen war, innere und äußere Wesenszüge der Portraitierten treffsicher zu erkennen und als Einheit darzustellen. Besonders deutlich zeigt sich diese Begabung auch bei seinen Selbstbildnissen, in denen sich das Erlebte präzise widerspiegelt. Aber auch seine Zeichnungen und Kleinplastiken überzeugten die Kritiker: *„Aber seltsam, die derbe Hand – so stellt man sie sich vor – vermag auch in der Kleinplastik die zarte, weiche Linie fühlend zu gestalten. Diese kleinen Studien weiblicher Akte, die man jetzt in der Galerie I. Casper sieht, sind Gedichte auf die Schönheit des Frauenkörpers."*[27] Neben dem Kurpfälzischen Museum der Stadt Heidelberg besitzt auch das Kunstforum Ostdeutsche Galerie in Regensburg Arbeiten von Jakimow, gleichwohl lässt eine umfassende Retrospektive und Würdigung noch auf sich warten.

194 Der Orientaufenthalt inspirierte Jakimow auch künstlerisch,
Kamelreiter, Bronze (Privatsammlung)

Sehr viel schwieriger ist es, den Menschen Igor von Jakimow in seiner ganzen Tiefe zu ergründen, ohne dem Bild des charmanten, barfuß tanzenden, beseelten Bohemiens zu erliegen. Obwohl Jakimow eine Reihe persönlicher Aufzeichnungen, darunter seine unveröffentlichte Autobiographie „Die Oase", hinterlassen hat, bleibt jede Annäherung nur ein Versuch, auch oder gerade weil sein Leben durch viele Brüche gekennzeichnet ist: „*Ich teile dies Leben mit niemandem. Fürchterlich stelle ich mir den Augenblick vor, in dem ein Anderer in es eindringen würde. Dieser wäre dann sofort mein unerbittlicher Feind oder mein unzertrennlicher Freund.*"[28]

Die unerwartete Wiederentdeckung des Restaurators und Kunstformers Igor von Jakimow zählt rückblickend zu den größten Überraschungen des Tell Halaf-Restaurierungsprojektes. Sie hat uns nicht zuletzt auch mit seinen Kindern Alexander „Sacha" und Tatiana zusammengeführt.

Lieber Sacha, vielen Dank für Dein Vertrauen, Deine Ermunterungen und Deine Wertschätzung unserer Arbeit!

Literatur

Jakimow 1949; Jakimow o. J.; Kirchner-Kruse o. J.; Kruse-von Jakimow 1919; Michelis o. J.

1 Michelis o. J.: 1.
2 Jakimow o. J.: 30–31.
3 Die biographische Übersicht basiert auf den undatierten Lebenserinnerungen von Annemarie Kirchner-Kruse und Igor von Jakimow, die als Zeitzeugnisse nicht nur von historischem Wert sind, sondern auch einen sehr differenzierten Blick auf die persönliche Beziehung der beiden Künstler zueinander ermöglichen.
4 Kirchner-Kruse o. J.: 102–104.
5 Kirchner-Kruse o. J.: 106–127; Jakimow o. J.: 36–39.
6 Jakimow o. J.: 107.
7 Jakimow o. J.: 66.
8 Kruse-von Jakimow 1919.
9 Allgemeines Künstlerlexikon 1925.
10 Jakimow o. J.: 86–87. Die Einbürgerung erfolgte schließlich 1928.
11 Reinelt 2002: 101, 109, 125, 133, Abb. S. 109, 127–129.
12 Kruse 1993: 174.
13 Felix Hartlaub (1913–1945?), späterer Schriftsteller und Historiker, in einem Brief an seine Eltern, 28.5.1928. Auch Ernst Erich Noth blieb Jakimow in guter Erinnerung, Noth 1971: 141–160 zur Odenwaldschule, S. 160 zu Jakimow.
14 Jakimow o. J.: 93.
15 BZ am Mittag, 24.5.1934.
16 Jakimow o. J.: 93–94.
17 Jakimow 1949: 22.
18 Jakimow 1949: 39.
19 Brief von Max von Oppenheim an Igor von Jakimow vom 30.5.1930 (NL MvO-139).
20 Arbeitsplan Oppenheims vom 1.5.1930 (NL MvO-226).
21 Bulletin vom 30.9.1930 (Kopie im Archiv VAM: Tell Halaf-Restaurierungsprojekt).
22 Michelis o. J.: 35.
23 Oppenheim in einem Brief an Igor von Jakimow am 29.9.1936 (Kopie im Archiv VAM: Tell Halaf-Restaurierungsprojekt).
24 Jakimow 1946.
25 Brief vom 13.9.1944 (Archiv VAM: Oppenheim 1941–1945).
26 Jakimow o. J.: 117.
27 Alfred Jürgens 1923 anlässlich einer Ausstellung in der Galerie I. Casper, Berlin.
28 Jakimow o. J. (Kurzfassung): 23.

Auftritt einer Göttertrias – Das Tell Halaf Museum in Fotografien von Martin Munkacsi und Ernst Gränert

Elisabeth Moortgat, Berlin

Im Frühsommer 1930 schickt Kurt Korff, der Chefredakteur der „Berliner Illustrirten Zeitung“ (BIZ)[1] aus dem Verlagshaus Ullstein, den Fotografen Martin Munkacsi (1896–1963) nach Berlin-Charlottenburg in die Franklinstraße 6 mit dem Auftrag, eine Foto-Reportage über das kurz vor seiner Eröffnung stehende Tell Halaf-Museum zu machen.

In der Reichshauptstadt stand im Herbst desselben Jahres noch ein weiteres Museumsereignis bevor und zwar die „Hundertjahrfeier“ der Staatlichen Museen, so dass ein Bildbericht über ein neu zu gründendes, privates Museum rechtzeitig und prominent in der Presse platziert werden musste. Eine illustrierte Reportage in der BIZ, der Wochenzeitung mit zwei Millionen Auflage, bedeutete für Max von Oppenheim eine öffentliche Präsentation von besonderer Publizität. Für die Presse war die Neugründung eines Museums mit steinernen Zeugnissen einer weitgehend unbekannten jahrtausendealten Kultur eine Sensation. Ob Sensationen aus der Welt der Prominenz, aus fernen Ländern oder aus Wissenschaft und Kunst – die Redakteure der in den 1920er Jahren täglich mehr werdenden Illustrierten, Magazine, Hefte und bebilderten Beilagen hatten stets auf der Lauer zu liegen, um Konkurrenten ihres Metiers auszubooten, die Leserschaft an sich zu binden, sie zu faszinieren und vor allem zu mehren. Das attraktivste Medium zur Darstellung gesellschaftlicher Ereignisse war das fotografische Abbild in serieller Bildfolge, als Foto-Essay, Bildbericht oder Fotoreportage mit unterschiedlich langen Bildstrecken. Die Fixierung auf das Visuelle rückte die Bedeutung der Lektüre mehr und mehr in den Hintergrund und die Bildredakteure waren – ähnlich den Filmregisseuren – verantwortlich für den spannenden Zuschnitt, die effektvolle Montage des fotografischen Materials. Der für seine spitze Zunge bekannte Kurt Tucholsky hat die vermeintlich unschlagbare Kraft des Bildes damals in die heute noch gerne verwendete Formel gebracht: *„Ein Bild sagt mehr als 1000 Worte.“*[2]

Die Authentizität des Motivs aber bedeutete den Bildmonteuren immer weniger. In den technischen Abteilungen wurde zu Tusche und Pinsel gegriffen, mit Positiv- und Negativ-Retusche ins Bild eingegriffen, wenn es nur den optischen Reiz steigerte und ein wenig reißerischer daherkam. Nicht selten wurde diese Art unseriöser Zubereitung bereits damals schon mit scharfer Kritik bedacht.[3] Nutznießer des wachsenden Anteils an Bildern in den Illustrierten war eine ganze Berufsbranche: Die vormaligen Lichtbildner, die Fotografinnen und Fotografen, die jetzt ihre Chance im Illustriertenfach und in der Fotoreportage sahen.

Im Zuge dieser Entwicklung betrat Ende 1928 ein junger ungarischer Fotograf die Bühne des Berliner Bildjournalismus: Martin Munkacsi, der sich hier schnell zum gefragten Bildreporter entwickelte. Gut ein Jahr in der Stadt, wurde er im hauseigenen fotografischen Atelier des Ullstein Verlags unter Vertrag genommen – eine privilegierte Situation angesichts der Scharen von freien Fotografinnen und Fotografen, die Tag und Nacht auf eigenes Risiko unterwegs waren.[4] Der Preis für die finanzielle Sicherheit waren die täglichen Auftragsarbeiten, zu denen Portrait- und Sachaufnahmen im Atelier, vor allem aber Reportagen außerhalb des Verlags gehörten wie unter anderem auch die Fotoserie über die

195 Martin Munkacsi, Max Freiherr von Oppenheim neben der *„thronenden Göttin"*, Tell Halaf-Museum, Berlin, 1930

unbekannte Welt des Tell Halaf, mit der die Leserschaft auf das künftige Museum neugierig gemacht werden sollte. Munkacsi konnte nicht ahnen, was ihn im Museum erwartete und wird deshalb streng nach seiner Maxime auf jede Situation vorbereitet zu sein, mit allen technischen Apparaturen ausgestattet gewesen sein: *„Ich schalte jedweden Bequemlichkeitsgesichtspunkt aus, schleppe, wenn nötig drei bis vier Apparate und acht bis zehn Linsen mit mir, um jedes Ding mit dem ihm zukommenden Apparat fotografieren zu können* […] *Wenn ich mich zum Fotografieren aufmache, belade ich mich wie ein Lastträger. Kurz, ich bin bereit, die Konsequenzen meines Handwerks auf mich zu nehmen.*“[5]

Martin Munkacsis Fotoserie aus insgesamt acht Aufnahmen mit Abzügen im Format 24 x 30 cm wird vor der Eröffnung des Museums am 15. Juli 1930 entstanden sein, als die Restauratoren noch letzte Hand an die Skulpturen legten. Drei Motive zeigen Oppenheim selbst auf innige Weise seinen Skulpturen zugetan, darunter eines mit seiner *„schönen Venus“* [SIEHE DAZU BEITRAG VON TH. MAENTEL UND D. ZIER, ABB. 17], der kubischen Grabfigur. Munkacsi hatte den Ausgräber neben der „Venus“ auf einer Holzkiste **(Abb. 195)** platziert, damit er mit den Händen an ihre Schulter heranreichte – ein typisches Illustrierten-Motiv, weil es Emotionen weckt und zum Schmunzeln Anlass gibt. Kein Problem wäre es gewesen, die Kiste in der Redaktion zu retuschieren, nur hätte es für die Leser zu Irritationen bezüglich der Größenverhältnisse geführt. In drei weiteren Aufnahmen richtete der Fotograf die Kamera auf die restauratorisch sorgfältige Arbeit an den in der Antike teilweise schwer zerstörten Bildwerken; nur zweimal konzentrierte er sich auf das Exponat beziehungsweise dessen museale Präsentation in der großen Ausstellungshalle mit dem hölzernen Wandschmuck aus Muschrabiyen: bei dem Kalksteinrelief mit großer Tierkapelle und den beiden sogenannten Riesengöttern.

„Ein Forscher mit einem eigenen Museum“ titelte die „Berliner Illustrirte Zeitung“ in der Ausgabe vom 17. August 1930 **(Abb. 196)** den über drei Seiten laufenden Bild-Text-Bericht und erst aus dem Untertitel

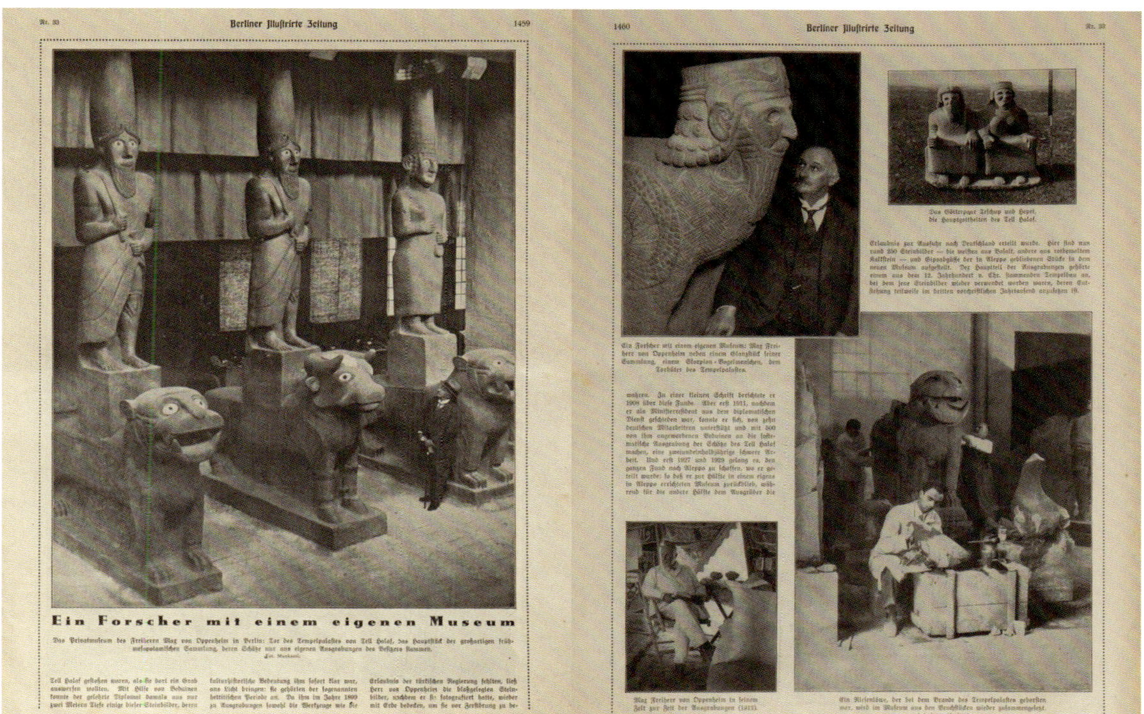
Nr. 33 Berliner Illustrirte Zeitung 1459

Ein Forscher mit einem eigenen Museum

Das Privatmuseum des Freiherrn Max von Oppenheim in Berlin: Tor des Tempelpalastes von Tell Halaf, das Hauptstück der großartigen frühmesopotamischen Sammlung, deren Schätze nur aus eigenen Ausgrabungen des Besitzers stammen.
Phot. Munkacsi

Tell Halaf gestoßen waren, als sie dort ein Grab auswerfen wollten. Mit Hilfe von Beduinen konnte der gelehrte Diplomat damals aus nur zwei Metern Tiefe einige dieser Steinbilder, deren kulturhistorische Bedeutung ihm sofort klar war, ans Licht bringen: sie gehörten der sogenannten hettitischen Periode an. Da ihm im Jahre 1899 zu Ausgrabungen sowohl die Werkzeuge wie die Erlaubnis der türkischen Regierung fehlten, ließ Herr von Oppenheim die bloßgelegten Steinbilder, nachdem er sie fotografiert hatte, wieder mit Erde bedecken, um sie vor Zerstörung zu be-

1460 Berliner Illustrirte Zeitung Nr. 33

Ein Forscher mit einem eigenen Museum: Max Freiherr von Oppenheim neben einem Glanzstück seiner Sammlung, einem Skorpion-Vogelmenschen, dem Torhüter des Tempelpalastes.

Das Götterpaar Teschup und Hepet, die Hauptgottheiten des Tell Halaf.

wahren. In einer kleinen Schrift berichtete er 1909 über diese Funde. Aber erst 1911, nachdem er als Ministerresident aus dem diplomatischen Dienst geschieden war, konnte er sich, von zehn deutschen Mitarbeitern unterstützt und mit 500 von ihm angeworbenen Beduinen an die systematische Ausgrabung der Schätze des Tell Halaf machen, eine zweiundeinhalbjährige schwere Arbeit. Und erst 1927 und 1929 gelang es, den ganzen Fund nach Aleppo zu schaffen, wo er geteilt wurde; so daß er zur Hälfte in einem eigens in Aleppo errichteten Museum zurückblieb, während für die andere Hälfte dem Ausgräber die Erlaubnis zur Ausfuhr nach Deutschland erteilt wurde. Hier sind nun rund 200 Steinbilder — die meisten aus Basalt, andere aus rotbemaltem Kalkstein — und Gipsabgüsse der in Aleppo gebliebenen Stücke in dem neuen Museum aufgestellt. Der Hauptteil der Ausgrabungen gehörte einem aus dem 12. Jahrhundert v. Chr. stammenden Tempelbau an, bei dem jene Steinbilder wieder verwendet worden waren, deren Entstehung teilweise im dritten vorchristlichen Jahrtausend anzusetzen ist.

Max Freiherr von Oppenheim in seinem Zelt zur Zeit der Ausgrabungen (1913).

Ein Riesenlöwe, der bei dem Brande des Tempelpalastes geborsten war, wird im Museum aus den Bruchstücken wieder zusammengesetzt.
Aufnahmen: Munkacsi

196 Berliner Illustrirte Zeitung Nr. 33, 1930, S. 1459 und 1460 mit Aufnahmen von Martin Munkacsi. Die Zeitung widmete der Museumseröffnung einen 3-seitigen Beitrag (Privatsammlung) erfuhr der Leser, wer dahinter steckte: „*Das Privatmuseum des Freiherrn von Oppenheim*".[6] Nur drei von Munkacsis acht Aufnahmen fanden in der BIZ Verwendung: Die rekonstruierte Eingangsfassade (ganzseitig) und in einer Bild-Text-Montage die Nahaufnahme von Oppenheim, der den Skorpionvogelmenschen von unten anschaut (Abb. 319), sowie die Ansicht einer Arbeitssituation mit den Restauratoren und ihren verschiedenen Werkzeugen; außerdem zwei Fotos anderer Fotografen: Ein Ausschnitt der bekannten Aufnahme des Ausgräbers in seinem Grabungszelt auf dem Tell Halaf[7] und das Doppelsitzbild unter freiem Himmel mit der für Grabungsaufnahmen obligatorischen Messlatte. Alle Abbildungen betreffend lautet am Ende des Beitrags der Hinweis: „Aufnahmen Munkacsi" – ein Zeichen dafür, dass in den Redaktionen häufig bedenkenlos mit der Autorenschaft von Fotografien umgegangen wurde.[8]

Munkacsis imposantestes Sujet der Tell Halaf-Serie ist die Aufnahme der rekonstruierten Eingangsfassade des Palastes mit der monumentalen Göttertrias.[9] Wie auf einer Bühne ließ er die steinernen Götter auftreten, drei anthropomorphe Figuren, getragen von überdimensionalen Tieren, zwei Löwen und einem Stier. Beide, die göttlichen Wesen und die animalischen Ungeheuer blicken aus weißen, aufgerissenen Augen mit schwarz eingelegten Pupillen weit über die Besucher hinweg. Starr ist ihr Blick, zum Erstarren ihre Monumentalität; nichts kann ihren Auftritt irritieren; statisch im Ausdruck, scheinen sie – wie ihre griechischen Schwestern, die Karyatiden – das Gebälk zu tragen. In halber Höhe nahm der Fotograf Position und richtete die Kamera von oben, leicht schräg nach unten auf eine männliche Figur, die klassische Staffagefigur zur Demonstration der Größenverhältnisse. Im Straßenanzug, mit Vatermörder und Schlips, mit Stock und Handschuhen, angelehnt an die Flanke der Löwin, hält sie, vergleichbar dem Flaneur in den Straßen der Stadt, auf ihrem Weg durch die Sammlung inne und erweist dem Wettergott Teschup ihre Reverenz. Erst auf den zweiten Blick erkennen wir in ihr den Hausherrn, Max von Oppenheim.

Mit welcher Kamera Munkacsi im Museum gearbeitet hat, lässt sich nicht mehr sagen, zumal er – wie schon erwähnt – mit verschiedenen Kameraformaten ausgerüstet, am jeweiligen Tatort erschien. „*Ich habe eine außerordentlich geringe Meinung von den Apparaten kleinen Formats! Mein kleinster Apparat hat die Abmessung 9x12 cm* [...]."[10] Typisch für Munkacsis fotografische Handschrift sind der irritierende Kamerastandort, der stark verengte Ausschnitt und die diagonalen, Bewegung imaginierenden Blickrichtungen. Er wusste die Elemente der modernen Bildsprache einzusetzen, die unter dem Begriff vom „Neuen Sehen" in den 1920er Jahren aus der kunstfotografischen Praxis stammten und von ihm selbst in seinen freien Arbeiten mitentwickelt wurden. Um die steinerne Welt der Archäologie für die Augen der Leser lebendig zu machen, sie beim Blättern der Zeitung zum Besuch des neuen Museums zu animieren, hatte sich Munkacsi für ein Bildkonzept entschieden, bei dem er die Nähe und den Kontakt zu den Akteuren des Museums den musealen Ausstellungsexponaten vorgezogen hat.

Um auf die wachsende Nachfrage der Presse nach Fotografien reagieren zu können, legten nicht nur Verlage wie Ullstein eigene Archive an. Weltweit gründeten sich Bildagenturen, darunter 1920 die „Photothek Römer & Bernstein"[11] in Berlin, an Größe und Bedeutung nur von den internationalen Firmen Keystone, Wide World Pictures/New York Times und Associated Press übertroffen. Im Archiv der „Photothek"[12] haben sich neben den Fotografien von Willy Römer auch alle im Auftrag entstandenen Motive der zeitweilig bis zu vier für die Firma arbeitenden Fotografen erhalten, so unter dem Stichwort „Tell Halaf" zehn Aufnahmen mit ausführlicher Bilderläuterung aus der Hand Ernst Gränerts (1887–1979), einem der sogenannten Operateure.[13]

Gränert ist anders ans Werk gegangen als Martin Munkacsi. Er hatte sich im Sinne der fotografischen Dokumentation auf den archäologischen Bestand in seiner musealen Präsentation konzentriert. Ohne Personal oder Publikum einzubeziehen, wählte er vorwiegend originale Objektgruppen, nicht scheuend, dass einige Skulpturen stark zertrümmert aus Einzelteilen **(Abb. 197)** wieder zusammengesetzt waren. Zwei Aufnahmen des Fassadennachbaus **(Abb. 198)** im Querformat nehmen der Göttertrias die bedrohliche Anmutung, geben dafür aber ein realistisches Bild von ihrer räumlichen Einbindung in den archäologisch-architektonischen Kontext. Den sogenannten Riesengreif im Gegenlicht **(Abb. 199)**, mit dem im Profil martialisch wirkenden Schnabel und der teleskopähnlichen Augenbildung konfrontierte Gränert mit dem in vollem Licht erstrahlenden Altar aus glasierten Ziegeln.

Wir wissen nicht, ob sich Max von Oppenheim an der fotografischen Konzeption Martin Munkacsis und Ernst Gränerts, an der Wahl ihrer Motive, der Ansicht der Objekte und der Perspektive im Raum beteiligt hat. Fest steht aber, dass die professionellen Pressefotografen in dem Archäologen und Museumsmann nicht auf einen Fotografieunkundigen trafen. Im Gegenteil, mit Beginn seiner Tätigkeit im Orient war sich Oppenheim über die Bedeutung der Fotografie bewusst [SIEHE AUCH BEITRAG VON CH. TRÜMPLER]. Als Forschungsreisender erkannte er ihre Rolle für Archäologie[14] und Ethnologie,[15] als Ausgräber wusste er um das Foto als Dokument eines unwiederbringlichen Zustands und als Kunstsammler, Museumsmann und Buchautor setzte er auf die Wirkung von Fotografien bei der Illustrierung seiner Publikationen sowie von Bildpostkarten bei der Werbung für sein Museum. Wie Archäologen vor ihm legte er eine Art Bildatlas an, mindestens 75 Alben mit Fotografien,[16] die bis heute eine ausführliche Dokumentation der Fundumstände und Museumspräsentation der wichtigsten Skulpturen ermöglichen und nicht zuletzt das Tell Halaf-Restaurierungsprojekt entscheidend nach vorne gebracht haben.

Einer bildmonographischen Dokumentation gleich kommen die vielen Aufnahmen der kubischen Grabfigur von ihrer Bergung über den Abtransport bis zu den Aufnahmen bei unterschiedlichster Beleuchtung im Museum. Schließlich hatte Oppenheim die freigestellte Figur – eine für die damalige Zeit ungewöhnlich moderne Version – als Umschlagmotiv des Tell Halaf-Museumsführers gewählt.[17] Oppenheim war im Umgang mit den modernen Bildmedien – auch mit dem Film[18] – vertraut und kannte en detail die Bedeutung des Mediums als historisches Zeugnis und als Werbemittel. So erklärt sich auch seine eindringliche Bitte an die Mitarbeiter der Islamischen Abteilung der Staatlichen Museen, seine Alben zu sichern und an einen geschützten Ort zu bringen: *„Ich wäre*

197 Ernst Gränert/Photothek Willy Römer. Die Kopie der stark zerstörten Stierbasis im Abteil 3 des Tell Halaf-Museums, 1930

198 Ernst Gränert/Photothek Willy Römer. Rekonstruierte *„Tempelfassade"* im Zweiten Hauptraum des Tell Halaf-Museums, 1930

199 Ernst Gränert/Photothek Willy Römer. Altar und Greif im Zweiten Hauptraum, Tell Halaf-Museum 1930

Ihnen unendlich dankbar, wenn Sie helfen wollten, dass umgehendst ohne Zeitverlust die Fotoalben, in denen ich die vielen Tausende von Fotografien, die während meiner Forschungsreisen und während meines Aufenthaltes auf dem Tell Halaf gemacht worden sind, vereinigt habe, von dem Keller Savignyplatz 6 nach einem wirklich sicheren Ort Ihrer Kellerräume der Staatlichen Museen gebracht werden; es handelt sich um einen wirklich grossen wissenschaftlichen Schatz, der insbesondere auch Ihre islamische Forschung angeht, da viele der aufgenommenen Bauten nicht mehr existieren und, abgesehen von meinen Fotos, niemals im Bilde festgehalten wurden [...]. *Wenn diese Fotos verloren gingen, wäre eine Bearbeitung nicht nur des Tell Halaf, sondern auch der Ergebnisse meiner Forschungsreisen nicht mehr möglich* [...].“[19]

1 Korff 1981; Luft 1977.
2 Panter (Tucholsky) 1926: 75–83.
3 Vgl. Krakauer 1977: 34.
4 Vgl. Kaufhold 2005: 187–238.
5 Munkacsi 1929: 23.
6 Berliner Illustrirte Zeitung, Nr. 33, 1930: 1458–1460.
7 Das vollständige Motiv in: Teichmann/Völger 2001: 291.
8 Anzunehmen ist, dass die beiden Aufnahmen, die nicht von Martin Munkacsi stammen, Max von Oppenheim persönlich dem Ullstein-Verlag zur Verfügung gestellt hat; sie befinden sich noch heute dort im Foto-Dossier Munkacsi.
9 Munkacsis Aufnahme der Fassade wurde in kolorierter Version von Royston Pike für einen Artikel über den Tell Halaf in Hammertons „Wonders of the Past“ verwendet. Royston Pike 1952: 17.
10 Munkacsi 1929: 23.
11 Kerbs 2004:15–36.
12 Das Archiv Willy Römer gehört zur Sammlung Fotografie der Kunstbibliothek und befindet sich zurzeit im Museum für Fotografie der Staatlichen Museen zu Berlin.
13 Die zehn Aufnahmen von Ernst Gränert beinhalten folgende Motive: Eine Kopie der Fassade, von Osten und Westen gesehen; die zusammengesetzte Gipskopie der Stierfigur vom Eingang des Palastes; der besser erhaltene männliche „Riesengott“; Raum mit Greifen und Altar in Kopie; Nachbildung des Kultraums mit Kopien der Bildwerke; Nachbildung der östlichen Seite des zweiten Palastdurchgangs mit Greif und geflügelter Sphinx; Originale der beiden Löwen und des Greifen vom West-Palast; die thronende Grabfigur.
14 Vgl. Alexandridis/Heilmeyer 2004.
15 Nippa 2001: 157–158.
16 Während die Glasnegative im Krieg verloren gegangen sind, konnten die Alben gerettet werden. Sie werden heute im Hausarchiv des Bankhauses Sal. Oppenheim jr. & Cie. in Köln verwahrt. Im Rahmen eines Gemeinschaftsprojektes des Bankarchivs mit dem Forschungsarchiv für Antike Plastik am Archäologischen Institut der Universität zu Köln wurden knapp 13.000 Fotos eingescannt. Die Bilder sind über die Datenbank Arachne erschlossen und können dort eingesehen werden.
17 Siehe Führer Tell Halaf Museum 1934: Umschlag.
18 Siehe Cholidis/Stern 2003: 25–38.
19 Max von Oppenheim in einem Brief an E. Kühnel und K. Erdmann vom 7. Februar 1944 (Museum für Islamische Kunst: Archiv).

„Herrlich dämonisch, finster und unerbittlich" – Das Tell Halaf-Museum in der Wahrnehmung seiner Gäste

Thorsten Maentel und Dominik Zier, Köln

Das Tell Halaf-Museum galt als *„eins der seltsamsten Museen von Berlin"*.[1] Es lag abseits der üblichen Routen, mitten in einem Industriegebiet zwischen Charlottenburg und Moabit (**Abb. 196**). Der Bau, eine stillgelegte Maschinenfabrik, war zugig und kalt, zudem regnete es durch das Dach. Als im Dezember 1936 der irische Schriftsteller Samuel Beckett das Museum besuchen möchte, verschiebt er die Besichtigung ob der fehlenden Toilette. Eine Woche später kommt er wieder, ist fasziniert von den archaischen Monumenten, lässt aber erneut die Keramikabteilung aus – wegen der entsetzlichen Kälte.[2] Touristen verirren sich nur selten an diesen Ort, *„entfernt von allem musealen Verkehr und kaum auffindbar"*[3], wie Max von Oppenheim selbst einräumen muss. Obwohl der Baedeker 1936 den Besuch des Museums (**Abb. 200**) empfiehlt, bleibt es Zeit seines Bestehens ein *„Veilchen im Verborgenen"*.[4]

Dieses Veilchen freilich suchte seinesgleichen. Denn *„wer eine vollständige Sammlung alt-mesopotamischer Kunst sehen will, muß in die Franklinstraße kommen"*, wie Museumswärter Robert Herrmann selbstbewusst kundtat.[5] Wer kam, den zogen die mächtigen Götterfiguren (**Abb. 201**) des Tell Halaf in ihren Bann. Noch nach 70 Jahren spürt man in den Erinnerungen ehemaliger Besucher einen ehrfurchtsvollen Schauder. Die Archäologin Halet Çambel etwa, die als Studentin das Tell Halaf-Museum besuchte, urteilt: *„Den ausserordentlichen Eindruck, den die monumentalen Bildwerke in mir erweckten, ist nicht in Worte zu fassen. Ich war so vollstaendig gelaehmt* […]".[6] Ähnlich einprägsam wirkten die Fabelwesen auf den jungen Olaf Prüfer, Oppenheims Patensohn: *„Die Steine waren größer als ich* […]. *Das war sehr eindrucksvoll und ich hatte Furcht vor den Dingern, die sahen aus wie Monster* […]".[7] Der gestandene Altorientalist Arthur Ungnad sah im Tell Halaf-Museum den *„Teufel unter der Lupe der Geschichte"*[8]; Mark A. Brandes, damals noch ein Kind, fand es barbarisch, bedrohlich und unheimlich[9] – und wurde trotzdem Archäologe; ein Journalist der Berliner Volkszeitung erschrak vor dem Grinsen seltsamer Sphingen.[10]

Das Tell Halaf-Museum hinterließ einen bleibenden Eindruck. Den Weg in die Franklinstraße fand vermutlich ein Vielfaches jener rund 7000 Besucher, die sich von 1930 bis 1937 in das erhaltene Gästebuch mit Namen und Adresse einschrieben.[11] Die Einträge reichen von den *„Arbeitermädels Grete, Vera, Ilse"* aus Moabit bis zu Vorstandsmitgliedern der Deutschen Bank und deren Familien. Internationales Flair brachten zahlreiche Besucher aus dem europäischen Ausland und Übersee. Die arabische Welt war mit Gästen aus Kairo, Beirut, Damaskus, Aleppo und Bagdad vertreten, darunter auch der irakische König. Als Faisal I. (**Abb. 202**) sich im August 1930 für einige Tage in Berlin aufhielt, ließ er sich von Oppenheim als Ehrengast unter gebührender Aufmerksamkeit der Presse durch das Tell Halaf-Museum führen.[12] Oppenheim hatte den Sohn des Scherifen von Mekka 1915 in diplomatischer Mission in Konstantinopel kennengelernt. 1936 machten auch hochrangige Beduinen-Scheichs, die der Krönung Georg VI. in London beiwohnten, einen Abstecher in die Franklinstraße. Unter ihnen war das Oberhaupt der Schammar,[13] jenes Stammes, der 2004 den ersten Präsidenten Iraks nach dem Sturz des Diktators Saddam Hussein stellen sollte.

200 *„Eins der seltsamsten Museen von Berlin"*: Das Tell Halaf-Museum blieb Zeit seines Bestehens ein Provisorium. Bis Ende 1939 betreute der Museumsdiener Robert Herrmann die Besucher, 1930er Jahre

201 Museum unter morschem Gebälk: die große Tempelpalastfassade, der sogenannte Riesensonnenvogel und ein Teil der Rekonstruktion der Bastionenwand, Tell Halaf-Museum, 1930er Jahre

202 Der irakische König Faisal I. unterschrieb auf einem Extrablatt, 11.8.1930.

Auch der britische Archäologe Max Mallowan, der selbst in Syrien grub, ließ sich vom Baron durch dessen Museum führen und dabei zum Leidwesen seiner Ehefrau in eine im wahrsten Sinne erschöpfende Debatte verwickeln. Die Kriminalautorin Agatha Christie, die mit ihrem Mann auch den Tell Halaf besichtigt hatte, beschrieb in ihren Lebenserinnerungen ihre Eindrücke vom Besuch des Museums mit gewohntem Humor: „*Max and he* [Oppenheim] *talked excitedly for (I think) five solid hours. There was nowhere to sit down. My interest, at first acute, flagged, and finally died down completely. With lack-lustre eyes I examined the various extremely ugly statues which had come from Tell Halaf, and which in the Baron's view were contemporary with the extremely interesting pottery. Max was endeavouring to differ politely on this point without contradicting him flatly.* [...] *Baron von Oppenheim stopped in his eager dissertation to say lovingly: ‚Ah, my beautiful Venus', and stroke the figure affectionately. Then he plunged back into discussion, and I wished sadly that I could, in the old nursery phrase, cut off my feet and turn up the ends!*"[14]

Ungeachtet seiner Irrtümer in der Datierung der Funde wurden Oppenheims Verdienste um deren Dokumentation, Restaurierung und Präsentation von der Fachwelt einhellig gewürdigt. Der Göttinger Archäologe Hermann Thiersch beglückwünschte ihn: „*Wie vorbildlich die gute eindrucksvolle Anordnung und Darbietung dieser ganzen Ernte in den schlichten, anspruchslosen Räumen!*"[15] Ferdinand Noack, Professor für Archäologie an der Berliner Universität, schrieb an Oppenheim: „*Wir müssen Ihnen sehr dankbar für dieses neue Museum sein und es wird auch in unserem Universitätsunterricht seine Rolle spielen.*"[16]

Der akademische Nachwuchs war durchaus beeindruckt. So erinnert sich der Marburger Altorientalist Heinrich Otten: „*Als vor 70 Jahren ein Primaner das Tell-Halaf-Museum besuchte, war das die erste Begegnung eines Schülers, der ‚Wissen' in der Schule zu lernen hatte, mit der Diskussion in der Forschung um dieses Wissen. Das hat sicher meinen Lebensweg mitbestimmt.*"[17] Und Mark A. Brandes, der das Museum 1939 als neunjähriger Junge besuchte, bekennt: „[...] *auch später, während meines Archäologie-*

Studiums und noch bis in die Jahre meiner Lehrtätigkeit hinein hat diese erste Begegnung im Tell-Halaf-Museum mein Verhältnis zu diesem facettenreichen Gebiet altorientalischer Kunst nachhaltig beeinflusst.“[18]

Neben regelmäßigen Besuchen von Studenten- und Schülergruppen bezeugt das Gästebuch auch solche von Museumsfachleuten wie Hugo Schauinsland, dem Gründungsdirektor des heutigen Überseemuseums in Bremen, und Otto Doppelfeld, dem späteren Leiter des Römisch-Germanischen Museums der Stadt Köln. Auch der Pionier der deutschen Berufsschulbildung, Georg Kerschensteiner, kam, der am Deutschen Museum in München die Museumspädagogik reformierte. Der Leiter des Zentralinstituts für Erziehung und Unterricht in Berlin, Ludwig Pallat, wurde von seinem Schwiegersohn begleitet, dem Reformpädagogen Adolf Reichwein, der als Kultusminister vorgesehen war, wäre das Attentat auf Hitler im Juli 1944 geglückt.

Der Fachwelt bot das Museum drei Jahrzehnte nach der Entdeckung endlich Gelegenheit, die Funde vom Tell Halaf selbst in Augenschein zu nehmen, zu diskutieren und in Forschung und Lehre zu würdigen. Manche Seite des Gästebuchs liest sich wie ein „Who is who“ der einschlägigen Disziplinen von der Archäologie über die Kunstgeschichte bis hin zur historisch-kritischen Theologie. Am Neujahrstag 1931 etwa trug sich der Kunsthistoriker Oskar Fischel ein, der als einer der ersten Dozenten der Berliner Universität Lehrveranstaltungen für Studenten in Museen durchführte. Am 2. Januar kam der Breslauer Altorientalist Arthur Ungnad, auf historischem Gebiet der wichtigste Gewährsmann Oppenheims, außerdem der Marburger Hethitologe Albrecht Götze, der wie Mallowan die Auffassungen Ungnads und Oppenheims in Datierungsfragen kritisierte,[19] sowie der Assyriologe Julius Lewy, Leiter der Hilprecht-Sammlung Vorderasiatischer Altertümer an der Universität Jena. Am 3. Januar waren der Leipziger Alttestamentler Albrecht Alt und sein Schüler Gerhard von Rad zu Gast, wenige Tage später der streitbare Neutestamentler Rudolf Bultmann aus Marburg.

Die Fundstücke vom Tell Halaf zogen aber auch zahlreiche Künstler an, von Schöpfern archaisch inspirierter Gestalten und Szenen wie den Malern Emil Nolde (**Abb. 203**) und August Preusse bis zu Wegbereitern des funktionalen ‚Neuen Bauens‘ wie den Berliner Architekten Hans Scharoun und Bruno Taut sowie Vertretern der literarischen Avantgarde, neben Carl Einstein und André Malraux eben auch Samuel Beckett. Bei seinem Besuch im Dezember 1936 orientierte sich der irische Schriftsteller am gedruckten Ausstellungsführer[20] und hielt seine Wahrnehmungen in detaillierten Aufzeichnungen fest. Besonders beeindruckt zeigte er sich vom ‚Riesensonnenvogel' (**Abb. 163, 164 und 204**), der ihm – obwohl nur ein Abguss – „*herrlich dämonisch, finster und unerbittlich*“ erschien.[21]

Im kulturellen Spannungsfeld der klassischen Moderne, die Berlin in der Zeit der Weimarer Republik eroberte, entfaltete das Tell Halaf-Museum seinen eigenen, vielschichtigen Charme. Es zog auch zahlreiche Exponentinnen des gesellschaftlichen Aufbruchs an, wie die erste an der Berliner philosophischen Fakultät promovierte Frau, die erste deutsche Sportärztin, die erste Rechtsanwältin Preußens und die zukünftige erste Pastorin der Evangelischen Kirche in Deutschland.[22]

Die nationalsozialistische Machtergreifung bedeutete für nahezu alle identifizierbaren Besucherkreise eine tiefe Zäsur. Den Vorstandssprecher der Deutschen Bank, Georg Solmssen, betraf sie nicht weniger als Fachleute und Künstler oder die ersten Akademikerinnen in Deutschland, die häufig jüdischer Konfession oder Herkunft waren. Viele Gäste des Tell Halaf-Museums wurden ihrer Ämter enthoben und verfolgt, mussten emigrieren oder bezahlten ihre Teilnahme am Widerstand oder den Einsatz für Verfolgte mit dem Leben. Einige wurden Opfer des Holocaust wie der in Auschwitz ermordete Berliner Anwalt Dr. Max Oppenheim, dessen Name sich unter dem 28. Februar 1932 im Gästebuch findet.

Max Freiherr von Oppenheim, der als ‚Halbjude‘ trotz persönlicher Fürsprecher stets gefährdet blieb, versuchte seinem Museum das Wohlwollen des neuen Regimes zu sichern. Nach 1933 warb er damit, am Tell Fecherije „*die älteste arische Grossstadt*“ entdeckt zu haben.[23] Auch plante er, die gesamte NS-Elite mit Adolf Hitler an der Spitze zur Ausstellungserweiterung in sein Museum einzuladen.[24] Auf der endgültigen Einladungsliste von 1936 standen allerdings nur noch Namen aus der zweiten Reihe wie Außenminister von Neurath, mit dem Oppenheim nach eigenen Worten „*auch weiter die besten Beziehungen*“ unterhielt,[25] und Kultusminister Rust.

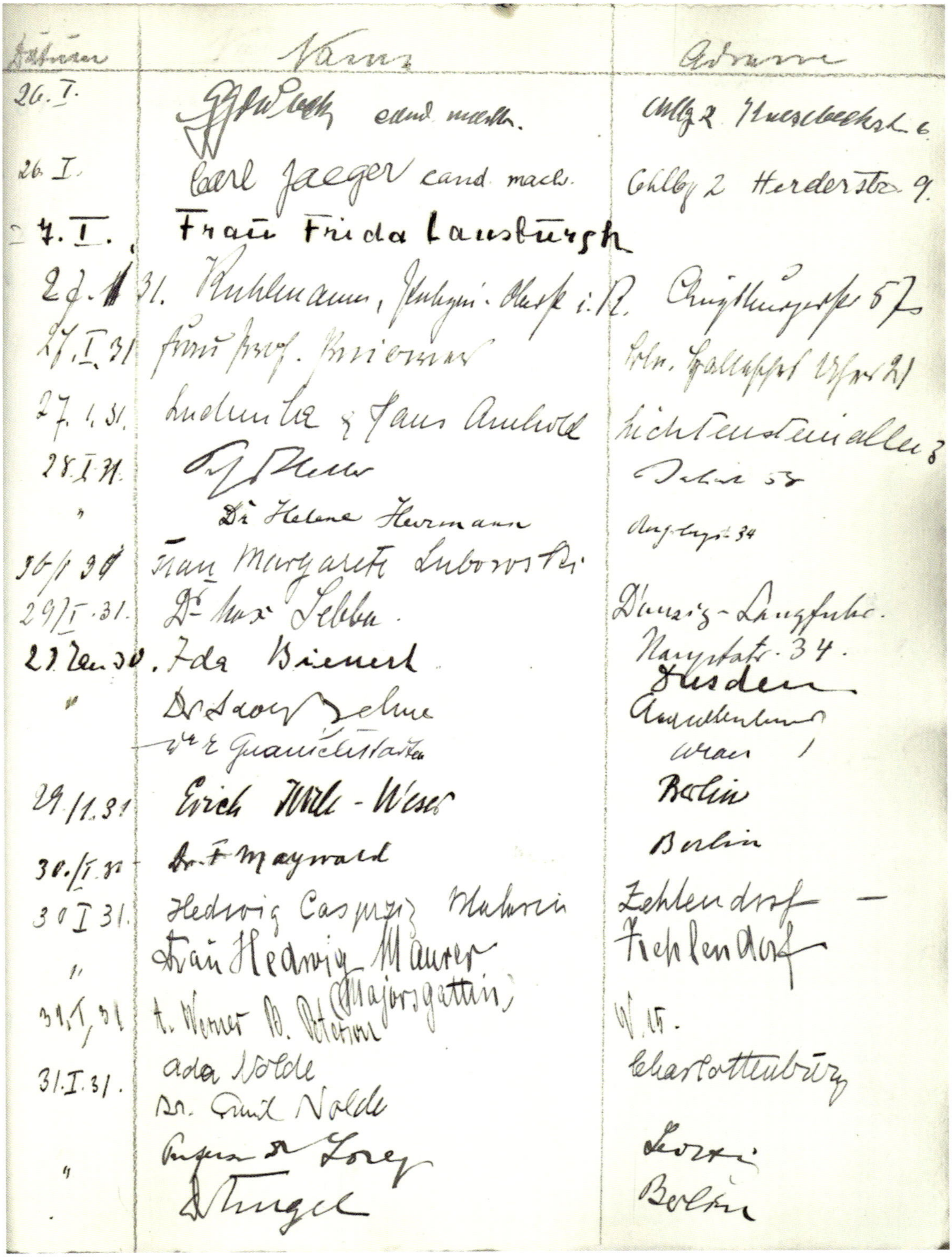

203 Der Maler Dr. (e.h.) Emil Nolde und seine Frau Ada besuchten das Tell Halaf-Museum zwei Tage nach dem früheren Reichsminister Erich Koch-Weser. Auszug aus dem Besucherbuch des Tell Halaf-Museums

204 Die hypnotische Kraft des Riesensonnenvogels begeisterte auch Samuel Beckett, Tell Halaf-Museum, 1930er Jahre

Daneben erschienen auch Vertreter der nationalsozialistischen „Rassenkunde und Vorgeschichte" wie Eugen Fischer, Hans F. K. Günther und Hans Reinerth.[26] In seinen Lebenserinnerungen bemerkte Oppenheim später, die Fortsetzung seiner Arbeiten und seiner Stiftung unter dem NS-Regime habe er unter anderem „der guten, zum Teil freundschaftlichen Gesinnung" zu verdanken, die ihm diese von den Nazis begünstigten „Rassenkundler" entgegenbrachten.[27] Im Gästebuch lassen sich außerdem verschiedene Personen aus dem persönlichen Umfeld Heinrich Himmlers identifizieren, der 1942 die Kölner Bankierfamilie von Oppenheim zum Verkauf ihres Gestüts Schlenderhan zwingen sollte. Der jüngere Bruder und die Eltern des ‚Reichsführers SS' trugen sich ebenso ein[28] wie Erna Hanfstaengl, die später in Himmlers Pläne zu Geheimverhandlungen mit den Westmächten involviert war. Die Elite des Dritten Reiches selbst scheint nicht den Weg ins Tell Halaf-Museum gefunden zu haben.

Max von Oppenheim fügte sich in die neuen Verhältnisse, nicht anders als viele Besucher seines Museums, deren Werk nach der Machtergreifung bedroht war. Die Unterschriften der Bildhauer Georg Kolbe und Rudolf Belling und des Malers Emil Nolde, die sich im Gästebuch das Tell Halaf-Museums finden, standen später auch unter dem „Aufruf der Kulturschaffenden", mit dem deutsche Künstler sich 1934 öffentlich zu Hitler bekannten. Entsprechendes gilt für die damals populärsten Schriftsteller unter den Besuchern des Museums, Rudolf G. Binding und Arthur Rehbein.

Wie viele andere knüpfte auch Max von Oppenheim an seine Strategie der Anpassung trügerische Hoffnungen. Obwohl gewiss längst nicht alle Besucher ihre Unterschrift im „Fremdenbuch des Tell Halaf-Museums" hinterließen und kaum jemand einen Kommentar hinzufügte, lässt das Buch deutlich erkennen, dass das Museum vom politischen Umbruch als touristischer Anziehungspunkt nicht profitierte. Im Jahr 1931 hinterließen insgesamt mehr als 1500, 1932 über 1300 Gäste ihre Unterschrift. Danach nahmen die Einträge kontinuierlich ab, ungeachtet der 1936 nach langer Vorbereitung eröffneten Sammlungserweiterung. Für das Jahr 1937, mit dem das Gästebuch zum 31. Dezember endet, weist es noch rund 350 Besucher aus.

Gründung und Fortbestand des Tell Halaf-Museums waren letztlich der persönlichen Leidenschaft Max von Oppenheims für den Tell Halaf und dessen Jahrtausende alte Kultur zu verdanken. Den tiefsten Eindruck hinterließ der Besuch vielleicht bei jenen Gästen, die über den Verwerfungen und Brüchen ihrer Zeit ein Empfinden für das gemeinsame Erbe zu bewahren suchten. Als die junge Schweizer Publizistin Annemarie Schwarzenbach im Sommer 1932 das Museum besuchte, plante sie gerade selbst eine Reise an die Stätten der frühen Hochkulturen. „*Sie wissen, daß ich den Nationalismus nicht liebe*", schrieb sie aus Berlin an einen Bekannten nach Paris, „*wohl aber die gemeinsame europäische Kultur. Wo findet man sie heute noch außer in ihren Grundlagen? Und es sind sehr gewaltige und hinreißende Zeugnisse von Mykenae und Knossos bis zu Ur, Kisch oder Tell Halaf.*"[29]

1 Berliner Volkszeitung vom 18.7.1939, Artikel: Feisal in der Franklinstraße.
2 Vgl. Dittrich/Veit/Wichner 2006: 60, 66.
3 Max von Oppenheim: Zu der Eröffnung der Neuausstellung der Kleinfunde sowie der Tempelpalastmodelle in dem Tell Halaf-Museum, Berlin (Redemanuskript, 5.4.1935; das Zitat wurde im Typoskript gestrichen): NL MvO-18.
4 NL MvO-18.
5 Zitiert nach Berliner Volkszeitung vom 18.7.1939, Artikel: Feisal in der Franklinstraße.
6 Halet Çambel an Lutz Martin und Nadja Cholidis vom 23.8.2003 (Archiv VAM: Tell Halaf-Restaurierungsprojekt).
7 MPR Film und Fernsehproduktion GmbH, Interviewtranskription Prof. Olaf Prüfer, 9.6.2006.
8 Arthur Ungnad 1933: 34.
9 Vgl. Mark A. Brandes an Lutz Martin vom 1.7.2008 (Archiv VAM: Tell Halaf-Restaurierungsprojekt).
10 Vgl. Berliner Volkszeitung vom 17.7.1936, Artikel: Uralte Schätze im Fabriksaal. Neuausstellung des Tell Halaf-Museums.
11 Fremdenbuch des Tell Halaf-Museums 1930–1937: NL MvO-198 (im Folgenden: Fremdenbuch). Unter den rund 7.000 Besuchern, die sich vom 4. September 1930 bis zum 31. Dezember 1937 einschrieben, konnten rund 200 mehr oder weniger bekannte Persönlichkeiten identifiziert werden. Dass ein zeitlich anschließendes Buch bei der Zerstörung des Museums verbrannt ist, lässt sich nur vermuten.
12 „Anwesenheit König Faisal Tell Halaf-Museum – Tee 11. August 1930" (Liste der geladenen oder vertretenen Zeitungen): NL MvO-205; vgl. Max von Oppenheim, Abhandlung über den Emir Faisal, 4.7.1935: NL MvO-19.

13 Vgl. Berliner Volkszeitung vom 18.7.1939, Artikel: Feisal in der Franklinstraße.

14 Christie Mallowan 1983: 51–52. Die deutsche Übersetzung lautet: „*Max und er unterhielten sich angeregt fünf geschlagene Stunden lang (so kam es mir vor). Nirgends konnte man sich hinsetzen. Mein Eifer erschlaffte und welkte schließlich völlig dahin. Mit stumpfem Blick musterte ich die vielen scheußlichen Statuen aus Tell Halaf, die nach Ansicht des Barons zur selben Zeit entstanden waren wie die hochinteressante Keramik. Max suchte seinen abweichenden Standpunkt zu vertreten ohne offen widersprechen zu müssen.* [...] *Baron Oppenheim unterbrach seine lebhafte Diskussion, um zärtlich eine Figur zu streicheln und liebevoll auszurufen: „Ach, meine schöne Venus!“ Dann nahm er den Gesprächsfaden wieder auf, während ich mir sehnlichst wünschte, die Beine nicht länger in den Bauch stehen zu müssen.*“ Christie Mallowan 1997: 55.

15 Hermann Thiersch an Max von Oppenheim vom 7.11.1930 (Abschrift): BAB R 43II/1227b; Fremdenbuch: 30.10.1930.

16 Ferdinand Noack an Max von Oppenheim vom 10.7.1930 (Abschrift): BAB R 43II/1227b.

17 Heinrich Otten an Nadja Cholidis vom 22.7.2001 (Archiv VAM: Tell Halaf-Restaurierungsprojekt).

18 Mark A. Brandes an Lutz Martin vom 1.7.2008 (Archiv VAM: Tell Halaf-Restaurierungsprojekt).

19 Fremdenbuch: 2.1.1931; vgl. Orthmann 2001: 207, 244 Anm. 9.

20 Führer durch das Tell Halaf-Museum 1934.

21 „Opposite reconstruction on pedestal of *Riesensonnenvogel* (plaster cast, original in Vorderasiatisches Museum) telescopic eyes like the Riesengreif, so that the remotest member of the faithful may fall under the hypnosis. He stood on the terrace before the façade of the temple. Superbly daemonic, sinister + implacable.“ Tagebucheintrag vom 21.12.1936, zit. nach: Dittrich/Veit/Wichner 2006: 64.

22 Bertha Badt-Strauss hatte 1908 promoviert, Alice Profé 1905 ihre Arztpraxis und Margarete Berent 1925 ihre Anwaltspraxis in Berlin eröffnet; Elisabeth Haseloff, die das Tell Halaf-Museum als Schülerin besuchte, wurde 1958 in Lübeck zur Pastorin berufen.

23 Protokoll der Kuratoren-Sitzung der Max Freiherr von Oppenheim-Stiftung vom 12.2.1934: MvO-S-1.

24 „Zu der Neuausstellung der Kleinfunde in dem Tell Halaf-Museum sind einzuladen“, Liste vom 22.5.1935: NL MvO-18. Der spätere Außenminister Joachim von Ribbentrop war bereits 1930 zur Eröffnung eingeladen, damals jedoch noch als Privatier ohne politische Verbindungen; Liste der Besucher des Tell Halaf-Museums zur Eröffnungsfeier am 15. Juli 1930: NL MvO-16.

25 NL MvO 1/14.

26 „Liste der Eingeladenen zur Museums-Neueröffnung am Mittwoch, den 15. Juli 1936“: NL MvO-18.

27 NL MvO 1/14.

28 Wir danken Katrin Himmler für die Identifizierung der Unterschriften; vgl. Himmler 2005.

29 Annemarie Schwarzenbach an Claude Bourdet vom 4.7.1932, zit. nach: Miermont 2008: 99–100.

„Der Scherben Schönheit ist nicht die der Töpfe"[1] – Archäologische Museen und Krieg im Film bis 1945

Tom Stern, Essen

„Vorgestern hatten die Bomben ausgegraben. Gestern wieder eingegraben. Und was heute geschehen würde, stand noch bevor."[2]

I.

Am 23. November 1943 zerstörte eine Fliegerbombe das Tell Halaf-Museum samt Inventar [SIEHE BEITRAG VON J. THIEME]. Doch der Vernichtung zum Trotz erstanden mehr als ein halbes Jahrhundert später die als verloren geglaubten Monumentalplastiken in minutiöser Puzzlearbeit zu neuem musealen Leben. Bis zum Beginn des Tell Halaf-Restaurierungsprojektes lieferten ausschließlich Fotos und Pläne Einblicke in die Räumlichkeiten des Privatmuseums, vermittelten Aufstellung und Atmosphäre der Präsentation. Hinweise in den Tagebüchern Max von Oppenheims und Recherchen in internationalen Filmarchiven brachten schließlich auch bewegte Bilder ans Licht, in der nicht nur die Objekte in den Museumsräumen den Kinobesuchern gezeigt, sondern auch vom Ausgräber und Museumsdirektor selbst vorgestellt wurden. Damit erscheint Max von Oppenheim, zwar Englisch sprechend, als erster tönender deutscher Ausgräber im Film.[3] Der Fund einer dritten Wochenschau zum Tell Halaf-Museum war Anlass, der filmischen Darstellung privater wie nationaler „Schatzhäuser" im Kontext des Ersten und Zweiten Weltkrieges nachzuspüren.

Die italienische Wochenschau *Reperti dalla Mesopotamia al Museo Tell Alaf di Berlino*[4] (**Abb. 205**) ist lediglich 35 Sekunden lang und zeigt zwischen einführendem Zwischentitel[5] und abschließendem Endtitel sechs Einstellungen des am 15. Juli 1930 eröffneten Tell Halaf-Museums. Die Produktionsangabe – 12/1930 – fügt sich passend zu den etwa zeitgleich gedrehten beiden anderen internationalen Wochenschauen ein. Doch im Gegensatz zu den Paramount Sound News präsentierte Max von Oppenheim im italienischen Stummfilmmaterial nicht selbst seine Tell Halaf-Funde der Kamera.[6] Auch zeigt der italienische Film lediglich Innenaufnahmen des Museums. Etwa zeitgleiche Wochenschaubeiträge über das Pergamonmuseum[7] präsentieren jedoch auch Außenansichten des Museumsbaus. Spiegelt die ungefilmte Außenansicht des Tell Halaf-Museums den Widerspruch zwischen Fundwertigkeit und Unterbringungsort wider?

Die sechs Einstellungen, mit Längen zwischen drei und sechs Sekunden, stellen dem Zuschauer die aramäischen Monumentalplastiken vor, die das Museumsinnere bestimmten, doch nur einen Aspekt des Museums ausmachten. Der Film endet mit einer frontalen Kadrierung auf die Grabfigur (**Abb. 206**), die direkt in der Eingangsachse des Museums stand. Diese Sitzstatue, von Max von Oppenheim nicht ohne Stolz als „Große thronende Göttin" bezeichnet, war sicherlich das repräsentativste Originalobjekt der Ausstellung und markiert auch in der Dramaturgie der italienischen Wochenschau den Höhepunkt am Ende des Filmes.

II.

Einen frühen, vielleicht ersten filmischen Beleg von Luftschutzmaßnahmen für Museen liefern drei Einstellungen von 18 Sekunden Länge, die wahrscheinlich den Louvre in Paris zeigen.[8] Wir können gestapelte Sandsäcke entlang der Außenfassaden erkennen, sehen Arbeiter auf Leitern oder auf aus Sandsäcken gebauten Stufen. In diesen Filmaufnahmen spiegeln sich die ersten, bitterlichen Erfahrungen der modernen Luftkriegskonzepte wider, die im Laufe des 1. Weltkrieges entstanden.

Im August 1914 flogen deutsche Zeppeline Bombenangriffe auf Lüttich und Antwerpen, im Januar 1915 erfolgte der erste Luftangriff auf London und im darauf folgenden März traf es Paris. Nach den anfänglichen Bombardierungen mit Zeppelinen leiteten die deutschen Gotha-Bomber ab 1917 eine neue Ära des Luftkrieges ein. Die im Film gezeigte Sicherung des Louvre könnte eine Reaktion auf die Bombardierung vom 31.1.1918 sein. So gibt der Erste Generalquartiermeister Erich von Ludendorff bekannt: *„Zur Strafe wurde die Stadt Paris im ersten planmäßigen Luftangriff* [...] *mit 14.000 Kilogramm Bomben belegt.“*[9] 36 Tote, 190 Verwundete und unter anderem drei getroffene Hospitäler werden gemeldet. Ein bitterer Vorgeschmack auf die Verwüstungen der entscheidenden Waffengattung des Zweiten Weltkrieges.

Die italienische Wochenschau *Italia Roma. Esercitazioni di protezione antiaere*[10] zeigt eine allgemeine Luftschutzübung in Rom im April 1940 – mit dem Ergebnis unbelebter, leerer Straßen.

205 Das Tell Halaf-Museum in der italienischen Wochenschau: Liktorenbündel (Fasces), Symbole der faschistischen Bewegung Italiens, rahmen den Filmtitel. (Vorspann, Szene 1 Standbild)

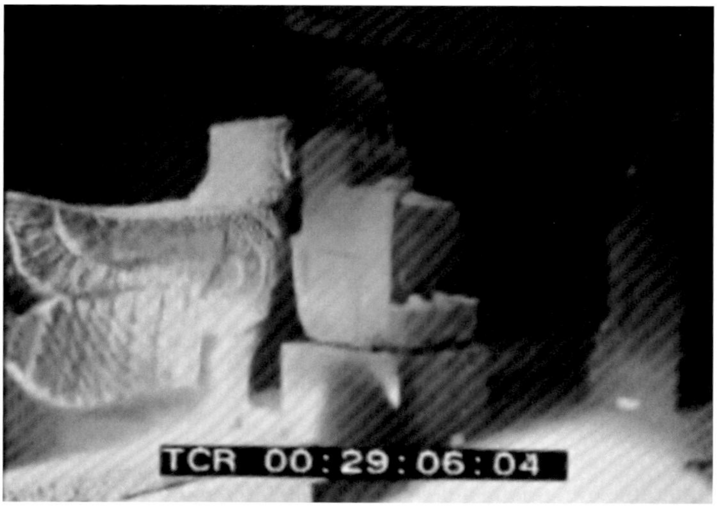

206 Das Tell Halaf-Museum in der italienischen Wochenschau: diagonaler Blick auf die weibliche Grabfigur, links im Vordergrund der Skorpionenvogelmann und rechts im Hintergrund die östliche Sphinx (Szene 6 Standbild)

Doch zielt der Faschismus auf die Masse, auf das durchorganisierte Gemeinschaftserleben. Dies zelebriert der Film im Anschluss: Alle aktiven Teilnehmer, Krankenschwestern, zivile Luftschutzhelfer und -helferinnen, Polizisten und Soldaten, versammeln sich nach dem „Experiment", wie es aus dem Off heißt, zwischen Konstantinsbogen und Collosseum. Die Menschenmassen und die antike, monumentale Architektur bilden das Ornat, mit dem sich der „Duce" inszeniert und für die Kamera abschreitet. Schutzlos zukünftigen Luftangriffen ausgeliefert, evozieren die antiken Ruinen Verletzlichkeit neben imperialer Größe, von der Benito Mussolini noch 1700 Jahre später nur träumen und sie dennoch propagandistisch nutzen kann.

Da Krieg Antiken im Museum als auch *in situ* stets gefährdet, unterlassen weder Freund noch Feind den Versuch, ihre archäologisch-historischen Kulturgüter zu schützen. Unter dem programmatischen Titel *Kriegsvorbereitungen* (D 1939)[11] sehen wir „*Hitlerjungen bei der Arbeit, um die Skulpturen des berühmten Pergamonaltars gegen Luftangriffe zu schützen.*" Doch der Film, nicht allein auf Sandsackwälle vertrauend, formuliert kampfbereit: „*Unsere Flak sichert den deutschen Luftraum.*" Dieses Versprechen war kaum zu halten, wie sich sechs Jahre später zeigte: 1945 wiesen alle Abteilungen des Pergamonmuseums schwere Zerstörungen auf (**Abb. 207–209**).

Den Aspekt einer aktiven Luftabwehr vernachlässigt die italienische Wochenschau *Protezione antiaerea dei principali monumenti e delle opera d'arte di Roma*[12] Anfang der 1940er Jahre. Obgleich im Film Sandsäcke den Ara Pacis Augustae, Symbol für Frieden und Wohlstand der Pax Romana, schützen sollen, ebenso wie antike Objekte im Museum durch Verschalungen, die Trajans- und Mark-Aurel-Säule, der Titus- und der Konstantinsbogen durch

207 Der Miletsaal im Pergamonmuseum nach dem Luftangriff vom 2. Februar 1945

208 Die zerstörte Mschatta-Fassade im Pergamonmuseum, 1945

209 Gebäudeschäden im Saal 2 der Vorderasiatischen Abteilung, 1945

Umbauungen und Ummauerungen dem Bombardement aus der Luft trotzen sollen, so besteht doch die bittere Gewissheit, dass diese Maßnahmen – im Falle eines Luftangriffes – nur Makulatur sein werden.

So verbleiben lediglich eingebaute Monumente in den Museen, die Evakuierung des mobilen Inventars wird schon zu Friedenszeiten[13] geübt, um für den Ernstfall gerüstet zu sein. In *Britain is prepared* (GB 1939)[14] zeigt die British Gaumont unmittelbar vor dem deutschen Angriff auf Polen, wie Kisten des British Museum auf kleine Laster und Pferdekutschen verladen werden, um sie an geheime Orte auf dem Lande zu verfrachten.

In der UFA-Auslandstonwoche *Rom: Sicherung von Kunstgegenständen* (D 1944)[15] unterstützen deutsche Soldaten ihre italienischen Verbündeten beim Kulturgüterschutz. Priester und deutsche Offiziere tauschen Urkunden aus, um im Anschluss Kisten voller Kulturschätze ins Kastell St. Angelo zu fahren und dort in unterirdische Verliese zu tragen. Doch dem Kulturgüterschutz unter Freunden steht der Kulturraub bei Besiegten[16] gegenüber, wie der Wochenschaubeitrag der *Ausgrabung einer antiken Statue* (D 1944)[17] im südlichen Balkan durch deutsche Offiziere und Soldaten zeigt: Frontarchäologie als Akquisition für deutsche Museen in Friedenszeiten.

Im italienischen Propagandafilm *Documentario di Guerra sul fronte dell'Africa Settentrionale* (IT 1941)[18] sehen wir scheinbar, was ungeschützten Exponaten im Museum während des Krieges zustoßen kann.

210 Cover einer italienischen Propagandaschrift, Rom 1941

211 Propagandabild: Verwüstungen der römischen Meisterwerke im Museum von Kyrene

Nach Szenen feuernder Geschütze von der libyschen Wüstenfront begleitet der Zuschauer die Soldaten beim Fronturlaub, sehnsüchtig schon von Frauen und Kindern in ihrer libyschen Kolonialheimat erwartet. Großaufnahmen portraitieren italienische „Charakterköpfe“, die einheimische, nordafrikanische Bevölkerung verschweigt der Film gänzlich. Die Idylle jenseits der Front wird durch Luftaufnahmen der Oase Giarabub (al-Jaghbub) unterbrochen, einem italienischen Außenposten in der Sahara, von australischen Alliierten im März 1941 eingenommen.[19] Dabei wurden etwa 250 Italiener getötet, ca. 1300 gefangen genommen. Einem Wolkenschwenk folgt ein schwarz gekleidetes, italienisches Paar – Symbolbild der trauernden Opfer! Den Grund dafür liefern die folgende Szenen: Hausschutt, zerbeultes Wasserrad, zerstörte Lokomotive, Museumsraum mit Statue und Fragmenten, weiterer Museumsraum mit Statue und Schutt, zerstörter Lastwagen, zerschossene Häuserfassaden und Ruinen eingestürzter Häuser. Dazwischen Mütter mit ihren Kindern. Grabsteine am Rande der Wüste, Symbol für die fehlenden Männer und Väter, beenden die Sequenz.

Obwohl antike Skulpturen häufig nur bruchstückhaft die Jahrhunderte überdauert haben, wird das Fragmentarische der Statuen jetzt, im Kontext der voranschreitenden Filmdramaturgie, als Folge der aktuellen Kampfhandlungen wahrgenommen, verursacht durch den Angriff der Alliierten. Die beiden Einstellungen der Museumsräume entsprechen den Fotografien, die vom italienischen Propagandaministerium in der Broschüre *„Che Cosa hanno fatto gli inglesi“* 1941 veröffentlicht wurden.[20] *„Außer der Gewalt gegen Menschen wurden* [...] *auch Fälle von Vandalismus* [...] *aufgelistet, die den Gegner der Kulturlosigkeit überführen sollten.“*[21] Die vermeintlich zerstörten Museumsräume von Kyrene (**Abb. 210 und 211**), tatsächlich scheint es sich aber um Magazinräume zu handeln, mit den in

Mitleidenschaft gezogenen Exponaten und der damit verbundene Vorwurf der alliierten „Kulturschändung“ konnte nach dem Ende des Zweiten Weltkrieges durch englische und italienische Archäologen als Propagandalüge entlarvt werden.[22] Die Abstempelung des Gegners zum „Kulturschänder“ zielte auf die Linderung der eigenen, schmerzvollen Niederlage, ächtete den Gegner, schmälerte seinen Sieg.

III.

1946 zeigt die *Welt im Film*[23] gerettete Kulturgüter der Nachkriegszeit: Ausgepackt und im Museum wieder aufgestellt propagieren Welfenschatz, Rembrandt, Riemenschneider und Nofretete die Flucht aus den Ruinen und der Diktatur. Nach *Germanen gegen Pharaonen* (D 1939)[24] folgt wieder Hochkultur.

---

1 Fotografische Arbeit von Hannes Vogel, in: Museum DKM, Duisburg; 4.09.2009–1.03.2010.

2 Ledig 1999: 10.

3 Forschungsstand Oktober 2009. Ausführlich zu diesen Wochenschaubeiträgen Cholidis/Stern 2002: 25–38.

4 Giornale Luce A0703; Archivio Storico Instituto Luce, Roma; http://www.archivioluce.com/archivio/.

5 "Berlino Museo Tell Alaf – Antichità Scoperte In Mesopotamia Che Risalgono A 3000 Anni Avanti Christo".

6 Dies kann grundsätzlich durch die Produktion als Stummfilm bedingt sein, ebenso ist aber auch denkbar, dass Oppenheim kein Italienisch sprach und er damit als „Moderator“ der Funde für die italienischen Zuschauer nicht in Frage kam.

7 *Wochenschau Berlin 1930* (D 1930, Emelka); Bundesarchiv-Filmarchiv, Berlin, M 518. *Gaumont-Wochenschau* (D 1930); Bundesarchiv-Filmarchiv, Berlin, BSP 12861.

8 *France tries to protect Art from Bombing* (GB 1918); British Pathé 1888.41.

9 Amtliche Kriegs-Depeschen nach Berichten des Wolff'schen Telegramm-Bureaus, Band 7, Berlin 1918.

10 Giornale Luce B1498 19/04/1939, s/w, Tonfilm, L.: 1'40".

11 UFA-Tonwoche.

12 Im Archivio Storico Instituto Luce liegen zwei fast identische Ausgaben der Istituto Nazionale Luce-Wochenschau vor: s/w, stumm, L.: 3' 50" beziehungsweise 3' 55".

13 *Esperimenti di protezione antiaerea al museo di Lovere* (IT 1924–31?), s/w, stumm, L.: 9'18"; Archivio Storico Instituto Luce, Rom.

14 ITN source, BGU 407241095, 28.8.1939, s/w, Tonfilm, L.: 5'24".

15 Bundesarchiv-Filmarchiv Berlin: Wochenschau-Archiv, ATW (644/1944) RUS, s/w, Tonfilm, russische Fassung, L.: 1'5".

16 Weitere Aspekte im Geflecht von Archäologie, Museen und Krieg zeigen *Nero – Save Fuel* (GB 1943), ein humorvoller Benzinspar-Aufruf, sowie die beiden italienischen Filme *Un giorno a Lubiana* (IT 1941) und *La Quarta Sponda – Tripolitania* (IT 1924–31), in denen friedliche, unzerstörte Museen der Legitimation der Eroberer dienen.

17 Bundesarchiv-Filmarchiv Berlin: Wochenschau-Archiv, Europa W (62/1944), s/w, Tonfilm, L.: 60".

18 Regisseur: Romolo Marcellini, Produktion: Istituto Nazionale Luce, L.: 31', s/w, Ton, Archivio Storico Luce.

19 Vgl. auch den Propaganda-Spielfilm *Giarabub* (IT 1942), Regisseur: Goffredo Alessandrini, L.: 85', s/w, Ton.

20 Für den Hinweis danke ich Stefan Altekamp.

21 Altekamp 2000: 243.

22 Altekamp 2000: 243. Vgl. Galaty/Watkinson 2004: 93ff. sowie Thorn 2005: 43.

23 Bundesarchiv-Filmarchiv Berlin: Wochenschau-Archiv, WIF 42, 1946, s/w, Tonfilm, L.: 1'8".

24 Bundesarchiv-Filmarchiv Berlin.

„Bitte retten Sie den Rest der Stiftung" – Die Katastrophe 1943

Jürgen Thieme, Berlin

Das Tell Halaf-Museum, das seit 1930 in der ehemaligen Eisengießerei J. C. Freund untergebracht war, stand unter der Verwaltung der „Max Freiherr von Oppenheim-Stiftung (Orient-Forschungs-Institut)". Das angrenzende frühere Direktorialgebäude diente als „Verwaltungsgebäude (Kleinfundehaus)". In den vorhandenen drei Etagen (einschließlich Keller) waren hier neben Arbeits- und Magazinräumen ein Fotoatelier sowie zwei Wohnungen für den Museumsdiener Robert Herrmann und die Sekretärin Schaper eingerichtet worden.

Da Max von Oppenheim die Unterbringung der Tell Halaf-Sammlung in der Franklinstraße 6 nur als Übergangslösung betrachtete, bemühte er sich in den dreißiger Jahren immer noch um eine Übernahme der Funde durch die Staatlichen Museen. Parallel zu den Verhandlungen erwog er aber auch den Neubau eines Museums, obwohl er über keine ausreichenden finanziellen Mittel mehr verfügte. In einem Schreiben vom 2. Dezember 1938 an den Generalbauinspektor (GBI) für die Reichshauptstadt, Albert Speer, verwies er auf den *„engen [...] und wenig schönen Rahmen der alten Maschinenhalle"* sowie auf die Lage weitab von übrigen Museen.[1] Insbesondere erscheinen aber auch folgende Gründe für die beabsichtigte Unterbringung in einem *„würdigeren Hause"* wesentlich: Zum einen plante Oppenheim für Anfang 1939 eine weitere Ausgrabungskampagne, bei der er mit neuen Funden und damit weiterem Platzbedarf rechnete, zum anderem war die Ausstellungshalle, in einfacher Ziegelbauweise im vorigen Jahrhundert errichtet [siehe Beitrag von M. Mislin], aus ästhetischen und konservatorischen Gründen schlichtweg ungeeignet für eine dauerhafte Nutzung als Museum. Knapp ein Jahr später musste wegen des Kriegsbeginns *„die Angelegenheit des Tell-Halaf-Museums vertagt werden"*, wie einem Schreiben Oppenheims an Oberbaurat Kube, einem Mitarbeiter des GBI, vom 17. November 1939 zu entnehmen ist.[2] Wesentlicheren Einfluss hatte jedoch offensichtlich die weiterhin ablehnende Haltung des damaligen Generaldirektors der Staatlichen Museen, Otto Kümmel, die darin gipfelte: *„Ein besonderes Tell Halaf Museum zu bauen, sei Unsinn."*[3]

Eine erste zusätzliche Platzeinschränkung in den zur Verfügung stehenden Räumen ergab sich kurzfristig. Da es wegen des Kriegsausbruches nicht mehr zur Grabung kam, musste 1939 zusätzlich die aus Reichsmitteln angekaufte Feldbahn, bestehend aus Loren, Schienen und Drehscheiben, im hinteren Teil der Halle eingelagert werden. Option war, sie gegebenenfalls für Rüstungszwecke zur Verfügung zu stellen.[4]

Andere Probleme, die die weitere Existenz des Museums infrage stellten, sollten nicht lange auf sich warten lassen. Am „Institut für Waffenbau" der Wehrtechnischen Fakultät der Technischen Hochschule war nach Kriegsbeginn ab 1940 ein Zugang an Beutewaffen zu verzeichnen und wegen der Unterbringung erheblicher Raumbedarf entstanden. Da hochschuleigene Räume fehlten, wurde im Oktober 1940 die Freimachung anderer Gebäude geprüft. Diese schloss auch die beiden Häuser des Museums ein und wurde zunächst als zweckmäßigste Lösung gesehen. Letztendlich wurde aber auf angrenzende Hallen ausgewichen.[5]

Ende Oktober 1940 meldete sich mit der Kraftfahrtechnischen Arbeitsgemeinschaft der Technischen

Hochschule ein neuer Interessent, der die Zuweisung des Geländes Franklinstraße 6 beantragte.[6] Vorgesehen war der Aufbau einer „Versuchsanstalt für Kraftfahrzeuge", zu der neben Neubauvorhaben auch die Hallennutzung gehörte. Details zur Auswirkung dieser Planungen auf den Museumsbetrieb sind nicht bekannt. Für Max von Oppenheim war es aber Anlass, einen Kostenvoranschlag für Transporte auf die Museumsinsel einzuholen. Dabei ergab sich, dass diese Maßnahme einerseits mit hohen Kosten (15.000 bis 20.000 Mark), aber auch mit Gefahren von Verlusten bei der Verpackung und dem Transport verbunden war.[7]

Letztendlich wurden gemäß eines Schreibens des Reichsministers für Wissenschaft, Erziehung und Volksbildung vom 10. Juni 1942 an die Oppenheim-Stiftung zunächst die Planungen zurückgestellt, jedoch der Anspruch auf die Halle grundsätzlich aufrechterhalten. Für den Zeitraum von Mitte 1942 bis zum zweiten Halbjahr 1943 konnten keine Hinweise gefunden werden, die auf eine Umnutzung des Museums oder auch eine teilweise Inanspruchnahme als zweckentfremdete Lagerräume hindeuten.

Militärische Aspekte und Luftschutz-Maßnahmen

In der näheren Umgebung des Tell Halaf-Museums befanden sich unter anderem verschiedene Einrichtungen der Technischen Hochschule (zum Beispiel die Forschungsanstalt für Straßenbau oder die Prüfstelle für Kraftfahrzeuge), also keine Anlagen, deren Zerstörung für die Alliierten von besonderer Bedeutung gewesen wäre. Auch in ausgewerteten britischen Berichten, wie zum Beispiel in den „Interpretation Reports" zu Berlin vom 17. Mai 1943[8] und vom 7. Januar 1944[9] sind keine speziellen Hinweise enthalten. Sowohl das laut den Luftbildern von 1941 bis 1942 neu errichtete SS-Nachschublager, das sich südwestlich der Ausstellungshalle befand, als auch das Museum selbst werden in den Berichten nicht erwähnt.

Mit Beginn der Luftangriffe auf das Deutsche Reich wurden generell für alle Gebäude verbindliche Luftschutz-Maßnahmen festgelegt. So war zum Beispiel gemäß den Durchführungsbestimmungen zum Luftschutzgesetz die Bereitstellung von Selbstschutzgerät, dabei unter anderem auch von Löschmitteln, gefordert. Die für jedes Haus eingesetzten Luftschutzwarte waren verpflichtet, einen genügenden Vorrat an Löschsand bereitzuhalten. Im Tell Halaf-Museum wurde neben der Einrichtung von Luftschutz-Räumen gemäß den Luftbildern von 1942 offensichtlich an der östlichen Hallengiebelseite ein größeres Sandbehältnis aufgestellt. Ob andere Sicherheitsmaßnahmen, zum Beispiel der Schutz der Ausstellungsstücke durch Umhausung oder Abstützung von Bauteilen realisiert wurden, ließ sich nicht mehr feststellen.[10]

Die Zerstörungen 1943

Montag, den 1. März 1943: Ein Luftangriff der britischen Royal Air Force im Zeitraum von 21.39 Uhr bis 23.50 Uhr führte zum 101. Fliegeralarm in Berlin. Durch den Abwurf von ca. 220 Spreng- und Minenbomben, 50.000 Brandbomben unterschiedlicher Art und 300 Leuchtbomben kam es zu umfangreichen Schäden in den westlichen und mittleren Berliner Stadtbezirken.[11] Im vertraulichen Bericht der „Hauptluftschutzstelle beim Oberbürgermeister der Reichshauptstadt Berlin" vom 4. März 1943 werden zwar für den Bereich der Franklinstraße 6–8 schwere Schäden durch Brandbomben angegeben, das Tell Halaf-Museum ist jedoch nicht erwähnt.[12] Laut einer Meldung Max von Oppenheims, die er am selben Tag an die Abt. Häuserverwaltung der Technischen Hochschule Berlin-Charlottenburg übergab, kam es infolge einer in der Umgebung detonierten Sprengbombe zur Zerstörung *„ca. 200 kleinerer Fensterscheiben in der Ausstellungshalle sowie sechs größerer Scheiben im Kleinfundehaus."*[13] Schäden an Exponaten werden nicht erwähnt.

Die Nacht vom 3. zum 4. September 1943: Im Rahmen des britischen Nachtangriffs wurde am 3. September um 23.23 Uhr in der Reichshauptstadt der 130. Fliegeralarm ausgelöst. Laut einer Meldung der Hauptluftschutzstelle warfen bis 1.58 Uhr ca. 400 feindliche Flugzeuge in mehreren Wellen vorrangig in den westlichen und mittleren Verwaltungsbezirken ca. 960 Spreng- und Minenbomben sowie 200.000 Stabbrand- und 8500 sonstige Brandbomben ab. Für die Franklinstraße werden

Schäden infolge von zwei Spreng- und mehreren Brandbomben gemeldet, die jedoch nicht das Museum betrafen.[14] Dem gegenüber meldet Helmuth Scheel, Generalbevollmächtigter und Kurator der Max Freiherr von Oppenheim-Stiftung, in einem Schreiben vom 7. September, dass die Museumsgebäude „*durch eine in der Nähe niedergegangene Luftmine sehr stark beschädigt*" wurden.[15] Betroffen waren unter anderem das Eingangstor der Halle sowie eine Vielzahl von Fenstern beider Gebäude, so dass ein Eindringen Unbekannter befürchtet wurde. Am 9. und 16. September wird ergänzt, dass im Museum auch Vitrinen und im Verwaltungsgebäude das Dach sowie Räume in der oberen Etage in Mitleidenschaft gezogen und dabei viele Kleinfunde zerstört oder stark beschädigt wurden.[16]

Im Luftbild vom 6. September 1943 (**Abb. 212**) ist in der Bildmitte die äußerlich unzerstörte Ausstellungshalle erkennbar. Am Ostrand des angrenzenden Verwaltungsgebäudes (unten) sind die Dachschäden und auch Trümmerablagerungen erkennbar.

Geplante Auslagerungen im September/Oktober 1943: Nach Kenntnis der Schäden äußert sich Oppenheim, der bereits am 1. September nach Dresden übergesiedelt war, in einem Schreiben vom 16. September an die Stiftung verzweifelt: „*So traurig es ist, müssen wir davon ausgehen, dass nach einer Reihe von Wochen und Monaten von unseren Anwesen Savignyplatz und Franklinstraße nichts mehr steht.*" Er bittet deshalb dringend um Verpackung und Abtransport aller Funde.[17] Offenbar wurden im Zeitraum von Oktober bis Anfang November 1943 derartige Maßnahmen begonnen. So wurde wegen befürchteter Wasserschäden ein Abtransport von Büchern in den Keller der Stiftungswohnung am Savignyplatz veranlasst.[18] Nicht zum Abschluss gebracht werden konnten dagegen Aktivitäten, auf die später Kurt Erdmann, Islamische Abteilung der Staatlichen Museen, in einem Schreiben vom 9. Dezember 1943 verwies: „*Die Kisten standen seit Wochen fertig gepackt im Museum und warteten nur darauf, dass sie mit Deckeln versehen werden.*"[19] Bereits am 16. November 1943 war eingeschätzt worden, dass ein „*Abtransport gänzlich unmöglich*" ist.[20] Ursachen waren finanzielle und logistische Gründe, die eine Umlagerung der großen und schweren Grabungsfunde im fünften Kriegsjahr verhinderten.

Umfangreiche Zerstörungen am 22. und 23. November 1943: Am 22. November wurde um 19.29 Uhr der 152. Fliegeralarm ausgelöst. Beim ersten schweren Angriff auf Berlin wurde im Zeitraum bis 21.12 Uhr nach Meldungen der Hauptluftschutzstelle vorrangig das westliche, nordwestliche und das innere Stadtgebiet angegriffen.[21] Gemäß den britischen Angriffsreports griffen 631 Flugzeuge der Typen Lancaster, Stirling und Halifax an und warfen 1041 Sprengbomben bis zu einem Gewicht von 4000 lb (1 lb = ca. 0,45 kg), 24.544 Brandbomben INC 30 lb sowie 841.700 Stabbrandbomben INC 4 lb ab. Hinzu kamen noch 174 Bomben, die zur Zielmarkierung eingesetzt wurden.[22] Mit dieser Bombenmenge gelang es den Engländern, die Hauptstadt großflächig in Brand zu setzen.

In der folgenden Nacht, am 23. November, begann um 19.26 Uhr ein weiterer Angriff. Im Rahmen des 154. Fliegeralarms warfen bis 21.19 Uhr 322 Flugzeuge[23] ihre Last ab. Zum Einsatz kamen 970 Spreng- und Minenbomben, jedoch wesentlich weniger Brandbomben (20.000 Phosphor- und 250.000 Stabbrandbomben). Als Schwerpunkt wird unter anderem der unmittelbar an das Museum angrenzende Stadtbezirk Tiergarten genannt.[24] Die Hauptluftschutzstelle konnte wegen der immensen Schäden, aber auch der Tatsache, dass eine Reihe von Gebäuden bei beiden Angriffen getroffen wurde, nur zusammengefasste Schadensmeldungen erstellen. Für den Bereich der Franklinstraße 5/7 werden „*Totalschäden der Versuchshallen der Technischen Hochschule und des SS-Nachschublagers*" gemeldet.[25] Bezüglich des Museums liegen unterschiedliche Angaben vor: Während es zunächst „*am 22.11.1943 total bombengeschädigt*"[26] heißt, wird später angegeben „*22./23.11.1943 Vernichtung durch Brand*".[27] Damit kann nicht ausgeschlossen werden, dass ein oder beide Gebäude mehrfach getroffen wurden. Zum anderen ist auch zu berücksichtigen, dass am 23. November noch eine Reihe von Gebäuden infolge des ersten Angriffs brannte. Eine Auswertung des Luftbildes vom 20. Februar 1944[28] (US-Luftbildflug J/357.541) zeigt, dass die Außen- und Innenwände der Halle trotz der alten Bausubstanz zu großen Teilen erhalten sind (das heißt keine Explosionswirkung innerhalb oder im Nahbereich der Gebäude). Da hingegen bei beiden Gebäuden das Dach völlig fehlt, liegt die ausschließliche Wirkung von Brandmitteln nahe.

212 Luftbild des Tell Halaf-Museums vom 6.9.1943: Während die Ausstellungshalle bis auf Glasschäden noch unversehrt ist, hat eine Luftmine das Direktorialgebäude schwer beschädigt

213 Luftbild des ausgebrannten Tell Halaf-Museums vom 20.2.1944

Detaillierte Hinweise und auch die Bestätigung der vorherigen Einschätzung ergeben sich aus einem Schreiben Oppenheims vom 6. April 1944 an die Kuratoren seiner Stiftung.[29] Danach wurden sowohl die Ausstellungshalle als auch das Verwaltungsgebäude durch Brandbomben getroffen und brannten aus. In den Flammen gingen alle Exponate aus Holz, Kalkstein und Gips verloren. Erhalten blieben dagegen drei große Steinbilder *„Riesenlöwe, Riesenlöwin, Riesengreif“* sowie eine der großen Reliefplatten mit der Darstellung einer geflügelten männlichen Sphinx. Ob die genannten Bildwerke durch Sandsäcke geschützt oder unmittelbarer Brand- bzw. mechanischer Wirkung nicht ausgesetzt waren, lässt sich nicht mehr feststellen. Zu den Schäden an den Ausstellungsstücken verweist Oppenheim darauf, dass die Steinbilder aus Basalt nicht nur *„infolge des Brandes des zusammenbrechenden Daches sondern auch der Holzbohlen, auf denen sie standen, in mehr oder weniger große Stücke zerplatzten.“*

Es kann davon ausgegangen werden, dass die Gebäude von Stab- und/oder Phosphorbrandbomben getroffen wurden und danach in Brand gerieten: Die englische 1,7 kg-Stabbrandbombe INC 4 LB war bei einem Durchmesser von 48 mm ca. 545 mm lang. Sie besaß eine Hülle aus Elektron, die mit eingepresstem Thermit (Mischung aus Aluminium mit Aluminium- oder Eisen(III)-oxid) gefüllt war. Das Eindringvermögen in Gebäude war auf Grund des geringen Gewichtes beschränkt. Ein Aufschlagzünder setzte über einen Anfeuerungssatz die Thermitfüllung in Brand. Die Brenndauer betrug ungefähr acht Minuten; während dieser Phase trat eine starke Stichflamme hervor und zerschmolz den Elektronmantel. Durch die Hitze und herumspritzende Teile wurden brennbare Gegenstände in der Umgebung entzündet.

Ein direktes Löschen der Stabbrandbombe mit Wasser war nicht möglich, es ließ sich jedoch die unmittelbare Umgebung der Bombe mit Wasser abkühlen beziehungsweise mit Sand abdecken. Die Phosphorbrandbombe INC 30 LB war 830 mm lang und hatte bei einem Durchmesser von 127 mm ein Gewicht von ca. 13,6 kg. Je nach Typ enthielt sie 400–500 g weißen Phosphor sowie 3,6–4,0 kg Brandladung (zumeist Benzol-Kautschuk-Gemisch). Der Phosphor und die Brandladung verspritzen beim Aufschlag in geschlossenen Räumen an die umgebenden Teile und bleiben dort haften. Der weiße Phosphor entzündet sich selbst allein durch den Kontakt mit dem in der Luft enthaltenen Sauerstoff und brennt dann gemeinsam mit der Brandladung. Auch wenn Phosphor durch Wasser ablöschbar ist, kann er sich nach Trocknung immer wieder neu entzünden.

Bergung und Abtransport der verbliebenen Sammlungsgüter 1944

Am 7. Dezember 1943 schickte Max von Oppenheim aus Dresden ein Telegramm an seinen Generalbevollmächtigten Helmuth Scheel: *„Bitte retten Sie den Rest der Stiftung* [Unterschrift] *Oppenheim.*“[30] Es begannen nun trotz der Behinderungen durch zahlreiche weitere Luftangriffe umfangreiche Arbeiten zur Bergung der Sammlungsgüter – oder was davon übrig geblieben war – und zu ihrer geschützten Einlagerung im Pergamonmuseum.

Zu Rettungs- und Bergungsarbeiten in der Ausstellungshalle: Erste Bergungsarbeiten begannen bereits im Dezember 1943.[31] Eine aktenmäßige Bestätigung liegt für den Zeitraum vom 12. Januar bis zum 8. Februar 1944 vor, in der unter anderem der *„Abbau der Skulpturen“* durch die „Steinbruch- und Steinmetzbetriebe Zeidler & Wimmel“, Berlin O 17, erfolgte.[32] Danach kam es bis mindestens Mitte März wegen der winterlichen Witterungsbedingungen und fehlender Mittel[33] zur Unterbrechung der Rettungsarbeiten. Das Luftbild vom 20. Februar 1944 (**Abb. 213**) zeigt, dass sich im Innern noch umfangreiche Teile der Sammlung beziehungsweise Trümmer befunden haben. Für den Zeitraum von April bis Ende Mai 1944 liegen bis auf die Baulohnscheine keine Informationen zu den Arbeiten, bei denen auch Mitarbeiter der Vorderasiatischen und Islamischen Abteilung einbezogen waren, vor. In einem Bericht vom 20. Mai 1944 wird lediglich darauf verwiesen, dass *„die Bergungsarbeiten im Museum langsam vorwärts gehen“*.[34] Gemäß den überlieferten Nachweisscheinen wurde am 31. Mai der Abbau der Skulpturen durch oben genannten Betrieb fortgesetzt und mit einem Gesamtaufwand von 350 Stunden bis zum 6. Juni 1944 zum Abschluss gebracht.[35]

Schwierig gestaltete sich auch der Abtransport der Trümmer. Als Transportfirma war die Spedition Robert Haberling & Co., Berlin SW 61, gebunden. Insgesamt liegen Hinweise auf zehn Transporte von der Franklinstraße zum Pergamonmuseum mittels Traktoren mit jeweils ein bis zwei Anhängern vor.[36] Unter der Leitung des Direktors der Vorderasiatischen Abteilung, Walter Andrae, wurden trotz der schwierigen Umstände des Bombenkrieges und der begrenzten Transportmöglichkeiten über 20.000 Basaltfragmente eingelagert. Ende August 1944 bedankt sich der Rechtsanwalt Wilhelm Schütz, von der Deutschen Bank mit der Klärung ihrer Entschädigungsansprüche beauftragt, bei Andrae für die Mitteilung über den Abschluss der Bergungsarbeiten in der zweiten Augustwoche.[37] Eine amerikanische Luftbildaufnahme vom 3. Mai 1945 (**Abb. 214**) zeigt die Halle, in der sich offensichtlich noch Schuttreste befinden. Deutlich sichtbar ist auch das ausgebrannte Verwaltungsgebäude mit den im Wesentlichen erhaltenen Außenmauern.

Zu Rettungs- und Bergungsarbeiten im benachbarten Direktorialgebäude (**Abb. 9**): Aufgrund der Schäden beim Luftangriff vom September 1943 erfolgten bereits erste Umlagerungen aus dem geschädigten Obergeschoss in den Keller. Da dieser offenbar als Luftschutzraum beim Novemberangriff nicht zerstört wurde, bestand die Hauptaufgabe darin, die Kisten sobald wie möglich abzutransportieren. Wahrscheinlich sind viele Kleinfunde (**Abb. 215**), die sich zu diesem Zeitpunkt noch in den Arbeitsräumen befanden, verloren gegangen. Details zum Umfang des Ende 1943 noch im Direktorialgebäude lagernden Sammlungsmaterials sind nicht bekannt. Anfang Mai 1944 wird angegeben, dass sich im Keller noch *„islamische Sachen“* befinden.[38] Am 3. Mai 1944 erfolgte durch den Rektor der Technischen Hochschule die Mitteilung an Helmuth Scheel, dass mehrere Gebäude im Bereich der Franklinstraße 6 der Reichsbahndirektion Berlin zur Verfügung gestellt wurden.

214 Luftbild des nahezu beräumten Tell Halaf-Museums vom 3.5.1945

215 Auch die Kleinfunde im benachbarten Direktorialgebäude erlitten zum Teil schwere Brandschäden, 2010 (Max Freiherr von Oppenheim-Stiftung, Köln)

Die Ostarbeiter, die mit der behelfsmäßigen Herrichtung der Gebäude beauftragt waren, nutzten den Keller des Verwaltungsgebäudes bei Tagesangriffen als Luftschutzraum. Dabei kam es im Laufe des Monats Mai auch zu Umräumungen von dort gelagerten Funden des Tell Halaf-Museums.[39] Die bereits wegen der starken Gebäudezerstörungen für notwendig erachtete Umlagerung wurde nun noch dringender. Jedoch erst am 5. Juli kann Oppenheim mitteilen, dass die Gegenstände geborgen wurden.[40] Damit bestand für ca. zwei Monate die Möglichkeit weiterer Verluste beziehungsweise Schäden.

Der Gesamtumfang des geborgenen Stiftungsgutes, das sich am 27. Mai 1945 im Keller der Museumsinsel befand, wird mit ca. 60 Kisten und losem Material angegeben.[41] Erwähnenswert ist, dass die Anfang der 1950er Jahre durch Anton Moortgat, damals Ordinarius für Vorderasiatische Altertumskunde an der neu gegründeten Freien Universität Berlin, auf dem Ruinengelände veranlassten Suchaktionen zu weiteren Funden führten.[42]

Verwendete Quellen

BAB NS 1/ 724 = Bundesarchiv Berlin: Bestand NS 1/ 724: Schadensmeldungen bei Fliegerangriffen, 1.5.1942–29.11.1943.

BAB R 4901/ 2317 = Bundesarchiv Berlin, Bestand R 4901/ 2317: Akten betr. Institut für Waffenbau, 1940–1943.

GStAPK VI. HA. NL Scheel = Geheimes Staatsarchiv Preußischer Kulturbesitz: VI. Hauptabteilung, Nachlass Helmuth Scheel.

LAB A Rep. 001–02, Akte 701 = Landesarchiv Berlin, Bestand A Rep. 001–02, Akte 701: Berichte der Hauptluftschutzstelle über Luftangriffe auf die Reichshauptstadt Berlin, 1943.

NA AIR 14/2677 = The National Archives Washington, AIR 14: Air Ministry Bomber Comand, File 2677: Night Bomb Raid Sheets Vol. XIV (1943 June – Nov.).

NA USSBS RG 243, Entry 27, Box 10 = The National Archives Washington, Records of the U. S. Strategic Bombing Survey [USSBS], Record

Group 243; Interpretation Report zu Berlin-Charlottenburg vom 7.1.1944.

NA USSBS RG 243, Entry 27, Box 13 = The National Archives Washington, Records of the U.S. Strategic Bombing Survey [USSBS], Record Group 243; Interpretation Report zu Berlin-Charlottenburg vom 17.5.1943.

Sonderarchiv Moskau Fond 1409 GBI Berlin, Opis 2, IA 0206 = Sonderarchiv Moskau, Fond 1409 Generalbauinspektor für die Reichshauptstadt Berlin, Opis 2, Akte 20, Teilakte IA 0206: Schriftverkehr mit der Max-Freiherr-von-Oppenheim-Stiftung über die Einrichtung eines „Tell Halaf-Museums", 1938–1940.

---

1 Sonderarchiv Moskau Fond 1409 GBI Berlin, Opis 2, IA 0206, S. 298–299.
2 Sonderarchiv Moskau Fond 1409 GBI Berlin, Opis 2, IA 0206, S. 294.
3 Brief von Dr. Wolters an Albert Speer vom 4.12.1939 (Sonderarchiv Moskau Fond 1409 GBI Berlin, Opis 2, IA 0206, S. 293).
4 GStAPK VI. HA. NL Scheel, Nr. 3, Bl. 61–62.
5 BAB R 4901/2317, S. 19–28.
6 BAB R 4901/2317, S. 1.
7 GStAPK VI. HA. NL Scheel, Nr. 2, Bl. 1, 4.
8 NA USSBS RG 243, Entry 27, Box 13: Interpretation Report No. D. 253 vom 17.5.1943.
9 NA USSBS RG 243, Entry 27, Box 10: Interpretation Report No. K. 1830 vom 7.1.1944.
10 Dass man sich über die Sicherung der Ausstellung Gedanken gemacht hat, belegt eine Anfrage von Helmuth Scheel an Walter Andrae vom 13.4.1940. Andrae empfahl, die *„besseren Kleinfunde"* vor Splitterwirkung zu schützen oder in einen *„ordentlichen Luftschutzkeller"* zu bringen. Da die Großbildwerke fest installiert waren, sollten diese mit starken Balken gegen ein Umstürzen gesichert werden (Archiv VAM: Oppenheim 1909–1940).
11 LAB A Rep. 001–02, Akte 701, Berichte 83. Folge, 101. Fliegeralarm: Erstbericht und 1. Nachtrag.
12 LAB A Rep. 001–02, Akte 701, Berichte 83. Folge, 101. Fliegeralarm: 2. Nachtrag.
13 GStAPK VI. HA. NL Scheel, Nr. 3, Bl. 189.
14 LAB A Rep. 001–02, Akte 701, Berichte 114. Folge, 130. Fliegeralarm: Erstbericht, 1. und 3. Nachtrag.
15 GStAPK VI. HA. NL Scheel, Nr. 3, Bl. 343.
16 GStAPK VI. HA. NL Scheel, Nr. 3, Bl. 351.
17 GStAPK VI. HA. NL Scheel, Nr. 3, Bl. 356–357.
18 GStAPK VI. HA. NL Scheel, Nr. 3, Bl. 345.
19 GStAPK VI. HA. NL Scheel, Nr. 4, Bl. 39.
20 GStAPK VI. HA. NL Scheel, Nr. 4, Bl. 19.
21 LAB A Rep. 001–02, Akte 701, Berichte 137./141. Folge, 152. bis 157. Fliegeralarm: Erstbericht.
22 NA AIR 14/2677, pp. 532–535: Night operations sheet No. 1887.
23 LAB A Rep. 001–02, Akte 701, Berichte 137./141. Folge, 152. bis 157. Fliegeralarm: Erstbericht.
24 BAB NS 1/ 724, Bl. 31 und 43: Fliegermeldungen.
25 LAB A Rep. 001–02, Akte 701, Berichte 137./141. Folge, 152. bis 157. Fliegeralarm: 2. Nachtrag.
26 GStAPK VI. HA. NL Scheel, Nr. 4, Bl. 48.
27 Brief von Oppenheim an den Bezirksbürgermeister des Verwaltungsbezirks Charlottenburg vom 19.9.1944 (GStAPK VI. HA. NL Scheel, Nr. 5, Bl. 6).
28 Luftbild vom 20.2.1944.
29 GStAPK VI. HA. NL Scheel, Nr. 4, Bl. 147.
30 GStAPK VI. HA. NL Scheel, Nr. 4, Bl. 31.
31 Martin 2002a: 54.
32 GStAPK VI. HA. NL Scheel, Nr. 4, Bl. 274.
33 Brief von E. Kühnel an Max von Oppenheim vom 23.3.1944 (Archiv Museum für Islamische Kunst).
34 GStAPK VI. HA. NL Scheel, Nr. 4, Bl. 166.
35 GStAPK VI. HA. NL Scheel, Nr. 4, Bl. 246–250.
36 GStAPK VI. HA. NL Scheel, Nr. 4, Bl. 271. Offenbar kam bei den weiteren Aufräumarbeiten auch die noch vorhandene Feldbahn zum Entfernen des Schutts zum Einsatz. Schreiben vom 28. Juni 1944. Abgerechnet wurden 1200 Arbeitsstunden.
37 Schreiben vom 29.8.1944 (Archiv VAM: Oppenheim 1941–1945).
38 GStAPK VI. HA. NL Scheel, Nr. 4, Bl. 151.
39 Brief von dem Direktor der Technischen Hochschule, R. Niemczyk, an H. Scheel vom 3.5.1944 (Abschrift im Museum für Islamische Kunst: Archiv).
40 Brief von Oppenheim an K. Erdmann vom 5.7.1944 (Archiv Museum für Islamische Kunst).
41 GStAPK VI. HA. NL Scheel, Nr. 5, Bl. 54.
42 Martin 2002a: 56.

Die Tell Halaf-Sammlung im Nationalmuseum Aleppo[1]

Mahmoud Heretani, Aleppo

Als ehemaliger Direktor der Altertümerverwaltung und Museen Nordsyriens kann ich Einiges zur Geschichte der Tell Halaf-Sammlung im Aleppiner Nationalmuseum beitragen.[2] Das erste Museum, das ich noch selbst kennen gelernt habe, befand sich im ehemaligen Maamoun-Gymnasium im Stadtviertel Al-Djamiliyah.[3] Später wurde das Museum dann in ein Gebäude in der Nauora-Straße verlagert, das in der Nähe des Queiq-Flusses lag. Genau zu dieser Zeit war ich als Beamter im höheren Dienst im Direktorat der Antiken und Museen Nordsyriens tätig. Meine Arbeitsstelle ermöglichte mir gute Beziehungen zu allen deutschen Ausgrabungsleitern in Nordsyrien, darüber hinaus konnte ich eine Reihe von deutschen Doktoranden bei ihrer Arbeit unterstützen.[4]

Vor 1930 befand sich das kleine Museum von Aleppo in den Räumen eines amtlichen Gymnasiums (**Abb. 216**), das 1898 während der osmanischen Zeit in einem neuen Stadtviertel gegründet worden ist. Dieses Quartier, das unter dem Namen Hay al-Djamiliyah bekannt ist, war 1882 westlich der Altstadt errichtet worden.[5] 1924 hatte sich der Verein „Freunde der Zitadelle" dafür eingesetzt, dass archäologische Funde in einem Saal auf der Zitadelle von Aleppo ausgestellt werden. Obwohl der französische Hochkommissar General Maxime Weygand (1867–1965) dieses Projekt bewilligte und der Stadtverwaltung von Aleppo 5000 Francs zur Verfügung stellte, ist dieses Vorhaben nicht realisiert worden.[6]

Laut der Resolution 136 des Staates Syrien zur Zeit des französischen Mandats, die für die Einrichtung eines neuen Museums erging,[7] wurden im Jahre 1926 die archäologischen Funde aus dem Maamoun-Gymnasium in ein Gebäude (**Abb. 217 und 218**) unweit vom Fluss Queiq, westlich des Uhrenturmes Bab al-Faradj – an die Stelle des heutigen Nationalmuseums – gebracht. Ich erinnere mich daran, dass ich auf alten Fotos im westlichen Teil des Gartens eine Steinstele sah, und glaube, sie war mit einem französischen Text versehen. Das Denkmal erinnerte an die Ankunft von General Dolamut in Aleppo zu Beginn des französischen Mandats.[8]

Das Museum von Aleppo gehörte ursprünglich zu den regionalen Museen. Durch seine einzigartigen Exponate war es aber von internationaler Bedeutung, so stellten die Denkmäler vom Tell Halaf aus den Ausgrabungen Max von Oppenheims, die Funde André Parrots (1901–1980) aus Mari oder Claude Schaeffers (1898–1982) aus Ugarit das Museum auf eine Stufe mit dem Nationalmuseum Damaskus.

Die Syrische Arabische Republik entschied deshalb, das alte Gebäude abzureißen: Um die Ergebnisse der archäologischen Missionen in Nordsyrien aufnehmen zu können, sollte ein größeres Museum an seiner Stelle errichtet werden. Durch die Einbeziehung des „Maulauyih-Cafés" konnte das neue Museumsgelände entscheidend erweitert werden. Bereits am 1. Februar 1961, als Syrien und Ägypten noch in der Vereinigten Arabischen Republik zusammengeschlossen waren, fand unter dem Vorsitz des Ministers für öffentliche Arbeiten, Gado Izz Al-Din, in Anwesenheit des Gouverneurs von Aleppo[9] und der ehemaligen Abgeordneten der Nationalversammlung für die Provinz Aleppo die feierliche Grundsteinlegung zur Gründung des Aleppiner Museums statt. In den späten sechziger Jahren des letzten Jahrhunderts wurde das Gebäude vollendet und der Öffentlichkeit zugänglich gemacht.

216 Das Eingangsportal des Maamoun-Gymnasiums, Aleppo 2005

217 1926 zog das archäologische Museum in die Nauora-Straße um

218 Die Ausstellungsräume befanden sich im Erdgeschoss des Gebäudes aus osmanischer Zeit

Bereits 1969 übernahm ich von Faisal Al-Serafi die Leitung des Museums. Während seiner Amtszeit wurden die Abteilungen für Ur- und Frühgeschichte und Vorderasiatische Archäologie gegründet, deren wichtigste Exponate die archäologischen Funde vom Tell Halaf darstellen. Später kam die Abteilung für Klassische Archäologie hinzu. Schließlich konnten die Abteilungen für Islamische Archäologie und moderne Kunst fertig gestellt werden. Auch die Ergebnisse der Notgrabungen im Euphratstauseebecken (80 km lang) sind heute im Aleppiner Museum ausgestellt.

Die großartigen Exponate vom Tell Halaf werden im zweiten Saal der Vorderasiatischen Abteilung präsentiert. Der Raum gliedert sich wie folgt:

1. Monumentale Skulpturen und Reliefplatten im Original
2. Gipsabgüsse der Bildwerke, die sich heute in Deutschland befinden
3. Teilrekonstruktion der Südfront des so genannten Tempelpalastes: Lehmziegelwand mit originalen Orthostaten aus Kalkstein und Basalt, ergänzt durch Abgüsse von Reliefplatten
4. Historische Fotografien, die die Bildwerke in der Grabung zeigen

Die Tell Halaf-Fassade im Eingang des Aleppiner Nationalmuseums

Das neue Museumsgebäude bestand aus zwei Baukomplexen: Der erste diente der Museumsverwaltung, in dem zweiten größeren waren die Ausstellungsräume untergebracht. Da sich das Museum nicht von den anderen modernen Gebäuden der Umgebung abhob, wurde vorgeschlagen, die Palastfassade nachzugestalten. Eine solche Rekonstruktion hatte bereits der Ausgräber Max von Oppenheim in seinem Tell Halaf-Museum in Berlin errichtet.

Nachdem die Generaldirektion der Altertümerverwaltung und Museen Syriens sich für den Nachbau der Fassade vor dem Eingang des neuen Museums in Aleppo entschieden hatte, wurde die Palastfassade innerhalb von zwei Jahren (1969–1970) fertiggestellt. Anlässlich des Neunten Kongresses für Klassische Archäologie, der 1970 in Damaskus stattfand, ist das Nationalmuseum von Aleppo offiziell eröffnet worden.

Die Errichtung der Fassade (**Abb. 219**) erfolgte unter Aufsicht des Ingenieurs Rabi′ Dahman, damaliger Direktor des Ingenieurbüros der Generaldirektion der Altertümerverwaltung und Museen in

219 Der Museumsneubau erhielt nachträglich eine Rekonstruktion der Palastfassade vom Tell Halaf vorgesetzt, Aufnahme von 2008

Damaskus, und des Restaurators Wafa Dajani aus der Restaurierungsabteilung. Für die Herstellung der kolossalen Bildwerke verwendete man armierten Beton.[10] Der Mörtel bestand aus einer Mischung von Basaltbruchstücken und schwarzem Zement. Gegossen wurden die Figuren der Fassade in Stückformen aus Gips. Nachdem der Zementmörtel getrocknet und die Gussformen entfernt worden waren, hatte man den Rohguss. Für die endgültigen Formen der Statuen, wie sie heute zu sehen sind, mussten diese noch behauen und retuschiert werden.

Für die Balkenlage des Torsturzes wurde die gleiche Holzart verwendet wie in der Antike. Entsprechend dem Grabungsbefund am West-Palast ist der Torsturz mit Lehmziegeln verkleidet und mit rotem Lehm verputzt worden. Von Zeit zu Zeit werden die notwendigen Restaurierungsmaßnahmen für das Holz, den Torsturz und den Lehmverputz durchgeführt.

Auffallend ist der Materialunterschied zwischen den Kopien im Tell Halaf-Saal und den nachgebildeten Skulpturen im Museumseingang: Während die ersten aus schwarz eingefärbtem Gips bestehen, sind die letzteren aus Basaltsteinbruchstücken und Zement gefertigt. Diese kommen dem ursprünglichen Aussehen der Steinbilder sehr viel näher, wie man an der weiblichen Trägerfigur im Tell Halaf-Saal erkennen kann.

2008 konnten die Renovierungsarbeiten im Tell Halaf-Saal abgeschlossen werden. Seit September informieren neue Beschriftungstafeln über den Grabungsort, Max von Oppenheim und die spannende Forschungsgeschichte.

Abschließend möchte ich noch darauf hinweisen, wie schwierig die Quellenlage ist, denn es sind kaum 100 Quellen, die über die Geschichte des Museums in Aleppo Auskunft geben können. Darüber hinaus sind viele wichtige Beamte, die damals mit der Ausstellung der Tell Halaf-Exponate und deren Verlagerung in das neue Museum zu tun hatten, inzwischen verstorben. Ich hoffe, dass es mir trotzdem gelungen ist, eine Übersicht zur Tell Halaf-Sammlung im Aleppiner Museum zu geben.

---

1 Übersetzung aus dem Arabischen von Ahmad A. Al-Rawi, Berlin.

2 Es freut mich, dass Dr. Nadja Cholidis vom Vorderasiatischen Museum, Berlin, mich im September 2008 eingeladen hat, einen Beitrag für das vorliegende Begleitbuch zu schreiben. In diesem Zusammenhang bedanke ich mich bei Dr. Julia Gonnella, die mich vorgeschlagen hat.

3 Bouran 1930: 226.

4 Dazu zählten unter anderen Anton Moortgat und seine Frau Ursula Moortgat-Correns, Ernst Heinrich, Winfried Orthmann, Albert Tello, Michael Meinecke, Eva Strommenger, Kay Kohlmeyer, Dietrich Sürenhagen und Julia Gonnella.

5 Dieses Stadtviertel existiert noch, die Schule ist unter dem Namen Al-Maamoun-Gymnasium bekannt.

6 Intabi/Osman 1930: 51.

7 Intabi/Osman 1930: 80.

8 Ich habe keinen historischen Beleg darüber gefunden. Da ich seit 1952 diese Steinstele bei Führungen mit meinen Studenten nicht mehr im Museum gesehen habe, bitte ich denjenigen, der etwas über dieses Denkmal weiß, mir dies mitzuteilen.

9 Ich glaube, er hieß Esmaeel Quli.

10 Diese Informationen wurden bestätigt vom Ingenieur Nabil Qasabji aus der Verwaltung für Altertümer und Museen Nordsyriens.

VII

Das Tell Halaf-Projekt – Die Rückkehr der Götter von Guzana

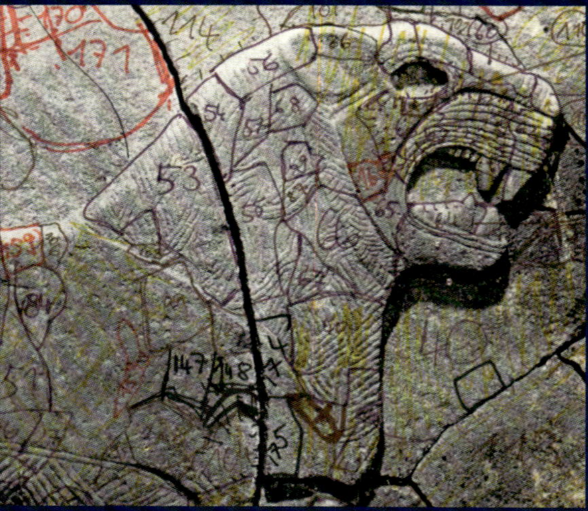

Spur der Steine[1] – Die Gründungsgeschichte des Tell Halaf-Projekts

Lutz Martin, Berlin

Durch die Zerstörung des Tell Halaf-Museums im November 1943 erlitt die archäologische Sammlung Max von Oppenheims schwerste Verluste. Alle Exponate aus brennbaren Materialien, einschließlich Kalkstein, verbrannten. Lediglich die Funde aus Basalt wie Skulpturen, Orthostaten, Gefäße, Werk- und Architektursteine konnten als Fragmente in einer einzigartigen Bergungsaktion von Dezember 1943 bis August 1944, auf neun Treckerladungen verteilt, in die Rohrkeller des Pergamonmuseums gebracht werden [SIEHE AUCH BEITRAG J. THIEME].

Max von Oppenheims Hauptsorge galt zunächst dem Zustand der eingelagerten Fragmente, waren diese doch die Überreste seiner einst so beeindruckenden Sammlung aramäischer Steindenkmäler **(Abb. 220 und 221)**. Es verwundert deshalb heute nicht, dass er sich im Februar 1944 schon Gedanken über eine mögliche Wiederherstellung der Bildwerke machte. In einem Brief an Walter Andrae fragte er an, ob die Steinbilder wieder zusammengesetzt werden können, obwohl es sich dabei sicherlich um eine *„fürchterliche Arbeit"* handeln würde. Besonders besorgt war er um den Zustand der sogenannten thronenden Göttin, die er zu den besten Stücken seiner Sammlung zählte. Andrae notierte damals mit Bleistift an den unteren Rand des Briefes: *„Die Hepat kommt vermutl. wieder zusammen."*[2] Inwieweit der Direktor der Vorderasiatischen Abteilung damals wirklich an eine erfolgreiche Restaurierung glaubte, lässt sich heute nur

220 Die Trümmer der Tell Halaf-Sammlung im Rohrkeller des Pergamonmuseums, undatiert

221 Über acht Monate dauerte die Bergung der zerstörten Denkmäler, Rohrkeller des Pergamonmuseums, undatiert

noch schwer abschätzen. Nach dem Abschluss der Bergungsaktion äußerte er sich schon zurückhaltender und verwies darauf, dass man den Ausgang des Krieges abwarten müsste, um weitere Entscheidungen zu treffen.[3] In der Stellungnahme für den Generaldirektor der Staatlichen Museen, Otto Kümmel, kommt seine Skepsis noch deutlicher zum Ausdruck: „*Über den jetzigen Wert des geborgenen „Gutes" wage ich kein Gutachten abzugeben, da etwaige Zusammensetzungsversuche gar nicht abzuschätzen sind.*"[4] Ganz anders dagegen beurteilte Oppenheim die Lage, obwohl er die Trümmer selbst nicht mehr gesehen hatte. In Briefen vom September und Oktober 1944 äußerte er gegenüber Andrae die feste Überzeugung, dass eine „*Zusammensetzung* [der Bildwerke]" möglich sein wird. Auch hoffte er, dass mit dieser Arbeit Igor von Jakimow, sein alter Restaurator, betraut werden kann.[5] Im Mai 1945, unmittelbar nach dem Zusammenbruch des Dritten Reiches, erkundigte sich Helmuth Scheel, der Generalbevollmächtigte der Max Freiherr von Oppenheim-Stiftung, bei Kümmel nach dem Verbleib des Materials. Dieser notierte handschriftlich auf den Brief: „*Das Oppenheim Material ist erhalten u. wird demnächst an die Stiftung abgeschickt werden. Insofern ist die Angelegenheit erledigt.*"[6] 1946 verstarb Max von Oppenheim im bayerischen Landshut [SIEHE BEITRAG G. TAUSCHE]. Erst sechs Jahre später wurde das Schicksal der Trümmer auf der vierten Sitzung des neugegründeten Kuratoriums der Max Freiherr von Oppenheim-Stiftung erneut zum Thema. Allerdings stellte man damals fest, dass „[...] *wesentliches, für die Bearbeitung unbedingt erforderliches Material zur Zeit im sowjetisch besetzten Teil Berlins steht, und an einer Erfassung zum Zwecke der Veröffentlichung im Augenblick kaum gedacht werden kann.*"[7] Damit entfielen auch sämtliche Überlegungen hinsichtlich einer möglichen Wiederherstellung einzelner Denkmäler aus den geretteten Fragmenten. So ist es auch nicht verwunderlich, dass die Tell Halaf-Sammlung im Bonner Ministerium für gesamtdeutsche Fragen 1954 als Totalverlust galt.[8] Ein Jahr später veröffentlichte Anton Moortgat die Bildwerke allein auf der Grundlage alter Beschreibungen und Abbildungen als Tell Halaf Band III; in seiner Einleitung verwies er wieder auf die Trümmer, an deren Bergung und Einlagerung er seinerzeit beteiligt war. Auch in Auflistungen des Ostberliner Vorderasiatischen Museums von 1957 und 1985 erschienen die Bestände aus dem ehemaligen Tell Halaf-Museum, hier als westdeutscher Kunstbesitz vermerkt.[9]

Halet Çambel, die Ausgräberin vom Karatepe, die 1962 gezielt nach den Bruchstücken vom Tell Halaf gefragt hatte, erinnerte sich noch, dass deren Wiederherstellung als hoffnungsloses Unterfangen eingeschätzt wurde.[10] Erschwerend kam hinzu, dass es aufgrund der politischen Situation im geteilten Deutschland für das Vorderasiatische Museum nicht möglich war, mit der Eigentümerin der Trümmer, der Max Freiherr von Oppenheim-Stiftung in Köln, Verhandlungen über entsprechende restauratorische Maßnahmen zu führen. So blieb es dabei, dass in Beiträgen zum Tell Halaf der Verlust der Sammlung beklagt und im günstigsten Fall auf den Wunsch Max von Oppenheims verwiesen wurde, dass das Tell Halaf-Museum eines Tages wie ein Phönix aus der Asche wieder erstehen möge.[11]

Die Situation änderte sich erst nach dem Fall der Berliner Mauer und der anschließenden Wiederherstellung der staatlichen Einheit Deutschlands 1990. Vonseiten des Vorderasiatischen Museums wurde das grundsätzliche Interesse an einer Übernahme der Sammlung aus dem ehemaligen Tell Halaf-Museum bekundet und der Kontakt zur Max Freiherr von Oppenheim-Stiftung hergestellt. Diese beauftragte 1993 zwei wissenschaftliche Hilfskräfte mit einer Sichtung des Materials in den Kellerräumen auf der Berliner Museumsinsel. Als herausragende Denkmäler, deren Restaurierung lohnen würde, wurden unter anderem das Doppelsitzbild und „*Bruchstücke mehrerer rundplastischer Figuren, so z.B. diejenigen zweier großer Löwen, der Kopf einer Sphinx* (**Abb. 222**) *und der Torso eines großen Vogels sowie eine nicht unerhebliche Anzahl von größtenteils unversehrten Reliefplatten, die überwiegend von der Südfassade des ‚Westpalastes' stammten*“, genannt.[12]

Umbauten in den Kellerräumen des Pergamonmuseums erforderten 1994 die Auslagerung eines Teils der dort befindlichen Bestände, unter anderem auch der Tell Halaf-Trümmer in das Museumsdepot Berlin-Hohenschönhausen (**Abb. 223**). Dabei zeigte sich, dass dringend konservatorische Maßnahmen an den Basaltbrocken vorgenommen werden müssen, wollte man nicht riskieren, dass noch vorhandene Zusammenhänge endgültig verloren gehen. Zum anderen wurde deutlich, dass bei einer gezielten und intensiven Durchsicht vielleicht noch mehr Bildwerke wieder zusammengesetzt und rekonstruiert werden könnten. Bereits zu diesem Zeitpunkt entwickelte sich die Idee, in einer künftigen Ausstellungskonzeption die restaurierten und rekonstruierten Funde vom Tell Halaf zu integrieren. Erstmalig wurde in diesem Zusammenhang auch der Gedanke einer maßstabgerechten Rekonstruktion des Eingangs des West-Palastes von Guzana unter Verwendung von Originalskulpturen geäußert.[13]

Zum Jahreswechsel 1997/1998 unterzeichneten Vertreter der Max Freiherr von Oppenheim-Stiftung und der Stiftung Preußischer Kulturbesitz eine Vereinbarung, der zufolge die Tell Halaf-Sammlung als Leihgabe an die Staatlichen Museen zu Berlin gegeben wird.[14] Nach der Klärung der Rechtsverhältnisse wurde 1999 neben einer ersten konkreten Schadensbeschreibung eine Konzeption vorgelegt, die auch die Rekonstruktion der Eingangsfassade des West-Palastes von Guzana zum Ziel hatte.[15] Noch im gleichen Jahr schlug der für die Generalsanierung des Pergamonmuseums zuständige Architekt Oswald Matthias Ungers (1926–2007) vor, die Rekonstruktion der Palastfassade als neuen Zugang zum Vorderasiatischen Museum in den geplanten Verbindungsbau zwischen Nord- und Südflügel des Museums zu stellen. Damit wurde die Idee Bestandteil des Masterplanes zur Generalsanierung der Museumsinsel.

Mit dem Auslegen der in Containern verpackten Bruchstücke und systematischen Zuordnungen begann im Frühjahr 1999 die zweite Entdeckung der Tell Halaf-Denkmäler (**Abb. 224 und 225**). Doch schon bald zeigte sich, dass mit den zur Verfügung stehenden personellen und materiellen Ressourcen des Museums die Arbeit in keinem überschaubaren zeitlichen Rahmen durchführbar ist. Außerdem war es erforderlich, neben der Identifizierung auch bereits mit der Restaurierung zu beginnen. Die erste Hürde konnte 2001 durch eine Sachbeihilfe der Deutschen Forschungsgemeinschaft genommen werden. Damit war es möglich geworden, eine Wissenschaftlerin ausschließlich für das Restaurierungsprojekt einzustellen und mit der Leitung des Vorhabens zu beauftragen. Zwischenzeitlich hatte O. M. Ungers auch den Kontakt zur Bankiersfamilie Oppenheim und zum Bankhaus in Köln hergestellt. Als Vertreter der Familie war Christopher von Oppenheim, ein Großneffe Max von Oppenheims, bereits über das

222 Gang im Steinmagazin des Vorderasiatischen Museums mit dem Kopf der östlichen Sphinx, 1993

223 Hochregal-Anlage im Depot Berlin-Hohenschönhausen, Berlin 2000

224 Bruchstücke von der sogenannten verschleierten Sphinx, Tell Halaf Museum 1928/30

geplante Projekt informiert. Die Familie erklärte sich trotz der schwierigen Ausgangslage bereit, über ihre Bank- und Familienstiftungen Sachmittel für die Restaurierungsarbeiten zur Verfügung zu stellen.

Nach der finanziellen Absicherung des Projekts mussten nur noch geeignete Arbeitshallen gefunden werden, um die etwa 27.000 Einzelteile der Trümmersammlung auf Paletten auszulegen. Der Stiftung Preußischer Kulturbesitz wurden zu dieser Zeit Versuchs- und Arbeitshallen der Physikalisch-Technischen Bundesanstalt in Berlin-Friedrichshagen zur Nutzung angeboten. Zwei dieser Hallen erwiesen sich als außerordentlich geeignet, um die Trümmer ebenerdig auszulegen und die Restaurierungswerkstatt einzurichten. Schon im Oktober 2001 rollten die Transporte von annähernd 200 Paletten und 15 Containern mit Bruchstücken von Hohenschönhausen nach Friedrichshagen. Mit der Arbeitsaufnahme von Nadja Cholidis, der wissenschaftlichen Leiterin des Projektes, begann damit nach knapp zweijähriger Vorbereitung jetzt die Realisierungsphase. Die gemeinsame Pressekonferenz der Stiftung Preußischer Kulturbesitz, der Staatlichen Museen und des Bankhauses Sal. Oppenheim unter dem Motto: „Götter in Sicht – Das Vermächtnis Max von Oppenheims: Ein Projekt des

225 Erste Zuordnungsversuche von Bruchstücken des Bildwerks, Hohenschönhausen 2000

226 Gemeinsame Pressekonferenz der Stiftung Preußischer Kulturbesitz, der Staatlichen Museen zu Berlin und des Bankhauses Sal. Oppenheim jr. & Cie. am 12. November 2001 (v. li. n. re. G. Teichmann, P.-K. Schuster, K.-D. Lehmann, C. v. Oppenheim, B. Salje, O. M. Ungers)

Vorderasiatischen Museums und der Kölner Bankiersfamilie Oppenheim" am 12. November 2001 kann als offizieller Projektstart gelten **(Abb. 226)**.

Nur wenige Wochen später traf auch der Förderbescheid der Sal. Oppenheim-Stiftung ein und damit konnte die *„fürchterliche Arbeit"* beginnen.

1 Die Überschrift wurde bewusst in Anlehnung an den Titel eines Romans von Erik Neutsch gewählt. Doch im Gegensatz zu dem 1964 erschienenen Werk zeichnet der vorliegende Beitrag tatsächlich den Weg der Tell Halaf-Steine von der Museumsruine bis in die Hallen des Restaurierungsprojektes nach.

2 Brief M. von Oppenheims an W. Andrae vom 4.2.1944 (Archiv VAM: Oppenheim 1941–1945).

3 Brief Andraes an Rechtsanwalt Dyckerhoff vom 20.8.1944 (Archiv VAM: Oppenheim 1941–1945).

4 Brief vom 30.8.1944 (Archiv VAM: Oppenheim 1941–1945).

5 Briefe vom 13.9. und 3.10.1944 (Archiv VAM: Oppenheim 1941–1945).

6 Goldmann/Wölffling 1992: 27. Korrigierte Lesung L. Martin. Sehr wahrscheinlich galt die Anfrage nur den Aktenbeständen und islamischen Kleinfunden.

7 Sitzung des Kuratoriums am 1.3.1952 (MvO-S 16).

8 Bonner Berichte aus Mittel- und Ostdeutschland. Die Verluste der öffentlichen Kunstsammlungen in Mittel- und Ostdeutschland 1943–1946, herausgegeben vom Bundesministerium für gesamtdeutsche Fragen, Bonn 1954, S. 39.

9 Tell Halaf 1955: 3, Anm. 1; Auflistung von westdeutschem Kunstbesitz vom 28.7.1957 (Archiv VAM: Oppenheim ab 1957); Auflistung von Fremdbesitz im Vorderasiatischen Museum vom 11.9.1985 (Archiv VAM: Oppenheim ab 1957). Juristisch gehörten die Trümmer der Tell Halaf-Sammlung der Max Freiherr von Oppenheim-Stiftung, der Trägerinstitution des ehemaligen Tell Halaf-Museums.

10 Brief von H. Çambel an N. Cholidis und L. Martin vom 23.8.2003 (Archiv VAM: Tell Halaf-Restaurierungsprojekt).

11 Moortgat-Correns 1989: 21; Goldmann/Wölffling 1992: 26.

12 Elsen/Novák 1994: 124–125.

13 Brief von E. Klengel-Brandt an W.-D. Dube vom 15.9.1994 (Archiv VAM: Oppenheim ab 1957).

14 Vereinbarung zwischen der Max Freiherr von Oppenheim-Stiftung, rechtsfähige Stiftung des privaten Rechts und der Stiftung Preußischer Kulturbesitz, bundesunmittelbare Stiftung des öffentlichen Rechts vom 18.12.1997/5.1.1998 (Archiv VAM: Oppenheim ab 1957).

15 Geismeier/Martin 1999: XII–XIII.

Augen auf! Geduld hoch! Und Herz hoch! – Wie aus 27.000 Fragmenten wieder Bildwerke wurden

Nadja Cholidis und Ulrike Dubiel, Berlin

Getreu seines Lebensmottos *„Kopf hoch! Mut hoch! Und Humor hoch!“* glaubte Max von Oppenheim fest daran, dass die zerstörten Tell Halaf-Denkmäler eines Tages wieder erstehen werden. So schrieb er noch wenige Wochen vor seinem Tod an Felix Langenegger: *„Die Steinbilder des Tell Halaf-Museums sind zwar ein zweites Mal geplatzt, manche auch zum ersten Mal, die Stücke sind aber gesammelt und werden inschallah eines Tages wieder neu zusammengesetzt und in einem Museum ausgestellt werden.“*[1] Mehr als 60 Jahre mussten jedoch vergehen, bevor sich seine Prophezeiung erfüllte: Zu groß war das Ausmaß der Schäden, zu ungewiss die Erfolgsaussichten, so dass die geborgenen Überreste zwar aufbewahrt, aber weitgehend unbearbeitet in Vergessenheit geraten waren.

Als das Tell Halaf-Projekt im Herbst 2001 seine Arbeit aufnahm, gab es kein vergleichbares Restaurierungsvorhaben, keine archäologische Unternehmung, die als Referenz hätte dienen können. Das Sortierteam, zu dem Nadja Cholidis, Ulrike Dubiel, Lutz Martin und Hans Nohka gehörten, stand vor einer nahezu überwältigenden Masse von Basaltbruchstücken in allen Größen, von zentnerschweren Brocken, die nur mit Hilfe von technischem Gerät wie Portalkran oder Hubwagen bewegt werden konnten, bis hin zu hauchdünn abgeplatzten, fingernagelgroßen Splittern. Ratschläge, man solle die Fragmente einscannen und die Zuordnung dem Computer überlassen, verstummten schon bald in Anbetracht der Materialmenge. Allein die dafür benötigten Programme und die technische Ausstattung sowie die Zeit, die ein dreidimensionales Erfassen und Verwalten der einzelnen Bruchstücke erfordert, hätten sowohl den finanziellen als auch den zeitlichen Rahmen des Projekts gesprengt. Stattdessen griff man auf eine altbewährte „low-tech“-Methode zurück: Mit Beobachtungsgabe, Erinnerungsvermögen und Ausdauer konnten die gestellten Aufgaben innerhalb von nur sieben Jahren erfüllt werden.

Ohne Fleiß kein Preis oder Ordnung ist das halbe Leben

„Der Mensch sieht nur, was er kennt.“ wusste schon Goethe zu berichten und mag seine Einsicht heute auch ein Gemeinplatz sein, im Projektverlauf sollte sie sich wieder und wieder bewahrheiten. Um sich mit dem Material vertraut zu machen, war es notwendig, alle noch in Gitterboxen verpackten Bruchstücke flächig auszulegen, so dass man sie sprichwörtlich „im Blick behalten“ konnte. Etwa 300 Euro-Paletten, verteilt auf zwei Werkhallen (**Abb. 227**) sowie mehrere Nebenräume, wurden dazu benötigt. Erst nach dem Ausräumen zeigte sich, wie kleinteilig die Skulpturen zerbrochen waren. Fast alle Bruchstücke waren außerdem infolge der langen Lagerung stark verstaubt und mussten zunächst trocken abgesaugt werden, bevor die eigentlichen Sortier- und Identifizierungsarbeiten beginnen konnten.

Nur wenige Fragmente trugen eine Nummer, durch die, wie sich schon bald herausstellte, zusammengehörige Bruchstücke gekennzeichnet worden waren. Möglicherweise hatte man sich bereits 1944 um eine methodische Bergung und Kennzeichnung bemüht; die wenigen undatierten Aufnahmen aus dem Fotoarchiv des Vorderasiatischen Museums

227 Die große Sortierhalle in Berlin-Friedrichshagen 2003

228 Für die Identifizierung der Fragmente, hier durch Ulrike Dubiel, waren die historischen Fotos unentbehrlich, 2003

ließen allerdings kein Ordnungssystem mehr erkennen. Feine Riss-Strukturen hatten den Naturstein offenbar so geschädigt, dass es beim Abtransport beziehungsweise späteren Umlagerungen zu weiteren Brüchen kam. Bei vielen Fragmenten war die Oberfläche schalenartig abgeplatzt oder durch die Rückstände der verbrannten Dachisolierung stark verschmutzt.

Für die gezielte Suche nach Fragmenten kamen dennoch einige Kriterien in Frage. Relativ einfach zu bestimmen waren Bruchstücke mit Oberflächendekor; antike Brüche zeichneten sich durch verschliffene Kanten oder erodierte Bruchflächen aus, frische Brüche waren hingegen scharfkantig und hoben sich meist auch farblich klarer ab. Zunächst wurden deshalb Fragmente mit Reliefresten separiert. Eine Reihe von Bruchstücken mit charakteristischem Dekor konnte schon in dieser frühen Phase den entsprechenden Bildwerken zugeordnet werden.

Ein wichtiges Hilfsmittel für die Identifizierung war hierbei die qualitätvolle Fotosammlung (**Abb. 228 und 229**) Oppenheims, der sowohl auf der Grabung als auch in seinem Museum die Bildwerke von Berufsfotografen ablichten ließ. Diese Aufnahmen zeigten die Steinstruktur so deutlich, dass manche Zuweisung nur aufgrund des Porenbildes erfolgte. Allerdings beschränkten sich die historischen Aufnahmen auf die Schauseiten der Skulpturen – Rückseiten, Ober- und Unteransichten hatte man damals nicht dokumentiert.

Augen auf!

Das Sortieren und Umarrangieren der Fragmente auf den Holzpaletten sowie der Paletten in den Arbeitshallen (**Abb. 230**) war in all den Jahren ein sich stets wiederholender Vorgang. Nach dem Grundsatz „Gleiches zu Gleichem“ wurden zuerst

229 Identifizierte Bruchstücke wurden auf ein Datenblatt eingetragen und mit einer fortlaufenden Nummer versehen

230 Mitten in einem Meer aus Paletten und Steinen: Hans Nohka (stehend) und Lutz Martin, 2003

die Bruchstücke mit Reliefdekor („R“ für Relief) in Gruppen zusammengefasst: So gab es Paletten mit Darstellungen von Federn oder Löwenzotten, Haar- und Bartlocken, Gewandresten, Tierbeinen oder Pfoten. In einem nächsten Sortierschritt wurden alle übrigen Fragmente genau untersucht und, falls sie noch eine bearbeitete Fläche aufwiesen, mit einem beschrifteten Klebepunkt markiert („O“ für Oberfläche) und separiert. Zu den Bearbeitungsspuren zählten neben geglätteten Oberflächen auch Reste von Klebungen („K“ für Klebereste) sowie Dübellöcher („D“ für Dübelung) der Erstrestaurierung. Die noch verbliebenen Fragmente aus den Kernbereichen wurden schließlich mit einem „A“-Klebepunkt markiert.

Paletten mit Fragmenten, die zu einem Bildwerk gehörten, erhielten einen separaten Standort, so dass sich im Laufe der Zeit in den Hallen Inseln mit den Überresten der verschiedenen Skulpturen bildeten. Je mehr Stücke einem Bildwerk zugeordnet werden konnten, desto einfacher wurde es, spezielle Steincharakteristika zu erkennen, die der Basalt des jeweiligen Objektes aufwies. So verlief der Identifikationsprozess meistens von der Oberfläche zum Kern.

Geduld hoch!

Beharrlichkeit war eine Grundvoraussetzung für die eigentliche „Puzzlearbeit“. Manch Kilometer musste in den weitläufigen Hallen zurückgelegt werden, bevor dem einen oder anderen Stück sein endgültiger Platz an Reliefplatte oder Skulptur zugewiesen werden konnte. Auch durfte man sich von Tagen, an denen der Sucherfolg spärlicher war, nicht entmutigen lassen. Die intensive Beschäftigung mit den Fragmenten und Fotos, das zunächst beiläufige Studium der charakteristischen Steinmerkmale, die strenge Ordnung auf den Paletten führten schließlich zum Ziel; das bedeutete auch ein ständiges in die Hand nehmen, ein Wenden der Stücke auf den Paletten, so dass sich alle Seiten einprägten, und einen fortwährenden Austausch mit den Kollegen.

Ein entscheidender Faktor bei dem Identifizierungsprozess waren die Lichtverhältnisse. Die meisten Erfolge ergaben sich bei gutem Tageslicht. In den Abendstunden wurden Baustellenscheinwerfer zu Hilfe genommen, um bei der diffusen Hallenbeleuchtung Streiflichtakzente zu setzen. Neben allen technischen Voraussetzungen gab es auch eine nur schwer messbare Größe, die man als „menschlichen Faktor“ beschreiben könnte. Es ist für alle Beteiligten bis heute unerklärlich geblieben, weshalb manche Fragmente innerhalb von Minuten, andere trotz intensivster Bemühungen erst ein halbes Jahr später gefunden wurden, als der Fokus längst auf einem anderen Objekt lag. Es mag eine Sache der Tagesform oder des Unterbewusstseins gewesen sein, dass sich in solchen Momenten disparate Informationen zu einem komplexen Kontext zusammenfügten. Ein solcher Prozess der Erkenntnis kann nicht erzwungen werden. Daher war es von Beginn an gewollt, einer sich entwickelnden Eigendynamik im Identifizierungsvorgang nachzugeben, auch wenn sie der aktuellen Arbeitsplanung entgegen lief. So hatte man am Ende des Tages vielleicht nicht die erwünschten Fortschritte bei der Komplettierung einer im Mittelpunkt stehenden Skulptur (**Abb. 231**) gemacht, dafür aber entscheidende Fragmente eines anderen Bildwerks identifiziert und die Gesamtzahl der noch unbestimmten Bruchstücke weiter reduziert. Als die Zahl der sich in der Restaurierung befindlichen Monumente stetig stieg, konnte das hohe Arbeitstempo auch deshalb aufrecht erhalten werden, weil das Sortierteam die von den Restauratoren gestellten „Suchaufträge“ für dringend benötigte Fragmente, ohne die der Arbeitsfortgang ins Stocken geraten wäre, aufgrund der erworbenen Materialkenntnis häufig innerhalb kürzester Zeit erledigte.

Bereits in der Sortierhalle wurde damit begonnen, identifizierte Fragmente in kleinen Gruppen provisorisch zusammenzusetzen, um noch verbliebene Fehlstellen zu erkennen. Für die Sicherung der Verbände boten sich zunächst einfache Gurte an. Doch je größer und unhandlicher die einzelnen Segmente wurden, desto schwieriger war das nachträgliche Einpassen von Neufunden. Häufig versperrten Gurte auch die Sicht auf die Lücken, sodass die Einführung der Heißklebepistole (**Abb. 232**) eine deutliche Arbeitserleichterung darstellte. Fragmente konnten jetzt behelfsmäßig fixiert werden, ohne dass der Stein beschädigt wurde, da sich der Klebstoff rückstandfrei entfernen ließ. Zusammen-

231 Zur gezielten Suche nach weiteren Fragmenten kam das Doppelsitzbild wieder in die Sortierhalle zurück, 2004

hänge wurden außerdem noch durch Markierungspunkte kenntlich gemacht, ein System, das die Restauratoren später übernommen und weiterentwickelt haben. Waren genügend Fragmente zu einem Bildwerk oder Objekt gefunden, wurden die vormontierten Blöcke mit einer einfachen Kartierung an den zuständigen Restaurator übergeben.

Als die Identifizierungsarbeiten 2005 stagnierten, wurde das Institut für Angewandte Geowissenschaften der TU Berlin, Abteilung Mineralogie, um Unterstützung angefragt. Obwohl die Zahl der Bruchstücke deutlich abgenommen hatte, gab es immer noch viele Fragmente und Splitter, deren Identifizierung jetzt eine gefühlte Ewigkeit dauerte. Auf der Grundlage gesteinsspezifischer Merkmale respektive der Zusammensetzung, Gestalt und Struktur des Basalts untersuchte der Mineraloge

232 Kopf einer monumentalen Götterfigur: Neufunde wurden mit Heißkleber fixiert, 2005

233 Der Mineraloge Andreas Kratzig bei der Bestimmung gesteinsspezifischer Merkmale, 2006

Andreas Kratzig (**Abb. 233**) die restlichen Fragmente, bewertete ihre mögliche Zugehörigkeit zu einem bestimmten Bildwerk und fasste die übrigen nach verschiedenen Kriterien in Gruppen zusammen.

Hand in Hand

Das komplexe Schadensbild verlangte von Anfang an eine aufeinander abgestimmte, enge Zusammenarbeit von Restauratoren und Wissenschaftlern sowohl bei der Positionierung strittiger Fragmente ohne direkten Anschluss als auch bei der formgebenden Ergänzung verlorener Partien (**Abb. 234 und 242**). Eine derartige Interaktion war für alle Beteiligten eine neue Erfahrung. Während der Restaurator es normalerweise mit einer vorher bekannten Anzahl von Bruchstücken zu tun hat, konnte die Größenordnung bei den einzelnen Tell Halaf-Skulpturen nur grob geschätzt werden. In vielen Fällen betrug die Zahl mehrere hundert Fragmente pro Objekt, bei dem westlichen Greifen sind sogar über 2600 Bruchstücke gezählt worden. Lange Zeit war es unmöglich zu sagen, ob 1944 alle Fragmente aufgesammelt worden sind oder wie groß die Zahl der tatsächlichen Verluste war. Erst nach Beginn der Sortierarbeiten sollte sich auch herausstellen, dass es im Tell Halaf-Museum eine Gruppe von reliefierten Bruchstücken gegeben hatte, die seinerzeit nicht zugeordnet werden konnten. Nachdem es gelungen war, einige dieser Altfragmente erstmals anzupassen, wurde die Aufgabenstellung entsprechend erweitert.

Rückblickend gestaltete sich der Prozess der Wiedergewinnung bei keinem Bildwerk linear; unter dem Motto „Zwei Schritte vor, einer zurück!“ galt es nicht selten, nachträglich gefundene Stücke in bereits restaurierte Segmente einzusetzen, die Gestaltung von ergänzten Bereichen gegebenenfalls zu revidieren und neue Lösungen zu entwickeln.

234 Die vordere Partie des Greifens musste aufgrund der Fehlstellen umfangreich ergänzt werden. Für die Festlegung der Kopfhöhe waren vergleichende Studien notwendig, 2003

Das erforderte von allen Beteiligten viel Geduld, Teamgeist und einen persönlichen Einsatz, der über die bloße Pflichterfüllung weit hinausging. Gerade die Bewältigung dieser Herausforderungen war es aber auch, die die Projektarbeit ebenso einzigartig wie befriedigend machte.

Das Tell Halaf-Projekt – Ein Schaufenster der Wissenschaften

Die Wiederherstellung der kriegszerstörten Bildwerke gehörte zu den anspruchsvollsten Restaurierungs- und Forschungsprojekten des Vorderasiatischen Museums seit der Wiederherstellung des Ischtar-Tores und der Prozessionsstraße von Babylon Ende der 1920er Jahre. Daher kam der Öffentlichkeitsarbeit (**Abb. 235**) von Beginn an eine große Bedeutung zu.[2] Weit mehr als 1500 Besucher konnten sich seit 2002 über den Stand der nicht-öffentlichen Arbeiten, über die spezielle Problematik und die wachsenden Erfolge informieren. 2009 hatte die Bundesrepublik Deutschland im Rahmen zweier Themenreisen hochrangige Kulturvertreter aus der arabischen Welt zu einem Gedankenaustausch eingeladen. Zum Berlin-Programm gehörte auch ein Besuch des Tell Halaf-Projektes in Friedrichshagen, wo die Teilnehmer Einblicke in neue Forschungsergebnisse und Restaurierungsmethoden gewinnen konnten. Aufgrund der besonderen Herausforderungen, die mit der Identifizierung und Restaurierung verbunden waren, und der kulturhistorischen Bedeutung der Denkmäler hatten die Mitarbeiter des Tell Halaf-Projektes außerdem regelmäßige Führungen für Studenten der Studienfächer Archäologie, Theologie, Restaurierung, Grabungstechnik und Museologie angeboten.

235 Nadja Cholidis, wissenschaftliche Leiterin des Tell Halaf-Restaurierungsprojektes, bei einer Führung, 2009

Herz hoch!

Würden wir heute, nach zehn Jahren gefragt werden, was das Tell Halaf-Projekt für uns persönlich bedeutet, könnten die Antworten vielleicht so lauten:

Ulrike Dubiel: Für mich war es ein Privileg, Teil eines so einzigartigen Projektes zu sein. Sich in ein Material zu vertiefen, es derart zu durchdringen und dadurch Resultate zu erzielen, die alle Anfangsprognosen bei Weitem übertreffen, war eine außerordentlich befriedigende Erfahrung. Es ist erstaunlich, welche Schätze in den Magazinen der Museen schlummern. Im Falle des Tell Halaf-Projektes gelang es, „*Eisenbahnschotter*" in eine Sammlung aramäischer Bildwerke zurückzuverwandeln, die ihresgleichen sucht, und somit ein Stück Weltkulturerbe für die Öffentlichkeit zurückzugewinnen.

Lutz Martin: Als ich als Student erstmals die Trümmer in Augenschein nehmen konnte, erschien mir eine Rekonstruktion und Restaurierung der Bildwerke als hoffnungsloses Unterfangen. Dass 30 Jahre später ein Großteil der archäologischen Sammlung Max von Oppenheims wiederhergestellt ist, kommt einem Wunder gleich. Tatsächlich waren es aber die folgenden, heute oftmals leider nicht mehr selbstverständlichen Grundvoraussetzungen für eine fundierte, auf ein nachhaltiges Ergebnis bedachte Arbeit: Dazu gehörten ausreichend Zeit, eine solide Finanzierung und die Fähigkeit der Mitarbeiter, sich innerhalb der vorgegebenen Arbeitsstrukturen, Freiräume zu schaffen, die eine Konzentration auf die wesentlichen, das heißt fachlichen Aufgaben ermöglichen. Nicht zu vergessen ist allerdings auch, dass unser Projekt ohne die sorgfältige Bergungsarbeit 1944 nicht erfolgreich hätte durchgeführt werden können, deshalb ist den damals Beteiligten noch im Nachhinein sehr zu danken.

Hans Nohka: Nach 18 Jahren Verwaltung des Oppenheim-Nachlasses und davon neun Jahre Mitarbeit beim Tell Halaf-Projekt werden in mir folgende Gedanken und Erinnerungen wach: 1993/94: Beaufsichtigung und Mithilfe bei der Umlagerung von circa 80 m^3 Tell Halaf-Fragmenten aus den Museumskellern nach Hohenschönhausen zur Einlagerung. 1998/99: Mitarbeit bei der Vorsortierung der großen Fragmente und Grundsteinlegung zum Tell Halaf-Projekt. 2002: Nach erfolgter Berentung Aufnahme in das vor Optimismus nur so sprühende Projektquintett. Folgejahre bis 2010: Mit einem materiellen Verschleiß von ein Paar Schuhen, drei Arbeitshosen und zwei Arbeitskitteln und mit Stur- und Besessenheit – entgegen allen Projektskeptikern – immer gemeinsam voran dem Ziel entgegen, wurde es geschafft! Als technischer Mitarbeiter durfte ich dabei sein. Mit Säubern, Sortieren, Puzzeln und sogar Kleben habe ich meine Spuren in der Projektgeschichte hinterlassen. Ich bin stolz auf das vollendete und dokumentierte grandiose Werk, was schier aus Schutt und Asche und durch gemeinsame Teamarbeit vollendet werden konnte.

Nadja Cholidis: *„Kopf hoch! Mut hoch! Und Humor hoch!“* Oppenheims Devise hat uns die ganzen Jahre über begleitet. Dass die einzigartigen Skulpturen und Reliefplatten heute wieder gezeigt werden können, gleicht einem Wunder. Auch, weil es uns angesichts der hoffnungslosen Ausgangssituation gelungen ist, eine tragfähige Finanzierung auf die Beine zu stellen. Für mich persönlich gehört die Begegnung mit den Kindern von Igor von Jakimow oder den Söhnen des ehemaligen Museumsangestellten Robert Herrmann zu den unvergesslichen Momenten der Projektgeschichte. Sie hat uns daran erinnert, wie unwägbar das Schicksal sein kann. Die Restaurierung der Bildwerke war nicht nur eine wissenschaftliche Aufgabe oder menschliche Herausforderung, sondern eine moralische Verpflichtung. Ich wünschte sehr, *„el baron“* hätte diesen Triumph erleben können.

1 Brief vom 8.8.1946 (GSTAPK, VI. HA NL Scheel Nr. 5, Bl. 264–266).

2 Das Tell Halaf-Projekt des Vorderasiatischen Museums. Öffentlichkeitsarbeit 2001–2010, zusammengestellt von N. Cholidis (unveröffentlicht).

Die Restaurierung der Steindenkmäler vom Tell Halaf

Stefan Geismeier, Berlin

Nach einer Sichtung der Überreste der Tell Halaf-Sammlung im Jahre 1993 stand vor allem die Sorge um eine angemessene Aufbewahrung und mögliche Sicherung einzelner Fragmente und Zusammenhänge im Mittelpunkt des wissenschaftlichen Interesses. Bei der Umlagerung des Bestandes aus den Museumskellern in ein Außendepot der Staatlichen Museen (**Abb. 223**) ein Jahr später erfolgte – erstmalig nach der Zerstörung 1943 – eine konservatorische Erfassung und Bewertung des Trümmermaterials. Angesichts der Menge und der dramatischen Schäden schien zum damaligen Zeitpunkt eine Restaurierung des gesamten Denkmälerbestandes unrealistisch und wenig Erfolg versprechend.

Die insgesamt ca. 27.000 Bruchstücke (**Abb. 227**) waren zum Teil mit Resten alter Klebungen und Ergänzungen behaftet, von Rissen durchzogen oder von späteren Bauarbeiten verschmutzt. Die Materialspannungen beim Brand des Museums hatten zum schalenartigen Abriss rund um temperaturkonstante Kerne an den Steinen geführt. Die noch anhaftenden Schalen wiesen an dünn auslaufenden Rändern starke Materialverluste auf und ließen sich durch eingedrungene Partikel nicht mehr bündig anlegen. Die durch Hitze bedingte Volumenzunahme der alten Messingdübel hatte ebenfalls zu Rissen (**Abb. 236**) oder Absprengungen geführt.

Erst durch den folgenden Abgleich von erhaltenen charakteristischen Oberflächen mit der Fotodokumentation Oppenheims konnte an die Wiederherstellung einzelner Partien der Bildwerke gedacht werden. Die zu diesem Zeitpunkt identifizierbaren Fragmente verteilten sich hauptsächlich auf Skulpturen von der Vorderfassade des West-Palastes. Am männlichen Löwen konnten dabei die umfangreichsten Zuordnungen vorgenommen werden, wodurch sich dessen Restaurierung in der ersten Projektphase anbot.

Zu Beginn des Restaurierungsprojektes 2001 wurde deshalb zunächst auch nur die Restaurierung einzelner Bildwerke vom Eingangsportal des West-Palastes als Ziel benannt. Dabei sollte in einem klar begrenzten Zeitraum der grundsätzliche Nachweis für eine erfolgreiche Restaurierung der zertrümmerten Denkmäler erbracht, entsprechende Mustertechnologien entwickelt und Klebe- sowie Ergänzungsmaterialien getestet werden.

Angesichts der vielen Fragen zur technischen Machbarkeit einzelner Restaurierungsabschnitte, zur Vollständigkeit der Bildwerke, zu Schäden und Oberflächenveränderungen, mit denen das Restauratorenteam konfrontiert war, konnte das erste Projektjahr erfolgreich abgeschlossen werden. Neben einer teilrestaurierten Löwenskulptur gab es jetzt auch konkretere Vorstellungen vom Spektrum der zu lösenden Probleme. Im Rückblick betrachtet, entstand aus diesen Anfangsüberlegungen eine der anspruchsvollsten Arbeitsaufgaben, denen Steinrestauratoren in ihrem Berufsleben begegnen können.

Bereits Max von Oppenheims Restaurator Igor von Jakimow [Siehe Beitrag N. Cholidis zu Jakimow, **Abb. 186**] musste umfangreiche Ergänzungen an den bereits im Altertum zerstörten Bildwerken vornehmen. Anliegen war es deshalb, die erhaltenen Ergänzungen als „Restaurierungsvorlage“ zu bewahren und mit modernen Materialien zu konsolidieren. Die Zementergänzungen mit eingebetteten Originalteilen, zum Beispiel von den Köpfen des Löwen und des Greifen, wurden deshalb abgeformt und anschließend demontiert.

Überraschenderweise fanden sich im ergänzten Löwenhinterteil Fragmente mit antik bearbeiteter Oberfläche, die dort als Füllstoff verbaut waren, jedoch offensichtlich zu einem Säulenkapitell gehörten.

Ausgehend von diesen Anhaltspunkten und Betrachtungen der alten Montagen aus dem Tell Halaf-Museum stellte sich heraus, dass in den 1930er Jahren Fragmente falsch positioniert worden sind oder sogar zu anderen Bildwerken mit ähnlichem Dekor gehörten. Daraus resultierende Abweichungen waren durch dicke Klebefugen und Oberflächenbeschichtungen verdeckt und konnten erst nach der Vorreinigung erkannt und beurteilt werden. Zusätzlich wurden im Laufe des Projektes Fragmente neu zugeordnet, die neue Zusammenhänge und Formenkorrekturen an Ergänzungen erforderlich machten. Beispielhaft zeigte sich das am Sockel auf dem Rücken des Portallöwen, der durch neu gefundene Anschlüsse jetzt originalgetreu rekonstruiert werden konnte. Das Hinterteil der Löwin ließ sich durch ursprünglich am männlichen Löwen verbaute Fragmente komplettieren. Die Fehlzuweisungen sind sicherlich auch mit dem großen Zeitdruck, unter denen die Restaurierungen bei der Einrichtung des Tell Halaf-Museums Ende der 1920er Jahre erfolgten, zu erklären. Darüber hinaus ist es offenbar bereits bei der Fundteilung zu Verwechslungen gekommen oder bestimmte Fragmente konnten damals den entsprechenden Denkmälern nicht zugeordnet werden. Das hatte zur Folge, dass Bruchstücke von Berliner Bildwerken in Syrien verblieben sind und umgekehrt.

Die Monumentalbildwerke waren auf Ziegelsockeln in einem Mörtelbett mit Zement verklebt worden. Auch geringfügige Abweichungen bei der Verklebung der Plinthe verursachten im oberen Bereich zunehmende Versätze und dicke Klebefugen.

236 Carsten Schneider (li.) und Peter Kozub (re.) erfassen das Risssystem im Kopf der östlichen Sphinx mit Ultraschallmessungen, 2005

237 Provisorisch zusammengesetztes Unterteil der Grabfigur, 2006

238 Oberkörper der weiblichen Grabfigur: Kernstücke mit aufgelegten Oberflächenfragmenten, 2004

Durch den mittlerweile ausgehärteten Mörtel und die Messingklammern in den unteren Klebefugen waren diese Abweichungen nicht mehr korrigierbar. Die betreffenden Partien wurden ebenso wie die Ergänzungsteile mit einem Mörtelüberzug homogenisiert. Ein ähnlicher Befund zeigt sich an den Objekten aus Zincirli, die ebenfalls in den 1930er Jahren restauriert wurden. Offenbar entsprach diese Technologie dem allgemeinen Stand im Restaurierungsbereich, zumal sich Oppenheim nachweislich auch Rat suchend an die Vorderasiatische Abteilung der Staatlichen Museen gewandt hatte.

Bei der Übernahme der identifizierten Fragmente [siehe Beitrag von N. Cholidis/U. Dubiel] handelte es sich in der Regel nicht um den Gesamtbestand der zu einem Denkmal gehörenden Bruchstücke. Deshalb waren provisorische Montagen erforderlich (**Abb. 237**), um spätere Fragmentfunde einfügen zu können. Bei kleineren Bildwerken war das unproblematisch, die hohen Einzelgewichte der Fragmente und die Gesamtmassen von größeren Objekten erforderten dagegen aufwändige Stützkonstruktionen (**Abb. 238**). Bei der Zusammensetzung von Bruchstücken aus dem Innenbereich einzelner Denkmäler entstanden Gebilde, die erst mit der Auffindung von anpassenden Oberflächenfragmenten identifiziert werden konnten.

Die erforderlichen Arbeitsschritte für die endgültigen Montagen und Verklebungen glichen sich bei allen Figuren weitgehend. Nach der Übernahme der provisorisch vormontierten Bildwerke musste diese wieder zerlegt (**Abb. 239**) werden. Dabei wurde jedes Fragment mit einem Nummernsystem versehen, wodurch sich die Bezüge zu benachbarten Teilen verdeutlichen ließen. Kontaktflächen wurden mit Kreideumrissen markiert, um die räumliche Zuordnung zu vereinfachen, wobei alle Zwischenphasen mit Arbeitsfotos dokumentiert wurden. Besonders nach Arbeitsunterbrechungen – jeder Restaurator bearbeitete zeitgleich mehrere Bildwerke und externe Projekte – konnten damit schnell alle Zusammenhänge wieder nachvollzogen werden.

Für absolut dicht schließende Klebefugen mussten die Klebungen (**Abb. 240**) optimal vorbereitet sein: Nach der Reinigung der Fragmente – beson-

239 Die Restaurierungswerkstatt 2004

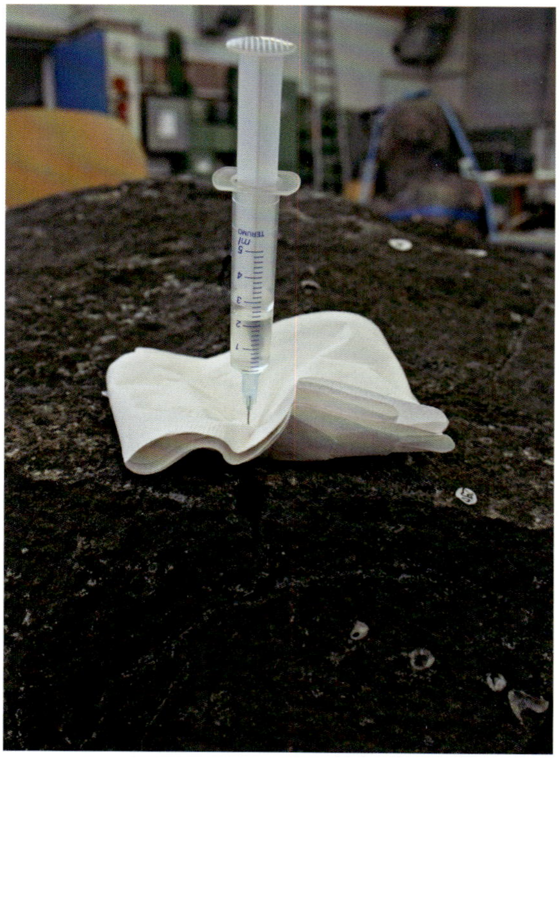

ders die Kontaktflächen der späteren Klebungen mussten restlos von gelösten Partikeln befreit werden – wurden die Teile probeweise zusammengesetzt, um die Klebereihenfolge festzulegen und die Passungen zu kontrollieren. Jede Verunreinigung in den Fugen und Ungenauigkeiten des Anschlusses hätte bei der Vielzahl der folgenden Fragmente andernfalls zu nicht korrigierbaren Versätzen und Abweichungen geführt.

Nach dem Klebemittelauftrag – Verwendung fand ein Epoxidharz – auf den markierten Kontaktflächen, wurden die Teile in der vorgegebenen Reihenfolge aneinander gesetzt. Die dadurch entstehenden Segmente wurden mit Zurrgurten unter hohem Druck (**Abb. 241**) zusammen gepresst. Die Druckrichtung wurde an den einzelnen Fragmenten durch untergelegte Holzstückchen ausgerichtet, wodurch jede Klebefuge die erforderliche Pressung bekam. Durch das Anlegen von benachbarten Segmenten

240 Rissverklebung an einem größeren Bruchstück durch Injektionen, 2007

241 Zwei Segmente der großen Grabfigur werden liegend verklebt, 2007

242 Stefan Geismeier ergänzt fehlende Partien am männlichen Löwen, 2006

243 Knut Zimmermann beschichtet die ergänzten Partien am Raubvogel mit einem speziellen Mörtel, 2006

oder anschließenden Bruchstücken wurde die Passgenauigkeit der aktuellen Klebung kontrolliert. Eine Ausnahme bildeten Teile mit erhaltenen alten Klebungen. Obwohl die zum Teil dicken Klebefugen Versätze bei der weiteren Montage verursachten, wurde in mehreren Fällen auf eine Trennung verzichtet. Die fest eingebetteten Dübel und dünn auslaufende Materialkanten hätten beim Abarbeiten zu einem nicht vertretbaren Materialverlust geführt.

Neben der Reversibilität aller Maßnahmen mussten die ausgewählten Montage- und Ergänzungsmaterialien vor allem die statische Sicherheit der großen Gewichte und Auflasten garantieren. Zudem sollten gleichzeitig die Veränderung der Gesamtform und die nachträgliche Einpassung von Fragmenten möglich sein.

Bei der intensiven mehrjährigen Beschäftigung mit der Formgebung der Bildwerke (**Abb. 242**) war schnell deutlich geworden, wie sehr sich die Modellierungen der aramäischen Bildhauer von der europäischen Formtradition unterscheiden. Die Annäherung an die Formgestaltung der antiken Steinmetze erforderte neben der Beschäftigung mit den vorliegenden Funden auch den Vergleich mit Kulturzeugnissen aus dem zeitlichen und regionalen Umfeld. Dabei wurde bei einer sich ähnelnden Gesamtästhetik der Bildwerke eine breit gefächerte Formenvielfalt im Detail deutlich.

Vor allem die zahlreichen antiken Schäden machten die umfangreiche Ergänzung fehlender Teile erforderlich. Dadurch sollte sich an den Denkmälern über den Fundzustand hinaus auch wieder die ursprüngliche Ästhetik dieser Monumentalskulpturen erkennen lassen. Mit dieser Fragestellung war sicher auch Igor von Jakimow konfrontiert worden. Die dabei von ihm entwickelten Lösungen haben das bisherige Bild von den wiederhergestellten Skulpturen in der Fachwelt entscheidend geprägt. Aufbauend auf diesen Formen konnten bei der aktuellen Restaurierung durch neue Fragmentzuordnungen andere belegbare plastische Lösungen gefunden werden. Dabei war die teilweise Abkehr von den „Jakimow-Formen“ mit der Gewöhnung an das neue Erscheinungsbild der umfangreich ergänzten Denkmäler und dessen Akzeptanz verbunden. Details, wie zum Beispiel der Bauchlinienverlauf der Löwen, veränderten dabei nur die entsprechenden Partien. Große Veränderungen, wie die neu gestalteten Hinterteile, Sockelaufsätze und Kopfpositionen prägen jedoch die gesamte Silhouette der Skulpturen. Dabei bilden die mit Steinmörtel beschichteten Ergänzungsbereiche (**Abb. 243**) die Verbindung zwischen der Figur und den anschlusslosen Fragmenten, so dass die Vervollständigung der Kontur, die Gesamtform der Bildwerke, erkennbar ist, ohne den tatsächlichen Erhaltungszustand zu verdecken.

Ein zusätzliches spannendes Kapitel der Restaurierung war die Untersuchung der Oberflächenveränderungen am Gestein durch die Brandkatastrophe. Nachdem bei Reinigungsversuchen allgemein gebräuchliche Verfahren unwirksam blieben, wurde deutlich, dass nur die intensive Auseinandersetzung mit der Zerstörungsgeschichte zu neuen Lösungsansätzen führen würde. Vor allem die starken Beeinträchtigungen durch die Teerverschmutzungen vom brennenden Museumsdach sollten bei der Rei-

244 Mit hohem Druck wird das Trockeneis auf die teerverschmutzten Flächen gestrahlt, 2008

nigung verringert werden. Ein Großteil des Teeres war zu Kohlenstoff verbrannt und hatte eine stabile Verbindung mit den Steinoberflächen gebildet, wie rasterelektronenmikroskopische Untersuchungen von winzigen Probenmengen ergaben. In den Teerauflagerungen ließen sich außerdem Reste des Phosphors der Brandbombe, Quarz aus verbrannten Gebäudeverglasungen und Kalk von im Feuer zerstörten Kalksteinobjekten nachweisen. Eine Wiederherstellung der ursprünglichen Oberfläche war also nicht mehr möglich, weil die hohen Temperaturen und besonderen Bedingungen beim Brand [siehe Beitrag K. Drüppel] eine neue, echte Patinierung zur Folge hatten. Unter dem Elektronenmikroskop konnte der Grenzbereich zwar bei hoher Auflösung sichtbar gemacht werden, für eine praktische Anwendung eines Reinigungsverfahrens auf großen Flächen hatte das jedoch keine Bedeutung. Vor diesem Hintergrund ist auch zu erklären, dass Versuche mit einem Laser, die Auflagen zu verringern, fehlschlagen mussten. Beim Einsatz mit geringer Arbeitsenergie wurde lediglich die Kohlenstoffoberfläche durch Reinigung weiter verschwärzt. Bei stärkeren Arbeitspulsen war der Grenzbereich zum Steinuntergrund sofort durchbrochen und der Laser löste Partikel aus dem tiefer liegenden Basalt heraus.

Nach Abnahme von großflächigen Zementverschmutzungen, der mechanischen Reinigung mit Skalpell und Trockeneisstrahl (**Abb. 244**), der Oberflächenbehandlung mit Ionentauschern (**Abb. 245**) zur Verringerung von Gipskrusten sowie der Anwendung einer Reinigungspaste zur Minderung von Eisenoxidverfärbungen spiegelt der jetzige Oberflächeneindruck das Schicksal der Denkmäler seit ihrer Erschaffung wider.

Die Koordinierung der Zusammenarbeit von Restauratoren und Wissenschaftlern war ein ent-

245 Reinigung mit Mikroheißdampf, 2007

scheidendes Kriterium. Die Spezifik des Identifizierungsprozesses [Siehe Beitrag N. Cholidis/U. Dubiel] erforderte von allen Beteiligten eine enorme Flexibilität. Durch die gleichzeitige Beauftragung von mehreren Objekten ließen sich zeitliche Verzögerungen bis zu einem gewissen Maß kompensieren, denn nicht immer konnten dringend benötigte Fragmente auf Anhieb gefunden werden. Nicht einzuplanen war indes die erstmalige Zuordnung von Altfragmenten, die Oppenheim in großer Zahl während der Ausgrabungen (**Abb. 246**) gefunden hatte. Diese „Neuzugänge" führten nicht selten zu neuen Diskussionen bezüglich der Formfindung. Gerade diese Korrekturen erschwerten einen stringenten Arbeitsablauf in der Restaurierung. Auch bei den plastischen Ergänzungen mussten Restauratoren und Archäologen in diesem Falle bereit sein, fertige Modellierungen wieder zu verwerfen (**Abb. 247**). So zog sich die Fertigstellung des männlichen Löwen vom Eingang des West-Palastes, mit dem die Restaurierung 2001 begonnen wurde, über acht Jahre hin.

246 Nach eigenem Bekunden versuchte sich auch Oppenheim an der Identifizierung der aufgesammelten Fragmente, Tell Halaf 1911/13

247 Der Kunstformer Hans Hallmann bei Korrekturarbeiten an einer großen Reliefplatte, 2007

Das Gesamtergebnis, die in großen Teilen wiederhergestellte archäologische Sammlung Max von Oppenheims, hat alle Mühen gerechtfertigt. Wenig beachtete und als unattraktiv geltende Magazinbestände sind durch entsprechende Rahmenbedingungen – ein kompetentes und effizientes Team sowie eine solide Finanzierung – zu eindrucksvollen Zeugnissen der aramäischen Kultur geworden, die künftig einen neuen Schwerpunkt in der ständigen Ausstellung des Vorderasiatischen Museums bilden wird.

Literatur

Geismeier 2005; Geismeier 2010.

Basalt mit Gedächtnis – Ursprung, Abbau und eine ereignisreiche Geschichte

Kirsten Drüppel, Berlin

Schweigsam thronen die Götter von Guzana. Und doch haben die aus grauem Basaltgestein gefertigten Statuen wichtige Informationen zu ihrer ereignisreichen Geschichte gespeichert. Diese reichen von ihren Ursprüngen, vor etwa 1 Million Jahren vor unserer Zeit, bis hin zu ihrer Formung, Zerstörung und Wiederkehr. Diese „Erinnerungen“ können durch mineralogische Untersuchungen zugänglich gemacht werden. Kombiniert mit archäologischen Befunden liefern sie so ein ungewöhnlich vollständiges Bild von der wechselhaften Vergangenheit der antiken Basaltstatuen vom Tell Halaf.

Der Ursprung der Basalte vom Tell Halaf – auf der Suche nach den antiken Steinbrüchen

Geologisch betrachtet ist Ostanatolien eine der wenigen rezent aktiven Orogenzonen der Welt. Die Kollision der Arabischen mit der Eurasischen Kontinentalplatte begann im späten Eozän (vor ca. 50 Millionen Jahren) und hält bis heute an.[1] Im Verlauf der Kollision setzte entlang von Brüchen weit verbreitet vulkanische Aktivität ein, die die Bildung mächtiger Lavadecken zur Folge hatte. Gemeinsam mit den

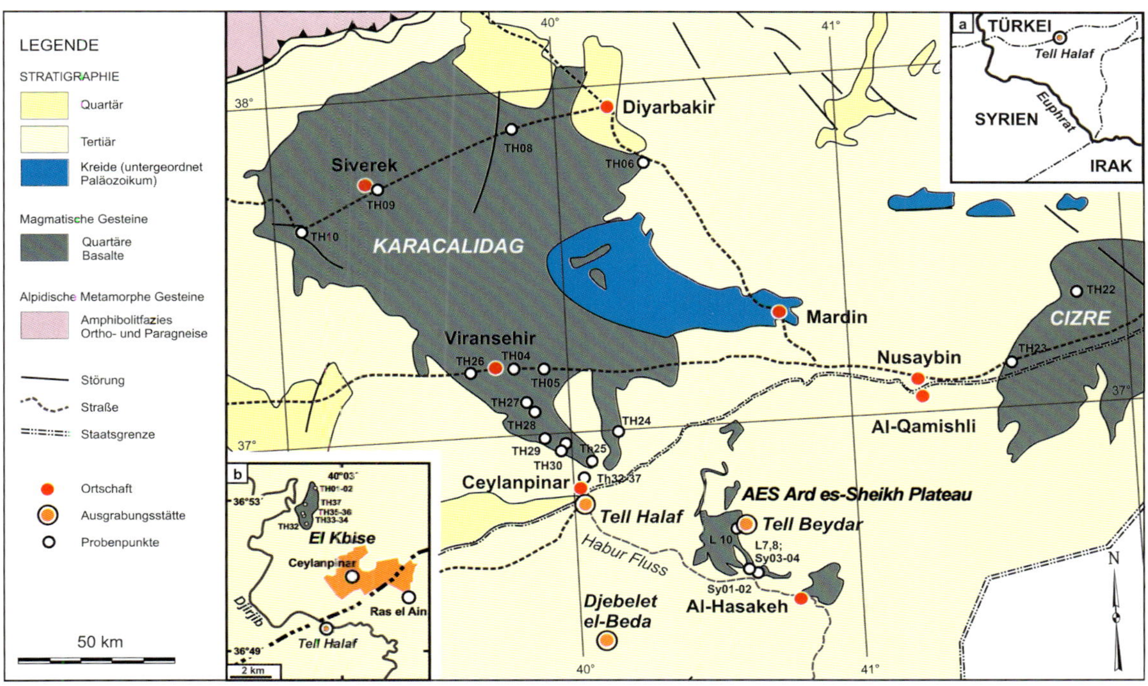

 Geologische Karte der Region um den Tell Halaf. (a) Politische Karte. (b) Geologische Detailkarte des nahe Tell Halaf gelegenen El Kbise

249 Nahe dem Tell Halaf gelegene Basaltvulkane. (a) Mächtige Lavaströme des El Kbise. (b) Der Djirjib, ein Zufluss des Habur, verbindet den El Kbise und Tell Halaf. (c) Verwitterte Basaltgerölle des südlichen Karacalidag. (d) Südwestflanke des Ard es-Sheikh-Basaltplateaus, in der Nachbarschaft des Habur.

zeitgleich abgelagerten Sedimenten bilden diese weiträumig vulkano-sedimentäre Ablagerungen, die etwa zwei Drittel Ostanatoliens bedecken. Mit einem Alter von weniger als einer Million Jahre sind die basaltischen Schildvulkane im Umkreis vom Tell Halaf erdgeschichtlich vergleichsweise jung. Es handelt sich hierbei um den Vulkan Karacalidag, den in direkter Nachbarschaft des Tell Halaf gelegenen Vulkan El Kbise, das Basaltplateau von Cizre und das Ard es-Sheikh-Basaltplateau (**Abb. 248 und 249**).

Trotz der langjährigen geologischen Untersuchungen blieb die exakte Lokalität der antiken Steinbrüche lange Zeit unbekannt. Max von Oppenheim vermutete, dass die Basalte ursprünglich an den Bergflanken des nahe Tell Halaf gelegenen El Kbise gewonnen wurden, obwohl er keine eindeutigen Steinbrüche identifizieren konnte.[2] Dennoch hielt er den kleinen Vulkan für die wahrscheinlichste Quelle des basaltischen Rohmaterials, da er eine große Ähnlichkeit der hier aufgeschlossenen, mächtigen Basaltdecken mit den archäologischen Fundstücken notierte (**Abb. 249a**). Zudem beträgt der Transportweg über den Flusslauf des Djirjib zum antiken Tell Halaf nur etwa 15 km und war somit auch in der Frühen Eisenzeit (10./9. Jh. v. Chr.) zu bewältigen (**Abb. 249b**). Oppenheim vermutete weiterhin, dass dieselben Basaltsteinbrüche auch für die Herstellung der Bildwerke auf dem etwa 58 Kilometer Luftlinie südlich gelegenen Djebelet el-Beda (ca. 2600–2350 v. Chr.) genutzt wurden. Um diese Aussagen zu prüfen, wurden sowohl der El Kbise als auch die weiteren Basaltvorkommen in der Region mineralogisch untersucht. Diese Proben wurden mit Basaltartefakten der wichtigs-

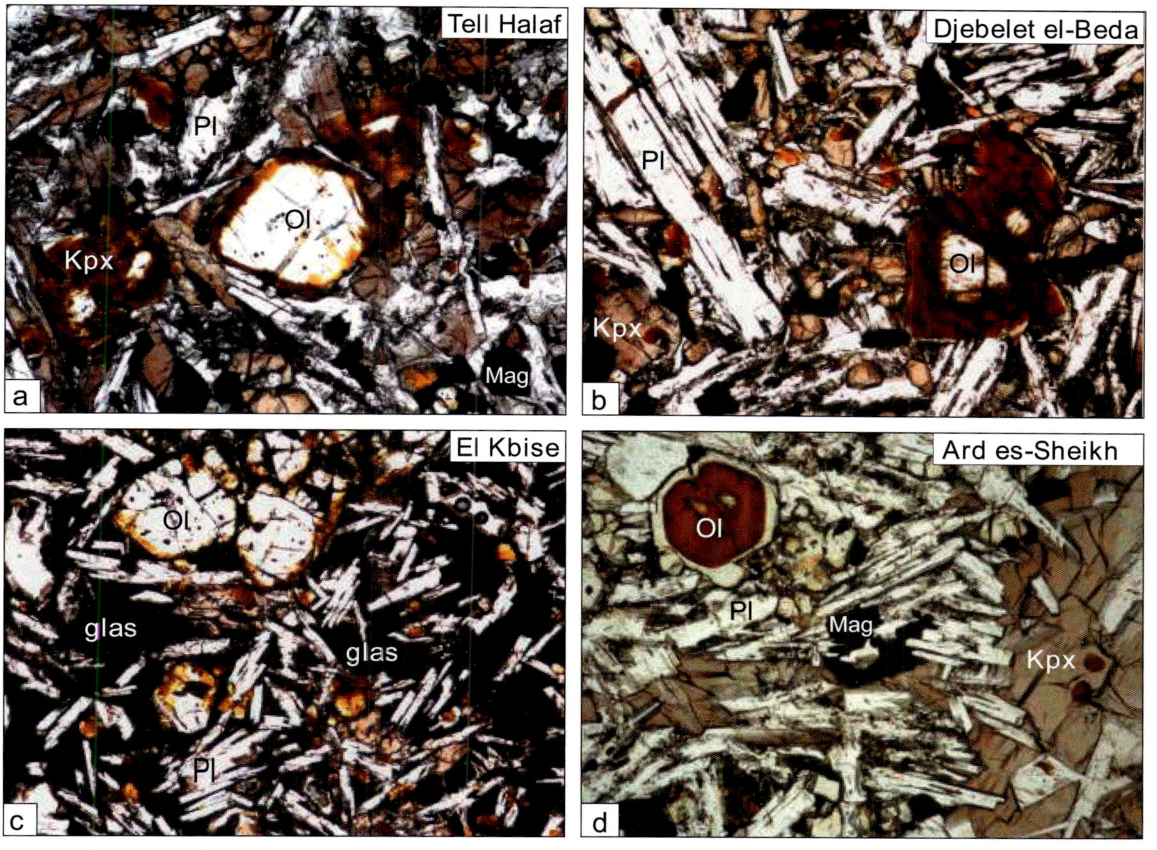

250 Mikrofotografien von Dünnschliffen der Basaltproben der antiken Ausgrabungsstätten (a, b) und der Basalt-Vorkommen der türkisch-syrischen Grenzregion (c, d). (*Kpx* Klinopyroxen; *Mag* Magnetit; *Ol* Olivin; *Pl* Plagioklas)

ten archäologischen Stätten der Region – Tell Halaf (antik Guzana, ca. 1000–800 v. Chr.), Djebelet el-Beda (2600–2350 v. Chr.) und Tell Beydar (antik Nabada, ca. 2700–2300 v. Chr.) – verglichen.[3] Weiterhin sollten Informationen über die Art und Dauer der Abbautätigkeit sowie die Transportrouten des Rohmaterials zu den archäologischen Stätten gewonnen werden.

Bemerkenswerterweise sind die Basalte der drei archäologischen Fundstätten hinsichtlich ihres Gefüges und Mineralbestandes nahezu identisch. Alle Artefakte enthalten größere, grünliche Olivinkristalle in einer sehr feinkörnigen Matrix aus farblosem Plagioklas, bräunlichem Klinopyroxen sowie den Erzphasen Ilmenit und Titanomagnetit und sind durch meist hohe Anteile an unregelmäßig verteilten Blasenhohlräumen charakterisiert (**Abb. 250a und 250b**). Auch hinsichtlich ihrer chemischen Zusammensetzungen sind die Basalte der drei archäologischen Fundorte kaum zu unterscheiden. Die stark blasigen Vulkanite des El Kbise und aus Cizre unterscheiden sich dagegen deutlich von den antiken Basaltartefakten, da sie meist eine glasige Matrix und abweichende mineralogische Zusammensetzungen zeigen (**Abb. 250c**). Hinsichtlich ihrer mineralogischen Charakteristika sind der südliche Karacalidag und das südliche Ard es-Sheikh-Plateau (**Abb. 250d**) die wahrscheinlichsten Lieferanten für das Rohmaterial der Basaltartefakte der drei archäologischen Fundorte, da sie vergleichbare Gefüge und Mineralbestände aufweisen. Die beste chemische Übereinstimmung mit den archäologischen Artefakten weisen erneut Proben des südlichen Ard es-Sheikh-Plateaus und des südlichen Karacalidag

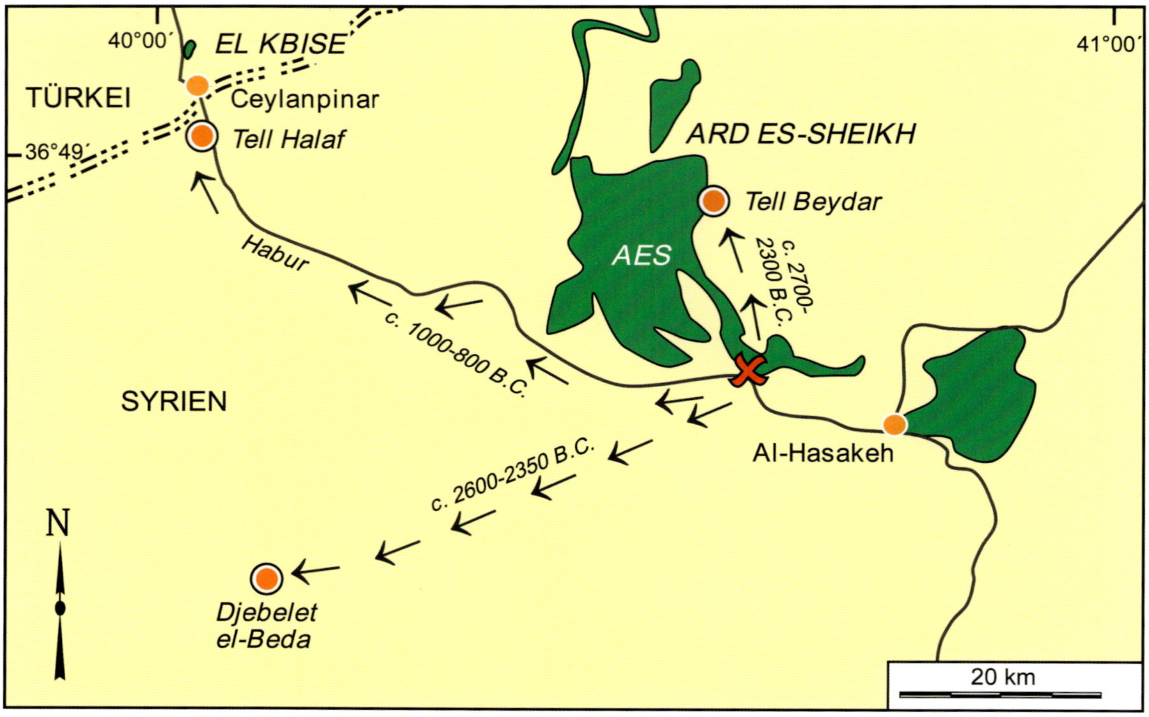

251 Modell zur Herkunft und zu den Transportwegen des Rohmaterials der Basaltstatuen des Tell Halaf

auf. Dies ist insbesondere anhand von sensiblen Spurenelementen wie den Seltenerdelementen nachvollziehbar. Während jedoch die Basalte des Ard es-Sheikh-Plateaus als Lavaströme signifikanter Mächtigkeit aufgeschlossen sind (**Abb. 249d**), dominieren am südlichen Karacalidag Ebenen aus stark verwitterten Basaltgeröllen, die kaum zur Herstellung der monumentalen Statuen vom Tell Halaf geeignet waren (**Abb. 249c**). Ergänzende Elektronenstrahlmikrosonden- und Laserablations-ICP-MS-Analysen der chemischen Zusammensetzung einzelner Minerale der Basalte, insbesondere von Plagioklas und Klinopyroxen, bestätigen, dass der südliche Karacalidag als potentielle Quellregion der Basaltartefakte vom Tell Halaf ausgeschlossen werden kann und bezeugen erneut die sehr gute Übereinstimmung für Basalte des südlichen Ard es-Sheikh-Plateaus.

In Kombination beweisen die Analysenergebnisse eindeutig, dass das Rohmaterial der Tell Halaf-Skulpturen aus dem etwa 57 km Luftlinie vom Tell Halaf gelegenen, südlichen Ard es-Sheikh-Plateau gewonnen wurde (**Abb. 251**). Damit widerlegen die Daten eindeutig Oppenheims Hypothese.[4] Ein weiteres, unerwartetes Ergebnis dieser Untersuchung ist die exzellente Übereinstimmung der mineralogischen Daten für die drei archäologischen Grabungsstätten Tell Halaf, Djebelet el-Beda und Tell Beydar, die nahezu identische mineralogische und chemische Zusammensetzungen aufweisen. Dies lässt den Schluss zu, dass die Basalte, die in den drei Fundorten genutzt wurden, aus ein und demselben Vorkommen stammen. Folglich setzte die erste aktive Explorationstätigkeit in diesem Steinbruch bereits etwa 2700 v. Chr., während der beginnenden Besiedlung von Tell Beydar, ein und wurde über ca. 1900 Jahre bis zur Gründung der Stadt Guzana auf dem Tell Halaf fortgeführt.

Im Fall von Tell Beydar und Djebelet el-Beda war die Nutzung der Basalte des unweit gelegenen und über Landweg erreichbaren Ard es-Sheikh-Plateaus naheliegend, während die Wahl dieser Lieferregion für Tell Halaf überraschend scheint. Geeignetes Rohmaterial war in nur 6 km Luftlinie in ausreichender Menge an den Hängen des El Kbise verfügbar. Zudem zeichnen sich diese Basalte durch

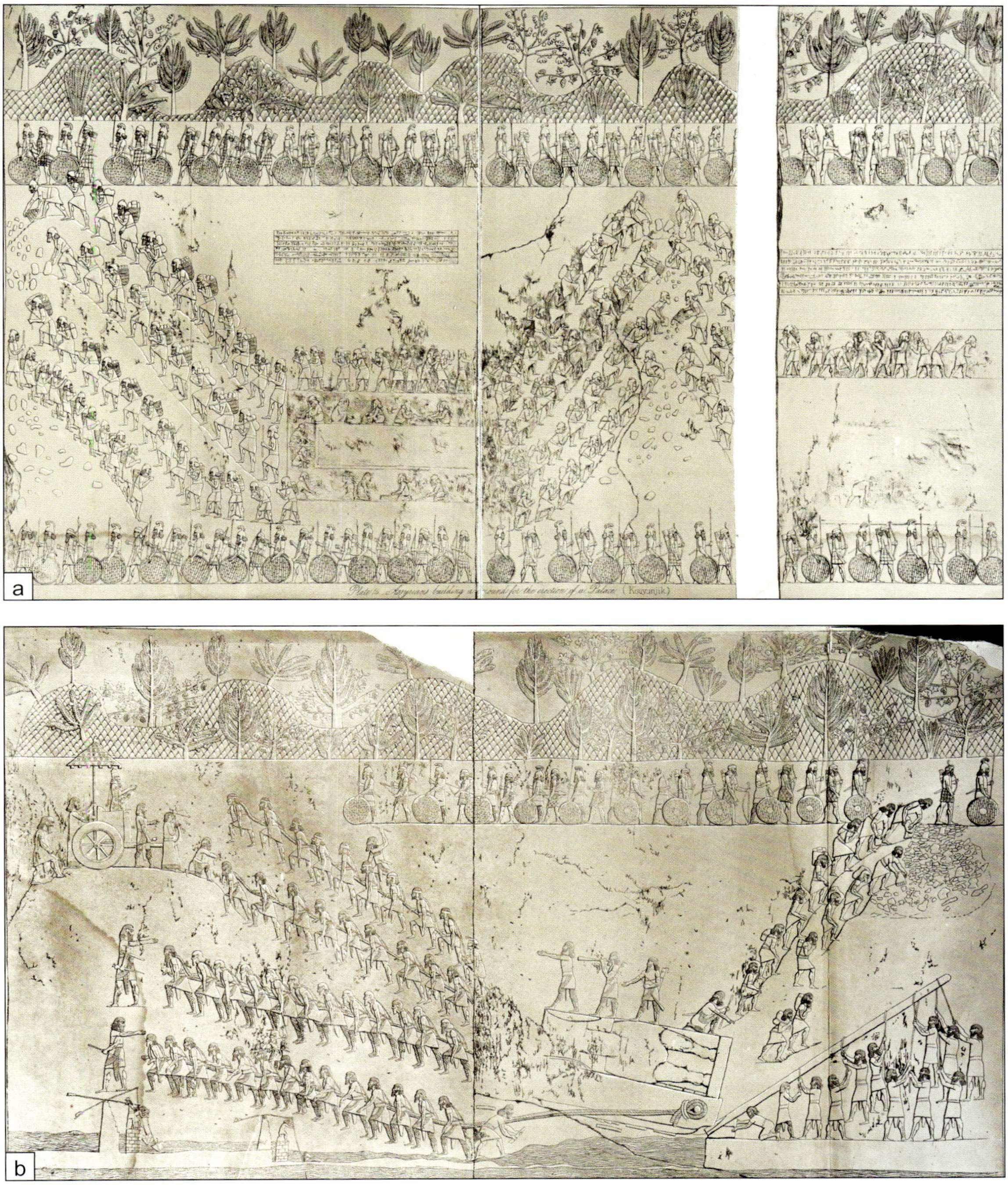

252 Palastreliefs des assyrischen Königs Sanherib (704–681 v. Chr.) aus Ninive (Layard, 1853).
(a) Steinbruch von Ninive: Arbeiter meißeln einen großen Gesteinsblock frei, der Abraum wird auf Halden entsorgt. Soldaten hindern die Arbeiter an der Flucht. (b) Die behauene Statue wird zum Fluss transportiert. Schleusenartige Strukturen (im Vordergrund) dienen zur Regulierung des Wasserpegels.

eine gute Qualität und bemerkenswerte Mächtigkeiten einzelner Lavaströme aus, die für die Herstellung monumentaler monolithischer Statuen überaus geeignet waren. Darüber sind der El Kbise und die antike Siedlung des Tell Halaf durch den Flusslauf des Djirjib verbunden. Es wäre somit ein Leichtes gewesen, das in den Steinbrüchen gewonnene Rohmaterial flussabwärts zum benachbarten Tell Halaf zu transportieren. Dennoch wurden die Basalte definitiv nicht an den Hängen des El Kbise, sondern am Südwesthang des Ard es-Sheikh-Plateaus gewonnen. Die wahrscheinlichste Transportroute zum Tell Halaf war hierbei der Habur, der den potentiellen Steinbruch mit dem Fürstensitz verbindet. Tatsächlich beschreibt Oppenheim eine Anlage entlang der Nordseite der Zitadelle vom Tell Halaf, die den Nordost-Palast vor der Strömung schützen und gleichzeitig den Lauf des Habur in eine Hafenanlage in der Stadt umleiten sollte.[5] Demzufolge muss dieser Fluss – heute ein Rinnsal – zu jener Zeit schiffbar gewesen sein.

Um den Tell Halaf zu erreichen, musste der Basalt über etwa 80 km flussaufwärts transportiert werden. Es ist daher sehr wahrscheinlich, dass die Basaltblöcke bereits im Steinbruch grob behauen wurden, um Gewicht sparen zu können und nur bildhauerisch vorgearbeitete Skulpturen über die anstrengende Route verschiffen zu müssen. Die letzte feinste Detailbearbeitung, die Retusche, erfolgte sicher erst am Tell Halaf. Ein vergleichbares Vorgehen ist für den Steinbruch von Yesemek in der Türkei (1400 und 800 v. Chr.)[6] sowie auf Palastreliefs des assyrischen Königs Sanherib (704–681 v. Chr.) aus Ninive[7] gut belegt (**Abb. 252a**). Auch über mögliche Transporttechniken der zum Teil tonnenschweren Basaltblöcke vom Steinbruch am Ard es-Sheikh-Plateau zum Tell Halaf liefern die Illustrationen auf den Orthostaten des Sanherib-Palastes wertvolle Hinweise.[8] Zunächst wurden die Blöcke vermutlich auf einen Schlitten gehebelt und zum nahe gelegenen Hafen gezogen. Um schwere Basaltblöcke am Fluss zu verladen, ließ man sie über eine Rampe auf am Ufer befestigte Flöße gleiten. Wahrscheinlich wurden diese durch Arbeiter oder Esel mit starken Seilen flussaufwärts getreidelt, eine Technik, die bereits in frühen Dokumenten aus dem ausgehenden 3. Jahrtausend v. Chr. Erwähnung findet.[9] Zur Überwindung von Untiefen waren für die schwer beladenen, tiefliegenden Frachtschiffe spezielle schleusenartige Vorrichtungen erforderlich, die man ebenfalls auf Orthostaten des Sanherib-Palastes identifiziert hat (**Abb. 252b**).[10] Die Frachtschiffe wurden schließlich in der Hafenanlage am Tell entladen, die Rohlinge zum Bauplatz gebracht und vor Ort fertig gestellt.

Über die Gründe für die jahrhundertelange Nutzung der Steinbrüche am Ard es-Sheikh zwischen 2700–800 v. Chr. kann nur spekuliert werden. Es ist möglich, dass die Basalte schlicht für ihre gute Qualität bekannt waren und diese Information über Generationen weitergegeben wurde. Eine weitere Erklärung für den Vorzug der Basalte aus dieser Region könnte darin liegen, dass sich der nahe Tell Halaf gelegene Basaltvulkan El Kbise außerhalb des Einflussbereiches der Fürsten von Bit Bachiani befand und deshalb nicht zur Gewinnung von basaltischem Rohmaterial für den Tell Halaf genutzt werden konnte.

Der Brand des Tell Halaf-Museums 1943 – neue mineralogische Erkenntnisse

Während der Luftangriffe auf Berlin wurde das Tell Halaf-Museum am 22./23. November 1943 von einer Fliegerbombe getroffen und geriet in Brand [siehe Beitrag v. J. Thieme]. Hierbei tropfte geschmolzener Teer des Museumsdaches auf die Basaltstatuen, während Orthostaten aus Kalkstein sowie Gipsabgüsse vollständig dem Feuer zum Opfer fielen.[11] Die stark erhitzten Denkmäler aus Basalt hielten zwar dem Feuer stand, zerbarsten jedoch beim späteren Löschwassereinsatz in tausende Bruchstücke. Mit dem ursprünglichen Ziel, ein Verfahren zu entwickeln, um die unschönen Brandreste unter Erhaltung der ursprünglichen Patina von der Basaltoberfläche zu entfernen, konzentrierten sich die mineralogischen Untersuchungen auf die bituminösen Brandreste auf den Basalten (**Abb. 253**). Es stellte sich rasch heraus, dass dieses Ziel nicht verwirklichbar war. Im Gegenzug konnten jedoch mit Hilfe der mineralogischen Analyseverfahren neue Erkenntnisse zum Brandhergang im Tell Halaf-Museum (**Abb. 254**) gewonnen werden.[12]

Wie detaillierte elektronenmikroskopische Untersuchungen belegen, setzen sich die Brandkrusten

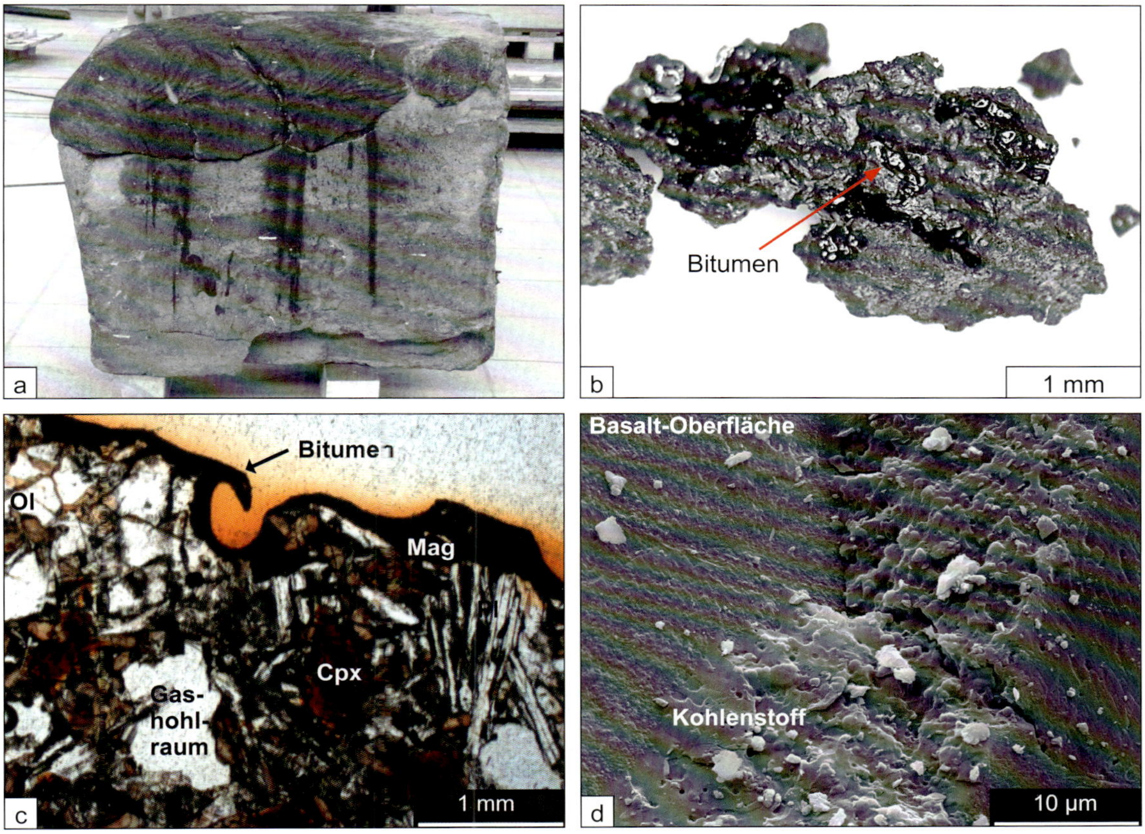

253 Brandreste auf den Basaltstatuen des Tell Halaf. (a) Geschmolzenes Bitumen des Museumsdaches verschmutzt die Oberflächen der ehemaligen Ausstellungsstücke. (b) Zahlreiche Basaltfragmente weisen glänzende bituminöse Verkrustungen auf. (c–d) Das Bitumen füllt sogar feinste Risse und Poren in der Basaltoberfläche (Mikrofotografie und rasterelektronenmikroskopische Aufnahme). (*Kpx* Klinopyroxen; *Mag* Magnetit; *Ol* Olivin; *Pl* Plagioklas)

auf den Basaltfragmenten überwiegend aus Bitumen zusammen, das unzweifelhaft vom ursprünglich geteerten Dach des Tell Halaf-Museums stammt. Dieses enthält variable Anteile von zerbrochenen, geschmolzenen und zum Teil auch neu gebildeten Mineralen (**Abb. 255a**). Besonders häufig finden sich fein pulverisierte Bruchstücke des Basalts. Zusätzlich wurde jedoch eine Reihe unerwarteter, nicht-basaltischer Phasen identifiziert. Ein Teil dieser Partikel lässt sich hierbei eindeutig dem Museumsgebäude oder ausgestellten Schaustücken zuordnen. So deutet die Größe der Quarzbruchstücke (**Abb. 255b**) und ihre Häufigkeit im Bitumen darauf hin, dass es sich hierbei um einen Hauptbestandteil der Dachpappe des Museumsdaches handelt. Poröse Karbonat-Aggregate innerhalb der Brandkrusten (**Abb. 255b und 255c**) und dünne Gipsüberzüge auf den Basaltoberflächen repräsentieren dagegen Relikte der ebenfalls im Museum ausgestellten und verbrannten Kalkstein-Orthostaten und Gipsabgüsse. Bei Zink-Blei-Zinn-Legierungen handelt es sich vermutlich um Bestandteile des geschmolzenen Rohrleitungssystems (**Abb. 255d**). Die ungewöhnlichsten Phasen im Bitumen sind die phosphor- beziehungsweise kaliumreichen Minerale Apatit und Alkalifeldspat, die sich während des Brandes neu gebildet haben (**Abb. 255a und 255b**). Da weder Quellen für Phosphor noch für Kalium im Museum identifiziert werden konnten, müssen diese Elemente im Zuge des Bombenangriffs von außerhalb

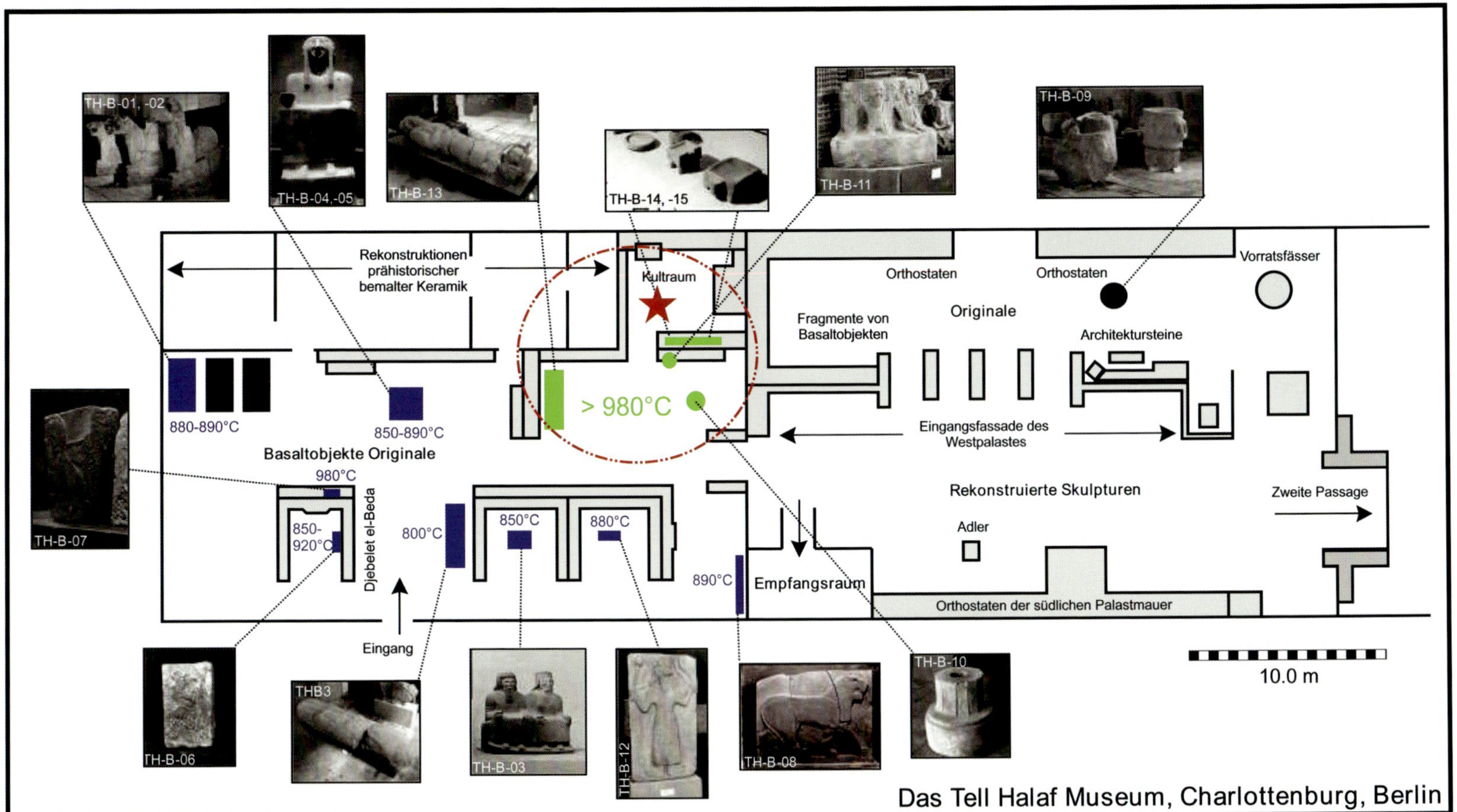

254 Gebäudeplan des Tell Halaf-Museums mit Angabe der rekonstruierten Positionen der untersuchten Basalt-Bildwerke. Lokalität des Bombenaufschlags im Tell Halaf-Museum (rotes Sternsymbol) und Zone mit vollständig geschmolzenen Festkörperpartikeln in den bituminösen Brandkrusten (rote gestrichelte Linie und grüne Objekte) markiert. Die Temperaturwerte illustrieren die Ergebnisse der Berechnungen für die Neubildung von Alkalifeldspat in den Bitumenauflagerungen von Statuen außerhalb der Impaktzone (blaue Objekte).

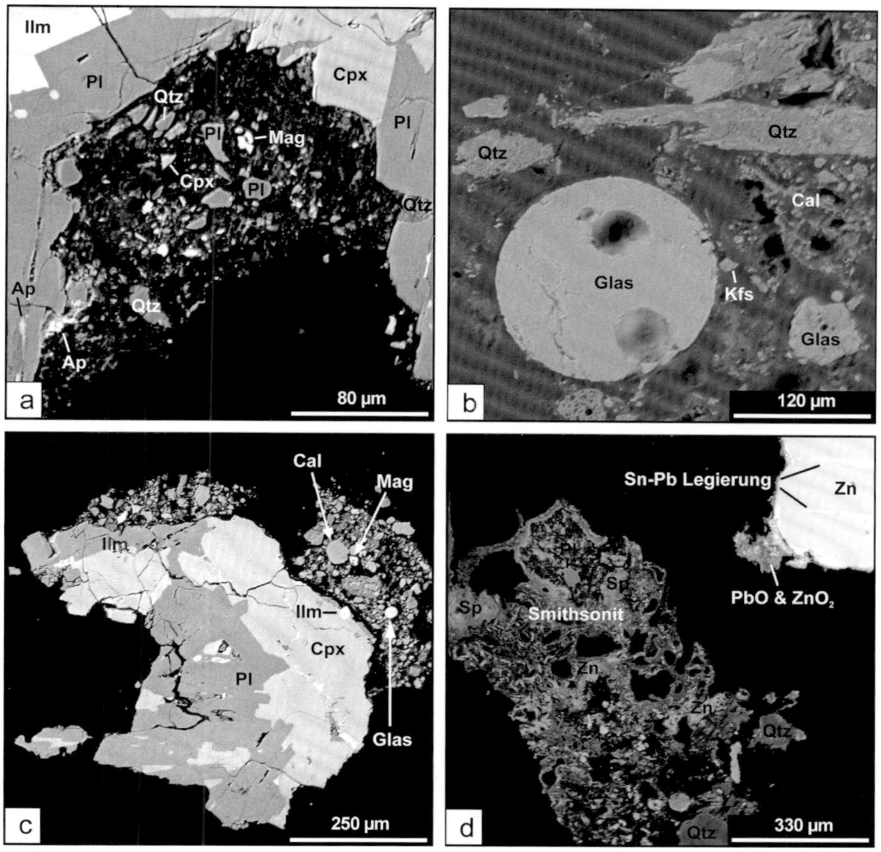

255 Rückstreuelektronen-Aufnahmen von Mikrotexturen der bituminösen Brandkrusten der Basalt-Bildwerke. (*Ap* Apatit; *Ilm* Ilmenit; *Kal* Kalziumkarbonat; *Kfs* Alkalifeldspat; *Kpx* Klino-pyroxen; *Mag* Magnetit; *Ol* Olivin; *Qz* Quarz; *Pl* Plagioklas; *Sp* Sphalerit; *Zn* Zink)

eingetragen worden sein. Somit ist der wahrscheinlichste Lieferant für diese Elemente die Bombe, die das Museum zerstörte. Tatsächlich waren mit Phosphor bestückte Bomben, sogenannte Phosphor-Brandbomben, eine im Luftkrieg der Alliierten gegen Deutschland häufig eingesetzte Brandwaffe. Hierbei wurde der Brandkanister der Bombe mit leicht brennbarem Weißem Phosphor gefüllt. Die Bomben verfügten zusätzlich über eine Vorrichtung zur Zündung des Brandgemisches, die meist Schießpulver mit hohen Gehalten an Kalium enthielt. Phosphor-Brandbomben wurden aus den Flugzeugen abgeworfen, zerbarsten beim Aufschlag und lösten einen Brand aus, der mit Temperaturen von über 1200°C nahezu alle aus brennbaren Materialien errichteten Gebäude zerstören konnte. Augenzeugen- und Kriegsberichte belegen, dass in den Kriegsnächten des 22. bis 24. November 1943 sowohl Spreng- als auch Brandbomben auf Berlin abgeworfen wurden.[13] Die absoluten Temperaturen, die während des Brandes im Tell Halaf-Museum herrschten, konnten anhand der Zusammensetzung von neu gebildetem Alkalifeldspat im Bitumen abgeleitet werden. Die Ergebnisse belegen, dass das Museum über einen längeren Zeitraum unter extremen Temperaturen von 850–980°C brannte. Noch höhere Hitzegrade müssen während des Einschlags erreicht worden sein, da ein Teil der Brandkrusten nur mehr Silikatgläser enthält, die auf Schmelzprozesse innerhalb der Bitumenschichten hinweisen. Diese hohen Temperaturwerte stehen in guter Übereinstimmung mit den für Phosphorbomben angenommenen Brandtemperaturen.[14]

Bemerkenswerterweise finden sich alle Proben mit einem hohen bis sehr hohen Glas-Anteil innerhalb eines 15 m-Radius um den im Abteil 9 rekonstruierten Kultraum (**Abb. 167 und 254**). Einen gegenläufigen Trend zeigt die Dicke der Bitumenschicht – sie ist in der weitesten Entfernung zum Einschlagspunkt besonders stark ausgebildet, während Objekte in der Nähe des Brandherdes eine sehr dünne und poröse Kohlenstoff-Beschichtung aufweisen. Dies lässt vermuten, dass das geschmolzene Bitumen des Museumsdaches beim Kontakt mit den stark erhitzten Bildwerken in dieser Zone vollständig verbrannte. Alle Artefakte, die sehr nahe dem rekonstruierten Kultraum ausgestellt waren, weisen zudem sehr hohe Gehalte an Phosphor auf. Alle diese Charakteristika belegen, dass der Kultraum den wahrscheinlichsten Aufschlagspunkt der Phosphor-Brandbombe repräsentiert. Kontinuierliche Änderungen der Zusammensetzung der Brandreste mit Annäherung an diese Zone zeigen, dass das Museum von nur einer Brandbombe getroffen wurde. Zudem spricht das schalige Bruchmuster der Basaltstatuen mit stets bitumenfreien Bruchflächen dafür, dass das Feuer letztendlich mit Hilfe von Wasser gelöscht wurde, wobei die Basalte oberflächenparallel zerbarsten. Es ist sehr unwahrscheinlich, dass sich diese Brüche infolge langsamer Abkühlung etwa während eines Regen- oder Schneefalls bildeten.

Restaurierung der Statuen vom Tell Halaf – Zuordnung der Fragmente auf der Basis mineralogischer Kriterien

Ein Hauptziel der mineralogischen Untersuchungen war die Bestimmung geeigneter Kriterien zur Unterscheidung und Zuordnung unbearbeiteter Kernstücke der Basaltstatuen. Zu diesem Zweck wurden zunächst mikroskopische Untersuchungen mit einem Binokular durchgeführt. Hierbei fanden sich rasch charakteristische Merkmale der verschiedenen Statuen, die zur Unterscheidung der Basaltfragmente herangezogen werden konnten. Sehr deutliche Unterschiede waren hinsichtlich des mineralogischen Modalbestandes der Proben (Anteile der einzelnen Minerale im Gestein), ihrer Textur (blasig oder massig) und des Verwitterungsgrades und der Verwitterungsfarbe des Minerals Olivin (stark und dunkelrot oder schwach und gelblich verwittert) zu erkennen (siehe auch **Abb. 250**). Mit Hilfe der unterschiedlichen Kriterien konnte letztendlich eine Unterteilung der Fragmente in Untergruppen vorgenommen und somit der Sortierungsprozess der Archäologen effektiv unterstützt werden. Eine eindeutige Zuordnung der Bruchstücke zu einzelnen Statuen erwies sich leider als nicht realisierbar, es konnten aber umgekehrt einzelne Basaltstatuen als potentielle Quellregionen der Basaltfragmente ausgeschlossen werden.

Fazit

Anhand der mineralogischen Untersuchung der Basaltbildwerke vom Tell Halaf wurden wesentliche Erkenntnisse zu ihrer Herkunft, Zerstörung und Restaurierung gewonnen. Die vielseitigen Analyseverfahren zeichnen so ein ungewöhnlich vollständiges Bild von der wechselhaften Geschichte der Tell Halaf-Basalte. Hierbei spielte die kreative Atmosphäre während der interdisziplinären Kooperation der Fachgebiete Mineralogie und Archäologie eine ganz entscheidende Rolle.

1 Dewey et al. 1986; Pearce et al. 1990.
2 Oppenheim 1931.
3 Kratzig/Drüppel 2007; Drüppel et al. (im Druck).
4 Oppenheim 1931.
5 Oppenheim 1931.
6 Duru 2004.
7 Layard 1853; Reade 1983; Russell 1991.
8 Hrouda 1965; Russell 1991.
9 Selz 1998.
10 Hrouda 1965.
11 Cholidis/Martin 2002.
12 Lehmann/Drüppel, 2007; Drüppel/Lehmann 2009.
13 Friedrich 2002.
14 Friedrich 2002.

Djebelet el-Beda – Fortsetzung einer Erfolgsgeschichte

Ulrike Dubiel und Knut Zimmermann, Berlin/Potsdam

Max von Oppenheim wusste seine archäologische Unternehmung auf dem Tell Halaf in den bewährten Händen seiner Grabungsarchitekten, als er im Jahre 1913 eine Erkundungsreise zum Djebel Abd el-Aziz unternahm, einem Gebirgszug etwa 80 km südlich des Tell Halaf. Oppenheims Forscherdrang sollte wiederum zu einem Sensationsfund führen: Am Djebelet el-Beda, einem benachbarten Bergrücken, entdeckte er Fragmente monumentaler Basaltskulpturen, deren archaische Formgebung ein sehr hohes Alter nahelegten (**Abb. 256**).[1] Obgleich er die Bedeutung dieser Funde erahnte, war an eine Ausgrabung vor Ort beziehungsweise eine Bergung der wuchtigen Steinbrocken nicht zu denken, war die Expedition doch zu Pferde unterwegs. Vielmehr beschloss er, seine Entdeckung vorerst geheim zu halten, da er befürchtete, *„daß die Steinbilder sonst beschädigt würden“*.[2]

Erst im Jahre 1927, ausgerüstet mit Automobilen, konnte Oppenheim zum Djebelet el-Beda zurückkehren. Der Abtransport der steinernen Bildwerke durch die unwegsame Steppe geriet mehrfach zur lebensgefährlichen Situation, als die Automobile nacheinander ausfielen und das Trinkwasser zur Neige ging.[3]

Eine gründliche Erforschung des Djebelet el-Beda folgte während der Grabungskampagne von 1929 (**Abb. 257–259**), als Oppenheim über 100 Arbeitskräfte sowie das gesamte Zeltlager vom Tell Halaf dorthin versetzen ließ. Die Arbeit beschrieb er als *„gefährlich und entsagungsreich“*.[4] Immer wieder kam es zu Konflikten mit Beduinenstämmen, und die Versorgung der Männer mit Lebensmitteln und Wasser musste aus dem 80 km entfernten Ras el-Ain per Lastwagen erfolgen.

Binnen eines Monats waren die höchste Erhebung und die nähere Umgebung weitgehend untersucht. Unter mehreren rundlichen Steinsetzungen auf der Kuppe legten die Ausgräber acht Gruben frei, in denen sich zum Teil noch Skelettreste befanden. Auffällig war die beinahe kreuzförmige Anordnung der Gruben (**Abb. 260**). Ähnliche Beobachtungen von wallartigen Steinsetzungen über

256 Oberer Block der Doppelreliefstele in Fundlage, Djebelet el-Beda 1913

257 Abreise zur Vorexpedition, in der Mitte Max von Oppenheim mit Hut und Stock, 1929

258 Einrichtung des Expeditionslagers am Djebelet el-Beda, 1929

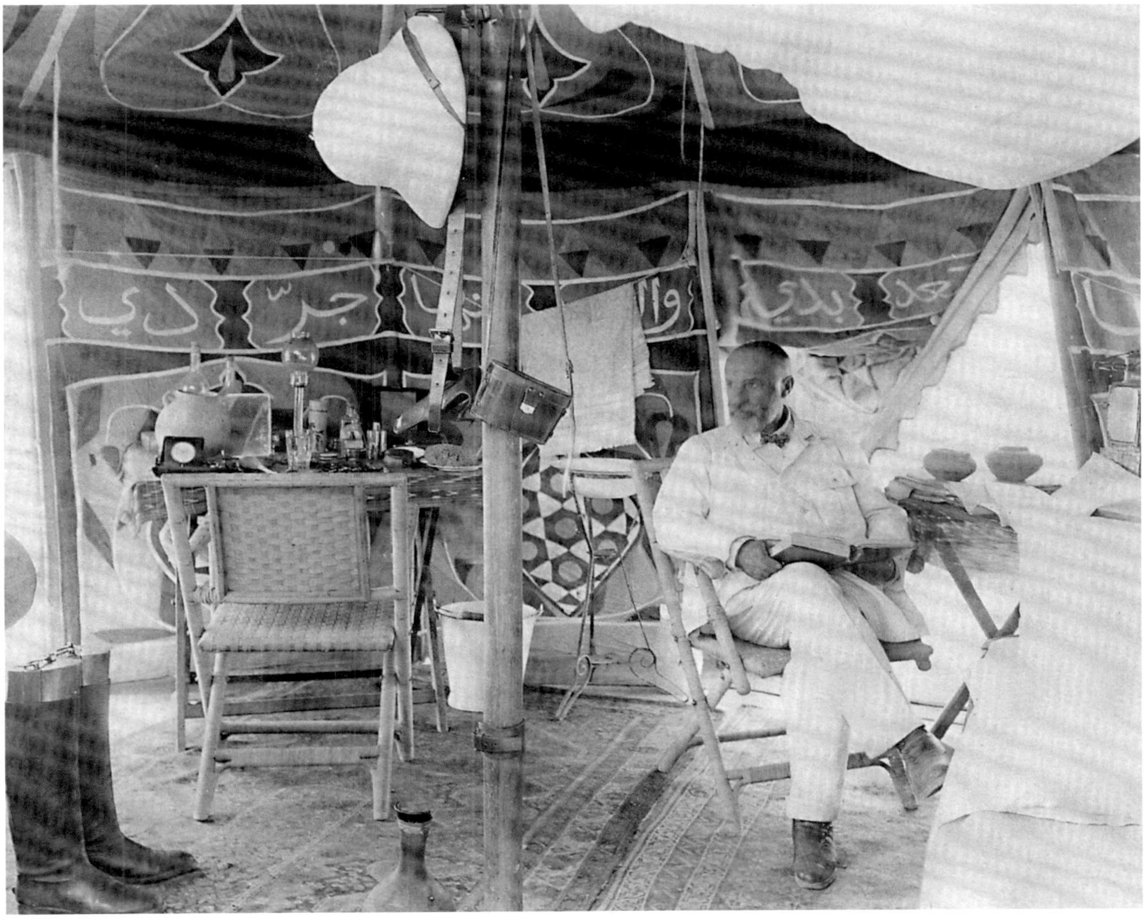

259 Max von Oppenheim in seinem Reisezelt, Djebelet el-Beda 1929

Gräbern wurden auch auf den benachbarten Hügeln gemacht. Funde, die eine zeitliche Einordnung der Anlagen ermöglicht hätten, blieben jedoch aus. Die kreuzförmig angelegten Gruben interpretierte Oppenheim schließlich als Zapfenlöcher für die Monumentalskulpturen, die auf der Hügelspitze eine Art Kultstelle markiert hätten. Erst später und nach Entfernung der Großplastik seien die Gruben als Grabstätten genutzt worden.[5]

Im Berliner Tell Halaf-Museum standen die Bildwerke vom Djebelet el-Beda im Eingangsbereich (**Abb. 261 und 262**). Zur Linken befand sich das Rundbild, das einen bärtigen Mann im Zottengewand mit einer Keule in der rechten und einem weiteren Gegenstand in der linken Hand zeigt. Zur Rechten war die große Doppelreliefstele ausgestellt, die mit der Profildarstellung eines ebenfalls bärtigen Mannes, ausgestattet mit einer barettartigen Kopfbedeckung, Zottengewand und Keule versehen ist. Unterhalb dieser Darstellung sind noch zwei weitere, kleinere Figuren zu erkennen. Eher im Hintergrund war das Segment der zweiten Reliefstele platziert, das auf beiden Seiten eine Person im Zottenrock, wenn auch nur in einem sehr begrenzten Ausschnitt, wiedergibt. Wohl aufgrund ihres enormen Gewichtes und der antiken Beschädigungen sah man davon ab, die großen Blockfragmente von Rundbild und Doppelreliefstele zusammen zu montieren und aufzurichten. Vielmehr wurden die Blöcke auf niedrigen Podesten liegend aneinandergereiht und Gipsabgüsse der Skulpturen senkrecht daneben gestellt, die den Besuchern als „Sehhilfen“ dienen sollten.

Als das Tell Halaf-Projekt seine Arbeit im Herbst 2001 aufnahm, befanden sich unter dem etwa 80 m^3

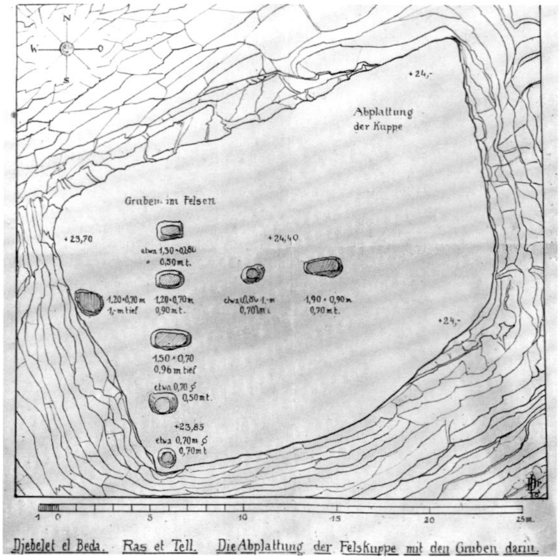

260 Plan von Felix Langenegger mit eingezeichneten Gruben, 1930

umfassenden Basaltschutt auch die Überreste der Bildwerke vom Djebelet el-Beda. Beim Sortieren der völlig vermischten Bruchstücke fielen zunächst die Fragmente mit Reliefdekor ins Auge, die die typischen Gewandzotten zeigten. Weitere spezielle Steincharakteristika halfen, die Fragmente vom Djebelet el-Beda vom übrigen Tell Halaf-Material zu separieren. So wiesen unreliefierte Oberflächenbereiche oftmals grobporig-blasige Strukturen mit einer nahezu schokoladenbraunen Patina auf. Die frischen Bruchflächen im Kernbereich hingegen waren mit auffälligen weißen Sprenkeln durchzogen. Sogar die starke Asphaltverschmutzung konnte zur Identifikation beitragen. Schließlich war es möglich, größere Segmente aus zahlreichen Einzelbruchstücken mit Hilfe von Heißkleber, Zurrgurten und Keilen zusammenzusetzen, die dann in die Restaurierung gegeben wurden.

Dort galt es zunächst, den Fragmentbestand von ca. 2000 bereits vorsortierten Einzelfragmen-

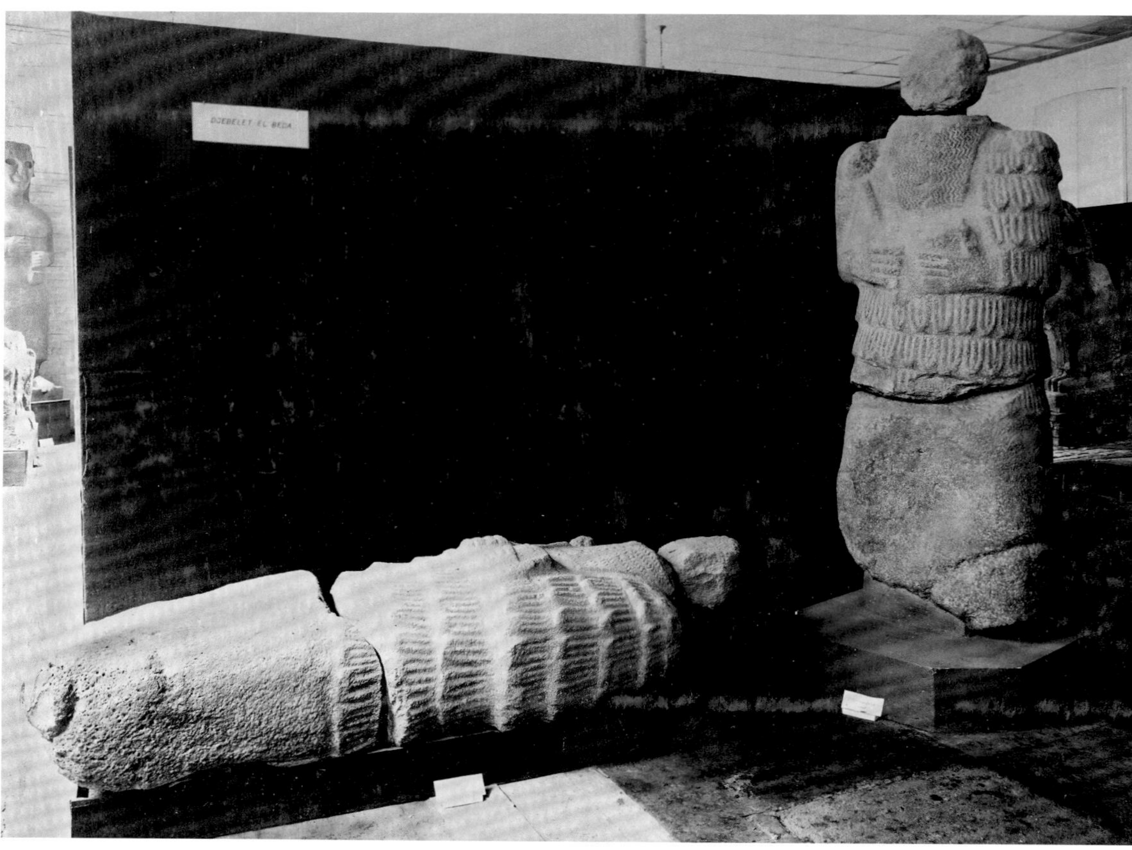

261 Präsentation des Rundbildes (liegend) und einer Gipskopie (stehend) im Tell Halaf-Museum, 1930er Jahre

262 Präsentation der Doppelreliefstele (liegend) und einer Gipskopie (stehend) im Tell Halaf-Museum, 1930er Jahre

ten und schon teilweise aufgebauten Großblöcken zu ordnen und neu zu nummerieren. Eine mühsame Nummerierungsarbeit auf im Durchmesser 8 mm großen Klebepunkten begann. Jedes Fragment wurde mehrfach zu den angrenzenden Bruchstücken (**Abb. 263**) nummeriert. Insgesamt 8039 Klebepunkte konnten für beide Objekte vergeben werden.

Im Anschluss an die Nummerierungsarbeiten erfolgte das Sortieren und Auslegen in Einzelblockgruppen auf insgesamt 43 Paletten. Zu diesem Zweck mussten die durch die Archäologen teilweise aufgebauten, mit Heißkleber gesicherten Großblöcke wieder in ihre Einzelfragmente zerlegt werden. Der Archäologin war es zu diesem Zeitpunkt bereits möglich, nach weiteren Fehlteilen zu suchen, da zuvor verdeckte Lücken in den Kernbereichen durch den Abbau nun wieder sichtbar wurden. Parallel dazu begann der Restaurator damit, die ersten Reinigungs- und Sicherungsarbeiten auszuführen. Bereits zu diesem Zeitpunkt lässt sich von einer überaus effizienten Zusammenarbeit sprechen, da jederzeit auf Fragen eingegangen und die nötigen Zuarbeiten erledigt werden konnten. Dieser Arbeitsstil, welcher in der allbekannten Praxis der Zusammenarbeit von Restauratoren und Wissenschaftlern nicht sehr oft oder nie vorzufinden ist, ermöglichte es, innerhalb weniger Monate zwei Objekte dieser Größe mit insgesamt 1.721 Einzelfragmenten zusammenzusetzen. An dieser Stelle sollten einmal die Größen und Gewichte der beiden Objekte vermerkt werden: Das Rundbild mit einem Gewicht von 3,1 t und einer Höhe von 2,12 m kann als „Leichtgewicht" beider Bildwerke gelten, da die Doppelreliefstele mit noch beeindruckenderen Maßen aufzuwarten hat. Mit einem Gewicht von 5,9 t und einer Höhe von 3,51 m musste diese Skulptur mit zwei Portalkränen, einer eigens

263 Klebepunkte auf dem Schultergürtelblock des Rundbildes, 2008

264 Rissinjektion an einem Kernblock des Rundbildes, 2008

angefertigten Lastenquertraverse und einem 3,5 t Kettenzug bearbeitet werden.

Zu Beginn der Restaurierungsarbeiten war die Sicherung der während der Brandkatastrophe entstandenen Gefügeschäden erforderlich. Die bestehenden Riss-Systeme wurden über medizinisches Spritzenbesteck mittels Epoxidharz injiziert (**Abb. 264**). Bestehende aufklaffende Risse von 2 mm Stärke konnten unter Druck auf ca. 0,5 mm rückdeformiert und verklebt werden.

Wesentlich mehr Zeit musste mit der Reinigung der Bruchflächen der Einzelfragmente verbracht werden. Der oft tagelange Einsatz eines Mikromeißels erfüllte summend die Restaurierungshalle. Die Bruchflächen zeigten bis zu 10 mm starke Teerauflagen, die von dem Brand herrührten. Sehr spannend gestaltete sich die Sichtung dieser Oberflächen, da hier und da ein Dachpappenagel oder Fensterglassplitter des ehemaligen Tell Halaf-Museums als stumme Zeitzeugen von jenem Tag berichteten. Selbstverständlich wurden diese Befunde gesichert und am Objekt erhalten.

Der Tag der ersten Fragmentklebungen stand bevor. Das zuvor absolvierte sechsjährige „Training“ im nahezu fugenlosen Verkleben von Fragmenten garantierte einen reibungslosen Arbeitsverlauf. Allerdings wurde man durch die vielen Unter- und Hinterschneidungen von einzelnen Fragmentschichten dazu gezwungen, oftmals mehr als 50 Einzelfragmente in einem Durchgang miteinander zu verkleben. Hierbei war ein schnelles und präzises Arbeiten gefordert, welches jedoch durch die Abbindezeiten des verwendeten Epoxidharzes begrenzt wurde. Das Verkleben der Einzelfragmente erfolgte unter Druck mittels Schraubzwingen und Zurrgurten (**Abb. 265**) mit einer Zugkraft von 750 kg bis zu 6000 kg. Die Bedienung eines Zurrgurtes konnte nach kürzester Zeit wieder blind in allen „Klebelagen“ ausgeführt werden.

265 Klebungen unter Druck am Oberblock der Doppelreliefstele, 2008

266 Das 5000 Jahre alte Bildnis gehört bis heute zu den ältesten Großplastiken Mesopotamiens, 2010 (Max Freiherr von Oppenheim-Stiftung, Köln)

267 Die Restaurierung der über 3,50 m großen Stele dauerte dank der gesammelten Erfahrungen nur (!) sechs Monate, 2010 (Max Freiherr von Oppenheim-Stiftung, Köln)

Je mehr Fragmente verklebt wurden und je näher man an die originale Oberfläche der Objekte gelangte, desto mehr ergaben sich zunächst schwer zu deutende Beobachtungen an den Oberflächendeckfragmenten: Während einige Bereiche des originalen Oberflächendekors frei von Teerablagerungen waren, wiesen darunter liegende Flächen stärkste Teerverschmutzungen auf. Offenbar waren zu einem sehr frühen Zeitpunkt des Feuers, als die Teerisolierung des Daches noch nicht geschmolzen war, einzelne Bruchstücke abgeplatzt und daher nicht verunreinigt worden. Die zum Teil großflächige Reinigung dieser teerverschmutzten Bereiche erfolgte ergänzend zur Mikromeißelanwendung mit dem Mikrosandstrahlgerät.

Nach Beendung aller Klebearbeiten und dem Abschluss der Zuordnungen letzter Fragmente waren 95 % der Originalsubstanz wieder aufgebaut. Die verbleibenden Verluste zeigten sich hauptsächlich in Form von hohlliegenden Schalen im oberflächennahen Bereich. Diese Partien wurden mittels Schalenhinterfüllungen statisch gesichert. Ein eigens für die Objekte des Tell Halaf-Projektes entwickelter Hinterfüll- und Beschichtungsmörtel kam zum Einsatz. Das Material war auf die mineralischen und optischen Gegebenheiten des originalen Basaltmaterials abgestimmt worden.

Nach 35 Wochen war es endlich geschafft. Beide Bildwerke waren zusammengesetzt und für die abschließende Endreinigung mittels Mikroheißdampf vorbereitet. In einigen Bereichen fanden sich noch Mörtelreste von Altrestaurierungen auf den Oberflächen. Hier wurde eine Kombination von Mikromeißelnutzung und dem Heißdampfen der Oberfläche gleichzeitig angewendet. Das gesamte Reinigungsergebnis zeigte eine angenehme Farbvertiefung auf der originalen Oberfläche und ließ zum Teil besonders in den teerverschmutzten Partien der Vorderseite das Relief deutlicher erkennen.

Obwohl die Skulpturen vom Djebelet el-Beda als einzigartig gelten dürften, wurden sie bislang in wissenschaftlichen Abhandlungen nur selten thematisiert. Dabei sind viele Fragen, etwa zu ihrer Deutung oder ihrer Datierung, nach wie vor ungeklärt.[6] Ihre Zerstörung 1943 und ihr vermeintlicher Verlust scheinen jüngere Generationen von Altertumsforschern entmutigt zu haben, sich mit diesen Objekten, die sie nun nicht mehr selbst in Augenschein nehmen konnten, zu beschäftigen. Zu Oppenheims Zeiten war Syrien in vielen Bereichen noch archäologische *terra incognita*. In den letzten Jahrzehnten jedoch hat die Erforschung des frühurbanen Syriens im 3. Jahrtausend v. Chr. enorme Fortschritte gemacht. Mit der Wiedergewinnung der Monumente vom Djebelet el-Beda (**Abb. 266 und 267**) wird eine Neubewertung dieser singulären Skulpturen nicht nur als Kunstwerke, sondern auch in ihrer Funktion im historischen sowie im sozio-kulturellen Kontext möglich sein.[7]

1 Oppenheim 1931: 199.
2 Oppenheim 1931: 199.
3 Siehe Moortgat-Correns 1972: 8, die sich auf Oppenheims Tagebücher beruft.
4 Oppenheim 1931: 201.
5 Oppenheim 1931: 218ff.
6 Vergleiche Moortgat-Correns 1972, Güterbock 1974 sowie Meyer 1997; Cholidis/Martin 2010: 332–335.
7 Vergleiche Novak 2008: 219.

Banken als Mäzene – Sal. Oppenheim jr. & Cie.

Werner Karsch, Berlin

Das Engagement deutscher Banken im Bereich der Corporate Social Responsibility umfasst ein weites Spektrum. Es reicht von karitativen, sozialen und kulturellen Projekten über Bildungs- und Wissenschaftsinitiativen bis hin zum Umweltschutz. Im Jahr 1789 gegründet, ist das Bankhaus Sal. Oppenheim jr. & Cie. seit über zwei Jahrhunderten ein Beispiel für die positiven Wirkungen des Mäzenatentums.

Leistung ohne Gegenleistung

Die historische Liste wohlhabender Persönlichkeiten, die ideelle Ziele mit beachtlichem Einsatz förderten, reicht weit zurück und umfasst viele prominente Namen, doch einer ragt heraus: Der Römer Gaius Cilnius Maecenas (70–8 v. Chr.), ein Vertrauter und politischer Ratgeber von Kaiser Augustus, trat als großzügiger Förderer der Künste – speziell junger Dichter wie Vergil, Horaz oder Properz – hervor und wurde zum Namensgeber für das Mäzenatentum.

Die Formen und Ziele des Mäzenatentums sind vielfältig. Hierzu zählt nicht allein die unmittelbare materielle Zuwendung für Initiativen, die dem Gemeinwohl dienen. Vielmehr ist auch der weit reichende persönliche Einsatz von Bedeutung. Beispiele sind Ehrenämter und Tätigkeiten in Wohltätigkeitsvereinen. Entscheidend für den Mäzen ist, dass er für sein finanzielles oder persönliches Engagement keine Gegenleistung erwartet.

Eine Ausprägung des Mäzenatentums mit besonders langer Tradition ist das Stiftungswesen, das seine Ursprünge in der klassischen Antike hat. Eine der ersten Stiftungen wurde vom griechischen Philosophen Platon ins Leben gerufen. Nach seinem Tod (um 348 v. Chr.) wurde sein gesamtes Vermögen der von ihm gegründeten Akademie übertragen, um ihre Unabhängigkeit zu sichern und sie möglichst frei von politischen Einflüssen zu halten.

Tausendjährige Geschichte

In Deutschland blicken Stiftungen immerhin auf eine über tausendjährige Geschichte zurück. So berichten die Chronisten bereits im 10. Jahrhundert von den ersten Stiftungen. Sie waren Träger sozialer Einrichtungen wie Armenhäusern, Waisenhäusern und Spitälern. Im Hochmittelalter traten vor allem wohlhabende Bürger als Stifter hervor. In späteren Jahrhunderten waren es dann häufig die reichen Kaufmannsfamilien, die Sinn fürs Gemeinwohl bewiesen, indem sie Stiftungen errichteten.

Ein prominentes Beispiel sind die Fugger. Der Handelsherr Jacob der II. stiftete 1521 die Fuggerei, eine noch heute bestehende Wohnsiedlung für bedürftige Augsburger Bürger. Sie ist die älteste bestehende Sozialsiedlung der Welt. Die Jahres(kalt)-miete für eine Wohnung in der Fuggerei beträgt seit jeher den nominellen Gegenwert eines Rheinischen Gulden (derzeit 0,88 Euro). In den 140 Wohnungen der 67 Häuser wohnen derzeit rund 150 Menschen. Die Fuggerei ist eine Stadt in der Stadt mit einer Kirche, Mauer und drei Toren. Bis heute wird die Sozialsiedlung nahezu ausschließlich aus dem Stiftungsvermögen (Forstwirtschaft und Immobilien) finanziert.

Gemessen an der tausendjährigen Tradition sind Stiftungen bei den privaten deutschen Banken eine eher junge Erscheinung, denn die meisten Stiftungen wurden im 20. Jahrhundert errichtet. Inzwischen haben sie sich aber zu einem Schwerpunkt des ideellen Wirkens entwickelt. Aus gutem Grund, denn der besondere Charme der Stiftungen liegt darin, dass sie nicht nur kurzfristig oder gar einmalig Mittel für gute Zwecke bereitstellen, sondern so konzipiert sind, dass sie dauerhaft helfen.

Corporate Citizenship in der Domstadt

Für das 1789 – im Jahr der Französischen Revolution – von Salomon Oppenheim jr. (1772–1828) begründete Bankhaus Sal. Oppenheim jr. & Cie. und die Bankiersfamilie war Bürgersinn schon immer selbstverständlich. Die Verbundenheit mit der Domstadt Köln kommt in vielfältiger Weise zum Ausdruck: Humanitäres Engagement und Völkerverständigung, die Förderung von Kunst und Kultur, Bildung und Wissenschaft sind die Handlungsfelder.

Solche gemeinnützigen Aktivitäten werden heute mit dem Begriff „Corporate Citizenship“ umschrieben. Dieser Anglizismus steht für das Bemühen von Unternehmen und Unternehmern, sich wie verantwortungsvolle Bürger zu verhalten. Es geht darum, ideelle Initiativen jenseits der reinen Geschäftstätigkeit zu verwirklichen und als gesellschaftliche Kraft Ressourcen zur Gestaltung des Umfeldes einzusetzen, in dem das Unternehmen arbeitet.

268 Salomon Oppenheim jr., der Begründer des Bankhauses, posthumes Gemälde von Joseph Weber, Öl auf Leinwand, 1854 (Privatsammlung)

In der Chronik des Mäzenatentums des Bankhauses und der Familie Oppenheim sind vielfältige Beispiele für diese Geisteshaltung zu finden. So stiftete Salomon Oppenheim (**Abb. 268**) nach der fatalen Missernte des Jahres 1816 zehn Malter Korn für die Armen der Stadt Köln. Derartige Initiativen waren im 19. Jahrhundert besonders segensreich, denn die Hilfsmechanismen des Sozialstaats gab es noch nicht.

Vielmehr halfen wohlhabende Bürger und gemeinnützige Vereine, die zumeist ehrenamtlich und privat organisiert waren, den Armen, Kranken und Bedürftigen. Auch die Familie Oppenheim unterstützte zahlreiche karitative Einrichtungen. Die größte eigene Stiftung war das 1883 eingeweihte Kinderhospital (**Abb. 269**) in der Kölner Buschgasse, das Charlotte Freifrau von Oppenheim (1811–1887) erbauen ließ. Kein Hospital in Köln war für damalige Verhältnisse so modern ausgestattet, keines genoss einen so guten Ruf.

Sich für Kinder einzusetzen, ist ein dauerhaftes Anliegen. Seit 1997 engagieren sich Bank und Familie für den Verein der Freunde und Förderer des Deutschen Kinderschutzbundes Köln, der durch soziale und therapeutische Angebote, Familienberatung, Telefonseelsorge, Informationsveranstaltungen und Präventionsarbeit quasi als „Lobby für Kinder“ fungiert.

Förderer von Kunst, Kultur und Bildung

Auch das Kölner Kulturleben und die Bildungseinrichtungen stehen seit dem 19. Jahrhundert im Mittelpunkt des Mäzenatentums. So gehörten 1839 gleich mehrere Angehörige der Familie Oppenheim zu den Gründungsmitgliedern des Kölnischen Kunstvereins, in dem sich Bürger der Domstadt zur Förderung der Gegenwartskunst zusammengeschlossen hatten.

Dem Wallraf-Richartz-Museum, das 1861 als erstes kommunales Kunstmuseum Deutschlands entstand, bekundete die Familie (**Abb. 270**) durch Schenkung zahlreicher Gemälde ihre Verbundenheit.

269 Zum Gedenken an ihren Mann stiftete Charlotte Freifrau von Oppenheim der Stadt Köln ein Kinderhospital

Albert Freiherr von Oppenheim (1834–1912, **Abb. 12**), Kunstkenner und Besitzer einer der hochrangigsten privaten Gemäldesammlungen Deutschlands, verdankt Köln die Gründung seines Kunstgewerbemuseums sowie des Museums für Ostasiatische Kunst.

Zudem unterstützte die Familie mit Geldmitteln die 1889 gegründete erste Volksbibliothek, aus der später die Stadtbibliothek hervorging. Als nach dem Ersten Weltkrieg wieder eine Universität ins Leben gerufen wurde – die 1388 gegründete alte Universität war nach der Eroberung der Stadt Köln durch die Franzosen geschlossen worden –, gehörten Bank und Familie zu ihren Förderern. Das Hochschul-Engagement reicht bis in die Gegenwart.

270 Dagobert Oppenheim (1809–1889), Präsident des Kölnischen Kunstvereins und Stifter für das Wallraf-Richartz-Museum

Kathedrale in neuem Glanz

Ein Datum mit besonderer Strahlkraft nicht nur für Köln, seine Mäzene und Bürger, sondern für ganz Deutschland war der 15. Oktober 1880. Kaiserin Augusta und Kaiser Wilhelm I. waren gekommen, um der Vollendung des Kölner Doms beizuwohnen. In einer prunkvollen Zeremonie wurde der Schlussstein auf die Kreuzblume des Südturms gesetzt. Nach einer Jahrhunderte währenden Bauzeit war die mit 157,4 m höchste Kathedrale der Welt endlich fertiggestellt.

Immer wieder war es zu langen Unterbrechungen gekommen, doch schließlich wirkten viele Kräfte zusammen, damit 1842 der Dombau in die finale Phase gehen konnte. Etwa die Hälfte des erforderlichen Geldes kam aus der preußischen Staatskasse, die andere Hälfte der enormen Baukosten wurde von Kölner Bürgern getragen, die sich im Zentral-Dombau-Verein zusammengeschlossen hatten.

Zu den Mitgründern des Vereins gehörte die Bankiersfamilie Oppenheim. Von Eduard von Oppenheim (1804–1878) stammte beispielsweise der Vorschlag zur Dombau-Lotterie, die 1863 ins Leben gerufen wurde und über die heute noch Domprojekte finanziert werden. Zur imposanten Innengestaltung des Doms trug Charlotte Freifrau von Oppenheim (1811–1887) bei, die 1880 zum Andenken an ihren verstorbenen Ehemann Abraham ein prächtiges Fenster im nördlichen Querhaus stiftete.

Im selben Jahr nahmen Simon Freiherr von Oppenheim (1803–1880) und seine Frau Henriette (1812–1885) ihre goldene Hochzeit zum Anlass, ein weiteres Fenster zu finanzieren. Die Oppenheim-Fenster gehören zum Welter-Zyklus. Er umfasst 28 Fenster mit insgesamt 112 Figuren. 80 davon wurden zwischen 1866 und 1873 von dem renommierten Glasmaler Michael Welter entworfen.

Während des Zweiten Weltkriegs wurde der wertvollste Teil der Glasmalerei ausgebaut und sicher eingelagert. Die Restauration dieser Kunstwerke erfolgte sukzessive und dauert bis heute an. Dank einer Stiftung des Bankhauses erstrahlen drei Fenster aus dem 19. Jahrhundert, darunter auch das Hochzeitsfenster (**Abb. 271**), seit einigen Jahren in neuem Glanz.

Der Völkerverständigung verbunden

Für das Fingerspitzengefühl im Umgang mit verschiedenen Religionen und Kulturen gibt es in der Geschichte der Familie Oppenheim zahlreiche Belege. Schon der Gründer der Bank, Salomon Oppenheim jr., plädierte 1807 auf dem „Großen Synhedrion“ in Paris für die rechtliche Gleichstellung der Juden. Seinem Sohn Abraham Oppenheim gelang es schließlich 1847 die Überarbeitung einer Gesetzesvorlage zu erwirken, die eine liberalere Rechtsgrundlage für die Juden in Preußen schuf.

Für Friedrich Carl Freiherr von Oppenheim (1900–1978) wiederum waren die europäische Einigung, die Verständigung mit Frankreich und die Atlantische Zusammenarbeit besondere Anliegen. Er war Präsident der Europa Union, Mitbegründer der Deutschen Gesellschaft für Auswärtige Politik und engagierte sich im Institut für Europäische Politik sowie im Atlantic Institute in Paris. Während des Zweiten Weltkriegs setzte er sich für die jüdischen Angestellten einer Kölner Metallhandelsfirma ein, die dank seiner Hilfe das nationalsozialistische Regime überlebten. Sein Engagement für jüdische Verfolgte führte im April 1997 zu der postumen Verleihung des Ehrentitels „Gerechter unter den Völkern“ durch den Staat Israel. Zu Ehren seines Vaters Friedrich Carl ließ Alfred Freiherr von Oppenheim 1997 an der Gedenk- und Forschungsstätte Yad Vashem in Jerusalem den Friedrich Carl Freiherr von Oppenheim-Lehrstuhl zur Erforschung der Ursachen von Rassismus, Antisemitismus und des Holocausts einrichten.

Alfred Freiherr von Oppenheim (1934–2005) war ein großzügiger Mäzen. Anlässlich des 200-jährigen Bankjubiläums 1989 schuf er die Alfred Freiherr von Oppenheim-Stiftung sowie die von der Bank getragene Sal. Oppenheim-Stiftung, benannt nach Salomon Oppenheim jr. Beide Institutionen haben seither eine Vielzahl von Vorhaben vor allem in den Geisteswissenschaften ermöglicht.

Der Reiz des Orients

Eine besondere Facette des Mäzenatentums ist mit dem Namen Max Freiherr von Oppenheim [SIEHE BEITRAG VON W. RÖLLIG] verbunden. Angesichts seiner familiären Wurzeln wäre eine Bankierslaufbahn naheliegend gewesen, doch er entschied sich anders. Seine Interessen richteten sich schon früh auf Kultur und Geschichte der arabischen Welt,

271 Das von Simon und Henriette von Oppenheim gestiftete Fenster im Kölner Dom und so strebte er an, Orientforscher zu werden. Zunächst als Reisender, dann als Diplomat und schließlich als Archäologe widmete er sein Leben der Entdeckung fremder Kulturen und der Verständigung der Kulturen untereinander.

Sein persönliches Engagement hatte auch eine beachtliche pekuniäre Dimension. Das belegen seine Ausgrabungen auf dem Tell Halaf. Finanziert wurde das Unternehmen aus seinem Privatvermögen und mit Unterstützung seines Vaters Albert von Oppenheim, damals einer der Inhaber der Privatbank. Mehr als 750.000 Mark investierte die Familie in den folgenden zwei Jahren – nach heutiger Rechnung etwa 7,5 Millionen Euro. Nachdem ein Teil der einzigartigen Funde nach Deutschland kam, gründete der erfolgreiche Ausgräber ein eigenes Museum. Dessen Finanzierung war ein Kraftakt, denn von Oppenheim hatte einen Großteil seines Vermögens während der Inflation von 1923 verloren.

Ein wesentlicher Impuls zur Wiederherstellung der 1943 zerstörten Tell Halaf-Bildwerke ging 2001 von der Entscheidung der Sal. Oppenheim-Stiftung sowie der Alfred Freiherr von Oppenheim-Stiftung aus, die Restaurierung zu finanzieren. Dadurch wurde das aufwändige Rekonstruktionsvorhaben im Vorderasiatischen Museum ermöglicht, aus rund 27.000 Trümmerteilen nicht nur die Palastfassade wieder zusammenzufügen, sondern auch alle übrigen Bildwerke und Artefakte. Der erfolgreiche Abschluss der Arbeiten setzt damit ein neues Glanzlicht in der bewegten Geschichte des kulturhistorischen Engagements der Familie von Oppenheim.

Quellen

Sal. Oppenheim jr. & Cie. – Geschichte einer Bank und einer Familie, Köln 1992.

Sal. Oppenheim jr. & Cie., Kundenmagazin 215plus, Köln 2004.

Sal. Oppenheim jr. & Cie., Geschäftsbericht 2004, Köln 2005.

Sal. Oppenheim jr. & Cie., Kundenmagazin 219plus, Köln 2008.

http://www.fugger.de/de/1_geschichte.htm

VIII
Tell Halaf im Spiegel der Wissenschaft

Frühe Siedler am Tell Halaf – Zur Bedeutung der Halaf-Kultur

Jörg Becker, Halle (S)

Entstehung und Entwicklung der Halaf-Kultur

Um 6000 v. Chr. entsteht aus älteren Wurzeln des keramischen Neolithikums die nach dem Tell Halaf benannte Halaf-Kultur[1]. Das Hauptverbreitungsgebiet umfasst den nördlichen Bereich des „fruchtbaren Halbmonds" und erstreckt sich von den Ausläufern des Zagros-Gebirges im Osten über den Nordirak, Nordsyrien und die Südosttürkei bis fast an die Mittelmeerküste (**Abb. 272**). Innerhalb der Regenfeldbauzone mit mehr als 200 mm Jahresniederschlag gelegen, bildeten Ackerbau und Viehhaltung, ergänzt durch die Jagd, die Lebensgrundlage dieser bäuerlich-dörflichen Kultur, die in ihrer großflächigen Verbreitung den ersten weitgespannten Keramik-Horizont des Alten Orients darstellt.

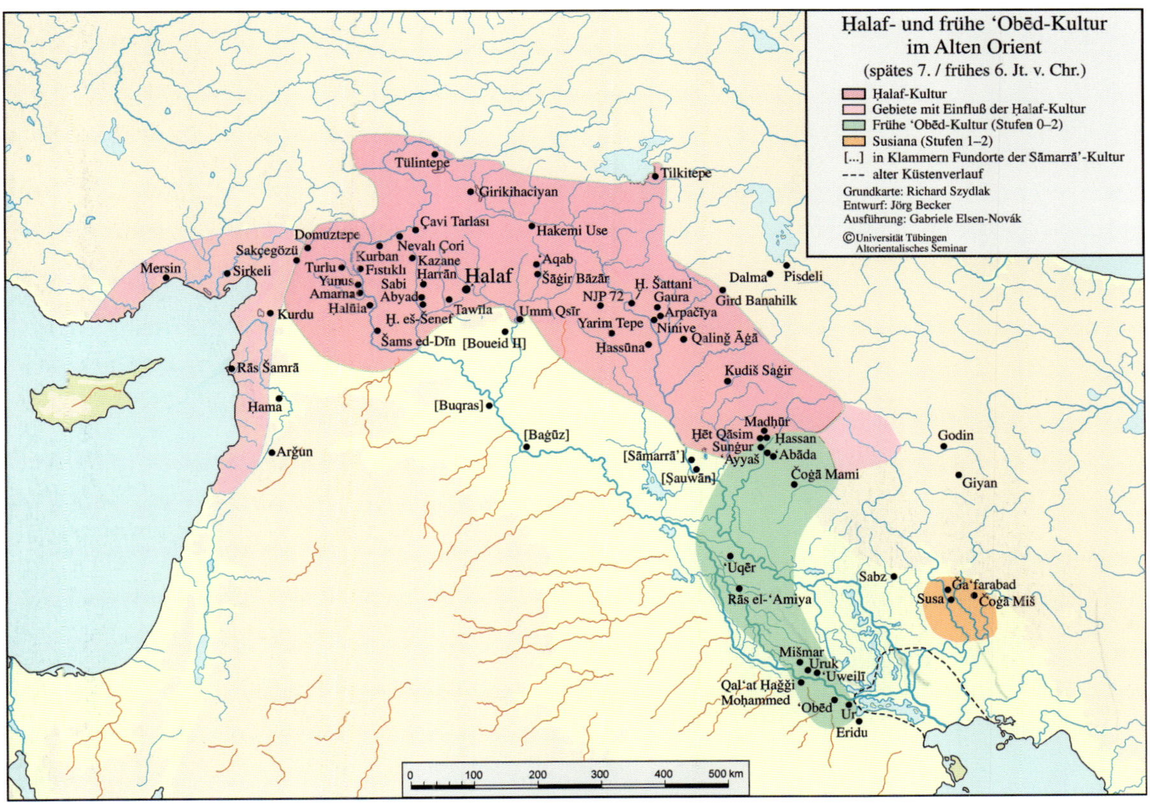

272 Wichtige Fundorte der Halaf- und Obed-Zeit im Alten Orient

273 Beispiele für bemalte Halaf-Keramik (Vorderasiatisches Museum, Berlin)

Zu den Charakteristika der Halaf-Kultur gehört eine handgemachte Keramik mit monochromer, teils auch polychromer Bemalung, die einen Höhepunkt prähistorischer Buntkeramik repräsentiert (**Abb. 273**). In der Architektur bilden Rundbauten (*tholoi*) mit oder ohne rechteckige Anbauten (*dromoi*) eine typische Hausform; diese Bauten sind vielfach mit einer rechteckig agglutinierenden Bebauung kombiniert, so dass sich ein von Siedlung zu Siedlung variierendes Bild ergeben kann. Wichtig sind auch die Stempelsiegel und deren Abdrücke, die sich zeitlich bis ins Frühneolithikum zurückverfolgen lassen; für die Halaf-Zeit liegen Siegel und Siegelabdrücke in verstärktem Maße vor und belegen das Bedürfnis Eigentum und Warenaustausch zu kennzeichnen. Zu nennen sind hier auch die typischen Terrakotten (meist Frauenfiguren), die gerne als *magna mater* angesprochen und mit Fruchtbarkeitsvorstellungen verbunden werden (**Abb. 274**). Gut belegt ist in der Halaf-Zeit auch der Austausch von Keramik und Obsidian, teils über größere Distanzen hinweg; dies lässt sich in beiden Fällen durch naturwissenschaftliche Untersuchungen nachweisen.

Traditionell dem Frühchalkolithikum zugeordnet, wird die Halaf-Kultur nach neueren kalibrierten ^{14}C-Daten um ca. 5950–5300 v. Chr. datiert und aufgrund der Lebens- und Wirtschaftsweise dem Spätneolithikum zugewiesen. Ihre Ausbreitung fällt klimatisch in eine Phase eines Klimaoptimums mit feuchter werdenden Bedingungen und wird auch als *2. neolithische Revolution* bezeichnet.

Chronologisch folgt die Halaf-Kultur in Nordmesopotamien auf die ältere Hassuna-Kultur, allerdings stellen die Halaf-Siedlungen meist Neugründungen neben den älteren Siedlungsplätzen dar. Kontakte mit der zum Teil zeitgleichen Samarra-Kultur im mittleren Mesopotamien, vor allem durch Keramikimporte oder -imitationen, sowohl in Fundorten der Hassuna- als auch der Halaf-Zeit, bilden wichtige chronologische Bindeglieder. Aufgrund der halafzeitlichen Neugründungen an zahlreichen Fundorten blieb die Herleitung der Halaf-Kultur längere Zeit unklar. Erstmals konnte der Übergang von einem älteren keramischen Neolithikum in Tell Sabi Abyad für das nordsyrische Balichtal klar erfasst werden, lässt sich aber mittlerweile auch an anderen Fundorten nachweisen und bildet

274 Üppige Rundungen kennzeichnen halaf-zeitliche Figurinen, die als Fruchtbarkeitssymbole gedeutet werden (Vorderasiatisches Museum, Berlin)

zwischen 6100–5950 v. Chr. die Stufe Proto-Halaf. Dabei zeigt sich in Tell Sabi Abyad in der Architektur und Keramik der allmähliche Wandel über mehrere Siedlungsschichten hinweg, deren jüngste Schichten den Beginn der frühen Halaf-Zeit markieren. Das Ende der Halaf-Zeit in Nordmesopotamien fällt mit der Ausbreitung der südmesopotamischen Obed-Kultur zusammen und leitet – unter anderem durch die Übernahme neuer Produktionstechniken wie etwa der langsam drehenden Töpferscheibe („tournette") – nach einer Übergangsphase in die nordmesopotamischen Obed-Stufen über.[2]

In der Siedlungsstruktur sind Kleinsiedlungen von selten mehr als 1 ha Fläche typisch, die in ihrer räumlichen Verteilung ein dichtes Siedlungsnetz erkennen lassen. Teils lässt sich eine dreistufige Siedlungshierarchie aus vereinzelten größeren Dörfern, kleinen Weilern und saisonalen Stationen ableiten. In ihrer Lebens- und Wirtschaftsweise stellt die Halaf-Kultur für rund 600 Jahre eine geschickte Anpassung an die gegebenen Umweltbedingungen dar. Anhand neuerer Untersuchungen wird eine enge Symbiose von sesshaften, Ackerbau und Viehhaltung praktizierenden Bevölkerungsteilen und transhumanten Gruppen (Jägern und Hirten) angenommen. Diese Symbiose kann als eine gemeinsame Überlebensstrategie durch Risikominderung, etwa zum Schutz vor Missernten, Seuchen etc. gewertet werden.

Im Gegensatz zu zahlreichen Siedlungen des Frühneolithikums sind in den keramisch-neolithischen Kulturen Nord- und Obermesopotamiens mit ihrem bäuerlich-dörflichen Charakter bislang keine Sonderbauten nachweisbar, die auf kultische Funktionen hinweisen. Im Rahmen der geringen Siedlungsgröße dürften solche Handlungen im häuslichen, familiären Bereich stattgefunden haben.

Die Ausgrabungen Max von Oppenheims

Mit den Kenntnissen und Mitteln der Zeit vor und nach dem Ersten Weltkrieg befand sich die Erforschung der prähistorischen Kulturen Mesopotamiens noch in den Anfängen. So hatten die Ausgräber am Tell Halaf mit den Baubefunden der prähistorischen Epochen ihre Mühe, aber auch kaum Ver-

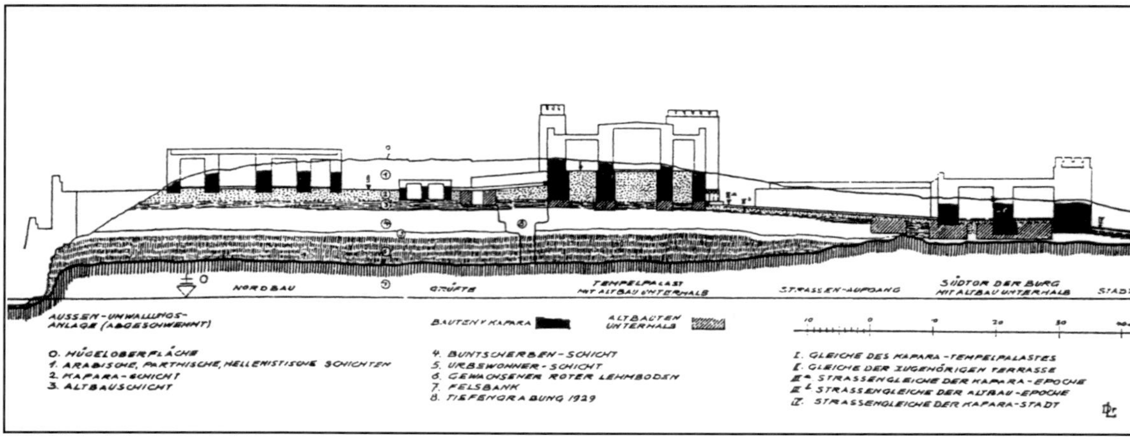

275 Schichtaufbau auf der Zitadelle des Tell Halaf nach den Ausgrabungen Max von Oppenheims: Nordsüd-Schnitt durch Nordbau, Terrasse, West-Palast und Südtor der Burg

gleichsmöglichkeiten. Lediglich eine grobe Einteilung in eine ältere Kulturstufe, geprägt durch altmonochrome Keramik (Schichtstärke 0,5 m), der nachfolgenden Halaf-Zeit (Schichtstärke ca. 5 m), die in den oberen Schichten in die nordmesopotamische Obed-Zeit überleitet, konnte festgestellt werden. Durch Tiefgrabungen vor allem im Bereich des eisenzeitlichen West-Palastes und zahlreicher Sondagen in Brunnenform wurde dabei ein weitgehend einheitlich verlaufender Schichtaufbau auf der Zitadelle angenommen (vgl. **Abb. 275**).[3] Die ältesten Bewohner der altmonochromen Periode ließen sich demzufolge um die Mitte des 7. Jahrtausends v. Chr. auf einer rund 9 m hohen natürlichen Anhöhe nieder, gefolgt von der langen Besiedlung während der Halaf-Zeit und einer wohl kürzeren obedzeitlichen Besiedlung. Die jüngste prähistorische Kulturstufe bildet das lokale Spätchalkolithikum um 4000 v. Chr.

In Ermangelung einer klaren Bauabfolge konnte H. Schmidt die prähistorischen Funde nur typologisch nach ihrer Herstellungs- und Dekortechnik untergliedern, wenngleich er noch Zugriff auf die damaligen Fundjournale hatte, die ihm zumindest einige Anhaltspunkte zum Fundkontext liefern konnten. Dabei kam er zu folgender Gruppeneinteilung der prähistorischen Keramik.[4]

Aa	altmonochrome Keramik
Ab	Wirtschaftskeramik
Ba 1/2	einfarbige Glanzmalerei
Bb 1/2	zweifarbige Malerei (zum Teil in stumpfen Farben)
Ca	Niedergang der Malerei
Cb	Verfall der Malerei
D	unbemalte Keramik

Die altmonochrome Keramik entspricht – mit Ausnahme vor allem eisenzeitlicher Keramikgattungen[5] – zeitlich dem ausgehenden keramischen Neolithikum, vergleichbar mit den Kulturstufen ʿAmuq B (in Nordwest-Syrien) und Hassuna (in Nordmesopotamien) und der beginnenden Halaf-Zeit. Die Gruppen Ba und Bb 1 bilden die große Gruppe der halafzeitlichen Keramik. Das Material der Gruppe Bb 2 lässt sich teils der Halaf- beziehungsweise teils der Obed-Zeit zuordnen, während die Gruppen Ca/Cb meist der Obed-Zeit zugerechnet werden. Gruppe D findet sowohl Entsprechungen in Gefäßen der Halaf- und Obed-Zeit sowie des lokalen Spätchalkolithikums.[6]

Die halafzeitliche Keramik des Tell Halaf findet gute Parallelen in anderen Fundorten des Habur-Quellgebiets (zum Beispiel Tell Aqab, Chagar Bazar) und reicht von der frühen Halaf-Zeit bis in den Übergang Halaf/Obed, wobei in der Publikation von Schmidt vor allem die jüngeren Stadien der Halaf-Kultur sehr gut repräsentiert sind.[7] Ferner lässt sich auch die Stufe Proto-Halaf mit Einflüssen der Samarra-Kultur in geringem Umfang belegen. Damit liegt am Tell Halaf eine rund 1200-jährige Entwicklung von der Stufe „Altmonochrom“ über die Proto-Halaf-Zeit durch alle Stadien der Halaf-Kultur vor. Fraglich ist derzeit, inwieweit die Entwicklung am Tell Halaf nahtlos in die nachfolgende Obed-Zeit überleitet, beziehungsweise ob eine kurzzeitige Siedlungsunterbrechung oder -verlagerung am Ort vorliegt.

Die neuen syrisch-deutschen Ausgrabungen

Im Rahmen der neuen syrisch-deutschen Ausgrabungen am Tell Halaf [siehe Beitrag von L. Martin zur Ausgrabung] konnten seit 2006 sowohl im Bereich des West-Palastes (*Hilani*) und des Skorpionentors als auch im alten Stufenschnitt am Nordhang Siedlungsschichten der Halaf-Zeit (**Abb. 276**) erfasst werden.[8] Erstmals wurden damit für den namensgebenden Fundort halafzeitliche Rundbauten – teils mit rechteckigem Anbau, das heißt mit schlüssellochförmigem Grundriss – mit einem Innendurchmesser von ca. 3–6 m zum Teil freigelegt. Die Mauern bestehen aus luftgetrockneten Lehmziegeln und weisen in mehreren Fällen vor allem innen sowie vereinzelt auch außen noch Reste eines hellen Wandverputzes auf. Das Innere der größeren Rundbauten kann durch Binnenmauern in kleinere Räumlichkeiten untergliedert sein oder besitzt L-förmige Abmauerungen, die als Mauerverstärkung dienten und vielleicht als Vorratsspeicher nutzbar waren. Parallelen finden sich etwa im nordirakischen Sindjargebiet mit den Fundorten Yarimtepe II und III oder in Tell Sabi Abyad für das Balichtal. An die

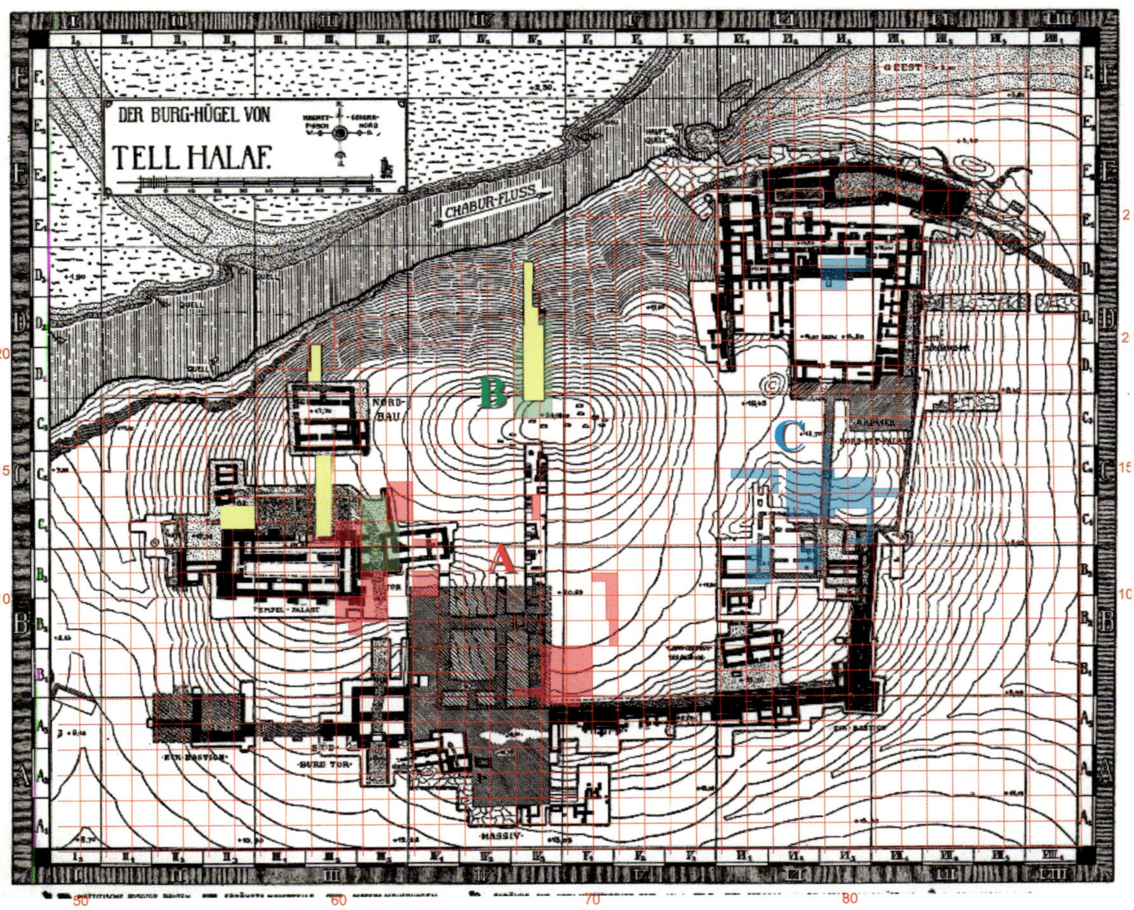

276 Plan der Zitadelle nach dem Ausgrabungsstand von 1913. Hervorgehoben sind die wichtigsten Bereiche der alten Tiefgrabungen (gelb), der neuen Grabungsareale zur Eisenzeit (rot bzw. blau) sowie die aktuellen prähistorischen Grabungsbereiche (grün)

Rundbauten anschließende Höfe konnten zum Teil mit einem sorgfältig verlegten Steinpflaster versehen sein, während die Fußböden innerhalb der Häuser bisweilen aus einem soliden, bis zu 5 cm dicken Gips-Estrich bestanden (**Abb. 277**).

Aufgrund der Keramik und ihrer Vergleiche zu benachbarten Regionen werden die bislang erfassten Schichten der mittleren bis späten Halaf-Zeit zugeordnet und reichen teils auch in die Halaf/Obed-Übergangsphase hinein, wobei offenbar sehr intensive Kontakte nach Osten bestanden, sich aber auch gute Vergleiche im westlichen Verbreitungsgebiet der Halaf-Kultur finden. Der zeitliche Ansatz fügt sich gut in die generelle Abfolge aus den Altgrabungen ein. Insbesondere am Nordhang ist dabei mit mehr als 5 m starken Siedlungsschichten der Halaf-Zeit zu rechnen und darunter liegenden Bauresten der *altmonochromen* Stufe aus der 2. Hälfte des 7. Jahrtausends v. Chr.

Damit sind zukünftig für den Tell Halaf Einblicke in die Entwicklung der Siedlungsstruktur und der Organisationsformen zu erwarten. Unklar und schwierig erscheint es indessen die Größe der prähistorischen Siedlung abzuschätzen, da wir – trotz zum Teil größerer Grabungsflächen – doch nur einen Teil der prähistorischen Bebauung unter der eisenzeitlichen Zitadelle erfassen können. Wie aktuelle Untersuchungen anderer Fundorte zeigen, ist nicht zwingend davon auszugehen, dass der Tell Halaf in den prähistorischen Perioden ein einziges größeres Dorf war, vielmehr ist mit Siedlungsverlagerungen zu rechnen.

Für einen bedeutenden Fundplatz sprechen keramische Untersuchungen, nach denen der Tell Halaf unter anderem in das weit verzweigte Austauschnetz mit keramischen Produkten eingebunden war. Dabei scheint der Tell Halaf – neben Fundorten wie zum Beispiel Chagar Bazar, Arparchije oder Tepe

277 Von dem großen Rundbau (re.) am Nordhang des Tell Halaf ist nur der rechteckige Anbau (li.) vollständig mit dem sorgfältig verlegten Hofpflaster erhalten, 2009

Gaura – ein Produktionszentrum für bemalte Keramik gewesen zu sein, deren Herstellung intensive Kenntnisse und Erfahrung erforderte, die über das hinaus gingen, was im Rahmen einer Haushaltsproduktion leistbar war und damit die Entstehung des Töpferhandwerks beflügelt haben dürfte. Neben dem intensiven Austausch auf regionaler Ebene ist in geringerem Umfang ein Regionen übergreifender Austausch bezeugt, der zum homogenen Erscheinungsbild der Halaf-Kultur beitrug.[9]

Neben der großen Menge der Keramik bilden anthropomorphe oder zoomorphe Terrakotten, Stempelsiegel, Schleudergeschosse sowie Werkzeuge und Geräte aus Knochen und Stein (vor allem aus Feuerstein, Obsidian und Basalt) das charakteristische Fundspektrum.[10]

---

1 Übersichten zur Halaf-Kultur bieten zum Beispiel Akkermans/Schwartz 2003: 115–120; Matthews 2000: 84–111; Huot 1994: 132–152; Mellaart 1975: 156–170; vgl. auch Wickede 1986: 7–13 beziehungsweise Becker 2007: 8–20.

2 Vgl. hierzu etwa Nissen 1995: 48–51 Abb. 7–8.

3 Zu den prähistorischen Schichten siehe Tell Halaf 1950: 10, 17–18, 33–35, 371–376 Abb. 3 und 7; Tell Halaf 1943: 25, Beilage 3 und 4; vgl. Cholidis 2002c: 24–25.

4 Siehe dazu Tell Halaf 1943: 25ff.

5 Vgl. hierzu Bartl 1989: 257–274: Ursprünglich von Schmidt der altmonochromen Stufe zugeordnete Keramikgattungen konnten zum Teil durch spätere Vergleiche ausgesondert und der Eisenzeit zugewiesen werden. Andere Gattungen der altmonochromen Stufe sind auch weiterhin als prähistorisch anzusehen und teils gleichzeitig mit der Halaf-Zeit und vor allem durch „Kochtöpfe“ repräsentiert.

6 Vgl. Wickede 1986: 9.

7 Vgl. zum Beispiel Davidson 1977, 160–185; vgl. Matthews 2000: 95–96.

8 Siehe hierzu auch die Übersicht bei Becker 2009: 27–40.

9 Vgl. hierzu Davidson 1977: 297–336; mit kritischen Anmerkungen siehe Akkermans/Schwartz 2003: 138.

10 Siehe dazu Tell Halaf 1943: 99ff. Taf. XXXIV–XXXVIII und CV–CXIV und Becker 2009: 31–34 Abb. 3–7; 3–8; 3–9; vgl. auch zum Beispiel Matthews 2000: 95–96.

Zur Geschichte von Guzana

Andreas Fuchs, Tübingen

Während Waschschukanni, dessen Überreste sich wohl unter dem Tell Fecherije verbergen, in der zweiten Hälfte des 2. Jahrtausends v. Chr. zunächst die Hauptstadt des Mittani-Reiches und nach der Eroberung durch die Assyrer im 13. Jahrhundert[1] Sitz eines assyrischen Vizekönigs war, bot der in Sichtweite dieser dramatischen Veränderungen gelegene Tell Halaf den wenig spektakulären Anblick eines Tells, eines formlosen Ruinenhügels. Bei den Bewohnern der Metropole Waschschukanni wird er nur wenig Beachtung gefunden haben, waren doch derlei Ruinen auch damals schon ein gewohntes Merkmal der Kulturlandschaft Vorderasiens. Man wusste, dass solche Ruinen sehr alt waren und vermutete, dass sie durch die Sintflut entstanden seien.

Dann aber, seit dem 12. Jahrhundert, begann die Kraft der etablierten Großmächte unter äußerem und innerem Druck zu schwinden und der Vordere Orient trat in eine Phase seiner Geschichte ein, die von der Auflösung überregionaler Strukturen und zunehmender politischer Fragmentierung gekennzeichnet war. In dieser Zeit der Wirren und Umbrüche, die bis zur Mitte des 10. Jahrhunderts anhielt, wurde der Tell Halaf erneut besiedelt, doch lässt sich der genaue Zeitpunkt nicht bestimmen.

Der Assyrerkönig Tiglatpileser I. besiegte 1115 und 1114 mehrere Störenfriede, die in den Jahrzehnten zuvor die assyrische Nordgrenze beunruhigt hatten, darunter das Volk der Muschku und ehemalige Hilfsvölker des untergegangenen Hethiterreiches, und siedelte sie anschließend in seinem Reich an. Alle diese Feinde stammten aus dem anatolischen Raum, und da sich auf dem Tell Halaf Scherben der sogenannten Rillenkeramik gefunden haben, die in dieser Zeit in Südostanatolien gebräuchlich war, könnte der Tell Halaf zunächst der Zwangsansiedelung anatolischer Gefangener gedient haben, die sich dort unter den wachsamen Augen des nahen Statthalters von Waschschukanni als assyrische Untertanen zu bewähren hatten.

Ungleich folgenreicher war die Landnahme der Aramäer, eines Volkes, dessen Sprache sich im Verlauf des 1. Jahrtausends nach und nach als Verkehrssprache des gesamten Vorderen Orients durchsetzen sollte. Nichtsesshafte aramäische Stammesgruppierungen hatten sich bereits seit dem 13. Jahrhundert als Räuber unangenehm bemerkbar gemacht, doch wurden sie erst gegen Ende des 12. Jahrhunderts zur existentiellen Bedrohung für die Reiche der Sesshaften. Derselbe Tiglatpileser, der soeben noch die Invasoren aus dem Norden besiegt hatte, war danach nahezu unausgesetzt mit der Jagd auf aramäische Räuber beschäftigt, die er bis tief in die syrische Wüste hinein verfolgte. Doch die mächtige assyrische Kriegsmaschine, die es mit jeder Streitmacht ihrer Zeit aufnehmen konnte, sah sich hier mit einer asymmetrischen Form des Krieges konfrontiert, für die sie nicht geschaffen war, denn sie hatte es mit einer Vielzahl einzelner Verbände zu tun, die für sich genommen zwar schwach waren und bestenfalls lose kooperierten, jedoch aufgrund ihrer Beweglichkeit zuschlagen konnten, wo es für sie risikolos war, sich aber zugleich dem Zugriff der überlegenen assyrischen Truppen zu entziehen wussten. Da diese Gegner überdies bettelarm waren und folglich selbst im Falle des Sieges auf nennenswerte Beute nicht zu hoffen war, gestaltete sich die Abwehr der aramäischen Plagegeister als reines Verlustgeschäft. Die Landnahme der Aramäer vollzog sich daher nicht als plötzliche, gewaltige Invasion, sondern als ein langsamer, zermürbender Prozess, der sich über Generationen dahinquälte und dem zunehmend geschwächten und ausgelaugten Assyrien zu Beginn des 10. Jahrhunderts außerhalb des Städtedreiecks Assur–Ninive–Arbela nur noch einige wenige isolierte Stützpunkte beließ.

Zwar waren die Aramäer nicht in der Lage, befestigte Städte förmlich zu belagern, doch mussten fortgesetzte Razzien gegen das landwirtschaftlich genutzte Umland die Lebensgrundlage der Städte zerstören. Wo die assyrische Zentralmacht den nötigen Schutz nicht bieten konnte, blieb den Stadtbewohnern zur Abwendung des drohenden Ruins nichts anderes mehr übrig, als ein Arrangement mit den Banditen selbst zu treffen. Das sicherste, während der langen Geschichte des Vorderen Orients wieder und wieder bewährte Mittel bestand darin, dem gefährlichsten Schurken nichts weniger als die Herrschaft anzutragen, in der berechtigten Hoffnung, dass er anschließend sein räuberisches Gefolge von weiteren Übergriffen gegen die Stadt, die ja nun ihm gehörte, abhalten werde.

Dieses Ausgangsszenario führte von Ort zu Ort zu unterschiedlichen Ergebnissen, die gegen Ende des 10. Jahrhunderts in den Quellen sichtbar werden: Kachat und andere Städte am Unterlauf des Habur, die sich mit Erfolg behauptet hatten, bestanden als isolierte assyrische Stützpunkte fort; Städte wie Chuzirina und Tuschchan, die weder ihr Umland schützen konnten, noch zu einer Einigung mit ihren Peinigern gelangten, wurden von ihren Bewohnern verlassen und lagen in Ruinen. Dort aber, wo aramäische Anführer die Herrschaft übernahmen, entstanden kleine Königreiche, und da der assyrische Einfluss zu Beginn des 10. Jahrhunderts vollständig zunichte gemacht worden war, konnten sie sich in ganz und gar eigenständiger Weise entwickeln. Im Habur-Dreieck entstanden gleich drei solcher Zentren, im Osten und in der Mitte setzten sich die Stammeschefs der Temannu in Nabula und in Gidara fest, an der westlichen Spitze des Gebietes gelangte ein weiterer Anführer in den Besitz der Stadt Sikāni, wie Waschschukanni mittlerweile genannt wurde. Offenbar boten die alten Zentren nicht immer die gewünschten Entfaltungsmöglichkeiten, denn zwei der Fürsten verlegten ihre Residenz in benachbarte Siedlungen: der von Nabula zog um nach Nasibina, dem heutigen Nusaybin, der von Sikani richtete sich auf dem Tell Halaf ein. Damit begann die Geschichte der Stadt Guzana.

Ganz sich selbst überlassen gediehen die neuen Reiche prächtig und ihre Könige übernahmen die damals üblichen Formen orientalischer Herrschaftspraxis; sie besteuerten ihre Untertanen, füllten ihre Schatzkammern mit allerlei Kostbarkeiten und legten sich kleine Armeen zu, mit denen sie aufs trefflichste ihre Nachbarn piesacken konnten.

Um aber ihre Herkunft als Räuberhauptmänner vollends vergessen zu machen, begannen sie alsbald nach Formen der Repräsentation zu suchen, die sowohl den Zeitgenossen wie auch der Nachwelt Respekt für Herrscher und Reich abzunötigen versprachen. Als in Guzana ein gewisser Kapara, der wohl um die Mitte des 10. Jahrhunderts [ZUR DATIERUNG SIEHE AUCH BEITRAG H. SCHAUDIG] regierte, daran ging, die Zitadelle seiner Stadt mit repräsentativen Bauten zu schmücken, lud offenbar noch immer kein geeignetes Vorbild zur Nachahmung ein, und so gelangten die in seinem Auftrag entstandenen Kunstwerke zu ganz eigenständigen, wenn auch naiv und grobschlächtig anmutenden Formgebungen. Den Namen dieses Fürsten kennen wir deshalb, weil er es außerdem für notwendig hielt, sich der Nachwelt durch Inschriften in Keilschrift und assyrischer Sprache mitzuteilen, die er hier und da auf seinen Bauwerken anbringen ließ. Wenn er sich rühmt, in seinem Lande der erste König gewesen zu sein, der solches getan habe, so darf man ihm das schon allein deshalb glauben, weil die teilweise unbeholfene Ausführung der Schriftzeichen für sich genommen bereits vermuten lässt, dass hier eher Anfänger als routinierte Schreiber am Werk waren.

Nachträglich über eine dieser Inschriften geschlagene oder gekratzte Linien sind das Ergebnis eines wenn auch recht halbherzig ausgeführten Versuches, das Andenken des Kapara zu schänden (**Abb. 278**). Dies könnte auf einen gewaltsamen Herrscherwechsel hindeuten, dem entweder Kapara selbst oder einer seiner Nachkommen zum Opfer gefallen sein könnte. Zu einer solchen Annahme passt, dass sich Kapara als „Sohn/Nachkomme des Hadianu“ vorstellt, er also noch eine Dynastie oder, wie es damals hieß, „ein Haus“ repräsentierte, das sich auf einen Ahnherrn mit Namen Hadianu zurückführte, während die Assyrer zu Beginn des

278 Durch eine Fluchformel wollte Kapara verhindern, dass die Inschrift mit seinem Namen getilgt wird. Dennoch hatte man versucht, sein Andenken auszulöschen, wie die drei senkrechten Kerben belegen

9. Jahrhunderts das Reich von Guzana als Bit-Bachiani, das heißt als das „Haus des Bachianu" bezeichneten. Da liegt der Verdacht nahe, dass die Nachkommen des Hadianu eines schönen Tages von denen des Bachianu vom Thron gestürzt worden sind.

Kaum hatten sich die neuen aramäischen Königreiche gefestigt, da begann sich gegen Ende des 10. Jahrhunderts Assyrien wieder zu regen und in zähem, jahrzehntelangem Ringen seine einstige Herrschaft über Nordmesopotamien wiederaufzurichten. Den aramäischen Eliten wurde jetzt ihre zivilisatorische Verfeinerung zum Verhängnis: Die längst sesshaft gewordenen Nachfahren der einst agilen Räuber vermochten sich den Angriffen des assyrischen Heeres nun nicht mehr durch rechtzeitiges Ausweichen in die Wüste zu entziehen; und da sie überdies wohlhabend geworden waren, wurden die assyrischen Kriegsanstrengungen mit reicher Beute und schwerem Tribut belohnt. Entscheidend aber war, dass die Landnahme der Aramäer nicht zur Gründung eines mächtigen Reiches geführt hatte, das zu erfolgreicher Gegenwehr in der Lage gewesen wäre, sondern zur Entstehung zahlreicher Kleinfürstentümer, deren keines gegen die rasch anwachsende assyrische Macht bestehen konnte.

Nachdem sich seine beiden unmittelbaren Nachbarn, die Herrscher von Gidara und Nasibina, nach heftigen Kämpfen schließlich doch der assyrischen Herrschaft hatten beugen müssen, erachtete es im Jahre 894 auch Abi-salamu aus dem Hause Bachianu, der damals über Guzana regierte, für gesünder, sich dem Assyrerkönig Adad-narari II. (911–891) zu unterwerfen, allerdings unter Vorbehalt. So fand die feierliche Zeremonie nicht in Guzana, sondern im nahe gelegenen Sikani statt. Dort leistete Abi-salamu den Vasalleneid, übergab seinem Oberherrn kostbare Geschenke und erklärte sich zu den üblichen Vasallenpflichten, zu Tributzahlung und Heeresfolge bereit, seine Hauptstadt allerdings öffnete er dem Assyrerkönig nicht. Dieser gab sich damit zufrieden, da er sehr wohl wusste, welche Mühe ihn die Belagerung einer so festen Stadt kosten würde. Seinen Pflichten kam der neue Vasall pünktlich nach: Die Annalen Assurnasirpals II. (883–859) vermerken wiederholt und mit sichtlicher Befriedigung, dass der Herrscher aus dem Hause Bachianu seinen Tribut entrichtet und sich mit seinen Streitkräften an assyrischen Kriegszügen beteiligt habe.

Aus den erhaltenen Quellen geht nicht hervor, wann und auf welche Weise sich das Vasallenreich Guzana in eine assyrische Provinz verwandelte, wann also die Nachkommen des Bachianu, die zunächst ja als Könige weiterregierten, durch Statthalter des assyrischen Königs ersetzt worden sind. Höchst verwirrend ist in diesem Zusammenhang der Befund einer in Sikani/Tell Fecherije gefundenen Statue, auf der eine Inschrift sowohl in aramäischer wie auch assyrischer Sprache und Schrift angebracht ist. Auftraggeber der Statue war demnach ein gewisser Hadda-yit'i, Sohn des Schamasch-nuri. Nicht allein, dass der Sohn einen aramäischen, der Vater aber einen assyrischen Namen trug, werden Vater und Sohn den Lesern der assyrischen Version als Statthalter, denen der aramäischen Version jedoch als Könige von Guzana vorgestellt! Waren sie nun Abkömmlinge des Hauses Bachianu, die ihren aramäischen Untertanen gegenüber ihren alten Königstitel beibehielten, in der assyrischen Inschrift aber ihre Unterwürfigkeit Assyrien gegenüber zum Ausdruck brachten, oder handelte es sich bereits um zwei Repräsentanten der assyrischen Zentralmacht, die sich den Untertanen vor Ort als Könige präsentierten, vielleicht um klar zu stellen, dass sie keinen geringeren Gehorsam forderten als die einheimische Dynastie, die vor ihnen geherrscht hatte? Unklar ist außerdem, ob die Umwandlung Guzanas von einer Königsresidenz in eine Provinzhauptstadt friedlich oder gewaltsam vonstatten gegangen ist. Sollte letzteres der Fall gewesen sein, so käme als Datum einer regelrechten Eroberung nur der assyrische Feldzug des Jahres 808 in Frage, über den allerdings nicht mehr überliefert ist, als dass er eben in Richtung Guzana geführt wurde.

279 Kollektion von Tontafeln aus dem 1. Jahrtausend v. Chr. (Vorderasiatisches Museum, Berlin)

Fest steht, dass im Jahre 793, in dem ein gewisser Mannu-ki-mat-Aschschur als Statthalter von Guzana bezeugt ist, der assyrische Provinzalltag längst schon eingekehrt war, denn die auf dem Tell Halaf gefundenen Verwaltungsnotizen, die in seine Amtszeit gehören, zeigen dies unmissverständlich.

Die Stadt zählte nunmehr zu den bedeutendsten Provinzzentren des Assyrerreiches. Als dann Zerwürfnisse innerhalb der Reichselite im Jahre 763 in den offenen Bürgerkrieg mündeten, diente Guzana einer der beiden Kriegsparteien als deren wichtigster Stützpunkt im Westteil des Reiches. Die Stadt wurde zwei Jahre lang heftig umkämpft und ihr Fall im Jahre 758 bedeutete zugleich das Ende des Bürgerkrieges.

Danach war Guzana eine lange, fast anderthalb Jahrhunderte währende Friedensphase beschieden. Von der zweiten großen Expansionsphase des assyrischen Reiches, die kurz nach der Mitte des 8. Jahrhunderts einsetzte, war die Stadt vor allem insofern betroffen, als die Könige auch in Guzana Deportierte aus anderen, zumeist erst kurz zuvor unterworfenen Gebieten ansiedelten. In diesem Zusammenhang hat die Stadt dann auch Erwähnung im Alten Testament gefunden (2 Kön 17,6): „*Im neunten Jahre Hoseas nahm der König von Assyrien Samaria ein, führte Israel nach Assyrien in die Verbannung und siedelte sie in Halah und am Habor, dem Flusse Gosans, und in den Bergen Mediens an.*“ Nachdem Samaria, die Hauptstadt Israels, im Jahre 722 bezwungen und 720 nach einem Aufstand erneut unterworfen worden war, ist also ein Teil der von dort verschleppten Gefangenen in der assyrischen Hauptstadt Kalchu, ein anderer in Medien, das heißt in Westiran, und eine dritte Gruppe am Habur, in der Umgebung von Guzana angesiedelt worden.

Den letztendlichen Zusammenbruch des assyrischen Reiches scheint Guzana mit großem Geschick und einem Minimum an Schäden bewältigt zu haben. Während die Bewohner des weiter östlich gelegenen Nasibina im Jahre 612 den vorrückenden Babyloniern Widerstand leisteten und dafür teuer bezahlen mussten, glitt Guzana derart geschmeidig in die babylonische Machtsphäre hinüber, dass der babylonische König sogar die dortigen assyrischen Verwaltungsbeamten in seinen Dienst übernahm.

280 Vor Gericht klagte Ila-manani auf die Herausgabe von 60 Schafen. Der Streit wurde beigelegt, im Falle eines Widerspruchs drohte eine hohe Geldstrafe (Vorderasiatisches Museum, Berlin, VAT 16386)

Noch im Jahre 600, in der Regierungszeit Nebukadnezars II., stellten sie Urkunden (**Abb. 279 und 280**) in der Weise aus, die zuvor in Assyrien üblich gewesen war. Guzana behielt noch bis zum Ende des neubabylonischen Reiches, das 539 den Persern anheim fiel, seinen Status als Provinzzentrum bei.

1 Alle Zeitangaben vor Christi Geburt.

Die Zerstörung des West-Palastes von Guzana

Hanspeter Schaudig, Heidelberg

Der antike Name der längst untergegangenen syrischen Stadt Guzana mag dem modernen Leser und Museumsbesucher auch ohne spezielles Vorwissen über den Alten Orient durchaus bekannt sein, und zwar – wie so oft – aus dem Alten Testament. Guzana wird dort als eine der großen syrischen Städte genannt, die die Assyrer auf ihren Feldzügen nach Westen erobert hatten. In einem Brief, den der assyrische König Sanherib (704–681 v. Chr.) an Hiskia, den König von Juda während der Belagerung von Jerusalem im Jahre 701 v. Chr. geschickt haben soll, rühmt sich Sanherib der Zerstörung Guzanas durch seine Vorväter (2 Kön 19,12 // Jes 37,12). Drohend malt er aus, wie in der Vergangenheit keine der Städte Syriens durch ihre Götter sich hätte retten können vor den übermächtigen Assyrern. Vielmehr hätten seine Vorgänger die Völker von Guzana, Harran, Resep und ihrer mehr ganz und gar vernichtet. Und nun sei es eben an Jerusalem, nicht auf Rettung durch Jahwe zu hoffen, sondern sich Sanherib zu ergeben. Diese Worte, die Sanherib hier in den Mund gelegt werden, sind für die Zwecke der hebräischen Schriften sicher literarisch aufbereitet worden. Sie können im Kern aber durchaus historisch sein. Wir dürfen getrost annehmen, dass solche und ähnliche Reden von Sanherib selbst oder seinen Generälen vor den Toren eingeschlossener Städte landauf-landab in Syrien und der Levante gehalten worden sind. Dem damaligen Publikum war das Schicksal der genannten Länder und Völker natürlich vertraut: Es handelte sich dabei um drei der größten und wichtigsten Provinzen des assyrischen Reiches.

Die Liste Guzana–Harran–Resep (= Rasappa, das heutige Resafa) ist grob geographisch von Ost nach West-Südwest angelegt. Zur Zeit Sanheribs an der Wende zum 7. Jahrhundert v. Chr. waren Guzana, Rasappa und Harran dem assyrischen Reich schon eine geraume Zeit angegliedert. Harran und Rasappa gehörten schon im 9. Jahrhundert seit der Regierungszeit Salmanassars III. (858–824 v. Chr.) zum assyrischen Reich. Guzana als die östlichste der drei Provinzen war sogar noch früher Assyrien assoziiert gewesen. Bereits im Jahre 894 hatte der assyrische König Adad-narari II. von Guzana Tribut erhalten. Seitdem wurde Guzana von Assyrien als Vasall betrachtet, wurde jedoch zunächst noch von einer einheimischen Dynastie verwaltet. Im Jahre 808 wurde es von Adad-narari III. vollends erobert und als Provinz eingegliedert. Etwas mehr als eine Generation später, im Jahre 759, erhob sich Guzana in einem Aufstand, der 758 von Assur-dan III. niedergeschlagen wurde. Und eben dieser Aufstand von 759, wohl nicht die Eroberung von 808, stellt wahrscheinlich die Kulisse für die Zerstörung Guzanas dar. Denn nach damals allgemein praktiziertem internationalen Recht rief der Aufstand als Bruch eines beeideten Vertrages nicht nur nach einer militärischen Wiederherstellung des *status quo ante*, sondern auch nach einer expliziten Strafaktion.

Soweit nachprüfbar, geschah es stets bei der zweiten Eroberung, notwenig geworden durch den vorherigen Vertragsbruch der anderen Partei, dass harte, verwüstende Strafen verhängt wurden. Und eine solche Strafe konnte im Falle von Guzana kaum ein prominenteres Ziel haben als die Fassade des West-Palastes auf der dortigen Zitadelle. Vom Typus her war der West-Palast ein sogenanntes *Hilani*. Dies ist ein assyrischer Ausdruck zur Bezeichnung königlicher Repräsentationsbauten, die sich mit einer säulengetragenen Fassade zu einer Art Ehrenhof öffneten. Wesentliches Kennzeichen dieses Gebäudetypus war das festliche Eingangstor. Im Falle Guzanas stand das *Hilani* auf einer erhöhten Terrasse, zu der eine monumentale Freitreppe hinaufführte. Über die Treppe gelangte man auf den erhöhten Vorhof. Dort angekommen fand man sich unmittelbar vor einem großen glasierten Altar wieder, der auf den Eingang ausgerichtet war. Zahlreiche, auf der Terrasse verstreut gefundene Skulpturenfragmente (**Abb. 281**) gehörten zu drei Götterfiguren, die nach der Deutung der Ausgräber den Torsturz der Eingangshalle getragen haben müssen. Oppenheim war davon überzeugt, dass es sich bei diesen Figuren um die nordsyrische Göttertrias mit dem Wettergott als ihrem Mittelpunkt handelte. Das hatte einen guten Grund, galten diese doch als Staatsgötter, die auch in der nahen Tempelstadt Sikani/Tell Fecherije verehrt wurden. Die göttliche Familie bestand aus dem syrisch-hurritischen Wettergott Teschschup (mit semitischem Namen Haddu oder Adad), dargestellt in der Mitte auf dem Stier, aus seiner Gemahlin Hepat, auf einer Löwin zur linken Seite, und aus dem Sohn des Paares, Scharrumma, dargestellt auf einem Löwen zur rechten Seite seines Vaters.

Das monumentale Tor des West-Palastes zeigte also die Götterfamilie, auf die sich der Staat und das Herscherhaus von Guzana beriefen. Der Bau war von dem Herrscher Kapara, dem Sohn des Hadianu errichtet worden, wohl in der 2. Hälfte des 9. Jahrhunderts [ZUR DATIERUNG SIEHE AUCH BEITRAG A. FUCHS], während der Regierungszeit des assyrischen Königs Schamschi-Adad V. (823–811 v. Chr.). Das Hauptgebäude hinter der Fassade umfasste im Wesentlichen zwei monumentale, quergelagerte parallele Räume, wohl Festsäle.

Aus dem Schadensbild der göttlichen Karyatiden schlossen die Ausgräber auf eine zielgerichtete Zerstörung der Bildwerke. Relativ vollständig konnte die Göttin geborgen werden, wenn auch zerbrochen. Von den beiden männlichen Figuren

281 Der Grabungsbefund am Hilani weist auf die antike Zerstörung hin. In der Bildmitte vor dem männlichen Löwen der Architekt Paul Löffler, Tell Halaf 1911

ließ sich nur noch eine Skulptur rekonstruieren, die von Oppenheim mit dem Sonnengott gleichgesetzt hatte. Die größten Verluste wies der Wettergott auf. Weiterhin fiel auf, dass auch die massiven, auf dem Boden stehenden Tierfiguren, die die Götter einst trugen, in zahlreiche Brocken zersprengt waren. Die Götter mögen noch durch den Sturz aufs Pflaster zerschellt sein, doch kann das nicht für die Tierfiguren gelten. Wahrscheinlich sind diese Figuren also gemeinsam bei einer gezielten Aktion zerstört worden, die ganz bewusst hier die ideologische Grundlage des aramäischen Staates und der Dynastie attackieren wollte. Dies geschah nach Ausweis der Fundumstände mithilfe eines Brandes (**Abb. 282**), der in der Eingangshalle gelegt wurde. Da Feuer allein Basalt als vulkanischem Ergussgestein nichts anhaben kann, und da neben den herabgestürzten Göttern ja auch die Trägerfiguren in Stücke zersprungen waren, spricht alles dafür, dass das Zerstörungswerk durch gezieltes Erhitzen und anschließendes Abkühlen der Steine ausgeführt wurde. Mehr als zweieinhalb Jahrtausende später, im November des Jahres 1943, zersprangen auf traurige Weise ebenso die bis dahin geretteten übrigen Bilder durch das Löschwasser nach der Bombardierung des Berliner Halaf-Museums.

Die angerichteten Schäden sprechen ganz deutlich dafür, dass die Zerstörung nicht *en passant* – sozusagen als „Kollateralschaden“ – während einer Eroberung geschah, sondern mit Vorbereitung und zielgerichtet von einem verbitterten Feind (**Abb. 283**) ausgeführt wurde, der als Strafe ganz bewusst die Identität und Moral seines Gegners treffen wollte. Wie im Falle der demonstrativen Vernichtung der Thronsäle von Persepolis durch Alexander den Großen als Rache für die Verwüstung Athens durch die Perser darf man wohl auch für die Zerstörung des *Hilanis* von Guzana annehmen, dass der vernichtende Brand nicht in erster Linie von den soliden, schwerentzündlichen Deckenbalken in mehreren Metern Höhe ausgegangen sein kann. Solche massiven Konstruktionen

282 Zwei große Orthostaten vom Eingang des Hilani nach dem Aufrichten. Auf der Oberfläche haften dicke Brandkrusten, Tell Halaf 1911 [Aufnahme O. Seemann]

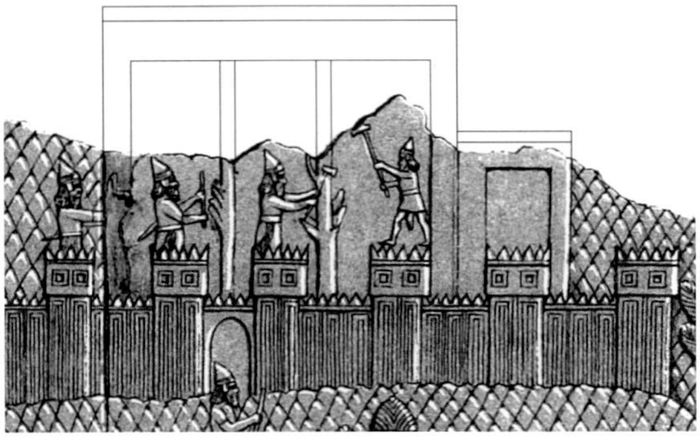

283 Assyrische Soldaten reißen die hölzernen Säulen eines Hilani auf der Zitadelle einer unbekannten syrischen Stadt ein

ließen sich nicht wie Reisighütten mit einer umgestoßenen Kerze oder einer geschleuderten Fackel niederbrennen. Vielmehr musste der Feind vorsätzlich die Halle mit Brennmaterial gefüllt und in Brand gesetzt haben. Wurden nach dem Abbrennen des Feuers die erhitzten Basaltstatuen mit Wasser abgekühlt, sprangen sie und auch ihre massiven Trägerfiguren in Stücke. Zusammenbrechend rissen die Statuen die Decke und Wände der Halle mit sich.

Ein solches Vorgehen passt vollkommen zu der oben skizzierten Situation der Jahre 759–758 v. Chr., als die Assyrer den Aufstand in Guzana niederschlugen. Auch an anderen Orten haben die assyrischen Truppen ähnlich gehandelt. Der assyrische König wusste natürlich genau, was seine syrischen Nachbarn intellektuell mit den Säulen verbanden, die in Form von menschengestaltigen Göttern oder stilisierten „Lebensbäumen“ ihre Tempel und Paläste stützten. Angesichts dieses Vorgehens fühlt man sich auch an die Beschreibung der baumförmigen Säulen Jachin und Boaz erinnert, die als hochsymbolischer Schmuck den Tempel Salomos zu Jerusalem zierten, oder an die „Säule des Königs“, an oder auf welcher stehend der König von Juda seine Akklamation empfing (2 Kön 11,14 // 2 Chr 23,13). Auch diese Säulen waren „Lebensbäume“. Sie waren kunstvoll als fruchttragende Bäume gestaltet, die das Gedeihen ihres Volkes abbildeten. Es ist kein Zufall, dass sich unter den Trophäen, die sich die assyrischen Könige von ihren Siegeszügen durch Syrien und zur Levante nach Assur mitgebracht haben, eine ganze Reihe solcher „Lebensbäume“ fanden. In Assur wurden sie mit den Kapitellen nach unten, also verkehrt herum, und sekundär mit Namen und Titel assyrischer Könige beschriftet in den „Stelenreihen“ aufgestellt. Das „Ausreißen“ der baumförmigen Säulen aus ihrer Heimaterde und das „Verkehrt-herum-wieder-Einpflanzen“ in Assur sollte die ursprüngliche, positive, mit diesen Machtzeichen verbundene Vorstellung im wahrsten Sinne „auf den Kopf stellen“: Die Säulen wurden nun zum Symbol für die Deportierten, aus ihrem eigenen Land herausgerissen und verpflanzt nach Assyrien, doch auf negative Art: Der fremde Baum und „Stamm“ soll nicht wurzeln und wachsen, er soll keine Blüte und Frucht mehr tragen. Gleichzeitig war für jeden Betrachter klar, dass die „Häuser“ und Dynastien, die jene Säulen einst gestützt haben – die Säulen aus den „Stelenreihen“ in Assur waren alle tragend –, durch den Verlust ihrer Stützen zusammengebrochen sein mussten – ganz wie das *Hilani* von Guzana.

Als Jahwe durch den Mund Jesajas auf die Drohreden Sanheribs, mit denen wir die Betrachtung begonnen haben, antwortete, benutzte er als gut altorientalischer Gott eben dieses Bild vom blühenden Baum, tröstend wieder ins Positive gewendet: Der vor der Vernichtung gerettete Rest vom Hause Juda soll *„unten wieder Wurzel schlagen und oben wieder Frucht ansetzen“* (2 Kön 19,30). Und so ist es auch schön, dass trotz ihrer gezielten Zerstörung durch die Assyrer und trotz ihrer abermaligen unglücklichen Zerstörung in Berlin die zerschmetterten Götter von Guzana (**Abb. 232 und 284**) wieder aufgerichtet werden konnten und Namen sowie Erinnerung zurückerhielten – gegen alle Widrigkeiten und jede Erwartung.

Literatur

Andrae 1913: 24–36; Cholidis 2002b: 26–30; Orthmann 2002; Radner 2006; Schwemer 2001: 612–618; Trümpelmann 1988: 50–52.

284 Mit der Restaurierung erhielt der besser erhaltene Gott von Guzana nicht nur seine Gestalt, sondern auch Name und Erinnerung zurück, 2010 (Max Freiherr von Oppenheim-Stiftung, Köln)

Götterkult und Totenverehrung auf dem Tell Halaf

Winfried Orthmann, Mandelbachtal

Als die Ausgräber des Tell Halaf 1911 mit den Grabungen begannen, war über die Architektur des frühen 1. Jahrtausends v. Chr. in Nordsyrien wenig bekannt. Die damals vorliegenden Publikationen der Ausgrabungen von Zincirli[1] waren daher Ausgangspunkt für die Deutung der aufgedeckten Baubefunde. So wechselte der Grabungsarchitekt bereits Mitte November 1911 im Tagebuch der Grabung von der neutralen Angabe „Orthostatenbau" zur Bezeichnung „Hilani" für das Hauptgebäude im Westen der Zitadelle.[2] Max von Oppenheim selbst entschied sich dann aber in der sogenannten Vorpublikation dafür, das Gebäude „Tempelpalast" zu nennen, denn „[e]*s ist der wichtigste Bau der Kaparazeit, der Regierungspalast und gleichzeitig der Tempel seiner Hauptgottheiten*".[3]

Ungeachtet einer Reihe ablehnender Stellungnahmen zu dieser Deutung[4] hat R. Naumann noch 1971 an ihr festgehalten.[5] Die Annahme, in dem Gebäude einen „*religiösen Repräsentationsbau*"[6] zu sehen, stützt sich vor allem auf dessen Bildschmuck: Die Trägerfiguren seiner Vorhalle können wohl zu Recht als Darstellung von Gottheiten gedeutet werden.[7] Die wenigen erhaltenen Teile der Innenausstattung lassen nicht auf eine kultische Funktion des „Tempelpalastes" schließen; der im Hauptraum aufgefundene Herdwagen[8] ist ein Indiz dafür, dass dieser Raum eher als Thronsaal des Herrschers zu deuten ist.

Es gibt jedoch Hinweise darauf, dass zumindest vor der Fassade des Gebäudes Kulthandlungen vollzogen worden sind. Hier ist zunächst der Sockel aus glasierten Ziegeln zu nennen, dessen Reste auf der Terrasse vor dem Eingang gefunden wurden und der vermutlich als Altar gedient hat, wenn auch die Deutung als Sockel eines Bildwerks nicht auszuschließen ist.[9] Vielleicht noch wichtiger sind in diesem Zusammenhang Opfersteine, die vor einigen der Bildwerke der Palastfassade (**Abb. 285**) aufgestellt waren und von denen zumindest zwei noch *in situ* angetroffen wurden.[10] Sie zeigen, dass diese Bildwerke nicht nur als Baudekor verstanden wurden, sondern dass sie übernatürliche Wesen vertraten, vor denen Opfer dargebracht wurden. Dies bedeutet jedoch nicht, dass das Gebäude selbst etwas anderes gewesen war als ein Repräsentationsbau des Herrschers.

Anders als in Karkemisch, wo ein am Fuß der Zitadelle errichtetes Gebäude als Heiligtum identifiziert werden konnte, wurde in Tell Halaf bisher im Bereich der Zitadelle kein Bauwerk ausgegraben, das als Tempel angesprochen werden kann. Die Lage des „*Tempels des Wettergottes*", der in den Inschriften einiger der am Hilani in sekundärer Aufstellung angetroffenen „Kleinen Orthostaten" genannt wird, wurde bisher nicht geklärt.[11]

Wahrscheinlich erst im späten 8. oder im 7. Jahrhundert v. Chr. wurde etwa 200 m südwestlich der Zitadelle der sogenannte Stadttempel errichtet. Dieses Gebäude entspricht in seiner Grundrissgestaltung neuassyrischen Tempeln und kann deshalb mit Sicherheit als ein Heiligtum angesprochen werden.[12] In dieser Zeit hatten sich in Guzana neuassyrische Bauformen durchgesetzt und man darf vermuten, dass auch im offiziellen Götterkult das assyrische Vorbild übernommen wurde. In dem Stadttempel wurden keine Hinweise darauf entdeckt, welcher Gottheit er geweiht gewesen ist. Dass er einen Kultbau älterer, vermutlich aramäischer Zeit überbaut, wie Müller annahm, konnte bisher durch die Nachgrabungen nicht bestätigt werden.[13]

285 Der Opferstein vor dem Orthostaten mit dem Bild der geflügelten Sonne auf der linken Seite der Eingangsnische des Hilani, Tell Halaf 1912/13

Das einzige Gebäude vorassyrischer Zeit, dessen Grundriss und Ausstattung erkennen lassen, dass es für Kulthandlungen bestimmt war, ist der sogenannte Kultraum im Süden des Stadtgebietes.[14] Es handelt sich um einen Langraum (**Abb. 286**) mit einem schmalen Vorraum, an dessen Südseite drei Nebenräume angebaut sind; bei einem dieser Nebenräume konnte bei der Grabung kein Zugang festgestellt werden. Auf der dem Eingang gegenüberliegenden Seite befand sich im Hauptraum ein etwas unregelmäßig geformtes Podest, auf dem ein Doppelsitzbild sowie eine stehende männliche Figur in ursprünglicher Aufstellung (**Abb. 287**) angetroffen wurden. Diesem Podest ist ein aus Ziegeln errichteter Altar vorgelagert. In der Umgebung dieses Podestes wurde eine Anzahl kleinerer Figuren aus Basalt gefunden, die wohl als Weihgaben zu deuten sind. Bei einer Vielzahl von Perlen sowie einigen Rollsiegeln, die auf dem Fußboden des Raumes lagen, dürfte es sich ebenfalls um Opfergaben handeln. Ob diese ursprünglich zu Ketten zusammengestellt waren oder als Schüttgut in den Raum gelangten, ließ sich nicht mehr feststellen.[15]

Dieser Bau, der sich in ein Wohngebiet einfügte, weicht in seinem Grundriss von den Wohn- und Palastbauten des Tell Halaf ab. R. Naumann machte auf eine Ähnlichkeit zu zwei Anlagen aufmerksam, die neben dem südlichen Burgtor an der Zitadellenmauer gefunden und von den Ausgräbern als Grabbauten gedeutet wurden.[16] Diese als Baugruppe 1 und 2 bezeichneten Gebäude wiesen außer einem Hauptraum eine beziehungsweise zwei Nebenkammern auf, in denen „*Reste von Menschenknochen und Asche*" gefunden wurden.[17] In den jeweiligen Haupträumen gab es allerdings keine Installationen, die mit denen des Kultraumes vergleichbar wären.

Bei der Ausgrabung wurden bei dem Kultraum keine Spuren einer gewaltsamen Zerstörung festge-

286 Der hintere Teil des Kultraums mit Opferstein und Altar. Die Bildwerke waren zur Zeit der Aufnahme bereits entfernt worden, Tell Halaf 19´2

287 Westteil des Kultraums mit den Bildwerken *in situ*, Tell Halaf 1912

stellt. R. Naumann zog daraus den Schluss, dass es sich um *„eine in der aramäischen Epoche sehr junge Anlage“* handelt.[18] Bei der Nachgrabung im Jahr 2007 wurde festgestellt, dass die Nordmauer und vermutlich auch die anderen Mauern dieses Baus unmittelbar auf dem gewachsenen Boden errichtet wurden; er dürfte daher gleichzeitig mit der älteren Schicht der im südlich anschließenden Grabungsbereich aufgefundenen Häuser entstanden sein.[19] In den Grabungstagebüchern gibt es keine Angaben über die Art des Schutts im Inneren des Gebäudes, es scheint sich aber nicht um eine absichtliche Verfüllung zu handeln, sondern eher um Verfall. Der gute Erhaltungszustand der Anlage lässt sich daher wohl nur damit erklären, dass der Bau bis kurz vor seinem Verfall genutzt und damit auch geschützt wurde.

Die Deutung des Kultraumes als „Gruftbau“ wurde schon von R. Naumann damit begründet, dass die Ausstattung des Raumes an die Darstellung auf den im westlichen Syrien verbreiteten Speisetisch-Stelen erinnert.[20] H. Niehr hat diesen Gedanken dann weiter ausgeführt: Er sieht in dem Doppelsitzbild entweder ein verstorbenes Königspaar (**Abb. 288**) oder einen König mit einer neben ihm sitzenden Göttin, die zusammen mit dem Wetter-

288 *„Der Ausdruck* [ihres] *Gesichtes ist milder als bei dem Mann, der außerordentlich ernst und streng dreinschaut.“* Mit diesen Worten beschrieb Oppenheim seine Empfindungen beim Anblick des Paares, 2010 (Max Freiherr von Oppenheim-Stiftung, Köln)

289 Dass die große Sitzfigur über einem Grabschacht stand, entdeckte man erst bei ihrem Abtransport ins Grabungshaus, 1912

gott beopfert wurden.[21] Der Kultraum wäre demnach ein königliches Mausoleum oder eine Totenkapelle, wie sie Niehr aus den Inschriften auch für Zincirli/Samʿal rekonstruiert.[22] D. Bonatz hat diesen Gedanken aufgenommen und betont, dass der Totenkult unabhängig von dem Ort der eigentlichen Bestattung praktiziert werden konnte.[23] Die Niederlegung weiterer, teilweise recht grob gearbeiteter Statuetten nicht nur in der unmittelbaren Umgebung des Podestes mit den größeren Figuren, sondern auch an anderen Stellen innerhalb des Gebäudes – eine der Figuren wurde schon vor der Entdeckung beim Bau des Brunnens des Expeditionshauses gefunden, der den Vorraum durchschlagen hat – wird von Bonatz so interpretiert, dass der Totenkult auch auf andere Verstorbene ausgedehnt wurde. In diesem Fall könnte man tatsächlich von einem „Ahnenkult“ sprechen.

Die 2008 bei den Ausgrabungen in Samʿal entdeckte Stele des Kuttamuwa, eines Untergebenen des Herrschers Panamuwa, weist eine Speisetischdarstellung auf und bezeugt durch ihre Inschrift die Vorstellung, der Totengeist des Verstorbenen könne in einem Bildwerk fortleben; zusammen mit dem Wetter- und dem Sonnengott solle er Opfer empfangen.[24] Reste solcher Opfer wurden vor der Stele *in situ* angetroffen. Die Kattamuwa-Stele zeigt, dass solche Vorstellungen und Opferriten nicht auf den Herrscher beschränkt waren. Damit entfällt die Notwendigkeit, in dem Kultraum eine königliche Totenkult-Stätte zu sehen, auch wenn die Ausstattung und die wahrscheinlich längere Benutzungsdauer dafür sprechen, dass es sich um ein bedeutendes Mitglied der Gesellschaft gehandelt hat.

Daneben hat es in Tell Halaf Kultanlagen gegeben, die unmittelbar mit einer Bestattung verbunden waren. Die beiden später von einer Lehmziegelterrasse überbauten Kapellen südlich der Burgmauer, in denen Sitzbilder weiblicher Figuren (**Abb. 289**) aufgestellt waren, liegen über tiefen Grabschächten mit jeweils einer Brandbestattung und Beigaben. Über das Aussehen dieser Grabkapellen kann man aufgrund der Publikation nur eine ungefähre Vorstellung gewinnen; anscheinend wurden sie nicht einfach überbaut, sondern weitgehend abgerissen, als die Südterrasse erweitert wurde.[25] Die Grabbauten haben wesentlich bescheidenere Abmessungen als der Kultraum und weisen nur jeweils ein Bildwerk auf, dem Opfergaben dargebracht werden konnten.

Die Sitte, solche Grabfiguren herzustellen und damit wohl auch die damit verbundenen Vorstellungen und Riten, hat in Tell Halaf anscheinend über das Ende der eigentlich aramäischen Periode hinaus fortgelebt. Das 1999 in der östlichen Unterstadt vom Tell Halaf zufällig gefundene Sitzbild des Kammaki entspricht von seinem Typ her den Grabfiguren und dürfte daher entweder unmittelbar zu einer Bestattung gehört haben oder in dem Kontext einer Totenkult-Stätte aufgestellt gewesen sein.[26] Sein assyrisch beeinflusster Stil verweist in die Zeit, in der Guzana bereits zu einer assyrischen Provinz geworden war.

1 Koldewey 1898; Luschan/Jacoby 1911.
2 NL MvO-84.
3 Oppenheim 1931: 73.
4 Galling 1951: 87 sah in der Benennung „Tempelpalast" einen „Verlegenheitsausdruck" und wollte in dem Bau einen Audienzpalast sehen; Frankfort 1952: 121 sprach sich aufgrund der Inschriften ebenfalls gegen eine Deutung als Kultbau aus. Vgl. auch die grundsätzliche Diskussion der Funktion der Hilani-Bauten bei Busink 1970: 551–553 und 634.
5 Naumann 1971: 413.
6 Naumann 1971: 413.
7 Vgl. zuletzt Orthmann 2002: 65–70.
8 Tell Halaf 1950: 45–50, Taf. 12.
9 Tell Halaf 1950: 71–78, Taf. 13–14.
10 Tell Halaf 1950: 61 und 64.
11 Zu diesen Inschriften vgl. Orthmann 1971: 181 und die dort angegebene Literatur. Aufgrund der Inschrift der Statue aus Tell Fecherije kann angenommen werden, dass diese Gottheit einen Tempel in Sikani besaß; die Orthostaten dürften aber von einem Bau in Tell Halaf selbst stammen. Zum Kult des Wettergottes von Guzana vgl. Müller-Kessler/Kessler 1995.
12 Tell Halaf 1950: 349–357; Heinrich 1982: 270–271.
13 Der zentrale Bereich des Stadttempels konnte wegen der Überbauung durch ein Gehöft des heutigen Dorfes nicht untersucht werden. Im nördlichen Randbereich stehen die mit dem Stadttempel gleichzeitigen Baureste auf einer Lehmziegelterrasse, die vermutlich erst in neuassyrischer Zeit errichtet wurde.
14 Tell Halaf 1950: 357–360, 394–395.
15 Von den Funden aus dem Westteil des Raumes hat sich eine während der Grabung 1912 zusammengestellte Inventarliste erhalten; während der Nachgrabung 1913, offenbar in großer Eile durchgeführt, wurde anscheinend keine derartige Inventarliste angelegt. Da sich das Fundbuch der Grabung infolge der Kriegszerstörung des Tell Halaf-Museums nicht erhalten hat, lassen sich die dort gemachten Funde nicht mehr identifizieren.
16 Tell Halaf 1950: 169–178; 394–395. Auch Galling 1951: 86 bezeichnete den Kultbau als Grabanlage.
17 Tell Halaf 1950: 172–173.
18 Tell Halaf 1950: 395.
19 Orthmann 2009.
20 Tell Halaf 1950: 395; vgl. auch Orthmann 1971: 378.
21 Niehr 1994: 66.
22 Niehr 1994: 70. Niehr 1994: 58 wird unter Bezugnahme auf Xella 1991: 190 die Verwendung der in der Kilamuwa-Inschrift aus Samʿal bezeugten Bezeichnung *hmn* für einen derartigen Kultort diskutiert.
23 Bonatz 2000: 152–153.
24 Struble/Herrmann 2009; Pardee 2009.
25 Tell Halaf 1950: 159–163.
26 Zum Sitzbild des Kammaki und seiner Inschrift siehe Röllig 2003.

Rückblick auf die Elfenbeinfunde vom Tell Halaf[1]

Tuğba Tanyeri-Erdemir, Ankara

Bei den Elfenbeinfunden vom Tell Halaf handelte es sich überwiegend um Bruchstücke, die aus drei Grabzusammenhängen kommen: aus der älteren Gruft im Nordwesten des sogenannten Tempelpalasts und aus zwei Schachtgräbern, die unter den monumentalen weiblichen Sitzfiguren ausgegraben wurden. Obwohl diese wenigen Artefakte nur sehr fragmentarisch erhalten waren, bildeten sie seit ihrer Entdeckung eine wichtige Quelle, um Fragen nach der möglichen Rolle von Elfenbein bei der Übermittlung visueller Elemente im Vorderen Orient zu beantworten. Ihr archäologischer Kontext und ihre Assoziierung mit anderen Kunstgegenständen könnten uns zudem helfen, entscheidende Fragen hinsichtlich ihres interkulturellen Stellenwerts und ihrer Bedeutung zu erörtern. Der größte Teil der Elfenbeinfunde ist 1943 bei der Zerstörung des Tell Halaf-Museums verbrannt; nur wenige Bruchstücke konnten damals aus der Ruine geborgen und in das Pergamonmuseum gebracht werden.[2] Diese Ausstellung ist eine gute Gelegenheit, an die Elfenbeine vom Tell Halaf zu erinnern; neue Funde anderenorts erlauben es, ihre Rolle neu zu überdenken sowie im Licht der jetzigen Erkenntnisse eventuell neu zu bewerten.

Die am besten erhaltenen Elfenbein-Artefakte stammen aus der eingetieften Gruft eines Mannes.[3] Die Größe des Grabes sowie die reichhaltigen Grabbeigaben, die darin gefunden wurden, weisen darauf hin, dass hier eine hochrangige Persönlichkeit beigesetzt wurde. Die goldenen Schmuckstücke des Verstorbenen stellen einige der eindrucksvollsten Funde vom Tell Halaf dar. Unter den Elfenbeinfunden in diesem Grab ist eine Pyxis von 11,5 cm im Durchmesser und 9 cm Höhe. Der Deckel der Dose ist in der Mitte mit einer Rosette verziert, die mit zwei Bändern umrandet ist. Eines stellt ein Guilloche-Dekor dar, das andere ein Flechtband. Die Rosette und die Zierbänder waren mit Blattgold belegt, goldene Nägel wurden als Verschluss benutzt.

Unter den beiden Grabfiguren, die im sog. Lehmziegelmassiv, einer gewaltigen Terrasse im Süden der Zitadelle, entdeckt wurden, befand sich jeweils ein Grabschacht **(Abb. 290)**; der Befund lässt darauf schließen, dass beide weiblichen Figuren in Grabkapellen standen, die man später – in der Kapara-Periode – überbaut hatte.[4] Der stratigraphische Nachweis in den Ausgrabungsberichten ist nicht eindeutig genug, um die Verbindung zwischen den Schachtgräbern und den darüber stehenden Statuen genau nachzuvollziehen.[5] Allerdings legt die räumliche Nähe zweier sehr ähnlicher weiblicher Brandbestattungen im Zusammenhang mit zwei einander ähnlichen, aber sich nicht entsprechenden Monumentalfiguren die Vermutung nahe, dass die Gräber in irgendeiner Weise mit den dargestellten Skulpturen in Beziehung standen.

Die Gruft unter dem größeren Sitzbild enthielt Bruchstücke eines Armbands aus Elfenbein und Elfenbeinreste neben kostbaren persönlichen Schmuckstücken: einen goldenen Ring mit einem Stein aus Onyx und ein Paar sichelförmige Ohrringe.[6] Das Schachtgrab unter dem zweiten Bildwerk enthielt eine große Gruppe zerbrochener Elfenbeingegenstände. Mehrere, teilweise mit Blattgold verzierte Köpfe kleiner weiblicher Statuetten scheinen die am besten erhaltenen Stücke aus den beiden Gräbern gewesen zu sein **(Abb. 291 und 292)**. Einer dieser Köpfe ist durch einen zylindri-

290 Die beiden Grabfiguren aus dem Lehmziegelmassiv, Tell Halaf 1913

291 Beigaben aus Elfenbein, die im Schacht unter der kleineren Grabfigur gefunden wurden, 1913

schen Kopfschmuck mit vertikalen Linien gekennzeichnet. Der andere trägt einen Kopfschmuck, der abwechselnd mit Rosetten und Kreisen verziert ist. Man fand im gleichen Zusammenhang auch unvollständige Überreste von Elfenbeinplättchen mit flachen Reliefschnitzereien und Einschnitten. Einige dieser Bruchstücke lassen noch die Reste von Tierdarstellungen erkennen: Ein Fragment zeigt den Hinterlauf eines Feliden, dessen Muskulatur durch flammenförmige Einritzungen markiert ist. Bauch und Gesäßbacken des Tiers ziert ein Streifen mit einem Flechtmuster; ein anderes Bruchstück bildet den Augenwinkel und den Unterkiefer eines Rinds ab **(Abb. 293)**. Andere Stücke zeigen die brüchigen Überreste von Pflanzen mit geschwungenen Blättern respektive einen Baum, der von Tieren flankiert wird **(Abb. 294)**; vermutlich handelte es sich um eine ähnliche Szene wie auf den goldenen Zierblechen, die in der Gruft entdeckt wurden.

Auf stilistische Ähnlichkeiten zwischen den Tell Halaf-Elfenbeinen mit den Darstellungen auf den Orthostaten des Tempelpalastes sowie mit dem altorientalischen Elfenbeinrepertoire des 1. Jahrtausends v. Chr., dessen erlesenste Beispiele aus den assyrischen Palästen von Nimrud stammen, wurde schon früh hingewiesen.[7] Helene Kantor war eine der ersten Wissenschaftlerinnen, die große Ähnlichkeiten im Stil und in der Ikonographie zwischen den Tell Halaf-Bildwerken und den in Nimrud gefundenen Elfenbeinen feststellte, insbesondere in der Tierdarstellung und in der Wiedergabe der Muskulatur.[8] Sie vermutete daher, dass die Elfenbeinarbeiten als Vorlagen für großformatige Skulpturen dienten. Die Tell Halaf-Elfenbeine könnten nach Kantors Einschätzung auch eine mögliche Bildquelle für die monumentalen Skulpturen vor Ort gewesen sein.[9] Sie mutmaßte: „[i]*n perfection of craftsmanship the ivories surpass the sculptures, suggesting that the stonecutters at Tell Halaf, when suddenly called upon to produce large-scale sculptures had at hand a well-established tradition for the representation of animals.*“[10]

Irene Winter griff Kantors These drei Jahrzehnte später zur Beantwortung der Frage, ob die nordsyrische Tradition des Elfenbeinschnitzens Einfluss auf die stilistischen und ikonographischen Merkmale der Reliefskulpturen gehabt haben könnte, wieder auf. Im Rahmen ihrer Untersuchung nahm sie an, dass die Tell Halaf-Elfenbeine „*provide a crucial link between the more complete works from Nimrud and the reliefs, which demonstrate access at the site to the style and motifs of the larger ivory corpus.*“[11] Da es aber keine chronologische Abfolge gibt, lässt sich nach Winter die Bewegungsrichtung von Einfluss und Ideengebung nicht bestimmen. Dennoch könne man davon ausgehen, dass Elfenbein als ein wichtiger Werkstoff zu betrachten ist, „*sufficiently valuable in cultural terms that its use as a prime model was acceptable, if not desirable.*“[12] Ausgehend von Winters These, dass Elfenbein, wenn es wirklich als Vorlage für großformatige Skulpturen gewählt wurde und somit als bedeutsam und dem Zweck angemessen erachtet wurde, möchte ich die archäologische Bedeutung der Tell Halaf-Elfenbeine zusammenfassen, um den kulturellen Wert, der diesen Gegenständen zugeschrieben wurde, zu verdeutlichen.

Alle drei Grabzusammenhänge am Tell Halaf, in denen Elfenbein gefunden wurde, scheinen die letzte Ruhestätte für Angehörige der lokalen Oberschicht gewesen zu sein. Die ältere Gruft gehörte offenbar einer sehr wichtigen Person, höchstwahrscheinlich einem Mitglied der königlichen Familie oder der Führungsschicht, wie schon Max von Oppenheim vermutete.[13] Die eingeäscherten Überreste der beiden Frauen wurden mit reichen Grabbeigaben beigesetzt. Es ist möglich, dass die Sitzbilder über den Schachtgräbern zum Gedenken an die beiden verstorbenen Frauen errichtet worden sind. Diese monumentalen Skulpturen wirken so respekteinflößend und außergewöhnlich, dass Freiherr von Oppenheim, als sie zum Vorschein kamen, wie verzaubert war und nicht zögerte, die größere der beiden als „Werk größter künstlerischer Vollendung“ zu bezeichnen.[14] Er nahm weiter an, dass die Frauen, die hier begraben waren, Mitglieder der Kapara-Dynastie gewesen sein müssten.[15] Wenn diese Skulpturen tatsächlich Grabdenkmäler sind, würde ihre majestätische Größe darauf hinweisen, dass die hier bestatteten Personen repräsentative Mitglieder der Gesellschaft gewesen waren.

Die Elfenbeinfragmente traten in allen drei Grabsituationen in Verbindung mit handwerklich hervorragend gearbeitetem Schmuck auf. In der älteren Gruft fand man die meisten und prächtigsten Goldgegenstände. Die Schachtgräber enthielten ebenfalls kostbare Beigaben, die Elfenbeinreste sind

292 Beigaben aus Elfenbein, die im Schacht unter der kleineren Grabfigur gefunden wurden, 1913

293 Beigaben aus Elfenbein, die im Schacht unter der kleineren Grabfigur gefunden wurden, 1913

294 Beigaben aus Elfenbein, die im Schacht unter der kleineren Grabfigur gefunden wurden, 1913

jedoch zu klein, als dass man die ursprüngliche Funktion des Gegenstands, zu dem sie gehörten, erkennen könnte. Aber einige der Elfenbeinplättchen scheinen Teile von kleinen Behältern gewesen zu sein, die der Elfenbeindose aus der Gruft vermutlich ähnelten. Die Frauenköpfe besitzen die größte Ähnlichkeit mit Elfenbeinen aus Nimrud, und es ist sehr wahrscheinlich, dass sie Bestandteile von Gegenständen des persönlichen Gebrauchs waren. Auch in den sogenannten Königinnengräbern von Nimrud wurden ähnliche Frauenbildnisse aus Elfenbein geborgen.[16] Es scheint, dass die Tell Halaf-Elfenbeine nicht nur begehrte Luxusgüter waren, sondern auch Gegenstände für den persönlichen Gebrauch und für die lokale Oberschicht.

Dominik Bonatz schlug kürzlich vor, dass die neo-hethitischen Skulpturen möglicherweise mnemotechnische Hilfsmittel bei der Bildung eines kollektiven Gedächtnisses waren, die der Gesellschaft durch visuelle, in die Reliefs eingebettete Kodierungen eine gemeinsame Vergangenheit in Erinnerung brachten.[17] Folglich könnten die Elfenbeingegenstände auf ähnliche Weise eine Bildsymbolik übermittelt und in Erinnerung gebracht haben. Kantor zum Beispiel hielt es für möglich, dass Elfenbeine eine Rolle bei der Tradierung von Bildern aus der Bronzezeit in die Eisenzeit spielten.[18] Einerseits würde sich Elfenbein wegen seiner Haltbarkeit als Übermittler visueller Erinnerung über einen langen Zeitraum gut eignen, andererseits wäre es wegen seiner Handlichkeit ideal, Informationen über große Distanzen zu verbreiten. Als solches waren die Tell Halaf-Elfenbeine möglicherweise einst ein mnemotechnischer Apparat, der visuelle Informationen aufnahm und beförderte, die für wichtig und kulturell bedeutend gehalten wurden, um dann in anderen Medien kopiert zu werden.

Wenn wir uns das mnemotechnische Potenzial dieses Materials vorstellen, wird uns auch das zyklische Muster von Erinnerung und Vergessen bewusst, dem diese Gegenstände seit Jahrtausenden unterworfen waren. Die Elfenbeine waren wertvolle und bedeutende Güter, als sie in Gebrauch waren. Als Grabbeigaben für die Elite vom Tell Halaf wurden sie praktisch unsichtbar und gerieten somit in Vergessenheit. Die Gräber der kremierten Frauen, über denen die großen Sitzbilder standen, wurden später durch eine Lehmziegelplattform überbaut.

Diese majestätischen Skulpturen und die Gräber, derer sie zu gedenken scheinen, waren bis zu ihrer Wiederentdeckung durch Oppenheim in Vergessenheit geraten. Zusammen mit ihnen wurden die Elfenbeine geborgen und nach fast drei Jahrtausenden ans Licht gebracht. Die Elfenbeinüberreste kamen mit der größeren der beiden Grabfiguren nach Berlin und waren im Tell Halaf-Museum ausgestellt. Der überwiegende Teil dieser Elfenbeinartefakte ist bei der Zerstörung des Museums 1943 verloren gegangen. Aber durch die Endpublikationen 1955 und 1962 sind sie in die Wissenschaft wieder eingeführt worden.[19] Die Berliner Ausstellung bietet eine weitere Gelegenheit, an die Tell Halaf-Elfenbeine zu erinnern, auch wenn die eigentlichen Gegenstände fehlen.

1 Übersetzung aus dem Englischen: Anne Pitz, Saarbrücken; Fachberatung: Dr. Sabina Kulemann-Ossen, Freiburg.

2 Hroudas Katalog von 1962 weist darauf hin, dass sich viele dieser Elfenbeinstücke im Berliner Tell Halaf-Museum befanden (Tell Halaf 1962: 21). Es gibt jedoch auch mehrere Exemplare, deren Aufbewahrungsort nicht eindeutig zu ermitteln war. Falls diese Stücke während der Zerstörung woanders untergebracht waren, wäre es zwar möglich, dass einige wenige erhalten geblieben sind, deren Verbleib allerdings nach wie vor ungeklärt wäre.

3 Oppenheim 1933: 83, 219–222.

4 Oppenheim 1933: 189, PL. XLIIb.

5 Pucci vermutete, dass sich die Sitzbilder ursprünglich möglicherweise in einer Lehmziegelkonstruktion befanden, die während des Baus der Plattform zerstört wurde (Pucci 2008: 91–92).

6 Oppenheim 1933: 222–223.

7 Tell Halaf 1955: 12–13.

8 Kantor 1956.

9 Kantor 1956: 173.

10 Kantor 1956: 173.

11 Winter 1989: 328.

12 Winter 1989: 331.

13 Oppenheim 1933: 219.

14 Oppenheim 1933: 190.

15 Oppenheim 1933: 193.

16 Gansell 2008: 136–138.

17 Bonatz: 2001: 65–66.

18 Kantor 1956.

19 Tell Halaf 1955, Tell Halaf 1962.

Die Glyptik vom Tell Halaf

Gabriele Elsen-Novák, Tübingen/München

Während in der europäischen Steinschneidekunst durch alle Zeiten hindurch ausschließlich Stempelsiegel Verwendung fanden, ist die Glyptik des Alten Orients überwiegend von Rollsiegeln geprägt, wenngleich auch hier das Stempelsiegel den Beginn der glyptischen Entwicklung markiert. Die ältesten dekorierten Stempel traten bereits im präkeramischen Neolithikum auf und nahmen im Laufe der Halaf-Zeit an Mengen deutlich zu. Dabei ist noch unklar, ob sie in dieser Zeit bereits zum Siegeln verwendet wurden oder noch lediglich Amulettcharakter besaßen. Erste Abdrücke auf Ton belegen spätestens seit der chalkolithischen Obed-Zeit (ca. 5300–4000 v. Chr.) die eindeutige Nutzung von Stempeln als Siegel.

Im Laufe der Frühsumerischen Zeit (ca. 4000–3000 v. Chr.) entstanden im Zuge der Herausbildung der ersten Hochkulturen große Städte. Die damit verbundene gesteigerte Administration erforderte einen kontrollierten Zugang zu Besitztümern, die in Gefäßen oder in abgeschlossenen Räumen gelagert wurden. Dies hatte die Entwicklung des Rollsiegels zur Folge, das eine Endlosabrollung auf tönernen Gefäß- und Türverschlüssen wie auch auf kugelförmigen, mit Zählsteinen gefüllten Tonbullen ermöglichte. Es handelt sich dabei um eine zylindrische Perle aus Stein – später vereinzelt auch aus Metall oder Fritte –, die man mittels einer länglichen Durchbohrung an einer Kette oder, über Schnüre verbunden, an einer Gewandnadel hängend tragen konnte. Ihre Außenseite wurde als Bildfläche genutzt, in die vielfältige Szenen im Negativ eingraviert waren. Durch die Abrollung auf Ton entstanden kleine reliefartige, positiv heraustretende Bilder.

Die Kulturen des Alten Mesopotamien und seiner Nachbarregionen nutzten über Jahrtausende Ton als Material für Schreibtafeln und Verschlüsse. So blieb das Rollsiegel in der gesamten Zeit auch das bevorzugte glyptische Medium. Erst mit dem Auftreten von Papyrus und Pergament als alternative Schriftträger für die semitischen Konsonantenschriften zu Beginn des 1. Jahrtausends v. Chr. begann die langsame Ablösung des Rollsiegels durch das Stempelsiegel.

Da die Siegel den Besitzer unterscheidbar und eindeutig erkennbar machen sollten, ist von Beginn an eine große Bildervielfalt als Ausdruck des Individuums oder der Institution, der das Siegel gehörte, zu beobachten. Später unterstützten Siegellegenden, die den Besitzer namentlich nannten, die Zuweisbarkeit. Das Medium des Siegels ermöglichte die Wiedergabe von Szenen religiös-kultischen, mythologischen oder alltäglichen Inhalts. Dadurch ergeben sich für uns derart mannigfaltige Einblicke in die Bilderwelt der Antike, wie sie uns kaum ein anderer Bildträger bieten kann.

Die durch die Epochen zu beobachtende Entwicklung von Ikonographie und Stil, aber auch der Siegelgrößen und -materialien dient als wichtiges Datierungskriterium, wodurch die Glyptik nach der Keramik zum wichtigsten Leitfossil der Vorderasiatischen Archäologie wird. In der neuassyrischen Glyptik vom 10.–7. Jahrhundert v. Chr. gibt es zum Beispiel vier parallel zueinander bestehende Stile, die sich in Qualität und Technik erheblich voneinander unterscheiden. Neben äußerst qualitätvollen, plastisch detailliert ausgearbeiteten Motiven gibt es eher flüchtig gestaltete, geradezu linear anmutende Stücke. Diese Unterschiede ergeben sich im We-

295 Skarabäus mit eingeschnittener Hieroglyphe, Tell Halaf 2008 (Museum Deir ez-Zor)

sentlichen aus den verschiedenen Materialien, aus denen die Rollsiegel gearbeitet sind und die unterschiedliche Herstellungstechniken erfordern. Siegelbilder, mühevoll in kostbares, hartes Gestein geschnitten – beispielsweise Lapislazuli, Hämatit oder Serpentin – tauchen gleichermaßen auf wie Stücke, die aus weicher Fritte noch vor dem Brand geformt wurden. Dabei variieren die Größen der Siegelobjekte relativ stark. Die Siegelthemen umfassen eine Vielzahl von Ritualszenen, wie beispielsweise Anbetungsszenen vor thronenden Gottheiten, daneben aber auch die unterschiedlichsten Kampf- und Jagdszenen. Als Siegelbesitzer sind Könige, Götter beziehungsweise ihre Tempel als Institutionen, Beamte aller hierarchischen Stufen, aber auch Privatleute, insbesondere Händler bezeugt. Das Rollsiegel fand in dieser Periode nicht nur eine weite gesellschaftliche, sondern auch eine ausgedehnte lokale Verbreitung bis in die Provinzen hinein.

Auch vom Tell Halaf liegt eine veritable Anzahl von glyptischen Erzeugnissen vor, sowohl aus den alten Ausgrabungen Max von Oppenheims, als auch aus den neueren Feldforschungen seit 2006. Dabei finden sich sowohl originale Roll- und Stempelsiegel wie auch Abrollungen und Abdrücke auf Tontafeln und Tonsicherungen von Tür- und Gefäßverschlüssen.

Abgesehen von wenigen Ausnahmen unsicherer Provenienz, bei denen es sich um Altstücke aus dem 3. und 2. Jahrtausend v. Chr. handelt, lassen sich nahezu alle Siegel der neuassyrischen Zeit zuordnen, lediglich ein einziges Stück stammt zweifelsfrei aus einem älteren, aramäischen Fundkontext. Hierbei handelt es sich um einen Skarabäus, der 2008 aus einem früheisenzeitlichen Grab nordöstlich des West-Palastes geborgen werden konnte (**Abb. 295**). Kopf (Clypeus) und Flügel (Elytra) des detailliert ausgearbeiteten Stückes sind klar durch Ritzlinien markiert. Auf seiner glatten, ovalen Unterseite lassen sich die Hieroglyphen für „Amun-Re“, einen der Hauptgötter Ägyptens seit der 19. Dynastie, erkennen. Die ungenaue Ausführung dieser Hieroglyphen lässt darauf schließen, dass es sich bei dem Stück jedoch nicht um ein original ägyptisches handelt, sondern um eine levantinische Arbeit des frühen 1. Jahrtausends v. Chr., die lediglich bekannte ägyptische Schriftzeichen kopiert.

Ein originales Rollsiegel mit eher ungewöhnlichem Motiv wurde 2009 im südlichen Anbau des assyrischen Gouverneurspalastes („Nordost-Palast“) gefunden (**Abb. 296**). Es zeigt eine fein modellierte Szene, in der eine bärtige Figur im langen Gewand mit hohem Faltensaum von zwei ebenso gekleideten Figuren in einer Art „Rikscha“ gezogen wird. Eine weitere Person – gleichermaßen gewandet und einen Wedel hochhaltend – folgt dem Wagen. Außer der Hauptperson in der „Rikscha“ scheinen alle Figuren bartlos zu sein, eine als Götterattribut anzusprechende Hörnerkrone wird von keiner Person getragen. Daher sind alle Figuren als menschlich anzusprechen. Ein sechsstrahliger Stern und ein liegender Halbmond füllen die Fläche zwischen der sitzenden und den ziehenden Figuren oberhalb der gebogenen Haltebügel der „Rikscha“. Unterhalb derselben ist ein kauerndes, gehörntes Tier zu sehen. Das Siegel zeichnet sich durch seine ausgesprochen grazile und feine Gestaltung aus. Stil und

296 Das Siegel mit der seltenen Darstellung eines fahrbaren Stuhles wurde 2009 im südlichen Anbau des Nordost-Palastes gefunden (Museum Deir ez-Zor)

Ikonographie legen eine Datierung ins 9. Jahrhundert v. Chr. nahe, so dass das Stück der Frühzeit assyrischer Herrschaft über Guzana zugewiesen werden kann.

Unter den neuassyrischen Stücken der Oppenheim-Grabungen befindet sich ein interessantes Rollsiegel aus Serpentin, das im Kultraum gefunden wurde (**Abb. 297**).[1] Die detaillierte Darstellung zeigt einen auf einem Bettgestell liegenden, offenkundig kranken Mann in einer bogenförmigen „Hütte“ aus Schilfbündeln. Seitlich des Bettes ist ein stehender Priester beziehungsweise Heiler im langen Gewand bei der auch aus literarischen Quellen bekannten Krankenbeschwörung zu sehen. Eine weitere Person kniet rechts davon hinter dem Kopf des Kranken, die Hände in beschwörendem Gestus erhoben. Über der Hütte schweben das Siebengestirn und die Sonne. Rechts zeigt sich ein bärtiger, im kurzen Rock gekleideter, auf die Hütte zuschreitender Mann. In den weit über den Kopf erhobenen Händen hält er Pfeil und Bogen. Ein sitzender Hund mit langem, nach oben eingerolltem Schwanz trennt

297 Erst nach der Wiederentdeckung des Fundinventars 2009 konnte das Siegel, das eine Krankenbeschwörung zeigt, den Beigaben im Kultraum zugeordnet werden (Vorderasiatisches Museum, Berlin)

298 Zahlreiche Kleinfunde, darunter auch dieses Siegel, sind bei der Zerstörung des Direktorialgebäudes verloren gegangen

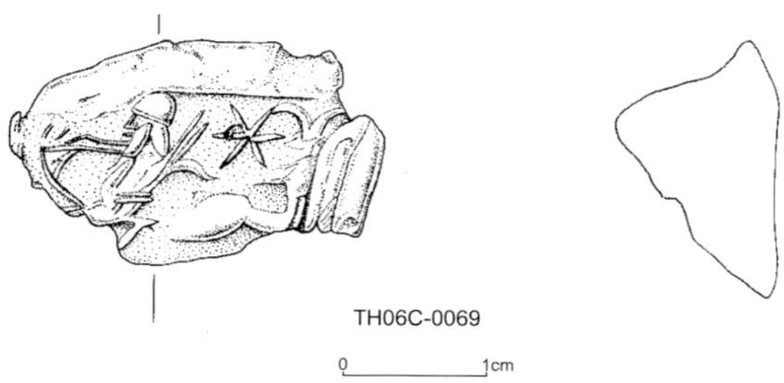

299 Siegelabdruck auf einem Gefäßverschluss, der 2006 im Nordost-Palast gefunden wurde (Umzeichnung von Gabriele Elsen-Novák)

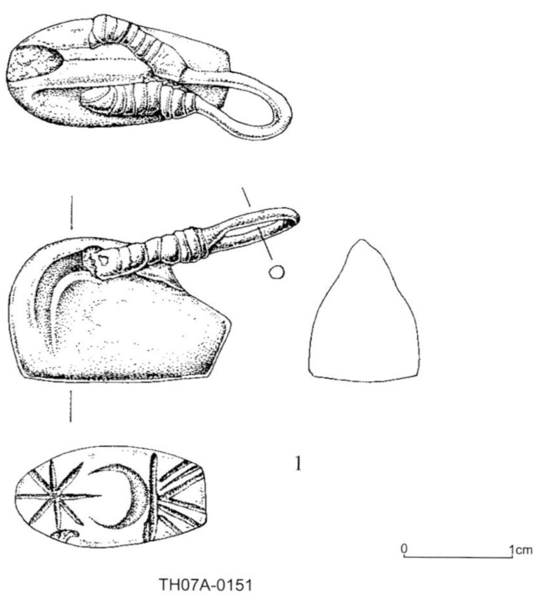

300 Stempelsiegel in Form einer kleinen Ente mit zurückgewandtem Kopf, Tell Halaf 2008 (Umzeichnung von Gabriele Elsen-Novák)

ihn von der Hüttenszene. Dazwischen zeigt sich als Füllsel ein stilisiertes Augensymbol.

Aus einer jüngeren Bebauung über dem Gouverneurspalast stammt ein Rollsiegel aus dem 9. oder 8. Jahrhundert v. Chr., dessen Motiv einen Wettergott im sog. Knielauf auf dem Rücken eines sich aufbäumenden Schlangendrachens zeigt (**Abb. 298**). In seiner Rechten hält er ein Blitzbündel, in seiner Linken eine Keule oder Axt. Über dem Kopf des Drachens lässt sich erneut der bereits bekannte sechsstrahlige Stern erkennen. Hinter der Figur zeigen sich zwei Palmwedeln ähnliche Gebilde. Oben wie unten wird die Szene von einem gerahmten Band mit schräger Schraffur eingefasst. Körperliche Modellierungen der Figuren sind nun linear umrissenen Formen gewichen, die durch den Schnitt von Kerben in den Siegelzylinder entstanden sind, eine Technik, die diesem neuassyrischen Stil seinen Namen gab: dem Kerbschnittstil.

Im selben Stil gearbeitet ist ein weiteres Rollsiegel, dessen Abdruck auf einem 2006 im Nordost-Palast gefundenen Gefäßverschluss zu sehen ist (**Abb. 299**). Die Reste der Abrollung zeigen Kopf und Oberkörper eines nach rechts gewandten, vermutlich knienden Helden. Er zielt mit Pfeil und Bogen auf einen ihm entgegen springenden Capriden, der aufgrund des hier vorhandenen Teilstückes der fortlaufenden Abrollung jedoch hinter dem Jäger erscheint. Der Held trägt einen Bart und über dem Haarschopf eine kalottenförmige Kopfbedeckung, außerdem eine doppelte Gürtung. Über dem Capriden ist ein sechsstrahliger Stern zu sehen. Während das springende Tier plastisch herausgearbeitet erscheint, zeichnet sich die Figur durch den ausgeprägten Kerbschnitt ihrer Körper- und Gesichtsformen aus.

Aus den Bauten auf dem Lehmziegelmassiv stammt ein Stempelsiegel, das sich gemäß dem Fundkontext wie auch durch vergleichbare Siegelmotive ins 7. Jahrhundert v. Chr. datieren lässt (**Abb. 300**). Das aus Chalzedon gearbeitete Stück ist in der in neuassyrischer Zeit beliebten Form einer kleinen Ente mit zurückgewandtem Hals und Kopf – ähnlich der bekannten Gewichtsenten – gestaltet. In der Querdurchbohrung zwischen Hals und Körper ist noch die Fassung aus Bronzedraht erhalten geblieben – eine kleine Öse bildend, so dass der Siegelstein an einer Kette getragen werden

301 Kollektion von Siegel: Neben Ikonographie und Stil eignen sich auch Material und Form als Datierungskriterium (Max Freiherr von Oppenheim-Stiftung, Köln und Vorderasiatisches Museum, Berlin)

302 Nach der Eingliederung Guzanas in das neuassyrische Reich änderte sich auch das Bildrepertoire auf den Siegeln. Gleiche Motive wie „Jäger und Schlangendrache" sind in unterschiedlicher Ausführung belegt (Max Freiherr von Oppenheim-Stiftung, Köln und Vorderasiatisches Museum, Berlin)

konnte. Die schmale, annähernd ovale Siegelfläche zeigt einen achtstrahligen Stern über einem liegenden Halbmond und einer stark stilisiert dargestellten Flügelsonne.

Auch wenn die hier vorgestellten Stücke nur eine kleine Auswahl der auf dem Tell Halaf gefundenen Siegel (**Abb. 301**) darstellen, so verdeutlichen sie doch, dass hier das gesamte ikonographische und stilistische Spektrum der neuassyrischen Glyptik vom 9.–7. Jahrhundert v. Chr. vertreten ist. Dies bezeugt, wie eng und vollständig die Stadt Guzana schon bald nach ihrer Übernahme durch die Assyrer in den assyrischen Kulturraum (**Abb. 302**) integriert war. Deutlich weniger lässt sich dagegen bislang zur Glyptik der aramäischen Zeit vor dem frühen 9. Jahrhundert v. Chr. sagen. Daher kann nicht entschieden werden, ob sie sich bereits zu dieser Zeit an der gleichzeitigen assyrischen Steinschneidekunst orientierte, ob sie Traditionen der lokalen Glyptik des 2. Jahrtausends v. Chr. erkennen ließ oder ob sie gar vollständig andere, eigene aramäische Formen und Inhalte kannte.

Literatur

Herbordt 1992; Tell Halaf 1962; Jacobs 1997: 44–55.

1 Martin 2010: 235.

König Kaparas kalkulierter Legitimierungsanspruch in Kunst und Raum am Tempelpalast vom Tell Halaf[1]

Elif Denel, Ankara

Monumentale Skulpturen spielten in allen Epochen der Geschichte Mesopotamiens eine zentrale Rolle als Ausdruck royaler Macht. Im 1. Jahrtausend v. Chr. verlieh König Kapara seiner herausgehobenen Stellung auf dem Tell Halaf (antik Guzana) durch die Gestaltung eines zeremoniellen Raumes am sogenannten Tempelpalast **(Abb. 303)** Ausdruck.[2] Er verdeutlichte seine Autorität und seine königliche Stellung anhand eines ideologisch aufgeladenen, betont monumentalen und außergewöhnlich dekorativen Konzepts.[3] Die Steinbilder dieses visuellen Programms sind derzeit über die ganze Welt in einer Reihe von Museen verteilt, unter anderem im British Museum, im Metropolitan Museum of Art, im Walters Art Museum, im Louvre und im National Museum of Aleppo. Wesentliche Teile der Sammlung des Berliner Tell Halaf-Museums, die seit der Zerstörung 1943 als verloren galten, bringt diese Ausstellung im Pergamonmuseum als fehlende Bestandteile einer Collage wieder ans Licht, wo sie ihren angemessenen Stellenwert erhalten und ihre Bedeutung im Ganzen gesehen entfalten. Der vorliegende Beitrag beleuchtet, wie Bildmaterial im Alten Orient während einer sehr instabilen Periode eingesetzt wurde, um die königliche Identität auf interkultureller und intrakultureller Ebene zu demonstrieren. Obwohl die schriftlichen Quellen vom Tell Halaf sehr begrenzt sind, haben die archäologischen Überreste gezeigt, dass auf der Zitadelle von Guzana, der Hauptstadt von Bit Bahiani, bereits ein hoch entwickeltes zeremonielles Zentrum existierte, als dieses im Wesentlichen aramäische Königreich gegen Ende des 9. Jahrhunderts v. Chr. unter assyrische Herrschaft geriet.[4] Die Befunde illustrieren, dass die offizielle und religiöse Architektur, die nach einem durchdachten Konzept dekorativ gestaltet und ausgeschmückt war, unmittelbar die Macht, Legitimität und religiöse Autorität von König Kapara betonen sollte.

Das außergewöhnliche künstlerische Konzept und die monumentale Gestaltung von Kaparas Bauprogramm waren seit ihrer Entdeckung in der ersten Hälfte des 20. Jahrhunderts Gegenstand wissenschaftlicher Diskussionen. Die archäologischen Zeugnisse der letzten beiden Nutzungsperioden einschließlich der Herrschaftszeit Kaparas werden den Aramäern zugeordnet. Da die assyrischen Aufzeichnungen Kapara nicht erwähnen, wurde viel darüber diskutiert, wie seine Regierungszeit, seine Bauwerke und die chronologische Beziehung zwischen seinen Gebäuden und den übrigen Bauten auf dem Tell Halaf zu datieren sind. Bis heute konnte in der Wissenschaft keine Einigung über die Datierung der Regierungszeit Kaparas erzielt werden, so reichen die Meinungen vom 2. Jahrtausend v. Chr. bis hin zum frühen 8. Jahrhundert v. Chr.[5] Ungeachtet der Schwierigkeiten bezüglich der Datierung und der Phaseneinteilung bleibt der Tempelpalast das einzige Zeugnis, durch das der König seine Identität dokumentierte und die besondere Betonung seiner Verbindung zur Natur und zum Übernatürlichen zum Ausdruck brachte.

Viele bildliche Darstellungen, durch die Kapara seine königliche Identität begründete, greifen Elemente aus der Vergangenheit auf. Die Lehmziegelmauern des Tempelpalasts sind im unteren Bereich mit Platten aus Basalt (Orthostaten) ausgekleidet. Die meisten von ihnen sind mit verschiedensten

Bildern verziert. Die akkadischen Inschriften auf den Orthostaten und Statuen weisen die Bauten als „Palast des Kapara, Sohn des Hadianu" aus; durch die Angabe zeigt Kapara, dass er nicht nur der Besitzer, sondern auch der Bauherr war. Gleichwohl gibt es Belege dafür, dass einzelne Inschriften ausgemeißelt worden sind. Eine Erklärung wäre, dass zumindest einige Orthostaten wieder verwendet wurden, die zu einem früheren „Tempel des Wettergottes" gehörten (**Abb. 304**). Die Wiederverwendung (**Abb. 21**) beschränkt sich nicht auf Orthostaten mit Inschriften. Aslı Özyar hat sekundär eingeritzte Zeichen auf verschiedenen Basaltorthostaten entdeckt, die deutlich machen, dass sie in neue Zusammenhänge gestellt wurden.[6] Özyar kam auch zu dem Schluss, dass einzelne Figuren als Vorlagen für spätere, insbesondere in Kalkstein geschnittene Motive gedient haben könnten. Der so erzielte Hell-Dunkel-Effekt war ein charakteristisches Merkmal von öffentlicher und sakraler Architektur in Nordsyrien und in der südöstlichen Türkei während der frühen Eisenzeit. Özyar hat außerdem aufgezeigt, dass einige Keramiken, die am Tell Halaf gefunden wurden, bronzezeitlicher Nuzi-Keramik ähneln. Daher war dieser Ort vielleicht schon während der Mitanni-Periode im späteren 2. Jahrtausend v. Chr. besiedelt. Die Themen vieler Orthostaten, wie etwa stilisierte Bäume oder Tiere, haben Vorläufer in der Bronzezeit Nordsyriens. Abgesehen von der Frage, ob die ursprünglichen Bauwerke, die mit solchen Bildern geschmückt waren, aus dem 2. Jahrtausend v. Chr. stammen oder nicht, legen sie nahe, dass ältere künstlerische Darstellungen in eine spätere Architektur integriert wurden. Dieses Vorgehen zeigt, dass Kapara sich bewusst frühere künstlerische Elemente aneignete.[7]

Vorherrschendes Thema auf den kleinen Orthostaten sind Wildtiere, die die ungezähmte Natur darstellen. Die Fähigkeit, die Natur zu beherrschen,

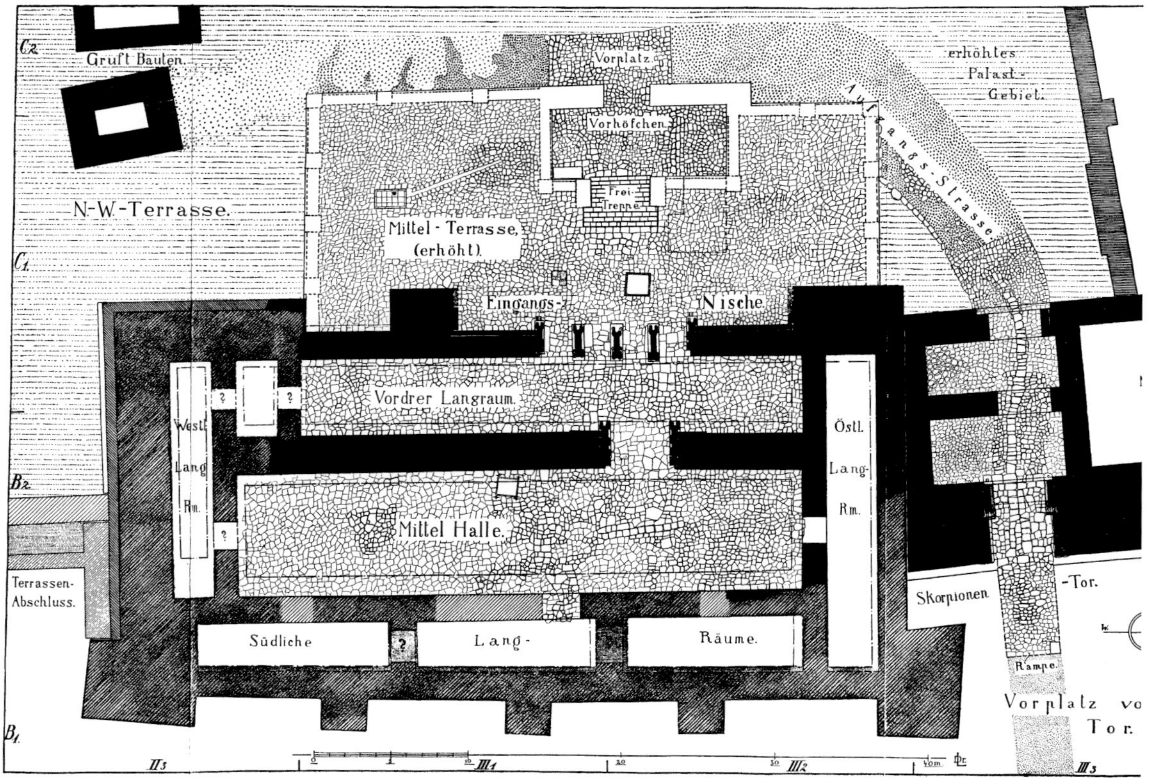

303 Grundriss des West-Palastes mit dem angrenzenden Skorpionentor (re.). Den Grabungsbefund stellen nur die schwarz markierten Mauern dar, die übrigen Bereiche wurden ergänzt (Plan von Felix Langenegger)

unterstreicht die oberste Gewalt des Königs. Die altorientalischen Könige verwendeten traditionell im 2. und 1. Jahrtausend v. Chr. Bilder wilder Tiere, königlicher Jagdszenen und bezwungener Feinde, um ihren Machtanspruch über alle Bereiche der Natur und der Menschenwelt zu proklamieren. Unter den zahlreichen Tierdarstellungen sind gefährliche Raubtiere wie Löwen, Wildschweine und Leoparden zu finden. Einige von ihnen sind im grausamen Angriff auf ihre Opfer abgebildet; bei anderen kommt ihre brutale Stärke in einer unbewegten Haltung zum Ausdruck. Die Jagdszenen zeigen allerdings, dass nicht nur Raubtiere, sondern auch Hirsche oder Gänse erlegt wurden. Kombiniert mit Szenen militärischer Macht demonstriert die Darstellung von Tieren zweifellos die Stärke des Königshauses und dessen Macht über Natur und Feinde gleichermaßen, die sich unvorhersehbar beziehungsweise ungehorsam verhalten. Zwei Orthostaten (**Abb. 305**), die verschiedene Tiere mit Musikinstrumenten zeigen, sollen vermutlich darauf hinweisen, dass es dem König gelungen ist, die Natur und Wildnis zu zähmen, dass sogar Tiere menschlich agieren, indem sie miteinander musizieren.

Die Autorität des Königs erschöpft sich nicht in der Unterordnung des Wilden und Rebellischen. Kapara verkörpert eine fürstliche Autorität, die das Fügsame und Friedliche fördert. Reiche Darstellungen einer großen Vielfalt von Tierarten, darunter Vögel, Hirsche und Ziegen, aber auch von stilisierten Bäumen, lenken die Aufmerksamkeit darauf, dass der König die Kraft und Großzügigkeit besitzt, diese Fruchtbarkeit in seinem Reich zu mehren.[8]

Beim Betreten des Tempelpalastes fiel der Blick des Besuchers auf die monumentale Inschrift des Königs, die heute noch gut sichtbar auf der weiblichen Götterfigur erhalten ist: „Palast des Kapara, Sohn des Ḫadyān (Hadianu). Mein Vater und Großvater vollendeten ihn nicht während ihrer Lebenszeit, ich war es. Wer es wagt (meinen) Namen zu entfernen und (seinen) Namen einzusetzen, dessen sieben Söhne werden vor dem Hadad verbrannt, und dessen sieben Töchter werden als Prostituierte an Ishtar geopfert. Dies schrieb der erfahrene ʿAbd-ilīm“.[9] Diese Worte bekräftigen nicht nur Kaparas Herrschaftsanspruch durch Abstammung, sondern sie proklamieren auch, dass er seinen Vorgängern in der Rolle als angemessener Herrscher überlegen war. Die sorgfältig gewählten Worte scheinen auch eine versteckte Botschaft zu enthalten, nämlich dass der König in seinem Land für Wohlstand gesorgt habe und dass sich keiner seiner Vorgänger mit seinem Erfolg und seinen Errungenschaften messen könne.

304 Kalkstein-Orthostat mit der Darstellung eines Bogenschützens. Die Reliefplatte ist 1943 im Tell Halaf-Museum verbrannt

Andere Bilder des visuellen Programms im Tempelpalast sind eng mit der Welt des Übernatürlichen verknüpft. Statt eine Verbindung mit der realen Welt zu veranschaulichen, symbolisieren Mischwesen den Zugang des Königs zum sonst streng abgegrenzten Reich der Götter: Geflügelte Stiere, Löwen und Hirsche, Genien in menschlicher Gestalt, Menschen mit Stierbeinen, Skorpionmenschen und Fischmenschen tragen dazu bei, den königlichen Herrschaftsbereich zu propagieren beziehungsweise den ungewöhnlichen Status des Königs, der wie sie sowohl eine Verbindung zum Übernatürlichen als auch zur natürlichen Welt besaß. Viele Bilder wurden weit weniger sorgfältig gemeißelt als andere auf dem Tell Halaf. Ihre, wie es scheint, flüchtige Ausführung könnte ein Ergebnis des Versuchs sein, unter Zeitdruck einen Schwarz-

305 Die große Reliefplatte zeigt berauschte Tiere, die musizieren und tanzen. Beide sogenannte Tierkapellen gelten heute als verschollen

306 Sowohl vor dem Sonnenscheiben-Orthostaten als auch vor der östlichen Sphinx standen Opfersteine, Nachbildung im Tell Halaf-Museum 1930er Jahre

Rot-Effekt zu erzielen, indem man abwechselnd Basalt- und rot bemalte Kalkstein-Orthostaten an der Rückfront des Tempelpalasts einfügte, ein wesentliches Element der Architektur der frühen Eisenzeit in Nordsyrien und in der südöstlichen Türkei.[10] Der visuelle Effekt dieser ästhetischen Anordnung kennzeichnet den Eintritt in den unmittelbaren königlichen Herrschaftsbereich. Die Wahrscheinlichkeit, dass Kapara viele Bilder übernatürlicher Wesen aus früheren Zusammenhängen wiederverwendete, impliziert sein Kalkül, die eigene königliche Macht durch schon vorher existierende und kulturell eingeführte Bildsymbole zu festigen. Das bedeutet, Kaparas enge Verbindung mit dem Übernatürlichen diente vermutlich dem Zweck, seine Machtbefugnis als vorherbestimmt darzustellen.

Im Gegensatz zu den kleinen Orthostaten an der durch Bastionen gegliederten Rückwand des Tempelpalasts, schmückten sorgfältig hergestellte Reliefs und Skulpturen den Eingangsbereich, um Unheil abzuwehren. Auf dem dunklen Basaltuntergrund leuchteten ihre Augen weiß, um das Böse zu bannen. Es ist anzunehmen, dass der König in dem Gebäude vom Typ eines *bit hilani* Hof gehalten hat. Diese Bauform war in der frühen Eisenzeit in Nordsyrien und in der südöstlichen Türkei Palästen und anderen bedeutenden öffentlichen Bauwerken vorbehalten.[11] Drei jeweils etwa 3 m hohe figürliche Säulen stützten den 9 m breiten Eingang. Die Karyatiden verkörperten wahrscheinlich die Hauptgottheiten: in der Mitte Teschup, eingerahmt von seiner Gemahlin, der Göttin Hepat, und dem gemeinsamen Sohn, dem Sonnengott. Ihre Monumentalität symbolisierte den göttlichen Schutz, unter dem der Amtssitz und der Fürst selbst standen. Gottheiten, Sphingen und andere Übel abwehrende Kreaturen wie Löwen, geflügelte oder ungeflügelte Stiere mit Menschenköpfen sollten die Besucher beeindrucken und Kaparas besondere, mit dem Reich des Göttlichen verbundene Stellung festigen. Entsprechend stellte Kapara diese kaum wahrnehmbare Sphäre und die Bedeutung seines Amtssitzes, der in der langgestreckten Empfangshalle des Tempelpalasts zu lokalisieren ist, zur Schau.

Das symbolische Umfeld des Tempelpalastes diente nicht nur als Medium zur Darstellung der königlichen Ideologie. Die Überreste kleiner Altäre, die unmittelbar vor einzelnen Bildwerken platziert waren, kennzeichneten besondere Orte für Opfer- und Weihegaben **(Abb. 285 und 306)**. Ein großer Altar, der mit farbig glasierten Ziegelsteinen verkleidet war, stellte den Hauptaltar für die Rituale unter Einbeziehung der großen Gottheiten des Tempelpalasts dar. Bewacht von Skorpionenvogelmännern **(Abb. 307 und 308)** bereitete der monumentale Zugang zum Palast die Teilnehmer der zeremoniellen Handlungen auf die Großartigkeit der Rituale vor, die unter dem Schutz des großen, strategisch vorteilhaft auf einer hohen Säule im Hof platzierten Raubvogels durchgeführt wurden. Durch Rituale wurden die Bilder im Bereich des Tempelpalasts kontinuierlich mit kulturellen Inhalten aufgeladen, da durch diese Handlungen die angestrebten gesellschaftlichen, kulturellen und politischen Werte von Bit Bahiani stabilisiert werden sollten.

Dieser kalkulierte Versuch, die eigene Macht durch monumentale Kunst und Architektur und mithilfe regelmäßiger Zeremonien zu legitimieren, legt nahe, dass Kapara seine Herrschaft gegen eine mögliche Bedrohung zu schützen suchte. Die Tatsache, dass der Tempelpalast neu erbaut wurde, kann auch bedeuten, dass Kapara selbst erst als Ergebnis eines Thronwechsels an die Macht gekommen ist. Monumentale Grabanlagen (G3 Nord und Süd),

307 Östlicher Skorpionenvogelmann in der Seitenansicht, Tell Halaf 1912/13

308 Westlicher Skorpionenvogelmann in der Seitenansicht, Tell Halaf 1912/13

die nördlich an den Tempelpalast angrenzten, sind vermutlich der Herrschaftsschicht vorhergehender Generationen zuzurechnen, da sie bei der Anlage der Palastterrasse sorgfältig überbaut wurden. In dieser Handlung ist ein Bruch mit der früheren Ahnengeschichte zu sehen. Kaparas selektive Einbeziehung der Vergangenheit seines Königreichs lässt interne Instabilität vermuten. Die Wiederverwendung älterer Bauelemente lässt allerdings auch darauf schließen, dass der König diese sowie ältere zeremonielle Elemente neu gestaltete. Dies würde zu seiner Strategie passen, Macht, Legitimität und Autorität auf dem Tell Halaf zu etablieren. Beim aktuellen Stand unseres derzeitigen Wissens geben uns die monumentalen Überreste von Tell Halaf einen flüchtigen Eindruck von dem Kräftespiel innerhalb der Region Nordsyriens und der südöstlichen Türkei.

1 Übersetzung aus dem Englischen: Anne Pitz, Saarbrücken; Fachberatung: Dr. Sabina Kulemann-Ossen, Freiburg.

2 Als Max von Oppenheim 1899 zum Tell Halaf kam, offenbarten die kunstvoll behauenen Skulpturenreste aus Basalt sofort den monumentalen Charakter des Gebäudes. Die anschließenden Ausgrabungen 1911 brachten Inschriften zutage, die mit dem Bauwerk in Zusammenhang standen und es als *„Palast des Kapara"* und *„Tempel des Wettergottes"* bezeichneten. Oppenheim schloss aus diesen Inschriften auf eine Doppelfunktion des Gebäudes und führte deshalb die Bezeichnung „Tempel-Palast" in den Tell Halaf-Publikationen ein. Die Inschriften könnten zwei verschiedene Bau- und Nutzungsphasen sowie die Wiederverwendung dekorativer und struktureller Elemente widerspiegeln.

3 Weil die archäologischen Befunde keine eindeutige Identifizierung erlauben, werden Funktion und Datierung des Bauwerks noch einer wissenschaftlichen Prüfung unterzogen. Der bestehende *hilani*-Plan des späteren Gebäudes deutet auf eine öffentliche Funktion hin, da Bauten mit ähnlichen Grundrissen in zahlreichen zeitgleichen Orten Nordsyriens scheinbar eher öffentliche als religiöse Funktionen hatten. Assyrische Texte bezeichnen einen bestimmten Architekturtyp *bit hilani*, um Paläste oder öffentliche Gebäude in den nordsyrischen städtischen Zentren (Winter 1982) zu beschreiben. Diese Architekturform ist einfacher in den Textquellen zu erkennen als zu definieren. Jedoch legen die archäologischen Befunde nahe, dass der Terminus einen bestimmten Gebäudeplan bezeichnet, der aus einem Eingangsportal mit Säulen besteht, das in einen großen rechteckigen Empfangsraum und zu zwei parallelen inneren, auch rechteckigen Räumen führt, die von einer Reihe kleinerer Räume umgeben sind. Während in der Wissenschaft heute die Bezeichnung *„Hilani"* oder „West-Palast" für Oppenheims „Tempel-Palast" bevorzugt wird, folgt dieser Beitrag der älteren Terminologie – nicht nur als Tribut an Oppenheim. Damit soll auch der Blick auf Kaparas Strategie gelenkt werden, ältere Elemente mit neueren, umgestalteten religiösen und politischen Zeremonien zu kombinieren, um seine Macht, Legitimität und Autorität zu begründen, in dem er in einem architektonisch bedeutenden Bereich auf der Zitadelle vom Tell Halaf herrschte.

4 Es gibt nur wenige Inschriften vom Tell Halaf; sie bezeichnen Kapara als „König von Paliē." Der größte Teil der erhaltenen Texte ist auf Assyrisch. Vor allem im Zusammenhang mit dem Vordringen der Assyrer nach Westen bis zum Habur, wo Bit Bahiani lag, wird Tell Halaf als Guzana bezeichnet. Guzana war zugleich die Hauptstadt von Bit Bahiani (Sader 1987: 5–45; Lipiński 2000: 123–127; Orthmann 2002: 15–23).

5 Winter 1989: 322–326; Pucci 2008: 81.

6 Özyar 2008.

7 Archäologen erwägen die Möglichkeit, dass ein älterer Tempel unmittelbar unter dem Tempelpalast stand (Tell Halaf 1950: 23–86; Pucci 2008: 95–96).

8 Die Pflege einer Dattelpalme beispielsweise betonte traditionell durch die ganze Geschichte Mesopotamiens hindurch die Fähigkeit des Königs, seinem Land Fruchtbarkeit zu bringen (Porter 1993).

9 Lipiński 2000: 131.

10 Winter 1989: 325–326.

11 Canby 1985: 336.

IX
Ausblick

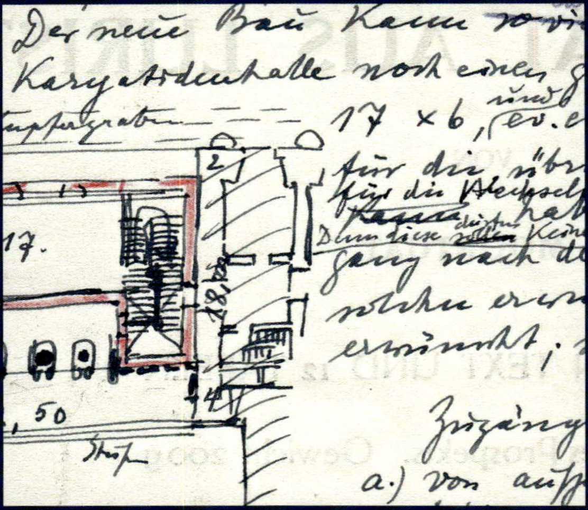

Tell Halaf im Vorderasiatischen Museum Berlin

Beate Salje, Berlin

Mit der Restaurierung der von den zahlreichen Zerstörungen beeinträchtigten Bildwerke vom Tell Halaf wurde eine epochale Aufgabe zu einem glücklichen Ende geführt. Unser besonderer Dank geht an die Max Freiherr von Oppenheim-Stiftung, die 1997/98 mit der Unterzeichnung einer Vereinbarung mit der Stiftung Preußischer Kulturbesitz den Beginn der Restaurierungsarbeiten erst ermöglichte. Doch ohne die großzügige finanzielle Förderung durch die Sal. Oppenheim-Stiftung, die Alfred Freiherr von Oppenheim-Stiftung, die Deutsche Forschungsgemeinschaft, das Auswärtige Amt und die Staatlichen Museen zu Berlin hätte das Restaurierungsprojekt nicht durchgeführt werden können. Nicht zuletzt waren es aber die Mitarbeiter des Vorderasiatischen Museums, die gemeinsam mit einer Gruppe von freiberuflichen Restauratoren den erfolgreichen Abschluss möglich werden ließen.

Die Planungen für die Neuaufstellung dieser Bildwerke führten auch zu einer 2004 initiierten erfolgreichen syrisch-deutschen Zusammenarbeit bei der Restaurierung und Abformung einer der Basisfiguren vom Eingang des West-Palastes – des Stiers – und der Abformung der Göttin, beide im Museum Aleppo. Im Jahr 2006 begannen die von der Deutschen Forschungsgemeinschaft finanzierten syrisch-deutschen Grabungen am Tell Halaf, eine Wiederaufnahme der Forschungen vor Ort nach 77 Jahren, die vor allem der Untersuchung der Siedlungsgeschichte dient.

Das Vorderasiatische Museum der Zukunft – Tradition und Vision

Das Vorderasiatische Museum nimmt aufgrund seines Bestandes an herausragenden Werken aus sechstausend Jahren Kulturgeschichte Mesopotamiens und seiner Nachbarregionen und als einziges großes Museum seiner Art im deutschsprachigen Raum neben dem Louvre in Paris, dem British Museum in London und den großen Museen in den „Quellenländern“ (unter anderem Irak, Syrien, Türkei) eine Sonderstellung als eine der bedeutendsten wissenschaftlichen Einrichtungen zu den altorientalischen Hochkulturen ein. Es versteht sich primär als kulturgeschichtliches Museum, da sich seine an die 300.000 Objekte umfassende Sammlung überwiegend aus den Fundteilungen der großen deutschen Grabungen des ausgehenden 19. und beginnenden 20. Jahrhunderts im Orient zusammensetzt. Gerade diese im Fundzusammenhang zu erforschenden und zu präsentierenden Objekte bilden die Besonderheit der Sammlung, da sie aus der Region stammen, in der sich die menschliche Zivilisation herausgebildet hat, der „Wiege der Menschheit“, deren Einflüsse auf das christliche Abendland deutlich erkennbar sind. Ergänzt durch Sammlungsbestände aus Palästina, Kleinasien, Urartu, West-Iran, Palmyra und Altsüdarabien (Jemen) bildet das Vorderasiatische Museum ein einzigartiges Archiv der materiellen Kultur des Alten Orients in seiner Gesamtheit, wobei Mesopotamien den kulturgeschichtlichen Schwerpunkt bildet.

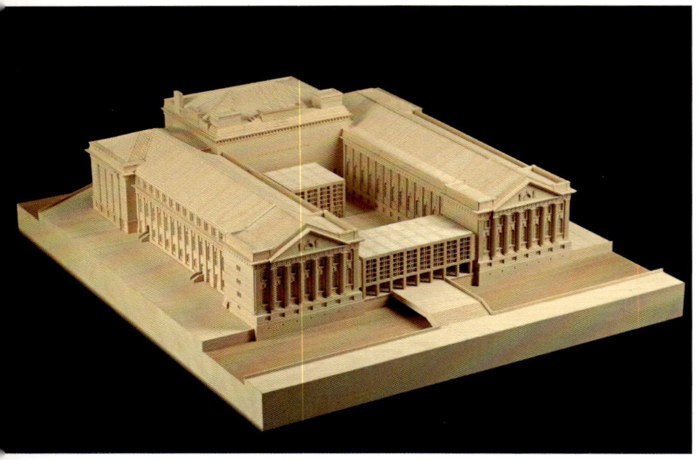

309 Entwurf zur Umgestaltung des Pergamonmuseums von Oswald M. Ungers, 2000 Modell/Holz, Objektmaße 90 x 75 x 30 cm

Hinzu kommt die Bedeutung des Vorderasiatischen Museums als Teil des kulturellen Gedächtnisses der Menschheit, indem es auch Sachwalter der immateriellen Kultur des Alten Orients ist. Die über 25.000 Inschriften umfassende Sammlung ist ein bedeutendes Forschungsgebiet. An der Erschließung dieser Geschichte des Wissens nimmt das Vorderasiatische Museum entscheidenden Anteil, so ist es eingebunden in die international organisierte philologische Forschung, wobei vor allem Texte auf Tontafeln Informationen über die früheste Schrift gegen Ende des 4. Jahrtausends v. Chr. aus Uruk bis zu vereinzelt noch in Keilschrift festgehaltenen Begebenheiten aus den letzten Jahrhunderten v. Chr. geben.

Die Auswertung und Präsentation dieses einmaligen Kulturbesitzes für die Allgemeinheit und für den Kulturaustausch zwischen den Völkern ist eine der wesentlichen Maximen des Museums. Die größtenteils über Fundteilungen nach Berlin gelangten Objekte basieren auf den großen Ausgrabungsprojekten in Mesopotamien mit Museumsbeteiligung in Babylon (1899–1917), Assur (1903–1914) und Uruk (1912–1913, 1928–1939). Vorangegangen waren bereits seit 1888 die Grabungen in Zincirli in Nord-Syrien, heute Türkei. Zeitgleich mit dem Beginn der Grabung in Babylon erfolgte 1899 die Gründung der Vorderasiatischen Abteilung der Königlichen Museen in Analogie zu den Museen in Paris und London. Die wissenschaftlichen Ergebnisse der von deutschen Bauhistorikern durchgeführten Ausgrabungen hatten großen Einfluss auf die Entwicklung des Forschungsfeldes der Vorderasiatischen Archäologie und Philologie. Erstmals in das Licht der Öffentlichkeit trat dies 1930, als der Neubau auf der Museumsinsel eröffnet wurde, mit einem der Sieben Weltwunder der Antike – die Mauern von Babylon – mit der Rekonstruktion des Ischtar-Tores und der Prozessionsstraße von Babylon aus hunderttausenden von farbig glasierten Ziegelbrocken und modernem Ergänzungsmaterial.

Das Vorderasiatische Museum im Pergamonmuseum gehört mit über einer Million Besuchern im Jahr zum Flaggschiff auf der Museumsinsel, die 1999 zum UNESCO-Welterbe erklärt wurde. Mit dem Masterplan für die Generalsanierung der Museumsinsel konnte endlich auch das Tell Halaf-Restaurierungsprojekt in Angriff genommen werden, das für den Besucher eine Lücke in den altorientalischen Kulturen schließt.

Die Grundidee des Architekten O. M. Ungers für das Pergamonmuseum (**Abb. 309**) – die Schaffung eines geschlossenen Rundgangs durch die Ergänzung des Dreiflügelbaus um einen vierten gläsernen Flügel – ermöglicht eine Neuaufteilung der Sammlungen des Hauses und eine zeitlich sukzessive Präsentation der aufeinander folgenden Kulturen. Die Einzigartigkeit dieses Vorhabens wird erst nach der Generalsanierung des Pergamonmuseums im Rahmen des Masterplans Museumsinsel Mitte der 20er Jahre unseres Jahrtausends in voller Schönheit zu erleben sein, wenn unter einem Dach verschiedene Hochkulturen miteinander verglichen werden können. Der Tell Halaf und seine Kultur werden in ihrer archaischen und ausdrucksstarken Bildsprache mit ganz eigener Ausprägung das Gesamtensemble bereichern.

Im Rahmen dieser Planungen reiften neue Konzepte zur Präsentation der Kulturen des östlichen Mittelmeerraumes und Mesopotamiens mit der Vorgabe, die Geschichte dieses 1930 eröffneten Dreiflügelbaus für das Deutsche Museum (Nordflügel), das Pergamonmuseum (Ostflügel) und das Vorderasiatische Museum (Südflügel) optimaler zu gestalten. Ungers behutsamer Umgang mit diesem erhaltenswerten Gut der Museumsgeschichte führte zu dem Entwurf des gläsernen Verbindungsbaus auf der Hauptgeschossebene zum Kupfergraben hin, der einen Plan Alfred Messels (1853–1909) von 1906 wieder aufgriff, die beiden Kopfbauten durch eine Kolonnade zu verbinden. Hiermit war eine Neuaufteilung des Hauses für einen geschichtlich voranschreitenden Rundgang durch die Hochkulturen Ägyptens, des Alten Orients, der Antike und des Islam möglich. Der Besucher kann 6000 Jahre Geschichte durchschreiten und dabei die bedeutendsten Monumente dieser Kulturen betrachten: Er wird im neuen Westflügel mit dem Kalabscha-Tor und der Säulenhalle des Sahure beginnen, den alten Orient durch die rekonstruierte Eingangsfassade des West-Palastes vom Tell Halaf (**Abb. 310 und 311**) betreten, in den Bereich der Kulturen Obermesopotamiens mit den Fundorten Tell Halaf und Samᶜal/Zincirli gelangen, durch das Burgtor von Samᶜal in die Prozessionsstraße von Babylon treten, um dann, wie ein Besucher der Stadt zur Zeit Nebukadnezars II. (605–562), von stadtauswärts auf das Ischtar-Tor zuzuschreiten. Auf dessen Rückseite schließt sich die Klassische Antike mit dem Markttor von Milet und dem Pergamonaltar an. Über den Hellenistischen Saal erreicht man dann eines der beeindruckendsten architektonischen Werke des Islam, die Fassade des umayadischen Wüstenschlosses Mschatta aus Jordanien. Die inhaltliche Verbindung des alten Vorderen Orients zu den angrenzenden zeitgleichen Kulturen des Altertums – Ägypten, Levante und Kleinasien – wird durch die neue Konzeption wesentlich gestärkt, so dass mit der historischen Abfolge von Kulturzeugnissen der ägyptischen, altorientalischen, klassischen und islamischen Zeit ein vollendeter Rundgang durch die Geschichte dieser Regionen ermöglicht wird.

Neben diesen einzigartigen Architekturrekonstruktionen werden die Seitenflügel des Vorderasiatischen Museums weiterhin die Kulturgeschichte Mesopotamiens von ihren Anfängen im 6. Jahrtausend v. Chr. bis in das 1. Jahrhundert n. Chr. präsentieren. In seiner Erweiterung auf drei Geschosse (**Abb. 312**) – sowohl auf das Sockelgeschoss als auch vor allem auf das Obergeschoss des Südflügels –

310 Übergangsbereich des 4. Flügels in das Vorderasiatische Museum mit der Rekonstruktion der Palastfassade (Entwurf)

kann den Nachbarregionen Mesopotamiens wie Kleinasien und Urartu im Norden, Syrien und Palästina im Westen, Altsüdarabien im Süden und Iran im Osten endlich der ihnen angemessene Raum gegeben werden. Im Obergeschoss werden Syrien und die Levante als Schnittpunkt der Kulturen über Jahrtausende den Schwerpunkt der neuen Ausstellung bilden.

Tell Halaf–Zincirli–Babylon–Uruk–Assur: Mit seinen monumentalen Architekturrekonstruktionen präsentiert sich das Vorderasiatische Museum und steht einzigartig neben seinen Partnermuseen British Museum, Louvre und Metropolitan Museum da. Schöneres haben nur die Museen der Herkunftsländer zu bieten.

311 In seiner Vorpublikation veröffentlichte Oppenheim ein nachträglich koloriertes Foto der rekonstruierten Palastfassade.

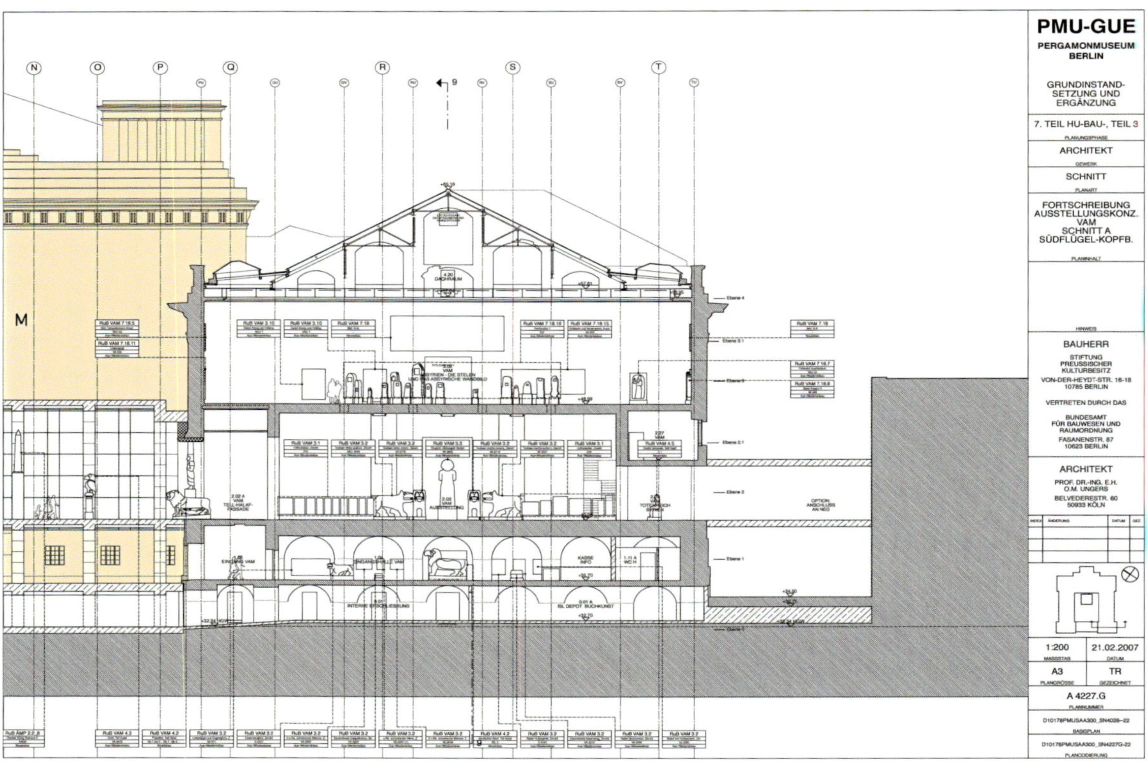

312 Nach der Generalsanierung erhält das Vorderasiatische Museum drei Ausstellungsebenen (Schnitt durch den Südflügel des Pergamonmuseums)

Ein Wunsch wird Wirklichkeit – Zur künftigen Präsentation der Tell Halaf-Sammlung

Lutz Martin, Berlin

Noch vor Beginn seiner Ausgrabungen am Tell Halaf schrieb Max von Oppenheim 1910 an Theodor Wiegand, den Direktor des Kaiserlich Deutschen Archäologischen Instituts, dass er hoffe, den „*Museen* [...] *manches Schöne aus dem Tell Halaf und auch von anderen Orten zuführen zu können.*“[1] Kurz vor Ende der ersten Ausgrabungskampagne im November 1913 hat von Oppenheim seinen Wunsch gegenüber dem damaligen Generaldirektor der Königlich-Preußischen Museen noch einmal bekräftigt, indem er ihm brieflich mitteilte, dass er seine Funde gern zusammen mit den Sammlungen der Vorderasiatischen Abteilung auf der Berliner Museumsinsel zeigen möchte.[2]

Sicher hat der Entdecker und Ausgräber des Tell Halaf damals nicht erwartet, dass sich dieser Wunsch erst auf dramatischen Umwegen erfüllen sollte. Nach der Generalsanierung des Pergamonmuseums wird seine wiedererstandene archäologische Sammlung als Leihgabe der Max Freiherr von Oppenheim-Stiftung nun ihre endgültige Aufstellung im Vorderasiatischen Museum finden.[3] Trotz der beträchtlichen Kriegsverluste, zu denen neben den 14 Kalkstein-Orthostaten eine Vielzahl von Kleinfunden und Keramikgefäßen gehören, stellen die restaurierten und rekonstruierten Funde immer noch den größten musealen Bestand an Tell Halaf-Denkmälern außerhalb Syriens dar. Um die Monumente sinnvoll in das Vorderasiatische Museum zu integrieren, war die Erarbeitung eines entsprechenden Ausstellungskonzepts erforderlich: Ein großer Teil der eindrucksvollen Bildwerke stammte ursprünglich aus einem architektonischen Kontext. Bei ihrer Aufstellung sollte deshalb ihre ehemalige funktionale Bestimmung, aber auch dekorative Wirkung zum Ausdruck kommen. Geplant ist daher, analog zur bisherigen Präsentation antiker Bauwerke im Pergamonmuseum, die Skulpturen in Architekturrekonstruktionen zu zeigen. Die Größe und das Gewicht vieler Bildwerke setzen freilich bestimmte statische und räumliche Anforderungen voraus.

Bereits vor dem Zweiten Weltkrieg hatte sich der damalige Direktor der Vorderasiatischen Abteilung, Walter Andrae, Gedanken gemacht, wie im Falle einer Übernahme der Tell Halaf-Sammlung ihre Einbeziehung in die ständige Ausstellung des Hauses aussehen könnte. Von zentraler Bedeutung war schon damals die Rekonstruktion der monumentalen Eingangsfassade vom West-Palast. In den Archivunterlagen des Vorderasiatischen Museums fand sich eine undatierte Ideenskizze, die eine Rekonstruktion des Palasteingangs im Freien unter Verwendung von Originalskulpturen vorsah **(Abb. 313)**. Sie sollte als Bindeglied zwischen einem geplanten Vergrößerungsbau der Ägyptischen Sammlung vor dem Neuen Museum und dem Pergamonmuseum als Abschluss zum Kupfergraben hin dienen. Die übrigen Kleinfunde und Großplastiken wollte Andrae in den Räumen der Vorderasiatischen Abteilung unterbringen.[4] Kurzzeitig wurde dieser Präsentationsvorschlag auch noch bei den neuen Überlegungen zur Aufstellung der Eingangsfassade Ende der 1990er Jahre diskutiert, aber damals zu Gunsten eines Standortes im Ehrenhof vor dem Südflügel aufgegeben. Doch auch diese zweite Variante war nicht optimal, da die Torrekonstruktion als Solitär im Ehrenhof den Besucher wohl eher an einen Triumphbogen als an einen Palasteingang erinnert hätte. Erst der Entwurf des mit der

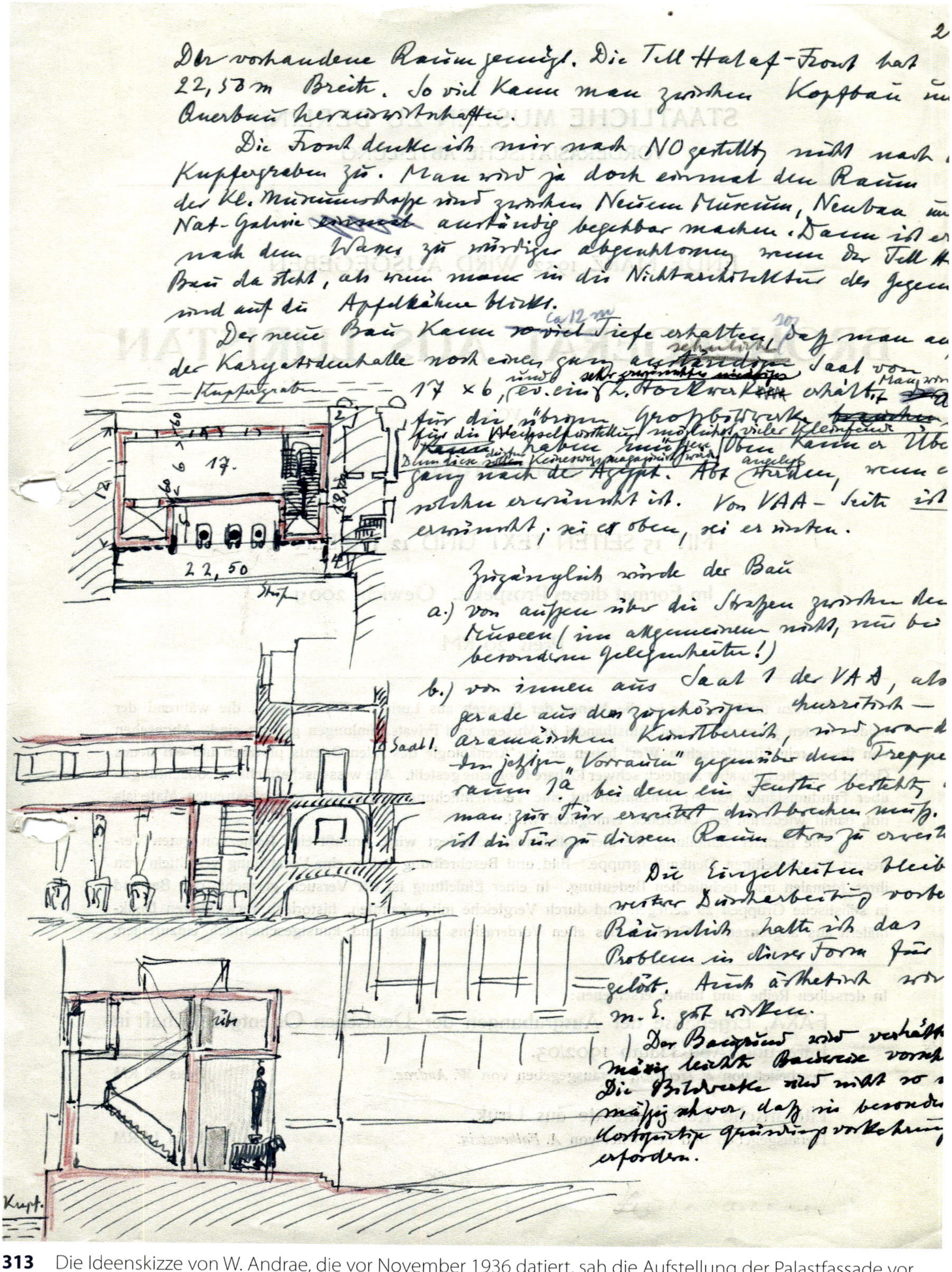

2

Der vorhandene Raum genügt. Die Tell Halaf-Front hat 22,50 m Breite. So viel kann man zwischen Kopfbau u. Querbau herauswirtschaften.

Die Front denke ich mir nach NO gestellt, nicht nach Kupfergraben zu. Man wird ja doch einmal den Raum der Kl. Museumstraße und zwischen Neuem Museum, Neubau u. Nat-Galerie ~~einmal~~ anständig begehbar machen. Dann ist er nach dem Wasser zu würdiger abgeschlossen, wenn der Tell H[illegible] Bau da steht, als wenn man in die Nichtarchitektur des Gegen[illegible] und auf die Apfelkähne blickt.

Der neue Bau kann ca 12 m Tiefe erhalten, daß man a[illegible] der Karyatidenhalle noch einen [illegible] Saal von 17 × 6, ev. einf. [illegible] erhält, für die übrigen Großbildwerke [illegible] haben müssen. Oben kann er Übergang nach d. Ägypt. Abt. erhalten, wenn er solches erwünscht ist. Von VAA-Seite ist erwünscht, sei er oben, sei er unten.

Zugänglich würde der Bau
a.) von außen über die Straßen zwischen den Museen (im allgemeinen nicht, nur bei besonderen Gelegenheiten!)
b.) von innen aus Saal 1 der VAA, als gerade aus den zugehörigen assyrisch-aramäischen Kunstbereich, und zwar [illegible] im jetzigen „Vorraum" gegenüber dem Treppenraum 1a bei dem ein Fenster besteht, [illegible] man zur Tür erweitert durchbrechen muß. [illegible] ist die Tür zu diesem Raum etwas zu erweit[illegible]

Die Einzelheiten bleib[illegible] weiterer Durcharbeitung vorbe[illegible]
Räumlich hatte ich das Problem in dieser Form für gelöst. Auch ästhetisch wo[illegible] m. E. gut wirken.

Der Baugrund wird verhält[illegible] mäßig leicht Bauwerke vorh[illegible] Die Bildwerke sind nicht so [illegible] mäßig schwer, daß sie besondere kostspielige Gründungsvorkehrungen erfordern.

313 Die Ideenskizze von W. Andrae, die vor November 1936 datiert, sah die Aufstellung der Palastfassade vor dem Neuen Museum als Abschluss zum Kupfergraben vor

Generalsanierung des Pergamonmuseums beauftragten Kölner Architekturbüros Oswald M. Ungers bot eine einfache, aber sehr attraktive Lösung, die auf eine ursprüngliche Idee von Alfred Messel (1853–1909) und Ludwig Hoffmann (1852–1932) zurückging. Die beiden Baumeister hatten beim Neubau des Pergamonmuseums vorgesehen, Nord- und Südflügel durch einen Säulengang entlang des Kupfergrabens zu verbinden.[5] Dieser Plan, der nie zur Ausführung kam, wurde jetzt im Entwurf von Oswald Mathias Ungers (1926–2007) mit der Errichtung eines gläsernen Querbaus auf säulenartigen Trägern wieder aufgegriffen (**Abb. 314**). Damit vollendete Ungers die Gesamtkomposition der Museumsanlage, schuf gleichzeitig eine zusätzliche Ausstellungsgalerie und mit der Palastfassade als Bindeglied zum Südflügel einen spektakulären Zugang zum Vorderasiatischen Museum. So können die zum Portikus gehörigen Skulpturen[6] einschließlich des Postaments auf der Terrasse in ihrem funktionalen Kontext präsentiert werden.

Die von O. M. Ungers entwickelte Lösungsvariante wird sich nahtlos in die Gesamtkonzeption des Pergamonmuseums als museale Heimstatt antiker Architekturen einfügen. Freilich stellt sich damit allerdings erneut die Frage, ob es sinnvoll ist, Bauwerke oder große Teile von ihnen innerhalb eines Museums zu präsentieren. Bereits bei der Einrichtung des Pergamonmuseums in den 1920er und 1930er Jahren gab es hierzu kontroverse Diskussionen, da die Gebäudeabmaße zu Kompromissen bei der Aufstellung der antiken Denkmäler zwangen.[7] Heute ist man eher bestrebt, an den Ruinenstätten selbst entsprechende Vorkehrungen zu treffen und Lösungen zu finden, die einerseits eine Bewahrung der Architekturbefunde für künftige Generationen garantieren, andererseits aber auch dem Besucher eine Vorstellung vom ursprünglichen Aussehen antiker Bauwerke vermitteln. Gleichwohl überzeugt das Pergamonmuseum bis heute durch seine einzigartigen Baurekonstruktionen.

Durch das rekonstruierte Eingangstor des Kapara-Palastes werden die Besucher den heutigen Saal 2 des Vorderasiatischen Museums (**Abb. 315**) betreten, in dem bereits Denkmäler des frühen 1. Jahrtausends aus Zincirli/Samal, dem Zentrum des Fürstentums Ja'udi, und vom Tell Halaf/Guzana, dem Sitz der Fürsten von Bit Bachiani, zu sehen sind. Um die neue Konzeption als Architektursaal zu verwirklichen, müssen die Vitrinen und eingebauten Kompartimente entfernt werden. Zu-

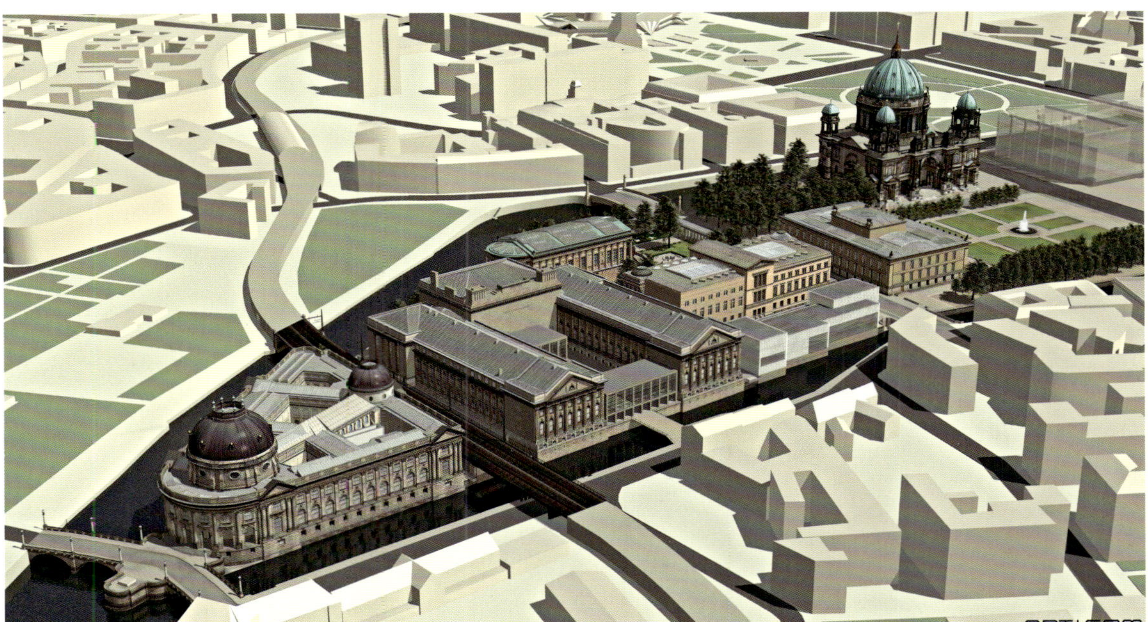

314 Die Museumsinsel mit ihren fünf bedeutenden Häusern in „neuem Gewand“ (Entwurf)

315 Gegenwärtig wird der Saal 2 des Vorderasiatischen Museums noch durch Zwischenwände gegliedert, die in den 1950er Jahren eingebaut wurden

316 Durch den Rückbau der Kompartimente wird der Saal 2 eine großzügige Präsentation der Tell Halaf-Bildwerke ermöglichen (Entwurf)

317 Der Idee des Architekturmuseums folgend, ließ W. Andrae im Saal 2 das Zitadellentor von Samʿal unter Verwendung von Originalen nachbilden (Vorderasiatisches Museum, Berlin 2005)

sammen mit den restaurierten kleinen Orthostaten verfügt das Vorderasiatische Museum jetzt über 59 Reliefplatten aus rot gefärbtem Kalkstein und Basalt, die ehemals an der Rückseite des West-Palastes angebracht waren. Eine Rekonstruktion dieser Orthostatenwand **(Abb. 316)** gegenüber der Toranlage von Zincirli (**Abb. 317**) kann dabei einen wirklichkeitsnahen Eindruck von der Funktion der Reliefplatten und ihrer dekorativen Wirkung (**Abb. 318**) geben. Erstmals werden in Berlin auch wieder große Basalt-Orthostaten von der Vorderfront des Palastes gezeigt, die an den Schmalseiten des Ausstellungssaales angebracht werden sollen.

Charakteristisch für die Bildwerke in den einzelnen Kleinfürstentümern in Syrien, Südostanatolien und Nordmesopotamien im frühen 1. Jahrtausend war ihre starke lokale Prägung in der Motivkomposition und der künstlerischen Ausführung bei einem weitgehend einheitlichen Bildprogramm. Durch die direkte Gegenüberstellung der Skulpturen und Orthostaten von zwei städtischen Zentren der späthethitisch-aramäischen Zeit wird der Besucher die Unterschiede selbst erfassen können. Darstellungen zur Forschungsgeschichte, das heißt zu den Entdeckern und Ausgräbern der Ruinenstätten, sowie den Ergebnissen ihrer Forschungen sollen die notwendigen Hintergrundinformationen zu den vorgestellten Grabungsorten und ihren Funden vermitteln.

Das Sockelgeschoss des Vorderasiatischen Museums, in dem sich heute die Diensträume des Hauses befinden, wird künftig auch als Ausstellungsraum genutzt. Unter anderem ist dort geplant, den Umgang mit den Toten im alten Vorderasien

318 Schreitender Löwe vom Eingang des West-Palastes, 2010 (Max Freiherr von Oppenheim-Stiftung, Köln)

zu thematisieren. Neben den Grüften aus Assur und einer Kollektion von Grabbehältnissen aus Babylon und Uruk können hier auch die Grabskulpturen und -stelen der späthethitisch-aramäischen Fürstentümer gezeigt werden. Die Kenntnisse um die Totenverehrung und Bestattungsrituale im früheisenzeitlichen Vorderasien sind in den letzten Jahren durch verschiedene Studien beträchtlich erweitert worden. Die Monumente aus Zincirli und vom Tell Halaf ermöglichen nun eine museale Vermittlung des gegenwärtigen Wissens und haben für weitere Forschungen Quellencharakter. Neben der Grabstele einer vornehmen Dame aus Samᶜal werden hier auch die einzigartigen Grabplastiken einer sitzenden Frau und das Doppelsitzbild von Guzana zu sehen sein. Zwei weitere Bildwerke vom etwa 58 km südlich des Tell Halaf gelegenen Djebelet el-Beda werden nach neueren Untersuchungen verschiedentlich ebenfalls als Grabdenkmäler interpretiert.[8] Thematisch fügt sich deshalb auch ihre Präsentation – es handelt sich immerhin um die bisher einzigen aus Vorderasien überlieferten Monumentalbildwerke aus dem 3. Jahrtausend v. Chr. – im Sockelgeschoss gut ein.

Nach der Generalsanierung wird das Vorderasiatische Museum zusätzlich über das zweite Obergeschoss[9] im Südflügel verfügen. Hier sind unter anderen Darstellungen zum Themenkomplex Alltagsleben im alten Vorderasien, so auch in späthethitisch-aramäischer Zeit, vorgesehen. Mit den zahlreichen Kleinfunden, Werksteinen und Steingefäßen vom Tell Halaf kann das bisherige Repertoire aus Zincirli beträchtlich erweitert werden und es bietet sich so die Möglichkeit einer abwechslungsreichen und didaktisch überzeugenden Behandlung des Themas.

Zweifelsohne werden aber die rekonstruierte Eingangsfassade des West-Palastes und die Orthostatenwand einen ersten und nachhaltigen Eindruck von den Denkmälern des Tell Halaf vermitteln. Gleichwohl stehen sie auch für die großartige Leistung, die mit der Wiederherstellung eines Teils der archäologischen Sammlung Max von Oppenheims für die vorderasiatische Altertumskunde vollbracht wurde. Die Eingangsfassade des Kapara-Palastes sowie die geplante Rekonstruktion der Säulenhalle aus dem Totentempel des Pharaos Sahure im neuen Westflügel stellen nicht nur eine optisch sehr wirkungsvolle, sondern auch kulturhistorisch wichtige Ergänzung der großen außereuropäischen Architekturdenkmäler im Pergamonmuseum dar. Ab 2025 werden rund 4000 Jahre Architekturgeschichte in einem Rundgang auf der Berliner Museumsinsel erlebbar sein.[10] Mit dem Einzug der Tell Halaf-Sammlung nach mehr als 100 Jahren erfüllt sich endlich auch der Wunsch ihres Entdeckers und Ausgräbers Max von Oppenheim (**Abb. 319 und 320**).

319 Max von Oppenheim neben dem Skorpionenvogelmann im Tell Halaf-Museum, 1930

1 Gemeint sind die damals Königlich Preußischen Museen zu Berlin, in denen schon die Funde aus den deutschen Ausgrabungen in Olympia, Pergamon und Priene ihre Heimstatt gefunden hatten. Brief Max von Oppenheims an Theodor Wiegand vom 19.10.1910 (Archiv VAM: Oppenheim 1909–1940).

2 Brief Max von Oppenheims an Wilhelm von Bode vom 18.11.1913 (SMPK/ZA Nachlass Bode 3987).

3 Eigentümer der Sammlung ist die in Köln ansässige Max Freiherr von Oppenheim-Stiftung. In einer Vereinbarung zwischen der Stiftung und der Stiftung Preußischer Kulturbesitz vom 18.12.1997/5.1.1998 wurde festgelegt, dass die restaurierten Denkmäler auf der Berliner Museumsinsel gezeigt werden sollen.

4 Martin 2002b: 58 und Abb. 80. In einem Brief vom 28.11.1936 an Anton Moortgat erläuterte W. Andrae unter anderem seine Überlegungen zu einer Unterbringung der Oppenheim-Sammlung auf der Museumsinsel und erwähnte, dass die Pläne dazu auf dem Papier schon fertig sind. (Archiv VAM: Oppenheim 1909–1940). Der Erweiterungsbau für das Ägyptische Museum wurde nicht ausgeführt. Nach den heutigen Planungen ist an diesem Ort die Errichtung der James Simon-Galerie als zentrales Eingangsgebäude vorgesehen.

5 Schäche 2003: 22; Gaethgens 2003: 20.

6 Im Zusammenhang mit den Restaurierungsarbeiten an den Torskulpturen ist erneut die Frage der Richtigkeit des Rekonstruktionsvorschlags der Architekten um Max von Oppenheim diskutiert worden, wobei aber bisher noch kein abschließendes Ergebnis erzielt werden konnte. Unstrittig ist die Anordnung der Tierskulpturen, die als Säulenbasen fungiert haben und im Durchgang standen. Als Träger für den Torsturz wären auch Holzsäulen denkbar. Siehe dazu Cholidis/Dubiel/Martin 2010: 346–354.

7 Kohlmeyer/Strommenger 1991: 61–63.

8 Siehe zum Beispiel Meyer 1997: 294–309; Cholidis/Martin 2010: 332–335.

9 Das jetzt noch im zweiten Obergeschoss befindliche Museum für Islamische Kunst wird dann in den Nordflügel des Pergamonmuseums umziehen.

10 Der Beginn der Generalsanierung des Pergamonmuseums ist jetzt auf 2013 festgelegt. Da es sich um die umfangreichsten Baumaßnahmen auf der Berliner Museumsinsel handelt, wird von einer zwölfjährigen Bauzeit ausgegangen. Die Fassade des Wüstenschlosses von Mschatta soll vom zweiten Geschoss im Südflügel in das erste Geschoss des Nordflügels umgesetzt werden. In einem Rundgang können dann nach Abschluss der Sanierung auf einer Ebene alle weiteren Großarchitekturen wie das innere Burgtor von Samᶜal, die Prozessionsstraße von Babylon mit dem Ischtar-Tor, die Fassade eines parthischen Palastes aus Assur, das Marktor von Milet und der Pergamonaltar erschlossen werden.

320 Aus über 1000 Fragmenten wieder zusammengesetzt: der sogenannte Ältere Skorpionenvogelmann, 2010 (Max Freiherr von Oppenheim-Stiftung, Köln)

Zeittafel

Perioden	Kulturstufen	Herrscher von Guzana (Auswahl)	Assyrische Könige (Auswahl)	Babylonische Könige (Auswahl)	Datierung
	Frühislamische Zeit				642–969 n. Chr.
	Sasanidenzeit				224–642 n. Chr.
	Partherzeit (Arsakidenzeit)				141 v. Chr. – 224 n. Chr.
	Hellenistische und Seleukidische Zeit				330 –130 v. Chr.
Eisenzeit III	Achämenidenzeit/ Spätbabylonische Zeit				539–330 v. Chr.
	Neubabylonische Zeit	Nabû-mar-scharri- usur (?) um 610 v. Chr.		Nabonid 565–539 v. Chr. Neriglissar 560–556 v. Chr. Nebukadnezar II. 605–562 v. Chr. Nabopolasser 626–605 v. Chr.	612–539 v. Chr.
Eisenzeit II	Neuassyrische Zeit Aramäische Fürstentümer	Muttakil-Ashur (Statthalter) 706 v. Chr. Mannu-ki-Ashur-le'i (Statthalter) vor 706 v. Chr. Bel-Harran-belu-usur (Statthalter) 727 v. Chr. Bur-Saggilê (Statthalter) 763 v. Chr. Kammaki (?) (?) Mannu-ki-mat Ashur (Statthalter) 793–732 v. Chr. Haddu-yit'i 841 v. Chr. (?) Schamasch-Nuri (ass. Statthalter) 866 v. Chr. Kapara zw. 890–870 v. Chr.(?) Hadianu (?) Abi-salamu 894 v. Chr.	Assurbanipal 668–627 v. Chr. Asarhaddon 681–668 v. Chr. Sanherib 705–681 v. Chr. Sargon II. 722–705 v. Chr. Tiglat-pilesar III. 745–727 v. Chr. Schamschi-Adad V. 824–811 v. Chr. Salmanassar III. 859–824 v. Chr. Assurnasirpal II. 884–858 v. Chr. Tukulti Ninurta II. 891–884 v. Chr. Adadnirari II. 912–891 v. Chr.		ca. 900–612 v. Chr.
Eisenzeit I	Aramäische Fürstentümer	Bachianu um 950 v. Chr. (?)			ca. 1200–900 v. Chr.

Perioden	Kulturstufen	Herrscher von Guzana (Auswahl)	Assyrische Könige (Auswahl)	Babylonische Könige (Auswahl)	Datierung
Spät-bronzezeit	Mittelassyrische Zeit		Assur-dan 1179–1133 v. Chr. Tukulti-Ninurta I. 1244–1207 v. Chr. Assur-uballit I. 1364–1328 v. Chr.		ca. 1350–1200 v. Chr.
	Mitanni-Zeit				ca. 1600–1350 v. Chr.
Mittlere Bronzezeit	Altassyrische Zeit				ca. 2000–1600 v. Chr.
Frühe Bronzezeit	Frühdynastische Zeit				ca. 3150–2000 v. Chr.
Chalkolithikum	Uruk-Zeit				ca. 4500–3150 v. Chr.
Spätneolithikum	Ubaid-Zeit				ca. 5000–4500 v. Chr.
	Halaf-Zeit				ca. 5900–5000 v. Chr.

Karte

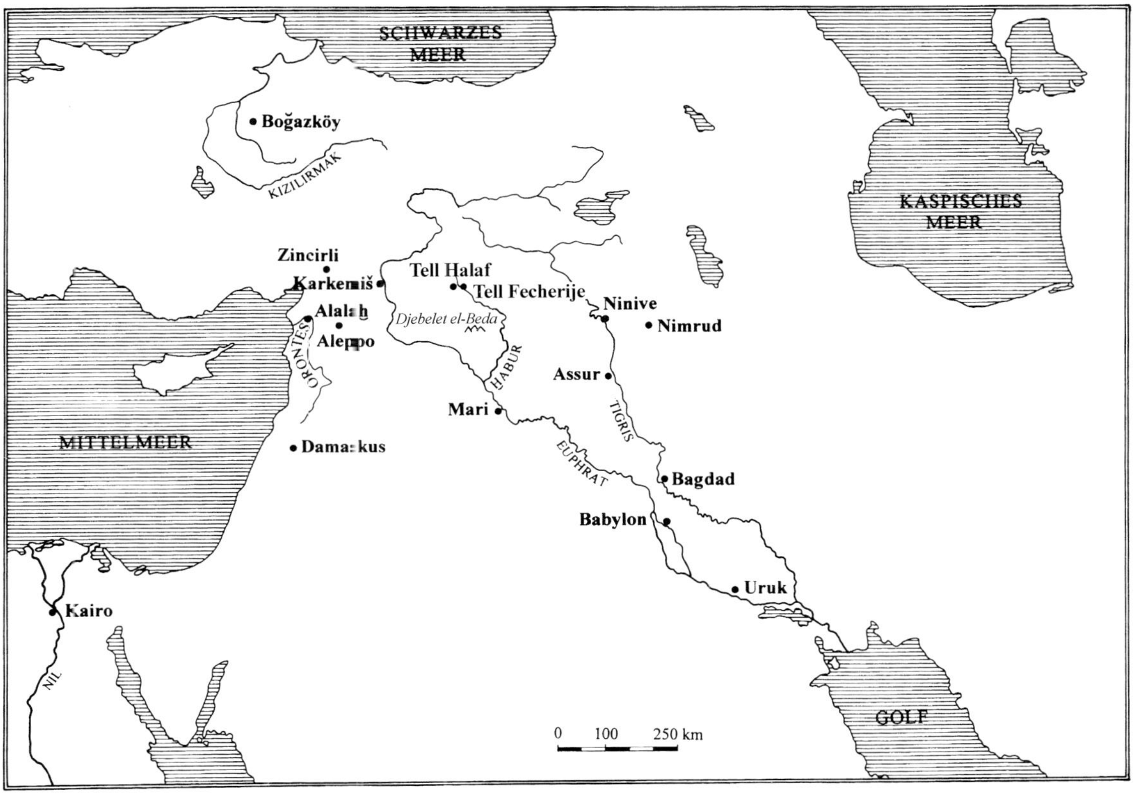
SCHWARZES MEER
Boğazköy
KIZILIRMAK
KASPISCHES MEER
Zincirli
Karkemiš
Tell Halaf
Tell Fecherije
Ninive
Nimrud
Alalah
Aleppo
Djebelet el-Beda
ORONTES
HABUR
Assur
Mari
TIGRIS
MITTELMEER
Damaskus
EUPHRAT
Bagdad
Babylon
Uruk
Kairo
NIL
GOLF
0 100 250 km

Abkürzungen, Quellen- und Literaturverzeichnis

Abkürzungen

Archive

ArDOG	Archiv der Deutschen Orient-Gesellschaft, Berlin
BAB	Bundesarchiv, Berlin
GStAPK	Geheimes Staatsarchiv Preußischer Kulturbesitz, Berlin
LAB	Landesarchiv, Berlin
PA AA	Politisches Archiv des Auswärtigen Amtes, Berlin
SMPK/ZA	Zentralarchiv der Staatlichen Museen, Preußischer Kulturbesitz, Berlin

Institutionen

DOG	Deutsche Orient-Gesellschaft, Berlin
HADrB	Historisches Archiv Dresdner Bank, Frankfurt am Main
HBO	Hausarchiv des Bankhauses Sal. Oppenheim jr. & Cie., Köln
MfN	Museum für Naturkunde, Berlin
VAM	Vorderasiatisches Museum, Berlin

Nachlässe

MvO-S	Max Freiherr von Oppenheim-Stiftung, Köln
NL MvO	Nachlass Max von Oppenheim, Köln
www.arachne.uni-köln.de	Fotografischer Nachlass Max von Oppenheims

Unveröffentlichte Quellen

Archiv der Deutschen Orient-Gesellschaft, Berlin

ArDOG I.8.8	Verschiedene Korrespondenz
ArDOG II.1.2.6.13	Korrespondenz Assur – KGl. Museen/DOG
ArDOG II.1.2.18.3	Korrespondenz an Koldewey

Archiv der Max Freiherr von Oppenheim-Stiftung (Depositum im Hausarchiv des Bankhauses Sal. Oppenheim jr. & Cie., Köln)

Lebenserinnerungen (ungedruckt)

NL MvO-1/1:	Jugendzeit in Köln, Straßburg und Berlin
NL MvO-1/2:	Referendar und Assessor
NL MvO-1/7:	Dienst in Kairo, Politisches etc.
NL MvO-1/14:	Leben im NS-Staat

Stiftungsnachlass

MvO-S-1:	Sitzungsprotokolle Kuratorium
MvO-S-3:	Stiftungsgut und Funde Tell Halaf
MvO-S-16:	Sitzungsprotokolle Kuratorium
MvO-S-59:	Schriftwechsel wegen Erbmasse Max von Oppenheims
MvO-S-61:	Schriftwechsel Prof. Caskels (Berlin)
MvO-S-79:	Sonstiges

Archivalien im Nachlass Max von Oppenheim

NL MvO-7: Umzug nach Landshut; Verschiedenes
NL MvO-9: Schriftwechsel mit Ruth und Friedrich Carl von Oppenheim
NL MvO-14: Schriftwechsel mit Mitgliedern der Tell Halaf-Expedition
NL MvO-16: Eröffnung Tell Halaf-Museum
NL MvO-18: Tell Halaf-Museum
NL MvO-19: Erster Weltkrieg
NL MvO-20: Darlehen und Kredite
NL MvO-24: T. Dombart, Das Schammserl. Ein Märchen aus alten Tell-Halaf-Zeiten
NL MvO-25: Schreiben an Albert und Paula von Oppenheim
NL MvO-56: Kostenvoranschläge Tell Halaf
NL MvO-83: Grabungstagebuch Langenegger Nr. 1 (5.8–3.11.1911)
NL MvO-84: Grabungstagebuch Langenegger Nr. 2 (4.11.1911–9.1.1912)
NL MvO-85: Grabungstagebuch Langenegger Nr. 3 (10.1–17.4.1912)
NL MvO-86: Grabungstagebuch Langenegger Nr. 4 (18.4.–30.6.1912)
NL MvO-87: Grabungstagebuch Langenegger Nr. 5 (1.7.–15.9.1912)
NL MvO-88: Grabungstagebuch Langenegger Nr. 6 (16.9.–9.11.1912)
NL MvO-89: Grabungstagebuch Langenegger Nr. 7 (11.11.1912–6.3.1913)
NL MvO-90: Grabungstagebuch Langenegger Nr. 8 (7.3.–9.7.1913)
NL MvO-91: Grabungstagebuch Langenegger Nr. 9 (10.7.–25.12.1913)
NL MvO-92: Schriftwechsel Grabung Tell Halaf
NL MvO-93: Schriftwechsel mit Konsul Rössler (Aleppo)
NL MvO-94: Schriftwechsel mit Konsul Rössler (Aleppo)
NL MvO-95: Schriftwechsel allgemein
NL MvO-108: Alltagsleben Tell Halaf
NL MvO-109: Verpflegung Tell Halaf
NL MvO-110: Grabungsalltag Tell Halaf
NL MvO-114: Ärztliche Versorgung Tell Halaf
NL MvO-129: Tell Halaf
NL MvO-139: Verträge mit Expeditionsteilnehmern
NL MvO-158: Beduinen, 2. Bde.
NL MvO-178: Grabungsgeschichte Tell Halaf
NL MvO-193: Marokko, Bd. 1
NL MvO-198: Besucherbuch Tell Halaf-Museum
NL MvO-201: Schriftwechsel mit Waldemar von Oppenheim
NL MvO-203: Darlehen Otto Wolff
NL MvO-204: Weihnachtsfeiern
NL MvO-205: Verschiedenes privat
NL MvO-226: Tell Halaf-Publikation
NL MvO-229: Schriftwechsel Grabung Tell Halaf
NL MvO-230: Schreiben an Gerhard Rohlfs (Bonn)
NL MvO-233: Schriftwechsel H–K, 2. Bd.

Archiv und Museum der Stadt Landau in der Pfalz, Landau

Mappe K 2/10: Korrespondenz mit Dr. Max Freiherr von Oppenheim

Archiv des Vorderasiatischen Museums, Berlin

Archiv VAM: Oppenheim 1909–1940
Archiv VAM: Oppenheim 1941–1945
Archiv VAM: Tell Halaf-Restaurierungsprojekt
Archiv VAM: Tell Halaf-Grabungsprojekt: Svenja Partheil, Anthropologische Bearbeitung der Skelette vom Tell Halaf, Wetzlar 2008.

Bundesarchiv, Berlin

BAB NS 1/724: Schadensmeldungen bei Fliegerangriffen, 1.5.1942–29.11.1943
BAB R 43II/1227b: Briefe an Max von Oppenheim
BAB R 901/37222: Immediatsberichte an den Kaiser (Abschriften)
BAB R 901/37694: Wissenschaftliche Erforschungen von Klein-Asien
BAB R 4901/2317: Akten betr. Institut für Waffenbau, 1940–1943
BAB RK B 310: Einschreiben 19. Juni 1941 an die Deutsche Schriftkammer

Freer & Sackler Galleries Archives, Washington DC

Herzfeld Archive N 131

Geheimes Staatsarchiv Preußischer Kulturbesitz, Berlin
GStAPK VI.HA. NL Scheel Nr. 2
GStAPK VI.HA. NL Scheel Nr. 3
GStAPK VI.HA. NL Scheel Nr. 4
GStAPK VI.HA. NL Scheel Nr. 5

Gipsformerei der Staatlichen Museen zu Berlin, Berlin
Inventar des Materialienschrankes, Eintrag vom 21.1.1913

Hausarchiv des Bankhauses Sal. Oppenheim jr. & Cie., Köln
HBO A/AI/4 Haupt-Korrespondenz I
HBO A/AIII/31 Briefsammlung Max Freiherr von Oppenheim an Gerhard Rohlfs

Historisches Archiv der Dresdner Bank, Frankfurt am Main
HADrB Konsortialabteilung 27184–2001.BE

Landesarchiv Berlin
LAB A Rep. 001–002, Akte 701: Berichte der Hauptluftschutzstelle über Luftangriffe auf die Reichshauptstadt Berlin, 1943
LAB, Rep. 207, Acc. 1039, Nr. 467–477: Das Bauaufsichtsamt Charlottenburg-Wilmersdorf, Bd. 5, (Franklinstr. 1/6)

National Archives and Records, Washington, DC
NA AIR 14/2677: Air Ministry Bomber Comand, File 2677
NA USSBS RG 243, Entry 27, Box 10: Records of the U. S. Strategic Bombing Survey [USSBS]
NA USSBS RG 243, Entry 27, Box 13: Records of the U. S. Strategic Bombing Survey [USSBS]

Politisches Archiv des Auswärtigen Amtes, Berlin
PA AA NL Hentig, Bd. 84
PA AA NL Rössler Nr. 203
PA AA Personalakte Rössler 12630
PA AA R 64605 Betreffend Ausgrabungen des Freiherrn von Oppenheim am Tell Halaf, 1913–1919
PA AA R 65739 Archäologie 5 – Reisen
PA AA R 141454 Verwaltungsakte, das Konsulat Alepo betreffend
PA AA Konsulat Aleppo 6/1 (bis 2009)
PA AA Konsulat Beirut
PA AA, RAV Aleppo 6 Bd. 1
PA AA, RAV Aleppo 6 Bd. 2
PA AA, RAV Aleppo 6 Bd. 3
PA AA, RAV Aleppo 6 Bd. 4
PA AA, RAV Konstantinopel, Bd. 422

Sonderarchiv Moskau Fond 1409 GBI Berlin
Opis 2, IA 0206: Schriftverkehr mit der Max-Freiherr-von-Oppenheim-Stiftung über die Einrichtung eines „Tell Halaf-Museums", 1938–1940.

Zentralarchiv der Staatlichen Museen zu Berlin
SMPK/ZA Nachlass Bode 3987

Endpublikation Tell Halaf

Tell Halaf 1943
Max Freiherr von Oppenheim, Tell Halaf I: Die prähistorischen Funde, bearbeitet von Hubert Schmidt, Berlin 1943.

Tell Halaf 1950
Max Freiherr von Oppenheim, Tell Halaf II: Die Bauwerke von Felix Langenegger/Karl Müller/ Rudolf Naumann, bearbeitet und ergänzt von Rudolf Naumann, Berlin 1950.

Tell Halaf 1955
Max Freiherr von Oppenheim, Tell Halaf III: Die Bildwerke, bearbeitet von Anton Moortgat, Berlin 1955.

Tell Halaf 1962
Max Freiherr von Oppenheim, Tell Halaf IV: Die Kleinfunde aus historischer Zeit, bearbeitet und herausgegeben von Barthel Hrouda, Berlin 1962.

Tell Halaf 2010
Nadja Cholidis/Lutz Martin (Hrsg.), Tell Halaf V: Im Krieg zerstörte Denkmäler und ihre Restaurierung, mit Beiträgen von Aron A. Dornauer, Kirsten Drüppel, Ulrike Dubiel, Stefan Geismeier und Karin Rohn, Berlin/New York 2010.

Bibliographie

Ade/Frahnert/Stark 2001
Manfred Ade/Sylke Frahnert/Christa Stark, Analysing Databases of the Southern African Material at the Museum für Naturkunde Berlin, in: Mitteilungen des MfN, Zool. Reihe 77/2 (2001) S. 325–331.
Ahl 1924
Ernst Ahl, Neue Reptilien und Batrachier aus dem zoologischen Museum Berlin, in: Archiv für Naturgeschichte 90 (A) 5 (1924) S. 246–254.
Akkermans/Schwartz 2003
Peter M. M. G Akkermans/Glenn M. Schwartz, The Archaeology of Syria. From Complex Hunter-Gatherers to Early Urban Societies (ca. 16,000–300 BC), Cambridge World Archaeology, Cambridge 2003.
Alexandre 2007
Philippe Alexandre, La Deutsche Orient-Gesellschaft. Enjeux nationaux, culturels et scientifiques de l'archéologie allemande au Proche et Moyen-Orient à l'époque de Guillaume II, in: L'Orient dans la culture allemande aux XVIIIe et XIXe siècles: Actes du colloque organisé par le Centre d'Ètudes Germaniques et Scandinaves (LIRA) de L'Université de Nancy 2, (9 et 10 décembre 2004), Nancy 2007, S. 209–222.
Alexandridis/Heilmeyer 2004
Annetta Alexandridis/Wolf-Dieter Heilmeyer, Archäologie der Photographie, Bilder aus der Photothek der Antikensammlung, Mainz 2004.
Altekamp 2000
Stefan Altekamp, Rückkehr nach Afrika. Italienische Kolonialarchäologie in Libyen 1911–1943, Köln 2000.
Amadon 1962
Dean Amadon, Family Sturnidae, in: Ernst Mayr/James C. Greenway (eds.), Check-List of Birds of the World – A Continuation of the Work of James L. Peters, vol. 15, Museum of Comparative Zoology, Cambridge Mass. 1962, S. 75–121.
Andrae 1913
Walter Andrae, Die Stelenreihen in Assur, Wissenschaftliche Veröffentlichungen der Deutschen Orient-Gesellschaft 24, Leipzig 1913.
Andrae 1988
Walter Andrae, Lebenserinnerungen eines Ausgräbers, Stuttgart 1988.
Andrae/Boehmer 1992
Ernst Walter Andrae/Rainer Michael Boehmer, Bilder eines Ausgräbers. Die Orientbilder von Walter Andrae 1898–1919, Berlin 1992.
Anonymus 1942
Anonymus [P.], Kurt Heinrich Tischer zum Gedächtnis. Gefallen am 14. Juli 1942, in: Bauwelt 33, Heft 43/44 (1942) S. 1–8.
Baghdo et al. 2009
Abd el-Masih Hanna Baghdo/Lutz Martin/Mirko Novák/Winfried Orthmann (Hrsg.), Tell Halaf: Vorberichte über die erste und zweite syrisch-deutsche Grabungskampagne auf dem Tell Halaf, Vorderasiatische Forschungen der Max Freiherr von Oppenheim-Stiftung Band 3,I, hrsg. von Wolfgang Röllig, Wiesbaden 2009.
Bartl 1989
Karin Bartl, Zur Datierung der *‚altmonochromen'* Ware vom Tall Halaf, in: Odette M. C. Haex/Hans H. Curvers/Peter M. M. G. Akkermans (eds.), To the Euphrates and Beyond. Archaeological Studies in Honour of Maurits N. van Loon, Rotterdam 1989, S. 257–274.
Baumgart/Kasparek/Stephan 1995
Wolfgang Baumgart/Max Kasparek/Burkhard Stephan, Die Vögel Syriens: Eine Übersicht, Heidelberg 1995.
Becker 2007
Jörg Becker, Nevalı Çori. Keramik und Kleinfunde der Halaf- und Frühbronzezeit. Archaeologica Euphratica 4, Mainz 2007.
Becker 2009
Jörg Becker, Untersuchungen der prähistorischen Siedlung, in: Baghdo et al. 2009: 27–40.
Berlin und seine Bauten, Ausg. 1877.
Berlin und seine Bauten, Ausg. 1896.
Berlin und seine Arbeit, Berlin 1898.
Bissing 1931
Friedrich Wilhelm von Bissing, Untersuchungen über Zeit und Stil der „chetitischen" Reliefs, in: Archiv für Orientforschung 6 (1931) S. 159–201.
Bleibrunner 1991
Hans Bleibrunner, Landshut 1790–1990. Aufbruch in die Gegenwart, Landshut 1991.

Bonatz 2000
Dominik Bonatz, Das syrohethitische Grabdenkmal, Mainz 2000.
Bonatz 2001
Dominik Bonatz, Mnemohistory in Syro-Hittite Iconography, in: Tzvi Abusch et al. (eds.), Proceedings of the XLVe Rencontre Assyriologique Internationale: Part I: Harvard University: Historiography in the Cuneiform World, Bethesda 2001, S. 65–77.
Bothmer 2007
Josefine von Bothmer, Die Gründungsgeschichte des Tell Halaf-Museums, Dissertation FU Berlin 2007. http://www.diss.fu-berlin.de/diss/receive/FUDISS_thesis_000000002643.
Bouran 1930
Boll Bouran, „ Aleppo Früher und Heute", Französische Ausgabe, Gaston Bibliothek, Aleppo 1930.
Bruch 2002
Rüdiger vom Bruch, Internationale Forschung, Staatsinteresse und Parteipolitik. Die Olympia-Ausgrabungen als frühe Phase deutscher auswärtiger Kulturpolitik, in: Helmut Kyrieleis (Hrsg.), Olympia 1875–2000. 125 Jahre deutsche Ausgrabungen, Mainz 2002, S. 9–17.
Busink 1970
Theodor A. Busink, Der Tempel von Jerusalem, 1: Der Tempel Salomons, Leiden 1970.
Canby 1985
Jeanny Vorys Canby, Guzana (Tell Halaf), in: Harvey Weiss (ed.), Ebla to Damascus. Art and Archaeology of Ancient Syria, Washington, DC 1985, S. 332–338.
Chevalier 2002
Nicole Chevalier, La recherches archéologique française au Moyen-Orient 1841–1947, Paris 2002.
Cholidis 2002a
Nadja Cholidis, Das Tell Halaf-Museum in Berlin, in: Cholidis/Martin 2002, S. 43–52.
Cholidis 2002b
Nadja Cholidis, Die historischen Quellen zum Tell Halaf, in: Cholidis/Martin 2002, S. 26–30.
Cholidis 2002c
Nadja Cholidis, Die Ausgrabungen auf dem Tell Halaf, in: Cholidis/Martin 2002, S. 9–25.
Cholidis 2008
Nadja Cholidis, Projet de restauration des statues en Basalte de Tell Halaf, in: Maqdissi 2008, S. 64–67.
Cholidis/Dubiel/Martin 2010
Nadja Cholidis/Ulrike Dubiel/Lutz Martin, Zusammenfassung, in: Tell Halaf 2010, S. 337–363.
Cholidis/Martin 2002
Nadja Cholidis/Lutz Martin, Kopf hoch! Mut hoch! und Humor hoch! Der Tell Halaf und sein Ausgräber Max Freiherr von Oppenheim, Mainz 2002.
Cholidis/Martin 2010
Nadja Cholidis/Lutz Martin, Die Bildwerke vom Djebelet el-Beda, in: Tell Halaf 2010, S. 317–335.
Cholidis/Stern 2002
Nadja Cholidis/Tom Stern, „I would enjoy immensely ..." – Der Ausgräber Max Freiherr von Oppenheim vor der Filmkamera, in: Ugarit-Forschungen 34 (2002, gedruckt 2003), S. 25–38.
Christie Mallowan 1983
Agatha Christie Mallowan, Come, Tell Me How You Live, London 1983 (Erstausgabe: London 1946).
Christie Mallowan 1990
Agatha Christie Mallowan, Come, Tell Me How You Live. An Archaeological Memoir, London 1990.
Christie Mallowan 1997
Agatha Christie Mallowan, Erinnerung an glückliche Tage. Aus meinem Leben, Bern/München/Wien 1997.
Clark 2000
Christopher Clark, Kaiser Wilhelm II. Profiles in Power, London 2000.
Copland Thorn 2005
James Copland Thorn, The Necropolis of Cyrene: Two Hundred Years of Exploration. L'Erma di Bretschneider, Monografie di Archeologia Libica 26, Roma 2005.
Craig/Feare 2009
Adrian J. F. K. Craig/Chris J. Feare, Family Sturnidae (Starlings), in: Josep del Hoyo/Andrew Elliott/David A. Christie (eds.), Handbook of the Birds of the World, Vol. 14 [Bushshrikes to Old World Sparrows], Barcelona 2009, S. 654–758.

Cramp/Perrins 1994
Stanley Cramp/Chris M. Perrins (eds.), Handbook of the Birds of Europe, the Middle East and North-Africa. The Birds of the Western Palaearctic, Vol. VIII Crows to Finches, New York 1994.

Crüsemann 2000
Nicola Crüsemann, Vom Zweistromland zum Kupfergraben. Vorgeschichte und Entstehungsjahre (1899–1918) der Vorderasiatischen Abteilung der Berliner Museen vor Fach- und kulturpolitischen Hintergründen, Jahrbuch der Berliner Museen 42 (2000) Beiheft, Berlin 2000.

Crüsemann 2003
Nicola Crüsemann, Von Assur nach Berlin. Der lange Weg der Funde vom Grabungsort ins Museum, in: Beate Salje/Joachim Mahrzahn, Wiedererstehendes Assur. 100 Jahre deutsche Ausgrabungen in Assyrien, Berlin 2003, S. 53–66.

Davidson 1997
Thomas E. Davidson, Regional Variation within the Halaf Ceramic Tradition. Ph.D.-Thesis, Edinburgh 1977 (unpubl.).

Dewey et al. 1986
John F. Dewey/Martin R. Hempton/William S. F. Kidd/Faruk Saroglu/A. M. Celal Sengor, Shortening of Continental Lithosphere: The Neotectonics of Eastern Anatolia – a Young Collision Zone, in: Collision Tectonics, Geological Society Special Publications 19 (1986) S. 2–36.

Dickinson 2003
Edward C. Dickinson, The Howard and Moore Complete Checklist of the Birds of the World, 3rd Revised Edition, London 2003.

Dingeldey & Werres 1910
Dingeldey & Werres. Erstes deutsches Ausrüstungsgeschäft für Tropen, Heer und Flotte, Preisliste 1909/10, Berlin 1909.

Dittrich/Veit/Wichner 2006
Lutz Dittrich/Carola Veit/Ernest Wichner (Hrsg.), „Obergeschoss still closed." Samuel Beckett in Berlin 1936/37, Berlin 2006.

Dornauer 2010
Aron A. Dornauer, Die Geschichte Gūzānas im Lichte der schriftlichen Zeugnisse, in: Tell Halaf 2010: 47–67.

Dornauer in Vorb.
Aron A. Dornauer, Das Archiv des Mannu-kī-māt-Aššūr.

Drüppel et al. (im Druck)
Kirsten Drüppel/Andreas Kratzig/Lutz Martin/Helene Brätz/Stefan Geismeier/Gerhard Franz, Aramaic Basalt Statues from Tell Halaf, Syria: Localization of the Ancient Quarries, in: Archeometry.

Drüppel/Lehmann 2009
Kirsten Drüppel/Christian Lehmann, Fire Bombing of the Tell Halaf Museum in Berlin During World War II. Reconstruction of the Succession of Events Based on Mineralogical Investigations, in: European Journal of Mineralogy 21 (2009) S. 443–456.

Düwell 1976
Kurt Düwell, Deutschlands auswärtige Kulturpolitik, 1918–1932, Köln 1976.

Duru 2004
Refik Duru, Yesemek. The Largest Sculpture Workshop of the Ancient Near East, Istanbul 2004.

Elsen/Novák 1994
Gabriele Elsen/Mirko Novák, Tall Halāf und das Tall Halāf-Museum, in: Das Altertum 40 (1994) S. 115–126.

Ewald 1837
Heinrich von Ewald, Vorwort zur Zeitschrift für die Kunde des Morgenlandes 1837, S. 6.

Feldmann 1995
Gerald D. Feldmann, Die Deutsche Bank vom Ersten Weltkrieg bis zur Weltwirtschaftskrise 1914–1933, in: Gall et al. 1995: 138–314.

Fless 1997
Friederike Fless (Hrsg.), Die Antiken der Sammlung Max Freiherr von Oppenheim, in: Kölner Jahrbuch 30 (1997).

Foro/Rey 2008
Philippe Foro/Sarah Rey, Archaeology Without Identity? Antiquity and French Archaeological Research Around the Mediterranean (1850–1945), in: Nathalie de Haan/Martijn Eickhoff/Marjan Schwegman (eds.), Archaeology and National Identity in Italy and Europe 1800–1950, Fragmenta, Journal of the Royal Netherlands Institute in Rome 2, Turnhout 2008, S. 95–108.

Frankfort 1952
Henri Frankfort, The Origin of the Bît Hilani, in: Iraq 14 (1952), S. 120–131.

Friedrich 2002
Jörg Friedrich, Der Brand. Deutschland im Bombenkrieg 1940–1945, 5. Auflage, München 2002.

Gaethgens 2003
Thomas W. Gaethgens, Pergamonmuseum – unvollendetes Denkmal deutscher Geschichte, in: Carola Wedel (Hrsg.), Das Pergamonmuseum. Menschen – Mythen – Meisterwerke, Berlin 2003, S. 16–20.

Galaty/Watkinson 2004
Michael L. Galaty/Charles Watkinson (eds.), Archaeology under Dictatorship, Berlin 2004.

Gall 1995
Lothar Gall, Die Deutsche Bank von ihrer Gründung bis zum Ersten Weltkrieg 1870–1914, in: Gall et al. 1995: 1–137.

Gall et al. 1995
Lothar Gall/Gerald D. Feldmann/Harold James/Carl-Ludwig Holtferich/Hans E. Büschgen, Die Deutsche Bank 1870–1995, München 1995.

Galling 1951
Kurt Galling, Rezension zu: Tell Halaf 1950, in: Bibliotheca Orientalis 8 (1951) S. 86–88.

Gansell 2008
Amy Rebecca Gansell, Woman of Ivory as Embodiments of Ideal Feminine Beauty in the Ancient Near East during the First Millennium BCE, Ph.D.-Thesis Harvard University, Cambridge, MA. 2008 (unpubl.).

Geismeier 2005
Stefan Geismeier, Restaurierung kriegszerstörter Großplastiken durch das Vorderasiatische Museum, in: Jahrbuch der Berliner Museen 2004 NF 46 (2005) S. 227–231.

Geismeier 2010
Stefan Geismeier, Zu den Restaurierungen der Bildwerke und Artefakte, in: Tell Halaf 2010, S. 23–45.

Geismeier/Martin 1999
Stefan Geismeier/Lutz Martin, Ein Puzzle aus Stein. Rekonstruktion von Skulpturen und Reliefs aus den Ausgrabungen am Tall Halaf/Syrien, in: EOS. Nachrichten für Freunde der Antike auf der Museumsinsel Berlin, No. VII/A2 (1999), S. XXI–XXIII.

Gelin 2002
Mathilde Gelin, L'archéologie en Syrie et au Liban à l'époque du mandat (1919–1946), histoire et organisation, Paris 2002.

Genge 1979
Heinz Genge, Nordsyrisch-südanatolische Reliefs. Eine archäologisch-historische Untersuchung, Datierung und Bestimmung, Kopenhagen 1979.

Genschorek 1982
Wolfgang Genschorek: Im Alleingang durch die Wüste. Das Forscherleben des Gerhard Rohlfs, Leipzig 1982.

Gladiss 2004
Almut von Gladiss, Miniaturen und Handschriften – erste Begegnungen und spätere Höhepunkte, in: Islamische Kunst in Berliner Sammlungen, hrsg. v. Jens Kröger und Desirée Heiden, Berlin 2004, S. 91–104.

Glutz von Blotzheim 1993
Urs N. Glutz von Blotzheim (Hrsg.), Handbuch der Vögel Mitteleuropas, Bd. 13/III Corvidae-Sturnidae, Passeriformes (4. Teil), Wiesbaden 1993.

Goldmann/Wölffling 1992
Klaus Goldmann/Siegfried Wölffling, Die Max Freiherr von Oppenheim-Stiftung – Ihr Berliner Tell Halaf-Museum, in: Museumsjournal 6/4 (1992), S. 25–27.

Güterbock 1974
Hans G. Güterbock, Rezension zu: Die Bildwerke vom Djebelet el Beda in ihrer räumlichen und zeitlichen Umwelt by Ursula Moortgat-Correns, in: American Journal of Archaeology 78 (1974), S. 298–299.

Gunter/Hauser 2005
Ann C. Gunter/Stefan R. Hauser, Ernst Herzfeld and the Development of Near Eastern Studies 1900–1950, Leiden 2005.

Haase 2001
Claus-Peter Haase, Trouvaillen aus orientalischen Metallbasaren, in: Teichmann/Völger 2001, S. 354–371.

Haase 2007
Claus-Peter Haase, The Development of Stucco Decoration in Northern Syria of the 8th and 9th Centuries and the Bevelled Style of Samarra, in: Annette Hagedorn/Avinoam Shalem (eds.),

Facts and Artefacts. Art in the Islamic World. Festschrift for Jens Kröger on his 65th Birthday, Leiden/Boston 2007, S. 439–460.

Hagedorn 2000
Annette Hagedorn, The Development of Islamic Art History in Germany in the Late Nineteenth and Early Twentieth Centuries, in: Stephen Vernoit (ed.), Discovering Islamic Art. Scholars, Collectors and Collections, 1850–1950, London/New York 2000, S. 117–127.

Hauser 2005
Stefan R. Hauser, History, Races, and Orientalism: Eduard Meyer, the Organization of Oriental Research, and Herzfeld's Intellectual Heritage, in: Gunter/Hauser 2005, S. 505–559.

Hauser 2008
Stefan R. Hauser, Herzfeld, professeur de l'archéologie orientale à l'université de Berlin, in: Beiträge zur Islamischen Kunst und Archäologie (Ernst-Herzfeld-Gesellschaft) 1 (2008), S. 21–40.

Heinrich 1982
Ernst Heinrich, Die Tempel und Heiligtümer im Alten Mesopotamien, Berlin 1982.

Herbordt 1992
Suzanne Herbordt, Neuassyrische Glyptik des 8.–7. Jh. v. Chr., State Archives of Assyria Studies I, Helsinki 1992.

Herzfeld 1910
Ernst Herzfeld, Die Genesis der islamischen Kunst und das Mshatta-Problem, Der Islam 1, 1910.

Herzfeld 1928
Ernst Herzfeld, Völker- und Kulturzusammenhänge im Alten Orient, Deutsche Forschung, Aus der Arbeit der Notgemeinschaft der Deutschen Wissenschaft 5 (1928), S. 33–67.

Herzfeld 1930
Ernst Herzfeld, Hettitica, in: Archäologische Mitteilungen aus Iran 2 (1930), S. 132–203.

Herzfeld 1931
Ernst Herzfeld, Stilkritische Untersuchungen und Datierung der Steinbilder, in: Oppenheim 1931, S. 225–233.

Herzfeld 1934
Ernst Herzfeld, Aufsätze zur altorientalischen Archäologie III. Der Tell Halaf und das Problem der hettitischen Kunst, in: Archäologische Mitteilungen aus Iran 6 (1934), S. 111–223.

Himmler 2005
Katrin Himmler, Die Brüder Himmler. Eine deutsche Familiengeschichte, Frankfurt am Main 2005.

Hirschfeld 1897
Paul Hirschfeld, Berliner Großindustrie, Berlin 1897.

Hornbostel 1933
Erich Moritz von Hornbostel, Das Berliner Phonogrammarchiv, in: Zeitschrift für vergleichende Musikwissenschaft 1 (1933), S. 40–45.

Hrouda 1965
Barthel Hrouda, Die Kulturgeschichte des assyrischen Flachbildes, Saarbrücken 1965.

Huot 1994
Jean-Louis Huot, Les Premiers villageois de Mésopotamie. Du village à la ville, Paris 1994.

Hurgronje 1900
Christiaan Snouck Hurgronje, Islam und Phonograph, Batavia 1900.

Intabi/Osman 1930
Muhammad Foad Intabi/Najwa Osman: Aleppo in Hundert Jahren 1850–1550, Arabische Ausgabe, Universität Aleppo, Aleppo 1930.

Issawi 1988
Charles Philip Issawi, The Fertile Crescent, 1800–1914. A Documentary Economic History, New York 1988.

Jacobs 1997
Bruno Jacobs, Katalog der Funde vom Tell Halaf, in: Fless 1997, S. 44–55.

Jakimow o. J.
Igor von Jakimow, Die Oase, unveröffentlichtes Typoskript, 121 Seiten, o. J. [unter dem gleichen Titel gibt es auch eine Kurzfassung von 26 Seiten, o. J].

Jakimow 1946
Igor von Jakimow, Jenseits der Grenzen, Heidelberg 1946.

Jakimow 1949
Igor von Jakimow, Orientalische Briefe, Heidelberg 1949.

Kantor 1956
Helene J. Kantor, Syro-Palestinian Ivories, in: Journal of Near Eastern Studies 15 (1956), S. 153–174.

Katalog
İki dost hükümdar/Zwei befreundete Herrscher: Sultan II. Abdülhamid/Kaiser Wilhelm II. 2009.

Ausstellungskatalog zur gleichnamigen Ausstellung vom 02. Mai bis 05. Juli 2009 im Yıldız Chalet. TBMM Daire Başkanlığı (Veranstalter).

Katzy 2009
Elisabeth Katzy, Materialien der hellenistischen Zeitz, in: Baghdo et al. 2009, S. 87–92.

Kaufhold 2005
Enno Kaufhold, In fotografischen Höhen. Die Berliner Jahre 1928 bis 1934, in: Martin Munkacsi, hrsg. von F. C. Gundlach, Göttingen 2005, S. 187–293.

Keiper/Kröger 2008
Gerhard Keiper/Martin Kröger (Hrsg.), Biographisches Handbuch des deutschen Auswärtigen Dienstes 1871–1945, Bd. 3, Paderborn 2008.

Kerbs 2004
Diethart Kerbs, Willy Römer, 1887–1979 – Ein Leben in den Umbrüchen der Zeit, in: Diethart Kerbs (Hrsg.), Der Fotograf Willy Römer 1887–1979. Auf den Straßen von Berlin, Bönen 2004, S. 15–36.

Kirchner-Kruse o. J.
Annemarie Kirchner-Kruse, Erinnerungen, unveröffentlichtes Typoskript, 444 Seiten, o. J.

Kohl-Larsen 1991
Ludwig Kohl-Larsen, Der Mann, der Lucy's Ahnen fand. Lebenserinnerungen, hrsg. von Erich Renner, Landau/Pfalz 1991.

Kohlmeyer/Strommenger 1991
Kay Kohlmeyer/Eva Strommenger mit einem Beitrag von Hansjörg Schmid, Wiedererstehendes Babylon. Eine antike Weltstadt im Blick der Forschung, Berlin 1991.

Koldewey 1898
Robert Koldewey, Die Architektur von Sendschirli, in: Ausgrabungen in Sendschirli II, Mittheilungen aus den Orientalischen Sammlungen 12, Berlin 1898, S. 103–199.

Korff 1981
Kurt Korff, Die illustrierte Zeitung, in: Die Wahrheit der Photographie, Klassische Bekenntnisse zu einer neuen Kunst, hrsg. von Wilfried Wiegand, Frankfurt am Main 1981.

Korn 2009
Wolfgang Korn, Schienen für den Sultan. Die Bagdadbahn: Wilhelm II., Abenteurer und Spione, Köln 2009.

Krakauer 1927
Siegfried Krakauer, Die Photographie, in: Das Ornament der Masse, Frankfurt am Main, 1977 (Erstveröffentlichung: Frankfurter Zeitung, 28. Oktober 1927).

Kratzig/Drüppel 2007
Andreas Kratzig/Kirsten Drüppel, Aramäische Basaltstatuen des Tell Halaf, N-Syrien – Lokalisierung der historischen Steinbrüche. Jahrestreffen Archäometrie und Denkmalpflege 2007, Abstract Volume, Potsdam 2007, S. 159–161.

Kröger 1994
Martin Kröger, Revolution als Programm. Ziele und Realität deutscher Orientpolitik im Ersten Weltkrieg, in: Erster Weltkrieg. Wirkung, Wahrnehmung, Analyse, hrsg. von Wolfgang Michalka, München 1994, S. 366–391.

Kröger 2001
Martin Kröger, Mit Eifer ein Fremder – Im Auswärtigen Dienst, in: Teichmann/Völger 2001, S. 106–139.

Kruse 1993
Max Kruse, Die behütete Zeit. Eine Jugend im Käthe-Kruse-Haus, Stuttgart 1993.

Kruse-von Jakimow 1919
Annemarie Kruse-von Jakimow, Der Gutshof Jakimow. Erlebnisse einer deutschen Frau in Sowjetrussland, Berlin 1919.

Landsberg/Damaschun 2007
Hannelore Landsberg/Ferdinand Damaschun, Aus Tradition modern: Zur Geschichte des Berliner Museums für Naturkunde, in: Matthias Glaubrecht/Annette Kinitz/Uwe Moldrzyk (Hrsg.), Als das Leben laufen lernte. Evolution in Aktion, München/Berlin/London/New York 2007, S. 24–39.

Langenegger/Sellin/Watzinger 1908
Felix Langenegger/Ernst Sellin/Carl Watzinger, Vorläufige Nachrichten über die Ausgrabung in Jericho im Frühjahr 1908, in: Mitteilungen der Deutschen Orient-Gesellschaft 39 (1908), S. 1–42.

Langenegger 1911a
Felix Langenegger, Durch verlorene Lande, Berlin 1911.

Langenegger 1911b
Felix Langenegger, Die Baukunst des Irak, Dresden 1911.

Layard 1853
Austin H. Layard, A Second Series of the Monuments of Nineveh, Including Bas-Reliefs from the Palace of Sennacherib and Bronzes from the Ruins of Nimrud. From Drawings Made on the Spot, During a Second Expedition to Assyria, London 1853.

Ledig 1999
Gert Ledig, Vergeltung, Frankfurt am Main 1999.

Lehmann 1994
Reinhard G. Lehmann, Friedrich Delitzsch und der Babel-Bibel-Streit, Orbis Biblicus et Orientalis 133, Fribourg/Göttingen 1994.

Lehmann/Drüppel 2007
Christian Lehmann/Kirsten Drüppel, Zerstörung des Tell Halaf-Museums im 2.Weltkrieg: Neue Erkenntnisse auf Basis mineralogischer Untersuchungen. Jahrestreffen Archäometrie und Denkmalpflege 2007, Abstract Volume, Potsdam 2007, S. 154–158.

Lermer/Shalem 2010
Andrea Lermer/Avinoam Shalem (eds.), After One Hundred Years. The 1910 Exhibition ‚Meisterwerke muhammedanischer Kunst' Reconsidered, Leiden 2010.

Lindner 1996
Maria Lindner, Das abenteuerliche Leben eines Archäologen, in: Landshuter Zeitung Nr. 265, 16.11.1996, S. 44.

Lindner 1996–1997
Maria Lindner, Dr. Max Freiherr von Oppenheim, in: Verhandlungen des Historischen Vereins für Niederbayern 122–123 (1996–1997), S. 175–184.

Lipiński 2000
Edward Lipiński, The Aramaeans. Their Ancient History, Culture, Religion, Orientalia Lovaniensia analecta 100, Leuven/Paris/Sterling, Virginia 2000.

Lodermann/Pohl 1989
Jürgen Lodermann/Manfred Pohl, Die Bagdadbahn, Mainz 1989.

Löhlein 2003
Wolfgang Löhlein, „Majestät brauchen Scherben", in: Antike Welt 6 (2003), S. 659–664.

Löhlein 2008
Wolfgang Löhlein, Mit Zepter und Spaten, in: Trümpler 2008, S. 391–397.

Luft 1977
Friedrich Luft, Berliner Illustrirte, in: Hundert Jahre Ullstein, Berlin 1977.

Luschan 1904
Felix von Luschan, Anleitung für ethnographische Beobachtungen und Sammlungen in Afrika und Ozeanien, Königliches Museum für Völkerkunde in Berlin, 3. Auflage, Berlin 1904.

Luschan/Jacoby 1911
Felix von Luschan/Gustav Jacoby, Ausgrabungen in Sendschirli IV, Mittheilungen aus den Orientalischen Sammlungen 14, Berlin 1911.

Majlis 2001
Brigitte Majlis, Pracht und Geheimnis. Die Textilien, in: Teichmann/Völger 2001, S. 316–335.

Mangold 2004
Sabine Mangold, Eine „weltbürgerliche Wissenschaft" – Die deutsche Orientalistik im 19. Jahrhundert, Stuttgart 2004.

Maqdissi 2008
Michel Al-Maqdissi (ed.), Pionniers et protagonistes de l'archéologie syrienne 1860–1960, d'Ernest Renan à Sélim Abdulhak, Documents d'Archéologie Syrienne XIV, Damas 2008.

Marchand 2009
Suzanne L. Marchand, German Orientalism in the Age of Empire. Religion, Race, and Scholarship, Cambridge 2009.

Martin 2002a
Lutz Martin, Der November 1943 und seine Folgen, in: Cholidis/Martin 2002, S. 53–56.

Martin 2002b
Lutz Martin, Zur Zukunft der Tell Halaf-Funde, in: Cholidis/Martin 2002, S. 57–62.

Martin 2008
Lutz Martin, Notice sur Djebelet el Beida, in: Maqdissi 2008, S. 62–64.

Martin 2010
Lutz Martin, Der Kultraum, in: Tell Halaf 2010, S. 221–235.

Martin/Fakhru 2009
Lutz Martin/Muhammad Fakhru, West-Palast und Lehmziegelmassiv, in: Baghdo et al. 2009, S. 12–26.

Matthes 2006
Olaf Matthes, Pergamonmuseum, Berlin 2006.

Matthews 2000
Roger Matthews, The Early Prehistory of Mesopotamia. 500.000 to 4.500 BC, Subartu V, Turnhout 2000.

McCall/Tubb 2003
Henrietta McCall/Jonathan Tubb, I Am the Bell of Niniveh: Victorian Design in the Assyrian Style, London 2003.

Mellaart 1975
James Mellaart, The Neolithic of the Near East, London 1975.

Meyer 1928
Eduard Meyer, Geschichte des Altertums Bd. 2.1, 2. Auflage, Stuttgart/Berlin 1928.

Meyer 1997
Jan-Waalke Meyer, Djebelet el-Beda: Eine Stätte der Ahnenverehrung?, in: Altorientalische Forschungen 24 (1997), S. 294–309.

Meyer 2003
Jan-Waalke Meyer, Kharab Sayyar. Essai de contribution. A une topographie historique en Syrie abbasside du nord-est, in: Annales archéologiques arabes syriennes XLV–XLVI (2003), S. 425–433.

Michelis o. J.
Marie-Louise Michelis, Igor von Jakimow 1885–1962, unveröffentlichtes Typoskript, 41 Seiten, o. J.

Miermont 2008
Dominique Laure Miermont, Annemarie Schwarzenbach. Eine beflügelte Ungeduld. Biographie, Zürich 2008 (franz. Originalausgabe: Annemarie Schwarzenbach ou le mal d'Europe. Biographie, Paris 2004).

Mislin 2002
Miron Mislin, Industriearchitektur in Berlin 1840–1910, Tübingen/Berlin 2002.

Moortgat 1932
Anton Moortgat, Die bildende Kunst des Alten Orients und die Bergvölker, Berlin 1932.

Moortgat-Correns 1972
Ursula Moortgat-Correns, Die Bildwerke vom Djebelet el Bēḍā in ihrer räumlichen und zeitlichen Umwelt, Berlin/New York 1972.

Moortgat-Correns 1989
Ursula Moortgat-Correns, Max Freiherr von Oppenheim. Der Gründer des Tell Halaf-Museums in Berlin, in: Museumsjournal 3/2 (1989), S. 16–21.

Moortgat-Correns 1992
Ursula Moortgat-Correns, Charāb Sējār. Eine frühabbasidische Ruinenstätte in Nordmesopotamien, Berlin 1992.

Munkacsi 1929
Martin Munkacsi, in: Knipsen – aber mit Verstand! Ein Wegweiser für Amatöre, die gute Bilder machen wollen, Neue Reihe Nr. 9, Berlin 1929.

Müller-Kessler/Kessler 1995
Christa Müller-Kessler/Karlheinz Kessler, Zum Kult des Wettergottes von Guzana, in: A. Erkanal-Hayat (ed.), In memoriam I. Metin Akyurt Bahattin devam ani kitabi. Studies for Ancient Near Eastern Cultures, Istanbul 1995, S. 239–244.

Naumann 1971
Rudolf Naumann, Architektur Kleinasiens, 2. Auflage, Tübingen 1971.

Neumann 1915
Oskar Neumann, Über eine kleine Vogelsammlung aus Nord-Mesopotamien, in: Zeitschrift für Ornithologie 63 (1915), S. 118–123.

Niehr 1994
Herbert Niehr, Zum Totenkult der Könige von Sam'al im 9. und 8. Jh. v. Chr., in: Studi Epigrafici e Linguistici 11 (1994), S. 57–73.

Nippa 2001
Annegret Nippa, Tugendreiche Männer. Beduinenforschung, in: Teichmann/Völger 2001, S. 140–175.

Nissen 1995
Hans J. Nissen, Grundzüge einer Geschichte der Frühzeit des Vorderen Orients, Darmstadt 1995.

Noth 1971
Ernst Erich Noth, Erinnerungen eines Deutschen, Hamburg/Düsseldorf 1971.

Novák 2008
Mirko Novák, Individuum oder Kollektiv? Zur kulturgeschichtlichen Stellung der Königsgruft von Qatna, in: Christoph Kümmel/Beate Schweitzer/Ulrich Veit (Hrsg.), Körperinszenierung – Objektsammlung – Monumentalisierung: Totenritual und Grabkult in frühen Gesellschaften: Archäologische Quellen in kulturwissenschaftlicher Perspektive, Tübinger Archäologische Taschenbücher 6, Münster 2008, S. 207–232.

Novák 2009
Mirko Novák, Zur Geschichte der aramäisch-assyrischen Stadt Guzana, in: Baghdo et al. 2009, S. 93–97.

Novák/Ghafour 2009
Mirko Novák/Samer Abdel Ghafour, Grabungen im Nordost-Palast, in: Baghdo et al. 2009, S. 41–60.

Oberhaus 2007
Salvador Oberhaus, „Zum wilden Aufstande entflammen“. Die deutsche Propagandastrategie für den Orient im Ersten Weltkrieg am Beispiel Ägypten, Saarbrücken 2007.

Özyar 2008
Aslı Özyar, Untersuchungen zu den kleinen Orthostaten aus Tell Halaf – Späthethitische Kunst oder hurritisches Erbe?, in: Gernot Wilhelm (Hrsg.), Hattuša–Boğazköy. Das Hethiterreich im Spannungsfeld des Alten Orients, 6. Internationales Colloquium der Deutschen Orient-Gesellschaft, 22.–24. März 2006, Würzburg/Wiesbaden 2008, S. 397–420.

Oppenheim 1899
Max von Oppenheim, Reise vom Mittelmeer zum Persischen Golf, Berlin 1899.

Oppenheim 1901
Max von Oppenheim, Bericht über eine im Jahr 1899 ausgeführte Forschungsreise in der Asiatischen Türkei, in: Zeitschrift der Gesellschaft fuer Erdkunde zu Berlin 36 (1901), S. 69–99.

Oppenheim 1908
Max Freiherr von Oppenheim, Der Tell Halaf und die verschleierte Göttin, in: Der Alte Orient 10 (1908), S. 5–43.

Oppenheim 1931
Max Freiherr von Oppenheim, Der Tell Halaf. Eine neue Kultur im ältesten Mesopotamien, Leipzig 1931.

Oppenheim 1933
Max von Oppenheim, Tell Halaf. A New Culture in Oldest Mesopotamia, London/New York 1933.

Oppenheim 1939
Max Freiherr von Oppenheim unter Mitbearbeitung von Erich Bräunlich und Werner Caskel, Die Beduinen, Band 1: Die Beduinenstämme in Mesopotamien und Syrien, Wiesbaden 1939.

Oppenheim 1943
Max Freiherr von Oppenheim, Meine Forschungsreisen in Obermesopotamien, Karte 1:500.000 mit Begleitworten und Ortsnamenverzeichnis, Berlin 1943 (Sonderheft 21/22 zu den „Nachrichten aus dem Reichsvermessungsdienst, Mitteilungen des Reichsamts für Landesaufnahme“, Berlin 1942).

Oppenheim 1983
Nachdruck von Oppenheim 1939.

Oppenheim 2001
Max Freiherr von Oppenheim, Reisen zum Tell Halaf, in: Teichmann/Völger 2001, S. 176–203.

Oppenheim 2004
Simon Alfred von Oppenheim, Briefe einer Weltreise 1887 bis 1889, bearbeitet von Gabriele Teichmann, Köln 2004 (Privatdruck).

Oppenheim/Berchem 1909
Max Freiherr von Oppenheim, Inschriften aus Syrien, Mesopotamien und Kleinasien. Gesammelt im J. 1899, Bd. 1. Arabische Inschriften, bearbeitet von Max van Berchem, Leipzig 1909.

Orthmann 1971
Winfried Orthmann, Untersuchungen zur späthethitischen Kunst, Saarbrücker Beiträge zur Altertumskunde 8, Bonn 1971.

Orthmann 2001
Winfried Orthmann, Die Ausgrabung am Tell Halaf, in: Teichmann/Völger 2001, S. 204–247.

Orthmann 2002
Winfried Orthmann, Die aramäisch-assyrische Stadt Guzana. Ein Rückblick auf die Ausgrabungen Max von Oppenheims in Tell Halaf, Schriften der Max Freiherr von Oppenheim-Stiftung 15, Saarbrücken 2002.

Orthmann 2009
Winfried Orthmann, Untersuchungen am „Kultraum“, in: Baghdo et al. 2009, S. 61–64.

Panter 1926
Peter Panter (Kurt Tucholsky), Ein Bild sagt mehr als 1000 Worte, in: UHU, Heft 2, 3. Jg. (November 1926), S. 75–83.

Pardee 2009
Dennis Pardee, A New Aramaic Inscription from Zincirli, in: Bulletin of the American Schools of Oriental Research 356 (2009), S. 51–71.

Pearce et al. 1990
Julian A. Pearce/John F. Bender/Steven E. De Long/William S. F. Kidd/Paul J. Low/Ynadan Güner/Faruk Saroglu/Yüzel Yilmaz/Stephen Moorbath/John G. Mitchell, Genesis of Collision Volcanism in Eastern Anatolia, Turkey, in: Journal of Volcanology and Geothermal Research 44 (1990), S. 189–229.

Pearce et al. 1997
Nicholas J. G. Pearce/William T. Perkins/John A. Westgate/Michael P. Gorton/Simon E. Jackson/Clive R. Neal/Simon P. Chenery, A Compilation of New and Published Major and Trace Element Data for NIST SRM 610 and NIST SRM 612 Glass Reference Materials, in: Geostandards Newsletter 21 (1997), S. 115–144.

Pohl 1999
Manfred Pohl, Von Stambul nach Bagdad – Die Geschichte einer berühmten Eisenbahn, München 1999.

Porter 1993
Barbara Nevling Porter, Sacred Trees, Date Palms, and the Royal Persona of Ashurnasirpal II, in: Journal of Near Eastern Studies 52 (1993), S. 129–139.

Pucci 2008
Marina Pucci, Functional Analysis of Space in Syro-Hittite Architecture, British Archaeological Reports International Series 1738, Oxford 2008.

Racy 1977
Ali Jihad Racy, Musical Change and Commercial Recording in Egypt, 1904–1932, Ph.D. Dissertation, University of Illinois at Urbana-Champaign, Chicago/Ann Arbor 1977.

Radner 2006
Karen Radner, „Provinz. C. Assyrien.“, in: Reallexikon der Assyriologie und Vorderasiatischen Archäologie 11 (2006), S. 42–68.

Reade 1983
Julian E. Reade, Assyrian Sculpture, British Museum, London 1983.

Reinelt 2002
Sabine Reinelt, Käthe Kruse. Leben und Werk, Weingarten 2002.

Rohlfs 1875
Gerhard Rohlfs, Drei Monate in der libyschen Wüste, Cassel 1875.

Röllig 2003
Wolfgang Röllig, Das Sitzbild des Kammaki vom Tell Halaf, in: Reinhard Dittman/Christian Eder/Bruno Jakobs (Hrsg.), Altertumswissenschaften im Dialog. Festschrift für Wolfgang Nagel zur Vollendung seines 80. Lebensjahres, Alter Orient und Altes Testament 306, Münster 2003, S. 421–431.

Rohn 2010
Karin Rohn, Fragmente mit Reliefdekor, in: Tell Halaf 2010, S. 253–279.

Rouanet 1922
Jules Rouanet, La musique arabe, in: Albert Lavignac (ed.), Encyclopédie de la musique, Bd. 5, Paris 1922, S. 2676–2944.

Royl 1975
Ekkehart Royl, Die Realisierung der ᶜAtaba in Syrien, Magister-Arbeit, Freie Universität Berlin, Berlin 1975.

Royston Pike 1952
Edgar Royston Pike, The Mysterious Giant Sculptures of Tell Halaf, in: John Alexander Hammerton, Wonders of the Past I, New York 1952, S. 14–17.

Ruedorffer 1916
J. J. Ruedorffer (Kurt Karl Joseph Siegmund Riezler), Grundzüge der Weltpolitik in der Gegenwart, 2. Auflage, Stuttgart/Berlin 1916.

Russel 1991
John M. Russell, Sennacherib´s Palace without Rival at Nineveh, Chicago/London 1991.

Sachau 1890
Eduard Sachau, Arabische Volkslieder aus Mesopotamien, Abhandlungen der Königlichen Akademie der Wissenschaften zu Berlin, Philosophisch-historische Klasse, Berlin 1890.

Sader 1987
Hélène S. Sader, Les États Araméens de Syrie. Depuis leur fondation jusqu'à leur Transformation en Provinces Assyriennes, Wiesbaden 1987.

Said 1978
Edward W. Said, Orientalism. Western Conceptions of the Orient, London 1978.

Sarre 1933
Friedrich Sarre, Eine frühislamische Wanddekoration aus Nordmesopotamien, in: Ernst F. Weidner (Hrsg.), Aus fünf Jahrtausenden morgenländischer Kultur. Festschrift Max Freiherrn von Oppenheim zum 70. Geburtstage gewidmet von Freunden und Mitarbeitern, Archiv für Orientforschung, Beiheft I, Berlin 1933, S. 93–96.

Sarre/Herzfeld 1911/1920
Friedrich Sarre/Ernst Herzfeld, Archäologische Reise im Euphrat- und Tigrisgebiet, Berlin 1911/1920.

Sassi 1912
Moritz Sassi, Liste von Vogelbälgen aus Meso-

potamien, in: Annal. K. K. Naturhist. Hofmus. Wien 1912, S. 116–119.

Schäche 2003
Wolfgang Schäche, Die Architekten des Pergamonmuseums: Alfred Messel (1853–1909) und Ludwig Hoffman (1852–1932), in: Carola Wedel (Hrsg.), Das Pergamonmuseum, Menschen – Mythen – Meisterwerke, Berlin 2003, S. 21–24.

Schwemer 2001
Daniel Schwemer, Die Wettergottgestalten Mesopotamiens und Nordsyriens im Zeitalter der Keilschriftkulturen, Wiesbaden 2001.

Selz 1998
Gebhard J. Selz, Von Treidlern, Schiff(bau)ern und Werftarbeitern, in: Archív Orientální 66 (1998), S. 255–264.

Simon 2000
Artur Simon (Hrsg.), Das Berliner Phonogrammarchiv 1900–2000. Sammlungen der traditionellen Musik der Welt = The Berlin Phonogramm-Archiv 1900–2000. Collections of Traditional Music of the World, Berlin 2000.

Simons 1991
Christian Simons, Kaiser Wilhelm II. und die deutsche Wissenschaft, in: John C. G. Röhl/Elisabeth Müller-Luckner (Hrsg.), Der Ort Kaiser Wilhelms II. in der deutschen Geschichte, München 1991, S. 91–110.

Straub 2008
Eberhard Straub, Kaiser Wilhelm II. in der Politik seiner Zeit. Die Erfindung des Reiches aus dem Geist der Moderne, Berlin 2008.

Struble/Herrmann 2009
Eudora J. Struble/Virginia Rimmer Herrmann, An Eternal Feast at Sam'al: The New Iron Age Mortuary Stele form Zincirli, in: Bulletin of the American Schools of Oriental Research 356 (2009), S. 15–49.

Teichmann 2001
Gabriele Teichmann, Grenzgänger zwischen Orient und Okzident. Max von Oppenheim 1860–1946, in: Teichmann/Völger 2001, S. 10–105.

Teichmann/Völger 2001
Faszination Orient. Max von Oppenheim. Forscher, Sammler, Diplomat, hrsg. von Gabriele Teichmannn und Gisela Völger im Auftrag der Max Freiherr von Oppenheim-Stiftung, Köln 2001.

Teichmann 2008
Gabriele Teichmann, Max Freiherr von Oppenheim, in: Maqdissi 2008, S. 55–57.

Tell Halaf-Museum 1934
Führer durch das Tell Halaf-Museum, Berlin, Franklinstr. 6, hrsg. von der Max Freiherr von Oppenheim-Stiftung (Orient-Forschungs-Institut), [Berlin] 1934.

Thorn 2005
James Copland Thorn, The Necropolis of Cyrene: Two Hundred Years of Exploration. L'Erma di Bretschneider, (Monografie di Archeologia Libica, Bd. 26), Roma 2005.

Troelenberg (im Druck)
Eva Troelenberg, Eine Ausstellung wird besichtigt: Die Münchner „Ausstellung von Meisterwerken muhammedanischer Kunst" 1910 in kultur- und wissenschaftsgeschichtlicher Perspektive.

Trümpelmann 1988
Leo Trümpelmann (Hrsg.), Persepolis. Ein Weltwunder der Antike, Mainz 1988.

Trümpler 2008
Charlotte Trümpler, Die Thronende Göttin und die Tell Halaf-Reliefs, in: Charlotte Trümpler (Hrsg.), Das große Spiel. Archäologie und Politik, Essen 2008, S. 485–493.

Ungnad 1933
Arthur Ungnad, Der Teufel unter der Lupe der Geschichte, in: Gesundheitslehrer. Ausgabe B, März 1933, S. 34.

Ungnad 1940
Arthur Ungnad, Spätassyrische und neubabylonische Privaturkunden vom Tell Halaf, in: Johannes Friedrich et al., Die Inschriften vom Tell Halaf, Archiv für Orientforschung, Beiheft 6, Berlin 1940, S. 47–68.

Urbach 2003
Katharina Urbach, s.v. Rößler, Karl Constantin, in: Neue Deutsche Biographie 21 (2003), S. 750.

Villoteau 1818
Guillaume André Villoteau, Description de l'Égypte ou Recueil des observations et des recherches qui ont été faites en Égypte pendant l'expédition de l'armée française. État moderne, Vol. II, Paris 1818.

Völger 2001
Gisela Völger, Vom Werden eines Sammlers, in: Teichmann/Völger 2001, S. 278–315.

Wegner 2001
Ulrich Wegner, Frühe Tondokumente der Beduinen, in: Faszination Orient. Max von Oppenheim – Forscher, Sammler, Diplomat, Rautenstrauch-Joest-Museum für Völkerkunde Köln, Köln 2001, S. 34.

Weigold 1912a
Hugo Weigold, Ein Monat Ornithologie in den Wüsten und Kulturoasen Nordwestmesopotamiens und Innersyriens, in: Zeitschrift für Ornithologie 60/2 (1912), S. 249–297.

Weigold 1912b
Hugo Weigold, Ein Monat Ornithologie in den Wüsten und Kulturoasen Nordwestmesopotamiens und Innersyriens, in: Journal für Ornithologie 60/3 (1912), S. 365–410.

Weigold 1913
Hugo Weigold, Ein Monat Ornithologie in den Wüsten und Kulturoasen Nordwestmesopotamiens und Innersyriens, in: Zeitschrift für Ornithologie 61/1 (1913), S. 1–40.

Wickede 1986
Alwo von Wickede, Die Ornamentik der Halaf-Keramik. Ein Beitrag zu ihrer Typologie, in: Acta Praehistorica et Archaeologica 18 (1986), S. 7–32.

Wiedmann 2006
Albrecht Wiedmann, Restaurierung und Digitalisierung der Bestände des Berliner Phonogramm-Archivs, in: Ziegler 2006, S. 35–38.

Wiesmüller 2001
Beate Wiesmüller, Orientalische Handschriften, in: Teichmann/Völger 2001, S. 396–415.

Wiesner 2001
Ulrich Wiesner, Chinesisches Porzellan für die muslimische Welt, in: Teichmann/Völger 2001, S. 336–353.

Wilhelm II. 1922
Kaiser Wilhelm II., Ereignisse und Gestalten aus den Jahren 1878–1918, Leipzig/Berlin 1922.

Winter 1982
Irene Winter, Art as Evidence for Interaction: Relations between the Neo-Assyrian Empire and North Syria as Seen form the Monuments, in: Mesopotamien und seine Nachbarn, XXVe Recontre Assyriologique Internationale (Berlin 2–7 July 1978), ed. by Hans-Jörg Nissen/Johannes Renger, Berlin 1982, S. 355–382.

Winter 1989
Irene Winter, North Syrian Ivories and Tell Halaf Reliefs: The Impact of Luxury Gods upon „Major" Arts, in: Albert Leonhard jr./Bruce Beyer Williams (eds.), Essays in Ancient Civilization Presented to Helene J. Kantor, Chicago 1989, S. 321–332.

Wirth 1962
Irmgard Wirth, Ehemalige Aktiengesellschaft für Eisengießerei und Maschinenfabrikation von J. C. Freund, in: Bau- und Kunstdenkmäler von Berlin. Stadt und Bezirk Charlottenburg, Berlin 1962, S. 632–633.

Wirth 1979
Irmgard Wirth, Die Maschinenbauanstalt von J. C. Freund in Charlottenburg, in: Berlinische Notizen (1979), S. 17–20.

Xella 1991
Paolo Xella, Baal Hammon, Collezione di studi fenici 32, Roma 1991.

Ziegler 2006
Susanne Ziegler, Die Wachszylinder des Berliner Phonogramm-Archivs. Katalog und CD-ROM mit Textdokumentationen und Klangbeispielen, Ethnologisches Museum, Staatliche Museen zu Berlin – Preußischer Kulturbesitz, Berlin 2006.

Ziegler 2009
Susanne Ziegler, Felix von Luschan als Walzensammler und Förderer des Berliner Phonogramm-Archivs, in: Felix von Luschan (1854–1924) Leben und Wirken eines Universalgelehrten, hrsg. von Peter Ruggendorfer/Hubert D. Szemethy, Wien 2009, S. 113–140.

Zeitungen/Zeitschriften
Berliner Illustrirte Zeitung vom 17. August 1930.
Berliner Volkszeitung vom 17. Juli 1936 und 18. Juli 1939.
BZ am Mittag vom 24. Mai 1934.
Charlottenburger Nachrichten vom 15. März 1873.
Deutsche Allgemeine Zeitung vom 18. Juli 1936.
Fränkischer Kurier vom 20. Juli 1936.
Landshuter Zeitung vom 3. August 1951.
Sozialistische Monatshefte vom November 1930
Tageblatt vom 26. November 1933.
Völkischer Beobachter vom 7. März und 18. Juli 1936.
The Economist 8, 1850.
The Gentlemen's Magazine 29 (NS), 1851.
The Illustrated London News vom 26. Oktober und 28. Dezember 1850.

Autorenverzeichnis

Dr. Abd el-Masih Hanna Baghdo, Hassake
Studium der Vorderasiatischen Archäologie in Damaskus und Moskau; Direktor der Altertümerverwaltung Hassake, Co-Direktor der syrisch-deutschen Ausgrabungen am Tell Halaf.

Dr. Jörg Becker, Mörfelden-Walldorf
Studium der Vorderasiatischen Archäologie in Frankfurt (Main); Mitarbeiter am Seminar für Orientalische Archäologie und Kunstgeschichte, Martin-Luther-Universität Halle-Wittenberg.

Sabine Böhme M.A., Istanbul/Berlin
Studium der Vorderasiatischen Altertumskunde in Freiburg und Berlin; nach Weiterbildung tätig in Öffentlichkeits- und Ausstellungsarbeit, Mitarbeiterin an verschiedenen Bildungsprogrammen.

Dr. Nadja Cholidis, Berlin
Studium der altorientalischen Altertumskunde in Münster; wissenschaftliche Leiterin des Tell Halaf-Restaurierungsprojektes am Vorderasiatischen Museum Berlin und Kuratorin der Sonderausstellung.

Dr. Nicola Crüsemann, Speyer
Studium der Vorderasiatischen Archäologie in Berlin; wissenschaftliche Kuratorin an den Reiss-Engelhorn-Museen Mannheim, zuletzt Projektleiterin der Ausstellung „Alexander der Große und die Öffnung der Welt. Asiens Kulturen im Wandel".

Dr. Elif Denel, Ankara
Direktorin des American Research Institute in Turkey, Ankara.

Dr. Kirsten Drüppel, Berlin
Studium der Geologie und Mineralogie in Würzburg; seit 2004 Wissenschaftliche Assistentin am Institut für Angewandte Geowissenschaften – Abteilung Mineralogie der Technischen Universität Berlin.

Ulrike Dubiel, M.A., Berlin
Studium der Vorderasiatischen Altertumskunde und der Ägyptologie in Berlin; wissenschaftliche Mitarbeiterin des Tell Halaf-Restaurierungsprojektes, seit 2008 wissenschaftliche Mitarbeiterin am Seminar für Ägyptologie der FU Berlin.

Prof. Dr. Jost Dülffer, Köln
Professor für Neuere Geschichte, Schwerpunkte: u. a. Internationale Geschichte, Historische Friedens- und Konfliktforschung.

Gabriele Elsen-Novák, M.A., Tübingen/München
Studium der Kunstgeschichte und Vorderasiatischen Archäologie in Saarbrücken; wissenschaftliche Mitarbeiterin am Vorderasiatischen Museum Berlin für die syrisch-deutschen Ausgrabungen am Tell Halaf, Forschungsschwerpunkte: kunsthistorische Ansätze in der Vorderasiatischen Archäologie, Glyptik.

Dr. Sylke Frahnert, Teltow
Dipl.-Biologin, Kuratorin für Vögel am Museum für Naturkunde Berlin.

Prof. Dr. Andreas Fuchs, Tübingen
Professor für Altorientalische Philologie, Forschungsschwerpunkt: Geschichte des Vorderen Orients im 1. Jahrtausend v. Chr.

Dipl.-Restaurator Stefan Geismeier, Berlin
Studium der Steinrestaurierung in Berlin; Steinrestaurator am Vorderasiatischen Museum Berlin, leitender Restaurator des Tell Halaf-Restaurierungsprojektes.

PD Dr. Axel Gering, Berlin
Studium der Klassischen und Vorderasiatischen Archäologie in München; Privatdozent an der Humboldt-Universität zu Berlin und Leiter der Berlin-Kent-Excavations in Ostia antica.

Dr. Julia Gonnella, Berlin
Wissenschaftliche Mitarbeiterin des Museums für Islamische Kunst, Berlin.

Prof. Dr. Stefan R. Hauser, Konstanz
Professor für Archäologie der altmediterranen Kulturen und ihrer Beziehungen zur altvorderasiatischen Welt, Forschungsschwerpunkte: Kulturkontakte, Nomadenforschung, Römisch-Arsakidisch/Sasanidische Beziehungen und Geschichte, neuassyrische Zeit, Wissenschaftsgeschichte.

Raphaela Heitmann M.A., Berlin
Studium der altorientalischen Altertumskunde in Münster; wissenschaftliche Mitarbeiterin am Vorderasiatischen Museum Berlin für die syrisch-deutschen Ausgrabungen am Tell Halaf.

Prof. Dr. Mahmoud Heretani, Aleppo
Historiker, Direktor des Nationalmuseums Aleppo i.R., Korrespondierendes Mitglied des Deutschen Archäologischen Instituts.

Dipl-Kfm. Werner Karsch, Berlin
Studium der Betriebswirtschaftslehre in Mannheim; Chefredakteur der Zeitschrift „die bank".

Dr. Martin Kröger, Köln und Berlin
Studium der Neueren Geschichte in Köln; Referent im Politischen Archiv des Auswärtigen Amts.

Dr. rer .nat. Hannelore Landsberg
Biologiestudium in Leipzig; Leiterin der Historischen Arbeitsstelle des Museums für Naturkunde; Arbeitsgebiete/Publikationen: Geschichte der Sammlungen des MfN, Sammlungs- und Forschungsgeschichte naturkundlicher Sammlungen im 19. u. 20. Jahrhundert.

Dr. Katharina Lange, Berlin
Ethnologin, wissenschaftliche Mitarbeiterin am Zentrum Moderner Orient in Berlin mit Forschungsschwerpunkt tribale Geschichtsüberlieferungen in Syrien.

Thorsten Maentel, M.A., Stuttgart
Studium der Mittleren und Neueren Geschichte in Frankfurt am Main; wissenschaftlicher Mitarbeiter des Wirtschaftsarchivs Baden-Württemberg, Stuttgart.

Dr. Lutz Martin, Berlin
Studium der Vorderasiatischen Archäologie und Altorientalistik in Berlin; wissenschaftlicher Mitarbeiter am Vorderasiatischen Museum Berlin, Co-Direktor der syrisch-deutschen Ausgrabungen am Tell Halaf und Kurator der Sonderausstellung.

Dr. Olaf Matthes, Hamburg
Studium der Geschichte, Klassischen Archäologie und Kunstgeschichte in Berlin, London und Rom; wissenschaftlicher Abteilungsleiter am Museum für Bergedorf und die Vierlande, Hamburg.

Prof. Dr. Michél Al-Maqdissi, Damaskus
Studium der Vorderasiatischen Archäologie in Paris; stellvertretender Generaldirektor und Direktor für Ausgrabungen der Direction Générale des Antiquités et des Musées, Damaskus, Professor an der Universität Damaskus.

Prof. Dr.-Ing. habil. Miron Mislin
Architekt, Studium der Architektur, Baugeschichte in Berlin (HfBK), der Ingenieurgeschichte, Bauplanung, Universität Stuttgart (TU); Begründung des Faches „Geschichte der Industriearchitektur", research fellow in den USA.

Elisabeth Moortgat, Berlin
Wissenschaftliche Mitarbeiterin der Kulturprojekte-Berlin GmbH; Vorstandsmitglied des Vereins „Das Verborgene Museum"; Veröffentlichungen zur Geschichte der Fotografie mit Schwerpunkt auf den 1920er Jahren.

PD Dr. Mirko Novák, München
Studium der Vorderasiatischen Archäologie in Saarbrücken und Berlin; Geschäftsführer des Departments für Kulturwissenschaften und Altertumskunde an der Ludwig-Maximilians-Universität; ab 1. Februar 2011 Professor für Vorderasiatische Archäologie an der Universität Bern.

Dr. Salvador Oberhaus, Wuppertal
Studium der Geschichte der Neuzeit und des Mittelalters sowie der Politikwissenschaft in Düsseldorf; freiberuflicher Historiker und Bildungsreferent bei der Rosa Luxemburg-Stiftung, Berlin.

Prof. Dr. Winfried Orthmann, Mandelbachtal
Professor em. für Vorderasiatische Archäologie an der Universität Halle.

Prof. Dr. Manfred Pohl, Kronberg
Studium der Germanistik, Geschichte, Philosophie und Volkswirtschaft in Saarbrücken; Honorarprofessur an der Universität Frankfurt am Main im Fachbereich Wirtschaftswissenschaften.

Prof. Dr. Wolfgang Röllig, Tübingen
Professor em. für Altorientalistik an der Universität Tübingen, Forschungen auf dem Gebiet der Assyriologie und Nordwestsemitischen Epigraphik, Vorsitzender des Kuratoriums der Max Freiherr von Oppenheim-Stiftung, Köln.

Prof. Dr. Beate Salje, Berlin
Studium der Vorderasiatischen Altertumskunde, Altorientalistik, Ur- und Frühgeschichte in Berlin; Direktorin des Vorderasiatischen Museum Berlin.

Dr. Hanspeter Schaudig, Heidelberg
Studium der Altorientalischen Philologie in Freiburg und Münster; Wissenschaftlicher Mitarbeiter am Seminar für Sprachen und Kulturen des Vorderen Orients – Assyriologie, Heidelberg.

Tom Stern M.A., Essen
Studium der Vorderasiatischen Archäologie und Ur- und Frühgeschichte in Münster und Freiburg; Museumspädagoge am Ruhr Museum, Essen, Forschungsschwerpunkt: Archäologie im Film.

Dr. Tuğba Tanyeri-Erdemir
Studium der Archäologie und Alten Geschichte in Madison, Ankara und Boston; Kuratorin am Science and Technology Museum der Middle East Technical University, Ankara.

Gerhard Tausche, Landshut
Leiter des Stadtarchivs Landshut.

Gabriele Teichmann, Köln/Bonn
Historikerin, Leiterin des Hausarchivs, Bankhaus Sal. Oppenheim jr. & Cie., Köln.

Dipl.-Ing. Jürgen Thieme, Berlin
Wissenschaftlicher Mitarbeiter für Rüstungsaltlasten und Kampfmittelbelastung.

Dr. Charlotte Trümpler, Essen/Frankfurt
Studium der Klassischen Archäologie in Bern; Leiterin der Archäologischen Sammlung des Ruhr Museums in Essen

Dr. Ulrich Wegner, Berlin
Ethnomusikologe; wissenschaftlicher Mitarbeiter am Institut für Musik und Musikwissenschaft der Stiftung Universität Hildesheim.

Dr. Susanne Ziegler, Berlin
Musikethnologin, wissenschaftliche Mitarbeiterin im Ethnologischen Museum Berlin – Abt. Musikethnologie, Arbeitsschwerpunkt: Berliner Phonogramm-Archiv.

Dominik Zier, M.A., Köln
Studium der Wirtschaftsgeschichte; wissenschaftlicher Mitarbeiter im Hausarchiv des Bankhauses Sal. Oppenheim jr. & Cie.

Dipl.-Restaurator Knut Zimmermann, Potsdam
Restaurierungsstudium an der FH Potsdam, Spezialisierung: Steinkonservierung/Steinrestaurierung; Restaurator für das Tell Halaf-Restaurierungsprojekt des Vorderasiatischen Museums Berlin.

Abbildungsnachweis

Archiv der Evangelischen Kirche im Rheinland, Düsseldorf: **102, 103** (NL Helmut Rössler).

Archiv des Historischen Instituts der Deutschen Bank, Frankfurt: **31, 33**.

Archiv der Max Freiherr von Oppenheim-Stiftung, Köln (Depositum im Hausarchiv des Bankhauses Sal. Oppenheim jr. & Cie.), Köln: **2–10, 14–17, 20, 21, 25, 29, 32, 34, 39–68, 74, 77, 78, 80–101, 104, 105, 108–110, 112, 115, 116, 119, 127–134, 136–150, 155, 157, 161–163, 167, 168, 183–185, 188–190, 192, 193, 200–204, 224, 246, 256–262, 278, 281, 282, 285–287, 289–294, 303–308**.

J. Becker/G. Elsen-Novák/Richard Szydlak, Tübingen: **272**.

Berlin und seine Bauten I, 1877: **169** (S. 125).

Bundesamt für Bauwesen und Raumordnung, Berlin: **310, 312, 314, 316**.

Berliner Phonogramm-Archiv-Ethnologisches Museum, Berlin; **159** (Dietrich Graf, 1994); **160** (Christina Siegert, 2005).

Bildagentur für Kunst, Kultur und Geschichte, Berlin

bpk, Berlin: **27, 28, 35–38, 208**.

bpk/W. D. Downey: **30**.

bpk/Ernst Gränert: **197–199**.

bpk/Elisabeth Rohde: **207**.

bpk/Kunstbibliothek, SMB/Dietmar Katz: **309**.

bpk/Museum für Islamische Kunst, SMB/Georg Niedermeiser: **135**.

bpk/Vorderasiatisches Museum, SMB/Klaus Göken: **317**.

Tatiana de Branges de Bourcia, Lavayette: **194**.

Kirsten Drüppel, Berlin: **248, 249b, 249c, 250, 251** (nach Vorlage Oppenheim 1931: S. 13), **254** (K. Drüppel/C. Lehmann, Berlin, nach Vorlage Cholidis/Martin 2002:).

Axel Gering, Berlin: **69–71, 75**.

Mahmoud Heretani, Aleppo: **216–218**.

Kalif Abdülmecid Efendi-Bibliothek (K-200), Museum Dolmabahçe, Istanbul: **107**.

Landesarchiv, Berlin: **171, 173–176, 178–182**.

Julia Lehfeldt, Bonn: **187**.

Christian Lehmann, Berlin: **253b–d, 255**.

Luftbilddatenbank, Estenfeld: **212** (Nr. 4020); **213** (Nr. 4118); **214** (Nr. 1072).

Michel Al-Maqdissi, Damaskus: **111, 113, 114**.

Miron Mislin, Berlin: **170**, **172** (nach Mislin 2002: S. 282), **177**.

Museum für Naturkunde, Berlin: **151**; **152**, **156**, **158** (Hannelore Landsberg); **153**, **154** (Carola Radke/ Museum für Naturkunde, Berlin)

Oriental Institute, Chicago: **19** (JHB Jr. Roll 12, Frame 5).

Politisches Archiv des Auswärtigen Amtes, Berlin: **106** (K Aleppo 6/1, Bd. 1).

Sal. Oppenheim jr. & Cie., Köln; **1**, **12**, **13**, **268–271**.

Hanspeter Schaudig, Heidelberg: **283** (Rekonstruktion nach Layard 1853: pl. 40).

Stadt Landshut – Stadtarchiv, Landshut: **23**, **24**.

Tom Stern, Essen: **205**, **206**, **210**, **211**.

Gerhard Tausche, Landshut: **26**.

Tell Halaf 1943: **275** (Beilage 3), **276** (Beilage 2, bearbeitet von Gabriele Elsen-Novák, Tübingen).

Tell Halaf 1962: **298** (Taf. 23.10).

ullsteinbild, Berlin: Martin Munkacsi/ullstein bild, Berlin: **195**, **319**.

Vorderasiatisches Museum, Berlin: **209**, **220**, **221**; Gudrun Stenzel: **222**; Olaf M. Teßmer/SMB – Vorderasiatisches Museum: **11**, **18**, **22**, **164–166**, **186**, **215**, **225**, **226**, **235**, **242**, **266**, **267**, **273**, **274**, **279**, **280**, **284**, **288**, **297**, **301**, **302**, **315**, **318**, **320**; Repros: Olaf M. Teßmer: **79** (Dingeldey & Werres 1909/1910), **191** (Jakimow 1949), **196** (Berliner Illustrirte Zeitung 17.8.1930), **252** (Layard 1853: pl. 13–15), **311** (Oppenheim 1931: Vorsatz), **313** (Archiv VAM: Oppenheim 1909–1940); Nachlass Felix Langenegger: **72**, **73**, **76**; Tell Halaf-Grabungsprojekt: Dorothee Brück: **118**, **121**; Gabriele Elsen-Novák: **299**, **300**; Christine Gentzsch: **219**; Raphaela Heitmann: **120**, **122**; Günther Mirsch: **117**, **123–126**, **277**, **295**, **296**; Tell Halaf-Restaurierungsprojekt: **229**, Nadja Cholidis: **228**, **230**, **231**, **233**, **236**, **241**, **243–245**, **247**, **263**, **264**; Stefan Geismeier: **223**, **227**, **237**, **238**, **249c**, **253a**; Gerhard Kunze: **234**; Lutz Martin: **249d**; Renate Schill: **240**; Carsten Schneider: **232**, **239**; Knut Zimmermann: **265**; **Karte** (Cholidis/Martin 2002: Abb.1).

Ausstellungsimpressum

Konzeption
Nadja Cholidis, Lutz Martin

Wissenschaftliche Assistenz
Jutta Boehme

Ausstellungsgestaltung
neo.studio | neumann schneider architekten, Berlin
Projektleitung: Moritz Schneider

Restaurierung, Konservatorische Betreuung
Stefan Geismeier, Anna von Graevenitz,
Paul Hofmann, Gert Jendritzki, Sonja Radujković,
Knut Zimmermann

Fotodokumentation
Olaf M. Teßmer

Leihgeber
Directorate General of Antiquities and Museums
Damascus, Syria
- National Museum of Aleppo

Max Freiherr von Oppenheim-Stiftung, Köln
- Archäologisches Institut der Universität zu Köln
- Hausarchiv des Bankhauses
  Sal. Oppenheim jr. & Cie., Köln
- Orientalisches Seminar der Universität zu Köln
- Museum für Islamische Kunst, Berlin
- Rautenstrauch-Joest-Museum, Köln

Museum für Naturkunde, Berlin

Staatliche Museen zu Berlin
- Ägyptisches Museum und Papyrussammlung
- Ethnologisches Museum, Abt. I und VI
- Museum für Islamische Kunst

Staatsbibliothek zu Berlin

Ullstein-Bild, Berlin

Privatsammlungen
- Tatiana de Branges de Burcia, Lafayette, USA
- Nadja Cholidis, Berlin
- Klaus Herrmann, Teningen
- Noëlly von Jakimow, Villars-sur-Glâne, Schweiz
- Elisabeth Moortgat, Berlin

Die Ausstellung wurde ermöglicht dank der Unterstützung folgender Sponsoren und Institutionen:
- Kuratorium Museumsinsel, Berlin
- Bankhaus Sal. Oppenheim jr. & Cie., Köln
- Auswärtiges Amt, Berlin
- Deutsche Forschungsgemeinschaft, Bonn

Wir danken allen, die an der Ausstellung mitgearbeitet und sie unterstützt haben – auch den namentlich nicht genannten.